财税理论政策与体制改革

王诚尧　著

中国财政经济出版社

图书在版编目（CIP）数据

财税理论政策与体制改革／王诚尧著．—北京：
中国财政经济出版社，2013.9
ISBN 978-7-5095-4726-7

Ⅰ.①财… Ⅱ.①王… Ⅲ.①财政政策-研究-中国
②税收政策-研究-中国③财政管理体制-经济体制改革-
研究-中国④税制改革-研究-中国 Ⅳ.①F812.755
②F812.2

中国版本图书馆 CIP 数据核字（2013）第 184908 号

责任编辑：郑宁军　　　　责任校对：杨瑞琦
封面设计：邹海东　　　　版式设计：董生平

中国财政经济出版社 出版

URL：http://www.cfeph.cn
E-mail：cfeph@cfeph.cn

社址：北京市海淀区阜成路甲 28 号　邮政编码：100142
营销中心电话：88190406　北京财经书店电话：64033436　84041336
涿州市新华印刷有限公司印装　各地新华书店经销
787×960 毫米　16 开　53.5 印张　776 000 字
2013 年 12 月第 1 版　2013 年 12 月北京第 1 次印刷
定价：98.00 元
ISBN 978-7-5095-4726-7/F·3822
（图书出现印装问题，本社负责调换）
质量投诉电话：88190744
反盗版举报热线：88190492、88190446

序　言

2001年我国的社会主义市场经济体制已由初步建立，进入到完善的新阶段。同年12月15日，我国正式成为世界贸易组织成员，融入世界经济发展主流。为了适应经济全球化和科技进步加快的国际环境，适应全面建设小康社会的新形势，财政税收作为政府实现职能的物质基础和宏观调控的强有力经济杠杆，按照党的十六大、十七大和《中共中央关于完善社会主义市场经济体制若干问题的决定》以及党和国家有关文件的部署，在过去12年，通过实践创新，总结经验，创新理念，进行了财税体制新的改革和政策调整，主要办了四件大事：

1. 全面推进农村税费改革和在城镇进行正税清费的整顿改革。开始于2000年安徽省的农村税费改革试点，于2001—2003年在全国范围逐步铺开，基本内容是：治理“三乱”，取消农村各种收费和提留，取消屠宰税，逐步取消除烟叶以外的农业特产农业税；合理确定农业税计征办法，确定农业税率的上限，减轻税负；基层财力不足部分，由中央和省级财政采取转移支付方式拨款补助。2004年起，进入深化改革阶段，逐步取消专门面向农民的各种税费；2006年1月1日起，在全国范围内，废除了曾在我国征收了两千多年的农业税制。此项财税体制改革的伟大历史创举，历时近6年，是在整个国民经济飞跃发展，国家财力可以承受的新形势下实施的，调动了广大农民增产增收、奔向农业现代化、建设社会主义新农村的巨大积极性，促进了农村上层建筑的调整、完善和农村综合改革；作为统一城乡税制的第一步，也为统筹城乡经济社会协调发展创造了条件，对整个经济社会的进步发展都产生了积极影响。

2001年以来，也进行了城镇的正税清费的整顿改革。中央和省级公布取消了数百种行政事业收费项目。国务院2008年12月通知实施成品油价格和税费改革，取消了公路养路费等6项公路收费项目，逐步取消政府还贷二级公路收费，相应提高成品油消费税的单位税额。增收的税款，除由中央本级安排的替代航运养护费等支出外，其余全部以转移支付方式，专项用于替代地方原有公路收费等项支出。这规范了政府的收支，有利于公平社会负担，促进节能减排和经济结构调整。2001年1月1日起，还将交通部门原来征集的车辆购置附加费改为统一的车辆购置税，由中央统筹分配，用于交通基础建设，更好地发挥财税的宏观调控作用。2004年明确了“非税收入”概念，狠抓了规范化管理。2007年起，明确把非税收入全口径列入政府收入大类。

2. 逐步进行改革开放后第三次全面性税制改革。一般从2003年开始，在国内货物和劳务税方面，主要是增值税转型和“营改增”扩围。2004年7月在东北地区装配制造等8大行业试点由生产型增值税转变为消费型增值税，允许企业新购机器设备所含的增值税进项税额，在企业产品应征的增值税额中扣除。2007年7月起，逐步推广到中部等其他地区。从2009年1月起，在全国所有地区，所有行业普遍实施此项重大改革，同时取消进口设备和外商投资企业采购国产设备免征增值税的规定，避免了重复征税，完善了增值税的征扣税机制，有利于鼓励企业技术进步、产业升级、结构调整，也有利于应

作者近照

对2008年爆发的国际金融危机。从2012年1月起，在上海市交通运输业和部分现代服务业进行营业税改征增值税试点，分别适用新设的11%和6%增值税低税率。现已扩大到12个省、直辖市和计划单列市。试点表明，此项改革完善了税制，扩大了增值税抵扣链条，从制度上解决了重复征税问题。12个试点地区，2012年共为企业直接减税426.3亿元，约等于已征收入库的税额，原购进劳务服务的增值税一般纳税人和试点企业都受益，中小企业减税更多，促进了服务业加快发展，制造业创新发展，企业转型升级，也使我国税制与世界税制衔接，便利对外经济交往。另外，从2006年4月1日起，新增高尔夫球及球具、高档手表、游艇、木制一次性筷子和实木地板消费税税目，取消已不属于高档消费的护肤护发税目；2009年5月1日起，提高卷烟消费税率，并在卷烟批发环节加征一道从价税，这些都有利于发挥消费税调节收入分配，限制高档、奢侈消费，控制烟草生产、消费、保障、改善民生，保护社会稀有资源的作用。

在进出口税收方面，为履行加入世界贸易组织的承诺，进口关税算术平均税率，由2000年的16.4%下降为2001年的15.3%，再降为2007—2009年的9.6%，平均每年约下降一个百分点，已降至承诺的最低约束税率。为适应加入世贸组织的新情况，2004年1月1日起施行的修订后的进出口关税条例，税率细分为最惠国税率、协定税率、特惠税率、普通税率和关税配额税率等多种。税率结构大体形成了资源性产品、原材料、零部件、半成品、制成品由低至高的合理结构，从而可以较好地调节进口产品结构。出口税率由2002—2004年的5%—30%，调整为2008年的5%—40%，对有的产品还加征100%—150%的特别关税，有利于调节出口产品结构。2001年11月26日，国务院还发布了反倾销、反补贴和保障措施三个条例，确定了征收反倾销税、反补贴税和保障措施关税的制度。这些都与世贸组织规则衔接，促进了我国的国际经济交往，保障了我国主权的经济利益。2003年10月，国务院确定了出口产品退税小部分由地方分担的机制，强化了地方对出口退税管理的责任。除“三高一资”产品应限制出口外，其后又多次对一般产品提高国内货物税退税率，缓解产品出口困境。

在所得税方面，主要是统一了内外资企业所得税制。从1995年召开的全国专门研讨会开始，经12年持续的研讨、论证，终于在2007年3月通过正式立法，实现了原有内外资两套企业所得税科学规范的四个统一：适用税种名称统一；税率统一并适当降低；税前扣除办法、标准统一并规范化；优惠政策统一，实行“产业优惠为主，区域为辅”的税收优惠体系，从而贯彻了公平税负原则，为各类企业进一步创造了公平的市场竞争环境。另外，2005年1月—2011年6月，曾4次修订个人所得税法，提高工资薪金所得者的生计费用扣除标准，并调整工资薪金所得者和个体工商户、承包经营者的计税级距和税率，大幅度减轻中低收入者的税收负担。为合理调节高收入者的所得，规定了对限售股转让所得应征个人所得税。

在财产税和资源税方面，经长期研讨酝酿，2011年起，在上海、重庆两市率先进行了个人住房征收房产税改革试点。两市办法有所不同，当前一般限于某些新购房征税，随着将来征税范围扩大到存量住房，将会构建为地方税主体税种，促进完善分税制财政体制；并在调节居民收入和财富分配、促进社会公平正义以及配合促进房地产业平稳健康发展中，发挥重要作用。2009年1月1日起，废除了长期单独适用于外资企业和外籍个人的《城市房地产税暂行条例》，规定均按统一税法征税，从而进一步统一了内外两套税制。2010年6月起，率先在新疆实施了资源税改革试点，将汽油、天然气资源税，由从量定额征收，改为从价定率征收，2011年10月推广到全国，2012年该项税收收入比2011年增长51%，一些自然资源丰富的地区更达一倍以上。资源税作为地方税重要税种，较多地增裕了地方财力，自然资源丰富的欠发达地区受益更大。特别是促进了自然资源的合理开发，有效利用，也有利于保护稀有资源和生态环境。

3. 健全公共财政体系，完善分税制财政体制。2000年12月，党中央明确要建立公共财政框架以后，工作逐步展开。2007年起，更是着重围绕推进基本公共服务均等化和主体功能区建设逐步健全公共财政体系。其重要表现：一是优化财政支出结构，大力保障和改善民生，重点向教育、医疗、卫生、就业、文化、社保、保障性住房等领域倾斜，加大支出比重，民生领域和公共服务领域支出占财政支出的比重不断提高；严格控制一般性经费支出，特别是“三公”经费支出；持续退出一般竞争性经济领域的财政投资。二是着重扩大对禁止开发与限制开发区域的财政支出力度，鼓励、支持这些一般欠发达地区加大对生态环境的保护，促进主体功能区建设。三是基本公共服务均等化体系构建，已在全国城乡逐步铺开，公共财政阳光惠及亿万人民，贫困大众受益更为明显。四是深化以“收支两条线”管理、部门预算和国库集中支付等为主要内容的政府预算管理制度；进一步使财政预算、决算公开、透明、具体化，特别是公布部门的“三公”经费，接受民主监督。

与建立公共财政体系相适应，分税制财政体制也不断完善。一是2002年1月起，把基本上属于地方收入的个人所得税和按行政隶属关系类别划分收入归属，实际60%以上归属地方的企业所得税，都改为中央地方共享税种，除铁道、邮政、七大国有银行和三大国有石油公司的企业所得税收入，仍专属中央财政外，其余都采用比例分享的办法，2002年按中央、地方各占50%的比例分享，2003年以后，按中央占60%、地方占40%的比例分享。中央增收的部分，全部由中央用于中西部地区转移支付，对建立一般性转移支付稳定增长有效机制，起了重要作用，也加大了对经济欠发达地区、民族地区和革命老根据地的财政支持力度。同时，还削弱了地方政府进行重复建设和地方保护主义的积极性，加强了企业作为市场独立经营主体地位，为企业创造了公平的市场竞争环境，便于有效地配置社会资源。二是在学术界提议和一些地区试验的基础上，2005年国务院提出，具备条件的地区，可以推进“省直管县”和“乡财乡用县管”的改革试点，范围迅速扩大到全国，这是省以下财政管理体制的一个重大改革。原来的五级财政基本上减为三级，在较有充裕财力的省级财政统筹下，缓解了一些县、乡级财政的困难，一些困难乡镇的义务教育等基本公共服务支出有了保障，财政管理效率得到提高，并为减少我国政府的行政层次创造了条件。三是2005年起，中央财政实行了“三奖一补”的特殊转移支付政策，对调节县级财力差异；精简县、乡机构、人员、增加重点支出；产粮大县给予奖励；对以前缓解县、乡财政困难的地区给予补助。这是中央财政根据地方的工作实绩，给予奖励和补助。这种激励和约束机制的建立，较好地调动了地方政府贯彻中央决策，共同缓解县、乡财政困难的积极性。

4. 实施积极财政政策和结构性减税政策。继1998—2004年为期7年，应对亚洲金融危机冲击之后，为应对世界金融危机的冲击，2008年又确定在此后一个时期仍暂实施这一政策，综合运用预算、税收、国债工具，强化了对经济社会发展的宏观调控，适度增加了国债发行量，更扩大了政府公共投资，带动社会投资，着力加强各项重点建设，其中特别是农村基础设施及农村民生工程建设，力保重点领域和关键环节建设，进一步扩大内需，进一步保持经济平稳较快发展。同时，还提高各类低收入人群收入，促进消费；进一步优化财政支出结构，保障和改善民生；大力支持科技创新和节能减排，推动经济结构调整和发展方式转变。现在这次实施的积极财政政策，不同于上次的一个最大差别，在于更多更着力重视运用税收杠杆来进行宏观调控，以至于把它从积极财政政策中独立出来，另称“结构性减税政策”，与积极财政政策并列，结合运用。前述优化税制结构中的许多改革措施，诸如增值税全面转型；“营改增”扩围试点；不断提高“三高一资”以外的极大部分产品增值税的出口退税率；降低部分产品出口关税等，都是结构性减税。其他如调整增值税小规模纳税人的划分标准，并降低征收率；对战略性新兴产业、高新技术产业、废旧物资综合利用等，给予税收优惠；实施鼓励经营性文化事业单位转企业制，促进动漫产业等发展的税收优惠政策；降低小排量乘用车辆购置的适用税率；暂时免征储蓄存款和证券交易结算资金利息的个人所得税；降低和暂停征收证券交易印花税；提高增值税、营业税起征点；免征蔬菜的批发、零售环节增值税等等，也都是结构性减税。以2009年为例，减税金额就达5000亿元，减轻了企业和居民负担。当然，减税既是结构性，而非全面性的，为了保护稀有自然资源和生态环境，遏制奢侈、浪费，调节富有者的过高收入，保证财政收入的必要规模，也要有某些方面的加税。积极财政政策与结构性减税政策结合运用，优化支出结构，有保有压；优化税制结构，有减有增，发挥逆周期调节和调整经济结构的作用，拉动了内需，促进了投资，缓解了企业特别是小型、微型企业和出口企业的困难，促进了企业自主创新、技术改造，从而作为一种重大的宏观调控力量，促使我国在各国经济普遍陷入低迷、衰退的国际环境中，率先企稳回升，仍然保持经济的平稳较快发展，人民生活福利不断提高。

概括地说，新世纪12年来，在科学发展观的引领下，适应国内外形势发展，通过不断改革完善财税体制，调整财税政策，在优化财税结构，促进经济发展的基础上，保证了政府有效行使各项职能的必要财力，公共财政收入已从2000年的1.34万亿元，增长到2012年的11.7万亿元。特别是在调节收入分配、带动整个经济体制改革、优化经济结构、转变经济发展方式、保障改善民生、保护生态环境、促进经济社会全面协调可持续发展中，发挥了重大的积极作用。现在我国国内生产总值已从2000年的9.92万亿元，增长到2012年的51.9万亿元，经济总量跃升到世界第二位。经济实力、科技实力、综合国力和国际竞争力、影响力，都迈上一个大台阶，政治建设、文化建设、社会建设、生态文明建设，也都有长足发展，为在中国共产党成立一百周年时，全面建成“五位一体”总体布局的小康社会，打下了坚实基础。

12年来，财政税收的成果，是建立在新中国成立，特别是改革开放以来财税发展成果所奠定的基础上的。1950年统一全国财经工作，统一税政，建立全国统一的新税制，废除旧社会的各种苛捐杂税，实施“工轻于商、生产资料轻于消费资料、日用品轻于奢侈品、有益于国计民生轻于无益或小益于国计民生的私营工商业”的税收政策，集中必要资金，更多用于重点建设，促进了国民经济迅速恢复和发展，并在初步工业化建设道路上，有了很大发展，为后来的社会主义经济建设奠定了重要的物质、技术基础。采取有力的财税政策措施，积极地保护和鼓励社会主义、半社会主义经济发展，有步骤、有条件、有区别地利用、限制、改造资本主义工商业，有效地配合了农业、手工业和资本主义工商业的社会主义改造，建立起社会主义制度基础，从而进入全面社会主义建设阶段。

改革开放初期，财政方面认真贯彻党中央1979年4月提出的以调整为中心的国民经济“调整、改革、整顿、提高”八字方针，如实地向中央全面反映当时忽视协调平衡、急于求成的各种实际情况，并通过调整资金分配，有力地调整经济结构，在三年内，把当时严重失调的国民经济比例关系调整过来。同时，也适应对外开放形势，于1980年和1981年先后公布了三个涉外所得税法，其后又颁布了多项涉外税收法规制度，建立起较完整的涉外税制体系，有效地吸引、利用外资。

财税体制改革还是整个经济体制改革和城市改革的突破口。开始时，是财政上改变了国有企业利润全部上交的制度，采取利润留成和企业基金的办法，给企业一定的自主财权和物质利益，激活其经营活动的积极性。1983—1984年的两步利改税改革和工商税制全面改革，也就是改革开放后的第一次全面性税制改革，改为以征收国营企业所得税为分界线，来划定国家与国有企业对企业纯收入的分配；同时，改变了原来对国有企业只征工商税，对集体企业也只加征工商所得税的税制单一化作法，更多地注重发挥税收在各方面的调节作用，建立了多税种、多层次、多环节的复合税制体系，把国家与企业的分配关系，用税收的形式固定下来，便利企业独立经营、自负盈亏，搞活经济，成为推动整个城市改革的钥匙，适应了当时有计划商品经济体制的要求。

适应建立社会主义市场经济体制的要求，1994年实施了两项具有全局性的重大财税体制改革。第一项是改革开放后的第二次全面性税制改革。其主要内容，一是对流转税实施根本性改革。对所有货物产销、进口和加工、修理修配服务，都改征增值税，简化税率，规范征扣税机制。另外，选择若干奢侈、资源性和需要限制产销的货物，再加征一道高低税率不同的消费税，进行双层次的收入调节。服务性劳务征收营业税。这三种税，内外资企业统一适用，改变了原来内外资企业分别适用不同税种、税法的模式。二是建立统一的内资企业所得税制和个人所得税制。把国营、集体和私营三种企业所得税合并为企业所得税一种，内资企业统一适用；同时，取消国营企业所得税承包上交和在税后缴纳的两种基金，解决了国营企业所得税曾名存实亡和收入分配关系犬牙交错等诸多矛盾，进一步规范了国家与企业的收入分配关系，促进企业在公平竞争环境下转换机制，增强活力，走向市场。把三种个人所得税并为一种，中外人士统一适用，平衡税收负担。三是改革其他税制；扩大资源税征收范围，实行普遍征收与级差调节相结合的原则；把农林渔产品的产品税与农林特产农业税并为农业特产农业税；合并和取消其他一些税种。通过这次全面性税制改革，统一税法，公平税负，简化税制，合理分权，理顺分配关系，保障财政收入，建立了符合社会主义市场经济体制建立要求的较完善税制体系，其中一些原则规范，迄今仍基本适用。

第二项重大改革，是实施分税制财政体制，按中央与地方的事权，合理划分各自的支出范围；根据事权与财权相结合的原则，合理划分中央固定收入、地方固定收入和中央与地方共享收入；确定中央对地方的税收返还和转移支付办法，分设国家税和地方税两套税务机构，实行分税征收管理。这就初步建立了中央与地方政府间合理的财政分配关系的基本框架，改变了计划经济体制下，长期实行的比例包干等诸多包干财政体制，较好地调动中央与地方两个积极性，保证中央有较大财力，用于调节地区间的收入差距，实现全国范围的基本公共服务均等化，地方也有其一定的自主财权、财力，行使自身职能，在合理处理中央与地方政府间的财政分配关系中，起到了重要的历史作用。

总之，我国财政税收作为一个关键性的强有力宏观调控杠杆，在党的基本理论、基本路线、基本纲领和方针政策指引下，通过不断改革完善自身体制，在保证充裕政府行使职能的必要资金，更好地调节收入分配，促进整个经济社会全面协调可持续发展，保障和改善民生中，发挥了不可替代的重大作用。通过财税工作自身反复实践、检验、调整，广泛讨论，集思广益，总结成功经验和某些失误的教训，提高认识，上升理论，逐步形成中国特色财政税收理论、政策和财税体制，并不断完善。这种成绩的取得，重要的一条，是以中国特色社会主义理论体系为指导思想，依据国内外形势发展的现实情况，通过开展广泛深入讨论，百家争鸣，群策群力探索，不断实现财税实践创新、理论创新、体制创新。

在党的长期教育培养下，我成长为财政部财政科学研究所一名研究员、研究生部《税收理论研究》课程主讲教授，以及中国财政学会、中国税务学会、中国国际税收研究会和相应的北京市三个学术团体的理事会成员，有幸投入我国财政、税收理论研究行列，参与了全国人大有关专业委员会、财政部和国家税务总局及各财税学术团体召开的多种会议，对财税理论政策及体制改革，进行多种研讨，辩论不同观点，撰写、发表多篇论文、研究报告和政策宣传文章，特别是亲历了改革开放后三次全面性税制改革，具体担任了财税主管部门分配的调研、论证和草拟一些文件的工作。2001 年前发表的文章，已遴选一部分，汇编为《发展中的财税理论政策与制度改革》（中国财政经济出版社 2002 年 5 月出版）。本书遴选汇编的，基本是 2001—2012 年发表的部分文章。与时俱进的理论创新、体制创新，是建立在过去已有的研究基础上的。本书所选文章，内容主要是过去 12 年财税学术界和国家主管业务部门组织研讨的热点与对策问题，较大部分内容仍属于党的十八大明确列举当前亟应加快研究改革完善的五个重要财税体制问题（含健全分税制财政体制；完善公共财政体系；构建地方税体系；形成有利于结构优化、社会公平的税收制度；建立公共资源出让收益共享机制）。通过本书，可能从点滴侧面，部分反映我国浩瀚宏伟、百家争鸣、色彩缤纷的财税理论、体制改革研究的繁荣、发展历程和对现实工作的一定推动作用；如能对现在有关的财税体制改革研究，有其些许参考价值，更是一种奢望。

本书按内容类别，分为九个大项，项内再按内容性质及发表时间顺序排列。第一项是若干财政问题研究，主要探讨健全分税制财政体制；正税清费改革的理论与政策；烟草税制及其收入归属体制的改革。第二项是税收综论，主要分析研究改革开放以来税制适应市场经济发展的三个阶段；评价中国现行税制；评析税收中性化原则；评析西方学者的税收转嫁、负担理论。第三项是逐步推进新一轮全面性税制改革，主要是从八个方面分析现行税制存在的矛盾问题；探析逐步推进改革开放后第三次全面性税制改革的必要性、指导思想和改革方案构想；增值税转型建议；房地产税收要进行区别征税重大改革。第四项是"入世"与调整税收政策，主要是分析世贸组织有关税收规则，我国税制有违规则的方面，提出应对原则和方案；探析亚洲区域一体化进程中的税收协调对策。第五项是逐步统一城乡税制，主要是探析该项改革的作用、原则和分步推进的设想方案；探讨统筹相关税费改革，建立城乡建设教育税。第六项是改革所得税制，主要是研究企业所得税制和个人所得税制存在的矛盾问题，改革的走向和立法探讨，评析个人股权收益、转让所得税制。第七项是构建地方税体系，主要从整体上探讨改革完善地方税，构建地方税体系的必要性和设想方案；论述持有环节房地产税的重要作用，评论对该项改革持有怀疑的各种观点；提出构建环保税制体系构想。第八项是完善税收管辖权，健全税收管理体制，主要是分析跨国经营税收管辖权存在的问题，提出改革完善的建议；探讨合理划分税收立法权、执法权，完善税收管理体制。第九项是财税人物、著作评介，主要是介绍了几位革命老领导在财税领域的功绩；探讨了怎样争取写好财税科研文章。书尾列有作者及学术观点、成果介绍，并附有报刊对作者文著的五篇评论文章。观点介绍部分对一些代表性文章的写作背景、新观点、社会效应有扼要介绍，可作为导读我的两本论文集的参考。本书所选文章，除少数几篇，由于删去部分重复或不必要内容等原因，文字作了某些调整、修订外，其余均未作修改，保持原貌，以反映历史进程的轨迹。有几篇文章的小部分内容，看来似有重复，或提法上稍有差异，这是前后文章的侧重点不同，并有发表时的历史背景和认识水平等原因，为保持文章的完整结构和原貌，也未作修改。书中不妥甚或错误之处，敬请指正。

感谢我工作单位财政部财政科学研究所多位新老领导和周围众多同志多年来给我的热情指导、关怀和帮助。感谢中国财政经济出版社贾杰社长、李乃君副总编和郑宁军、王芝文及有关同志对出版本书的大力支持和帮助。

王诚尧

2013 年 2 月于北京

目　　录

一、若干财政问题研究

二、税 收 综 论

三、逐步推进新一轮全面性税制改革

四、“入世”与调整税收政策

五、逐步统一城乡税制

六、改革完善所得税制

七、构建地方税体系

八、完善税收管辖权，健全税收管理体制

九、财税人物、著作评介

作者及学术观点、成果介绍

报刊对作者文著的评论

一、若干财政问题研究

合理划分中央、省和市县三级税种及其收入归属，完善分税制财政体制

在进一步明确中央、地方事权的前提下，科学合理规范地划分中央、地方税种及其收入归属，使中央、地方都有与其行使各自职能的事权或支出职责相匹配的财权（主要含税基拥有权及其相适应的税政管理权、征收管理权）和财力，理顺中央、地方间，各部门、地区间的收入分配关系，这是完善分税制财政体制和健全中央税、地方税体系的核心问题，对于围绕推进基本公共服务均等化和主体功能区建设，完善公共财政体系；对于深化经济体制改革，加强宏观调控，促进社会主义市场经济持续、平衡、快速发展；对于推动加快行政管理体制改革，建设服务型政府，并在总体上形成政府体系与市场之间的合理分工，稳定、规范地行使政府职能，都有其重要意义，是事关中国经济社会和谐可持续发展的大计。本文在分析中央地方税种及其收入归属划分中存在问题的基础上，着重探讨划分中央、地方税种及其收入归属的原则，提出划分中央、省和市县三级税种及其收入归属的具体设想；提出对政府间的纵向、横向收入分配关系，进行若干结构性调整的初步设想。

一、存在的矛盾问题和出路

1994 年的分税制财政体制改革，初步建立了政府间财政分配关系的基本框架，改变了过去长期实行的财政包干体制，这是从计划经济体制转向社会主义市场经济体制的重大历史转变，政企分开的格局

得到重大体现，原来按企业行政隶属关系组织收入的制度，转变为企业不分级别、大小，都一律依法纳税，创建了市场经济基本要求的以企业为主体的公平竞争环境。中央与地方的财政分配关系，也得到重大调整，较好地调动了中央和地方两个积极性。十多年来财政收入持续大幅度增长，财政收入占国内生产总值比重和中央财政收入占全国财政收入比重都合理提升，中央已有较大的财力向地方进行转移支付补助，调节地区间的收入分配差距，实现基本公共服务均等化，历史成效是巨大的。但由于这次改革，采取了逐步推进的方针，一些政策制度有其过渡性，随着形势的发展，也暴露了较多的问题，除事权及其相应的支出责任划分不明确具体，财政转移支付制度有失规范完善外，表现在划分税种及其收入归属方面，其问题主要是：

1. 实际是划分中央、地方固定收入和共享收入，未明确划分中央、地方税种。1994 年颁布的《国务院关于实行分税制财政管理体制的决定》，只提出了划分中央、地方税种的一般性简要原则，但却并未具体明确界定哪些税种是中央税、地方税和中央地方共享税，而只是从偏重保证中央财政收入出发，按税种以多种不同标准，划分为中央固定收入、地方固定收入和中央地方共享收入。往往是同一税种，要划为两种或两种以上收入归属，并非哪级税种，其收入和管理就归属于哪级，收入的划分与税种收入应有的归属多有脱节。按税种划分收入的多重标准相互交叉，错综复杂，或是按收入大小，或是按行政隶属关系，或是按比例分配，或是按产业、行业、企业，或是按资源品种，或是按具体税目，或是按是否进口、是否外资经营、是否集中纳税，并且还往往是在同一税种中，几个标准结合使用。例如对企业所得税，1994 年的制度规定是，既按行政隶属关系的标准，区别中央企业和地方企业的税收，划为中央、地方固定收入，又按产业、行业、企业的标准，按是否集中纳税，是否外资经营的标准，把某些特定部门、行业企业的税收，划作中央固定收入。2002 年的新制度规定，一般改为中央、地方比例分成，但仍继续把某些特定部门、行业、企业的税收，划作中央固定收入，并另增加了所得税税收返还的分配方式。又如营业税、城市维护建设税，虽划作地方固定收入，但却又按集中纳税的标准，把其中收入较大的铁道部、各银行总行、各保险总公司集中缴纳的税收，划作中央固定收入。这种收入划分有失科学规范，同哪级税种，收入、管理和支配使用就应归属于哪级的分税制财政体制要求，尚有较大距离，影响分税制应有功能作用的充分发挥，在实际操作中，也易导致管理混乱。

2. 地方税规模太小，体系欠缺。1994 年实行的分税制改革偏重中央集中财权、财力，完全划为地方固定收入，纯属地方税的，虽有 14 种，占当时 24 个税种的 58.3%，但一般都是税源分散、收入不稳、征管困难、税收成本高的小税种。1994 年的地方税收入总额为 459 亿元，只占全国税收总额的 10.39%，占地方本级税收收入的 20%，地方本级财政收入的 19.86%，地方本级财政支出的 11.37%。十多年来，地方税进一步萎缩，农业税、牧业税、屠宰税、筵席税，由逐步减征，而到 2006 年被取消，车船使用税和车船使用牌照税在 2006 年被合并为车船税；固定资产投资方向调节税由减半征收，而到 2006 年被停征；个人所得税中的个人储蓄存款利息所得部分，1999 年开征专项税，收入划归中央，到 2002 年明确该税种改为中央地方共享收入。现行地方税种，只有仍保留的房产税、城市房地产税、契税、土地增值税、城镇土地使用税、耕地占用税和 2006 年新改征的车船税、烟叶税（农业特产农业税中的烟叶税目改征）共 8 种，比 1994 年实行分税制改革时少了 6 个税种，下降率达 42.9%，8 个地方税种占全国现行 19 个税种的比重为 42.1%，比 1994 年下降 16.2 个百分点。2004—2006 年地方税收入总额分别为 1488.49 亿元、1690.49 亿元和 2057.86 亿元。虽逐年有较大幅度增长，但由于税种减、税源小、固定税额长期未作调整、缺收入较充裕稳定的主体税种，地方税收入的增长幅度低于各税平均水平，所占相关比重，也呈下降趋势。其占全国税收总额的比重，2004—2006 年分别降为 6.16%、5.8%、5.9%，占地方本级税收收入的比重分别降为 14.89%、13.28%、13.5%，占地方本级财政收入的比重分别降为

12.52%、11.20%、11.24%；占地方本级财政支出的比重分别降为7.23%、6.72%、6.76%。[①] 这就是说，在实行分税制改革的1994年，地方税收入只能供应地方本级财政支出的11.37%，而到现在，更只能供应本级财政支出的6.7%，远不能满足地方政府行使应有职能最低限度的资金需要，地方财政基本上要依靠中央地方共享税的分成收入，依靠中央的财政转移支付和税收返还等的补助，这妨碍健全财力与事权相匹配的财税体制。政府层级很多（5级），中央补助资金的流动链条长，难于及时到位，稍有差池，地方财政就会发生困难，甚至还会出现被中间环节截留、挪用现象，影响地方政府依据分税制的要求，自主地安排本级财政资金，有效地综合治理本地区的经济事务，也影响地方政府运用地方税杠杆，充分发挥其应有的功能作用。

3. 中央地方共享税规模过大，影响地方自主理财。1994年实行的分税制改革，划为中央地方共享收入的，名义上虽只有增值税、资源税、证券交易税（现为印花税中的证券交易印花税）三种，但同时又把企业所得税、外商投资企业和外国企业所得、营业税、城市维护建设税的部分收入划作中央固定收入，这些税种，实际也成为中央地方共享税。消费税虽明确为中央固定收入，但又采取税收返还的补助方式，把其中部分税款，返还给原征税地区，同样也具有中央地方共享税性质。其后，中央地方共享税种又有增加，中央分成的比例也逐渐提高，呈财力上收趋势。例如证券交易印花税，中央地方的分成比例，1994年规定是各占50%，1997年起，是中央80%，地方20%；1998年6月起，是中央88%，地方12%；2001年10月起，是分3年调整，中央分成逐年调升为91%、94%、97%，而地方分成则相应逐年调低为9%、6%、3%。1999年11月，对个人所得税中的利息所得税目，开征了个人储蓄存款利息所得税，划作中央固定收入。2002年度开始实施的《所得税分享改革方案》规定，除铁路

① 以上数字均依据各年《中国财政年鉴》、《中国税务年鉴》数据计算。

运输、国家邮政、国家银行以及海洋石油、天然气企业缴纳的企业所得税划作中央固定收入外，其余企业缴纳的企业所得税和个人所得税，以 2001 年中央地方实际所得为基数，实行比例分成。2002 年是中央、地方各占 50%，2003 年起，中央升为 60%，地方减为 40%。以 2006 年为例，中央实际分享的企业所得税收入是 4358.46 亿元，占全部企业所得税的 61.91%；分享的个人所得税收入是 1472.17 亿元，占全部个人所得税收入的 60%。两种所得税，中央得大头，是名副其实的由中央主要分享的中央地方共享税。现行中央地方共享税实际有增值税、企业所得税、个人所得税、营业税、印花税、城市维护建设税、资源税共 7 种，收入为 23562.49 亿元，是当年税收总额 34804.35 亿元的 67.6%，其中地方分享 13170.35 亿元（内属于地方主要分享的共享税种，地方分得 6311.29 亿元；中央主要分享的共享税种，地方分得 6859.06 亿元），是当年地方税收入总额的 6.4 倍，占地方本级税收收入的 86.41%，地方本级财政支出的 43.3% 是依靠中央地方共享税的分成来支撑。这种“小地方税、大共享税”的收入分配格局日益加剧的现状，呈现回归比例分成旧体制趋势，不利于调动地方增收节支的积极性，充分发挥有些税种应有的功能作用，也影响地方因地制宜，统筹规划，自主地处理本地区的经济社会事务。

4. 税收返还的补助制度不合理，形成逆向调节。1994 年的分税制改革，对收入分配是采取“保存量、调增量”的方针，确定了中央财政对地方的税收返还制度。增值税、消费税收入的返还数额，以 1993 年为基期核定。把 1993 年的净上划收入数额（即消费税金额 + 75% 的增值税—中央下划收入）的全额，作为返还地方的基数，以保证地方原有财力。1994 年及以后年度税收返还的实际数额，是在 1993 年的基数上，按环比计算，逐年递增，递增率是全国增值税和消费税收入每增长 1%，中央对地方的税收返还增长 3%。由于“两税”返还额是以各省、自治区、直辖市 1993 年财政决算的实际数额为基数，而各地当时已知此种情况，为争取多得返还，许多地区就采取贷款交税等多种方式，人为地虚增收入。1993 年 9—12 月，地方财政收入比上年同期分别猛增 51.8%、62.5%、86.1% 和 121.3%，因而 1992 年地方财政收入也比 1993 年大幅度上升 40.2%，[①] 地区间虚增收入程度高低不一，获得的返还金额也有差距，这不公平合理。特别是富裕地区的基数金额大，既得利益多，税收返还的数额相应就多；欠发达地区的基数金额小，既得利益少，税收返还的数额也相应就少。这不是针对地区收入差距和财力大小，有针对性地进行调节，促进其适当平衡，实现地区间的基本公共服务均等化，而是让富裕地区多得，保护其较大既得利益，这对欠发达地区很不公平，形成对地区收入分配的逆向调节。并且税收返还的数额计算复杂，款项划转需要时间，也影响地方对资金的有效安排使用。2002 年的企业所得税分享改革，以 2001 年为基数，实行所得税返还办法，同样存在以上矛盾问题。

5. 省级以下实际尚未实行规范的分税制。1994 年的分税制改革，其实施范围只是限于中央同省、自治区、直辖市以及计划单列市一级政府之间，对省级以下没有作出规范，而是由各省级政府自行确定。分税制改革初期，省级以下各级政府之间，绝大部分都是在省级对地市级、地市级对县市级实行各税收入共享制。税收共享的具体办法，地区之间五花八门、千差万别，多要通过谈判，讨价还价，然后分成包干。随着“省直管县”、“乡财县管”制度的不断推进，税收收入分配也逐渐减少了地市级、乡镇级的层次，只在省级与市县级之间直接进行。现对税收收入的划分大致有三种情况：一是对哪些收入稳定，且规模较大的税种，如增值税、营业税、所得税以及房产税等的收入，由省级与市县级共享。北京、河北、辽宁、山东等多数省（市、自治区）是区别税种，按比例分享，该项比例在地区间也有差别，或是对半开，或是四六开，或是三七开，或是其他比例，一般是省级分享的比例低于市县级；上海、浙江等部分省（市、自治区）按企业的隶属关系划分收入；广东、湖南、云南等部分省（市、自治区）是区别不同税种，兼采以上两种标准。二是将收入较少、税

① 项怀诚：“亲历分税制改革”，《中国财经报》，2008 年 8 月 16 日。

源零星分散的税种收入，划作市县固定收入。三是较多的省（市、自治区）在按照以上两种办法划分收入的同时，还将若干主要行业或支柱产业、企业的收入，划作省级固定收入。行业、产业、企业的内容，各省（市、自治区）也有不同，一般是属于石油、石化、有色、电力、金融、保险、卷烟、汽车等行业、产业。许多地区的市县基层实行的实质上仍是讨价还价的各种形式财政包干制和分成制，缺少自主的税基和相应的自主财力。

解决以上矛盾问题的一个重要途径，就是科学合理规范地划分中央、地方三级税种及其收入归属。因为只有中央、地方三级拥有各自应有的税基权，与之相适应的是，中央才能有强大的宏观调控能力（含财权和财力），地方才能有满足其行使职能的最低限度资金需要的自主财力保证。

健全中央和地方财力与事权相匹配的体制，“首先要在制度安排层面解决好的一个重要问题，是分税制中的财权配置（税基配置）问题”。[①] 这就是通过合理划分中央地方税种，从而形成的中央、地方三级的税基拥有权和相应的税收收入归属权，以及与之相适应的是，在全国统一税政格局下，确定地方对地方税的一定立法权或税政调整权，完全的地方税征收管理权。当然，在这个基础上，还要有中央对地方的强有力财政转移支付补助，主要用于补充欠发达地区财力，平衡地区间的收入差距，推进基本公共服务均等化和主体功能区建设。但决不是现在有种观点所主张的那样，认为解决地方财力与事权相匹配的问题，只需要多给地方分钱，不赞成对地方税适当分权。这忽视了通过适当划分中央地方税种，合理配置财权，也就是忽视税基享有权及其相应的收入归属权，以及地方对地方税的一定立法权或税政管理权和完全的征收管理权。这可能导致出现过去的“统收统支”和“分成包干”现象，不符合分税制财政体制的基本要求，从

① 贾康：“健全中央和地方财力与事权相匹配的体制”，《中国财政》2008 年第 13 期，第 1 页。

而也难以真正调动地方的积极性、主动性，真正解决财力与事权相匹配的问题。

二、划分我国中央、地方税种及其收入归属要依循的原则

西方学者对划分中央、地方税种，从不同角度，提出了不尽相同的若干原则。有代表性的，例如美国马斯格雷夫从有利于各级政府履行其职能出发，提出了税收划分七原则：（1）以收入再分配为目标的累进税，应划归中央；（2）作为稳定经济手段的税收，应划归中央，而具有周期稳定特征，收入起伏不大的税收，应划归地方；（3）地方间分配不均衡的税源应划归中央；（4）课征于流动性生产要素的税收，最好划归中央；（5）依附于居住地的税收（如销售税和消费税），较适应划归地方；（6）课征于非流动性生产要素的税收，最好划归地方；（7）受益性税收及收费对各级政府都适用。世界银行专家罗宾·鲍德威等人，从特定税种的具体功能作用的角度，提出税收划分六原则：（1）所得税关系到全社会公平，应划归中央；（2）为保证全国统一市场的形成和资源在全国范围内自由流动和优化配置，对与此有关的资本财产转移税等税种，应划归中央；（3）对资源课税涉及公平与效率目标的权衡，应由中央和地方共享；（4）具有非流动性特征的税收，是地方所辖政府收入的理想来源；（5）作为受益性税收的社会保障税，可由中央与地方协同征收管理；（6）多环节征收的增值税、销售税应划归中央，单一销售税、零售税等较适合划归地方。加拿大杰克·M.明孜从运用和应实现的目标角度，提出了税收划分五原则：（1）效率原则，要尽量减少对资源配置的影响；（2）简化原则，应使税制简化，便于公众理解和执行，提高行政效率；（3）灵活标准，有利于各级政府灵活运用预算支出、税收补贴等措施在内的一系列政策工具，使税收与事权相适应；（4）责任标准，各级政府的支出，与税收的责任关系应协调；（5）公平标准，要使全国各地区间的税种结构、税率大体平衡，即各地居民的税负应平衡。英国大卫·金从地方政府收税不应涉及的角度，提出了“四不原则”，从而也间接指明了

划分中央、地方税种的原则：（1）地方政府不应征收高额累进税；（2）地方政府不应征收流动性很大的税；（3）地方政府不应征收可将大部分归宿转嫁给非本地居民的税种；（4）地方政府不应征收不直接为本地居民察觉的税。[①]

以上各种不尽相同的原则，在各国具体划分中央地方税种中，不同程度上多有借鉴，但由于各国政治体制不同，中央集权程度和各级政府的事权不同，国土大小和经济发展水平不同，历史文化背景不同，实行的税种及其课税对象和范围不同，对中央、地方税种的具体划分，也有较大差别。

我国 1994 年实行分税制改革时，确定的划分中央、地方税种的原则是："将维护国家权益、实施宏观调控所必需的税种，划为中央税；将同经济发展直接相关的主要税种，划为中央地方共享税；将适合地方征收管理的税种，划为地方税"。[②] 近年来，学术界对划分我国中央地方税种的原则也提出了一些建设性意见。综合各方面看法，我们认为，科学合理规范地划分中央地方税种及其收入归属，必须适应政府权力体制，中央、地方财权、财力与其行使各自职能的事权相匹配，要在维护中央现有宏观调控财力相对稳定的前提下，结合税制改革、正税清费改革，和政府间支出责任划分调整以及中央财政补助方式调整的情况，进行适当划分，稳步推进；必须适应不同税种的特性及其内在特定功能作用，"一般说来，那些与保证中央集中财力和全国统一市场正常运行、实现全面性经济调节、关系密切的税种，应划为中央税；那些有利于发挥地方信息优势和征管优势，宜于由地方调节掌握更切合基层职能、更具多样性的税种，应划为地方税"。[③]

① 以上参见中国社会科学院财贸经济研究所：《走向共赢的中国多级财政》，中国财政经济出版社 2005 年 11 月版，第 124 页。

② "国务院关于实行分税制财政管理体制的决定"，财政部办公厅编：《财税改革问题简答》，新华出版社 1994 年 3 月版，第 151 页。

③ 贾康、白景明："关于中国分税分级财政体系安排的基本思路"，《经济学动态》2005 年第 2 期，第 11 页。

这有利于维护国家主权和利益，加强国家的宏观调控，有效贯彻产业政策，保证经济持续、稳定、快速发展；在各级政府间，实现公平、公正的收入分配，充分调动各方面的积极性，加快提高效率、效益，减少运转成本，更好地推进基本公共服务均等化和主体功能区建设。具体地说，划分税种及其收入归属，应综合运用以下十项原则。

1. 适应政府权力体制，中央和地方的财权、财力与各自行使职能的事权相匹配的原则。中央和地方税种的划分，同国家的政治、经济体制、行政管理体制、各级政府职能，以及经济发展水平、文化历史背景都密切关联，国情不同，税种划分也有区别。我国是单一制的中央集权国家，各地区的经济发展水平，又极不平衡，中央担负了巨大的宏观调控任务，必须拥有足够的财力，在保证中央本级事权职责支出以外，还有很大力量，对各地区主要是经济欠发达地区实施财政转移支付补助，推进全国的基本公共服务均等化和主体功能区建设。同时，我国又是一个发展中国家，现阶段经济发展总体水平还比较低，城镇化建设、社会主义新农村建设、公共基础设施建设、环境与生态的保护和恢复，地方担负了艰巨任务，提供基本公共服务的普及义务教育，建立医疗卫生和社会保障，其困难重点，更在县乡基层。地方特别是县级基层，也必须拥有与其行使职能的事权职责支出相匹配的财力。该项地方财力包括两个部分，主要的一个部分是地方税以及共享税和少额非税收入，要能满足地方事权职责支出的最低限度资金需要；另一部分就是中央财政转移支付补助。划分税种及其收入归属，就是要依据中央与地方的各自事权，在保证中央拥有足够的宏观调控财力和维持地方职责支出最低限度资金需要的基础上，测算中央与地方在税收收入分配中所占合理比重的框架，然后据以研究确定哪些税种划为中央税，哪些税种划为地方税，哪些税种划为中央地方共享税，并测算确定各共享税种，在中央、地方间的分享比例。总之，是既要保证中央现有财力的持续相对稳定，又要通过调整改革，适当安排中央与地方各级政府间的收入分配关系，使地方有其必要的自主财力。

2. 税种的宏观调控和再分配功能大小的原则。维护国家主权和利益，实行全局性宏观调控，调整产业结构，稳定和发展经济，对居民和企业的所得进行公平的收入再分配，这些都是全国的职责，应由中央承担，因而具有这方面内在功能作用的税种，都应划为中央税，或对其中收入较大的，划为中央地方共享税，由中央掌握运用该项调节手段，发挥其应有的功能作用。而对在这方面的功能作用不很明显，或其功能作用，仅限于地方区域范围，对宏观经济不产生直接影响的税种，则宜于划为地方税。

3. 税种收入大小的原则。中央政府担负全国的宏观调控重任，执行经济调节、市场监管职能，并要对地方进行财政转移支付补助，必须拥有强大的财力，而由中央直接掌握的税种，囿于征收效率，又不可能多，因而收入大的税种，宜于划为中央税或中央地方共享税，而收入少的多数税种，则宜于划作地方税。

4. 税源流动性和税基分布均衡性原则。税源具有跨省区流动的税种，宜于划作中央税，而税源固定于一定区域，实际流动性不大或不流动的税种，则宜于划作地方税。因为税源具有流动性，一方面企业经营易出现迁移，逃避税负，为堵塞这种漏洞，政府需在地区间进行协调，加大税收成本；另一方面，一些地方为扩大本地区的税收收入，往往会采取降低实际税负等的各种形式优惠措施，以吸引外地生产要素流入，发展本地区经济。这种不正当的税收竞争，会导致资源配置在地区间的扭曲。特别是贫困地区没有实力通过降低税负等的优惠，来进行这种税收竞争，生产要素就只会从贫困地区，向富裕地区转移，影响贫困地区经济发展，拉大地区间基本公共服务均等化的差距。税基分布不均衡，只集中在少数甚或个别地区，而其收入成果又多是其他地区创造，对于这样的税种，如证券交易税应划作中央税，避免地区间税收收入分配不公。自然资源虽集中在欠发达地区，但其收入不是来自其他地区创造，税源无流动性，仍宜于划作地方税，以维护欠发达地区利益。

5. 税收受益地区范围和征管效率原则。有些税种如城市维护建设税，具有纳税人在居住地直接受益的性质，税款的征收，同享受居住地提供的公共产品和服务直接关联，该受益的企业或个人按受益原则应当缴税，而该管辖地区的政府，也理所当然应当享有此项征税权和收入归属权，这样的一些税种，就应划为地方税。再就征管效率说，某些税种征收管理较便当，能实现规模效益的，宜划作中央税或中央地方共享税，而税源零星分散，征管困难，需依靠发挥地方优势，掌握信息、评估价值的税种，则宜于划作地方税。

6. 保留分享税方式，但适当缩减规模原则。我国现只有19个税种，远低于国际上一般是50个以上税种的水平。为便于在中央和地方间调剂收入分配，现阶段应仍如同德国那样，继续保留中央地方共享税，但适当缩小其规模。中央地方税种的模式是对同一税种，按中央统一规定，其收入在中央、地方间比例分成。不宜如同美国、日本、韩国那样，对同一课税对象，分设中央、地方税种，采用“同源分率共享”或地方附加征收的方式，实施那种所谓的彻底分税制。因为列作中央地方共享税的税种，理应是收入大、关系全国经济稳定发展和与收入再分配密切关联的税种，原本应划为中央税，只是由于调剂收入分配，满足地方财力的需要，才把收入的一部分，按统一规定的比例划归地方，而“同源分率共享”，或一定幅度的地方附加税的共享方式，虽然是同一个税基，但分设了中央、地方税种，地方可以自行决定各自的地方税率或附加税率，各地税负会出现差距，分散了中央对这类税种应有的立法权，或税政管理权，对增值税采取这种方式，更会导致已纳税抵扣的极大困难，这不符合我国现实情况。对这部分税种，应仍划为中央地方共享税。当然，我国现行的中央地方共享税种中，有些并非直接关系到全国经济稳定发展和收入再分配，而增值税、所得税的大额收入，又足够在中央、地方财力的分配间，进行适当调剂，这些税种就应当完全结合税制改革，分别改为地方税或就其中由中央主要分享的部分，改为中央税。

7. 划分中央、省和市县三级税种，各有主体税种原则。为完善分税制财政体制，我国省（自治区、直辖市）级以下政府，也应有本级的税种。我国地方政权现是省（自治区、直辖市）、地市、县市、乡镇四级，按四级划分税种困难大，不现实，国际上普遍是中央（联邦）、省（州）、市县三级政权，三级财政。我国现已实行“省直管县”、“乡财县管县用”财政体制，这为划分中央、省（自治区、直辖市）和市县三级税种，创造了良好条件。通过划分三级税种的改革，也有利于推进行政管理体制改革，把地方政权减并为省和市县两级。税种及其收入归属的划分，适应各级政府的各自职能及其事权的需求，应是以中央为主的“两头大、中间小”的格局，各级都应有较充裕、稳定收入的主体税种。省级对辖区的市县级收入差距，则要担负调剂的职责。

8. 税种划分与税制改革和“正税、清费”改革紧密结合，扩大税收覆盖面原则。国际上市场经济体制国家的税种，普遍都在50个以上，覆盖面广，税外收费只为税收收入的10%—20%，并且是纳入预算管理。我国现行税种只有19个，国际上通行的有些税种，迄今尚未开征，覆盖面较窄。在20世纪90年代，全国税外收费（含基金、集资、摊派等）的金额约与全国税收收入总额相当，大致是1:1。以后经税费改革清理、整顿，收费得到遏制。由于许多收费的隐蔽性，实际数字很难统计。据有的学者估算，2007年行政事业性收费和罚款16761亿元（2004年为9700亿元，以年增20%估算），社会保障收费8000亿元，地方卖地收入12000亿元，烟草国营企业上交利润2000亿元，以上四项共估约38761亿元①，为同年税收总额48500亿元的79.92%。其中社会保险费收费是税收性质，完全应当改为征税；行政事业性收费中，90%以上都是由地方征收，其中很大部分，也属税收性质，同样应当改为征税；还有国有企业中，由于无偿、低偿占有国家自然资源，而获得的超额垄断利润，也宜于采用税收形式上交国家。健全的税制，是合理划分中央地方税种的基础，为

① 周天勇：“政府收入预算应成为‘两会’中心议题”，《中国经济时报》，2008年2月22日。

使税收能更全面覆盖政府收入来源的各个方面，充分发挥财税杠杆应有的作用，划分中央地方税种，必须与税制改革和“正税、清费、明租”改革紧密结合，在增加新税种，特别是增加新地方税种的基础上，来划分中央地方税种及其收入归属。通过“费改税”增加新税种，扩大征税范围，在整体上，不但不会增加企业和个人负担，而且在这个过程中，对收费大加整顿，对征税进行规范，还可大幅度减轻企业和个人的社会负担。

9. 保证中央现有宏观调控财力水平相对稳定的前提下，适应形势发展，逐步推进原则。我国社会主义市场经济体制是逐步完善，政府与市场的分工，政府之间事权的明确划分，是逐步完成，税制改革和“正税清费明租”改革，也是逐步进行，与之紧密联系的合理划分中央地方税种及其收入归属，也只能是逐步推进。这里要把握的一个前提是，随着中央地方税种的增减，许多税种征收范围的扩大，税收返还补助方式的逐步取消，不可避免地会影响到中央财政和地方财政收入的增加或减少，两者所占全国财政收入的比重，或会稍有变化，但必须保证的是，现有中央宏观调控财力的水平，务必保证相对稳定，中央政府圆满执行职能，搞好全面宏观调控的财力物质基础，决不可或有侵蚀，这就需要通过适时地调整中央地方共享税的分配比例等方式，恰当地进行必要的调剂。

10. 税种、税源与税收收入归属一致性原则。划分中央地方税种，其重要的一个目标，就是明确中央和地方各级享有哪些方面的税基及其相应的税收收入归属权，是哪级的税种，其收入理所当然地就应当全部归属于哪级，两者必须一致。已划为地方种的，中央不宜从其中划出一些项目，分走部分收入；同样，已划为中央税种的，地方也不能从中分走部分收入。现在对较多税种，是按税种分项目（产业、行业、企业），划分中央、地方固定收入，这是过渡性作法，很不规范，不符合划分税种的目标要求，需要改变。税源与税收收入归属权，也应当一致，是哪个地区的税源，哪个地区就应当享有该部分税收收入。由于许多企业是跨地区生产经营，又有汇总纳税、合并纳税和地区间差别优惠政策以及国家定价机制等诸多原因，导致出现税源与税收背离的区域税收转移现象，主要是欠发达地区的税源，其税收收入却体现在其他地区，特别是体现在沿海经济发达地区，进一步拉大了地区间的收入分配差距，这有违税收应当有效调节贫富地区收入差距的原则要求。应当强调税源与税收收入归属一致性原则，首先在税收分配环节，就采取必要的税政措施，适当解决这个矛盾。同时，也要在财政分配环节，对该项税收收入，尽可能照顾地区间收入分配的横向平衡关系，促进地区协调发展，这是健全财税体制和分税制财政体制的一个重要基础。

三、划分中央、省及市县三级税种的框架设想

现行 19 个税种，按照国家规定，全额划为中央固定收入的有 4 种，即关税、消费税、船舶吨税、车辆购置税；划为中央地方共享收入的有 7 种，即增值税、企业所得税、个人所得税、资源税、印花税以及营业税、城市维护建设税；全额划为地方固定收入的有 8 种，即契税、房产税、城市房地产税、耕地占用税、城镇土地使用税、土地增值税、车船税、烟税（固定资产投资方向调节税停征，未列）。依据前述划分中央地方税种及其收入归属的原则，在现行划分中央、地方固定收入、分享收入的基础上，结合税制改革和“正税、清费、明租”改革，要新增加和调整税种的情况，现提出划分中央、省（自治区、直辖市）和市县三级税种设想的框架如下：

（一）中央税

1. 现行 4 种中央固定收入的税种，都划为中央税，收入归中央独享。关税是国家贸易税，包括进口税、出口税和邮递物品进口税，以及反倾销税、反补贴税等特别关税。征收关税是国家对国际经济事务的调控，事关调节进口产品结构、数量，保护国内生产，运用国内外两个市场、两种资源，促进发展国家经济，是国家对国际经济事务行使国家主权，维护国家整体利益，政策和执行都必须高度统一，这种权力只能由代表整个国家的中央政府行使，而不能由口岸地区的地方政府分散掌握，导致对外政策的差距，引起国际争端和国家对外贸易的重大扭曲。各国都毫无例外地把关税划为中央税，税基、税率和各种制度的决定权都归中央，征收管理权和收入归属权也都归中央。在我国，关税从建国时起，就一直明确是中央税，其收入也从未在中央、地方间进行分配，现也理所当然地应划为中央税。

船舶吨税是对进出口我国港口船舶征收的一种税。它与关税同样是对外行使国家主权，保护国家利益，政策和执行必须全国高度一致，并且是由中央垂直的海关代征，地方政府不参与其事，应划为中央税。

消费税是对特定的一些消费品，就其销售收入征收的税种。在国外，往往是按消费品种细分为几种税，如德国把烟、酒、糖、石油等分别征收的税种，划为中央专享的联邦税；日本既把酒税、烟税、汽油税、航空燃料税、天然气税等列为中央税，又把地方消费税、轻油交易税、道府县和市町村的烟税、酒税，列为地方税。我国统一列入消费税征收的产品种类较多，主要是“寓禁于征”产品（如烟）、奢侈品、限制消费的资源性产品、环境污染产品，是对商品交换通过增值税普遍调节后，根据国家产业政策和消费政策，对特定商品交换的深层次特别调节，对引导投资方向，调整产业结构，调节和引导消费，作用大，政策性强，财政收入也充裕，应划为中央税，由中央直接掌握。如划为地方税，地方从本位出发，虽采取减税措施，但保护了本地区烟、酒等有关商品生产的加快发展，地方财政仍可多收，这会出现税收的逆向调节，这种现象在1994年实行消费税制，并把它划作中央固定收入之前，曾是屡见不鲜的。

车辆购置税实质也是消费税的一种，也应划为中央税，当然，根据传统作法，其收入在财政上也可为地方安排特殊用途。

2. 证券交易印花税改为证券交易税，划作中央税。印花税是对书立、领受法律列举凭证的行为征收的一种税。而证券交易基本上是证券买卖的营业行为，现证券交易是实行集中托管和无纸化管理，并无有形的书据凭证，按印花税的产权转移书据税目征税，不够科学合理。现证券股票交易是分散在全国操作，全国各地区都对该项税收的创造，作出了贡献，而收入却集中在富裕的上海和深圳两地缴纳，由两地与中央分享，也不够公平合理。特别是证券交易与整个国民经济的发展密切关联，事关国家对整体经济的宏观调控，政策性很强，对于减少证券市场短期波动性，抑制投机炒作，有其特殊功能作用，税收收入也大，按照1993年12月国务院批准的税制改革方案，应从印花税中分离出来，单独开征证券交易税，划为中央税，收入归中央独享。

3. 把石油特别收益金改为石油超额利润税，划作中央税。2006年10月开征的石油特别收益金，是国家对石油开采企业销售国产原油，因价格超过一定水平，所获得的超额收益，按一定比例征收的收益金，属中央财政非税收入。是对石油开采企业无偿开采国家所有的石油矿产资源，成本低，交纳资源税费少，而国际油价猛烈上涨，形成了一种远超其他产业的暴利，采取的一种非税征收方式。其实质是一种超额利润税，似应用税的形式，进行合理规范，改征石油超额利润税。原征收办法按原油价格计算，每桶超出45至60美元的，累进征收率为20%—35%，60美元以上的最高税率只为40%，其余60%以上的巨大超额利润部分，仍留给企业，也不够公平合理。近一年多来，国际油价倍增，每桶达100美元以上，矛盾更为突出，似也需借鉴国际上的通行做法，提高征税率，加大调控力度。

4. 海洋石油资源矿区使用费改为海洋石油资源税，划作中央税。现在对中国企业和外国企业开采的海洋石油（包括原油和天然气）是征矿区使用费，而不是征资源税。征费按每个油气田日历年度原油或者天然气产量，分级计算征收。原油费率是4%—12.5%；天然气费率是1%—3%，均用实物缴纳，由税务机关征收，属中央收入。这种收费，实质上是税收性质，为统一规范财政收入分配格局，应改费为税，与陆上石油同样采取征税办法。鉴于领海海域属于国家，一般难以划分属于哪个地区，海洋石油开采是中央统筹安排，也有其开采中的诸多特殊情况，海洋石油资源税不同于陆上石油资源税，应划为中央税，由中央独享。

5. 恢复征收固定资产投资方向调节税。固定资产投资方向调节税是对中国境内的各种固定资产投资，区别征税项目，采用差别税率，对投资方向进行调控的一个税种，1991 年度起开征（以前是征建筑税）。2006 年以征税收入日益缩小，征管较复杂，市场经济条件下，企业和单位有自律性等原因，暂停征收，保留税种。这个税种开征的目的，并不在于能征多少税款，而在于贯彻产业政策，控制投资规模，引导投资方向，调整投资结构，加强重点建设，特别是限制一些单位兴建楼堂馆所，有其一定作用，可以恢复征收。该税种发挥作用的前提是，把原属于地方固定收入的税种，由地方税务局征收管理，改划为中央税，由中央垂直的国家税务局系统征收管理，避免一些地方从本位出发，对本地区的固定资产投资，采取减免税或不征税等优惠措施，使这个税种的征收流于形式。

以上中央税种中，消费税、关税加上中央主要分享的增值税、所得税，全面性调控能力强，收入大，是中央的主体税种。

（二）中央、省和市县共享税

现行七种中央地方共享税可划分为两类：一类是收入主要由地方分享的营业税、城市维护建设税、印花税、资源税 4 种。可通过税制改革，把证券交易从印花税中分离出来，把海洋石油资源税，从资源税中分离出来，并单独设置中央税种。其余部分都适宜地方征收管理，中央分享的收入份额也少，为尽可能缩小中央地方共享税规模，统一规范征收管理有关事宜，充分调动地方积极性，应改划为纯粹的地方税。另一类是收入主要由中央分享的增值税、企业所得税和个人所得税 3 种。按其特性和功能作用，本应划为中央税，但因其收入特别大，现实生活中，已是中央、省（自治区、直辖市）和市县三级分享收入，为适当调剂中央、地方收入分配，现阶段应仍划为中央、省和市县共享税，在政策制度由中央直接掌握的前提下，把收入的一部分，划给省（自治区、直辖市）和市县分享，使省（自治区、直辖市）和市县两级也有稳定的收入来源。具体分析是：

1. 增值税。是我国税制结构中的主体税种，税收覆盖面遍及全国范围内的所有商品生产和交换的各个环节，税源广，但税基流动性大，同全局性的经济调节和稳定，全国统一大市场的高效运行密切关联。是我国收入最大的税种，以 2006 年为例，国内增值税收入 12784.81 亿元，进口增值税收入 4861.15 亿元，减去出口退税 4867.81 亿元，实际收入 12778.15 亿元，占当年税收总额的 36.75。为适应我国国情，使中央、地方的事权与其财力相匹配，不可能像法国、韩国那样，把它划为中央税，而是宜于像德国那样，把它划为中央地方共享税，宜于在政策制度和征收管理由中央直接掌握的前提下，用其特大的收入，在中央和地方政府间的财力分配中进行适当调剂；也可以考虑以其部分收入在地区之间进行均衡性的横向调节。

2. 企业所得税。这个税种同经济发展周期密切关联，在经济发展中，有“自动稳定器”作用。其税基有较大流动性，如划为地方税，易通过转让定价等方式，把利润从高税率地区，转移到低税率地区，逃避税负，地方征管难度大，税收成本高，地区间税率高低和优惠差别，也会对投资和产业的地区布局，造成不良影响。目前它是收入仅次于增值税的第二大税种。以 2006 年为例，收入为 7039.6 亿元，占当年全国税收总额的 20.23%。现阶段也宜于在政策制度和征收管理由中央直接掌握的前提下，划作中央地方共享税，用于调剂中央、省和市县三级收入分配。

3. 个人所得税。这个税种对收入再分配调节有重要作用，具有宏观经济反周期“稳定器”的功能，税基具有流动性。其收入，以 2006 年为例，达 2453.71 亿元，位居收入大的第四个税种。这是一个极具发展前途的主要税种，随着经济发展，居民收入迅速提高，其收入再分配功能和经济反周期“稳定器”功能将更加强，税基流动性也将增加，收入更会大幅度上升，现阶段也宜于如同企业所得税一样划作中央地方共享税，其收入由中央、省和市县三级分享。

（三）省（自治区、直辖市）税

通过税制调整和改革，在现阶段，下列两种税适宜划作省（自治区、直辖市）税，收入由省级专享：

1. 把中央、地方分享的营业税，划为省（自治区、直辖市）税，收入由省专享。国际上对商品和服务性业务收入，一般都统征增值税，而在我国现阶段，对服务性业务的营业收入，则是单独征收营业税，不征增值税。鉴于营业税收入大，是我国仅次于增值税、企业所得税的第三大税种。以2006年为例，收入达5128.7亿元，其中地方分享4968.17亿元，占该税种收入总额的96.87%，在地方本级税收收入中，占32.63%的比重，是地方财政收入的主要来源。地方本级财政支出的16.33%，要依靠营业税收入的支撑，同地方财政经济的关系十分密切。国家业务主管部门也曾召集全国会议，研究对服务性行业营业收入改征增值税的问题，但遭到各省、自治区、直辖市财政厅、局代表的普遍反对。现行营业税征收范围中，除销售建筑物等不动产属于商品交换领域，交通运输和建筑安装两个行业同商品生产经营密切关联，存在重复征税问题，也关系到全局性宏观调控，需要研究改征增值税，从税制上妥善加以解决外，其他一般服务性行业，对全局性宏观调控影响、税基流动性以及重复征税问题，均远低于商品生产经营。为适应我国现实情况，现阶段对服务性行业收入，仍适宜于继续维持征收营业税的制度，但要把铁路运输、各银行总行、各保险总公司集中纳税办法，由全国集中，改为由省（自治区、直辖市）集中，该部分营业税收入，也由中央固定收入，改变为省级专享收入，从而使营业税从主要由地方分享的中央地方共享税，改变为省级税。同时，以其有稳定和较大收入来源，与省（自治区、直辖市）区域的第三产业发展，有良性互动的重要作用，有利于促进省级更多地重视发展第三产业，并可成为省的主体税种。

2. 把社会保险费改为社会保障税，划作省（自治区、直辖市）税，收入由省级统筹安排。现在对基本养老保险、基本医疗保险和失业保险以及工伤保险，是采取分别险种、分率征收社会保险费的方式，其弊病是法制性弱、覆盖面窄，漏征现象多，特别是社保部门自收、自支、自用，导致社保资金大量被非法挪用、浪费、贪污。现全国虽已有20个省（自治区、直辖市）的社会保险费，是由地方税务局代征，取得了很大成绩，但这毕竟是代征性质，是“以费代税”，主管权仍在社保部门，只能依据社保部门提供的数据来代征，不能充分发挥税收特有的组织收入和调节分配的功能作用。借鉴国际通行做法，为保证社保资金的提供，并形成社保基金由税务、财政、社保、审计各部门分工合作、相互制约的新管理模式，使基金运转公开、规范、透明、健全，有力地保障社保基金安全，促进提高资金使用效益，办好整个社会保障事业，必须“改费为税”。

社会保障税是明显的受益税，与纳税人的受益密切关联，划作何级税种，其条件依附于社保基金的统筹层次。《中共中央关于构建社会主义和谐社会若干重大问题的决定》明确要求，对企业职工基本养老保险“积极推进省级统筹，条件具备时，实行基本养老保险基础部分全国统筹”。[①] 现全国已有黑龙江、福建、陕西等几个省和各直辖市在全省市（自治区）范围内，实行省级社保基金统筹，其余的省和自治区，是处在市县范围内统筹阶段或向省级统筹的过渡阶段，按照中央决策，各地区的社保基金都由省级统筹，已指日可待。因此，现阶段宜于把社会保障税划作省级税，其收入由省级统筹安排使用，其仍属市县级统筹的部分，税收收入由省级划转市县级安排使用。将来随着社保基金统筹层次进一步提高，社会保障税也要由省级税逐步改划为中央税或中央地方共享税。

（四）省（自治区）和市县共享税

1. 把资源税改划为省（自治区）和市县共享税。资源税制应进行重大改革。要在立法中明确调控目标，即最大限度促进国家自然资源的合理开发和有效利用，保护稀有资源，维护生态环境，保护可持续发展；要扩大征税范围，并把单位标准定额税率，从量计征，改为

---

① 《中国共产党第十六届中央委员会第六次全体会议文件汇编》，人民出版社2006年10月版，第20页。

比例税率，从价计征。资源税制改革后，其特殊调控功能将大大加强，收入也将大幅度上升。自然资源是国家所有，中央政府对资源收入有权享有，除海洋资源税划为中央税外，陆上资源税也仍可划为中央地方共享税，但考虑到我国能源等矿产资源，密集于西部贫困地区和经济欠发达地区，初级资源产品（如原油、天然气等）国家定价低，而加工成为成品，进入消费环节，市场价格要高几倍，甚至几十倍，欠发达资源地区的税源，被转移为发达地区的税收。同时，现行税制上的一些规定，也导致资源地区的税源，转移为经济发达地区的税收收入，而资源的维护保养责任，却落在资源所在地区，出现了“资源越多越不幸”的困局。为缓解此种困局，中央必须对资源所在地区大力支持；并且征收资源税有幅度税率和计算征收等多种弹性规定，需要地方适时机动处理，还有资源耗损补偿和生态环境的特殊费用支出，需要地方提供，这些以在省、自治区的范围内处理较为适宜，因而宜于把资源税划为省和市县的共享税，适应资源占有及其耗损补偿情况，确定税收收入分享办法。

2. 开征环境保护税，划为省和市县共享税。我国河流、湖泊、土壤和城市空气污染较为严重，每年用于环境污染治理方面的支出，数额高达数千亿元，而排污费年收入不过100多亿元。为鼓励节能降耗减排，控制自然环境污染，构建良好的生态环境文明，借鉴国际经验，必须加快建设环境保护税体系，在强化各有关税种在这方面的政策制度的同时，还要单独开征环境保护税，把一切与环境污染、资源破坏的行为和产品，都列入征税范围。通过利益调节，进行严厉地遏制，促进企业千方百计抓紧研究开发污染治理，鼓励清洁生产，节约能源，废物回收和综合利用；鼓励发展循环经济和环保产业。鉴于环境污染，是实行地方自治管理的原则，可是又需要在省、自治区的较大范围内进行，征收的税款是专款专用，因而环境保护税宜于划作省（自治区）和市县的共享税，其收入适应各地区不同情况，进行合理分配。

（五）市、县税

在进行以上四类税种的划分以后，剩下的较多税种，一般都宜于划作市县税，其情况是：

1. 开征物业税，划为市县税。把现行的房产税、城市房地产税、城镇土地使用税和对外商及外籍人士征收的土地使用费，以及国内有关房地产的各种收费，其属税收性质的，均应加以合并，并在税制上，统一开征物业税（或称房地产税）。要扩大征税范围，取消现行对居民个人非营业用自有住房免税的规定，第一步先把居民的非普通住房和豪宅、别墅纳入征税范围。要调整税率，改变计税依据，按评估的市场价格依率计征，适应房地产的实际价值，便利国家分享土地增值收益。物业税税基固定，业主享受当地提供的公共基础设施的服务利益，而评估计税，又必须更多地依靠地方掌握的信息资料和征管力量，以及当地有关部门的配合；经济繁荣，房地产发展和物业税收，并有良性循环的相互促进作用，依据国际通例，物业税应划为市县税。随着经济繁荣发展，物业税税源将更稳定、充裕，税收收入将成倍上升，可以成为市县主体税种。

2. 开征维护建设和教育税，划为市县税。现行城市维护建设税实际是增值税等三个税种的地方附加，没有独立的课税对象，不能发挥独立税种的特殊功能作用，并且纳税与受益严重脱节，许多在当地享受公共服务的企业、单位都被排除在纳税人行列之外，很不公平合理。现在城市公用事业过度市场化，财政投资占该项整个投资的比重，不足1%，[①] 而现行城市维护建设税覆盖面窄，收入少，又不能满足这方面的财政资金需要。为完善税制，并适应城乡维护建设和基层义务教育的资金需要，应把城市维护建设税、教育费附加及农村事业教育费和文化建设基金等相关的收费加以合并，改征新的维护建设和教育税，以生产经营单位个人的销售收入、营业收入和调拨收入等其他收入为课税对象和计税依据，企业或单位不论是否对外营业，只

① 《报刊文摘》，2008年1月7日。

要有法定收入额，都应当在享受公共设施利益的当地缴税。具体适用税率，由省级按照当地维护建设和教育文化的需要，在全国统一规定的幅度税率内自行确定。本税征收范围广，有较大和稳定的收入，与当地提供的公共设施服务密切关联，在我国经济整体上尚欠发达，财产税收入尚不充裕，需要较多依靠流转课税的现阶段，维护建设和教育税可与物业税同为市县主体税种。

3. 开征燃油税，划为市县税。把公路养路费等，改为征收燃油税，从原来依据车辆吨位计算征收，改为按耗油量的价格，依率从价计征，使之更好地体现公平税负和受益原则，大幅度增加财政收入，特别是有利于遏制能源过度消费，减免废气污染；推动科技创新，促进汽车生产向节能、环保和轻型化方向发展，支持建设资源节约型、环境友好型社会。公路养路费收入原属地方，从受益原则和充裕基层财力出发，可划为市县税。

4. 除烟叶税改为消费税的一个税目外，把地方固定收入的现行四个税种划为市县税。属于地方固定收入的现行契税、耕地占用税、车船税、印花税等四个税种，在税制上，有的近年已作修改，有的尚待改革完善。这些税种都属于税基流动性较弱，区域受益性较明显，收入较少，全面性宏观调控影响较小的税种，而市县基层却具有信息和征管优势，应均划为市县税。

5. 开征遗产与赠与税，划为市县税。这是许多国家已经开征的税种，从长远看，应当积极创造条件，择机开征。这有较大的公平收入示范效应和心理平衡效应，也有利于促进一些人的即期消费，并从制度上加快推动我国慈善家群体的形成和壮大。由于它的税基相对固定，对宏观调控影响小，而市县基层具有信息优势和征管优势，应划为市县税。

6. 授权省级在经国务院批准后，开征区域性地方税种，划为市县税。借鉴日本等国家的经验，授权省级人民代表大会及其常委会，在全国统一税政，不影响中央财力，不挤占周边邻地区收入的前提下，自行立法，在报经国务院批准后，开征适应本地区特殊情况的区域性地方税种。主要是把各地现行具有税收性质的收费、基金、集资等改为规范性的税收；对一些区域性的特殊税源，也可征收地方特别税，从而扩大地方税覆盖面，这是完善地方税体系，以至完善整个税收体系的一个重要方面。这些区域性地方税种，其收入基本上原已属于市县，应划为市县税。

通过以上与税制改革（含正税清费）相结合的中央地方税种划分，形成中央、省和市县三级税种结构体系。属于全国统一开征的有24个税种，其中包括中央税8种，中央、省和市县共享税3种，省（自治区、直辖市）税2种，省和市县共享税2种，市县税9种。特别是在这个税制结构体系中，还有经国务院批准，由各省、自治区、直辖市自行开征的区域性税种，其级次划分是：

（一）中央税

1. 关税（主体税种，含反倾销税、反补贴税）；2. 消费税（主体税种）；3. 证券交易税；4. 石油超额利润税；5. 海洋石油资源税；6. 车辆购置税；7. 船舶吨税；8. 固定资产投资方向调节税。

（二）中央、省和市县共享税

1. 增值税（全国主体税种，中央主要分享）；2. 企业所得税（全国主体税种，中央主要分享）；3. 个人所得税。

（三）省（自治区、直辖市）税

1. 营业税（省主体税种）；2. 社会保障税。

（四）省和市县共享税

1. 资源税；2. 环境保护税。

（五）市县税

1. 物业税（市县主体税种）；2. 维护建设和教育税（市县主体税种）3. 契税；4. 耕地占用税；5. 车船税；6. 印花税；7. 燃油税；8. 遗产与赠与税；9. 经批准省级自行开征的若干区域性税种。

四、合理确定税收收入归属

我国中央宏观调控财力的现有水平，就当前情况来说，总体是较为适当的。我们必须在保持中央宏观调控财力现有水平相对稳定的前提下，依据税种、税源与税收收入一致性原则，适应当前形势发展，对中央与地方政府间、地方政府横向、纵向间的收入分配关系，进行若干结构性调整，合理确定其收入归属，以利于各级政府更好地履行其经济社会管理职能，实现基本公共服务均等化和主体功能区建设，构建社会主义和谐社会。现就以下几项，提出一些有关收入分配结构性调整的意见。

（一）逐步取消税收返还的补助方式

1994 年开始实行的增值税和消费税返还，采取了“基数 + 增长”的返还模式，2002 年开始实行的企业所得税和个人所得税返还，采取了固定基数的返还模式。这都是为了保证地方原有的既得利益。由于经济发达地区原来的税收收入基数高，返还的税收金额也多，欠发达地区原来的税收收入基数低，返还的税收金额也少，这种收入分配方式，有利于经济发达地区，而不利于经济欠发达地区，税收返还作为中央财政补助地方的一种手段，在均衡地区财力分配中，形成一种逆向调节。并且税收返还计算复杂，一个地区一个样，很不规范，资金的上解下拨，流转期长，增加了运转成本，影响了资金的有效使用。同时，增值税和消费税收入的“基数 + 增长”的模式，每年基数是在上年度的基础上进行递增，成为确定返还金额的“硬杠子”，完不成该递增基数的，其差额部分，要被相应扣减返还金额。这对地方特别是欠发达地区形成了重大压力，为保证完成该逐年递增的基数，得到规定的足额税收返还，有些地区可能不顾地区条件和生态文明，盲目追求过快增长；或者是弄虚作假，采取“引税”、“买税”、“先征后返”等方式，虚增税收收入。随着时间推移，以上矛盾问题，日益凸现。1994 年分税制改革时，鉴于当时进行此项改革的困难和阻力的历史背景，为保证中央集中财力的顺利推进，采取这种过渡性的渐进方式，是必要的，但时至今日，我们行政领域的中心任务是要“围绕推进基本公共服务均等化和主体功能区建设，完善公共财政体系”①，就显得矛盾格外突出，必须变革了。当然，为照顾一些地区的实际情况，可以采取限期取消（如3年），分步进行的方式，稳步推进。

税收返还在中央对地方的整个补助中，占了很大比重，分税制改革初期，中央对地方的财政补助，基本上是“两税返还”，1995年是1867亿元，占当年中央对地方补助总额的73.7%，随着财政转移支付的规模不断扩大，该项比重虽逐渐下降，绝对金额却是逐年增长，数额巨大，以2006年为例，增值税、消费税和所得税返还金额达3930.90亿元，是1995年的2.11倍，仍占当年中央财政补助地方总额（含财政转移支付）的30.06%。现对税收返还这部分收入，是作为中央财政收入统计，算上税收返还这块收入，2006年中央财政收入占全国财政收入的比重达52.8%，如算作地方财政收入，2006年中央财政收入占全国财政收入的比重，只为42.6%，相差10.2个百分点。② 中央并不拥有税收返还的分配权、使用权，实际是由地方自主安排用途，在预算执行中，通过资金划解，直接留给地方。取消税收返还的补助方式，就改变为中央实际拥有了这部分收入的分配权、使用权，中央宏观调控财力大为增长，而地方也相应减少了对这部分资金的分配权、使用权，自主财力大为缩减。为合理安排中央与地方的收入分配关系，既维护中央现有宏观调控财力水平的相对稳定，又避免损及地方自主财力，就需要在取消税收返还的同时，采取对策措施，或是扩大地方税规模，或是提高地方分享中央地方共享税的分配份额，或是加大中央对地方一般性转移支付的力度，或是多项措施同时并举，配合运用。这就必然影响到中央财政收入占全国财政收入比重的变化。发展的趋势是，在三年定期逐步取消税收返还的过程中，中央财政收入占全国财政收入的52.8%（2006年）或54.1%（2007

① 《中国共产党第十七次全国代表大会文件汇编》，人民出版社2007年10月版，第25页。

② “国务院关于规范财政转移支付的报告”，《2007年中国财政年鉴》，2007年12月版，第38页。

年）比重，将会相应地逐步降低，譬如降到50%左右。表面看来，中央财政收入所占比重，降低了2.8个百分点或4.1个百分点，但因中央不再对地方实施税收返还，按2006年税收返还金额列作地方财政收入计算的中央财政收入所占42.6%的比重计算，中央财力不是降低，而是实际提高了7.2个百分点，中央能够分配和使用的财力，将有大幅度提高，有更大的宏观调控财力，来对地方进行一般性转移支付，扶助欠发达地区，促进基本公共服务均等化和主体功能区建设。

（二）调整中央、地方税种收入的分配办法

改变现行就每个税种划分中央、地方固定收入的过渡性作法，划作哪级的税种，其收入就应全额归属于哪级政府，对中央地方共享税也应有规范性的收入分配办法。譬如消费税，现是划为中央固定收入，而其收入的实际归属，则是划作三个部分：进口消费税，归中央独享；国内消费税的基数部分，返还给地方；国内消费税的非基数部分，归中央独享。现把消费税划作中央税，其收入就应全额归属中央，也无必要再对进口部分单独列明收入归属，出口退税也应由中央全额负担。营业税在划为省级税后，全国性银行等部门集中交纳的营业税，也不应再划作中央财政收入，而应由省（自治区、直辖市）独享。增值税是划作中央地方共享税，其中进口增值税部分，并非国内哪个地区的生产经营成果，且其数额巨大，2006年达4861.15亿元，占当年增值税全部收入总额（含出口退税，未扣除）的36.3%，全国税收总额（已扣除出口退税）的13.47%，应仍从增值税总额中独立出来，划为中央独享收入。至于增值税的出口退税，其金额约与进口增值税相当。以2006年为例，是4867.21亿元。按照2003年的规定，该项退税款改为中央和地方财政共同负担，以中央财政负担为主。其后因原征税款是生产经营地已按比例分享收入，却要办理出口退税的口岸地区分担，以及一些地区分担退税款，有实际困难，就降低了地方分担退税款的比例，但仍存在矛盾。具体执行情况是，2004年地方分担了增值税出口退税547.7亿元，其后各年实际仍由中央全额负担。增值税收入是由中央、地方分享，而巨额的出口退税，却要中央全额负担，这不够公平合理。为解决此项矛盾问题，可以借鉴德国的经验，改为增值税退税款，先在国内增值税收入中扣除后，再就其余额，在中央和地方间按比例分享，退税额则统一由中央财政负责。为便利执行，可事先计算一个年度的退税额，测算生产经营出口产品所在地应当分担的退税份额，相应减少其分享的增值税收入。

增值税、企业所得税和个人所得税收入巨大，其在中央和中央各级间的分配比例，极大地影响到中央和地方的财力，应结合整个税制改革、正税清费改革和各级政府支出责任的调整，中央财政补助方式的调整，全面测算，确定一个时期内中央、地方分享的适当比例，既维持中央宏观调控财力的相对稳定，又使地方各级有必要的自主财力。要通过此项分享比例的确定和调剂，使中央和地方在全国财政、税收总额中，各占到其应有的适当比重。

（三）建立税收横向平衡机制，适当处理区域税收转移矛盾

现普遍存在一种区域税收转移现象，这就是享有税源，对生产经营作出贡献的地区，税源所在地政府没有取得相应的税收收入，其部分税收收入或全部税收收入，却流向别的地区，归属到别的地方政府所有。一般情况是，经济欠发达地区的税收，被转移到经济发达地区。试以地区生产总值所占全国国内生产总值比重，与地区工商税收收入所占全国工商税收总额的差距，作为判定税收转移的一个标准，例如经济发达地区的上海和北京两市，2006 年的地区生产总值分别为 10366.37 亿元和 7870.28 亿元，所占当年全国国内生产总值的比重，分别为 4.92% 和 3.73%；而税务部门组织的工商税收收入，分别为 4141.85 亿元和 3325.66 亿元，所占全国工商税收总额的比重，分别为 11.01% 和 8.84%，税收所占比重，大于生产总值比重，分别为 6.09 个百分点和 5.11 个百分点，这固然有多种原因，但在某种程度上也表明，所征税款中，有较大部分是从其他地区转移过来的。同样，经济欠发达地区的四川和陕西两省，2006 年的地区生产总值分别为 8637.81 亿元和 4523.74 亿元，所占全国当年国内生产总值的比

重，分别为4.10%和2.22%，而税务部门组织的工商税收收入分别为912.77亿元和646.91亿元，所占全国工商税收总额的比重，分别为2.43%和1.72%，税收所占比重，小于地区生产总值所占比重，分别为1.67个百分点和0.5个百分点，[①] 这同样在某种程度上表明，本地区税源的较大部分收入被转移到了其他地区。

在社会主义市场经济体制下，全国统一大市场，适应生产经营和经济发展的需要，加上其他因素，在许多情况下，区域税收转移，往往难于避免，但为使税收收入在地区间进行公平合理的分配，协调地区经济发展，特别是支持欠发达地区经济发展，推进基本公共服务均等化和主体功能区建设，必须重视采取防止和补救的有力措施。建立税收横向均衡机制，在税收环节，就尽可能减少区域税收转移，就是有效措施的一个重要方面。我们过去在税制和征管中，已有一些较好的措施，需要进一步完善，主要是：

1. 跨地区生产经营的税收横向分配机制。一些生产经营项目，其生产基地和经营销售往往是横跨两个地区甚至是跨省区的，各有关地区对该项目的生产经营成果都作出了不同程度的贡献，拥有相应的税源，为在地区间公平分配收入，各所在地区政府，理应分享部分税收收入，而不宜由经营销售或财务结算所在地政府所在地独享。只涉及两个地区或极少数地区，方便协商谈判的，宜于由该有关地区，按各自提供的生产因素份量，自行协议分配办法，有争议的，由上级财税主管部门裁定；涉及多个地区，不便协商，或该生产经营项目的跨地区生产经营，带有普遍性的，则宜于由财政部和国家税务总局作出统一的制度规定。其中突出的是水电项目，如长江三峡电站，发电坝址在湖北省境内，水库区大部分在重庆市境内，经两省市协商，并经财政部和国家税务总局确定，增值税及附征的城市维护建设税和教育费附加收入，按照三峡工程综合淹没实

① 据《2007年中国财政年鉴》第460页和《2007年中国税务年鉴》第637页数字计算。

物比例，湖北省分享 15.67%，重庆市分享 84.33%，地方各税（含营业税等各税）收入全归湖北省；企业所得税收入，在 2009 年以前，全部留给中国长江三峡工程开发总公司，作为三峡工程建设基金。执行以来，两省市尚有争议，需要进一步完善办法。为保障水电建设的顺利进行，妥善处理地区间利益分配关系，2008 年 6 月，财政部下发了跨省区水电项目税收分配的指导意见，规定水电项目发电环节产生的增值税（地方分成部分）、企业所得税（坝址所在省的地方分成部分）以及随增值税附征的城市维护建设税、教育费附加，纳入跨省区的税收收入分配范围。其中对坝址不跨省区的水电项目，按照移民人口（含坝址，权重 49.5%）、淹没土地面积（含坝址、权重 40.5%）和坝址所在地为项目维护、运转承担的公共支出成本（权重 10%）三个因素测算，确定分配比例。对坝址跨省区的水电项目，则按移民人口（权重 55%）和淹没土地面积（权重 45%）两个因素测算，确定分配比例。以前已经达成税收分配协议的，仍按原协议办理。这种规范性意见，为地区协商提供了明确依据，完善了区域税收转移收入分配的制度规定。

跨地区生产经营的其他项目，也有横向税收的合理分配问题，如两个或两个以上省、自治区、直辖市自行兴建的铁路（例如京津城际高速铁路），其运营业务收入应缴的营业税，主要就应按各自境内铁道的里程这个生产因素或自然环境因素，确定省际间的营业税适当分配比例。现跨地区提供劳务的营业税收入归属，在地区间时有争议，宜于建立规范、透明的横向税收分配办法。资源产品的矿区生产与运销，往往是跨地区的，也需要按照矿区的各个生产点的产量和对税收收入的贡献等诸多因素，制定资源税、增值税（地方分享部分）、企业所得税（地方分享部分）等的横向税收分配办法，以利于矿区所在地政府对矿区的维护和补偿。

2. 跨地区总分支机构汇缴所得税的横向分配机制。跨地区总分支机构汇总缴纳企业所得税，总分支机构间的盈亏可以相互抵补，且便利总机构对分支机构的全面监督管理，这是适应企业做大、做强，实现大型化、集团化的需要，也是国际上法人所得税以独立法人为纳税人的应有要求，但是，它带来的区域税收转移矛盾，也必须妥善处理。

我国在2007年以前的长时期内，企业所得税是以独立经济核算单位为纳税人，分支机构往往被认定为非独立经济核算单位，由总机构汇总纳税，符合规定的外资连锁经营企业分支机构，也由总机构汇总纳税；经国务院批准成立的企业集团，由其核心企业对控股资产达100%的企业，实行统一合并纳税。所有该项汇总缴纳的所得税地方分成部分，都由总机构所在地政府独享。出现了分支机构所在地税收向总机构所在地转移，地区间税收收入分配不公平。在2002年实行所得税分享改革时，也曾对跨地区汇总纳税企业的所得税收入，实行了按因素分配和税款预缴的方法，或是由于实际推行的范围有限，或是由于有的制度尚待完善，只在一定程度上缓解了区域税收转移问题。2008年1月，财政部、国家税务总局和中国人民银行总行联合发布了《跨省市总分机构企业所得税分配及预算管理暂行办法》，明确规定，属于中央与地方共享收入范围的跨省市总分机构企业缴纳的企业所得税，实行“统一计算、分级管理、就地预缴、汇总清算、财政调库”的处理办法，总分支机构统一计算的当期应纳税额的地方分享部分，25%由总机构所在地分享，50%由各分支机构所在地分享，25%按统一比例，依据一定系数，在各地区进行分配。总机构须预缴核定的应纳税总额的50%，其余50%由各分支机构分摊预缴，其比例由总机构按以前年度的三个因素计算确定。其中经营收入和职工工资各占0.35，资产总额占0.3。各分支机构所在地分享预缴所得税的地方分成部分。

财政部等三个部门的这个办法，统一规范了地区间所得税收入分配制度，兼顾了总机构和分支机构所在地的税收利益，有利于调动分支机构所在地的积极性，加强所在地区企业的征收管理。但似尚可研究改进的，一是确定分支机构分摊预缴比例，依据的因素，可以考虑增加分支机构所得额（按上年数估算）一项，因为所得税是以企业利润和其他所得为课税对象，所得额的大小，决定了所得税收入的多少，分支机构所在地理应参照这个因素来分享收入。二是为简化分配层次，中央分享的企业所得税收入60%部分，可改由总机构汇总预缴就地入中央金库，不必再分配到各地区分别预缴。三是企业所得税划为中央地方共享税后，不宜过多地保留对某些特定的产业、企业的所得税收入，由中央独享的办法，为兼顾总分支机构所在地利益，汇总缴纳所得税，除其中极少数特殊必要保留以外，一般应尽可能就地方分享部分，在相关地区间进行合理分配。四是在完善省以下分税制财政体制后，市县有本级的税种和分享的所得税收入，为兼顾总分支机构所在市县的税收利益，对在中国境内，未跨省境设立不具有法人资格营业机构的居民企业，也宜于参照前项税收分享办法执行。五是具有法人资格的集团企业符合控股100%的条件，经特别批准，由核心企业合并缴税的，其所得税收入地方分享部分，也宜于在地区间进行合理分配，不应由核心企业所在地独享。

3. 税收环节限制区域税收转移的其他机制。地方的有害税收竞争，也会导致区域税收转移。例如有些地区采取“先征后返，财政返还”的征税办法，扩大税收优惠的适用范围；通过奖励手段，“转引税”，以及违法强制征收属于其他地区的税，把不属于本地区的税收，转移到本地区征收入库，也会导致区域税收不合理转移，这应通过加强税收法治，严明法纪，加以遏制。

在确定税收收入的适当归属，实现地区间财力的横向平衡方面，财政手段的分配，起着重要作用。例如德国对增值税收入分配，就重视了地区间财力的横向平衡。它是先从总额中预提5.6%（各年比例不一），用于养老金账户的补偿，2.2%分配给地方市镇政府，余额作为100%，按49.6%和50.4%的比例（定期调整），在联邦和各州间进行分配。联邦和州各年实际分享比例略有差距，以2004年为例，联邦分享51%（含拨给欧盟13.6%），州分享46.5%，地方市镇分享2.1%。值得注意的是，属于州分享的部分，不是按税收征收入库的所在地进行分配，而是采取了均衡地区财力的办法。他们基于增值税是消费者负担的理论，认为收入应归属于消费者所在地，因而对州分享的部分，把其中至少75%按各州居民人口数进行分配，其余近25%的份额，分配给财力弱的州，人均税力低于全国平均水平92%的州，从中可以得到不同程度的这种平衡补偿。在财力达到全国平均水平92%后，州财力大于州财力需求（指一个州达到联邦平均人均财政与水平所需的财力）一定限度的州，还有义务提供财政平衡缴款，而州财力小于州财力需求的州，则有资格可以利用财政平衡得到相应补偿，但至多只能保证其支出需求的95%。①

我国2008年1月规定的总分机构汇算清缴企业所得税的收入分配办法中，就规定了地方分享部分中的25%，是由财政部采用财政调库方式，按一定系数分配给各省（自治区、直辖市），这是一种横向财政平衡。有的经济发达地区与欠发达地区，协议对口支援，以及最近19个省市支援汶川等地震灾区恢复重建，也是一种横向财力平衡方式。这对加快地区间经济协调发展，提高国家经济的总体发展水平，作用很大。它是建立在先进带后进的自觉基础之上，且是局部性的，尚未形成如同德国的那种有效的约束机制，宜于借鉴国际经验，在现有基础上进一步完善，使横向财政平衡与纵向财政平衡相互结合，在整个财政转移支付中处于一个重要地位。

（四）完善纵向的财政转移支付制度

平衡地区间收入差距，推进基本公平服务均等化和主体功能区建设，按照国际上多数国家的做法，重要的还是完善纵向的财政转移支付制度。十多年来，我国纵向财政转移支付规模，大幅度增长，2006年达9571亿元（不含税收返还），比1994年的550亿元增长9021亿元，增加达16.4倍之多。转移支付资金，主要用于中西部地区，其分享资金的比重，从1994年的69.6%，增为2006年的86.1%。② 1994—

---

① 朱秋霞：《德国财政制度》，中国财政经济出版社2005年3月版，第198—201页。

② 朱志刚："加快形成统一规范透明的财政转移支付制度"，《中国财政》2008年第2期，第44页。

2006年，中央对地方转移支付占地方财政总支出的比重，从11.4%增为30%，其中中部地区由14.7%增为47.2%，西部地区由12.35增为52.5%。[①] 在均衡地区间的财力分配，协调地区经济社会发展方面，在实现中央的特定宏观调控政策目标，引导投资方向，大力促进社会发展方面，都发挥了重要作用。今后需要进一步完善的主要是：

1. 调整财政转移支付结构，建立一般性转移支付为主、专项转移支付为辅的结合模式。这就是把现在的财力性转移支付与专项转移支付所占转移支付各半的分配格局（2006年前者比重占51.8%，后者比重占48.2%），逐步改变为国际通行的以一般性转移支付为主（现是财力性转移支付的一项，2006年仅占转移支付总额的16.73%），专项转移支付为辅。每年转移支付资金的增量部分；取消的原体制补助资金的全部；逐步取消的税收返还中转为中央财政收入的部分，都要用来充实一般性转移支付资金。财力性转移支付中，弥补民族地区、困难地区财力缺口的项目，列明用途的调整工资缺口和农村税费改革的补助项目，实际是对财力困难地区的一般性补助，也都可依据客观因素法计算，整合到一般性转移支付中去，不必另列有专项用途的特殊项目。有些补助，当前虽仍有必要专列项目，明确用途，推进改善民生，但实际也是对财政困难地区的补助，从长远看，管理制度完善后，能够自然形成地方支出基数，同样可以不规定用途，逐步整合到一般性转移支付中去。这样，一般性转移支付资金，将成倍增长，这有利于扩大地方统筹安排和合理支配财力的自主权，更有效地运用中央财政的转移支付补助，充分发挥资金的使用效果。

2. 坚持公平、公正、公开、效率的原则，科学规范转移支付制度。财政转移支付的目标是，通过调节地区间的收入差距，支援经济欠发达地区，推进实现全国的基本公共服务均等化和主体功能区建设，这是对中央与地方政府间、地方政府相互间以及各有关部门与地

① 《2007年中国财政年鉴》，第38页。

方政府和各部门间财力和利益的分配，涉及国家财政资金的有效配置和使用效果，关系到国家整个宏观调控目标的顺利实现，必须采用客观科学的方法来规范转移支付制度，做到公平、公正、公开和有效率。过去我们对一般性转移支付，是根据各地区人口、生产总值等客观因素，按照统一公式，计算其标准财政收入、支出，对存在缺口的地区，按一定系数给予补助。这种方法比较科学规范，应当坚持，但可在这个基础上，进一步完善、扩大客观因素计算的范围，比如增列地区财（税）源和客观的收入能力、基本公共服务均等化的支出需求（不只是财政供养人数），以利于鼓励地方增加财税收入，节约使用资金。在计算中，还要增列主体功能区建设的客观因素，加大对禁止开发区和限制开发区的转移支付补助力度，保证其承担保护环境的必要支出。科学的因素法、公式法，也要扩大到专项转移支付领域，用以普遍代替还在实行的基数法或基数加因素法，只是计算依据的客观因素要适应专项转移支付不同项目的具体情况，而有所不同。同时，对于转移支付的分配办法、分配因素和基础数据以及分配结果，一般都要向社会公开，接受各方面的监督。

3. 清理、整合专项转移支付项目，调整优化资金投向，完善必要制度。专项转移支付，是具有外溢性、突发性、特殊性、非固定性特征的项目，一般应是中央特别需要委托地方办理的项目，跨地区的建设和环境治理项目，突发的自然灾害和疫情救济项目等。可是我国当前专项转移支付项目，多达 213 个，几乎遍及所有支出的各个方面，分属中央 30 多个部门管理。各有不同要求，地方还要配套拨款，影响了地方政府统筹安排财力，自主处理本地区事务。其中许多专项转移支付项目，或是目标不明晰，体现政策作用不强；或是情况已发生变化，已无必要存在，或是根本无必要设置，对这些项目，应当坚决取消。涉及多个部门管理，重复交叉的项目，应当统筹安排，加以整合，避免部门各自为政。通过以上清理、整合，尽可能缩小专项转移支付的规模，加大一般性转移支付规模，调整优化资金投向。同时，还要规范专项转移支付配套拨款的政策，凡属中央事权项目，中央要全额负担支出金额，保留的中央各部门项目，均不得再要求地方配套拨款。对属于中央地方共同事权的项目，区别不同地区情况，确定不同的配套拨款政策。对于地方事权项目，采取按地方实绩给以奖励或适当补助的办法，鼓励地区更好地完成任务。为此要建立专项转移支付的绩效评价体系，强化激励、约束机制。

4. 建立财政转移支付的法律、法规体系。要加强转移支付的法制建设，制定专门的法律或法规。明确转移支付的基本原则和部门职责分工；转移支付的具体内容、形式和检查监督、法律责任，从而在法制上进一步规范转移支付，增强对管理的约束，理顺转移支付的决策、协调、分配、监管等工作机制和程序。

本文载财政部财政科学研究所《研究报告》2008 年第 88 期（8 月 25 日，内刊）；以《合理划分中央地方三级税权及其收入归属》为题，载《经济活页文选（理论版）》2008 年第 11 期。《财政研究》2008 年第 11 期以《合理划分中央省和市县三级税权》为题，摘刊本文第二、三部分。全文收入财政部财政科学研究所编：《热点与对策·2008—2009 年度财政研究报告》中国财政经济出版社 2010 年 5 月版；北京市国际税收研究会编《北京市国际税收研究会理论调研文集（2008 年）》，中国税务出版社 2010 年 10 月版。2009 年 12 月获北京市国际税收研究会评授 2008 年度优秀论文特别奖。

税费改革的理论与政策

税费改革是调整国民收入分配格局，改变政府收入分配结构、机制，完善社会主义市场经济体制的重大战略举措。首先在第一节剖析国际上运用税费两种分配形式的理论政策及现状的基础上，总结了四条可供我们借鉴的经验：一是税与费以是否通过提供个别、特定服务，直接对等偿还进行划分和运用，各有其特殊功能作用，不能相互替代；二是基于税费的不同性质、作用，在财政收入中，税为主，占绝大比重，费为辅，主辅关系不能颠倒；三是征税严格遵循“税收法定主义”，收费虽有一定灵活性，但也有严格的法定程序和法律依据，管理透明；四是收费属于经常性财政收入中的非税收入类，要纳入国家预算，统一归口由财政部门管理。第二节分析了改革开放以来，收费飞跃膨胀、管理失控的情况、成因；国家采取的清理整顿政策措施及取得的阶段性成果，但税费错位的不合理分配格局尚未根本改变。第三节从多个角度，论证了税费改革的必要性、迫切性。第四节论证了税费改革要在减轻社会总负担的前提下，依据理顺政府收入分配关系，完善运行机制，规范征收、管理、使用，振兴国家财政的原则要求，结合税收改革，并进行各项配套改革，建立体制健全、分配规范、征管科学、增长稳定，适应社会主义市场经济发展和经济全球化新形势的政府收入制度体系。要使现行各种收费，按其性质、类别分流归位，便利发挥其原有的各自功能作用，其方法是“一清”、“二转”、“三改”、“四留”。其中着重论证了把社会保险收费改为开征社会保障税；把有关环境污染各项收费改为开征环境保护税；下放部分地方税立法权，便利省级把很大部分地方收费纳入地方税体系；

特别是着重论证了农村税费改革的重大历史意义，取消农业税是党中央果断英明的伟大决策；分析了四年多来改革试点的阶段历程、政策措施、明显成效、发展前景，提出了如何适应国情，统一城乡税制，建立促进农民增收、减负长效机制的若干设想；也着重论证了要按照国际通行做法，加快实施税收收入与非税收入分类，对保留的收费强化管理，严格审批制度，实行目录管理及公示制度，坚决推进深化“收支两条线”改革，逐步淡化和取消预算外资金，将其全部纳入国家预算，统一归口由财政部门严格管理。

在政府收入中，税收与收费的社会总负担水平及其收入分配格局和管理，是关系到国家与企业、个人间，中央与地方间，政府各部门间利益分配的一件大事，也关系到这两者的功能作用的正确发挥。多年来，在我国政府收入中，出现了税费比例严重失调的不合理分配格局，且对收费缺乏应有控制和规范管理，带来很大弊害。进行税、费的整顿、改革，从 1998 年 3 月起，就已列为我国政府重大施政纲领和改革目标之一，并已开始逐步进行。2000 年 10 月，党的十五届五中全会进一步强调要“积极稳妥地推进税费改革”，2002 年 11 月党的十六大和 2003 年 10 月党的十六届三中全会更突出地对农村税费改革作了战略部署。我们必须通过税费改革，结合税收改革和有关配套改革，建立体制健全、分配规范、征管科学、增长稳定、适应社会主义市场经济发展和经济全球化新形势的政府收入制度体系。这里侧重对这个问题，加以研究分析。

一、国际上税、费形式运用的理论和现状分析

（一）国际上税、费形式运用的基本理论

西方公共部门经济理论认为“公共产品”是政府提供的“集体性消费产品”。某个人的消费，不会导致减少其他人消费。它区别于私人产品，具有不可分割性、非排他性和非竞争性。“不可分割性”是指公共产品由众多消费者共同消费，而每个人的消费数量难以准确计算。“非排他性”是指公共产品的提供者，无法把不为公共产品付

费的个人，排除在享受利益的消费者之外，即使想要排除，或是技术上不可能，或是排除成本巨大。“非竞争性”是指消费者对公共产品的任何消费，都不会影响其他消费者的利益，即增加消费者，不会引起提供者生产成本费用的增加，边际成本为零；不存在消费中的拥挤现象，拥挤成本为零。这类产品是无法通过市场机制的等价交换，无法由私人经济提供，只能由政府提供，其成本费用需通过税收来补偿。

还有一类介于公共产品与私人产品之间的“准公共产品”，这是为特定对象提供的。它的不可分割性、非排他性和非竞争性相对于公共产品，显得不够完整，或是只具有非排他性，但却有竞争性；或是具有非竞争性，但却有排他性。这类产品，也需要由政府或其授权、委托的公共部门提供。它所需要的成本费用，则要通过收费的形式来补偿。一些学者，把这种收费的领域，从性质上归入以下几类：反垄断的规制性收费；反欺诈的规范性收费；非赢利组织的补偿性收费；消除外部效应的惩罚性收费；发展公共物品的生产集资性收费。

西方学者认为，税与费的征收主体，都是政府及其授权或委托的公共部门，既包括中央、地方政府部门的征税、收费，也包括政府授权的国有企业、事业单位以及公共团体的收费。它们都是以政府为主体的分配形式，都属于政府收入，依据的是行政权力，也是政府进行社会管理的需要，要有相应的法定“规制”。税与费的根本区别，是在无偿、有偿方面。税收具有无偿性，收取的税款不返还给原来的纳税人，而只是提供公共产品服务，返还给全社会，满足社会共同需要。在国家与原纳税人之间，不存在任何补偿问题。收费是政府为提供个别的、特定的服务，而对特定的对象收取的费用。一般是服务对象自愿要求服务所形成的收费，它具有特定服务对象的缴费人对等的有偿性，在公共部门与缴费人之间，直接存在缴费支出与享受回报利益的对等补偿关系。例如政府为行使其管理职能，对特定对象缴费者，发给某种特许证照，而缴费者从中可以直接得到政府相应的某种特定保护或经营利益。该项政府收费是为弥补或部分弥补政府行使某种管理职能的成本费用，在某种程度上，也是为了便于加强社会管理“以费促管”，不同于税收是为了取得更多的财政收入和国家要发挥更大的宏观调控作用。

世界银行正是着重从无偿性方面来区别税与费的。在世界银行发表的《1988 年世界发展报告》，专论《公共财政在发展中的作用》中，对税、费的含义和征收部门作了以下界定：“税收是无偿性和强制性的支付，它主要由中央政府征收。而使用费则是为交换公共部门所提供的特别商品和服务而进行的支付，它主要由国有企业和地方政府征收。①

至于界定和区别税收的无偿性与收费的对等补偿性，经济合作和发展组织（OECD）在税收分类中则是以是否具有相对应的补偿形式作为标准，具体指出：政府收入符合下列四种情况之一的，不论这种收入是何种名称，都可以视为是无偿性，是税而不是费。即：政府收费远远超过服务成本，或不根据收到的征收金额，提供相应的具体服务；交费人并非利益获得者，或虽然交费人受益，但每个交费人所获得的利益，并不必然同交费成比例。

正是由于税收具有无偿性的本质特征，无需对原来的纳税义务人进行任何偿还，且有广泛的征收对象和宽广的税基，能依据政府强制力量，稳定地取得大量收入，因而理所当然地应成为政府财政收入的主要形式，在财政收入中居主体地位；正是由于收费是限于对耗费在特定服务对象的成本费用补偿或部分补偿，属于部分补偿的，还要用税收收入来补贴，收费不可能起到更多的财政收入作用和更大的宏观调控作用，因而在政府收入中，也只能处于辅助的地位。

也正是由于收费与征税一样，同属政府收入，同样涉及社会成员的收入再分配，按照议会制的民主原则，费同税一样也要进行法制管理和预算管理。

---

① 世界银行：《1988 年世界发展报告》，中国财政经济出版社 1989 年 9 月版，第 79 页。

（二）各国税、费结构和收费管理的现实情况分析

国际上的政府收入，一般包括经常性收入、资本收入和赠款收入（指外国政府和国际组织无报偿的、无须偿还的非强制性收入）三大类。经常性收入又划分为税收收入与非税收入两类。国际货币基金组织把非税收入的概念，界定为政府在税收之外取得的各项收入，也就是因公共目的而获得的不需要偿还的补偿性收入以及非政府单位自愿和无偿向政府支付的款项，除收费是主要项目以外，还包括经营和资产收益、罚款收入等。国际组织的政府收入统计中，一般只列有非税收入数字，而未具体细列收费数字。根据本文的主旨，这里主要是对西方市场经济国家税费的现实情况，从以下几个方面进行综述和分析：

1. 政府经常性收入中的税费收入结构

在世界各国的政府收入中，税收收入与收费收入所占比重，在不同国家以及不同年度都有所不同，在中央与地方各级政府不同层次的政府收入中，也有不同。一般地说：（1）私有化程度越高的市场经济国家，国家垄断的公共事业越少，公共部门的非税收入或收费也相应较少。（2）福利国家税负较重，而许多公用事业、文化教育、医疗保健都向公众免费供应，非税收入或收费所占比重也小。（3）在一个国家，地方政府转移支付收入少，承担事权多，而地方税权又小的，非税收入或收费比重相应较大。（4）中央政府收费比重一般很小，地方政府的市、县非税收入或收费比重较大，省、州次之。但是，不管情况怎样，有一个共同点，这就是税收的比重都远高于非税收入或收费的比重，是“税大费小”的收入分配格局。

据国际货币基金组织（IMF）1995 年资料，选择 46 个有代表性的国家进行比较，其中 5 个低收入国家，非税负担（包括收费，下同）占国内生产总值比例平均为 5.46%，在税与非税负担中占 23.08%；9 个中等偏下收入国家，非税负担占国内生产总值的比例平均为 2.6%，在税与非税总负担中占 10.66%；22 个高收入国家，非税负担占国内生产总值的比例平均为 5%，占税与非税总负担

的12.02%。

又根据世界银行发表的《世界发展报告》以及国际货币基金组织的《财政统计年鉴》所列100多个国家和地区中央财政收入构成表，非税收入所占比重，一般都在10%—20%之间，许多高收入国家甚至是在10%以下，只极少数为25%左右。例如美国的该项比重，1981—1990年为9.2%，1991—1995年为8.1%，1998年为6.21%，2001—2002年为6.38%；加拿大的该项比重，1981—1990年为12.5%，1991—1995年为11.4%，1997年为11.28%，2001—2002年为8.6%，均略显下降趋势。韩国的该项比重，1981—1990年为11.4%，1991—1995年为12.1%，1997年为13.38，2000—2001年为13.56%；印度的该项比重，1981—1990年为19.5%，1991—1995年为23.8%，1998年为25.15%，2000—2001年为23.64%，则在略呈上升趋势后，又略下降。现就各年统计数字较全的国家，按低收入、中下收入、中上收入、高收入的不同情况，把20个国家各年中央财政中非税收入所占比重，列表如表1。

表1　部分国家中央政府经常性财政收入中非税收入比重表（单位:%）

		1981—1990年	1991—1995年	1997—1998年	2000—2001年
低收入国家	印度	19.5	23.8	25.15（1998）	23.64
下中等收入国家	印度尼西亚	14.1	11.5	6.92（1998）	7.1
	菲律宾	13.1	12.2	10.5（1997）	10.1（1998）
	俄罗斯	—	6.4	5.8（1997）	16.01
	泰国	9.3	9.1	11.18（1998）	17.50
	罗马尼亚	68.3	8.8	7.1（1998）	1.45
上中等收入国家	马来西亚	24.1	24.6	17.92（1998）	
	智利	21.1	16.7	24.9（1997）	16.36（1998）
	韩国	11.4	12.1	13.38（1997）	13.56
	墨西哥	10.7	9.0	11.49（1997）	10.47
	阿根廷	11.9	9.1	8.68（1997）	9.43

续表

		1981—1990年	1991—1995年	1997—1998年	2000—2001年
高收入国家	美国	9.2	8.1	6.21（1998）	6.38
	日本	5.2	15.4	15.45（1993）	15.54
	德国	6.2	6.2	15.94（1998）	16.01
	英国	10.7	8.3	5.26（1998）	4.90
	法国	7.7	6.8	6.07（1997）	6.15
	加拿大	12.5	11.4	11.28（1997）	8.60
	澳大利亚	10.1	10.9	6.33（1998）	6.43
	新加坡	40.1	36.5	21.94（1997）	34.14（1998）
	瑞士	6.0	6.6	7.0（1997）	7.17（1998）

资料来源：1981—1995年引自世界银行：《1997年世界发展报告》，中国财政经济出版社版，第196—197页所列中央经常性收入；1997、1998年分别引自国际货币基金组织：《政府财政统计年鉴（1999）》，以及依据世界银行：《1999/2000年世界发展报告》，中国财政经济出版社版，第252、253页和《2000/2001年世界发展报告》中国财政经济出版社版第304、305页数字换算。2000—2001年据国家统计局编：《2003年国际统计年鉴》中国统计出版社2003年10月版，第155—158页数字换算。

至于地方政府收入构成，非税收入比重则较大。例如美国、日本、韩国、澳大利亚、新西兰等许多国家，一般都占到30%—50%左右。其中就美国城市政府收入的情况来说，在1986年的财政收入中，上级拨付的转移支付收入比重占23.4%，税收占32%，收费与杂项收入占21.5%，公用事业及酒类专卖收入占17.5%。把公用事业等收入剔除不计，收费的比重，仍略小于税收。就美国州、县、市三个实例来说，在1989年财政年度，宾夕法尼州，税收占州财政收入的69.8%，非税收入占30.2%，该非税收入中，州属公司净收入占10%，其他经营项目收入占13.5%，其他收入占6.7%。阿里甘尼县，税收占县财政收入的54.8%，联邦、州转移支付占28.4%，非税收收入占16.8%，该非税收入中，航空费净收入占8.1%，公共事业费收入占6.5%，杂项收入占2.2%。匹兹堡市，除期初结余占市财政收入3.96%外，税收收入占65.69%，非税收入占30.35%，该非税收入中，规费、罚没、利息收入占 7.75%，停车场收入占 5.18%，上下水收费占 9.56%，其他收入占 7.86%。①

再以澳大利亚为例，维多利亚州政府 2000—2001 年财政总收入为 233.66 亿澳元，其中来自联邦拨款占 44%，州政府税收收入占 36%，政府非税收入占 20%，在税与非税收入总额中占 35.7%。州以下的地方政府非税收入所占比重更高，如墨尔本市 2001—2002 年财政总收入为 1.87 亿澳元，其中税收收入占 56%，非税收入占 41%，州政府拨款和补助占 30%。又例如新西兰，2000 年—2001 年，中央政府非税收入占政府总收入的 6.3%，而在地方政府收入中，却有一半左右来自非税收入，其中惠灵顿市政府该年度的此项比重是 48%。②

对各国政府收入中，税费所占比重，这里还要说明以下三点：

（1）各国地方政府收入中，非税收入虽占较大比重，但由于地方政府收入在国家整个收入中所占比重小，而中央政府收入所占比重大，因而从国家的整个政府收入看，非税收入仍是远低于税收收入的。

（2）按世界银行的统计口径，中央和地方政府的非税收收入中，除一般的规费和使用费外，还包括“源自政府所有的资产的企业性收入以及自愿的、无偿的不可返还的收入”。③ 这也就是说，提供所谓“准公用产品”的国有公用事业部门（如水、煤气、邮电、铁路、交通等）的营业收入，甚或是其他国有企业营业收入、政府投资收益、以及自愿捐献等都包括在内，这些实际上是市场经营的买卖收入和基于国家资金经营取得的收入，按照我国收费的计算口径，把这些剔除计算，实际上属于收费的数额和在政府收入中所占比重就更是很小，远不能与税收收入相比拟。

（3）在世界各国中央财政收入中，非税收入所占比重特高的，只是个别的海湾石油生产国，如科威特的该项比重，1981—1990 年为 77.3%，

① 引自贾康等文：《2000 年中国财政年鉴》，中国财政杂志社 2000 年 11 月版，第 691 页。

② 引自财政部国际司编：《外国财政与管理》，经济科学出版社 2003 年 9 月版，第 407—410 页。

③ 世界银行：《1997 年世界发展报告》，中国财政经济出版社 1998 年版，第 259 页。

1991—1995年为71.9%。由于该非税收入是石油生产经营收入，这不属于我们一般所说的收费，应把它排除在税、费收入比较之外。

2. 国际上收费的方面和项目

国外包括政府收费在内的非税收入实际执行中，一般有以下五个方面：

（1）行政、司法部门规费收入。指行政、司法部门在从事各自事务活动时，对能给个人、团体带来一定特殊利益所收取的各种费用。或者是行政、司法部门在对外提供超出日常范围的服务，或提供较之正常法定服务要求更高、次数更多的服务时所收取的费用。如各种注册、登记费、特别警事服务费等。

（2）政府主办的公用事业收费。指西方国家国营企业、事业单位的经营服务性收费。一般是国营或公立的自来水、煤气、公交、邮政、医疗、学校等公共部门收取的水费、煤气费、公共交通费、邮资费、诊疗费、学费等。依据政府法律，保护公民最基本的保障权利，如义务教育、对老人、小孩及贫困者免费提供的医疗服务，则不收费。有的把国有企业的营业收入，也列作此类收费。

（3）公共设施使用费。指政府为补偿公共设施建筑、维护、保养对公共设施使用人收取的费用，如隧道、桥梁、高速公路等收费。

（4）特许或许可证收费。指政府授予个人或团体某种权利或特权而向受益人收取的费用。如特种娱乐经营、宠物饲养、污染物排放、枪支持有以及矿产、森林、海洋等资源的开发和利用，公共景观的利用等收费。有些西方国家，由于征取的收入高，超过付费者的受益程度，或并不根据收取的特许金，提供相应服务，也有改采税收形式的，如宠物税、矿产税、牌照税等。

（5）国有财产收费。指基于国家的财产所有权的收费。如出租国有财产收取的租赁金和转让国有财产所有权的转让金、使用费以及投资回报的收入（利润、股息、红利、利息）等。

各国的具体收费项目名称各有不同。以韩国为例，其非税收入项目是：

（1）中央非税收入。共有9类：①财产收入，含土地房屋租金、利息收入，其他财产收入；②经营性转移收入，含罚没收入、赔偿收入、违法犯罪处罚收入、其他收入；③货物及劳务销售收入，含货物租金、医院收入、许可证费、执照费、其他收入；④支出性收入。含许可证手续费、入场费、罚金、其他杂项收入；⑤国有财产销售收入，含固定资产销售收入、土地和无形资产销售收入；⑥回收贷款本金，含转贷回收金和其他融资回收金；⑦借款收入；⑧其他贷款及本金收入；⑨以前年度转移非税收入。

另外，还有各种基金，包括国民投资基金、国债管理基金、科学教育基金、山林开发基金等39种公共基金，以及信息管理基金、文艺振兴基金、高产发展基金、国民体育振兴基金等。

（2）地方非税收入。主要有房屋租赁费、公共设施使用费、手续费、公共财产出租收入、捐赠收入、地方企业上缴利润、各种负担金（如职业训练负担金、残疾人雇佣负担金、占用草地负担金、占用农地负担金等）、罚金、基金、杂项收入等。

3. 国际上对收费的管理

各国特别是高收入的市场经济国家，对包括各种收费和基金在内的非税收入，一般都有严格的管理办法，其特点主要是：

（1）收费有严格的法律依据和立法程序。出台任何收费项目，都要求有严格的法律依据，由立法部门审批。变动收费标准，也要经过严格的法律或行政审议程序。立法权限一般集中在中央（或联邦）和省（或州）两级。如韩国政府收费实行议会或政府审议、分级管理体制。基本项目由中央审批，以法律形式公布。全国性及中央政府部门的收费项目，有的是国会以法律形式公布，有的是经中央政府批准后，按法定程序设立。地方政府收费项目，由地方议会批准，但中央可以对地方公共事业收费标准进行干预和限制。有些国家还实行听证协商制度，在收费项目设立过程中，事先公布有关办法草案，广泛征求意见，政府要与服务对象进行有效的磋商，以确保缴费者在收费政策制定中具有实际的发言权。

（2）合理确定收费标准。经济发达国家对收费标准的确定，需要遵循一定原则，经过严格计算以及公众讨论。它是以“成本补偿”为原则确定收费标准，一般有两个，一是按完全的平均成本标准收费，一是按低于平均成本的标准收费。

各国普遍采用的是，按低于平均成本的标准收费。其原因是，收取一定费用，既有利于减少浪费，又有利于满足居民最低消费水平需要，对低收入者是一种照顾。同时，还有利于对某些准公共产品，鼓励公众消费。也有极少数是按高于平均成本收费的。这主要是适用于促进社会公平或降低公共资源和设施的拥挤程度等领域，如对汽车收取较高的牌照费和停车费，以利于降低私人拥有汽车数量，减少道路拥挤程度。

（3）纳入政府预算严格管理。各国普遍把包括收费在内的税外收入纳入政府预算，实行分类管理，管理权集中在财政部门。有专门用途的收费，设立专用基金，专款专用。如日本财政预算，由一般会计预算和特别会计预算组成，前者收入基本上来自税收，后者基本上是把特定收入的各种收费和基金，用于特定支付。韩国的政府预算，由一般会计预算和特别会计预算及基金预算组成，后两种预算，是反映公益性事业收费和基金收支。美国联邦政府的财政收入分类从1937年以来的长时期内，也有预算内收入和预算外收入之分，如1988年预算外收入2414.91亿美元（内含有一部分社会保险税），占包括预算内外收入在内的财政总收入的26.6%[①]，但都是实行预算管理，其中对有专款用途的收费，是实行单独核算，全部列入信托基金等账户，支出由财政部门依据年度计划按季拨付，专项用于政府特定项目，是一种特别预算管理。

（三）可供借鉴的国际经验

对西方经济学的理论，我们有不同看法，但对国际上运用税费分配形式，某些观点和做法，有不少仍是可供我们借鉴的，这主要是：

（1）税与费虽然都属于财政收入分配的一种形式，但税是无偿

① 美国总统执行办公室行政和预算管理局编：《美国政府预算收支统计》，中国财政经济出版社1990年12月版，第25—29页。

性，不直接偿还给原纳税人，费是对等补偿性，有特定的对象和服务关系，税与费以是否通过提供个别特定服务、直接对等偿还给原交款者进行划分和运用。税是税，费是费，其性质、形式、内涵均有不同，在收取的依据、服务范围和对象、收入形成过程、分配方式以及使用方向等方面，都存在很大区别。两种分配形式各有其存在的客观依据和特殊的功能作用，应同时并用，不能随便滥用或以谁代替谁。

（2）在政府财政收入中，税收是国家财政收入的基本来源，占财政收入的绝大比重，处于主体地位；包括收费在内的非税收入，在财政收入中所占比重很小，是财政收入中不可缺少的补充，只处于辅助地位，税为主、费为辅的主辅关系不能颠倒。

（3）征税严格遵循“税收法定主义”，非依据权力机关的议会审议通过的法律不得征税。包括收费在内的税外收入，虽有一定灵活性，但它的立项、标准及其调整，仍然有严格的法定程序和法律依据，坚决杜绝乱收税、滥收费。管理透明度也较高，要事前公布办法草案，广泛地听取社会各方面的意见和建议；办法决定后，要以多种形式向社会公告，广泛宣传。有些国家并实行听证协商制度，同服务对象认真地进行有效协商。

（4）政府收入就是财政收入，国际上的经常性财政收入，明确划分为税收收入和非税收入两大类；收费属于非税收入类，要纳入国家预算，统一归口由财政部门实行严格的集中管理，没有游离于财政预算严格管理之外的预算外收入分类及其管理；也没有非税收入各项管理权和由财政部门以外的多个部门分散掌管的情况。

二、中国税、费形式运用现状分析

（一）征税、收费的现实情况分析

长期以来，我国政府财政收入分类与国际上的分类不同，不是以是否属于税收为标准进行税收收入与非税收入的分类，而是以是否实行财政预算管理为标准，划分为预算内收入与预算外收入两类。此外还有不属于预算外收入管理的另一类收入。在改革开放前以至

1983—1984年两步利改税时期，国家财政预算收入中税收收入与国有企业上缴收入，各占一半左右，预算内收入的收费很少。据《2003年中国财政年鉴》，以1976年为例，税收收入407.96亿元，占当年财政预算收入776.58亿元的52.53%，国有企业上缴利润收入338.06亿元，占43.53%，收费等其他收入30.56亿元，只占3.94%。当年属于预算外收入的行政事业性收费48.81亿元（不包括国有企业和主管部门收入），只相当于同年度税收收入的11.89%。

改革开放以来，我国政府收入构成有很大变化，其中一个重大特点，是出现了税费比重严重失调的一种不合理分配格局，对数额庞大的收费，缺乏必要的严格管理。现从以下几个方面进行分析。

1. 税收收入占国内生产总值长时期内比重逐年下降，低于历史水平和国际一般水平

多年来，我国税收收入的绝对金额逐年都有较大幅度上升，可是，税收占国内生产总值的比重，在1996年前却是逐年下降的，按实行两步利改税后的可比口径，1985年税收收入2040.36亿元，占同年度国内生产总产值的22.77%。1986年税收收入虽上升为2090.73亿元，而所占国内生产总值的比重为20.49%，下降2.28个百分点。1990年，在收入上升为2821.86亿元的情况下，所占国内生产总值比重，又下落5个百分点，降为15.21%。1994年又下落近5个百分点，只为10.96%，1996年税收收入为6909.82亿元，占国内生产总值的10.07%。以后各年都保持这样的低水平。1985年至1996年的11年间，税收收入占国内生产总值的比重，共下降12.7个百分点，下降幅度高达56%。1997年由于工商税收比上年增长1125亿元，各项税收收入总计达8234.04亿元，从而整个税收收入占国内生产总值的比重略有回升，但也只达11.02%。从1999年开始，税收收入占国内生产总值的比重有所回升。1999年为12.6%，2000年上升为14.2%，2002年上升为17.03%，2003年税收收入超过2万亿元，前项比重又有上升。在一个时期内，税收收入占国内生产总值的比重，曾甚至比过去税利上交各占财政收入一半时期税收占

国内生产总值的比重还低。以 1978 年为例，税收虽只占当年财政预算收入的 46.3%，却占了当年国内生产总值的 14.73%。

同国际对比，据国际货币基金组织 1995 年资料，税收占 GDP 的比重，22 个高收入国家平均为 36.6%，10 个中等偏上收入国家平均为 23.2%，9 个中等偏下收入国家平均为 21.8%，5 个低收入国家平均为 18.2%。当然，由于各国统计资料口径的差别，以及外汇换算等因素，加上我国对国内（民）生产总值计算中存在的某些问题，前项数字并不完全可比，但有一点却是可以完全肯定的，这就是我国在相同年度的税收占国内（民）生产总值的比重，无论是按国家统计局公布的绝对金额计算，还是换算为大致同等可比口径计算，都显得税收负担总水平过低，反映了国家的宏观调控功能较弱，同社会主义国家担负的宏观调控重任很不适应。

2. 税外收费长期膨胀

税外收费，一般包括各种行政事业性收费、基金、集资、资金、附加保证金、捐资、摊派、罚款等。与税收收入占国内生产总值比重下降形成鲜明对照的是，作为政府收入的税外收费，却是长期大幅度上升，成了政府收入的一个主角。我国的税外收入，就制度管理的松紧来说，包括以下三类：

（1）预算内收入的收费。这是国家财政预算内的专项收入。包括①各种基金收入。如 1996 年前的能源交通重点建设收入、国家预算调节基金收入、近年的三峡工程建设基金、南水北调工程建设基金等；②行政性收费收入，有司法、行政、海关等 20 个部门的行政性收费；③专项收入。有排污费收入、城市水源费收入、教育费附加收入、矿产资源补偿费收入、改烧油为烧煤专项收入等；④土地和海洋有偿使用收入。有海、陆石油矿区使用费、外商投资企业场地使用费、海域使用金、国有土地使用权出让金、收益金等。此外，还有相关的罚没收入、其他收入两项①。此类金额较小，1996—1999 年以上六项收入全

① 据财政部制定的《1998 年政府预算收支科目》，中国财政经济出版社 1997 年 12 月版。

部只为3608.73亿元，相当于同时期税收收入的10.28%，如把其中某些不属于费的收入剔除，比重应是在10%以下。近年来，国家把部分政府基金和一些部门的预算外资金纳入预算内，该项比重有所增加。

（2）预算外收入的收费。这是不列入预算管理，但按规定列入预算外管理的各项收费、基金、资金、集资、保证金、捐资等多种多样名目的收入。主要包括事业行政单位收入、乡镇自筹、统筹资金、地方财政收入（附加）以及其他收入等。在国家财政统计中，1992年前，还包括不属收费性质的国有企业和主管部门收入。改革开放前，预算外收入数额很小，1953年为8.91亿元，只相当于同年度税收收入的7.45%，扣除国有企业报主管部门收入后为3.47亿元，前项比例更只为2.88%。改革开放起始的1977年，预算外收入为347.11亿元，扣除国有企业及主管部门收入后为58.7亿元，相当于同年度税收收入的12.54%。其后由于放宽政策，放松管理，预算外收入的收费，逐年大幅度上升，大大超过税收收入的增长。预算外收入的收费，比上年的增长率，1982—1985年，分别为33.6%、20.5%、28.7%；20世纪90年代初中期仍维持高增长率，有的年度超高速增长，1991年为19.7%，而同期税收收入只增长5.96%；1992年为18.9%，而税收收入只增长10.26%；1993年为46.7%，而税收收入只增长29.07%；1996年增速曾高达59.6%，而税收收入只增长14.4%。只是1997年7月以后，开始大力清理整顿乱收费，同时加强税收工作，预算外收入的增长速度才低于税收收入，但还是有一定增速的，1997—2001年分别为18.1%、9.1%、9.8%、13%、12.4%。这里还要指出的是，预算外收入相当于税收收入的比重，1997年后缩小较多。除上列原因外，还有一个重要因素，这就是从1997年起，把部分政府基金由预算外收入转为预算内，因而1997年预算外收入绝对金额从1996年的3893.34亿元，猛降为1997年的2826.2亿元，下降数多达1066.94亿元，但按可比口径计算，不是下降，而是上升。1997年预算外收入相当于税收收入的比重，也不是下表所列的34.32%，而是仍高达55.84%，其后各年也与此类似。

（3）制度外收入的收费。这是在制度规定以外，不列入预算外资金管理，多由地方和部门越权擅自设立的基金、收费项目，乱收费、乱罚款、乱集资的“三乱”多属此类，也称“预算外的预算外收入”。据财政部公布的数字，经 1996 年的清查发现，1995 年仅地方政府及所属部门越权设立的基金、收费项目达 3474 个，违规征收金额 345 亿元。[①] 有人测算，远不止此数，估计约为预算外收入的收费的 1/3—1/2（参见表 2）。

表 2　　预算外收入及其相当于同年度税收收入比重表

年　度	金额（亿元）	预算外收入比上年增速%（按可比口径）	税收比上年增速%	预算外收入相当于同年度税收收入%
1953	3.47	59.7	20.30	2.88
1977	58.70	15.1	14.78	12.54
1991	765.77	19.7	5.96	25.61
1992	976.42	18.9	10.26	29.67
1993	1432.54	46.7	29.07	33.67
1994	1862.53	30.0	20.48	36.37
1995	2460.50	29.2	17.77	40.78
1996	3893.34	59.6	14.44	56.35
1997	2826.20	18.1	19.16	34.32（可比数 55.84）
1998	3082.29	9.1	12.49	37.38
1999	3385.17	9.8	15.33	31.69
2000	3826.43	13.0	11.78	30.41
2001	4300.00	12.4	21.62	28.10

资料来源：据《2003 年中国财政年鉴》第 339、340、371、372 页数字计算。

说明：（1）1993 年后的预算外收入，根据国家财政统计口径，已不包括数额巨大的国有企业及主管部门收入，因而表中也把 1992 年前的该项收入扣除计列，以利对比。（2）1997 年起大量政府基金和收费收入，由预算外转为预算内，预算外收入金额也下降，但按可比口径，1997 年预算外收入仍比上年增加。

① 《中国财经报》1997 年 3 月 26 日。

预算外和制度外的收费，涉及部门、地方利益，较难统计。一般是统计的金额低于实际情况。例如《1996年财政年鉴》列1995年预算外收入2404.18亿元（含企业及主管部门收入），相当于同年度预算内收入的38.5%。而据1996年进行的全国预算外资金的清理检查得到的资料，截至1995年，仅中央和省两级政府批准的行政事业性收费就达3000多项、基金80多项。据财政部公布清查后数字，1995年全国预算外资金收入初步统计为3843亿元（含企业及主管部门收入），比年度原统计数多出1437亿元①，相当于同年度财政预算收入的61.57%，税收收入的63.65%。又据主管部门的有关资料，还有项目的调整和不同的计算口径，也影响金额的大小。如1996年，全国性及中央部门行政事业性收费、基金总额只为3621.9亿元，如把当年的社会保障基金1014.7亿元计入，则为4636.38亿元。相当于同年度财政预算内收入的62.69%，税收收入的67.1%。把这样一些因素计入，总的估算，20世纪80年代以后至1996年，税外的各种收费收入规模略高于或等于税收收入，1997年后则略低于或等于税收收入，是一种税费结构很不合理的分配格局。

预算外收入基本是地方政府收取的。据《2003年中国财政年鉴》，地方政府预算外收入所占比重，已由1982—1992年的60%左右，上升为1993—1995年的85%左右和1997—2001年的92%—95%②。制度外收费属于基层政府的收入。因而省级以下政府部门和事业单位的收费和基金数额，许多都是超过当地的税收收入的。以收费年度最高的1996年为例，据不完全统计，河北省1996年各种收费和基金项目1200多项，涉及20多个部门，金额为146亿元，相当于地方税收的1.7倍，省级地方财政收入的96.3%；四川省1996年的各项预算外资金收入达260多亿元，为预算内收入的1.2倍；甘肃省

① 《中国财经报》1997年3月26日。

② 《2003年中国财政年鉴》第373页。

1996 年各种行政事业性收费和基金收入 45.28 亿元，为地方税收（含国税局代征部分）的 1.46 倍。近年在很多地区也无大的转变。例如湖南省 2000 年税外收入总额达 278 亿元，相当于地方财政收入的 1.36 倍。

3. 税外收费项目的审批和整顿

税外收费主要是行政事业性收费和政府性基金。其中行政事业性收费，少数是由国务院及其有关部门审批的，多数是由省级以下政府，特别是地、县政府审批的。其中项目管理以财政部门为主，会同物价部门；征收标准以物价部门为主，会同财政部门。地方收费多未按规定程序审批，收入基本上也是地方政府的。收费主体多元化，管理政出多门，地方财政、交通、国土管理、工商、卫生、公检法、城建、环保、教育等许多部门都有多种名目的收费项目，管理职权分散，乱收费现象严重。较为规范化的政府性基金，到 1995 年全国共有基金 694 项，收入总计 2031 亿元。其中经国务院及其有关部门批准设立基金 81 项，收入 1600.75 亿元，占总项目的 11.7%，基金总收入额的 78.7%；省级政府及有关部门批准设立基金 401 项，收入 404.77 亿元，占总项目的 30.6%，基金总收入额的 1.4%。在 1990 年以来设立的 519 项基金中，属于越权未按规定程序批准设立的有 482 项，占基金总收入的 93%。据有关部门的统计，1996 年全国性及中央部门行政事业性收费有 344 个项目，全国各类政府性收费基金 421 项，两共 765 项，其中 80% 是越权设立的。

1997 年 7 月，《中共中央、国务院关于治理向全国乱收费乱罚款和各种摊派等问题的决定》后，国务院对乱收费进行了大力整顿。据 2001 年全国治乱减负工作会议的资料，至 2000 年 12 月底，全国共取消针对企业的不合理收费 44602 项，涉及金额 1679.8 亿元。2000 年全国性收费项目仍有 200 多项，2002 年上升为 335 项，每个省的收费项目平均在 100 以上。据全国企业治乱减负检查数据，2002 年全国各地共取消不合理收费项目 8998 项，涉及企业金额 355 亿元；

查处“三乱”案件1904件，254人受到党纪、政纪处分。[①] 由于近年分批公布取消了多种收费项目，基本上遏制了“三乱”现象，进一步减轻了企业负担，这是很大的成绩，但也同时表明了我国税外收费项目的庞杂和负担的沉重。

为了全面清理整顿行政机关和事业单位有关收费，2004年6月，国家发展改革委员会和财政部联合发出《关于清理行政机关和事业单位有关收费的通知》，针对行政机关和履行行政职能的事业单位有关行政审批事项和行政许可事项的收费，规定了全面清理、取消收费的八条主要原则：（1）部门“三定”方案已经明确取消的行政审批（许可）职能，其相应的收费一律取消。（2）中央和省已明确取消的审批（许可）事项，其相应的收费一律取消。（3）有立法依据但不符合上位法规定的收费一律取消。（4）不符合建立统一市场的要求、歧视性的地方保护收费一律取消。（5）在执行中，企业、群众反映强烈的收费予以取消，或降低收费标准，或整顿规范。（6）行政许可事项及其收费均无法律、法规依据的，一律取消。（7）除法律、行政法规规定外，对行政审批（许可）事项进行监督检查的收费，一律取消。（8）行政机关提供行政许可申请书格式或文本的收费，一律取消。以上全面清理工作分两个阶段进行，第一阶段为自查自清阶段，第二阶段为审核公布阶段。清理工作要求在2004年9月底前完成，这又将清理、取消很大一批行政事业收费。

（二）税费收入严重错位的分配格局成因

1. 收费膨胀有多种复杂因素

改革开放以来，税外收费的大幅度上升和膨胀，有其主客观的多种复杂因素，主要是：

（1）经济体制改革和现代化建设对资金的巨大需要。改革开放以后，要进行经济体制改革并向社会主义市场经济体制过渡，要进行宏伟的现代化建设，而在收入分配中，历史又欠账累累，面临着巨大

---

① 《中国信息报》，2003年2月11日。

的财政资金需求压力。正规的税收收入缺乏适应形势发展的收入增长机制，甚或在逐渐市场化的收入分配中，筹集收入的能力还曾有所削弱，税源流失较多，不能满足财政对资金的需要，从而迫使各级政府走多渠道的筹资道路。先是中央征集了属于预算内的国家能源交通重点建设基金和国家预算调节基金（1997 年起已停征）和其他专项收入。其后对某些重大基本建设项目，如三峡建设工程、南水北调工程留有较大资金缺口，通过征集预算内资金来解决。同时，实行了扩大地方和部门以及企事业单位自主权的改革措施，增加了行政事业性收费项目，允许事业单位开展多种经营，有偿服务，以增加收入；对行政事业单位更多地实行差额预算管理、自收自支管理和企业化管理制度；陆续出台了铁路、公路、电力、民航、邮电附加、社会保障基金、乡的 5 项统筹、村的 3 项提留、农村教育事业附加等预算外收费项目。在一些法律法规中，也赋予了地方、部门与其实施行政管理权相应的收费权。允许地方、部门收费，鼓励为单位创收，可是却缺乏严格的制度规范和管理。地方在事权扩张的同时，既对收费、集资、建立基金有很大自主权，而税收“立法”权完全集中在中央，地方不能适应本地区情况，开征地方特别税种和采取税政重要调整措施，扩大收费必然成为地方的重大选择。在缺乏严格的制度规范和监督管理的制约下，部门、单位也是要运用其自主财权，扩大收费的。

（2）行政体制改革滞后。我国行政体制改革严重滞后，各级政府的事权划分，部门之间的职责划分不够清晰，在体制转轨和政府职能转换过程中，每次体制转变，又都衍生出一些靠收费来供养的部门。行政事业机构和人员日益膨胀，靠财政供养的“吃皇粮”的人，以 1996 年为例，已达 3673 万人（其中党政干部约 1100 万人），比 1978 年增长 82.3%，占全国人口的比例，由 1978 年的 2.1%，上升到 1996 年的 3%。也就是在 1978 年时，48 人中有一个“吃皇粮”的人，而到 1996 年却增加为 33 人中就有一个“吃皇粮”的人。行政事业机构每增加 1 人，平均每年就要增加经费开支约 2 万元（其中个人经费约 1 万元，相应需要提供的办公设施、个人住房、医疗保障、养老保障等约1万元）。这样，一方面是迫使国家财政预算的行政管理费急剧上升，据《2003年财政年鉴》从1980年的66.79亿元，逐年猛升为1996年的1040.8亿元，增长了14.58倍（同期财政预算收入只增长5.39倍），2002年上升为2979.42亿元，增长了43.6倍（同时期财政预算收入只增长10.55倍）；另一方面是，这猛升的财政预算支出，还远不够资金供给需要，必须扩大收费。加以机构臃肿，部门间、上下级间职责交叉重叠，每个部门又都要求行使其职权，或自身举办事业，或出点子要下边掏钱，这都需要有相应的财力供应，而财政预算紧，难以保障供养，就只好另辟具有灵活性的收费途径了。

（3）多头财政，财权分割。改革开放初期，国家采取了减税让利放权措施，这适应了当时情况。但其后在执行中，监督体系和制约机制不健全，缺乏必要的约束，放权失之过度，许多部门都拥有自身的财权和财力，这便利了一些单位和部门自行设立收费、基金项目，作为本身的收入来源，自行开支。众多“小财政部”的存在，使我国成为世界上财政收支最分散的国家。

（4）地方和部门、单位本位利益驱动。在市场经济条件下，各部门、单位有其自身独立的经济利益，各地方也有本地区的独立利益，分权式的改革，使他们既能凭借本身的职权收费，用以满足自身的资金需要，又可兴办某些事业，用以显示当权领导者的政绩，并可把其中的很大一部分，转为本地区、部门、单位的个人福利收入。为保住和扩大既得利益，促使收费越来越多，并衍生出“三乱”（乱收费、乱摊派、乱集资）问题。

2. 税收收入在一个时期内，未能随国内生产总值增长同步快速上升，有多种原因

（1）税收制度尚不够完善，收入增长机制尚有欠缺。1994年的税制改革，建立了一个适应社会主义市场经济发展要求的税制体系框架，但尚不够完善。特别是诸多地方税种，还没有进行改革，税收还没有全面覆盖社会的整个经济活动。一些税种的征收范围偏窄，特别

是在税制结构体系中处于重要地位的社会保障税尚未开征，减少了应有的大量税收收入。20 年来，我国的收入分配格局，是向非全民所有制企业倾斜，向非生产领域倾斜，向居民个人倾斜，而税制却未能跟上，影响了应有的税收收入。例如 1994 年，各种非全民所有制企业产值占全部工业总产值的比重已经由 1980 年的 20.4% 上升到 65.9%，但其承担的税收只占全部税收的 30%，这就表明迅速发展的非全民所有制企业，未能提供与其发展速度相适应的税收。增值税、关税、两种企业所得税和其他一些税种的减免税，在过去一个时期内，过多、过宽，也缩小了税基。例如 1994 年全国进口贸易总额中，征收关税和进口环节增值税、消费税（含减税）的贸易额只占 15.8%，实行进口不征税，出口不退税政策的加工贸易额占 41.1%，享受免税政策的一般贸易额占 43.1%，免税总额超过千亿元。1995 年全国进口总额为 11047.7 亿元，仅收关税 291.8 亿元，实际税负为 2.6%，远低于当时 35.9%（算术平均数）的名义税率；进口环节的增值税、消费税也随着关税相应地被大量减免。这几年来减免税的范围虽有缩小，但尚未根本转变。

（2）税外收费大幅度上升，影响税收收入。社会成员的负担水平是有一定限度的，在包括税、费在内的既定社会总负担水平上，政府的征税和收费形式是可相互转变的。何况地方和部门又都拥有自身不尽相同的有效行政强制手段、行业管制手段和经济制裁手段，企业和居民个人往往是要先缴费后缴税，而逐年大量膨胀的税外收费，必然导致税基被侵蚀，税收收入被挖挤、截留、拖欠。

（3）税收征收管理还不够健全，税收管理体制尚需完善。近年的征管改革，从专管员一员入户专管，到征、管、查“两分离”、“三分离”，到 1997 年 1 月，国务院办公厅批转文件，初步确立新的征管模式，即“以申报纳税和优化服务为基础，以计算机网络为依托，集中征收，重点稽查”，从而建立了必要的征管程序和机制，提高了征管质量和效率，但却又出现“淡化职责，疏于管理”的弊病。征管手段落后，征管水平还跟不上形势发展的需要，与当今的信息时代要求尚有较大差距；在转换征管模式过程中，许多地区过去行之有效的某些征管办法却未能实事求是地重视运用，职责不清，放权管理，偷税、骗税现象严重存在。地下经济和走私也导致了税款的大量流失，据估算，仅走私进口外国香烟一项，前些年每年就损失税款近百亿元。2001 年，国家税务总局部署一些地区开展了以信息化支持的税收专业化管理为核心的征管体制改革试点。2003 年在总结征管工作的基础上，提出“促进征管查相协调、专业化与信息化相结合、全面强化管理”的要求，从而原征管模式，在结尾处增加了“强化管理”四个字，形成了 24 个字的新征管模式，在实践中取得了较大成绩，现代化的征管手段和水平，虽大力提高，但仍存在较大差距。

同时，现在实行的分税分级管理的税收管理体制，地方税的立法权集中在中央，未赋予省级政府一定的地方税立法权，地方无权在符合国家宏观决策的前提下，开征地区性的小税种，以及调整一般性的地方税种征收，以适应本地区具体情况。这样，也影响到地方政府更多地通过有权采取的非规范性收费形式，来补充地方财政资金需要的不足。因而在许多地区税外收费收入大于税收收入。

（4）国内生产总值中有相当数量的无税、低税产值。在我国的国内生产总值中，诸如农产品（特别是农民自产自用产品）、农用生产资料、军工产品、外贸出口产品以及文教科卫部门、机关、社会团体等部门的产值，都属无税、低税产值，第三产业也多适用较低税率，这些产值的增加，不能相应地增加税收收入。还有作为我国国民经济主导力量的国有企业，近年来经济效益不够理想，产品销路不旺、库存积压，一些企业亏损严重，影响了税收增长。另外，经济增长数字含有一些水分，也影响到税收收入保持同国内生产总值同步增长。

三、税费整顿改革的必要性

我们从以下两个方面进行论述和分析：

（一）税费比例严重失调有很大危害

行政事业性收费，在计划经济体制时期就已经存在，它是税收和利润上交等集中性财政资金的必要补充。而其迅速增长和膨胀，则是突出表现在经济体制全面改革之后。应当认为，一方面它为整个政府系统，包括中央、地方政府和政府各部门在内，履行其各自职能，提供了大量资金，在实施党和国家的经济社会战略，优化基础设施、基础产业和公共服务，顺利推进经济体制改革，促进国民经济持续快速健康发展中，是有其一定的积极作用。但是，另一方面，它也为地方和部门政策行为的非规范性和随意性提供了物质条件，超越应有的额度，会影响和阻碍中央政府全局性决策的贯彻和宏观调控的有效施行。发展到现在，地方和部门乱立项、乱立标准、乱使用，费多、费滥、费重，也挤占税收应有份额，造成宏观税负过低，而企业和人民的社会整体负担却很沉重，对整个国民经济发展带来了严重危害。

1. 削弱了国家对经济、社会的宏观调控力量

当前财政预算收入的90%以上是来自税收。宏观税负过低，征税达不到应有份额，财政资金短缺必然缺乏应有的物质力量，应当按照国家的战略决策，有计划地对整个经济和社会进行有力的宏观调控。我国的税收收入不足，财政连续多年出现赤字，国债发行额年年上升。债务依存度（债务收入/财政支出）较高，1995—1999年分别为22.7%、24.3%、26.8%、30.66%、28.2%，2000—2002年分别为24.31%、25.36%、25.75%。其中中央财政的债务依存度更是畸高，连年上升，超过了发展中国家的一般水平。1998年的债务收入3310.91亿元，超过了当年的中央财政3122亿元。也就是说，现在中央财政的开支基本是来自需要偿还的借债，并有逐年上升之势。而只有较少的部分，才是来自不需偿还的纳税人的税收，中央财政主要是依靠借债度日。在此种困难情况下，财政资金基本上是只能用于日益膨胀的一般行政经费开支，形成所谓“吃饭财政”。而缺乏必要财力，建立强大的国家财政，从宏观全局高度，调控经济结构，协调地区发展和加快对提高生产力密切关联的教育科技事业，创造更好的经

济社会发展环境。

2. 强化部门、地区利益，各自为政，影响资源合理配置

强调部门利益和地区利益各自为政必然影响资源的合理配置。其主要表现，一是各部门、地区都有权收费，有权减、免、缓收，这些收费多是从本部门、地区利益出发，自立章法，而较少考虑全国宏观决策和调控要求，不但未能适当地贯彻国家产业政策，而且收费标准千差万别，地区、部门、产业、行业、企业之间，在同等情况下的收费负担高低不一，影响公平竞争，不利于合理配置资源。二是收费归部门、地区自收自用，与自身利益密切关联，这必然强化部门、地区对所隶属企业的行政保护和干预，资源在不同部门、地区间合理流动，必然会遇到部门、地区的阻碍，影响资源按照统一大市场原则，进行优化重组和调整产业结构。

3. 影响税收应有作用的充分发挥

收费膨胀不但是严重地侵蚀税基，而且给税收征管工作造成很大困难。一是收费部门一般都是行政管理部门或垄断性行业，在一定的方面直接或间接管着企业，同企业利益攸关，因此容易造成先缴费后缴税的现象。特别是在企业资金困难的情况下，就只好拖欠税款，增加了税企之间的矛盾。随着一些地区、部门收费力度的加强，这种矛盾有的更为明显。二是收费大部分属于地方收入，其数额还往往大于地方税收入，地方政府必然会把主要力量放在收费上，而对可以得到少额分成的“两税”收入任务关心必然很少，这更会影响中央税收收入，减少中央财政收入占全国财政收入的比重。税收征收度不到位，该征的税征不到，那么税收在保证财政收入和贯彻国家宏观决策，调节经济结构，调节社会成员分配等方面的应有作用，就不能充分发挥。

4. 滋长不正之风，损伤党和政府形象

收费膨胀，将本应由国家税收集中的巨额财政资金，转化为部门、地方所有，容易出现自行支用，搞重复建设，乱建楼堂馆所和严重浪费现象，造成国有资产无形流失。特别是便利了部门、单位私设

小金库，肆意挥霍，也便利了某些人把公款攫为己有，导致贪污盗窃，腐败堕落。总之，费多、费滥、费重，特别是乱收费、乱集资、乱罚款，不但导致企业、农民负担沉重，影响经济发展，而且是滋长种种不正之风的温床，必然会损害党和政府的形象，影响党和人民的亲密关系，不利于安定团结。

（二）进行税费整顿改革是理顺政府收入分配关系的迫切要求

要解决前述矛盾和问题，必须进行税费整顿改革，理顺政府收入分配关系，这既可减轻社会总负担，增加企业和农民的可用资金，有利于搞活微观经济；又能增加税收收入，提高两个收入比重，从而加强国家的宏观调控能力，提高政府资金分配的规范性、合理性和资金使用的有效性，促进两个文明建设。这是深化财税体制改革，理顺政府收入分配关系，转变政府职能，整顿财经秩序的需要；也是扩大税收规模，规范财政收支，增强宏观调控力度和加强廉政建设的重要举措，是当前形势发展的迫切要求。现从以下几个方面加以说明：

1. 摆正税与费的主辅关系，完善政府收入分配机制的需要

税与费虽同属政府参与国民收入分配的一种形式，但两者却有截然不同的特性和功能。基于税收具有的三性（强制性、无偿性、固定性）及其可渗透到社会再生产过程的各个方面、各个环节，特别是税收无需偿还，可由国家统筹安排使用，因而它能成为国家财政收入的基本来源和实现国家职能、贯彻国家政策、调控经济的主要手段。而收费主要应是规费和使用费两种，其中规费是国家行政、司法、民政和工商行政管理等部门在特定范围内，对居民、企业、团体或其他单位提供某些特定劳务服务，或履行政府职能收取的一种工本费和手续费，收费的目的是为了“以费促管”，便于对某些特定事项进行管理和提高效益，也是对国家机关提供劳务或服务的一种补偿。使用费也是在特定范围内，政府部门向特定公共设施或公共服务的使用者收取的费用。两种收费的标准都要约束在成本费用限度内，不以财政收入为目的，专款专用，满足缴费人特定需要，用于特定支出，在交费与受益之间基本上具有直接的对等补偿性质。收费的范围、标

准、时间，也都较灵活，可因地区、部门而有所不同。税与费的一个最大区别在于是否无偿。以对等补偿的交换为基础的收费，只能在政府参与国民收入分配中扮演配角；而税收应是政府收入的基本来源，而费只能是辅助、从属或补充形式，以税为主，费为辅。当然，费也有其必然要存在的领域，不能都以税代费。再就实际情况来说，税为基本、费为辅助，也是世界各国通例。而我国现在的税外收费，其膨胀数额之大，与税收并驾齐驱甚或超出税收，这在当今世界上是绝无仅有的，这在理论上讲不通，更不符合国际通行做法和我国历史上的传统做法。进行税费整顿改革，就是改变税费错位的不合理分配格局，摆正税与费在政府收入分配结构中的主、辅关系，完善政府收入分配机构，便利我们对税与费的正确运用，更好地发挥两者各自应有的不同功能作用。

2. 减轻社会总负担，保证人民生活，搞活经济的需要

我国的税收负担水平，也就是税收占国内（民）生产总值的比重，低于世界水平，甚至低于发展中国家水平。但是，加上庞杂的收费，社会税费的总负担水平大大超过发展中国家水平，企业和农民的税费社会总负担十分沉重，给经济发展和人民生活造成严重不良影响。多年来，党和政府一再强调要减轻企业负担，减轻农民负担，进行税、费整顿改革，取消一切不合理，不合法负担，把社会总负担水平确定在一个合理的范围内，就是解决这个矛盾的重大政策举措，它能增加企业和农民的可支配使用资金，从而有利于促进投资、扩大消费，发展经济。

3. 振兴国家财政，壮大国家宏观调控力度的需要

1997 年党的第十五次代表大会提出要“集中财力，振兴国家财政”；要“建立稳固、平衡的国家财政”。2000 年江泽民总书记在省部级主要领导干部财税专题研讨班再次重申，要“建立稳固、平衡、强大的国家财政”，这是保证经济社会各项事业发展的重要条件。进行税费改革，正是可以改变“多头财政”、“财权分割”的现状，把分散的财力集中起来，提高税收收入占国内生产的比重，从而也提高

财政收入的两个比重，保证建立稳固、平衡、强大的国家财政，壮大国家宏观调控的物质基础力量，使国家有能力进行必要的重点工程建设，促进整个经济发展；有能力进行转移支付，协调地区和城市经济发展。进行税费整顿、改革，是在紧缩收费规模，削减税费的社会总负担前提下进行的，收费负担大大降低，这实质是减轻企业和群众的整体负担，而决不会增加整体负担。

4. 与国际通行做法衔接，创造吸引外资，合理利用内外资源良好环境的需要

当前，经济全球化趋势增强，知识经济和科技革命迅猛发展，产业结构调整步伐加快，国际竞争更加激烈，这既是机遇，也是挑战。特别是我们已加入世界贸易组织，融入世界经济发展主流，我国经济将走向世界，外国商品、技术、投资也将大量涌入我国。在这里，对政府资金的征取，就存在一个必须同国际通行做法相衔接的问题。这就是政府资金的取得，主要应采取税收手段，收费只能限于对等补偿的特别服务。不依据事前公布的法律、法规，擅立收费项目，随便提高收费标准，胡乱收费，以费代税，是外国跨国经营者所不能接受的，也是国际惯例所不允许的。如果只对本国企业、公民施行，而对外国跨国经营另给特别优惠，则又失公平原则，不利于我国经济发展。世贸组织的国民待遇原则、透明度原则等，对各国的征税、收费，还有诸多要求，我们必须遵守。为建立、健全公共财政体制也需要借鉴国际经验，把财政收入划为税收收入与包括收费在内的非税收入两类，便于与国际通行做法衔接。进行税费改革，正是适应以上要求，抓住机遇，迎接挑战，为吸引外资、技术，利用国内外两个资源，更快地发展我国经济，创造良好环境的必要决策。

5. 强化政府资金的法制管理、监督，促进廉政建设的需要

发展社会主义民主政治，依法治国，建设社会主义法治国家，是社会主义现代化建设的重要目标。必须加强民主法治建设，而依法理财，依法治税、治费，加强对政府资金的管理监督，就是其中的一个极为重要的内容。进行税、费整顿、改革，征税、收费都要有法律、

法规的确切依据，透明度强，收取的政府资金，也都要纳入政府预算的严格管理，各地区、各部门及其工作人员不能各自为政，也不能自设小金库，胡乱支用。这有利于转变政府职能，特别是切断政府不规范行为的经济基础的最佳选择，也是当前进行党风廉政建设，从源头上产除腐败行为的治本之举。

我国历史上税费改革有些成功经验，也说明了当前税费改革的必要性。例如唐代的“两税法”，明代的“一条鞭法”，清代的“火耗归公”,① 都是一种税费改革。在各项改革之前，大都是收费名目繁多，数额巨大，管理失控。一方面是农民不堪重负，破产逃亡，另一方面是贪官污吏坐收坐支，中饱私囊，而国家财政危机日深，削弱了中央控制。在改革之后，其效果则是，省费便民，规范了收费管理，扩大了税基，壮大了中央财政力量，限制了地方官吏的越权和腐败行为，在一定程度上起到了稳定和发展社会生产的作用。再如就财政收入来说，唐代“两税法”改革前，中央财政收入只有1200万贯，改革后，猛增为3000万贯；明代“一条鞭法”改革前，财政收入入不敷出，而改革后，“太仓所储，足支八年”，“公私积储，颇有盈余”；清代的“火耗归公”，改革前的康熙末年，国库存银仅800万两，而改革后，经雍正十余年清厘清饬，库银增至6000多万两。

朱镕基同志在1998年3月3日刚被任命为国务院总理时的首次记者招待会上就明确宣布：“费大于税”使老百姓负担不堪，民怨沸腾，对此必须整顿和改革②，并把它作为新届政府的施政纲领，多次

① 唐“两税法”是德宗年间，把当时繁杂名目的各种苛重税费，都归并为户税与地税两种，控制征收范围、数额，一年分夏、秋两次征收。明“一条鞭法”是万历年间，把各种繁杂名目的税赋、收费、摊派、户役都归并为田赋一种，计亩征收，折合银两，由地方官吏直接征收解缴国库，不再由基层的“黑卡”、“粮卡”办理粮食征管中转。清“火耗归公”是雍正年间，把地方征收田赋时，自行加征的零碎银两火炼耗损的“火耗费”（征收率高达20%—30%），改为正式附加税，各省统一税率和征收数额，全部上缴中央，不归地方，再由中央下拨一部分作为地方官吏“养廉银”及补助地方行政开支。

② 《人民日报》1998年3月20日。

强调并采取若干重大措施。2000 年 10 月中共中央十五届中央委员会第五次会议，又进一步强调要“积极稳妥地推进税费改革。健全税收制度，强化税收征管”①。2002 年 11 月，党的十六大着重指出“要继续推进农村税费改革，”党的十六届三中全会通过的《中共中央关于完善社会主义市场经济体制的决定》，更突出地把“深化农村税费改革”列为完善社会主义市场经济体制的 42 项重大问题之一，作了具体的战略部署。这正是当前形势发展的迫切需要。

四、中国税、费改革的基本思路

税费的整顿改革，是关系到整个社会国民收入分配格局和政府收入分配结构、机制改革的一件大事。但是，也应当看到，正是由于这项改革事关重大，直接触及到地区、部门的既得利益，涉及到我国政府职能、行政体制、决策体制、法制建设、财税制度、财税管理体制和税收征管等多项改革，是一项关系各方面利益进行重大调整的系统工程。必须从理论和实践的结合上，深刻认识税费的不同特征、功能、地位、作用及其适用范围，正视我国收费泛滥，税费主辅地位关系错位的严重危害，和进行整顿、改革的必要性、迫切性及其重大意义，树立整顿改革信心，扫除思想障碍。必须与国家的整个行政、经济体制改革、财税体制改革等紧密结合配套，从全局出发，全党、全民、全国各地区、各部门同心协力，狠下决心，按照全盘整改方案，有步骤地大力推进。

（一）税费整体改革的原则和办法

现在社会上对收费的一般理解，包括基金、集资、资金、附加、保证金、捐资、摊派等各种名目在内。除部分属于正常的规费、使用费等的收费外，其中较大一部分，在交费与受益之间，并未具有直接的对等补偿关系，往往是收费的数额，远超于服务成本费用或未提供

---

① 《中共中央关于制定国民经济和社会发展的第十个五年计划的建议》，人民出版社 2000 年版，第 30 页。

相应的具体服务，甚或是交费者并非利益获得者，名义上称作费，实际是具有无偿征收的税收性质；也有一部分是属于企业性的经营收入；还有就是不符合国家法令制度、规定的乱收费、乱集资、乱摊派。我们必须首先在认真摸清各地区、各部门收费现状的基础上，区别不同性质的收费项目，妥善地进行整顿、改革。总的思路是：要在减轻社会总负担（包括企业负担和农民负担）的前提下，按照理顺政府收入分配关系，完善运行机制，规范征收、管理、使用，促进振兴国家财政，保证实施政府职能的原则要求，以现代市场经济的导向，进行统筹规划，研究决定税收和规费、使用费、基金等其他预算内、预算外收入的最佳组合方案及通盘管理框架，使现行各种名目的收费，按其性质、类别分流归位，还其本来面目，各自发挥其特有的功能作用。按照以上思路，要采取“一清，二转，三改，四留”的办法，进行税费整顿改革。

1. “一清”

是指在对现有收费进行全面清理整顿的基础上，取消不合理、不合法的收费项目，降低不合理收费标准。一是要坚决取缔那些超过企业和群众承受能力，反应强烈的乱收费、乱集资、乱摊派。包括：一是不符合国家收费审批管理规定，由地方或部门越权设立的不合法收费项目，如破案补偿费、收费年审费等，一律予以取消。二是属于政府实施公共管理和提供普遍性公共服务收取的行政管理费，原则上应该取消，因对某项工作进行管理，是政府的职能，属于政府有关部门代表政府行使权力份内的事，不应再对管理对象收取管理费，所需经费应由财政预算统筹解决。三是国家为筹集资金支持某些重要事业发展或重点工程建设而设立的基金，已到征收期限的，要停止征收，未规定期限的，除个别经国务院批准的以外，也要停止征收。今后重大建设工程，不要预留资金缺口征取基金，必要的项目可采取发行特别国债方式。四是合并或取消一些部门和地方重复设置的收费，如强制性的审查费、出入境管理部门的检疫、检验费等。

从 1997 年 7 月起，经两年多的清理整顿，到 2000 年底，全国共取消针对企业的不合法、不合理收费 44602 项，涉及金额 1679.8 亿元，其中经国务院减轻企业负担部际联系会审议批准，以 6 部委名义先后分 8 批公布取消的 1108 项，涉及金额 590 亿元；国务院有关部门宣布取消的 557 项，涉及金额 399.2 亿元；各地政府宣布取消的 42937 项，涉及金额 690.6 亿元。[①] 近三年来，又分批公布取消了多项收费。

2. “二转”

是指把现有收费中一些不再体现政府职能，可以通过市场形成的收费，转为经营性收费，依法照章征税。随着社会主义市场经济条件下政府职能的转变，一些原由政府机构负责管理的事务，逐步转由一些从事经营服务活动的中介服务组织承担，相关的事业性收费，如科技信息、咨询开发收费、社会有偿服务收费等。对企事业单位经营性收费，同一般的规费、使用费有原则的区别，应视作企业的营业收入，从收费收入中划分出来，因而对一切随价格收取的费用，包括手续费、基金、集资费、代收款项、代垫款项及其他各项费用在内，原则上均应视作企事业的营业收入，包括在总营业额内，按照国家税法规定征税。

3. “三改”

是指把一部分体现政府职能，属于税收性质，具有税收功能，且便于税收征管的收费，改为征税，纳入政府税收体系（内容详见本节第二、三项）。

4. “四留”

是指对符合国际通行做法，又属必要的少量规费、有偿服务经营性收费，以及有偿使用国有资源的收费，继续保留，但应规范化，收费标准要适当，除具有特许使用性的证照外，对一些过高的收费要降下来（内容详见本节第四项）。

① 《人民日报》2001 年 2 月 23 日。

（二）某些收费改为征税

把现行收费中属于税收性质，具有税收功能，且便于税收征管的，改为征税，是税费改革核心内容之一。只有这样，才能摆正税、费在政府收入分配中的主、辅地位，理顺政府收入分配关系。前项“费改税”要区别以下情况处理：

1. 并入现行税种征收

对属于全国性、规模大、有固定用途的税收性质收费，根据简化税制原则，要结合税制的改革完善，尽可能通过增设税目，提高税率，纳入现行税种征收体系。如把城市水资源费和矿产资源费等有关资源收费的项目，并入资源税；把有关城市维护建设的收费项目，并入城市维护建设税；把土地使用费并入土地使用税；把文化、建设事业费等，并入营业税；把征地管理费等并入契税等。

要尽可能避免把一种或几种收费，改成相应的一种或几种税，造成税种重复设置，课征对象交叉不清，影响税制结构的科学合理。2000 年 10 月 22 日国务院发布《中华人民共和国车辆购置税暂行条例》，把原由交通部门征收的车辆购置附加费，改为征收车辆购置税，自 2001 年 1 月 1 日起施行，目前暂由交通部门所属原稽征机构代征。又对养路费、公路运输管理费，也已由国务院同时批准财政部、国家发展计划委员会拟定的《交通和车辆购置税费改革实施方案》，准备在适当时候，改为征收燃油税。这两项税费改革，虽可单独设立税种征收，但就其性质分类和征收办法来说，实质上是属于消费税，把它们并入现行消费税，增列相应的税目，也是可以的。如在该项征收管理中，有某些特殊性，只要另作一些具体规定，是不会有很大困难的。

2. 开征新税种

属于前述全国性、规模大、有固定用途的收费项目，在现行税种中，无相应的课税对象，不可能并入现行税种征收的，要开征新税种。如把现行职工养老保险、失业保险、医疗保险基金收费，改为征收社会保障税，由税务机关征收，纳入复式预算管理。此项金额很大，并逐年上升，仅全国离退休、退职人员保险福利费用总额，就由1991年的554.4亿元，逐年增为2002年的3870.7亿元，如包括全国保险福利费用，金额更大①。把此项开支收费中符合规定条件的大部分改为征税，加大征缴力度，税收收入占国内生产总值的比重，就可大大提高，并有利于收入分配的调节，减轻财政和企业负担，便利新老企业的平等竞争，增加征收、使用的透明度，更好地发挥资金使用效益，保障市场机制的正常运转。按照规范化的市场经济要求，在我国，名副其实地开征社会保障税是适当的。因为从国际情况看，筹集社会保障资金的渠道，不外征收社会保障税和财政福利支出两种，其中社会保障税在各国又处于主要或重要地位。目前世界上已有140多个国家开征了这种税。因为各国对开征这种税，除称为“税”的以外，尽管也有称作“费”或“捐献”的，但它符合税收本质属性的3个形式特征，也仍是由税务机关依法征收，缴款的主要是企业、单位，而不是受益的个人；即使是个人缴纳的部分，也不与受益的程度成比例。通过此种征收，在社会成员间的收入分配中，仍有一定调节作用，具有税收的无偿性是较明显的。因而世界银行每年编辑出版的《世界发展报告》所列各国财政预算收入统计表，都一律把它列入“税收收入”栏，而不是对有些国家称作“社会保障（险）费”的，另列在“非税收收入”栏。

我国以上三种保险基金收费，到2003年底，除由社会保障部门设置收费单位直接征收的以外，全国已有19个省自治区、直辖市和计划单列市，改为由地方税务局代为征收，并取得了初步成效：一是社会保险费征收总量迅速增加，征缴率稳步提高，如广东省2000年由地税部门代征后，收入比上年同期上升30.4%，征缴率达97.26%，2003年全国地税机构代征该项税款达1691.7亿元；二是费款征收工作与税收征管工作并轨，逐步规范化、法制化，提高了征收工作效率，降低了征收成本；三是征收（地税机构办理）和管理

---

① 《2003年中国财政年鉴》第445页。

（社保机构办理）各负其责，收支两条线，消除了“坐收坐支”、“差额拨款”等带来的挤占、挪用社会保险费的弊端，提高了社会保险的社会化服务水平，社会保险费得以按期交付，产生了好的社会效益。但是也存在一些矛盾问题，主要是保险费征收管理政出多门，税务部门在征收工作中处于比较被动的地位；税务部门征收社会保险费法律依据不足，征收手段不硬，强制执行艰难。这毕竟是一种代征性质，是“以费代税”，社保经办机构仍负责征集基金的登记、申报、稽核，地税机关在征收工作中，缺税收法律依据，只能依据社保机构提供的数额来代征，对漏报、漏征户无法管理，更难以发挥该税种应有的一定个人收入分配调节作用，也不利于这方面的国际协调与合作。出路只能是更向前迈进，把由税务部门代为征收保险费，改为正式开征社会保障税，进行规范化的税收征收管理，以利于保证集中更多的社会保障基金，并有效管理和使用，从而健全社会保障体系。当然，由于当前地区间的情况差别很大，社会保险统筹的程度不高，此种由费改税，有其复杂性，需要有一段期间，创造开征这种税的必要条件。

再如当前排污行为是征收排污费，而不是征税，征收面窄，也不规范，收费成本高，而收费金额却低，企业宁愿缴纳少量排污费，也不愿主动治理环境污染，加以地方保护主义干扰，缺乏税收的权威性和统一性，不足以遏制超标排污行为。要对环境保护方面的收费，包括污水排污费，超标排污费、海洋废物倾倒和海洋石油勘探开发超标排污费等，借鉴国际经验，同其他保护环境的收费一起，统一改为开征环境保护税。同时，形成环境和生态保护税体系，贯彻党的十六大“保护环境和保护资源的基本国策”，走可持续发展道路。

3. 授权省级政府调整某些地方税种的税目、税率、进行减免和开征地区性税种

现在的收费，绝大部分都是地方的，费改税的重点、难点基本上也在这个方面。各地区的经济和收费情况不同，不可能由中央分别为各地区代为制订不同的费改税办法。因而要借鉴国际经验，在不影响全国税政统一和中央收入的前提下，下放地方税的部分管理权和立法

权，保留必要的干预和否定权。这包括两项：一是对全国性的某些地方税种，允许省级政府和人代会调整税目、税率，扩大征收范围和提高征收金额，把地方立项的许多收费，并入现行地方税种征收。二是对属于部分地区或少数地区的特别收费，规模较大，符合税收条件的，可适应当地情况，授权省级人民代表大会和政府立法，开征地区性的特别税种，相应取消该项地方收费。

（三）农村税费改革

我国农业税的负担，包括正税和附加税在内占农业实产量的比例，从1982年以来，一直是在3%以下，1996—2000年，更只为2.3%，可是税外的各种苛杂收费和劳动工负担，却是数倍于农业税，严重影响了农业生产和农民生活。进行税费改革，首先是要抓农村税费改革，近几年实际进行的税费改革，主要也是农村税费改革。这不仅是减轻农民负担，规范农村分配制度，而且是涉及农村生产关系和上层建筑调整，以及广大农村发展和九亿农民切身利益的重大问题，是关系到完善社会主义市场经济体制，统筹城乡经济社会发展，全面建设小康社会的头等大事。2000年4月，时任国务院副总理温家宝同志曾经指出："农村税费改革是建国50年来我国农村继土地改革、实行家庭承包经营之后的又一重大改革"。[①] 2001年7月，时任国务院总理朱镕基同志也指出："农村税费改革是一场深刻的社会变革"。[②]

我国农村税费改革，采取了"积极稳妥、分步实施"的原则，按其实施进程，大致可以划分为以下三个阶段：

1. 第一阶段：从点到面，规范税费，减轻负担

这个阶段主要是从安徽全省和湖南等省的试点开始，逐步推进到全国试点，时间是2000—2003年，主要任务是正税清费，治理"三

---

① "温家宝副总理在安徽省经济工作经验交流暨农村税费改革试点动员会议上的讲话"，《农村税费改革工作手册》，经济科学出版社2001年9月版，第16页。

② 《中国税务报》，2001年7月25日。

乱”，取消“三提五统”，把过重的农民负担减下来，同时并进行农村上层建筑的配套改革，其进程是：

（1）2000 年安徽全省率先开始改革试点。试点的方案是从根本上治理对农民的各种乱收费，减轻农民负担，一切收费都并入农业税（含农业特产农业税），只征农业税（含农业特产税）；从轻确定税负水平，并保持长期稳定。具体内容如下：

①“三个取消”。即：①取消现行按农民上年人均纯收入一定比例征收的乡镇 5 项公共事业费用统筹收费和附加在其上的各种收费。五项统筹，包括办学、计划生育、优抚、民兵训练和交通等在内，都属于作为国家一级政权机构的乡镇政府担负的国家行政工作，是面对全社会的，其收入实质是税，自应与农业税制改革统筹办理。②取消农村教育集资等专门面向农民征收的行政事业性的收费和政府性基金、集资。③取消屠宰税。至于所有那些不合法、不合理的涉农收费项目，则是在坚决取缔之列。

②“一个逐步取消”。全省用 3 年时间逐步减少直至全部取消统一规定的劳动积累工和义务工。对暂保留的“两工”，不得以资代劳。

③“两个调整”。即：（1）调整农业税计常年产量，合理确定农业税税率，全省农业税税率，最高不超过 7%。（2）调整农业特产农业税政策。适当调整税率，取消一个应税品目在两个环节征税的办法，只在一个环节征税一次。农业税和农业特产税也不重复征收。

④“一项改革”。改革村提留征收和使用办法，取消原来的“一费、两金”（管理费、公积金、公益金）三项村提留，改为采取附加在农业税或农业特产农业税上统一收取。农业税的附加比例，最高不超过 20%；农业特产农业税的附加比例，根据村干部报酬、五保户供养，办公经费三项费用的实际支出需要从严确定。此两种附加收取的村提留，属于集体资金，由农业税征收机构负责征收，乡镇经营管理部门负责监督管理，实行乡管村用，专户储存，专款专用。

改革试点虽只是初步的，但已取得了初步成效。一是较大幅度地减轻了农民负担，有效地遏制了农村“三乱”；二是初步规范了农村分配关系，促进了乡镇财税征管体制改革；三是进一步完善了村民议事制度，促进了农村基层民主政治建设；四是推动了乡镇机构改革、农村教育布局调整等配套改革，促进了农村上层建筑的调整和完善；五是改善了党群关系，维护了农村社会稳定。[①] 其中就第一条减轻农民负担来说，据新华社报道，2000年安徽省农民人均负担为70.4元，比改革前减少39元，减幅达35.6%，全省政策性减负达19.4亿元。另外还有其他负担减少更多：一是“两工”负担每人至少减少10个，按每个6元折算，至少减负25亿元；二是停止向农民收取世界银行贷款和农业综合开发部分有偿债务18亿元；三是清理取消各种涉农收费、集资、政府性基金达标项目50多种，加上堵住“三乱”至少40亿元，以上四项总计约达102亿元。[②]

（2）2002年扩大试点范围。本年主要是把试点范围扩大到20个省、自治区、直辖市，注重配套改革，强调三个“确保”，要求做到“八不准”。

基于农村税费改革涉及面广，对改革试点中出现的新问题，需要摸索出一套切实可行的办法，不断完善政策，总结成熟经验；因国际国内经济形势有所变化，国家需要集中财力应对国际上包括金融形势变化可能带来的影响，因而中央决定，2001年坚持搞好原有试点，暂不扩大试点地区范围。

2002年3月，国务院办公厅发出《关于做好2002年扩大农村税费改革试点工作的通知》，按照“积极稳妥，量力而行，分步实施”的原则，根据中央财政对扩大改革试点的财力安排，和两年来各地试点情况，确定河北、内蒙古、黑龙江、吉林、江西、山东、河南、湖北、湖南、重庆、四川、贵州、陕西、甘肃、青海、宁夏等16个省、

---

① 《温家宝同志在国务院召开的农村税费改革试点工作会议上的讲话》，《中国财经报》2001年2月22日。

② 安徽省财政厅资料，引自《中国财经报》2002年11月2日。

自治区、直辖市为2002年扩大农村税费改革试点省（是全省还是部分试点，由各省人民政府自行决定），上海、浙江、广东等沿海经济发达省（直辖市），如果基本条件成熟，地方财政能自行安排财力，可以自费扩大改革试点。实际执行结果，2002年的试点工作，全国已在20个省、自治区、直辖市以省为单位，全面展开，其他省也有部分地区继续试点。

对于改革工作，《通知》强调三个“确保”是衡量农村税费改革是否成功的重要标志，即确保农民负担得到明显减轻，不反弹；确保乡镇机构和村级组织正常运转；确保农村义务教育经费正常需要。强调“减轻、规范、稳定”的原则，切实把减轻农民负担放在首位，合理确定农业税计税标准，规范税收征收管理行为，严格按照村内“一事一议”的程序，杜绝各种名目的收费。同时规定，新增加的农业税，原则上留给乡镇政府，确保乡镇机构履行职能所需支出。农业税附加收入，要全部用于村级开支，及时划转，不得截留挪用。县级财政要按规定的标准，安排农村中小学教师工资和公用经费。

为了严格执行农村税费改革政策，2002年9月，国务院农村税费改革工作小组、国务院纠风办联合发出紧急通知，规定试点工作要求做到“八不准”，即：①核定农业税计税土地面积和常年产量，要征求农民意见，得到农民认可，不准随意虚增和压低计税土地面积和常年产量；②农业特产税应努力做到据实征收，不准层层压任务搞摊派；③村内“一事一议”筹资筹劳，要按照规定的程序和范围进行，不准超范围、超限额，强行向农民筹资筹劳，更不得将“一事一议”筹资、筹劳变成固定的收费项目；④实行分步取消“两工”的地区，用工数量要逐年明显减少，不得强行以资代劳；⑤清理农民历年税费尾欠工作要慎之又慎，对有困难的农民要给予减免，不准搞突击清欠，严禁用专政工具强制征收；⑥切实加强对农村中小学生就学、农民建房、结婚登记、外出劳工经商办证、计划生育指标审批过程中各种涉农收费的管理，除中央统一规定的收费项目外，不准向农民乱收费，搭车收费和超标准收费；⑦要规范农村经营性收费管理，向农民收取水费，原则上实行计量收费，因大面积抗旱、排涝难以做到计量收费的，也要按受益原则据实分摊，不准提前预收和不顾实际，按人头和田亩摊派水费；⑧规范报刊发行，实行限额控制，自愿订购，切实减轻基层和农民负担，不准采取行政命令，层层摊派[①]。这“八不准”，既是严明的纪律，又是进行农村税费改革试点的重要政策界限。

（3）2003 年全国全面推进试点。本年主要是在全国范围内全面推进试点，逐步取消农业特产税，并强调减轻粮食产区和种田户负担，确保每个农户的负担都有所减轻。

2000—2002 年各试点地区取得了明显成效，为全面推进改革，积累了成功经验，在此基础上，2002 年 11 月 8 日党的十六大进一步明确提出：“继续推进农村税费改革，减轻农民负担，保护农民利益”。[②] 接着在 2003 年 3 月 27 日国务院发布了《全面推进农村税费改革试点工作的意见》，提出 2003 年农村税费改革试点工作的总体要求是：总结经验，完善政策，全面推进，分类指导；巩固改革成果，防止负担反弹。进一步强调三个“确保”是衡量农村税费改革是否成功的重要标志，并在进一步调整完善有关农业税收政策；加强和规范农业税及其附加征收工作；健全和完善农业税减免制度；妥善处理农民公平负担问题；严格执行村内“一事一议”筹资投资政策；切实加强涉农收费管理等方面，作出了具体的政策规定。

2003 年 4 月 30 日，温家宝总理在全国农村税费改革试点工作电话会议上对全面推进改革试点，着重提出了三项重要政策：第一，进一步减轻粮食产区和种地农民负担，并在财政转移支付中，加大对粮食主要产区的支出力度，是农村税费改革的一个基本政策取向。第二，逐步取消农业特产税，现在大部分地区就可进行，少数地区一时

---

① 《中国财经报》2002 年 9 月 4 日。

② 《中国共产党第十六次代表大会文件汇编》，人民出版社 2002 年 11 月版，第 27 页。

取消不了的，要缩小征收范围，降低税率，逐步取消。第三，严格把握农业税及其附加的政策界限，不准超过国家规定的税率上限，确保改革后的每个农户的负担水平都有所减轻，这要作为一条硬杠子。[①]

依据温家宝总理的讲话，经国务院原则同意，2003 年 6 月，财政部、国家税务总局发出通知，规定条件成熟的省、自治区、直辖市在自行消化财政减收的前提下，对部分农业产品不再单独征收农业特产税，改为征收农业税，具体品目也可自行选择。农业特产税是农业税的重要部分，是从 1983 年开始，由于要缓解农业特产品生产挤占粮田的矛盾，稳定粮食、棉花、油料等重要农产品的生产进行征收的，税负远高于一般农业税，多年来其征税收入总额与农业税大致相等，这是我国特定历史条件下的产物。确定采取逐步取消农业特产税的政策，改征负担低的农业税，不但统一规范了农业税制度，大大减轻了生产经营农业特产品的农民负担，而且适应形势发展，可以加快农业结构的战略性调整，发展高产优质农业，提高我国农业的国际竞争力，促进农业经济发展，这确是推动农村税费改革顺利进行的重要举措。

2. 第二阶段：深化农村税费改革，逐步取消专门面向农民的各种税费

按照完善社会主义市场经济体制要求，这个阶段主要是从 2004 年开始，全面取消农业特产税（烟叶除外），逐年降低农业税率。五年内取消农业税，为统一全国城乡税制创造条件，并推进建立覆盖城乡的公共财政体制，建立精干高效的行政管理体制和运行机制。这是农村税费改革的一个新的发展阶段。

2003 年 10 月 14 日党的十六届三中全会通过的《中共中央关于完善社会主义市场经济体制若干问题的决定》，把深化农村税费改革列作完善社会主义市场经济体制 42 项重大问题的第 12 项，进行了战略部署，显示了农村税费改革在当前的重要地位。文件确定要“完

① 《中国财经报》2002 年 9 月 4 日。

善农村税费改革试点的各项政策，取消农业特产税，加快推进县乡城乡机构和农村义务教育体制等综合配套改革。在完成试点工作的基础上，逐步降低农业税率，切实减轻农民负担。”①

2004年1月，中共中央、国务院联合下发了一号文件《中共中央国务院关于促进农民增加收入若干政策的意见》，这是新中国成立55年来第一次以中共中央文件形式发出的一个关于农民增加收入的文件，也是新中国成立以来第一次以中共中央国务院共同名义，就农业问题发出的文件，极富重大历史价值。在文件中，把“继续推进农村税费改革”专列为促进农民增加收入22项重大政策的第18项，作了新的重大战略部署，主要是：

（1）明确了农村税费改革的最终发展方向。这就是“要巩固和发展农村税费改革的成果，进一步减轻农民的税费负担，为最终实现城乡税制的统一创造条件”。②

（2）逐步降低农业税率，直至取消农业税。2004年农业税税率总体上降低一个百分点，同时取消除烟叶以外的农业特产税。降低税率后，减少的地方财政收入，沿海发达地区原则上自己消化，粮食主产区和中西部地区由中央财政通过转移支付解决。有条件的地方，可以进一步降低农业税率或免征农业税。

（3）把减税的好处，调剂到户。要严格按照减税的比例调剂到户，真正让农民得到实惠；确保各级转移支付资金专款专用，及时足额下拨到户。要据实核减合法征占耕地减少的计税面积。

（4）加快推进配套改革。一是继续加强农民负担监督管理，防止农民负担反弹，巩固农村税费改革成果。二是进一步精简乡镇机构和财政供养人员，积极稳妥地调整乡镇建制，有条件的可以并村，提倡干部交叉任职。三是优化农村学校布局和教师队伍。四是进一步清

---

① 《中共中央完善社会主义市场经济体制若干问题的决定》，人民出版社2003年10月版，第18页。

② 《人民日报》2004年2月9日。

理规范涉农行政事业收费，巩固治理利用职权发行报刊的成果。五是积极探索化解乡村债务的有效途径。六是尽快制定农业税征管办法。

2004年3月5日，温家宝总理在十届全国人大二次会议的政府报告中郑重宣布，从2004年起，逐年降低农业税率，平均每年降低一个百分点，五年内取消农业税，为支持农村税费改革，2004年中央财政拿出396亿元，用于转移支付，加快推进县乡机构配套改革。

根据党中央和国务院的决策，报经国务院批准，财政部、农业部、国家税务总局于2004年4月联合下发通知，明确以下制度规定：（1）吉林、黑龙江两个粮食生产省先行免征农业税试点。（2）河北、内蒙古、辽宁、江苏、安徽、江西、河南、湖北、湖南、四川等11个粮食主产省、自治区降低农业税率3个百分点，并主要用于鼓励粮食生产；其他地区总体上降低1个百分点。（3）沿海及其他有条件的地区，也可视地方财政情况，进行免征农业税试点。（4）征收牧业税地区，要按照征收农业税地区的同等减税幅度，把负担减下来。（5）减税的好处要落实到户，以村（组）为单位张榜公示，公示日期不得少于10天，在得到农民认可后，再把农业税纳税通知下达到户。

根据中央决策，除吉林、黑龙江两省外，截至2004年6月底，另有上海、北京、天津、浙江、福建5省市自主决定免征或取消农业税，加上西藏自治区早在24年前已免征农牧业税，全国已共有8个省、自治区、直辖市已免征农业税。北京市于2004年3月5日宣布取消农业税后，并已于同月24日集中销毁了所有未用完的农业税完税凭证。其他省、区中的有些市、县，如福建省的厦门市、山东省的章丘市也已自主免征、停征农业税。

此外，为贯彻落实2004年中央文件的有关规定，2004年1月初，财政部会同国家发展改革委员会发出通知，再次清理农村收费项目，取消了国内植物检疫费中的检疫证书费等3项，免收水土流失防治费等8项，降低农机监理费等4项。同年3月，财政部又发出通知，从五个方面减少涉农收费，促进农民增收。[1]

总之，2004 年我国加大农村税费改革力度，取消农业特产税，五年内取消农业税，是从源头和制度上防止农民负担反弹的一项根本措施，标志着我国农村税费改革已进入一个新的发展阶段。

3. 第三阶段：逐步统一城乡税制，建立适应国情的促进农民增收减负的长效机制

这个阶段的工作是同取消农业税结合进行，主要是在取消农业税的基础上，逐步统一城乡税制并给农民更多税收优惠，建立适应中国国情的促进农民增收减负的长效机制，实现城乡经济社会协调发展。

农村税费改革是一个较长期间的动态改革过程，其发展方向并不仅是要减轻农民负担，规范、完善农业税制，而是要在五年内取消农业税，并在一个更长的时期内，逐步实现城乡税制统一。它意味着在我国已运行两千多年之久的古老田赋制度，即将在中国大地上消失，代之以适应国情的统一城乡税制，建立促进农民增收减负的长效机制。这是党中央英明果断的伟大决策，具有划时代的重大战略意义。它是从根本上解除农民的不公平、不合理负担，顺利解决“三农”问题的迫切需要；是完善社会主义市场经济体制，统筹城乡经济社会全面发展的迫切需要；是适应加入世贸组织新形势，提高农业国际竞争力的迫切需要。现着重就以下两个问题，谈谈我们的一些看法：

（1）取消农业税是形势发展的必然要求。具体地说，主要是：

① 农业税不适应商品生产和市场经济发展，不适应完善社会主义市场经济体制的要求。现代税收适应商品经济发展要求，主要是以代表其纳税能力的销售收入额、所得额以及拥有的财产额为课税对象，并是征收货币，而农业税在农村税费改革试点后，农民的税费总

---

① 这五个方面是：（1）畜禽及畜禽产品防疫费用降低 30%，有条件的地方可进一步降低或免收。（2）规范出入境检验检疫收费，支持农产品出口。（3）对从事个体经营的农民减收部分收费，鼓励农民通过从事个体经营增加收入。（4）进一步清理和取消对农民进城就业的不合理收费，保障进城农民的合法权益。（5）继续规范面向农民的收费管理，防止农民分担反弹。参见《人民日报》2004 年 3 月 26 日。

负担虽然大量减轻，但这个税种的制度本身和运行机制基本未变，仍是针对农业生产用地，就土地常年产量计征税款，不论商品生产率大小，农业生产效率高低，只要用地都必须缴税（过去甚至还出现地被征用、占用，仍要缴税的情况），并且计算征收税款，不扣除生产成本费用和自用口粮，也不计算用工劳务报酬，不论有无所得，都要按照核定的常年产量全额缴税，较大部分还是征收实物。在农业劳动生产率低下的情况下，往往连正常的农业简单再生产都得不到补偿。这种课税制度是自然经济下的产物，难于确切地代表纳税人的纳税能力。仍然单独保留对农业开征的农业税，不适应商品生产和市场经济发展的要求，也不适应建立统一、规范、公平、效率、透明的税制调节体系，完善社会主义市场经济体制的要求。

② 农民税负远高于城乡工商户，妨碍破除城乡二元经济格局。当前农民收入水平远低于城镇居民，2002 年农村居民家庭人均收入 2475.6 元，城镇居民家庭人均可支配收入 7702.8 元[①]，两者是 1∶3.11之比，并且农村居民家庭人均收入中，很大一部分是来自外出打工和从事二、三产业的农户。可是农民的税负，按其负担能力来说，却是大大重于城镇，很不公平合理。例如农村税费改革试点的农业税上限税率 8.4%（农业税率 7%，另加 20% 的农业税地方附加），而增值税小规模纳税人的征收率，工业为 6%，商业为 4%，比农业税税率已分别低了 2.4 个百分点、4.4 个百分点，且舆论还认为小规模纳税人的征收率偏高，需要调低。特别是增值税还有月销售收入 2000—5000 元的起征点规定，不达起征点的不征税。绝大多数农民的月销售收入，都达不到这个起征点，本可不缴税，可是包括自食口粮在内，还要按较高税率缴纳农业税，这更显得税负过重了。又据国家税务总局农业税制改革课题组计算，农业税的 8.4% 上限税率，按 40% 商品率换算，加上农民购进生产资料所含增值税额不能抵扣，以及农产品收购商可扣除农产品进项税额等因素，农民销售农产品的

① 《2003 年中国财政年鉴》第 443 页。

“商品”，其增值税负实际为25.5%，这比一般纳税人的标准税率17%高出8.5个百分点。[①] 并且由于农民在市场竞争中处于弱势地位，缴纳的农业税只能由自身负担，不能转嫁出去，而增值税一般纳税人缴纳的税款却是可以转嫁的，两者的税负截然不同。再就所得税对比，企业所得税是在销售收入减去成本费用开支后，有利润所得才征税，个人所得税则有每月生计费用1000元标准的扣除免征额（此项标准免征额还将要提高），而农民种田，其计税依据的常年产量不扣除购买的生产资料和用工成本，基本上是亏本经营。据调查，在某些地方每种一亩地，农民要亏本20多元。[②] 现在虽然农业税每年平均要下降一个百分点税率，但只要保留这种征税制度，农民还是要缴纳超出其负担能力的农业税的。这对提高农民收入，繁荣农村经济，破除城乡二元经济格局是一个重大障碍。

③ 降低我国农产品国际竞争力，妨碍农业内部扩大就业。就进口来说，对农产品进口是征13%的增值税，而对农业生产者是征上限为8.4%的农业税。仅从税率上作形式的比较，进口农产品比本国农产品税负超出4.6个百分点，会被认为违背国民待遇原则，而产生国际争端，不利于国际贸易发展。特别是农产品13%的税率，已比标准税率17%低了4个百分点，更比农民销售农产品的“商品”换算的25.5%增值税率低了12.5个百分点。如果按照国际通行做法，该进口农产品在其本国还享受了多种税收优惠和财政补贴，其销售成本更远低于本国农产品，面对汹涌澎湃的农产品进口浪潮，我国农产品只能处于竞争劣势。再就出口来说，原则上农产品是可按13%的税率办理出口退税，实际上是退税不到位，更谈不到按前述换算的25.5%税率退税，这对出口又是一种制约。减少农产品进口，扩大农产品出口，就是为发挥我国农业的比较优势，发展农业经济，扩大农业内部就业，开辟广阔的天地，而保留农业税，则是这方面的一大障

① 《中国税务报》2004年2月13日。

② 《中国财经报》2004年6月1日。

碍，会降低我国农产品的国际竞争力。

④ 难以解决种田农户税负重于其他农户的矛盾，不利于农业经济的协调发展，保护和提高粮食综合生产能力。农业税费改革后，由于过去各项税费负担，在减轻约30%的基础上，归并到农田上征收。这就导致从事粮棉农田生产、拥有较多农田的农民负担加重，而拥有农田少、主要从事第二、三产业相对富裕的农户，则负担大为减轻。即使实行种粮户的特别减税措施，完全贯彻实行了“每个农户的负担都有所减轻”这条硬杠子，专门从事粮棉生产、拥有农田较多的农户，相对于主要从事第二、三产业生产的农户来说，其负担也是相对减得较少；不够公平合理，不利于鼓励粮棉生产，协调发展农业经济。

⑤ 农业税计征复杂，征收成本高，且成为农民增负的载体。计征农业税，要面向亿万农户核实计税土地面积，确定应税常年产量、价格，还有灾款、社会减免等诸多问题，工作量大，除稽征人员外，还需要众多的乡（镇）村干部参与，征收成本远高于工商税收。2002年全国共征农业税421.44亿元（内农业税321.49亿元，农业特产税99.95亿元）①，农业税征收人员29.2万人，每人按2万元经费开支计，需58.4亿元，征收成本率达13.86%，还远远不是完全的税收成本，尚未包括纳税农户为履行纳税义务而投入的人力、物力、财力及时间、精力的耗费，以及由于征税而在经济上可能带来的一些负效应。又据湖北省财政厅课题组对湖北省沙洋县的典型调查，该县的农业税征收成本，从1997年的20.8%开始，逐年上升。其中2000年实征农业税2804.5万元，征税人员283人，征收成本开支738.9万元，征收成本率26.35%；2001年实征2656万元，征税人员297人，征收成本开支758.4亿元，征收成本率28.6%。只是2002年因“五统三提”等费并入农业税征收等原因，实征农业税猛升为6566.9万元，征税人员未增，征收成本只增为827.8万元，征收成

① 《2003年中国财政年鉴》第344页。

本率才急剧下降为12.61%。[①] 但这仍是较高的征收成本率。保留农业税，逐年降低税率，并不会使征收成本率降下来，相反还会提高，因为按8.4%税率征收，与按2%、3%的税率征收，仍然是同样的工作量，需要同样多的征收人员和经费开支。这表明农业税的税收效率低，且要不断下滑。加以既要对种田农户征农业税，又要从财政上拨款直接补贴产粮农户，中间要经许多环节，补贴款不一定能足额到户，一收一支还增加了许多事务。从公共财政应有的要求来说，农业税实已无存在必要。

（2）结合中国国情，逐步统一城乡税制。取消农业税后，不是农民不要缴税了，也不是要代之一种专对农用土地征税的税种，如农村土地资源税等，而是要从中国国情出发，借鉴国际通行做法，逐步在城乡实施统一的税收制度，城乡单位和个人，只要有统一税制规定的应纳税义务，就都按统一税制征税，但要在统一税制，贯彻公平税负原则中，给农民、农业必要的特殊税收优惠，更好地贯彻国家对农民的“多予、少取、放活”的方针。征管制度也要简便易行，讲究税收效益和税收成本，以体现税收对农民这个弱势群体、农业这个弱势产业必要的支持和扶植。这既符合世界贸易组织对农业可实施限额财政补贴（含税收优惠）的原则，也符合国际通行做法，更切合中国农业基础薄弱、农村发展落后、农民生活困难的现实情况。总之，从前那种“以农补工”的时代要求已经过去了，现在迫切需要的是进行反哺，城市支持农村，国家财政必须给农民、农业足够的支持，必须在一个相当长的时期内，使绝大多数农民都免除缴税，只有极少数经营农业企业的富裕农户担负力所能及的一定纳税义务，同时还要给与税收优惠，这是现在国家财力能够承受的，从而便利农业做强做大，农民休养生息，农村加速前进，城乡协调发展。统一城乡税制，涉及农民、农业的几个主要税种有关制度改革问题如下：

① 增值税。国际上实施增值税的国家，对农产品或是实施零税

---

① 参见财政部财政科学研究所《研究报告》2003年第9期。

率，或是免税，或是适用低税率。我国可以继续实施现行“农业生产者直接销售的自产农业产品免征增值税”的优惠政策，把广大农民直接销售自产农业产品排除在纳税之外。继续实施增值税起征点的规定，把以销售农产品为主的个体工商户、个人的起征点（按月、按次），提高到起征点幅度规定的上限，不到该起征点上幅的，不征税。现行增值税的起征点是月销售额2000—5000元，农村一般个体工商户达不到5000元起征点上限，也不必缴增值税，这也就便利了农产品零星购销和增加农民收入。

② 消费税。烟叶是卷烟的基本原料，且又可直接吸用，历来是价税都高的农产品，历史上也都是单独征收工商流转税，1994年才并入农业特产税，2004年取消农业特产税时，仍暂保留了对烟叶征税。为对此种产品进行管制，避免多占用农田，可改为合并到消费税单列税目，仍适用较高税率，除征增值税进行普遍调节外，再加征消费税进行特殊调节，都由收购商缴纳。这样对进口烟叶也可加征一道消费税，有利于保护国内生产。至于有的资源性产品如原木，也可考虑由原列农业特产税品目，改列消费税品目，以限制滥伐森林，保护国家宝贵资源。

③ 所得税。适用统一税法，绝大多数农民都达不到个人所得税的法定生计费用扣除计算的免税额标准，可以排除在这个税种纳税者行业之外，需要纳税的只是极少数从事养殖、种植、饲养、捕捞的富裕大户。近年来有些富裕大户年收入有达数十、百万元的，交点个人所得税还是应该的，必要时可给予一些税收优惠，以鼓励发展农业。至于法人性质的农业经营公司，在适用统一的法人所得税（即现行的企业所得税）法时，也同样可以另给适当税收优惠。

④ 财产税（或物业税）。国际上多数国家对农用土地是征统一的不动产税或土地税，少数国家是不征税或免税。我国农民人均经营耕地，2001年只为1.99亩，数额极少，在社会保障体系未完全覆盖农民的情况下，是当前农民赖以生存的保障，且又是集体所有，加以该项税收收入很少，而要确定计税土地面积、评估等级、征管又很复

杂，征收成本高，缺税收效益，不宜列入财产税或物业税征收范围。但对极少数占有房地产多，或有豪华住宅的富裕大户，也可如同对城市居民一样，在合理评估房地产价格的基础上征收这种税。

这里还要着重强调的一个问题是，统一城乡税制，并不排除在符合现代税收原理、原则的前提下，从本国国情出发，对农民、农业征税，采取特殊税收优惠和更为简便、透明的形式。譬如俄罗斯在20世纪90年代按照西方国家的模式，统一城乡税制，对各类农业组织也如同对城市各类企业一样，按统一税制的同一税法征收各种税后，从2004年1月1日起，又在纳税人符合法定条件、自愿申请选择的基础上，实施了一种“单一农业税”，无需再缴纳增值税、利润税（企业所得税）、个人所得税、财产税和统一社会税等普通税种。当农业组织和个人销售自产农产品及加工农产品收入达不到全部收入70%时，则被强制恢复缴纳各普通税种。单一农业税的计税依据是企业生产经营收入减去生产经营支出后的纯收入。类似俄罗斯的利润税（企业所得税），但要优惠得多，如适用的比例税率只为6%，比利润税的24%比例税率低3/4，比个人所得税的13%单一比例税率，也低了一半多，准许扣除的生产经营支出，虽只限于税法列举的项目，但特准资本性支出一次性扣除，且实行现金收付制，征管制度也简化得多。[①] 选择缴纳单一农业税能得到许多好处，有利于促进俄罗斯农业发展，也有利于提高税收征管效率，降低税收成本。这是在现代企业所得税制的基础上，归并其他各税的一种更优惠、简化的征收办法，不同于专门以农用地为课税对象的税种，其中对农业、农民的税收优惠和简化原则，有可供我们借鉴之处。

（四）对保留的收费和规范管理

实行规范化的税费改革后，继续保留的收费，大体有以下五类：（1）政府向法人或城乡居民实施特定管理和提供特定服务，收取的各种证照费、注册费，如企业注册登记费、护照费、婚姻证书工本费

① 参见傅志华2004年6月27日《内报》。

等；（2）政府机关为维护国家主权而实施的收费，如海关监管手续费、外交部门的鉴证费等；（3）政府机构或政府授权机构，按照使用者付费原则，向国有资源使用者收取的使用费，如海域及土地有偿使用金、城市道路占用挖掘费等；（4）一些带有惩罚性质的收费，如交通、公安等部门的罚款收费等；（5）少量暂不宜取消或规定征收期限未满，且难以实行“费改税”的政府性基金，如水利建设基金、民航机场管理建设费等。

我国长期以来，都是使用“预算外资金”的概念和口径作为政策性规定，在《关于2002年中央预算和地方预算执行情况及2003年中央和地方预算草案的报告》首先提出，“要确实加强各种非税收入的征收管理”。2003年5月，财政部等四个部门的联合通知，又把中央非税收入界定为“中央部门和单位按照国家有关规定，收取或取得的行政事业性收费、政府性基金、罚款和罚没收入、彩票公益金和发行性、国有资产经营收益、以及政府名义收交的捐赠收入、主管部门集中收入等属于政府非税收入”。从采取预算内外资金分类，到逐步全都纳入国家预算，改为采取税收收入与非税收入分类，是适应建立和完善公共财政体制，同国际通行做法衔接的需要，但我们现在向全国人大提出的国家预算报告，迄今仍只列一个财政预算内总收入金额，尚无税收收入与非税收入的分类，甚至连税收收入金额的数字也没有，需要改进。同时，所有收费以外的各种非税收入，如同收费收入一样也同样要纳入财政预算，进行严格的规范化管理。

为加强对收费的管理，要制定相应的法律、法规，对保留和暂时保留以及今后新设立的收费（基金）项目实行规范化制度管理。主要是：

1. 严格审批制度

对保留和暂时保留的收费项目，属于中央的，要由领导清费工作的部际会议审定；属于地方的，要由省级政府从严审批并报财政部审查。今后设立新的行政事业性收费项目，要严格实行中央和省两级财政审批制度，重要的并报国务院批准。

2. 建立目录管理制度

对确定保留和暂时保留的收费项目，实行收费目录管理和收费公告制度，接受社会监督。

3. 改革征收管理办法

一些收入数额较大便于税务部门集中征收的收费，由税务部门负责征收。其中不便于税务部门征收的，管理行为与缴费环节要相对分开，实行票款分离，由银行统一代收。一些零星分散、政府机关在办理公务活动中相应收取的费用，可由主管机关在办理公务时一并征收。

4. 实行规范化的财政管理

政府性基金和收费是财政性资金，要尽可能实行财政预算管理。当前应坚决落实国务院关于推进深化“收支两条线”改革，收缴分离，收支脱钩，逐步深化和取消预算外资金，将其全部纳入预算管理。1997 年起，国家已把 13 项金额较大的政府性基金和收费收入转为预算内。据 2003 年国家预算执行情况报告，经贸部、人事部等 30 个部门和单位的 118 项行政事业性收费已纳入预算管理。对暂时不能列入财政预算管理的，也要取消现行各执行单位开设的预算外资金账户，改为直接缴入财政专户，编制综合财政预算，实施规范化财政管理，加强监督。

（五）税费改革与税收改革结合进行，并搞好各种配套改革

1. 与税制改革结合进行

税费改革与税制改革密不可分，必须结合进行。要按照党的十六届三中全会关于“逐步实施税收制度改革”和“深化农村税费改革”的战略部署，在减轻包括税费在内的社会总负担，而又调高宏观税负的原则要求下，合理安排税制结构，建设统一、规范、公平、效率和有透明度并符合社会主义市场经济发展和经济全球化要求的完善税收制度体系。改革后的税收，必须能全面覆盖国民经济活动和收入分配的各个方面、各部门、产业、企业以及每一个有一定收入的个人纳税人。不同地区的税负要适当。要使税收真正成为我国财政收入的基本

来源，调控整个经济和社会活动的主要杠杆。

税收管理体制也要进行相适应的配套改革，除中央税、共享税及对宏观经济影响较大的主要地方税种，其立法权、税种开征停征权、税目、税率调整和减免权等，仍应集中由中央管理外，要借鉴国际经验，在不影响全国税收统一和政策、政令畅通，不挤占中央税、共享税税源，不妨碍周边地区经济利益的前提下，让省级人民代表大会和政府享有地方税的一定立法权，便于地方在符合国家整个宏观调控要求的前提下，适应地区需要，开征地区性的特别税种和因地制宜处理地区性的若干税收问题，适当解决地区资金需要。同时，可按照国际通行做法，实行税收立法权、执法权和监督权分离，以利于保证税收政策的正确贯彻执行，保障纳税人的合法权益。这是堵塞地方乱开收费之门的一个重要途径。

同时，要进一步强化税收征收管理，这是税制得以正确贯彻实施的保证。必须坚持科技加管理，加速税收信息化建设，提高管理质量和效率，“建立起基础管理扎实、征管手段先进、征管查相协调、寓执法于服务中的税收征管制度。”[①] 要快速提高税收征管水平，杜绝偷税、骗税；要努力实现税收管理的法制化、规范化、科学化、现代化，使我们的税收管理适应现代税制和社会主义市场经济发展的要求。

2. 各项配套改革

税费改革还要与政府职能转换和行政、经济、财政、文化教育等各方面的体制改革以及法制建设和制度规范化等配套进行。这主要就是要按照公共财政体制框架，认真改变政府职能“越位”与“缺位”并存的状况，坚决做好政府应该做的事，排除政府不应该做的事，完善政府的经济调节、市场监管、社会管理和公共服务职能，减少和规范行政审批。要进一步完善分税制财政体制，在明确各级财权关系的

① 李岚清：“以‘三个代表’重要思想为指导，建立公共财政初步框架”，《中国财经报》2000 年 12 月 15 日。原文是“征管查相分离”根据形势发展，国家税务总局已把提法改为“征管查相协调”，故作相应调整。

同时，划清各级政府的事权，下放部分管理权，规范财政转移支付制度，建立复式预算制度。要加快机构改革步伐，精简人员编制。

其中就农村税费改革来说，农民负担就是一个复杂的社会问题，既涉及到政府机构改革、农村基层组织建设，也关系到乡镇基础建设和农村经济发展以及社会各类经济组织和个人的利益分配。安徽省2000年的农村税费改革，全省农民政策性减免达19.4亿元，而农业税（农业特产税）收入却上升10亿多元，显然，这是成功的。有利于完善农村财政收入分配机制。但这项改革，所以能较顺利进行，并取得以上成绩，是由于有财政专项拨款的支持，中央财政给予安徽专项转移支付11亿元，省财政拿出1亿元，省又下达农业税灾减指标1.2亿元，共计13.2亿元，相当于农民税费负担减少总额19.4亿元的68%。财政的专项支付款，超过了当年农业税上升全额的30%。这表明农村税费改革，为弥补基层经费的正常开支缺口，是离不开财政的支持的。2003年中央财政为支付农村税费改革，就安排了转移支付资金305亿元，2004年又继续安排了90亿元，这还不包括省级财政和有条件的市县财政安排的那部分专项用于农村税费改革的资金。财政上要筹措这笔专项资金，财政支出的分配结构就需要调整，分税制财政体制也需要完善，加大中央和省级财政转移支付力度，使基层的行政事业单位，有正常运转的必要经费。这就是说，财政上要进行相适应的配套改革。进一步分析，财政专项拨付款所以必要，是由于当前乡镇机构庞大，人员多、开支大，暂时减不下来；中小学布局不合理，教育资源浪费，教师工资的开支相当于乡镇财政支出的60%—70%，也暂时减不下来。农村税费负担降低后，这些都加大了乡镇和村的财政压力。财政上长期拨款补贴乡镇支出，是无以为继的，这就出现了转变基层政府职能，减事、减机构、减人员，而又要提高工作效能的问题；划分各级政府的职责和事权、财权的问题以及改进农村管理问题；调整农村中小学布局，优化教职工队伍结构，合理配置教育资源问题；也涉及到国家的整个教育资金筹集，区别义务教育与高等教育如何适当采用税、费的不同方式问题。这些又都需要整个行政、教育体制以及财政体制和建立复式预算制度等的配套改革。农业税附加形式，由村提留的这部分集体资金，也有一个加强民主管理的改革建设问题。所有的制度改革建设，都要有法律、法规依据，要修订、制定新的法律、法规和规章制度，这又要有法制建设的配套问题。可以说，有关的配套改革是否处理得当，是农村税费改革能否成功的关键。

本文原载苏明主编:《财政理论研究》，(国家审计署审定，列为审计干部职业教育系列教材）第七章，中国时代经济出版社 2005 年 4 月第 2 版。

初稿原刊《税务研究》1998 年第 10 期，第一次修订稿刊《财政理论研究》，中国审计出版社 2001 年 5 月版。2003 年 1 月，国家税务总局和中国税务学会评授“全国第四次（1998—2002 年）税收学术研究优秀成果一等奖”，文章收入中国税务学会编：《全国税收科研成果获奖论文集（1998—2002）》，中国税务出版社 2003 年 8 月版。

改革烟草税制及其收入归属体制，配套控制烟害

吸烟损伤健康，危害社会，烟草生产又挤占粮棉等必需农作物耕地，浪费社会大量宝贵资源。为了控制烟草危害，2003 年第 56 届世界卫生大会通过了《世界卫生组织烟草控制框架公约》，包括我国在内签署缔约国（地区）达 174 个。签约的序言中载明：缔约方承诺“决心优先考虑保护公众健康权利”，积极采取措施，控制烟害。作为缔约国，我国也曾承诺在 2011 年 1 月 9 日前在室内公共场所和实内工作场所实现 100% 禁烟。

我国数十年来，烟叶播种面积，烟叶及卷烟等烟制品的产量成倍增长，即使从签署前项世界公约的 2003 年起算，至 2009 年的 6 年间，也是增速惊人，烟叶播种面积，由 1264 千公顷，扩大为 1392 千公顷，增加 10.13%；烟叶产量由 225.7 万吨，上升为 306.6 万吨，增 35.84%；相应地卷烟产量也是只升不降，由 17360 亿支，上升为 22901.5 亿支，增 31.92%[①]。当前烟草的生产、消费尚未摆脱失控状态。我国是烟叶和卷烟生产的世界第一大国，烟民 3.5 亿，烟草消费也是世界第一。2012 年初，世界卫生组织发布了 170 多个国家（地区）2004 年的吸烟致死率，其中我国直接吸烟（不含二手烟民）导致的死亡，占所有因疾病导致死亡的 12%，与世界平均数持平。[②] 卫生部部长陈竺在 2012 年 3 月 31 日的一次会议上也指出，我国内地每

① 据《2010 年中国统计年鉴》第 482、487、558 页数字计算。

② 《北京晚报》2012 年 3 月 19 日和 2011 年 12 月 16 日报导。

年至少有120万人死于吸烟相关的疾病。这个数字占世界该项死亡总数约1/4，如不严加控制，到2030年，这一数字将会上升到200万人。[①] 另外，还对经济、社会造成很大危害。对此，我们必须高度警惕和重视。

控制烟草危害，是我们面临的一项重大而又艰巨和长期的任务，必须认真对待，抓紧采取各种有效治理措施。这是我们作为缔约国，以实际行动履行《世界卫生组织烟草控制框架公约》义务的庄严承诺；是保障公众健康、减少疾病、减轻社会负担、改善人民生活和树立社会良好风气的大事；是珍惜土地有效利用，减少人力、物力、财力浪费，完善经济结构，有效配置社会各种资源，促进经济健康、持续、稳定、较快发展的必由之路；是贯彻落实科学发展观和以人为本的施政理念的具体实践。

控制烟草危害，要综合运用各种经济杠杆，要在行政管理、法律制度、文教宣传、社会监督等各方面，同时采取有力措施，有计划地实施综合治理。财政税收作为重要的宏观调控经济杠杆，过去在调节烟草生产、消费，从而在源头上控制烟害，起过重要作用，但也存在一些现实矛盾问题，诸如烟税收入归属与地方政府经济利益过于密切，不利于制约烟草生产、消费，影响全国统一安排；征收调控力度尚有不足，烟草企业利润过大，不适当地助长了企业增产烟草的积极性；加入世贸组织后，跨国烟草公司冲击国内市场加剧，国际竞争激烈。我们必须适应形势的发展变化，以控制烟草危害为重要目标，针对现实矛盾问题，对烟草税制进行必要的改革，同时改革完善烟草税收入分配相关的分税制财政体制。在这里，笔者主要有以下建议：一是把现行烟叶税种，改为消费税的一个税目，相应改变纳税环节和计税依据，现行的由烟草收购单位在收购环节按收购金额计算纳税，改为由烟叶公司在烟叶销售、调拨环节，按销售、调拨价格计算纳税。二是烟叶及卷烟等烟制品的消费税，完全划归中央财政，取消现行卷

① 《参考消息》2012年4月16日报导。

烟等烟制品的消费税、增值税税收返还补助制度；调低卷烟等烟制品增值税、企业所得税的地方分成比例，切断烟草税收与地方政府过于密切的经济联系。三是以卷烟的综合税率（各种税收占卷烟零售价格的百分比），设计为80%—82%，作为今后一个时期的目标，通过细致的数据测算，采取多种征收方式，分阶段持续提高烟叶税率，提高卷烟等烟制品在产销各环节的实际税率，加重税负，既形成高烟价，限制消费，又挤占烟草企业过高利润，限制增产。四是对包括烟草业在内的垄断性国有企业和国家控股公司，利润过大，超过国家规定标准的，加征超额所得税。五是改进烟草税的征收方法，加强监督管理，小规模纳税人和个体工商户的卷烟零售环节增值税，改由烟草公司在批售卷烟时，按照确定的零售价格代扣代缴，扭转现在这方面的税收大量流失状况，以利于控制卷烟的生产、消费。以上这些，都有利于从源头上控制烟草生产、消费，从而控制烟草危害。同时，也有利于财政税收杠杆在与此相关的多方面，充分发挥它的各项宏观调控作用。现着重从以下五个方面进行具体分析和陈述理由。

一、取消农产品特别税种，减轻农民负担，严控烟叶播种面积和产量的需要

烟叶包括烤烟和晾晒在内，原是农业特产农业税的一个税目，通过2000—2005年的农村税费改革，农业特产农业税和农（牧）业税，先后于2004年和2006年1月被取消，但仍保留对烟叶征税，并于2006年4月28日起，改为烟叶税，征税办法基本沿袭旧制，该税种收入，也仍归属地方。这些年来，烟叶税收入是逐步上升的，2006年是41.6亿元，2007年是47.8亿元，2008年是67.45亿元，2009年是80.84亿元，2010年下降为78.36亿元，2011年又回升为91.45亿元，2012年财政预算安排为100亿元[①]。收入的总金额虽不大，但

① 《2011年中国财政年鉴》第450页；全国人民代表大会常务委员会办公厅编：《中华人民共和国第十一届全国人民代表大会第五次会议文件汇编》，人民出版社2012年5月版。

具体到一些市县，却是一笔很大的地方自主财力，同地方经济利益密切相关。

现在，地方政府基于保证本地区财政收入的需要，一般是积极采取强力的行政手段和补贴等多种措施，大力支持、鼓励甚或强迫农民种植烟叶，多产烟叶，烟草专卖局与烟草公司政企不分，有自身经济利益，也积极推动，农民往往被迫多播种烟叶，少播种甚或放弃必需农作物的播种。因而大面积的烟叶播种得以保持，并不断扩大。一些地区的烟叶产量和收购数量，也往往出现超过国家计划安排的情况。2009 年我国烟叶播种面积已达 1392 千公顷，而 1980 年只为 512 千公顷，29 年间扩大了 1.72 倍，比签署烟草控制框架世界公约的 2003 年的 1264 千公顷增加 10.13%。烟叶产量 2009 年达 306.6 万吨（内烤烟 281.4 万吨），而 1980 年只为 84.5 万吨（内烤烟 71.7 万吨），29 年间，增加 2.63 倍，比 2003 年的 225.7 万吨（内烤烟 201.5 万吨），也增 35.84%①。扩大烟叶播种面积，挤占了宝贵的土地资源，影响了粮棉和其他必需农作物更多增产，农作物产业结构难于完善，却使我国烟叶产量高居世界烟叶产量 1/3 以上的尴尬地位。烟叶作为卷烟的主要原料，它的大量扩产，给人们健康和社会带来了很大危害。

矛盾也表现在烟叶收购方面。国家每年规定收购烟叶的分地区品种等级及其收购价格，多达数百个，价格差距极为悬殊，即使具体到某个县级，同品种烟叶的等级价差，也有十几倍。虽然烟草专卖法实施条例规定，烟叶收购等级评定工作，由地方烟草专卖局组织同级有关部门和烟农的代表组成烟草评级小组进行协调，但收购单位的烟草公司与烟草专卖局是融为一体的一家，对烟叶品种等级的具体评定及其适用的收购价格的确定，具有强势地位，往往是压级压价收购。烟农又不能越境向边邻的县、镇收购站交售烟叶，更不能向烟草公司以外的任何单位和个人出售产品，在交易中处于劣势被动地位，很少有

---

① 据《2010 年中国统计年鉴》第 482、487 页数字计算。

发言权。在同亩土地上，烟农种烟的成本及付出的劳动力，远高于种粮及其他农作物，可是其收益率，却往往相对较低，甚至还可能出现亏损。

矛盾还表现在，烟农往往会成为烟叶税的实际负担者。现行烟叶税暂行条例，虽规定以境内烟叶收购单位为纳税人，（即依据烟草专卖法有权收购烟叶的烟草公司或者受其委托收购烟叶的单位）改变了原农业特产农业税以农民（即烟叶生产单位或个人）为纳税人的制度，但同是以烟叶收购金额为计算税额依据，给人的印象，仍然如同1993年前征收烟叶的产品税那样，规定的纳税义务人是农产品的生产者，其中交售给国营、集体收购单位的，为避免直接向农民征税，才由收购单位根据收购所支付的金额计算缴税；售给其他单位和个人的，仍由农民自行计算缴税。因而收购单位缴纳的此项税款，实际是代扣代缴性质，烟农仍应是税收负担者。烟叶公司在此理念下，受经济利益驱使，会自然地考虑此种代扣代缴税款因素，凭藉其垄断地位，压级压价收购，以求补偿所缴税款。在按粮烟比价确定烟叶收购价格，烟价调整往往滞后于粮价调整的情况下，烟叶公司更会有意识地这样做。其缴纳的烟叶税款，实际上是通过压低烟叶收购价格，采用税负转嫁中的后转方式，转嫁由烟农负担。农村税费改革，取消了农业税和农业特产农业税，从事农产品生产的一般农户，都不再缴纳这方面的税，完全免除了此种负担，唯独保留烟叶的特别农产品税种，烟农实际上仍有此种税收负担，很不公平。

把烟叶税种改为消费税的一个税目，收入完全划归中央财政，并相应改变纳税环节和计税依据，就有利于适当解决以上矛盾问题，较好地发挥税收调控烟叶生产和减轻农民负担等的作用，其主要表现是：

1. 地方税种的烟叶税改为中央税种消费税的一个税目，收入也改为完全归属中央财政，切断了烟叶税与地方政府的经济利益联系，地方失去大力推动甚或强迫农民多播种、多生产烟叶的动力，这便利了农民根据市场情况和自身条件，自主选择播种收益更大的农作物，一些不适宜种烟的土地，更不会用来种烟叶。这既可减少烟叶播种面积，节约和有效使用土地资源，又可有效控制烟叶产量。

2. 把烟叶税的纳税人，由现行规定的烟叶收购单位统一改为烟草公司；把纳税环节由烟叶收购环节改为烟草公司对其他烟草单位销售或调拨烟叶环节；把计税依据的烟叶收购金额（含收购价格和10%的价外补贴）改为烟草公司销售、调拨烟叶的金额，这是在烟叶原收购金额的基础上，再加其他营销成本费用、有关税金和适当利润后组成销售、调拨价格。这表明征收此种烟叶消费税，是基于烟草公司有营销业务，获取一定收入和利润，而应自行负担纳税义务，不是应由烟农负担的税，改由烟草公司代扣代缴。这从思想意识上可以改变烟草公司是代扣代缴烟叶税的传统观念，从而抵制烟草公司压级压价收购烟叶的借口。特别是在烟叶税收入改为归属中央，烟草公司难于得到当地政府过去那种大力支持，农民选种农作物的自主权扩大，市场机制作用加强，加以近年农民的各种专业合作社兴起，农民的议价地位提高，烟草公司也难于单方面随意压级压价收购烟叶，这有利于烟农提高收益。按烟草公司的烟草销售、调拨金额计算征税收烟叶税，计税金额比现行办法规定的收购金额大得多，也有利于增裕税收收入，便利控制烟草生产。

3. 进行税费改革建设，统一城乡税制的重要内容之一，是各税种都同样适用于城乡相关的课税对象，不单独设置专门适用于城市或农村的税种，特别是不对农业、农民单独设置税种，已设置的要整合、取消。继取消农业税、牧业税和农业特产税之后，把专门针对烟叶这种特殊农产品征收的烟叶税种，改并作消费税的一个税目，我国就不再存在专门针对农民、农业征税的税种，完全实现了这个内容的税制改革建设，完善了税制结构。在相应改变烟叶消费税的纳税环节和计税依据的课征办法后，烟草公司也找不到前述的借口，在新形成的市场机制下，随意压低烟叶收购价格，转嫁税负，也有困难，这就在实际上免除了烟农的此项税收负担。

二、逐步缩小卷烟等烟制品的生产消费，维护公众利益，优化经济结构，健康发展经济，改善人民生活的需要

对卷烟等烟制品，征收的各税，如同烟叶税一样，现在也是与地方政府的经济利益密切关联。增值税是中央地方共享税，实行中央75%、地方25%的比例分成。消费税虽属中央税，但其收入并不完全归属中央，而是与增值税一起，实施税收返还补助。其返还数额以1993年为基期核定，把1993年的净上划收入数额（即消费税金额+75%的增值税-中央下拨收入）的全额，作为返还地方的基数，税收返还的实际数额，在1993年的基数上，按环比计算，逐年递增，递增率是全国两税收入，每增1%，中央对地方的返还增加0.3%。当年的消费税、增值税收入增长越多，税收返还的数额也越大。由于卷烟消费税、增值税收入数额巨大，年年增长，中央返还的金额，也持续上升，甚至超过本级地方税收入。企业所得税或是按行政隶属关系划分收入隶属关系，或是中央、地方分别按60%、40%的比例分成，以及以2002年为基数，实行中央对地方的税收返还办法。城市维护建设税、教育费附加，是依据卷烟等烟制品增值税、消费税实征税额的一定比例计算征收，其收入完全归属地方。

由于卷烟消费税、增值税、企业所得税收入很大，附加征收的城市维护税、教育费附加也多。以2010年为例，烟草制品业的各税收入共达3466.69亿元（内卷烟制造3402.04亿元），其中烟草制品消费税收入2386.22亿元（由卷烟制品2380.68亿元）占当年国内消费税6071.54亿元的39.3%[①]。有关烟草制品的这些税种收入，主要来自烟草制品产地，一些产烟大省如云南省，其地方财政收入，基本上就来源于烟草产品。

在以上情况下，地方为多得收入，保障本地区公共需要和利益，很自然地会大力推进本地区的烟草制品业发展，扩大卷烟等烟制品生

① 据《2011年中国税务年鉴》第400、420页数字计算。

产，对不符合要求的小烟厂和亏损烟厂，也给予财政信贷等各方面的支持。早在改革开放前，笔者曾奉命参与对某产烟大省税收违纪案件的检查，以亲身的体会，验证了这个省的省级党政领导，越权擅自大范围减免烟厂卷烟工商税的事实，特别是更多对地方国有烟厂和小烟厂减税。因为税负虽然减了，但卷烟生产扩大，总的税收收入相应增长，在当时的分成财政体制下，地方可以多得，地方国有烟厂因减税而多得的利润，更是归地方所有。

对烟草制品业，还存在税收调控力度不足和烟厂利润过大的问题。据美国农业部统计资料，在 110 个卷烟产销国家（地区）中，1999 年卷烟的综合税率（各税占零售价格的百分比），超过 70% 的国家（地区）有 25 个，其中斯里兰卡为 83.1%，丹麦为 80.9%，英国为 79.5%。我国约为 54.5%（与实际有些出入），略高于世界平均数的 51%，是处于世界中等水平。[①] 近年来，欧洲一些经济发达国家，多在调高卷烟税率，其综合税率会是增高一些。我国在 2010 年执行调高后的卷烟税率，卷烟的综合税率也会相应提高，但还是中间偏上水平，尚未能进入世界卷烟高税负国家行列。

具体地说，国家公布的国有烟草工业近年主要财务指标数字加以计算，销售收入（主营业务）税收率，2003 年和 2004 年分别为 41.76% 和 57.76%；2006 年和 2007 年分别为 64.18% 和 64%；2009 年因执行调低卷烟消费税率（乙级卷烟和雪茄烟税率，由 40% 分别降为 30% 和 25%）等因素的影响，销售税率降为 51.1%；2010 年因执行调高卷烟消费税率的决定（甲级卷烟税率由 45% 调高为 56%，乙级卷烟和雪茄烟税率由 30% 和 25%，统一调为 36%）等因素，销售税收率才猛增为 71.73%，但总的说，对烟草工业的税收调控力度尚嫌不足，具体的一个重要表现是烟厂的利润过大。近年来，国有烟草工业利润总额，由 2003 年的 280.7 亿元，逐年上升为 2009 年的

---

① 转引自刘虹：《控制烟草的税收政策研究》，中山大学出版社 2009 年版，第 134—136 页。

864.6亿元，2010年虽因卷烟税率调高，利润总额下降为691.6亿元，但2011年仍又大幅度回升。

再就国有烟草工业的销售利润率来说，是远远超过整个国有工业的平均水平。2003年和2004年，国有烟草工业平均利润率，分别为10.05%和13.6%，比整个国有工业同年度的此项平均数，分别高61.84%和70.04%；2006年、2007年和2009年分别为15.88%、19.8%和15%，比同年度整个工业的平均数，分别高73.36%、88.6%和76.2%；2010年适用调高后的卷烟税率，烟草工业的销售利润率下降为13.75%，但仍比整个国有工业的此项平均数高63.1%。如与整个国有企业和国有其他轻工业对比，更是高出一倍、二倍。烟草工业需要的投资，与其他工业特别是重工业对比，相对较少，成本也较低，其总资产利润率、纯资产利润率、成本利润率，更是远超整个国有工业的平均数。我国的烟业制品业是名副其实的高利产业，其销售利润率甚至接近高利产业的石油和石化工业。如2007年比石油和石化工业的此项利润率22.09%只低2.29个百分点，2010年虽因卷烟税率大提高，也只比石油和石化工业的此项利润率19.06%，低5.36个百分点。有的年度如2009年，石油和石化工业的销售利润率只为10.87%，反而比同年度的国有烟草工业的此项利润率低4.13个百分点。烟草工业的高利润，带来与企业效益挂钩的员工高收入，激励了烟厂的生产积极性，定然争取多产烟。现把国有烟草工业与整个国有工业的税利情况列表对比如下（见表1）。

表1　国有烟草工业与整个国有工业若干年度的税利情况对照表

单位：亿元

项　目	2003年	2004年	2006年	2007年	2009年	2010年
一、烟草工业						
主营业务收入	2794.5	2501.5	2853.0	3421.1	5762.9	5059.5
上交税金总额	1167.0	1445.0	1831.1	2191.0	2945.1	3629.2
利润总额	280.7	340.8	453.1	677.5	864.6	691.6

续表

项　目	2003 年	2004 年	2006 年	2007 年	2009 年	2010 年
销售税收率%	41.76	57.76	64.18	64.04	51.10	71.73
销售利润率%	10.05	13.62	15.88	19.80	15.0	13.70
二、国有整个工业						
主营业务收入	49653.7	59607.9	81732.1	93605.9	92351.6	140699.5
上交税金总额	5741.7	7371.3	10036.4	12261.2	15013.2	18704.2
利润总额	3083.5	4769.2	7489.2	9790.6	7855.0	11825.6
销售税收率%	11.56	12.37	12.28	13.10	16.26	13.28
销售利润率%	6.21	8.01	9.16	10.50	8.51	8.40
三、国有烟草工业销售利润率超国有整个工业销售利润率的%	61.84	70.04	73.36	88.60	76.26	63.10

资料来源：依据以下数字计算编列：《2010 年中国财政年鉴》第 476—478 页；《2011 年中国财政年鉴》496—498 页。

由于税收收入分配体制不够完善和税收调控力度尚有不足，作为一个重要因素，与其他因素结合在一起，促使我国烟草制品不断扩大生产，其中卷烟产量，从 1981 年的 8520 亿支，逐步增为 2003 年的 17360 亿支，2008 年的 22199.2 亿支，2009 年的 22901.5 亿支，28 年间，产量猛增 1.69 倍[①]。我国卷烟产量已遥遥领先于世界其他产烟大国，稳居世界第一。我国烟草制品进出口，现只各占国内市场的百分之几，两者相抵，国内烟草制品的产量，一般就是国内市场的消费量，因而该项国内消费量也是世界第一。

为了解决前述矛盾问题，以利于逐步缩小卷烟等烟制品的生产、消费，维护公众健康和利益，优化经济结构，有效配置社会资源，更好地发展经济，改善人民生活，笔者认为采取以下改革措施是必要的：

① 据《2010 年中国统计年鉴》第 558 页数字计算。

1. 改革烟草税收入分配的分税制财政体制。现行增值税、消费税收入的税收返还补助制度，保护了地方差别悬殊的既得利益，很不公平合理，不适应地区协调平衡发展的要求，本应取消，改为采取扩大地方税种收入和完善中央对地方转移支付的办法，来解决地方财力不足的问题。烟草制品消费税、增值税收入大，税收返还的金额也多，为遏制地方发展卷烟等烟制品的过大动力，更应先期取消卷烟等烟制品税收的返还办法。同时，还要调低烟草制品增值税、企业所得税的地方分成比例；统筹城市维护建设税和教育费附加的改革，建立统一、独立、规范的城乡建设教育税，不再以卷烟等消费税、增值税实缴税额为计税依据。原来产烟地区因此出现的地方财力不足，由中央依据地区间的不同情况，统筹安排，通过有差别的转移支付办法，来适当解决。这就可在很大程度上，切断卷烟等烟制品税收与地方政府过于密切的经济利益联系，促使一些地区，由重视发展卷烟等烟草制品，转向重视发展其他必需的产业，从而缩减卷烟等烟制品的产量。

2. 以卷烟综合税率，定为80%—82%为目标，分阶段持续调高烟草各产销环节的税负。近年来欧洲一些发达国家，为控制烟草危害，不断提高卷烟等烟草制品税率，促使烟草制品价格高涨，以压缩卷烟的产量和消费量。有研究表明，烟草制品销售价格每提高10%，消费就相应下降3%—8%，这些国家的烟草制品产量和销量，近年分别以1.7%和0.6%的速度下降。[①] 借鉴国际经验，传承中国对卷烟等烟草制品“寓禁于征”的历史传统，我们也应当针对现实矛盾，在2010年执行调高卷烟、雪茄烟税率之后，持续提高这方面的税负。可以考虑，把卷烟的综合税率定为80%—82%，作为今后一个时期的目标，通过细致核算，分阶段持续提高卷烟在各环节的消费税和相关各税税负，其中也包括参照烟叶的商品税率，过去曾长期是31%、

① 数据引自陶明：《专卖体制下的中国烟草业》，学林出版社2005年10月版，第263、401页。

38%的情况，逐步提高烟叶的消费税率。这既可挤压烟草制品企业过高的利润，抑制其盲目扩大生产的积极性，并淘汰一些落后企业和小规模烟厂，从而有效控制烟草制品生产；同时，又通过高税负，形成卷烟等烟制品的高销售价格，让吸烟者负担更重的烟税，为社会成本付出更高的代价，从而减少烟的消费，也促使烟草制品减产。

3. 对烟草等垄断性企业的过高利润，加征超额所得税。2006年10月，国家开始对石油采矿企业征收石油特别收益金，这是对企业销售国产原油价格超过一定水平，就其超额利润，分档累进征收的一种税外收入。石油是由中石油等垄断企业经营，很大程度上，是无偿开采国有石油矿产资源，成本低，售价高，从而获得远超其他企业的超额利润，把其中的一部分收益，收归中央财政统一支配，完全应该。征收这种收益金，实际上是超额利润税性质，可是却随着价格的变动，而不时调整适用税率和征收办法，征收力度也有不足，宜于采用税收形式，进行必要的规范。国有和国有控股的金融、烟草、电讯等企业，如同石油、石化企业一样，也是垄断经营，获取超额利润，而非企业自身努力经营的成果。因而也有必要加征超额所得税（或称超额利润税、利得税），或单独设立税种征收，采取超额累进税率，加强调节力度。这既充裕了中央财力，加大了国家进行宏观调控的物质基础，又可缓解垄断性行业的企业与一般企业，由于利润差距悬殊，导致的产业间、企业间职工收入分配不公的现状，特别是限制企业高级管理人员的过高收入。对烟草制品企业征收这种税，更可起到控制烟草制品生产的重要作用。

三、促进烟草产业规模化、市场化，合理布局，提高效率，减轻社会负担的需要

控制烟草危害，是要求认识吸烟的严重危害，不沾染这一不良习气，禁止在公共场所和室内工作场所吸烟，逐步减少烟草的生产、消费，不是在任何场所都禁止吸烟，禁绝烟草生产、消费。控制烟草危害，是一个全球性的问题，在世界经济一体化的形势下，国际贸易畅

通无阻，也并不是哪一个国家就能禁绝本国境内的烟草生产、消费的。适应现实需要，为了有限度地适当满足部分群众的吸烟要求，也为了抵御外国烟对我国市场的冲击和占领，当前保持有控制的烟草生产、消费，力求逐步缩小，还是有其一定必要和存在空间的。但必须要求减轻社会负担，以尽可能少的社会资源消耗，生产出有控制指标的烟草产量，并符合质量标准。这就又要求烟草产业规模化、市场化、科技化，加速提高劳动生产率，提高经济效益。改革烟草税制及其收入归属体制，正是能在这方面，发挥它的一定作用，主要表现是：

1. 有利于促进烟草工业兼并改组，优化组合，实现规模化大生产。规模化、现代化大生产，是增加生产、减少消耗、提高效益必由之路。卷烟制造就是适宜于规模化大生产的产业。在国际卷烟市场有垄断优势的美国，只有 8 个烟草生产商，其中 4 个公司产量的集中度，就达到 90%①。我国除个别情况外，各省（自治区、直辖市）都办了烟厂，甚至不适宜播种烟叶和没有烟叶加工技能的地区，也办烟厂。虽经多年整顿，2004 年和 2005 年还分别有 110 户和 116 户国有烟草工业，2006 年和 2007 年下降为 72 户，2008 年为 78 户，2009 年 80 户，2010 年又恢复到 104 户②，另外还有一些其他经济组织形式的烟草工业户。2010 年规模以上各种经济组织形式的烟草工业总共有 151 户③，生产很分散。全国产烟最多的云南、河南、山东和湖南四省卷烟生产集中度，也不到全国总产量的一半。国家的卷烟集中度，也不到全国总产量的一半。国家的卷烟生产计划指标，难于适应各地区烟厂的情况，有的烟厂生产能力大，要买进生产计划指标，以填补设备产能的部分需求，而不能发展和扩大生产规模；有的烟厂生产能力小，要靠卖出生产计划指标，维持生存，而可不遭淘汰、关

① 数字转引自陶明：《专卖体制下的中国烟草业》，学林出版社 2005 年版，第 235 页。

② 《2011 年中国财政年鉴》第 499 页。

③ 《2011 年中国统计年鉴》第 500、510 页。

闭。烟草工业的巨额利润，主要是少数规模化先进大厂提供的，其利润率远超烟草工业平均利润率。很多烟厂的经济效益平平，有的还有亏损。出现以上这种情况，主要的一个原因，就是在现行财税体制下，卷烟税的有无和大小同本地区的经济利益密切关联，着眼点需要放在本地区必须办烟厂，能产出卷烟，更多地产烟，征收更多的烟税，从而本地区分取更多的财政收入。至于烟厂规模的大小，产品质量和效益的高低，只是次要的问题，效益不高，甚至亏损的烟厂，以及产出的只是众多品级低的杂牌卷烟，照样能在缴纳的烟税中，为本地区的财政提供收入。进行前述的财税体制改革，切断卷烟税收入分配与地方过于密切的经济利益联系，就可在很大程度上，打破前述地区封锁、条块分割的障碍，便利在全国范围内统筹规划，根据实际情况，对现有烟草工业户进行兼并改组，优化组合，建立若干个规模化、现代化的大型烟草工业企业，可以在适宜的地区，设立分厂，统一生产经营管理；可以大量吸收民间资本，改组筹建国有资本控股的大型股份制工业企业，从而利用烟厂所在地区的优势，采用先进技术和生产设备，进行规模化大生产，提高经济效益和产品质量，多创适销国内外的名牌产品。当然，烟草产品的科技研究创新和应用，生产出部分群众满意的产品，决不是麻痹，误导吸烟者，纵容吸烟，而是在当前还存在这种社会消费需求，但要受到严格控制的情况下，为节约和有效使用社会资源，为应对外国烟的冲击和国际市场的激烈竞争，不得已而必然要采取的措施。

2. 有利于促进烟草企业建立现代企业制度，形成全国统一的烟草大市场，提高整体竞争力。各地烟草公司与中国烟草公司是行政隶属关系，不是企业性的总分支机构，没有经济利益上的统筹关系。它与各地烟草专卖局合为一体，实际上也受当地政府的双重领导，其产销活动，与地方的经济利益密切关联。烟草公司在当地政府和烟草专卖局的指使和支持下，划分领地，进行垄断经营。地区间各自封锁，限制外地烟进入本地，市场资源和产品都难于自由流动，国家专卖很大程度上形成地区专卖。烟草是一种必须严格控制生产、消费的特殊商品，加以外国烟的冲击，我国的烟草专卖制度在今后一个较长时期内，仍应坚持。但要引入市场机制，由行政垄断走向经济垄断，地区封锁、各自垄断的局面应当改变；产销经营与监督管理合为一体的政企不分体制，也要适当调整。改革烟税收入归属体制，切断与地方政府过于密切的经济联系；改革烟税制度，强化税收调控力度，就有利于解决这方面的矛盾问题。譬如在切断与地方政府过于密切的经济利益联系的情况下，地方政府和专卖局对烟草公司日常产销活动的行政干预会大减少。税务机关依法征税，加大税收调控力度，烟草公司为求自身生存和发展，只能主动瞄准市场需要，千方百计自找门路，挖掘潜力，改善经营管理。这就是促使烟草公司，以其全部法人财产，按照国家计划和市场需要，自主经营，自负盈亏；而这也就是有利于烟草公司建立现代企业制度。在按照国家计划和市场需要进行产销经营活动的规范下，地区封锁，各自垄断经营的局面，肯定会改变，烟草的全国统一大市场会形成。在耗费社会资源尽可能少的前提下，我国烟草产业的整体实力和国际竞争力也会提高。

3. 有利于集中进行烟叶的社会化大生产，强化烟草公司与烟农的合作。我国烟叶生产，现是处于播种面积分散的小农经济状态，500 多万农户，2000 多万烟农，种植 1500 多万亩烟田，分散在全国 20 多省（自治区、直辖市）的广阔土地上，生产技术设备落后，劳动生产率低，亩产数量少，品质等级不高，烟农在生产、生活上也存在较多困难。改革烟草税制及其收入归属后，地方政府不能取得烟叶税收入，卷烟等烟草制品的税收收入分配，也所剩无几，不会再在意本地区有多少烟叶播种面积。这便利了国家烟草专卖局和中国烟草公司统筹考虑，通盘规划，在全国范围内，选择若干适宜种烟的地区，辟为烟草生产专用地，采用先进技术设备，集中地大规模生产烟叶。不属国家选定地区不让种烟，以利于减少烟田。由烟草公司主导，为当地烟农提供必要的资金和贷款，提供烟叶优良品种和先进技术设备，以及聘请高级专业技术人才和专家，进行具体指导。在烟农自愿的基础上，要积极帮助组建较大规模的烟叶生产专业合作组织，以利于集中地进行规模化、现代化大生产，并提高所产烟叶的品位等级，也生产一些带香味风格的烟叶，为创名牌卷烟生产，提供优质主要原料。条件许可时，也可由烟草公司和烟农共同组建股份制的大型烟叶生产农场，由烟叶公司出资金和技术设备，烟农以土地入股，年终按股分红；劳动力按等级领取工资，随着农场经济效益的变化，定期调整。在烟农与烟草公司之间，建立合作互动、利益共享双赢的经济关系。

四、恰当运用世贸组织规则，抵御外烟冲击，提高国产烟竞争力，维护国家正当权益的需要

加入世贸组织前后，我国对烟草的进口关税税率，不断大幅度降低。烟叶税率由 1996 年的 50%，降为 2000 年的 40%，再降为 2004 年以后的 10%；各类卷烟的税率，由 1996 年的 150%，降为 2000 年的 65%，再降为 2004 年以后的 25%。2004 年，我国还取消了特殊烟草专卖零售许可证制度，意味着对外开放卷烟零售许可证。这些都为外烟进入我国提供了极大便利。虽然外烟进口总量，一直控制在国内市场的 1%—3% 范围内，但随着外国跨国公司进军我国步伐的加快，也给我国烟草业和人们健康，带来了越来越大的威协。我国加入世贸组织的协议，虽承诺了不断降低进口关税税率，以及逐步取消非关税壁垒，不能再采取提高关税税率的方式，来保护本国产业，但并未承诺对外放松整个烟草专卖管理制度，国内税的征收和管理，也完全由我国自主掌握，只要不直接违背世贸组织有关规则，就不受限制。我们要坚持烟草专卖制度，现仍不对外烟开放分销权，外烟进口仍由中国烟草进出口集团公司专营，也不准外商在我国境内开办烟厂。与此同时，我们也要恰当地掌握运用世贸组织有关规则，在不直接违背有关规则的情况下，根据实际需要，在国内税方面，采取适当政策措施，保护国内产业，提高国产品的国际竞争力，维护国家正当权益。对烟草税制进行必要改革，就是适应这种需要，能发挥这方面的积极作用。

在进口方面，一是征收烟叶的进口消费税，有利于限制外国烟叶进口，避免冲击国产烟叶产销。烟叶是需要严格控制产销的特殊商品。1949 年至 1993 年的长时期内，烟叶是先后分别属于货物税、商品流通税、工商统一税、工商税、产品税的一个税目，也是分别照章征收各该税种的进口国内税的。1994 年 1 月到现在，先是农业特产农业税的一个税目，后是独立的烟叶税种，均不再征收各该税种的进口税，而国产烟叶则要在收购环节缴纳该税，不公平合理。把烟叶税种改为消费税的一个税目，并逐步提高税率，外国烟叶进口，也要缴纳国内消费税，这就解决了以上矛盾问题，避免外国烟叶因享受特殊的不征税优惠，加剧冲击国产烟叶产销。

二是提高卷烟等烟制品的消费税率，并改进征收办法，有利于限制外国卷烟等的进口，缓解对国内卷烟市场的冲击。分阶段逐步提高卷烟等烟制品的消费税率，进口卷烟等按同一税率征收，加重了进口烟的税收负担。同时，由于外商不能从事商业批发，外烟的商业批发环节消费税以及增值税，由中国烟草进出口集团公司代扣代缴，在交易结算价款中扣除，其属批准外商设零售点，或委托我国商业代理零售的，也要依法缴纳商业批发环节的卷烟消费税，这就可以平衡外国烟与国产烟的税收负担，避免外国烟价格，以少含税，成本低的优势，冲击国内卷烟市场。

再就烟草出口方面来说，我国烟草出口数量历来很少，在国际烟草出口市场所占份额极低。2008 年烤烟叶出口 116127 吨，销售金额 33430 万美元；卷烟出口 6834 万条，销售金额 24869 万美元。2009 年烤烟叶出口 99490 吨，销售金额 41148 万美元；卷烟出口 8078 万万条，销售金额 27960 万美元①。烟叶出口量只约为世界出口的 3%，卷烟出口量更不到世界出口总量的 2%。这与我国是烟叶和卷烟的世界第一生产大国地位，极不相称。除应积极采取各种有效措施，针对国际市场需要，抓紧提高烟草产品质量，适销对路，以质取得竞争优

① 《2010 年中国统计年鉴》第 337 页。

势外，也应加速改革税制。在这方面，一是把烟叶税种改为消费税的一个税目，由现在烟叶出口，不退还原征收购环节的烟叶税改为全额退还已征的消费税；二是运用世贸组织规则，对卷烟等烟草制品，实施增值税出口零税率制度，取消烟草增值税的出口退税率办法，全额退还已征增值税款。这就降低了出口成本，便利了我国烟叶和卷烟等烟草制品，如同世界其他国家一样，完全以不含货物劳务税的出口价格，进入国际市场，平等地参与国际竞争，从而有利于促进我国烟草出口业务的正常发展，拓宽烟草出口国际市场。

五、多层次、多环节、多种征收方式，强化税收调控和管理的需要

有种观点认为，烟叶税可通过提高卷烟等烟制品税率的方式加以合并，不应列为消费税的单独税目，以简化税制，避免重复征收。我们认为，这并不恰当，因为：

1. 把烟叶税种并入卷烟等烟制品征收，虽可部分克服现行烟叶税种与地方政府经济利益过于密切所导致的某些弊病，但决不能代替烟叶税作为消费税的一个税目，所能全面和充分发挥的前述诸多作用，甚至还会出现新的弊病。譬如不对烟叶单独征税，对于这种与公众健康、经济社会发展影响重大的特殊商品，在其产销方面，就失去了一个重要的有效严格调控和管理手段。没有税收的控制和违章处罚，而烟叶只要经过简单的切碎加工处理，就可供低收入人群直接吸用，一些地区、一些农民私自种烟或超过签约合同，扩大种烟，在所难免。这种分散的盲目扩大产烟，必然严重影响国家计划执行，烟草专卖单位，也难于控制管理。又譬如加入世贸组织后，与众多会员国贸易畅通，国际竞争也日益激烈。不对烟叶单列消费税目征税，实质上就是对外国烟叶给予特殊的免税优惠待遇，鼓励外国烟叶进入我国，加剧冲击我国烟草市场；作为生产卷烟的主要原料，也加重危害我国公众健康，影响我国经济社会发展。

2. 新中国建立 60 多年来，一直对烟叶这个特殊商品单独征税，

其中先后分别在货物税等5个税种单列税目征收的，达44年多，列为农业特产农业税税目征收的，达12年多，改为独立的烟叶税种征收，迄今也已满7年。长时期的实践充分证明，对它单独征税，是有其特殊调控作用，并非其他征税所可替代的。把烟叶税并入卷烟消费税，采取提高卷烟消费税税率的作法，只是加大了对卷烟产销的调控力度，并不能代替对烟叶产销应有的调控。况且一些发达国家为控制烟草危害不断提高卷烟税率，我国本来也是要持续提高卷烟的消费税率，不能借提高卷烟税率之名，行取消对烟叶需要单独征税之实。

3. 把烟叶税并入卷烟消费税征收，表面上看，税制简化了，也不重复征收了。但这并不符合建立现代化复合税制的应有要求。简化税制固然是税制建设的一个原则，但税制建设还有调控经济，促进经济社会健康持续较快发展；调节收入分配、不断改善民生；充裕财政收入和维护国家主权及利益诸多原则要求。必须依据各阶段经济社会发展变化的复杂情况，综合运用各项原则，实施多个必要税种，在多层次、多环节，对多个课税对象，采用多种征收方法和管理形式，进行全面调控。税制的繁简，要适应经济社会情况的发展变化，必须能有效地贯彻党的路线和方针政策，落实党在各阶段的战略部署，必须以服从能更好地发挥税收应用作用为前提。

至于重复征税，也要辩证地看待。烟草包括烟叶和卷烟等烟草制品在内，是国家必须采用高税、重税进行严格控制生产、消费的特殊商品，必须对其整个生产过程中处于各种形态的产品，进行多层次、多环节、多种征收方法的税收调节。对卷烟等烟草制品的某种重复征税，是国际通行做法。借鉴国际经验，譬如对卷烟，也是既征增值税，又征消费税，实行双层次的税收调节。在征收增值税时，对同一笔交易的卷烟，是以包含消费税的销售价格计算征收，并不扣除已缴纳或应缴纳的消费税款。又譬如对工业销售的同一笔卷烟，在征收消费税时，既依据其销售金额，从价定率征收从价税，又同时依据其销售数量，从量定额征收定额税，两者不能只征一种，也不能相互抵扣。再譬如对卷烟消费税，现是实行工业与商业批发双环节征税制，在工业销售环节征税后，还要在商业批发环节，按5%的税率，依据商业批发金额，再征收一道消费税，不得扣除工业环节已缴消费税款。商业批发环节缴纳的消费税款，远低于工业环节，也不可能再抵扣已缴税款。这可防止烟草公司压低烟厂出厂价格，少缴税款，把部分利润转移到商业批发，从而有效地调节工业与商业的价差，并使消费税的征收，接近零售环节。这些都是严格控制卷烟这种特殊商品的产销必需的。对卷烟这同一产品，甚至是同一笔交易额，尚且可以有这样的所谓重复征税，何况烟叶虽是卷烟的主要原料，但毕竟是完全不同的两种产品，单列税目，分别征收消费税，更无碍所谓重复征税问题了。

要指出的是，为加强对卷烟的征税管理，还要采取某些不同于一般商品的征收方法。譬如我国现在征收工业环节的卷烟消费税，不是如同对待一般商品那样，由基层税务机关直接以工厂的实际销售额为计税价格，据从计算应纳税额，而是由全国税务最高领导机关的国家税务总局核定和发布不同牌号、规格卷烟的最低计税价格。烟厂销售价格，低于核定的最低计税价格的，按最低计税价格，确定适用甲、乙类卷烟的不同税率，计算应纳税款，并申报纳税；烟厂销售价格，高于核定的最低计税价格的，则按实际销售价格，确定适用税率，计算应纳税款纳税。核定最低计税价格，要在全国范围内，广泛采集不同牌号、规格卷烟的工业和商业批发价格信息，层层汇总审核，加权平均计算，按卷烟批发环节销售价格，扣除规定的不同类别卷烟批发环节的毛利率（15%至30%）审定。这种严格的征管办法，有利于防止逃税、避税，也有利于卷烟企业间在同等税负的基础上公平竞争，鼓励先进，鞭策落后。

这里要着重指出的是，现行对卷烟零售环节征收增值税，还存在一些漏洞，需要改革完善。当前卷烟的商业零售业务，由烟草公司自设零售店或由较大的超市、商场经营的，所占份额很小，主要是由规模较小的商店和个体工商户经营。他们普遍是增值税小规模纳税人，一般是定期定额征税。一些地区迁就纳税人的申请，往往以卷烟零售利润小为由，在核定应纳税额中，剔除卷烟业务收入因素；或是由于不达增值税起征点，不能征税，导致这部分税款流失了。卷烟增值税是转嫁由消费者的烟民负担的，大小企业零售卷烟，按同等零售价格销售产品，应当是包含同等金额的增值税。少征的这部分税款，实际是由国家补贴给了有困难的小型企业和个体工商户，鼓励他们从事和扩大卷烟零售业务，遍设卷烟零售网点。如果把这道零售税视作附加在零售价格之上的价外税，不予征收，则意味着国家豁免吸烟者这部分税款，鼓励吸烟。这些或是便利了烟民能随处买到卷烟，或是享受免于负担这道零售税的优惠待遇，都可导致卷烟消费增长，从而也带动多增产卷烟。为解决此种矛盾，可以规定：烟草公司在把卷烟批发给增值税小规模纳税人和不到起征点的小商户零售时，一律由烟草公司按照统一规定的零售价格计算，代扣代缴这道零售税，促使部分商户因利小或无利可图转而从事其他业务经营。增值税一般纳税人可仍按现行规定自行计算缴税。为示同等待遇，也可考虑，照样一律由烟草公司预先代扣代缴这道零售税款，但要定期结算，实际销售金额（价格）高于原规定的价格部分，要由一般纳税人负责补交税款；低于原定零售价格出售的，仍按原定零售价格计算，不予退税。这样做，对制约卷烟消费，从而控制卷烟产销，会有积极作用。

本文原载财政部财政科学研究所《研究报告》2012 年第 58 期（4 月 24 日，内刊）；《财政研究》2012 年第 7 期。收入财政部财政科学研究所编：《热点与对策 · 2011—2012 年度财政研究报告》，中国财政经济出版社 2013 年版。2013 年 7 月北京市国际税收研究会评授 2012 年度理论调研优秀论文特别奖，收入《北京市国际税收研究会理论调研文集（2012 年）》，中国税务出版社出版。

新形势下的财政税收制度改革

党的“十四大”确定了建立社会主义市场经济体制的改革目标，这是我国经济体制的一次根本性变革。它要求财政税务部门作为政府主管社会分配的综合部门，在这种转变职能和深化改革中，发挥更重要的作用。必须通过财政税收制度改革。确定不同的管理任务，采取不同的管理方式；真正理顺国家与企业、中央与地方的分配关系；把该下放的管理权限下放给企业、地方，落实企业自主权；把该集中的财政、财力；该统一的财政税收政策加以集中、统一，既要从微观管理过细中解脱出来，又要加强、改善宏观管理和宏观调控，引导市场健康发展。

一、转变财政职能，改革财政制度

按照建立社会主义市场经济体制目标的要求，我国财政工作，存在的重大矛盾就是，对微观经济活动和某些事务管理过细，而对宏观调控和管理则做得不够。前者的主要表现：一是传统体制下财政的社会管理职能与国有资产所有者职能搅和在一起，往往用行政手段执行所有者职能，对国有企业经营活动和财务管理干预过多；对经营性亏损企业，一再实施“挽救”措施，保护了落后。二是中央、地方政府责权划分不清，中央财政管了一些本应由地方自己决定或办理的事情，不够适应地方具体情况，形成有些方面执行困难，三是财政支出的结构和科目设置，不适应市场取向的改革和收入分配格局的变化，包揽了许多应由个人和社会共同负担的开支。宏观调控和管理不够，主要是指制度规划，促使企业平等竞争方面；按照公平与效率原则，调节社会各阶层收入的分配关系方面；积极参与宏观经济决策，制定和实施财政发展战略方面；研究和把握财政税收政策，综合运用各种经济杠杆，加强宏观经济调控和优化资源配置等方面。

针对以上矛盾，财政部刘仲藜部长最近提出了转变财政部门职能的四个重点：一是科学划分财政的社会管理职能和国有资产所有者职能，建立健全适应市场经济发展的管理方式，并把两者有机地结合起来，切实强化。二是调整财政职能，逐步从微观事务中解脱出来，强化财政的宏观管理和宏观调控职能，使它成为财政主要职能。其内容大体包括：保证政府机构运行和各项公共开支的资金需要；保证基础产业、重点建设的投入，支持“瓶颈”产业的发展；公平社会分配，调节行业间、地区间、个人间的收入分配水平；运用财政税收政策和经济杠杆，调整产业结构，促进生产要素的优化配置和经济效益的提高；通过财政、货币政策的协调运用，调节社会供需总量，使之保持基本平衡。三是对经济活动，逐步确立财税监督、社会监督和国家审计监督三者并立的格局，这主要是通过较完备的法规体系和规范的方式来实现。四是研究建立国家政策性投融资体系，保证国家基础产业和基础设施有较稳定的资金来源。

财政部门职能的以上几个转变，是较为长远的设计，需要逐步实现，就近期来说，总的是继续贯彻落实“三分、两统、一监督”的改革措施。财政制度改革方面，主要是抓好以下几项，其中有些在前一、二年已开始试点或已实行。

（一）继续推进“税利分流”的改革

1949～1982年的长时期内，国家对国有企业的利润都是采取利润上交的集中方式，不征所得税，甚至在1959年的一个时期内还曾经试点，把企业应交的流转税，也并入企业利润内上交，这是取消税收形式的那种“税利合一”。1983年开征国营企业所得税，对国营企业利润，采取了税利两种交纳形式，但1984年的第二步利改税改革，又用税收完全代替国有企业利润上交，同样混淆了国有企业税利两种交纳形式的应有界限。对国有企业既征高税率的国营企业所得税，还要加征国营企业调节税，以致普遍加重了国有企业，特别是大中型国有企业的税收负担，影响了同非国有各类企业，在市场的公平竞争，且取消了利润上交这个灵活机动利益调节机制的作用。在税负高、税后利润小的情况下，不得已又全面推行了用计征企业所得税前利润归还银行技术措施性贷款和基本建设性贷款的“税前还贷”办法，以及对某些特殊情况的“以税还贷”办法，企业掌握了对申请和取得贷款的主动权，企业贷款越多，交税越少，税负越轻，受益越大，而不必顾虑贷款投资效益，成了无自我约束机制的经济实体；银行也是有国家财政作还贷保证，可稳得利息收入，而不必顾虑呆账损失。借贷双方都无风险和责任制约，加剧了近年来社会投资、消费基金、信贷规模的膨胀。银行的此项贷款投资余额，数约达三千亿元，多少年也难于还清。1987 年以后，在企业税后利润较小的情况下，普遍推行的企业承包经营责任制，把国营企业所得税也连同国营企业调节税、利润一起，列入企业承包上交利润指标内。推行结果，实际是包盈不多交，少盈则少交，形成用国家税收来维持和扩大一些企业的生产经营，吃了国家的“大锅饭”。特别是，这样的包税，还往往导致否定国家税法、税收政策和税收管理体制，强化企业主管部门对企业的行政控制，以致国营企业所得税近于名存实亡。

为了解决以上矛盾，从 1988 年起，在重庆市开始了“税利分流、税后还贷、税后承包”的试点。这就是把原来的税利混淆的单一征税体制，改为所得税与利润上交（或投资分红）两种交纳相配合的体制，取消国营企业调节税，降低国营企业所得税率，改“税前还贷”为交纳所得税后，就其税后利润或自有资金归还贷款，改企业承包责任制中的“包所得税”为就其所得税税后利润承包。在总结试点经验的基础上，财政部和国家体改委在 1990 年 2 月和 1991 年 8 月，先后发布了“税利分流”的《试点方案》和《试点办法》，对试点企业统一规定，企业所得税由 56% 降为 35%；新贷款全部由企业自有留用资金归还，1990 年前的老贷款在进行清理后，按总体上税前、税后各归还 50% 的原则，区别不同行业、企业确定归还的具体比例和数额；取消调节税，征收所得税后的税后利润分为归还老贷款基数、企业合理留利和向国家承包上交利润等三个部分。截至1992年底，已在全国各省、区、市和若干中央部门的2400多户企业进行了试点，其中大中型企业400多户，取得了明显的成效：一是发挥了所得税的弹性调节作用，国家与企业利益共享、风险共担初步得到实现；二是国家与企业的利润分配格局趋向合理稳定；三是还贷机制的转变，加快了企业还款速度，抑制了投资膨胀。四是保持了承包制对企业的激励作用。但由于全国绝大多数国有企业仍是实行税利混淆的旧办法，还贷机制一硬一软（试点企业税后还贷，而面上企业允许税前还贷），银行借贷一严一宽（试点企业控制较严，而面上企业放得较宽）上交财政约束一紧一松（试点企业按规定税率，多盈多交，而面上企业往往是多盈不多交，少盈不少交）点面政策不够协调，也出现了许多矛盾问题。

根据党中央和国务院对“税利分流”改革方向的进一步明确肯定，财政部现在又提出把原来的“税利分流、税后还贷、税后承包”的提法，改为“税利分流、税后还贷、税后分利”，明确这是把三句话联为一个整体的财政制度改革。统一实行33%的所得税率，对低额利润企业，暂按较低的照顾税率征收。企业固定资产投资，一律用企业留用资金归还。为照顾企业还贷能力，相应出台一些措施，如企业贷款效益好的，转为国家投资；其余贷款，区别不同情况，或按原办法归还，或展期归还，或按破产法规定办理；分期分批减免企业缴纳的“两金”（国家能源交通建设基金和国家预算调节资金）以及在核定税利分配方案时，给予一定支持等。要坚持“税后分利”原则，同时对转换还贷机制确有困难的企业，在一定时期内减免上交利润任务。要继续加快扩大试点，实行承包经营责任制期限已满的企业，有条件的，一般都应实行税利分流的办法。这是适应社会主义市场经济体制建立要求的一项重大财政制度改革，对于把企业推向市场，落实企业自主权，进行公平竞争，建立企业自我约束机制和强化财政税收的调控机制，都是十分必要的。

（二）逐步推行“分税制”的改革

新中国成立以来，随着各个时期政治经济形势的发展以及党和国家路线方针的要求，我们曾采取多种形式的财政预算体制，来确定预算的级次和划分中央与地方以及地方各级政权之间预算收支范围、预算管理权限与责任。总的趋势是根据“统一领导、分级管理”的原则；由高度集中的管理体制，逐步演变为多种形式的分级管理体制。一般地说，1950～1979年是一种财权集中于中央，地方财政以支定收、一年一变的总格局，即中央财政根据国民经济计划，核定地方的收入数额，按企业事业的行政隶属关系，核定地方的各项支出，然后根据收支指标，核定地方的收入留成或上解比例及中央补助数额。1980年以后，则是出现了“统一领导、分级管理”原则下的“分灶吃饭”的新格局。1985年开始实行“划分税种，核定收支，分级包干”的财政预算管理体制，即原则上按第二步利改税确定的税种设置，划分中央和地方财政固定收入以及中央地方共享收入，但许多具体项目，实际仍按企事业的行政隶属关系来划分。至于中央和地方财政支出，则均按隶属关系划分。除少量的中央财政固定收入不参与分成外，把地方固定收入和中央地方共享收入加在一起，同地方财政支出挂钩，仍实行总额分成。1988年开始到现在，则是在1985年的体制基础上，实行六种地方财政包干办法：一是收入递增包干办法。即以1987年财政收入为基数，确定地方财政收入每年必须保证一定的增长率，对中央的上交数额，也要相应增长，在确定的增长率以上，地方多收的部分，全部留给地方；收入增长达不到确定增长率的，也要确保上交中央数额不减。实行的有北京、河北、辽宁、江苏、浙江、河南6省市和沈阳、哈尔滨、宁波、重庆4个单列市。二是总额分成办法。即根据1986～1987年财政收支情况，重新核定收入、支出基数，以支出占收入基数的比重，确定地方留成和上解比例。山西、安徽、天津三省市实行。三是总额分成加增长分成办法。即除实行总额分成的办法外，每年收入比上年增长部分，由中央财政另加一定的分成比例，分给地方。大连、青岛、武汉三个单市实行。四是上解额递增包干办法。即以1987年实际上交中央财政的数额为基数，其余收入全部留给地方财政，广东、湖南二省实行。五是定额上解办法。即以1987年则政收支数为基础，重新核定收支包干基数后，收入基数大于基数部分，定额上交中央。上海、山东、黑龙江三省市实行。六是定额补助办法。即以1987年财政收支数和中央补助数为基数，重新核定收支包干基数后，支出基数大于收入基数部分，由中央财政定额补助。实行的有吉林、江西、陕西、甘肃、福建、云南、贵州、青海、海南、湖北（不含武汉）、四川（不含重庆）、内蒙、广西、宁夏、新疆、西藏等16个省、自治区。以上财政包干办法，虽有利于调动地方增收节支积极性，促进国民经济持续稳定发展，但也往往容易形成地区间的经济封锁和分割，以及税收杠杆的逆向调节，不利于全国统一市场的发展。

为了解决以上矛盾，适应建立社会主义市场经济体制的要求，借鉴国外经验，党和国家确定了实行“分税制”的改革目标。这是完全按税种划分中央与地方政府的财政收入和管理权限，各以划给的税种，筹应自身开支，自求收支平衡．以建立财权、事权相统一的各级独立财政的预算管理体制。它在实行市场经济体制的国家普遍实行，具有较为稳定、科学、规范的特点，对于较好地处理中央与地方的财力分配关系，推动全国统一市场的发育和完善，贯彻和落实国家产业政策，促进地方合理组织经济，有效利用各种资源，提高经济效益，都有重要作用。由于实行此项体制，需具备一定条件，因而我国采取了先试点、后推广的办法，从1992年开始，先在辽宁（不含单列市）、浙江（不含单列市），新疆、天津和沈阳、大连、青岛、武汉、重庆等九个地区，进行改革试点。根据我国国情，确定的试点办法的总原则是：地方的既得利益基本维持或略作调整，增益部分中央要适当集中。具体内容包括：

1. 把各种收入划分为中央财政固定收入、地方财政固定收入、中央和地方财政共享收入三个部分。中央固定收入包括关税等32项，地方固定收入包括农牧业税等33项，共享收入包括产品税等五项。

分享比例分为两档，少数民族地区，实行中央与地方“二八”分享，其他地区实行“五五”分享。另外，还有中央、地方固定比例分成收入（含城镇土地使用税等5项，区别不同项目，有“五五”分成，“七三”分成，“三七”分成等多种比例）、专项管理资金收入（含征收排污费收入等8项）两项。

2. 把各项支出，划分为中央财政支出（含中央统管的基本建设支出等19项）、地方财政支出（含科技三项费用等14项）、以及由中央掌管专项支出（含大自然灾害救济费等5项）等三个部分。

3. 各地区的收支基数，以1989年的决算数为基础，进行必要的因素调整后加以确定。按照划定的收支范围进行计算，凡地方财政固定收入加上分享收入大于地方财政支出基数的部分，一律按5%递增上解；小于前项支出基数的部分，由中央财政给予定额补助，对少数民族地区适当照顾，给予一定数额的增加补助。实行固定比例分成的收入和专项收入，继续执行原办法，不列入分税制体制范围。

4. 中央财政固定收入，直接交入中央金库，地方财政固定收入直接交入地疗金库，分享收入按中央和地方的分享比例同时分别入中央金库和地方金库。

现行试点的分税制办法，尚未完全按税种划分中央地方收入，而是许多项目仍是以企业事业的行政隶属关系为标准，有些收支也仍是适用原体制办法，因而带有过渡性。今后对“分税制”的试点工作，要继续推进，并要认真总结经验，按市场经济要求，对分税制方案进行合理调整，进一步按税种划分收入，尽可能减少共享税种，并积极探索用因素法来榜定支出基数。

（三）采取复式预算编制方法

建国以来的长时期内，我国国家预算都是采取单式编制方法，也就是把国家的全部收支都汇编在一个统一的预算表内。根据1991年发布的《国家预算管理条例》，从1992年起，我国的国家预算，中央预算从单式编制方法，改为复式编制方法。地方省级预算从1993年起，也改为复式编制方法。它的基本内容是，把国家预算划分为经常性预算和建设性预算两个部分，然后将各项财政收支按不同性质分别编入这两个预算的有关科目中。这是国家财政制度的一项重大改革，同单式预算相比，它有利于直观地反映经常性预算收支和建设性预算收支的规模，以及相应的资金渠道，从而可以更好地贯彻量力而行的原则；有利于对经常性预算实行硬约束，做到收支平衡，并把结余用于经济建设，对建设性预算，根据需要与可能进行安排，做到有多少钱办多少事，并按投资多元化的要求，筹集资金。保持合理的建设规模；有利于对预算收支情况进行效益分析和检查监督，加强财政管理。1992 年按复式编制方法编列的国家预算，属于经常性预算，列入收入科目的主要有：各项税收、企业收入、国家预算调节基金收入、其他各项收入、非生产性企业亏损补贴等项；列入支出科目的，主要有非生产性基本建设支出、事业发展和社会保障支出、国家政权建设支出、其他各项支出、中央和地方预备费等项，收支相抵，结余 446.1 亿元。属于建设性预算列入收入科目的主要有经常性预算收入结余、专项建设性收入（含国家能源交通重点建设基金、固定资产投资方向调节税、耕地占用税等）、其他收入、生产性企业亏损补贴等项；列入支出科目的主要有生产性基本建设支出、企业挖潜改造资金和新产品试制费、增拨企业流动资金、地质勘探费、支援农业生产支出、城市维护建设支出、支援经济不发达地区发展资金、商业部门简易建筑支出、国内外债务还本付息支出等项，收支相抵，差额 794.1 亿元，通过举借债务和银行借款来弥补。

1992 年中央级复式预算执行结果表明，有成功的经验，也发现存在一些问题，主要是两个预算的收支科目划分不够科学、合理，不同性质的资金，划分不够清楚；同时，不少部门掌握的基金，没有列入预算，不能真实地反映财政收支的总规模。今后需要在账户的设计等方面，进一步加以改进完善，总的原则是，要有利于在市场经济条件下规范财政预算管理和理顺分配机制。譬如把国有企业资本金预算（包括国家资本金投入预算、企业上缴国家利润和弥补企业经营性亏损预算）和债务收支预算分列出来，并将部门掌握数额较大的基金，纳入国家的预算列收列支。

（四）改革和完善国有资产管理制度

如何对国有资产进行卓有成效的管理，是关系到建立和完善社会主义市场经济体制的重大问题。在这方面，国家明确的方向和原则是：要在明确国有企业产权的前提下，实行国有资产管理、监督、运营分开，绝大部分国有企业都是按市场规则和需要运营，优胜劣败，政府不干预企业的内部事务；要对国家资本金的投入、保全、积累、流动和企业税后的利润分配，在规范化、法制化的基础上，加强管理和监督；要根据社会主义市场经济的客观要求，从我国实际出发，建立国有资产管理体系，并区别不同情况，对现有企业进行改制，分别采取独资企业、有限责任公司、股份公司等资产组织形式。近年来，国家在建立国有资产管理的法规体系方面，做了不少工作，发布了《国有资产评估管理办法》及其施行细则（1991年和1992年）；《企业国有资产所有权界定暂行规定》（1991年）；《国有资产产权登记管理办法》（1990年）；《关于在股分制试点中加强维护国有资产权益的规定》（1991年）等重要法规。并从1992年3月起，在全国部分地区和若干大型企业进行了国有资产清产核资试点，摸清了试点企业的"家底"，也彻底暴露了一些单位经营国有资产中存在的核算不够真实、账物不符、产权关系不清，资产闲置、损失浪费突出，账外资产普遍存在等重大问题，1993年要继续扩大清产核资试点，并争取尽早在全国范围内推开，以利于在摸清"家底"的基础上，搞好国有资产的目标和责任，并确保产权关系发生变动时，不侵犯国有资产权益。要通过理顺产权关系，实行政企分开，落实企业自主权，使之真正成为社会主义市场经济体制要求的法人实体和市场竞争实体，并承担国有资产的保值、增值责任。要结合税利分流、企业股份制和投资体制的改革，逐步建立国家资本金投入、保全、积累、流动以及税后利润分配的管理制度，并按照社会主义市场经济发展的客观要求，积极探索国有资产管理的具体组织形式。

二、强化税收宏观调控职能，改革税收制度

十多年来，适应改革开放的新形势和要求，我国的税收制度，作了一系列重大改革，已从过去较为单一的税制体系，逐步转变为建立了以流转税为主、所得税为辅，其他各税共同配合的多税种、多层次、多环节调节的复合税制新体系初步框架。其内容主要包括初步建立了以下的税制调节系列：（1）产品税、增值税、营业税结合运用的工商流转税调节系列；（2）以国营企业所得税为重点的所得税调节系列；（3）若干新税种组成的资源、行为等税类的特别调节系列；（4）较为完整的涉外工商税收调节系列；（5）适应对外开放需要的灵活调控关税制度；（6）适应农村改革和商品经济发展的农业税收若干制度。现在税收调节的对象，遍及工农业生产、商品流通、劳务服务、企业各种所得、个人各种所得、资源土地利用、财产占用、利润分配、工资奖金发放、特种行为的各个方面以及多个环节，从而大大拓宽了税收调控机制的领域，强化了税收调控机制的深度，成效是重大的。

但是，现行税制结构体系，还不完善，存在较大矛盾，出现调控机制上的障碍，远远不能适应社会主义市场经济体制的要求。一是税制结构不尽合理，不适应国民收入分配格局的变化，制约着税制体系效率的发挥。表现为有些税种对同一课税对象重复设置，有些税种已与当前经济发展不相适应，国际通用的某些税种尚未设立；流转税税种的配合运用不够合理，内外资企业执行两套税制的矛盾日益突出；企业所得税按不同所有制性质分别设置，适用不同的课征制度（使用税率不同，亏损抵补不同，应纳税所得额的计算不同，联营纳税方式不同）不利于推动企业面向市场、公平竞争和转换经营机制；地方税的现状，不利于分税制的实行。二是国有大中型企业所得税再加上税后上交，负担偏重，同时存在着名义税率高、实际税负低的问题；而非国有企业的税收，却未能随着经济的发展相适应地增长，负担偏轻，如一些发达地区的集体经济。三是税制不够规范、统一，且

复杂多变，各种形式的减免、优惠过多、过滥。四是在税收管理体制上，该集中的权限，没有集中起来，该下放的权限，又没有大胆下放，地方越权减免税的问题屡禁不止。五是税收的总量和结构，税收调控的范围和程度，尚难适应当前分配结构的变化和经济运行新机制。因此，对现行税制进行转换机制的重大改革，彻底的改革，建立合理的分配机制，已是当务之急。国家业务主管部门在调查研究和总结经验的基础上，已提出了一个较为完整的近期改革设想方案。许多专家学者也相互研讨，取长补短，在总体上有了较为共同的认识，主要是：

（一）税制改革的目标、指导思想和原则

我国税制改革的目标是，遵循“一个中心，两个基本点”的基本路线，坚持国家的基本方针政策，逐步建立起一个有中国特色的符合社会主义市场经济体制和运行机制要求的多税种、多层次、多环节的完善税制调节体系，使税收既成为国家组织财政收入的基本工具，又是国家用来贯彻方针政策，干预经济活动，加强宏观调控，促进经济结构和资源配置合理化，持续稳定协调发展国民经济的重要经济杠杆和监督手段，近期的税制改革指导思想是，按照搞好国有大中型企业，调整经济结构和提高经济效益的要求，以现行复合税制结构为基础，统一税政，集中税权，公平税负，简化税制，调整税率，规范分配方式，理顺分配关系，充分发挥税收组织收入和宏观调控的功能，促进经济运行机制与企业经营机制的转换与完善，促进社会生产力的发展。根据以上的改革目标和指导思想，税制改革要遵循的原则是：

1. 促进企业经营机制转换。要切实把企业推向市场，使之真正成为自主经营、自负盈亏、自我发展、自我约束的法人实体和市场经济的主体。为此，国家与企业的分配关系，最终要用统一的所得税加以规范，消除目前犬牙交错的分配形式。

2. 体现公平税负。要通过统一所得税制和完善流转税制，为企业创造平等竞争的外部环节，使各类企业之间税负大体公平，促进企业经营机制的转换和提高经济效益。

3. 贯彻国家产业政策。设置税种、确定税率和税收政策，都要以国家产业发展序列为依据，配合调整经济结构，引导资源的合理配置和生产要素的合理流动，促进国民经济更快、更好地发展。

4. 充分调动中央和地方组织收入的积极性。在保证统一税法，集中税权的前提下，逐步扩大地方税收入规模，建立地方税体系；同时，赋予地方相应的税收管理权限，为实现“分税制”的财政管理体制创造条件。

5. 坚持统筹兼顾，讲求效率。税制结构要适应于社会主义市场经济体制下税收作用的应有范围，协调配置各个税种，协调配置税种内的各组成要素，提高税收制度的整体功能。要有花一点代价，换取一个合理机制的决心，同时，要兼顾财政和企业的承受能力。

6. 税制改革与其他改革协调配套。要与经济改革的总体进程衔接。要与财政、价格、企业等各方面的改革协调配套，相互促进，防止出现相互掣肘的现象。

（二）流转税系列改革

1. 建立三税并立，双层次调节的新工商流转税制。这就是以增值税为普遍调节手段，先在整个工业环节，后在商业批发和零售环节，对各种产品收入全面征税。逐步简并增值税的税率档次，最后把税率简并为1～3档；统一增值税的扣税范围；简化增值税的计算征收方法，统一实行购进和税法，并实行发货票注明税款，凭发货票扣税的制度。在全面征收增值税的基础上，选择部分需要特殊调节的产品，再在生产销售环节，征收一次产品税。要根据国家宏观调控的需要和增值税税率简并的情况，研究确定其征收范围、纳税环节和税率。为有利于贯彻产业政策，征税的产品面要适当，不可过窄。对非商品经营业，仍实行营业税，适当调整其税目税率，以支持第三产业的发展。要取消企业直接从销售收入中，提取各种基金的做法，不允许用产品税归还货款，以缩小流转税名义税率与实际税负的差距。要适当调整对外商投资企业征收的工商统一税，使它向内资企业征收的产品税、增值税、营业税看齐，并在适当时机，统一内外资企业的工商流转税制。

2. 按国际通例。改革关税制。为适应对外开放需要和为我国加入关贸协定创造条件，我国关税制度作了一系列重大改革。譬如适应经济形势的发展，取消了进口调节税，但为掌握对外经济竞争的主动权，在新的《进出口关税条例》中，专列条款，明确规定外国（地区）对我国货物，征收歧视性关税或其他歧视性待遇的，我国对原产于该国（地区）的货物，可以征收特别关税。譬如1985年和1987年修订的新《海关进出口税则》，以国际通行的《海关合作理事会商品分类目录》为基础的货物分类法，重新进行编排，并在较大范围内调整了税率（主要是调低），1992年1月1日起开始实行的新《海关进出口税则》，又同海关统计，许可证商品管理一起，统一采用了国际上从1988年以来的《商品名称及编码协调制度》，并从1993年1月1日起对占税目总数的53.6%的3371个税目，调低了进口关税税率。今后还要不失时机地不断调整税率和按国际通例，对关税制度进行改革，以利于不失时机地为进一步发展对外经济往来服务。

3. 调整合并其他流转税。重新界定产品税和农林特产税的征收范围，解决对同一农林特产品的收入，重复征收这两种税的矛盾。农林特产税按其性质属于流转税系列，可从农业税中分离出来，作为一个独立的地方税种。重新研究确定现在作为流转税附加的城市维护建设税的计税依据和计征方法，使它成为一个独立的地方税种。取消现行特别消费税、牲畜交易税、集市交易税、分别并入有关税种。

（三）所得税系列改革

1. 统一企业所得税制。对所有按不同经济性质和内资、外资经营分设的企业所得税种，都加以合并，改革为统一的企业所得税种。为便利实行，第一步要与“税利分流”的改革相结合，先把内资企业所得税统一起来。凡有生产经营所得和其他所得的企业，包括国有企业、集体企业、私营企业、联营企业、股份制企业、企业集团以及社团、事业举办的有生产经营收入的单位，都是内资企业所得税的纳税义务人，其在中国境内、境外的所得，都列入征税范围。依据

"降低税率，扩大税基"的国际税制改革趋势，把税率从现在适用的55%最高税率，降低为统一的33%比例税率，对一些利润低的企业、小型企业，采用较低税率或实行减征照顾，以便发挥其灵活经营、扩大就业、发展第三产业等方面的优势。统一规范所得税计税标准和税前扣除项目，企业财会制度与税法抵触的，应以税法为准，取消税前还贷的投资补贴政策，取消现行过多过滥的各项减免税政策，以稳定和扩大税基，强化所得税的宏观调控功能。

2. 统一个人所得税制。现行个人所得税和个人收入调节税，都是以个人的各种所得为课税对象，实行法定扣除费用办法，累进征收。区别主要在于个人所得税现是对外籍人员征收，具有分项课征特点，税率低、扣除额宽、征收面小、计算简便；而个人收入调节税则只适用于中国籍公民，分项课征与综合课征相结合，实行超倍累进税率征收。两税要加以合并，建立统一的个人所得税制。不分纳税人的国籍，都统一适用。采取相同的费用扣除标准和税率，但为照顾外籍纳税人生活费用高的实际情况，对费用给以加计扣除，以示区别。考虑到国外个人所得税的一般负担水平，结合我国纳税人的负担能力及有关政策精神，统一后的个人所得税负担水平，总的也要略低于现在。许多同志还主张，把现行城乡个体工商业户所得税也并入个人所得税，增列个人经营所得的征税项目，以扣除经营费用后的实际所得为个人经营所得，同样适用统一的生活费用扣除标准，但对个人经营所得过高者，应采取加成征收的办法加以调节。

3. 开征社会保障税。建立和完善社会保障制度，全国统筹社会保障基金，是建立和完善社会主义市场经济体制的必要环节和重要支柱。它是把企业推向市场，协调各方面利益关系，进行公平竞争，增强企业活力的必然要求，是在企业破产、职工失业、老龄退休和发生天灾人祸时，能稳定社会秩序，使市场经济机制正常运行的确切保障。现行由企业单独承办或在行业、地区较小范围内统筹社会保障基金的方式，有诸多缺陷，应当借鉴国外经验，改为在全国范围内，采取开征统一的社会保障税方式，按在职职工收入的一定比例，分别向企业和职工个人征收。这有利于利用税务机关现已具有的健全征收手段和严明的税收法纪，多渠道筹集资金，保证社会保障基金有稳定和充裕的资金来源；有利于运用税收杠杆，适当协调各方面的利益分配关系，广泛地发挥宏观调控作用，并平衡新老企业和社会成员间的负担；有利于把基金的征集和分配使用，纳入财政特别预算，使基金的收支分离形成税务、财政和社会保障管理机构等部门间的监督机制，从整体上加强对基金的宏观监督管理，改变社会保障管理机构一身数任的不合理现象。

（四）资源、行为、财产税系列改革

1. 扩大资源税征收范围。现行资源税征税范围太小，既未能补偿各项资源的耗竭和维护，也不足以调节许多资源的级差收入和合理利用国家资源，需要适当扩大，并实行普遍征税和级差税的双重调节。首先要考虑对石油开采普遍征税，然后逐步对金属矿产品和非金属矿产品、森林及水资源征税。现行盐税可并作资源税的一个税目。为配合增值税简并税率的推行，可适当调整、提高某些产品资源税的税负水平。

2. 统一企事业单位工资调节税。现行国营企业、集体企业、事业单位三种奖金税和国营企业工资调节税，课税对象是同一的，而课征制度不一，形成多种矛盾，应当合并改革为统一的企事业单位工资调节税一种。凡国有、集体、私营及股份制和联营企业和事业单位发放的工资性收入，包括工资、奖金、津贴、补贴、实物折价、劳务报酬和其他工资性支出，在免税限额以上的，都应列入征税范围，采取统一的超额累进税率征收，以企业、事业单位为纳税人。这是一个在一定时期内暂时保留的税种，一俟工资改革取得进展，就适时地加以取消。

3. 调整农（牧）业税。现行农业税实际上多半仍是一种土地税，除农林特产征税部分单独设置税种外，土地征税部分，可考虑改为分地区、分土地等级的差别定额土地税。牧业税改为由少数地区开征的地区性地方特别税种。

4. 借鉴国外经验，开征必要的新税种。随着当前准许土地使用权转让和土地经营的发展，要对土地转让、经营、增值，开征新税，进行必要的调节，以适应土地使用制度改革的要求，保障国家的土地权益。随着社会成员收入分配差距的扩大，富有者日益增多，征税的基础已逐渐形成，要开征遗产税和赠与税，以实现社会公平原则。

5. 合并取消一些旧税种。把对外商投资企业和外籍人员征收的城市房地产税、车船使用牌照税，分别并入统一的房产税、车船使用税。取消筵席税、屠宰税，分别并入有关税种。在能源产品价格体系调整合理的情况下，适时地取消烧油特别税。

（五）与税制改革相配套的税收管理制度改革

1. 调整改革税收管理体制。适应分税制改革的要求，要扩大地方税收入规模，建立地方税体系。要明确划分中央税、地方税和中央地方分享税。根据事权划分，把对宏观经济影响较小，与地方经济发展关系密切，宜于地方征收管理的税收，均划为地方税，下放由地方政府管理，地方政府有权决定地方税的开征、停征、税率的调整和税收的减免。省（自治区、直辖市）并有权根据当地实际情况，在不影响大的分配格局、不过分增加企业和群众负担的前提下，在省和省内部分地区，开征一些新的地方税种，报国务院备案。至于中央税、中央地方分享税，则由中央集中统一管理，实行完全的垂直领导，只允许地方有权对分享税由地方分享部分，可以减免。为适应分别管理的需要，要分设管理中央税（含中央地方分享税）和地方税的两套税务机构。

2. 完善税收征收管理制度。1992 年 9 月公布、1993 年度开始施行的《中华人民共和国税收征收管理法》统一了内外资企业和中外籍人员关于税收征管的制度，充分体现了对纳税人合法权益的保护，明确了税务所作为行政执法主体的法律地位，赋予了税务机关采取税收保全措施和强制执行措施的权力。它为建立和健全我国税收征收管理制度，奠定了基础。要坚持贯彻执行，切实提高征纳双方的执法意识和办税水平。要进一步完善现行的专管员征收制度，严格依法征税，以及逐步推广国外行之有效的税收代理制，以利于把税法贯彻到底。

通过以上改革，我国的税种，将由原有的42个，简并为21个，大体是流转税系列有产品税、增值税、营业税、关税（含进口税、出口税、行邮税和必要时征收的特别关税、农林特产税、城市维护建设税6种；所得税系列有企业所得税、个人所得税、社会保障税3种；资源、土地税系列有资源税、农业税（或各土地定额税）、城镇土地使用税、耕地占用税、土地转让和经营税5种；行为税系列有固定资产投资方向调节税、印花税、车船使用税、船舶吨税4种；财产税系列有房产税、契税、遗产和赠与税3种。另外，还有准许由省、自治区、市自行开征的某些地方特别税种。这样，全国性的税种将减少一半，而税制结构体系，却可趋于健全完善，既较简化，又有效率。

本文是1993年初在中国管理科学研究院科技管理研究所举办的“新财务会计培训班”的讲课稿，载《财政研究资料》1993年7月21期，收入科技管理研究所编：《新财务会计制度讲座》（列为第七章），化学工业出版社1993年6月版。

挖掘现有企业潜力大有可为

上海是一个重要的老工业基地和出口基地，现有工业企业老厂居多，厂房较小，设备陈旧。怎样挖掘潜力，发挥现有企业的作用？上海市有一些好的做法。

他们对各种产品的生产和市场销售情况，进行分类排队，大力增产适销对路的产品，特别是增产那些质量好、消耗低、盈利多的短线产品和出口产品，坚决压缩那些滞销商品和长线产品。上海市轻工业局今年一季度从实际情况出发，积极扩大适销产品和出口产品，使全局所属企业今年一季度的出口总产值，比去年同期增长了 21.6%。上海新华金笔厂和英雄金笔厂生产的高级铱金笔，是国内外市场的热销产品，每支售价比普通铱金笔高两倍。这两个金笔厂通过调整生产品种，并相应地扩大钢套零件厂的生产能力，使今年一季度的出口量比去年同期增长了 57.7%。

目前市场上，甲乙级香烟供应比较紧张，低档烟积压滞销。针对这个情况，上海烟厂调整生产计划，多生产市场需要的高档烟，压缩滞销的低档烟。还通过改进工艺，利用积压的烟叶原料，试制新品种。这样做既不增加原材料烟叶的消耗，又不要国家增加一分钱投资，就可为国家多提供税收利润 870 万元。上海的中长纤维织物是畅销产品，质量好、花色多、价格低、利润高。由于纱锭和印染能力不足，不能增产。纺织局与财政局二分局的同志通过调查，准备采取措施，把存放在仓库里的几十台中长细纱机安装起来，增产中长纱，同时又批准使用小额贷款 91 万元，加快对各厂中长纤维染整加工设备的技术改造，增加中长坯布的染整能力。这些措施实现以后，中长纤维印染布可比去年增产 30% 以上。

在调整过程中，允许有些“吃不饱”的重工业企业，根据本身条件，生产一些生活用品，一方面可以充分发挥这些企业的生产能力，同时也可以迅速增加生活用品供应，缓和市场压力。手工业局所属上海华生电扇厂生产的电风扇，名扬中外，但今年生产远远不能满足国内外市场的需要。要大幅度增加电风扇生产，除了华生厂挖掘潜力外，还必须有其他办法。而上海机电局所属先锋、革新、汽车电机和电动工具等四个工厂，过去都曾生产过电风扇，当年的技术工人还在，原材料方面除个别材料外，其他都可利用边角余料和代用品。如果能让先锋等厂在完成原有任务的前提下，用富余的生产能力生产电风扇，全年可以多增产 60 多万台。

我们现有企业的技术设备，许多都是陈旧的，有些甚至是三十年代、四十年代的老设备。要提高老厂的生产能力，充分发挥老厂的作用，就必须抓好老厂的设备革新和改造，使老厂逐步地用先进技术装备起来。

这些老厂，一般有一支经验丰富的技术队伍，有吸收国内外先进技术的种种条件，还有各方面可能提供的协作和支援，进行技术设备革新和改造，成效比较显著。例如，上钢八厂采取把革新改造同设备检修结合起来的办法，进行设备的革新改造。他们每年从提取的更新改造资金和大修理基金中，用一部分结合平常的中修、小修，进行小改小革。这个月改一点，下个月改一点，今年改一点，明年再改一点，使设备面貌逐步改善，较大地提高了生产能力。这个厂一车间进行小改小革，就使开坯能力从 1970 年的 10.3 万吨，提高到目前的 21.2 万吨。积存起来的前项资金，则是结合大修，二、三年集中用于一个车间的大修大改。近几年来，先后对三、四两个车间进行了三次大改造。1971 年以来，上钢八厂就是这样合理地运用这有限的财力，进行了设备的革新、改造，使产量提高一倍。

我们办一切事业都要厉行节约。特别是在当前，我们的燃料、动力、原材料和外汇储备都不足，要把现有企业的潜力挖掘出来，必须厉行节约，让每一度电、每一斤煤、每一滴油、每一支纱、每一元外汇，在生产中发挥最大的经济效果。努力从节约中求增产，这是挖掘企业潜力的一个重要途径。上海的纺织行业广泛开展“每人每天增产节约一元钱”的活动，克服了煤、电、油和原材料紧张的局面，使今年一季度的生产总值比去年同期增长了5.5%，四月份的各种纺织大类产品，也都完成了计划。

提高企业的管理水平，是正确调整生产关系和合理组织生产力的一个重要问题，是一门科学。就一定意义说，没有科学的管理，就没有生产的现代化。不断提高管理工作水平，把一切积极因素调动起来，把劳动力、劳动手段、劳动对象组织好，就能进一步挖掘现有企业潜力，取得增产节约的新成绩。上海市部分工厂在这方面做得颇有特色，取得了较好成果。

一是进一步发展专业化协作。上海市早先就有各行业的专业公司，统一领导全市的同类企业，包括国营企业和集体企业，专业化生产程度一直是比较高的。今年又根据行业的具体情况和生产上的不同需要，进一步发展企业间的专业化分工和协作。例如纺织局建立出口专厂，并在纺织系统开展了“一条龙”大协作，齐心协力创名牌货。上海市医药工业准备按照择优生产的原则，组织专业化生产。哪个药厂生产某种药品质量高、成本低，就让哪个药厂专门生产某种药品。

二是普遍推行企业间的合同制。上海汽灯厂生产的汽灯，是畅销国外的产品，产品质量要求很高，只有正品能够出口，因而正副品间的差价很大。这个厂为了提高产品质量，从1978年2季度开始，就与九户协作单位签订质量合同，规定正品、副品、废品的比例，凡副品、废品超过规定比率的，协作单位就要赔偿损失。今年1季度又与重点协作厂修订协议，确定凡正品率超过规定标准的，由汽灯厂付给协作单位奖励金。这样，既用承担经济责任的办法，又用付奖励金的办法，促进协作单位提高产品的质量，经济效果十分显著。

本文原载《人民日报》1979年6月13日理论版。摘自王诚尧执笔的《认真挖掘现有企业潜力——上海市挖潜增产情况的调查报告》，载《财政研究资料》1979年5月31日第25期。

关于国营企业分配体制改革的几个问题

在党的三中全会精神指引下，按照“调整、改革、整顿、提高”的方针，我们国家开始了经济管理体制的改革，这是我国经济生活中的一件大事。回顾两年来的实践，经济改革的试点取得了相当的进展，它的方向是正确的，步子是稳当的，效果也是很大的。经济体制的改革是一个新的事物，我们在取得一些经验的同时，也必然会遇到许多新情况和新问题，需要我们及时探讨、研究和解决。在这里，我只是就国营企业分配体制改革，提一些问题和大家一起讨论。

一、关于前一阶段国营企业分配体制改革的情况和问题

过去两年来的经济体制改革，主要是搞了扩大企业自主权的试点，其中又是侧重于分配体制的改革，从分配方面正确处理国家、企业和职工三者关系，调动企业发展生产和改善经营管理的积极性。1979 年按统一的利润留成制度试点的企业有 1600 多户，由地方批准按地方自定办法试点的有 2500 多户，两类共计 4200 多户。占国营工业企业总户数的 10.1%，产值占 42.8%，利润占 48.3%。这 4000 多户企业共得利润留成 21.33 亿元。这是一笔不小的数字，把它留给企业，就把企业的经济利益与经济责任有机地结合起来了，既加强了企业的经济责任，又使企业有了内在的经济动力，有了自我发展的经济条件，为改变企业技术设备落后面貌，挖掘潜力和调整产品结构，发展新品种，增产短线产品，提供了必要的资金。同时，也促使企业改进经营管理，开展市场调节，努力增产增收，进一步加强经济核算，

并使竞赛、奖励、核算三者有机地结合起来，把企业和职工的利益与经济效果紧密地结合起来，进一步调动了企业、职工的积极性。在生产和经营管理方面，显示了新的活力，取得了较好的经济效果。这4000多户企业工业总产值1979年比1978年增长11.6%，实现利润增长11.9%，上交利润增长12.6%，比全国国营工业企业这三项指标的平均增长速度要高得多。这说明利润留成制度基本上符合我国现在的生产力发展水平和企业经营管理的情况。只要根据试点过程中出现的新问题适当地进行修改，就可以全面推行了。今后企业实行“独立核算、国家征税、自负盈亏”也大体上可以在现在的留利水平基础上起步，略加调整和扩大，来设计以利改税的有关办法。因此，明年应当全面推行企业利润留成，同时进行“国家征税、自负盈亏”的试点，为搞好大改大革创造条件。

但是，在利润留成制度试点中也遇到一些问题，主要是：

1. 苦乐不均问题。现在每到一个地方就反映，原来管理差、利润少、增加收入潜力大、用人多的企业，留成比例高，从增长利润中得到的好处多，而原来管理好、用人少、利润大的企业，留成比例低，从利润增长中得到的好处反而少，“鞭打快牛”不够合理。这就是人们常说的利润留成中的苦乐不均问题。应当指出，这要区别两种不同情况分别对待。一种情况是由于主观努力不同造成的差别，也就是有些企业管理水平较高，挖潜改造的效果大，他们的利润分成理应多一些，而经营管理较差的企业少得一些，这是合理的差别，必须有的差别，是我们希望要的差别，不能说成是苦乐不均。另一种情况是客观原因造成的差别，也就是指由于价格不合理、技术装备和资源条件差异等客观原因造成的利润分成所得悬殊，即在企业利润水平相差悬殊情况下，统一规定的利润留成办法上的“一刀切”造成的苦乐不均，其中包括企业基数利润的计算依据、企业利润增长的留成比例、提取的利润留成基金中职工福利基金、奖励基金和生产发展基金的分配比例等方面的“一刀切”。解决苦乐不均问题的出路，一是调整不合理的价格和改革税制，以排除各种客观因素造成的企业利润水平相差悬殊的状况；二是改进利润留成制度，以缓和利润留成提取上的苦乐不均的矛盾。在目前调整价格和改革税制还要有一个试点过程的情况下，为了进一步搞好经济改革，全面推行利润留成，我认为从改进利润留成办法入手，可能还是一种比较简便的办法。例如 1980 年 1 月，把原来的金额利润留成改革为基数利润留成与增长利润留成相结合的办法，虽然还没有完全解决苦乐不均的矛盾，但已大大缓和了矛盾。一些地方实行公司利润留成，由公司对所属企业进行调节，较好地解决了苦乐不均的问题。今后我们还应当根据试点情况，总结经验，进一步加以改进。

2. 分配体制改革和调整结构的关系。对于这个问题有两种认识。一种认识是：企业扩大自主权以后，生产发展，基金逐渐增加，而当前正处于调整时期，调整积累与消费的比例，改变不合理的经济结构，需要国家有计划安排投资，这就产生了扩权与调整的矛盾。他们认为，压缩基本建设是调整的重要内容，在扩权情况下，留给企业的钱增多，搞挖潜改造、发展联合经营的积极性提高，出现了上面压缩基建战线、下面拉长基建战线，担心会阻碍经济结构的调整。报刊一些文章常常以各地出现扩大电冰箱、电风扇、电视机、洗衣机、自行车、缝纫机等产品的生产为例，来说明分配改革和市场调节造成了盲目设厂、重复建设。因而认为要调整不合理的经济结构，靠分配改革和市场调节是解决不了问题的，主要应当从有计划地安排基本建设投资入手，另一种认识是，分配改革有利于生产结构的调整，有利于把不合理的经济结构调整过来。他们认为，通过分配改革，正确处理国家、企业、个人三者的经济利益关系，不仅扩大了企业的发展生产基金，而且从经济利益上促进企业更加关心整个生产发展基金（包括革新改造资金）使用的经济效果。因此，除了看到企业发展生产基金多了一点，搞的项目多了一点这一方面以外，还要看一看企业搞了一些什么项目，看一看生产发展和经济效果。从一年多的情况看，应当说，主要是搞了增产短线产品和市场急需的轻纺产品有关项目。就拿电冰箱、电视机等产品的生产来说，这里固然存在着设厂过多的问题，但即使是这些产品，目前也不是生产多了，而是供不应求。要使这些产品做到价廉物美，满足市场需要，还要有一个相当长的过程。现在消费品总的还是不够，每年购买力和可供商品量之间的差额还很大，每年还用不少外汇进口消费品，无论是消费水平和消费品的结构还是相当低。因此，让各地发展一个时期，在质量、品种、价格上进行一些竞争还是必要的。在竞争中逐步实现联合，也是可以办到的。他们还认为，调整不合理的经济结构，从国家基本建设投资分配结构上下手，是一个主要途径，但也要看到现在用于发展轻工业的投资并不多了。对老企业挖潜改造、转产短线产品和发展市场急需的轻纺产品，正是弥补基建计划的不足、调整经济结构的一项重要措施，这也恰好是进行经济体制改革的目的之一。只要引导得好，是可以促进调整的。

从这两种不同观点来看，提出了一些需要探讨的问题：（1）扩权和综合平衡的关系，也就是在扩权的情况下，如何坚持搞好全面的综合平衡，如何加强国家的计划指导和财政经济监督。（2）如何处理按专业化协作组织生产和企业向“小而全”、“大而全”发展的矛盾，减少重复建设，避免不合理的布局。

3. 纵向改革和横向改革的关系。在分配上正确处理中央与地方的关系，国家、企业、职工的关系，例如实行“分灶吃饭”的财政体制，实行企业利润留成制度等，有的同志称为纵向改革，而把再生产过程各个环节的体制改革称为横向改革。我们过去两年来的改革，是以分配的改革作为突破口的，现在看来存在两方面的问题：一方面是已经进行初步改革的体制同尚未进行改革或者改革的步子还不大的其他经济管理体制改革之间的矛盾。另一方面是，在扩大企业自主权，搞活经济当中，又出现了一些不正当的作法。例如一些企业滥发奖金和实物；某些企业以邻为壑，不搞社会主义协作；某些地方搞封锁等。对于这些新的问题，要有一个正确的认识。我以为前一个问题是改革过程中各项体制的相互协调问题，分配改革是一个突破口，它要求计划、工业、物资、价格、银行、商业、外贸、劳动工资等有关体制进行必要的改革，尽快地跟上去，取得协调，后一个问题是属于思想认识问题、工作问题，要加强计划指导，把工作做上去。总的说来应当通过进一步改革来解决。体制改革既会冲击传统的概念和做法，也会产生新情况、新问题需要研究解决，当然也会有抵制，会产生一些不正当的做法，但要引导解决。

关于已经初步改革的分配体制同尚未改革或改革不大的经济体制之间的矛盾，在如何处理上有不同看法。一种看法是，现在的分配改革已取得一定进展，当前应当搞横的改革，特别要着重改革流通体制。另一种认识是，继续扩大分配改革这个突破口，来推动整个经济体制的改革。其中又有两种主张，一种是现在已经初步进行改革的分配体制同其他经济管理体制的矛盾，这是一小部分试点企业同旧的经济管理体制的矛盾，应当通过全面推行初步的分配体制改革，来促进旧的经济管理体制的改革。另一种主张是，分配改革的步子还不大，现在的分配体制改革，给予企业的财权还不多，今后不仅要全面铺开利润留成办法，还应加快实行企业自负盈亏的步伐。当然，其他经济体制也要相应加快步伐，成龙配套。

上述不同观点，一个中心问题就是如何把纵横双方的改革结合起来，互相促进。这是一个关系到整个体制改革向前推进的问题，也是关系到下一步如何迈的问题，研究这些问题，在理论和实践上是有现实意义的。

二、关于实行“国家征税、自负盈亏”的内容和形式

去年，有的地区进行了“国家征税、自负盈亏”的试点，为进一步搞好国营企业收入分配制度的改革，提供了一个新鲜经验，最近，中央决定要加快经济改革的步伐，各地都要有几个企业进行“独立核算、国家征税、自负盈亏”的试点。因此，研究“国家征税、自负盈亏”的内容和形式，已经提到我们的日程上来了。

从已经试点的几个地区情况来看，“国家征税、自负盈专”的形式不尽相同，大体有以下几种类型。

1. 统一的所得税率直接调节——1979年1月开始，湖北省光化县对所属十五户地方国营工业进行“国家征税、自负盈亏”的试点。他们做法的特点是，根据这些企业的不同盈利水平，设计新的所得税率，用超额累进征税的办法进行调节。全年利润额在一万元以下的企业，免征所得税，全年利润额在1万元以上至50万元以上分为五级，实行五级超额累进税率，税率为50%—75%。其他税仍按现行办法征收。

2. 调整留利内容，分户定率——四川省从1980年1月开始，对川棉一厂等五户工业企业（即所谓老五户），实行把上交利润改为征收所得税和固定资产税的办法，税后利润留给企业。工商税仍照现行办法征收。固定资产税按固定资产原值每月征收0.2%，所得税率是以工资总额和按规定提取的福利基金，按规定计发的工资奖金、上年实际提取的全部企业基金、按利润2%计算的新产品试制费等五项资金同调整后的利润换算确定的。一厂一个税率，分别为40%、60%、64%、69%、78%。用企业自筹资金搞的技术项目所增利润，两年内免交所得税。这个办法的特点是：

（1）把工资纳入了税后留利范围；（2）一户一率，实际上是用“1-企业留利比例”的公式来确定所得税率；（3）给企业的好处较多，如用自筹资金搞的技措项目所增利润免征税。

3. 收入调节税配合所得税——上海轻工机械公司和柴油机厂，从1980年1月开始，把上交利润改为征收收入调节税、所得税和资金占用费。它的特点是：（1）先征收收入调节税，销售利润率在15%以上的，每增加1%征0.6%的收入调节税；（2）所得税实行统一的50%比例税率；（3）固定资产占用费和流动资金占用费在征收所得税以后的留利中支付；（4）归还专项贷款的本息在征收所得税以后的留利中支付。上海轻工机械公司的税、费平均负担率为87%，公司留13%。

4. 收入调节税、所得税、资金分红相互配合——广西柳州从今年起对市属企业把上交利润改为征收收入调节税、所得税，并在征收所得税后进行资金分红。其中收入调节税、所得税征收办法，同上海轻工机械公司和柴油机厂一样，不同的是把资金占用费改为资金分红。以资金利润率作为国有资金分红的依据，资金利润率高的，国家分红多，资金利润率低的，国家少分红，以调节企业交纳所得税以后的留利水平。这种办法实际上具有国家实行事前和事后两次调节的性质。

现在有的地区还在拟议一些新的办法。从各地试点的情况看来，尽管它们的内容和形式有所不同，但总的精神都是为了更好地体现物质利益原则，正确处理国家、企业和职工三者关系，调动发展生产、改进经营管理的积极性。同时也取得了初步效果。这方面的情况，报刊已有许多报导，我不多说了。

为了使“国家征税、自负盈亏”的内容和形式趋于完善，有利于加快改革的步伐，我在这里就征收所得税的办法，提出几个问题来进行探讨。

1. 是一户一率好还是统一税率好？税收是一个经济杠杆，要对收入进行调节，对利润进行调节。譬如征收工商税是按产品的平均纯收入水平，确定全国统一的税率征收的，一种产品全国一个税率，这样，就既能调节生产经营不同产品在价格价值差距上的级差收入，又能使经营管理好、纯收入高于平均水平的多得利润，经营管理差、纯收入低于平均水平的少得利润，从而起到一种鼓励先进、督促落后的作用。所得税是否也要规定统一的税率，让利润多的多得一些，利润少的少得一些，以鼓励企业加强经营管理，取得更多的盈利？或者是应当针对每个企业的不同情况，视其留利的必要，确定单独适用的税率，一户一个税率，这是可以探讨的。

2. 是征收单一的所得税好，还是同时配合征收调节税好？在企业利润水平相差悬殊的情况下，实行“国家征税、企业自负盈亏”的办法，应当解决两个问题；一是尽可能避免企业所得的苦乐不均现象；二是用法定形式保证企业必要的自主财权。这两个问题是联系在一起的。由于客观因素造成的企业利润水平悬殊，如果不加调节，就会产生严重的苦乐不均现象。为了正确处理国家、企业、职工三者的利益关系，调动企业、职工积极性，应当运用各种经济杠杆，进行适当的调节，既保证企业必要的自主财权，又能避免严重的苦乐不均现象。解决问题的出路是调整不合理的价格和改革税制，即通过价格和税收来进行调节。在当前还不能进行价格的重大调整的情况下，用税收来进行调节比较简便，有利于加快经济改革的步伐。对于企业的利润，征收单一的所得税是否能解决这个问题，或者还是要配合征收一种调节税，对企业过多的利润进行一种必要的调节，这也是可以探讨的。

3. 是征收所得税前调节好还是征收所得税后调节好？怎样用税收来进行调节，现在设想有三种办法：一为事前调节。即着眼于在征收所得税以前调节由于客观因素造成的企业利润水平悬殊情况，在这个基础上来征收所得税，使企业的留利较为合理。如调整工商税率和开征资源税、房地产税、土地占用税、资金税（所得税前征收）、收入调节税等。而且是用统一办法来征，例如设想用平均销售利润率（15%）为起征点，每超过 1% 按销售收入征 0.6%。上海的收入调节税就属于事前调节的性质。二为事后调节。即在按统一的所得税率征收所得税后，对企业留利再用征税办法进行调节。这个问题，赵紫阳同志在《研究新问题，把经济改革搞好》一文中曾经讲到。他说，从税收上进行调节，有的要减点税，有的要加点税，如资源税、资产税，甚至可以加征企业基金所得税，对征收所得税以后企业的留利再开征调节税，就属于这种性质。三为事前调节与事后调节相结合。即在征收所得税前开征收入调节税，又在所得税后的留成中运用税收进行适当调节。柳州试点的办法大体具有这种性质。以上几种办法何者较为适当，是可以探讨的。

我个人考虑，上述这些办法，应当说是各有特点，都是为了解决保证企业必要的自主财权和避免苦乐不均这样两个问题。从长远来说，事前调节这种办法应当说是一个方向。通过所得税前调节，排除由于客观因素造成的利润悬殊状况，保证由于经营管理水平不同形成的合理差别。这样，征收所得税以后全部留给企业，比较完善地体现了“国家征税、自负盈亏”的原则。但是价格的调整和税制大改是一件复杂的事，想一下子通过事前调节的办法来解决这个问题，还要有一个过程。因此，还需要采取一些过渡形式。用一厂一率的办法进行所得税的直接调节，或者按统一税率征收所得税后，再征收企业留利调节税的办法比较简便，适应性强，可以很快试行，有利于加快改革的步伐，不失为一种过渡办法。但是，它也有一些明显的缺陷。比如用“1－利润留成”的公式确定所得税率，实际上是一种全额利润留成，比起现在的基数利润留成加增长利润留成，并未进步。又比如按统一税率征收所得税后，再征收企业留利调节税办法，固然先征了一道所得税，再用“1－利润留成”征收留利调节税，企业的留成比例大大提高了，可以促进企业增产增收的积极性。但是，如果只用这种事后调节的办法，对于今后的税制改革会带来一些困难。我们意见，还是把事前调节和事后调节结合起来较好，都在所得税前，先征收收入调节税，再在所得税后对留利过多的企业适当开征留利调节税。这样的好处是：1. 迈开了税制大改的步伐；2. 交纳留利所得税的企业大为减少，大量的企业可以在征收所得税后得到全部剩下的利润；3. 方法也比较简便。

其次，再谈到另一个问题，这就是关于自负盈亏的内容问题。企业自负盈亏包含一些什么内容，现在也有一些不同的认识和做法，这个问题关系到企业有多大自主财权这样一个实质问题。内容适当，就有利于调动积极性，反之，也可能带来一些不利的影响。我觉得有这样三个问题要研究一下：

1. 自负盈亏是否包括亏损企业？亏损企业怎么办？如果只是对盈利企业征税，而且要确保每个企业的“既得利益”，那么这是不完整的自负盈亏，只能是自负盈利，不负亏损。可不可以这样理解：就全国或一个地区来讲，应当考虑已经分配给企业的财力和财权，不要减少。但具体到每个企业有的可以多一点，有的可以少一点，是否在一定程度上是反映了企业的经营成果的好坏。对于亏损企业按自负盈亏的精神，国家不征税，也不能再吃大锅饭了。这样的企业就应当调整、改组、联合甚至停办。当然，这要有一个过程，也应当承认要有一个过程。可不可以规定一个期限，例如限期三年。在这个限期内，可以采取补贴、亏损额包干的办法，过期不再补贴。对于那些有关国计民生、价格一时难于调整、必须继续生产的亏损企业，经过严格审查，一户一户批准，给予定额补助。至于原来的盈利企业变为亏损，应在后备基金内弥补，也可以允许在以后盈利内抵补。

2. 工资要不要纳入企业的留利范围？对这个问题的看法分歧较大。纳入留利范围，好处比较明显，把职工的收入同企业经营成果完全结合起来了，有利于调动积极性。但是也有一些不好处理的问题。比如风险很大，职工收入的波动也很大，左邻右舍的关系也不好处理。一个企业刚实行这种办法的时候，大家积极性很高，利润可以增长很快，职工的收入可以大大增加；当生产正常以后，增长速度可能不那么快，职工收入随着减少，是不是又会影响积极性？如果由于市场情况的变化，或者发生某些意外事故，职工收入可能下降，厂长就不好当了。特别是对于那些用劳动力多、机械装备少的企业，工资数额所占留利的比例很大，因而利润多少、对工资收入水平的高低也影响更大。有的企业征税后，留利很多，工资基金就比别的企业高出一倍以上，由于考虑影响，拿了这么多工资基金也不敢太多地增发工资。所以我的意见，基本工资还是不纳入自负盈亏为好，而是只把职工奖金纳入自负盈亏范围。当然，职工奖励也有这种问题。但奖励毕竟占职工收入比例较小，一个企业还是比较容易瞻前顾后，进行处理。关于奖励问题，是否也有一些可以改进的地方？现在基本上采取按月发奖的办法，职工奖金的多少，往往只是同短期的经济效果结合在一起，如果适当控制每月发放奖金数额，增加年终的奖金或称年终分红，可以促使职工更好地关心全面的和长远的经济效果。当然，这只是一种想法。

3. 企业用自筹资金搞的技措项目所增利润是否在一定时期内免征所得税？这是一个同自负盈亏内容密切关联的问题，现在也有不同认识和作法。在一定时期内免征所得税的好处是有利于更好地调动企业用好生产发展基金的积极性。但从另一个角度看，国家留给企业适当的发展生产基金，本来是为了让企业进行挖、革、改和发展生产，由此新增的利润按照规定办法可以得到相应的分成，已经体现了鼓励的精神，所以没有必要再这样做。同时，在实际上也很难算清，还可能在经济管理上带来许多不必要的争执。

关于自负盈亏究竟应当包括哪些内容，给企业多大自主财权，可能需要研究的问题还很多。这里我只举出这几个。

再一个问题，就是关于自负盈亏的主体，也就是以专业公司为主体还是以企业为主体的问题。现在利润留成的试点和自负盈亏的试点，一般是以企业为主体，也有少数是以公司为主体。对于这个问题，也有不同认识。一种意见认为，以公司为主体搞利润留成和自负盈亏，不利于调动公司所属工厂的积极性。另一种看法认为，以公司为主体搞利润留成和自负盈亏好处多，有利于向企业性专业公司过渡，有利于克服“大而全”、“小而全”的生产形式和整个行业的技术改造，有利于解决基层工厂留利上的苦乐不均问题。因此，他们以公司为主体来搞利润留成和自负盈亏，把它看成是一种方向。看来这个问题需要很好进行研究。

“独立核算、国家征税、自负盈亏”是新鲜事物，没有现成的成熟办法。同时，在理论认识上、做法上也不完全一致，也不可能很快地一致。不可能有了成熟的办法再去进行改革，只能通过试点实践，总结提高，再逐步完善。因此，我的意见是，可以采取不同的模式，大同小异，通过实践，再来比较、提高。理论也只能是来源于实践。

试点还是一个城市一个城市试比较好。一户一户个别试点很难比较，没有共同的基础，难于说明问题，量体裁衣总是合身的，都是个性。而一个城市试点，有不同行业，不同产品，不同经营管理水平的企业，一同试点可以比较，矛盾也容易暴露。

另外，征收所得税还带来财政体制和财政部门内部分工的问题，也需要研究解决。

关于自负盈亏的内容和形式，我谈了一些不同的看法，有的地方讲了一些个人的意见，可能是很不全面的。我们要加快改革的步伐，又要符合改革的方向，使自负盈亏的内容和形式逐步完善。这里需要研究的理论问题和实际问题，的确很多，需要我们下点功夫很好地探讨。

三、与自负盈亏有关的几个问题

“独立核算、国家征税、自负盈亏”是企业管理体制的一项根本改革，在这一改革中，除了上面一些问题外，还有一些相关的问题需要研究。

（一）关于进一步扩大企业自主权的问题。

用税法的形式把企业的收入分配固定下来，是实行“独立核算、国家征税、自负盈亏”企业管理体制的一个基本环节。但是从扩大企业自主权来看，企业收入分配这种改革，只是解决了企业的自主财权问题，要真正实行“独立核算、国家征税、自负盈亏”的体制，还要求有企业经营管理上的一定自主权，包括产、供、销、人、财、物各个方面。也就是要有一定程度的生产计划权、物资采购权、产品销售权、价格调整权、择优招工权。这就是说，企业独立核算，自负盈亏，要求企业作为一个相对独立的商品生产者，应当享有相对独立的各项经营管理自主权。如果企业没有这样一些权力，独立核算、自负盈亏就只能徒具形式，是实现不了的。拿到的财力也不可能自主使用和取得更好的经济效果。因此，我们对于“独立核算、国家征税、自负盈亏”这一管理体制的研究，不能仅仅局限于企业收入分配的改革，而应当把企业收入分配改革的研究，同国家各项经济体制改革的研究结合起来，使之相互推动，相互配合，为企业实行“独立核算、国家征税、自负盈亏”创造更好的条件。现在的问题是，收入分配制度的改革，进展快，其他体制的改革说得不算少，但动得不快。同时，对于企业到底需要些什么经营管理自主权，抽象地好说，而一具体到统一计划与企业自主权力、计划调节与市场调节如何具体结合，往往难于说清。摆在我们面前的问题，一是各项管理体制要动，二是要解决怎么动，怎么衔接。在这方面我们需要加强调查研究、开展理论探讨，理出一个头绪来，以逐步完成各项体制的改革。

（二）自负盈亏和资金管理

企业自负盈亏和资金管理的关系表现在两个方面：一方面，企业必须有真正的资金支配权；另一方面，要把资金的支配权同本身承担的经济责任紧密地结合起来，也就是要彻底改变在资金使用上吃国家的大锅饭的问题。

我们现在进行的分配改革，只是初步解决了干好干坏一个样的问题，有利于把企业、职工的利益同企业经营成果结合起来，调动积极性。但是，还没有解决过去高度集中管理体制下形成的吃大锅饭问题。以上两方面的问题不解决好，也是搞不好独立核算、自负盈亏的。关于前一方面的问题，当前主要表现是，行政干预过多，企业有了钱也没有权，什么都要经主管部门和计划部门层层批准，企业税后利润并不能自主使用。银行不准用钱，企业只好干着急。所以说企业使用资金的自主权就受到了限制，也不利于真正实现自负盈亏。后一个方面的问题，当前的主要表现是，企业向银行借用挖、革、改贷款，在交利交税以前归还。这种作法无论从使用贷款的单位还是从银行来说，都没有把经济责任和经济效果紧密结合起来。某些贷款项目效果不好，甚至无效，企业也不害怕，反正可以在应上交国家财政收入内归还。银行也无责任，到期照收本息，做的是保险生意。甚至有的企业在 12 月 30 日借的款，12 月 31 日就以应当上交的税、利来归还，说是贷款对生产经营见到了效果，利润增长了。很明显，银行和企业都是吃的财政“大锅饭”，而且是“寅吃卯粮”的大锅饭，提前把国家的财政收入分配掉了。今后银行也要企业化，要实行自负盈亏，发放贷款的数额将随企业财力增大而扩大，上述矛盾，必然会更突出，使基建战线无法控制，也影响到国家财力的综合平衡。因此，我们认为，银行利用闲散资金发放基建性周转贷款，属于调剂余缺的性质，与今后实行企业自负盈亏体制相适应，应由用款企业业用折旧基金和在交纳所得税以后的留利来归还，不能再用应上交的税收利润来归还，不能搞成“寅吃卯粮”的投资分配。银行发放贷款不当，造成呆账，与银行企业化经营相适应，应由银行利息收入抵补。这样，大家有经济利益，也承担经济责任，权、责、利就结合起来了。

（三）自负盈亏与国民经济综合平衡结合的问题

“独立核算、自负盈亏”是解决国家与单个的国营企业在收入分配中的关系，这可以调动单个企业的积极性，也有利于推动企业间的相互竞争。但是，光有这样的自负盈亏还不行，还要有国民经济的综合平衡，也就是要在各地区、各部门、各行业和各种生产经营间进行综合平衡，使国民经济成为一个有机的整体，相协调地、有计划、按比例地发展。这就要求要有国家中、长期规划和近期计划的指导；要求国家运用各种经济杠杆、经济办法、法律办法来对各个企业进行引导和管理；要求适应具体情况，建立各种经济中心、各种企业性的专业公司和有关经济组织来协调和领导各个企业的活动。总之，就是要把计划调节与市场调节更好地结合起来；要把加强领导、监督、检查和扩大企业的权力更好地结合起来，要从宏观经济角度来研究经济效果，搞好协调、统筹，为企业争取更大的经济效果创造更好的经济条件。

与黄菊波同志共同执笔，胡静同志审定，载《财政研究》1980年第5期。

在财政工作中调动人的积极因素

财政工作通过多收多支多建设的途径，对于促进国民经济的高速度发展具有极为重要的作用。要做到多收多支多建设，实现财政工作的大跃进，最大限度地发挥它在促进国民经济高速度发展中的作用，就不仅应当看到财力和物力，尤其重要的是应当看到人的力量。充分调动人的一切积极因素，是做到多收多支多建设，搞好财政工作的根本保证和关键。

为什么在财政工作中，要这样十分重视人的力量，重视广大群众的力量，重视人与人之间的关系的调整呢？这因为决定财政的是生产，而人是生产力中最活跃、最重要的因素，是社会生产力和创造新的物质财富的主体。生产力中其他物的因素，包括劳动工具和劳动对象，只有通过人的劳动，有意识地掌握运用，才能实现生产。构成生产力的人的要素，不仅仅是指人的劳动技能和生产经验，而且还包含了人的政治觉悟水平的内容，包含了人的劳动积极性程度的内容。具有同等劳动技能和生产经验的人，政治觉悟和劳动积极性可以有极大的差别。人的劳动技能和生产经验在生产中发挥作用的大小，以至能否发挥作用，是随着他的政治觉悟水平和劳动积极性程度为转移的。只有不断提高人的政治觉悟水平和激发人的劳动积极性，才能使人所具有的劳动技能和生产经验，在生产中充分发挥作用。

财政作为一个分配问题，一方面固然由经济决定，由生产决定；但是，财政对于经济，分配对于生产也起着重大的影响作用。财政的分配关系是整个生产关系的一种，它体现了人与人和部门与部门、地区与地区相互间在资金分配上的各种关系，体现了生产过程中社会各个方面人的各种关系，它的工作联系面是极为广泛的。在财政工作中，坚持党的领导，依靠广大群众，适当安排各方面的关系，革新各种规章制度，处理人民内部的一些矛盾，就能够调动各地方、各部门、各单位、和广大人民群众的一切积极因素。财政分配工作做得好坏，并不是仅仅以给钱的多少为标准的，也不是以财政管理严密与否作为标准，而应该是以能否调动一切积极因素，从而扩大财政的作用作为标准。如果能够妥善地安排人的关系，把广大群众的力量都调动起来管理财政，那么，财政的分配工作就是真正做好了。这对于做到多收多支多建设，促进国民经济的高速度发展，是具有决定性的意义的。

党教导我们：在财政工作中，要适当安排各方面的关系，调动一切积极因素，充分发掘各个方面潜在的人力、物力和财力，唯一正确的办法，就是要贯彻“两条腿走路”的方针。具体地说，就是在安排中央和地方的关系上，一方面固然应当坚持财政管理职权的必要集中和统一；另一方面则必须适当地把较大一部分职权下放给地方，以便地方负责管理。在安排国家和企业的关系上，一方面固然应当把企业的很大一部分收入集中到国家预算上来；另一方面则必须允许企业按照工作的成果，留下一定比例的利润，作为企业的机动财力，由企业管理，以便革新本单位的生产技术，和对职工给与物质鼓励。在安排国家和农民的关系上，一方面固然应当向农民征税，同时大力支援农业的技术改造；另一方面则必须稳定农民负担，提高农民的生产积极性，从而能够依靠农民自己的力量去发展生产，在安排财政管理的关系上，一方面固然应当有财政部门的专业管理；另一方面也必须有广大职工和社员的群众管理，并与经济部门相互协作，把专业管理建筑在群众管理的基础上，概括起来，财政工作中贯彻“两条腿走路”的方针，主要就是中央集权与地方分权的结合，国家集中与企业留成的结合，国家财力与群众财力的结合，专业管理与群众管理的结合等等方面。它们反映了财政工作中的上下、左右、内外以及国家群众等各方面的关系。这些关系反映了社会主义内部人与人之间的关系。它的中心就是依靠群众，发动群众，组织群众，调动人的一切积极因素和潜在力量，高速度地发展工农业生产。

财政工作中贯彻“两条腿走路”的方针，就能够使权力与责任统一，把物的力量和人的力量结合起来。诸如中央和地方财权的划分，国家和企业的利润分成，都是在“统一领导，分级负责，分工管理”的原则下，把一部分财政管理职权和机动财力下放给地方和企业经济部门的。与此相应的发展生产、管好财政的责任，也随之下放了，各地方和企业经济部门有了收入和利润，能够满足本身支出的需要，有了管理生产和管理财政的权限，也加重了政治责任。他们必然可以挖掘一切潜在力量，多积累和多发展建设事业；必然可以因地制宜、因事制宜，进行生产建设，最大限度地发挥他们所掌握的财政力量的作用。

财政工作中贯彻“两条腿走路”的方针，就能够充分发掘和有效地利用一切潜在力量，首先是人的潜在力量。我国人口众多，其中80%是农民。这就必须从财政分配上注意调动农民的生产积极性，注意充分动员发掘和依靠群众自己的力量来进行生产。具体地说，也就是必须在资金积累中兼顾国家利益、集体利益和个人利益，适当安排国家税收与公社（生产队）积累和个人收入之间的关系，把课税稳定在一定限度以内，以便在发展生产中留下较多的资金作为公社（生产队）的积累和社员的收入。既然改变“一穷二白”的面貌是广大农民的热烈愿望，那么，公社和社员有较多的积累和收入时，就必然会积极主动地根据本地区的特点，千方百计去发展生产。当然，还有一部分资金会用来改善农民的生活，这是应当的，改善了生活，也就能够进一步提高劳动者在生产中的冲天干劲。与资金的积累相联系，我们对于发展农业生产的资金安排，应当以农民自力更生为主，国家援助为辅。国家财政援助的任务，主要是以国家较少的资金，调动起农民更大的生产积极性和创造性。国家对于农民发展生产的资金，不可能包下来，而主要应当依靠农民自己在发展生产中筹集。现在许多地区的财政部门把国家对公社的无偿投资款换成生产资料，在党委的支持下，开展轰轰烈烈的送迎生产资料群众运动，千千万万的公社社员和下乡人员参与了这种声势浩大的送迎生产资料誓师大会，受到了深刻的政治教育。接受援助的社队都表决心、树雄心和订跃进规划；富社富队也主动地帮助穷社穷队挖穷根，并有偿地支援迫切需要的生产资料。在这样的情况下，千千万万农民的生产积极性和创造性就充分调动起来了，潜在着的物力和财力也随之发掘出来了。

财政工作中贯彻“两条腿走路”的方针，就能够把劳动者在政治上的当家作主和生产、财务上的当家作主统一起来了，使生产与财政（或财务）管理相互结合。国家管理与基本建设单位包干的关系的安排，财政部门的专业管理与工人农民的群众管理的关系的安排，使工人农民直接参与财政管理工作，充分体现了他们在生产、财务上的当家作主。因为任何社会产品都只有通过工人和农民的直接劳动，才能够创造出来。工人和农民是直接生产者，对于发展生产，提高生产效率，节约原物料的消耗等等，当然是最熟悉并易于从其中发现问题的。把财政管理的任务和要求向工人和社员层层交底，给与一定的权力和责任，使他们直接参与管理，当家作主，就能够最大限度地激发生产者的积极性和创造性。这样，他们就会更关心国家的财政收入，更节约地有效地使用国家的生产设备和建设资金，从而为增产节约，丰裕国家财源，促进生产建设的高速度发展奠定基础。

财政工作中贯彻“两条腿走路”的方针，就能够使财政部门与经济部门之间改变过去那种单纯的财政监督关系，建立新的共产主义的互助协作关系。财政部门与经济部门由于社会分工的不同，往往从本身工作任务出发来对待问题，从而产生一些矛盾。但是，这种矛盾完全有可能通过正确的安排来适当地解决；完全有可能在统一的思想指导下，大搞共产主义协作，相互帮助，相互促进。财政集中资金与企业利润留成，管理与包干，以及专业管理与群众管理等的关系安排，正是体现了这种互助协作精神。而这种互助协作，也正是新型的人与人之间的关系的具体体现，社会主义的生产关系的具体体现。它表现在，一方面，财政部门把经济部门的指标当作自己的指标，围绕经济部门的“高产、优质、低成本、安全”等一类增产节约运动的指标来进行工作，千方百计地为国民经济的发展服务；另一方面，经济部门则把财政部门的收入指标列入本部门的增产节约计划，当作自己的指标来完成。这种互相协作关系是具有巨大的生命力的。大跃进以来，财政部门与经济部门大搞内外协作，把各方面的力量拧成一股绳，对党的中心工作全力以赴，从而取得了突出的成绩，就是事实的最好证明。

归纳起来，财政工作在各个方面贯彻“两条腿走路”的方针，主要就是要通过调整人与人之间的关系，最大限度地调动人的积极因素，以及与之俱来的物力和财力，推动生产建设的高速度发展。

在党的教导下，财政部门的广大干部更加明确地树立了三大观点，愈来愈多地懂得重视人的力量、广大群众的力量，愈来愈清楚地了解调整人与人之间的关系的重要意义了。但是，在部分同志中间也还存在一些不同的看法，譬如有人认为财政工作是管钱的，因而他们就把财政工作者的责任局限于收收支支，只注意如何把钱管好，和发挥钱的作用，不注意与经济部门搞互助协作，不注意发挥人的作用；也有人认为财政工作是管家婆的工作，“不当管家婆不知柴米油盐事”，因而他们就把其他部门的同志和一般群众当作外行，习惯于查查管管和单独依靠规则章程办事，只相信自己，不相信别人，不注意发动群众来共同管好财政工作。在财政理论研究工作中也同样有单纯研究钱和物的分配作用，忽视如何调动人的积极性的现象。所有这些，都是“见物不见人”的错误思想。决不应当把财政工作当成一项技术性的出纳工作来办，而应当把它当作一项政治工作。鼓舞广大群众的生产积极性，并发动广大群众都来关心财政工作，只有这样，才能实现财政工作大跃进和促进国民经济的高速度发展。

王诚尧执笔，刘志城同志审定，载《大公报》1960 年 5 月 13 日理论版。

财政部门应当积极促进工业支援农业

——四川省江油县城关区财政所安排公社投资工作经验的调查报告

工业支援农业，积极地促进农业的技术改造，逐步实现农业的机械化、水利化和电气化，是社会主义建设现阶段的一个重要任务。财政部门必须通过对农村人民公社的无偿投资和合理安排，并利用本部门联系面广的特点，在工业与农业之间，发挥“挂钩”和“搭桥”的作用，积极促使工业支授农业，为农业技术改造做出贡献。在这方面，四川省江油县城关区财政所在继续贯彻“一查二送三制造”的经验①的基础上，工作又有了新的发展，创造性地发挥了财政部门的纽带作用，有力地保进了工业支持农业。

城关区财政所在分配国家对农村人民公社的无偿投资的时候，首先研究公社在生产上的需要。他们了解到公社为了逐步实现农业机械化，需要深耕犁、抽水机、轧草机等一类机械设备；为了发展社办工业，需要土车床、老虎钳、手摇钻等一类生产设备；为了提高农业生产，又需要较多的化学肥料、农药、大架车、鸡公车等一类生产资料。可是，通过清理商业库存和从各个方面找货源，现有的物资远不能满足公社当前的需要。这个矛盾必须解决，否则就不能很好地贯彻

① 这个经验是1959年12月财政银行江油现场会议总结出来的。内容大体是指：查农村对生产资料的需要和商业库存；送生产资料和物资上门；协助公社大办工业自制生产资料。

省委规定的对财政投资的使用原则（用于支援社办工业、“三化”资金、穷队赶富队），也不能保证财政投资作到拨快用好的要求。为了解决这个矛盾，他们紧紧抓住“制造”这个中心环节，千方百计地从组织工业生产入手，来满足农业生产和农业技术改造的需要。

在城关区有几个县、区营的机械厂、农具厂和木器厂，它们的规模都很小，生产设备也很差，过去主要是给当地新建的中央和省属厂矿加工一些配件（如机械厂），或制造一些生活用具（如农具厂、木器厂），没有很好地发挥地方工业为农业服务的作用。区财政所根据党所指出的工业支援农业的方向、农村当前的需要和这些工厂的特点，在县委和区委的领导下，帮助这些工厂在厂内开展了工业支援农业的宣传教育，使广大职工明确了必须首先为农业生产和农业技术改造服务的方向，改变了原来的生产计划。区财政所还根据调查后所了解到的公社需要，和县农业机械局一起共同研究拟订了工业支援农业的全面规划，并具体帮助工厂规划生产项目，这就使工厂制造出来的产品，在品种上也完全能够适应农业生产的要求。例如，县机械厂本年第一季度，原计划生产几百个磅秤和比较多的罗丝机，经区财政所和该厂研究后，请示了党委，就决定暂时停止生产不太急需的磅秤，把罗丝机的生产任务也推迟到以后季度，而腾出力量扩大了农村当前急需的畜力耙、饲料粉碎机等的生产。

生产的方向是明确了，生产的规划也有了，但是接着又提出了新的问题。由一个主要承接加工的工厂，要改为生产成套的农业机械和生产设备的工厂（如机械厂），由一个生产桌椅等家俱的工厂，要改为一个生产深耕步犁等农具的工厂（如农具厂），而且任务又非常紧迫，这就碰到了原料缺、技术差、人手少、资金不足和少数人有畏难情绪等一系列困难问题。区财政所的干部针对这种情况就深入工厂，具体帮助“过五关”（即原材料关、技术关、劳动力关、资金关、干劲关）。以江油机械厂为例，在工厂党委领导下，采取查（查仓库）、挖（挖潜力）、节（节约原材料使用）、找（找代用品）、算（精确计算消耗定额）等办法解决了困难，仅查仓库一项就清出了十多吨废铁，用这些废铁回炉重炼好钢，就顺利地突破了原料不足关；他们又建议工厂集中力量成立配套小组，专门研究解决产品配套成品问题，由技术高的工人带头，成立学习小组，加速培养新生力量，并派遣工人到邻区绵阳、三台等地参观、学习，以及主动联系外地有关部门，找来了试制新产品的设计图纸，从而突破了技术力量欠缺关；区财政所还协助工厂采取挤间歇时间、合理调配人力以及开展技术革新、技术革命等办法，挖掘劳动潜力，突破了劳动力关；他们又协助清理应收应付账款和处理库存不用物资，帮助解决资金不足的困难，其中仅由区财政所直接向有关单位代为收回的应收账款就达 2 万多元，突破了资金不足关；此外，区财政所还协助在工厂开展评比竞赛，五日一个小运动，一月一个大运动，大运动中套小运动，通过评比竞赛运动，鼓舞了全厂工人的劳动热情，并带动了个别后进的工人，突破了干劲关。这样。在财政部门的帮助下，这个厂的人力、物力和财力上的问题，都得到了解决，因而也就顺利地完成了制造农业生产资料的任务。这个厂在今年第一季度试制成功了深耕犁、山地犁、架架车、老虎钳、土车床等多种新产品，其中很多已经开始了大量的生产，不仅支援了农业需要，而且也用本厂制造的车床、鼓风机、抽丝机等生产设备武装了自己，扩大了本厂的生产规模，由手工操作进而基本上实现了机械化、半机械化，工效较前提高十倍。

生产资料制造出来以后，区财政所运用了“送”的经验①，在今年 2 月底发动了县机械厂、农具厂等单位的 200 多职工，敲锣打鼓，声势浩大地把自己生产的一批深耕犁、轧草机、星形畜力耙、两边倒土深耕步犁、切丝切片机、老虎钳、手摇两用台钻等近 200 件农业生产上急需的生产资料和支援社办工业的生产设备，送到了三合、永丰等公社的几个管理区队，公社则组织社员热烈欢迎。在欢迎会上，公社干部和社员喜气洋洋，纷纷发言，表示一定要用更大的干劲来感谢

① 这个经验是指用国家给公社的无偿投资，购成公社急需的生产资料，发动群众给公社送上门去。

国家和工人老大哥的支援，要生产更多的农产品来支援工业；同时，对农业生产上急需的农具和针对某些产品功能不足（如深耕犁犁得不够深，轧草机只能轧干草，不能轧青草等）的问题，提出了建议和希望。工人代表则在会上当场表示一定要在生产中鼓起更大的干劲，生产更多更好的产品，支援农业。县农具厂还对本厂产品具体提出要做到“三包”，即包质量、包运送、包修理；县机械厂更提出要做到“六包”，即包制造、包运送、包安装、包使用、包修理、包教技术。

由于工人和农民直接见面，生产者和使用者直接挂钩，这种新的联系形式大大密切了工农关系，鼓舞了双方的干劲。永丰公社二区队的社员在接受援助以后，出勤率更加提高，经过突击灌溉，在短期内消灭了500多亩三类苗。工人同志在会后紧接着也掀起了新的生产高潮。县农具厂工人在厂党委的领导下，在区财政所的具体帮助下，开展了轰轰烈烈的七日高产周运动，把支援农业的任务，具体落实到车间。在这七天中，劳动效率一般提高了30%—50%，这就初步解决了产品数量问题。继七日高产周之后，又再掀起了一个五日高产运动，仔细研究公社社员们的建议，改良了农具的装置，使改装后的70部深耕犁由原来深耕6寸到能深耕8寸，轧草机不但能轧干草，也能轧青草了，并提高效率四、五倍，产质质量问题也得到初步解决。

此外，为了在工业与农业之间更好地发挥“挂钩”、“搭桥”的作用，江油县财政部门还主动建议县委在1960年2月召开了全县的工业支援农业会议，实行厂社直接挂钩，划定了县境内的一些工矿企业负责从物资、技术和经验等各方面分片包干支援16个公社的农业技术改造。区财政所则在负责包干支援的工矿企业与接受包干支援的公社之间，担任经常联系。他们曾多次帮助公社向工矿企业取得一些闲置或废旧不用的铁丝、铁钉和车床设备等一类物资（经过作价）；帮助公社向工矿企业学习技术，为农村培养训练技术工人，并解决社办工业的设计问题；同时，也曾多次组织公社把蔬菜等副食品和一些竹木工具送到工厂。这样相互支援，进一步密切了工农关系。对于没有担任包干任务的工矿企业，财政部门也在请示党委经同意后，组织它们担负一部分支援任务。如1960年初，农村使用的抽水机需要5040米水管才能配套成品，就是由财政部门请示党委后，确定由所有能翻铸水管的工厂，都担负起翻制抽水机水管的任务，并限期完成，从而及时地满足了农业生产的需要。

江油县财政部门上述一系列作法，归纳起来总的就是：广泛开展工农关系的宣传教育，了解农业需要，组织工业生产，大搞群众运动，促使厂社挂钩。这种做法的特点在于，把支持农业的任务建立在实现农业技术改造的基础上。实现农业技术改造是当前促进农业生产大发展的中心一环，而要实现农业技术改造，必须大大增加农具、农业机械和其他生产资料的生产，这又是地方工业的首要任务。区财政所正是通过对农村人民公社的无偿投资的安排和其他工作，使工农双方都得到了他们所必要的帮助，因而就促进了工业农业生产的双双跃进，并进一步密切了工农间的关系。这种做法的特点还在于，在党委的领导下，促进了厂矿包干支援公社，厂社直接挂钩，建立固定联系和协作关系。这是现阶段工农联盟的一种新形式，它有利于工矿企业熟悉农村情况，及时了解农村的需要，不断地改进和提高工业生产；它可以使厂社之间保持经常的紧密的联系和协作关系。这种做法的特点还在于，通过大搞群众运动的方式，安排国家对农村人民公社的无偿投资的发放，组织生产者送物资，使用者迎物资，使工人农民直接见面，相互得到鼓励，相互提出要求，互教互学，这样一来，财政分配工作，就不仅仅局限在钱的处理，而是贯注了丰富的政治工作的内容，促进了工农关系的进一步密切，更大地鼓起了工农双方的劳动干劲，掀起新的工农业生产的高潮。这就使工农双方做到了政治上的相互鼓励，生产上的相互推动。发展农业的需要，推动了工业生产，而工业生产又支援了农业生产的发展。财政工作不断地促进工农之间的联系，不断地推动工农业生产的跃进，从而使得1959年年底财政银行江油现场会议所总结的“一查二送三制造”的经验，在群众的生产运动中扎了更深的根，发挥了更大的作用。

江油县财政部门在大搞群众运动，促进工业支援农业方面现在已经取得的经验，虽然还是初步的，但是，它符合于当前中心工作的要求，是财政工作一个有创造性的发展，因而也是成功的，它为财政部门促进工农业生产的群众运动，展开了又一个新的方面，它有着广阔的发展前途。

与刘志城同志合作，王诚尧执笔，载《经济研究》1960 年第 6 期。

二、税收综论

改革开放以来税制适应市场经济发展的三个阶段

我国从计划经济体制到建立和完善社会主义市场经济体制的整个改革转轨过程中，经济发展具有一定的阶段性，而经济发展的阶段性决定于改革转轨进程的阶段性。依照经济体制改革转轨的阶段性特点，结合经济发展的阶段性，我国改革开放以来的二十多年，经济转轨发展大致可分为三个阶段，第一个阶段是经济体制目标模式改革探索阶段，也就是对计划经济实行对外开放、对内搞活经济，在经济生活中引入了市场机制的阶段，同时也是经济发展的扩张供给阶段。时间是 1978 年 12 月至 1992 年初。第二个阶段是社会主义计划经济模式向市场经济“转轨”的阶段，也就是要建立市场经济模式，同时，也是转变经济增长方式，经济高速增长及平稳发展阶段。时间是 1992 年初至 2000 年。第三个阶段是建立完善的社会主义市场经济体制阶段，也是经济结构进行战略性调整，基本实现工业化阶段，时间是 2001 年至 2020 年。在从计划经济体制到确立完善社会主义市场经济体制的长时期，大致经历三次大的转轨发展，税收适应不同阶段转轨和发展两个方面的要求，已进行了两次全面性税制改革，现已开始进入经济转轨发展的第三阶段，也将要进行改革开放以来的新一轮的第三次全面性税制改革。由于经济体制改革和经济发展的渐进性、复杂性，每个阶段的税制改革，往往是在全面性税制改革前，有若干前奏性税制调整改革，在每次全面性税制改革之后，又有若干完善税制改革的重大举措。

一、经济体制改革目标模式探索阶段的税制改革

（一）第一次全面性税制改革的历史背景和必要性

党的十一届三中全会确定了全党工作重点转移到社会主义现代化建设上来，提出改革开放的方针，随后并对经济体制改革目标模式进行探索。1982 年 9 月，党的十二大提出："正确贯彻计划经济为主，市场调节为辅的原则，是经济体制改革中的根本性问题"。[①] 1984 年 10 月，党的十二届三中全会通过的《中共中央关于经济体制改革的决定》明确："在公有制基础上的有计划的商品经济体制"，强调自觉依据和运用价值规律，充分发展商品经济，发挥市场的作用。[②] 1987 年 10 月，党的十三大仍肯定要逐步建立有计划商品经济体制，但提出了更多的市场调节内容，强调它是"计划与市场内在统一的体制"，是"'国家调节市场，市场引导企业'的机制"。[③] 随着经济体制改革目标模式的探索，在社会经济活动中引入了市场机制，正确认识和处理计划和市场的关系，相应采取了一系列重大改革措施，经济结构发生重大变化，经济快速增长，长期存在的商品短缺问题基本得到解决。

改革开放初期，我国国民经济贯彻了"调整、改革、整顿、提高"的方针，着重对农业进行了调整、改革，也调整了工业结构和积累、消费比例关系，同时扩大了企业在计划管理方面的权限，发挥市场调节的一定作用，实行对外开放，引进外资，发展多种经济成分。1984 年，经济改革的重点由农村转向以城市为中心，确认增强企业活力是经济体制改革的中心环节。围绕建立"有计划商品经济体制"发挥市场调节作用这一目标，大踏步地进行了许多重大改革，

① 《中国共产党第十二次全国代表大会文件汇编》，人民出版社 1982 年 9 月版，第 30 页。

② 《中共中央关于经济体制改革的决定》，人民出版社 1984 年 10 月版，第 17 页。

③ 《中国共产党第十三次全国代表大会文件汇编》，人民出版社 1987 年 11 月版，第 30、31 页。

这主要就是在公有制基础上建立自主经营、自负盈亏、富有生机活力和效率的企业体制；建立统一开放、运转有序的竞争性市场体制；建立以经济手段为主的宏观间接管理体制。

在1978年前的长时期内，由于实行高度集中的计划经济体制，受“左”的影响，形成的单一化税制，对国有企业只征工商税一种，对集体企业只征工商税和工商所得税两种，征税办法也比较粗放，显然不适应改革开放后新的经济形势要求。党中央一再强调要自觉利用价值规律，运用价格、税收、信贷等经济杠杆，引导企业实现国家计划的要求，税制逐步进行全面性改革就十分必要，其主要根据是：

1. 当时城市改革的重点是增强国有企业的活力，特别是国有大中型企业的活力。这必须解决权力过分集中，政企不分的弊端，解决分配方面吃“大锅饭”的弊端。为此，首先就要正确处理国家与国有企业之间在管理和收入分配方面的关系，摒弃国有企业缴纳单一的工商税后，利润全部或基本上缴财政的体制，运用税收手段来合理界定国家与企业对利润的适当分配，以利于企业自主经营、自负盈亏；运用多种税的调节，排除各种客观因素造成的企业利润高低悬殊，便于企业开展竞争，完善企业经济责任制。

2. 社会经济发生重大变化，多种经济成分并存，经营形式多种多样，需要运用税收手段兼顾各方面的经济利益关系，对收入进行调节，而过去税制上对某些集体经济，特别是对个体经济限制过严，对私营经济则更排斥，不能适应这种要求。

3. 实行有计划的商品经济，按照经济规律办事，运用经济手段管理经济，把经济搞活，需要税收充分发挥它的调节经济和监督管理经济的杠杆作用，而过去的税制，只对企业征一二种税，同企业生产经营的许多方面，如资源利用、财产占用、成本管理、利润分配、经济效益提高等等，都未直接挂钩，不能适应以上要求。

4. 进行国民经济的调整改革，实现产业结构、产品结构和企业组织结构等的合理化，需要运用税收手段，发挥它的一定鼓励、限制作用，并支持专业化协作生产，而过去的税制，在诸多方面不适应这种要求。

5. 实行对外开放，鼓励外商来华投资办企业，需要有一套完整的、适应当时情况和国家对外经济政策需要的涉外税制，而过去没有这样的税法规定，对外商投资企业，无任何特殊税收优惠。

（二）1979—1982 年建立涉外税制和其他若干改革

1949—1978 年的长时期内，对外商投资企业和外国企业与内资企业一样，适用同一税法，没有特殊的税收优惠规定。为适应对外开放，吸收外资、引进先进技术的需要，本着"维护国家利益，税负从轻，优惠从宽，手续从简"的原则，于 1980 年和 1981 年先后公布了中外合资经营企业所得税法和外国企业所得税法；为适应有更多的外籍人员在华取得收入需要调节，以及国内收入高的居民将会增多也需要调节的情况，本着"维护国家权益，平等互利"的原则，公布了当时属于涉外性质的个人所得税法。并明确对外商投资企业和外国企业继续征收 50 年代经正式立法的工商统一税及城市房地产税、车船使用牌照税，不适用对内资企业征收的各税种。其后又陆续公布了一系列涉外的特殊税收办法，从而到 80 年代中期，逐步在我国建立了一个与国内一般税制并存运行的特殊涉外税制体系。

在建立涉外税制的同时，也对内资企业的税制进行了改革。为巩固农村集体经济，扶植社队企业，加速农业现代化进程，促进农业生产发展，从 1979 年起，扩大了对社队企业减免工商税和工商所得税范围，并对粮食产区低产缺粮的生产队，人均口粮在起征点以下的，免征农业税三年。1980 年本着鼓励发展集体经济，对个体经济调整的精神，取消了加成征收所得税的限制办法。为合理使用能源，促进企业节约用油，加速以煤代替烧用石油的进程，从 1982 年 7 月 1 日起，开征了烧油特别税。为了促进工业生产专业化协作和经济联合的发展，贯彻合理负担原则，在 1979 年试点的基础上，对机器机械、农业机器和缝纫机、自行车、电风扇等五种产品，从 1982 年 7 月 1 日起，在全国范围内试行征收增值税。

（三）1983—1984 年的两步利改税和工商税制全面改革

利改税是把国有企业原上缴利润形式改为征税形式，用税收形式固定国家与国有企业的收入分配关系。当时提出，它主要是解决国家与企业的关系，给企业创造一个独立经营、自负盈亏的条件，是加快城市体制改革的前提和关键，是为城市全面改革开辟道路的一把钥匙。

利改税分两步走。第一步利改税是在有些地区试点的基础上，国务院于 1983 年 4 月 24 日批准公布《关于国营企业利改税办法》，从 1983 年 1 月 1 日起施行，征税工作则从 1983 年 6 月 1 日起办理，其基本内容：（1）在全国范围开征国营企业所得税，凡有盈利的国有大中型企业，均根据实现利润，按 55% 的税率缴纳所得税。企业税后利润，一部分区别企业情况，采取不同的包干上缴或调节税形式，上缴国家，一部分按照核定的留利水平留给企业。（2）凡有盈利的国有小型企业，根据实现利润，按八级超额累进税率缴纳所得税。缴税以后利润较多的，国家可以收取一定承包费，或按固定数额上缴一部分利润。

1984 年 10 月 1 日起实行的第二步利改税和工商税制全面改革，是由税利两种缴纳形式并存，逐步向完全的“以税代利”过渡，是一个逐步实现用税收一种形式来对企业利润进行分配的过程。根据全国人民代表大会授权，国务院于 1984 年 9 月 18 日批准公布《国营企业第二步利改税试行办法》，并相继颁布适用于各种经济成分的内资企业的各税条例（草案）和征收办法。《试行办法》对于设置多税种、税收的各项制度以及财务处理问题作了原则规定。其基本内容是：

1. 第二步利改税共设置 11 种税，即把原来征收的工商税，按课税对象划为产品税、增值税、盐税、营业税；改革第一步利改税设置的国营企业所得税、国营企业调节税；新增资源税、城市维护建设税（后在 1985 年度起开征）、房产税（后在 1986 年 10 月 10 日起开征）、城镇车船使用税（后在 1986 年 10 月 1 日起开征）和城镇土地使用税（后在 1988 年 11 月 1 日起开征）。并明确烧油特别税、农（牧）业税等几种税仍按原办法征收。

2. 改变国有大中型企业缴纳所得税以后的利润可用几种办法上缴的制度，统一按核定的国营企业调节税率计算缴纳。

3. 国有小型企业按照新的八级超额累进税率计算缴纳所得税后，一般由企业自负盈亏，国家不再拨款。

4. 营利性宾馆、饭店、招待所和饮食服务公司，由适用 15% 的比例税率，改为都按新的八级超额累进税率缴纳所得税。

5. 确定不适用第一步利改税的军工等企业和经批准试行上缴利润递增包干等办法的企业，暂仍不按新办法缴纳所得税，但应按照有关规定缴纳其他各税。

6. 对亏损企业和微利企业的补贴或者减税、免税，区别政策亏损和经营管理亏损，适用不同办法。

7. 国有企业申请技措性贷款，贷款项目所需资金的 10% 至 30%，要用企业专用资金解决。在归还技措性贷款和基建改扩建项目贷款时，经财政部门批准，可在缴纳所得税前贷款项目投产以后新增加的利润内归还。

此外，在 1983—1984 年，还进行了其他几项改革：

一是为了有利于集中必要资金，保证国家重点建设，有利于加强基本建设管理，控制固定资产投资规模，国务院于 1983 年 9 月发布《建筑税征收暂行办法》，开征了建筑税。

二是为了有利于经济合作和技术交流，吸引外资，引进先进技术，加速社会主义现代化建设，国务院于 1984 年 11 月公布《经济特区和沿海 14 个港口城市减征、免征企业所得税和工商统一税的暂行规定》，对外国和港澳地区的公司、企业及个人在规定地区投资兴办的企业，区别不同情况，给予更多的减、免税收的优惠。

三是为了集中必要资金，进行能源交通重点建设，促进国民经济的发展，从 1983 年 1 月 1 日起，由税务部门负责征集能源交通重点建设基金。

（四）1985—1992 年税制的改革完善

为适应经济情况的发展变化，在两步利改税和工商税制全面改革的基础上，在其后七年，又对税制进行了改革完善，主要是：

1. 开征三种奖金税和国营企业工资调节税。为了调节企业、单位奖金的发放，避免消费基金不适当地过于膨胀，1984 年开征了国营企业奖金税；1985 年又开征了集体企业奖金税和事业单位奖金税，企业奖金发放额超过规定标准的，均应依法纳税。对实行工资总额随经济效益挂钩的企业，则是就其增发工资总额超过核定的上年工资总额 7% 的部分，征收国营企业工资调节税。

2. 区别集体、个体，把工商所得税改为两种税。为平衡各类集体企业之间及集体企业与小型国有企业之间的税收负担，指导和制约集体企业按国家计划和方针进行生产经营，从 1985 年度起，停征了工商所得税，改征集体企业所得税。随着个体经济逐步发展，为解决当时许多个体工商业户人均税收负担水平远低于集体企业的矛盾，加强国家对个体商业户的引导、制约、管理、监督，促进其发展，从 1986 年度起，把比照集体企业税法征税，改为单独征收城乡个体工商户所得税。

3. 开征、改征一些新税种。为适应我国公民收入逐渐拉开差距的情况，为了便于调节，把对中国公民原征收的个人所得税，改为征收个人收入调节税，从 1987 年度起实行。为控制土地占用，从 1987 年 4 月 1 日起，开征耕地占用税。为适应私营企业的发展，从 1988 年度起，开征私营企业所得税。为限制高额筵席消费，1988 年 9 月 22 日发布筵席税暂行条例，具体施行日期，由省、自治区、直辖市自行确定。为便利掌握复杂多变的经济活动情况，加强对书立、领受凭证的管理、监督，便利控制各税，从 1988 年 10 月 1 日起恢复征收印花税。为调节特种商品的供求矛盾，1989 年 2 月 1 日起对彩色电视机和小汽车开征特别消费税。为了加强国家的宏观调控能力，从 1989 年度起开始征集国家预算调节基金。为贯彻国家的产业政策，控制投资规模，引导投资方向，调节投资结构，加强重点建设，把原建筑税制加以改革，从1991年度起，改征固定资产投资方向调节税，使内资税制更加适应经济发展的需要。

4. 统一涉外企业所得税。为平衡中外合资经营企业与外商独资企业、中外合作企业的税收负担，并适应形势发展完善税制的需要，在原中外合资经营企业所得税法和外国企业所得税法的基础上，加以改革，统一制定新税法，合并为外商投资企业和外国企业所得税一种，从1991年7月1日起实行。

5. 全面改革关税制度。国务院于1985年3月7日首次公布《中华人民共和国进出口关税条例》和新的税则，对进出口关税制度进行了全面改革。确定以新的《条例》为关税的基本立法，税则改成为《条例》的组成部分，全面改革税则结构，以国际上通行的商品分类为基础进行安排；在较大范围内调整税率，进口税率平均下降10%，均从1985年3月10日起实行，以适应经济体制改革的需要，贯彻进一步对外开放方针，促进对外经济贸易和国民经济的发展。从1987年1月起，还缩小了对出口产品征收出口关税的范围，以支持产品出口。同时，从1985年7月16日起，对若干需要限制进口的商品，开征了进口调节税（1992年4月1日取消），以配合进口关税，调节它们的国内外差价，防止有些地区和单位浪费国家外汇，盲目进口。1987年和1992年3月关税条例和税则又作了修订。

（五）税制逐步改革形成的新税收机制及其成效

通过1980—1981年初步建立涉外税制体系，特别是1983—1984年的两步利改税和工商税制全面改革及其前后的若干税制调整和改革，在这一阶段，我国已建立了内外资两套税制，逐步形成了一个由37个税种和两种基金组成的、适应当时有计划商品经济体制要求的多税种，多层次，多环节调节的复合税制新体系。它突破了原计划经济体制下，统收统支的分配格局，调节的对象遍及工农业生产、商品流转、劳务服务、企业各种所得、个人各种所得、资源土地利用、财产占用、利润分配、工资奖金发放、特种行为的各个方面，以及多个环节，从而转变了税收机制，大大拓宽了税收调控作用的范围，强化了税收调控的力度，基本上能适应当时发展计划商品经济体制下的多种经济成分、多种组织形式、多种经营方式、多种流通渠道的新经济模式。这主要表现在：

1. 建立了产品税、增值税、营业税三税为主，综合运用的工商流转税收调节体系。多个税种各有其调节对象，也就具有各自的调控机制；相互配合运用更扩大和增强了它的整体调控能力。这就克服了税改前只有工商税一种，课税内容复杂、性质不清，而课征制度又过于简化，所出现的调控机制狭窄性和缺乏针对性的弊病。

2. 建立了分经济成分的所得税调节体系。其中，特别是利改税改革突破了“对国营企业利润征税会改变全民所有制性质”的旧理论束缚和传统禁区，开征了国营企业所得税，把税收机制引入到国有企业利润分配范围，使过去那种企业同政府之间的行政隶属关系，转到以税法为依据的固定分配关系上来，有力地促进了企业所有权与经营权的分离，既保障了国有企业的独立经济实体地位，增强了活力，又加强了国家的间接宏观调控。多种所得税的设置，适应和促进了当时多种经济成分企业的健康发展，有利于以公有制为主体的多种经济成分共同发展格局的形成，也有利于调节社会成员间过大的收入差别。

3. 建立了若干新税种组成的资源、行为等税类特别税收调节体系。1978 年前税收调控只限于某些商品流转和企业所得的方面，在资源开发利用、土地使用、特种消费、固定资产投资、奖金发放等各方面，从无到有，都产生了税收新的调节、引导、制约、监督机制。

4. 建立了较完善的独立涉外工商税收调节体系。这形成了一种特殊的税收优惠调节机制，较好地适应了改革开放前期的形势需要。多年来在坚持独立自主、自力更生、维护国家权益的前提下，对于吸引外资，引进先进技术，促进对外经济合作与技术交流；对于鼓励外商投资先进技术产业、出口产业及从事长期投资；对于支持经济特区、沿海地区更多地吸引外资，加快开放速度，进入国际市场等等，都有其特殊意义。

5. 若干农业税收措施，诸如农林特产税的单独征收，耕地占用税的开征，农业税结算缴纳户的转变，农业税由征收实物改为折征代金，都适应了农村改革和商品经济发展，农业税收的调节机制也有所转变和加强。

多税种、多层次、多环节的新税收机制转变，适应和促进了公有制基础上有计划商品经济体制的建立，配合和促进了城市经济体制改革。企业自主权扩大，企业积极性提高，过去企业吃国家“大锅饭”和分配上的平均主义初步得以改变。也有利于贯彻对外开放方针，贯彻国家的产业政策、农业政策、能源政策、新技术开发政策、区域政策、沿海发展战略等宏观决策，把搞活企业同加强宏观调控紧密结合起来，引导和监督企业的微观经济活动，使之符合国家宏观决策的要求。这些在当时都有利于促进逐步实现经济结构合理化，促进整个社会经济的发展。我国国内生产总值从税制改革前 1978 年的 3624.1 亿元，逐步上升为 1991 年的 21662.5 亿元，13 年间上升 4.98 倍，也表明了新税收机制是对经济发展起了积极促进作用的。

新税收机制在促进经济发展基础上也保证了税收收入大幅度上升，由税改前 1978 年的 519.28 亿元，上升为 1991 年的 2990.17 亿元，13 年间上升 4.76 倍，与同时期国内生产总值上升的情况相适应，税收在国民收入分配中的地位大大提高，组织收入的机制，较之过去强化了，税收占国内生产总值的比重，由 1978 年的 14.33%，猛升为利改税后 1985 年的 22.77%。税收占财政收入的比重，也由 1978 年的 45.85%，即税制改革前长时期内税利上缴比重各占一半的局面，改变成为利改税后占 85% 以上，从而成为国家财政收入的基本形式。

二、社会主义市场经济体制初步建立阶段的税制改革

（一）第二次全面性税制改革的历史背景和必要性

在 1978—1992 年的改革开放取得重大成就和实践经验的基础上，1992 年 10 月党的十四大明确提出了建立社会主义市场经济体制的目

标，使市场在国家宏观调控下对资源配置起基础作用。围绕建立这个目标，并在扩大对外开放，调整和优化产业结构，加快科技进步等方面作了重大战略部署。1993 年 11 月党的十四届三中全会通过的《中共中央关于建立社会主义市场经济体制若干问题的决定》进一步强调，为实现社会主义市场经济体制这个目标，必须坚持以公有制为主体、多种经济成分共同发展的方针，进一步转换国有企业特别是大中型国有企业的经营机制，建立现代企业制度；必须建立全国统一开放的市场体系，促进资源的优化配置；必须建立以间接手段为主的完善的宏观调控体系，保证国民经济的健康运行；必须建立以按劳分配为主体，效率优先，兼顾公平的收入分配制度，鼓励部分地区、部分人先富起来，走共同富裕的道路。围绕这些主要环节，还就积极推进当时税制改革，作了原则部署。

我国前一阶段的税制改革虽取得很大成绩，但在税制上仍存在较大弊病，特别是与建立社会主义市场经济体制目标的要求不相适应，与国家整个经济形势已经发生和正在发生的重大变化不相适应，税制上原有的矛盾表现更为突出和明显，难以发挥它在社会主义市场经济体制下应有的宏观调控作用。这主要表现在：

1. 混淆国有企业税利两种缴纳的应有界限，不适应企业经营机制转换的要求。第二步利改税完全以税代利，将国营企业所得税的税率定得偏高，对国有大中型企业还要额外征收国营企业调节税，把超过 1983 年留利水平的部分，全部用税收形式拿上来。高出非国有企业负担水平的这部分税款，本来是要用利润上缴等方式上缴国家的，这就混淆了社会主义国家作为社会管理者和生产资料所有者的双重身份，从而产生以下弊端：（1）国有企业特别是大中型国有企业活力不足，缺乏自我改造、自我发展能力，不但难以调动企业自主经营的积极性，且在某种程度上，形成了“鞭打快牛，照顾落后”的利益机制；（2）在税负高、税后利润小的情况下，不得已实施了国有企业“税前还贷”、“以税还贷”办法，企业贷款越多，缴税越少、税负越轻，而不必顾虑贷款的投资效益，银行也可稳得利息收入，借贷双方都无风险和责任制约，失去了市场经济下应有的自我约束机制，在某种程度上加剧了当时社会投资、信贷规模和消费基金的膨胀；(3) 由于税利混淆，从 1987 年起普遍推行的企业承包经营责任制，对国营企业所得税采取了由企业承包上缴的办法，承包数额由财税部门与企业及其上级主管部门分别谈判确定，而不是按税法的统一规范征税，从而又强化了企业主管部门对企业的行政控制，导致国营企业所得税近于“名存实亡”。

2. 体现公平税负和产业政策的要求不够。主要是：(1) 在多种企业所得税制下，税负最重的是国有大中型企业，其他经济成分企业间的税负也有较大差距，影响各种经济成分的企业开展公平竞争，也导致出现了社会成员间收入分配的不公正；(2) 内外资企业和居民分别适用两套税制，不适应公平税负要求，矛盾日益突出；(3) 流转税税率是在计划价格为主的条件下为缓解价格不合理的矛盾而设计的，税率档次过多，高低差距大，在商品价格放开的新形势下，如不简并、调整税率，将不利于公平竞争；(4) 按照国家经济发展的重点，各税种体现产业政策的要求不够；(5) 在调节行业、企业由于外部条件形成的级差收入和差别收入方面，或因确定的征税范围小，或因体现调节的方面不明确，或因缺乏适当的税种和调节手段，难以适应生产要素全面进入市场的需要，未能较好地发挥税收的调节机制作用，促进企业在平等条件下开展竞争。

3. 税制结构不合理，税制不够规范统一。主要是：(1) 所得税对同一课税对象设置多个税种，产品税中的农林、牧水产品征税部分的税目，也与农林特产农业税征税品目重复。同时，原已设置的某些税种，根据形势发展已无必要，增加税制复杂性。(2) 国家同企业的分配关系犬牙交错，很不规范、统一，一方面对企业利润要征所得税，而税后部分还要征国营企业调节税和能源交通重点建设基金、国家预算调节基金；另一方面，又采取了名目繁多的各种减免税和税收优惠措施，特别是对公有制企业还实行了“税前还贷”等的办法，准许企业从国家应征税款中挖走一块。这两个方面的分配，相互交叉，在一定程度上，导致国家与企业决策行为有些混乱，影响合理确立国家与企业的分配关系，也增加了税制的复杂性。（3）主要税种的增值税，原是分产品设计多个税率和确定不同的扣除项目及征收办法，且又是与产品税并立，各有课税对象，实际成了更为复杂难办的产品税，不符合国际通行的增值税规则要求。（4）在税制不规范的情况下，加以形势发展，形成税制规定频繁补充、解释，统一规范性、透明性欠缺，影响顺利执行。

4. 与实行分税制财政体制的要求不相适应。主要是缺乏对中央、地方和共享税种的划分，地方税体系未建立，原税收管理权限也不适应分层次宏观调控要求，有些地区热衷于对高税率产品减免税，往往出现税收的某种逆向调节，不利于打破地区分割，影响形成统一市场。

总之，依据党的十四大和十四届三中全会精神，适应形势的发展，迫切要对原有税制进行全面性改革，以利于实现公平税负，鼓励竞争；以利于调整经济结构，优化资源配置；以利于缓和社会成员间的收入分配差距，走向共同富裕；以利于打破地区分割，建立统一市场；以利于保障财政收入，特别是中央财政收入，加强国家的宏观调控。

（二）1994 年的全面、结构性税制改革

依据党的十四届三中全会通过的《中共中央关于建立社会主义市场经济体制若干问题的决定》确定的积极推进财税体制改革的原则，1993 年 12 月国务院批转了国家税务总局报送的《工商税制改革实施方案》，并同时发布了各税暂行条例和有关法规制度，从 1994 年 1 月 1 日起开始实施。这次税制改革的原则和基本内容是：

1. 税制改革的指导思想和原则。确定的税制改革指导思想是：统一税法，公平税负，简化税制，合理分权，理顺分配关系，保障财政收入，建立符合社会主义市场经济要求的税制体系。依据的基本原则是：（1）要有利于调动中央、地方两个积极性和加强中央的调控能力；（2）要有利于发挥税收调节个人收入和地区经济发展的作用，

促进经济和社会的协调发展，实现共同富裕；（3）要有利于实现公平税负，促进平等竞争；（4）要有利于体现国家的产业政策，促进经济结构调整，促进国民经济的持续快速健康发展和整体效益的提高；(5) 要有利于税种的简化和规范化。

2. 关于流转税制改革。把原对内资企业征收的产品税、增值税、营业税三种及对外商投资企业和外国企业征收的工商统一税，加以调整合并，形成以增值税为主体的增值税、消费税、营业税三税并立、双层次调节的新工商流转税制调节模式，在生产和流通环节普遍征收增值税；在这个基础上再选择少数消费品加征一道工业环节的消费税，对提供一般劳务服务、转让无形资产和销售不动产，仍维持征收营业税。以上各税对内外资企业统一适用，使流转税制更加适应市场经济的要求。另外，还取消已不符合市场经济要求的集市交易税和牲畜交易税两个小税种。

增值税是这次工商税制改革的一个核心，借鉴国际通行做法，对原流转税制进行了根本改革。改革的主要内容：一是扩大征收范围，改变了原只限于在工业环节对部分工业品销售征税的制度，凡在中国境内销售货物或者提供加工、修理修配劳务以及进口货物的业务经营，都列入征税；二是把原来的“价内税”改为“价外税”；三是简并税率，改变了过去分列多种产品税目，分税目制定差别税率办法，采取只设置一个17%的基本税率，再加一档只适用于少数产品的13%低税率模式，对出口产品则适用零税率；四是实行凭增值税专用发票扣抵税款的计税办法；五是实行生产型增值税，外购资本性固定资产中所含税款不予抵扣；六是对小规模纳税人采用简化计征办法，征收率定为6%，以销售额乘征收率征税，不抵扣以前环节已纳增值税款。

消费税主要是选择原产品税中少数应税品目建立的。征税范围主要是烟、酒、贵重首饰、小汽车、汽油、鞭炮焰火等特殊消费品、奢侈品、高能耗消费品、不可再生的稀缺资源消费品，也有少数一般消费品，共11个品目，多个差别税率，实行价内税，主要从价征收。

营业税是就原营业税改征增值税以后的剩余项目征收，原则上可概括为劳务服务和销售动产及无形资产两个部分，共设置了九个征税项目和三档税率。

3. 关于所得税制改革。企业所得税制改革的核心是建立一个刚性的统一企业所得税制，来规范国家与企业的分配关系，促进企业在公平竞争环境下，转换机制，增强活力，真正走向市场。其内容是：(1) 统一税种。把原国营企业所得税、集体企业所得税、私营企业所得税三个税种，并为企业所得税一种，适用于各种经济成分的内资经营企业，同时取消国营企业调节税，并分步取消对税后利润征收的国家能源交通重点建设基金和国家预算调节基金。(2) 统一税率。把对各种经济成分适用的不同税率及减征税率，统一为适用33%的较低税率。对一些利润低的小规模企业，适用27%和18%的低税率。(3) 统一计税标准。改变过去计算应纳税所得额依附于各行业、各经济成分企业财务、会计制度的做法，明确统一按国家税法规定执行，使各种企业的计税口径一致，计算方法相同。取消原国有企业、城镇集体企业的税前还贷和税前提留各项基金办法，以及各类企业的不同税前列支标准，规定了统一适用的准予列支和不得列支的范围、项目和标准。(4) 统一征收方法和优惠减免。明确规定对国有企业不再实行承包上交所得税的办法，统一由税务机关计算征收；明确了企业所得税的优惠原则和项目，取消了原有过多、过滥的减免税优惠。

个人所得税的改革是把个人所得税、个人收入调节税和城乡个体工商业户所得税三个税种合并为个人所得税一个税种，重新立法。改革的主要内容是：(1) 增加应税项目。由于个体工商业户所得税并入个人所得税，新增“个体工商户的生产、经营所得”和“对企业事业单位的承包经营、承租经营所得”项目。适应各种动产、不动产交易日渐活跃和有奖活动日趋增多情况，新增了“财产转让所得”和“偶然所得”项目。(2) 调整费用扣除额。把中国籍公民的生活费用扣除标准，从原400—460元提高为800元，同时新增了附加扣除费用的规定，适用于外籍人员。(3) 调整税率。规定对不同的应税项目，分别适用不同的九级和五级超额累进税率及统一的20%比例税率。对劳务报酬所得一次所得畸高的，还有加成征税的规定。(4) 采用统一的计算征收办法。统一采用“分项扣除、分项定率、分项征收”的征税模式，以利于实现源泉扣除，堵塞税收征管漏洞。

4. 其他税制改革。一是改革资源税。主要体现以下原则：(1) 统一税政，简化税制，把属于资源税类，原按盐产区资源确定税率的盐税并作一个税目；(2) 实行普遍征税、级差调节的原则，把征税范围扩大到所有矿产资源，实行按产品类别从量设计定额税率的征收办法；(3) 统筹规划资源税负担与流转税负担结构，把部分原材料少征的增值税税款转移到资源税来征。

二是开征土地增值税。土地增值税以转让房地产的增值额为课税对象，以利于规范土地、房地产交易秩序，合理调节土地增值收益，维护国家权益。

三是改征农业特产税。把原征收产品税的十个农林水产品税目与原农林特产农业税合并，重新规定应征税收入的项目、税率、征收办法，改称农业特产农业税。

四是取消和简并一些税种。这就是取消调控作用已日益削弱，无存在必要的国营企业奖金税、集体企业奖金税、事业单位奖金税、国营企业工资调节税四种；把特别消费税、烧油特别税两种，并入具有特殊调节作用的消费税；把对宏观经济没有什么大影响的屠宰、筵席税的开停征及一定立法权，下放给地方。

5. 划分中央、地方税种，分级征管。从1994年起实施的《国务院关于实行分税制财政管理体制的决定》，根据事权与财权相结合的原则，统一划分中央、地方税种。原则是将维护国家权益、实施宏观调控所必需的税种，划为中央税；将同经济发展直接相关的主要税种，划为中央地方共享税；将适合地方征管的税种划为地方税。但在具体划分上，则是称为中央固定收入，包括关税、消费税全部收入以及企业所得税、营业税、城市维护建设税的部分收入；中央与地方共享收入，包括增值税、资源税、证券交易税（开征前为证券交易印花税）；地方固定收入，包括除划归以上两种收入以外的所有各税种收入。并确定中央税、共享税和地方税的立法权都集中在中央，但与分税制相适应，要建立中央税收、地方税收体系，分设中央与地方两套税务机构，实行分级征管。

（三）1994 年税制改革后的逐步完善

1994 年税制改革后的税制完善大致可分为前后两期，前期一般是 1994—1997 年。主要是为了保证新税制的顺利推行，采取了一些过渡性的税政措施，同时为适应市场化各项改革和经济、社会政策的需要，在税制、税政上采取了一些补充调整措施。后期一般是 1998 年以后，主要是在贯彻积极财政政策，反经济周期调节，启动内需，扩大出口，保持经济的发展速度方面，适时地采取了有增税减税结构性调整的多项宏观调控政策措施，以完善税制。主要内容如下：

1. 鼓励扩大出口和必要产品进口。例如，为应对国际经济停滞，支持外贸出口，1998—2000 年多次提高了出口产品的增值税退税率，综合平均退税率从 1995 年的 8.3%，提高到 1998 年的 10%，1999 年的 15%，2002 年又对粮棉等产品提高部分产品退税率。从而使主要产品（如机械、电子、纺织、粮棉等类产品）的退税率与征税率基本一致，有的产品实现了出口零税率。1999 年 8 月，并对高新技术产品出口实行零税率。此外，还采取多种退税形式（如对在国际招标中中标的国内产品视同出口予以退税）和全面实行“免、抵、退”税办法，以促进产品出口。为进一步扩大利用外资，引进先进技术设备，促进产业结构调整和技术进步，国务院发出《关于调整进口设备税收政策的通知》，决定从 1998 年 1 月 1 日起，对国家产业政策鼓励发展的内外资项目进口设备，免征关税和进口环节增值税。其后又有若干鼓励必要产品进口的新规定。

2. 鼓励投资和消费。例如为鼓励各方面投资，国务院决定，从 1999 年 7 月 1 日起，内外资各类企业用于符合国家产业政策和规定的技术改造项目的国产设备，可从新增利润中按 40% 的比例，抵免企业所得税。固定资产投资方向调节税从1999年7月1日起减半征收，2000年度起暂停征收。为促进股票交易市场发展，个人股票交易所得，暂免征个人所得税；证券交易印花税税率，从5‰降为1998年6月的4‰，再降为2001年11月的2‰。为鼓励个人消费、投资，调节个人收入、财产方面的差距，经全国人大常委会审议通过，从1999年11月1日起，对储蓄存款利息征收个人所得税。为鼓励住房方面的投资和消费，1999年7月规定了有关营业税、契税、土地增值税、个人所得税等方面的优惠措施。为减轻某些产品的税收负担，从2001年度起，停征香皂的消费税，把其他护肤护发品的消费税率，由17%降至8%。

3. 贯彻西部大开发战略决策。主要是2000年10月国务院发出的《关于实施西部大开发若干政策措施的通知》规定：对于设在西部地区国家鼓励类产业的内外资企业，在一定期限内减按15%税率征收企业所得税。西部地区内资鼓励类产业、外商投资鼓励类产业及优势产业项目，在投资总额以内进口自用先进技术设备，除国家规定不予免税的以外，进口时免征关税、增值税。对于西部地区新办的交通、电力、水利、邮政、广播电视等企业，实行两年免征、三年减半征收企业所得税。西部地区公路建设用地，给予减免耕地占用税优惠。

4. 贯彻国家产业政策。例如为保护环境和综合利用资源，从1999年起，提高含铅汽油的消费税定额标准；从2000年度起，对生产销售达到低污染排放值的小轿车、越野车和小客车减征30%的消费税；从2001年起，对废旧物资回收经营企业免征增值税，使用废旧物资的生产企业在购入废旧物资时，可按照购入金额和10%的扣除率计算进项税额；2001年8月规定，单位和个人投资进行防沙、治沙，在投资阶段免征各种税收，取得一定收益后，可免征或减征有关税收。为支持农业发展，2000年10月规定，农业产业化经营重点龙头企业，从事种植、养殖业和农林产品初加工业取得的所得，暂免征企业所得税，符合有关规定进口的农产品加工设备，进口时免征关税、增值税。

5. 配合企业改革和扩大就业。一是在1999年3月对下岗职工从事社区服务业给予税收优惠的基础上，2002年9月进一步规定，对下岗失业人员从事个体经济（限制性的行业除外）的，三年以内免征营业税、城市维护建设税、所得税和教育费附加。新办服务型企业（限制性的行业除外）当年新招下岗失业人员达职工总数30%以上，符合规定条件的，也同样免征以上三税一费。现有的服务型企业吸收下岗失业人员，符合规定条件的，也可减征一定比例的所得税。国有大中型企业分流企业富裕人员兴办的经济实体，符合规定条件的，可在三年内免征企业所得税，并适当提高营业税和增值税起征点。二是从2003年1月1日起施行的《中华人民共和国中小企业促进法》规定，在税收政策上支持、鼓励中小企业的创立与发展，对符合规定的中小企业，在一定期限内减征、免征所得税。为促进连锁经营发展，2003年2月规定，对跨区域经营的连锁企业，符合规定条件的，可由总机构统一缴纳增值税、所得税。三是从2002年度起，把原按企业隶属关系征收的企业所得税，以及区别对象划分中央、地方固定收入的个人所得税，改为中央、地方规范地对所得税实行“五五”分成的办法，2003年调整为“六四分成”，从而有利于政企真正分开，使企业所得税，不再成为企业跨隶属关系兼并重组的制度性障碍，避免地方政府对不同隶属关系企业采取不同待遇，有利于市场发育与企业公平竞争，也有利于壮大中央财政力量。

6. 促进技术进步和高新技术产业发展。在1999年、2000年对技术创新、发展高科技的税收优惠办法基础上，2002年10月进一步对软件产品和集成电路产业，扩大了税收优惠。主要是对销售自行开发生产的软件产品和自产的集成电路产品，在按17%税率征收增值税后，实际税负超过3%的部分，在2010年以前，可以即征即退，由企业用于开发研究和扩大再生产；经认定的新办软件企业和符合规定的集成电路产品生产企业，可自获利年度起，头两年免征所得税，后三年减半征税；软件企业进口所需的自用设备和按照合同进口的技术及配套件、配件、集成电路生产企业引进技术设备和进口自用生产性原材料消耗品，除规定不予免税的以外，免征关税和进口环节增值税。

7. 缩小内外资企业间的征税差别。例如，在 2000 年对设在西部地区的内外资企业可统一享受同等税收优惠的基础上又规定，从 2002 年度起，对经认定的苏州园区内资高新技术企业，也可同样减为适用 15% 的企业所得税率，特别是 2003 年 4 月规定，对新办外商投资企业，外商投资者实际出资比例低于 25% 的，除国务院另有特殊规定的以外，一律按照内资企业处理，不得享受外商投资企业税收待遇，为缩小内外资企业间的征税差别，前进了一大步。

8. 履行加入 WTO 承诺，遵循与运用 WTO 规则有关税收规定。我国通过“入关”、“入世”的谈判承诺，从 1992 年 12 月 31 日起，进行了多次自主大幅度降低关税税率。关税的算术平均税率，已从 1992 年的 43.2%，逐步降低为 1996 年的 23%，2000 年的 16.4%，“入世”后，又从 2001 年的 15.3%，降至 2002 年的 12%，2003 年的 11%。对违反 WTO 规则的税收规定，有的也已作了调整。例如，原对一些含有无形资产的产品，进口时即按总价征一道增值税，进入国内，对其中的无形资产，再征一道营业税，而同样的产品，在国内一般按混合销售，只征一道增值税或营业税，有违国民待遇原则，2000 年 11 月已明文规定，对进口含有无形资产的产品，只征收增值税，不再征收其内含无形资产的营业税。原税法规定，对以出口交付产品方式偿还购买技术所需本息和租赁费的，免征预提所得税，属禁止性出口补贴，已于 2001 年 9 月明文废止。现适用的是，2001 年 11 月 26 日发布，2002 年 1 月 1 日开始施行的《中华人民共和国反倾销条例》和《中华人民共和国反补贴条例》，分别对征收反倾销税、反补贴税作了原则规定，保护国内产业免受外国倾销、补贴的损害。为鼓励大型跨国公司来华投资，从 2002 年度起，对从事国家鼓励类产业的外商投资企业，其投资者在原合同以外追加投资，形成的新增注册资本额达到 6000 万美元以上，或达到 1500 万美元以上，且达到企业原注册资本50%以上的，该追加项目所取得的所得，可依法享受免征、减征企业所得税待遇。

9. 深化税收征管改革。1997年1月，国务院办公厅转发了国家税务总局《关于深化税收征管改革的方案》，确定进一步深化税收征管改革，建立“以申报纳税和优化服务为基础，以计算机网络为依托，集中征收，重点稽查”的税收征管新模式。主要内容：一是建立纳税人自行申报制度，二是建立以税务机关和社会中介组织结合的服务体系，三是建立以计算机网络为依托的管理监控体系，四是建立人工与计算机相结合的稽查体系，五是建立以征管功能为主的机构设置体系。近年为解决“疏于管理，淡化职责”的问题，按照“科技加管理”的原则，正大力推进税收信息化建设，建立和健全监督制约、协调配合、信息传导、竞争、考核等机制，2001年在原征管模式30字结尾增加“加强管理”四个字，逐步形成34个字的新的征管格局，促进税收征管规范化和现代化。

10. 保证财政收入，加强宏观调控。除1999年9月30日发布实施办法，从1999年11月1日起，对储蓄存款利息所得开征个人所得税①外，例如从1988年7月1日起，主要实行了以下三项保证财政收入措施。一是针对零售商业零申报、负申报的偷逃税情况，为确保税收收入、公平税负，规定凡年应税销售额在180万元以下的商业个体经营者，无论财务核算是否健全，都一律按小规模纳税人征税，征收率由6%降为4%，定期定额征收。二是把增值税运输费用扣除率从10%降为7%。三是从1998年7月起，重新划定卷烟分类标准，把甲级卷烟的消费税，从原减按40%税率征收，提高为50%税率；2001年度起，把卷烟、白酒从价定率的方法，改为从价定率与从量定额相结合的复合计税方法。白酒除按原规定从价定率征收外，每斤加征定额税，并取消以外购酒进行勾兑生产的税收政策，不再扣除其购酒时已纳的消费税。卷烟则是先按每标准箱的定额征税150元，再

① 经国务院批准，现已从2008年10月9日起暂停征收储蓄存款的个人所得税。

按销售额从价依率征税，部分啤酒的定额税也有提高。

三、完善社会主义市场经济体制阶段的税制改革

2002年11月党的十六大宣布，社会主义市场经济体制已初步建立。当前，全民奋战在全面建设小康社会的各条战线，改革开放和经济建设都进入了一个新阶段，党的十六大强调在21世纪头20年，要完善社会主义市场经济体制，全面提高对外开放水平；要推动经济结构战略性调整，走新型工业化道路，全面繁荣农村经济，积极推进西部大开发；要坚持和完善基本经济制度，深化国有企业改革；要健全统一、开放、竞争、有序的现代市场体系，加强和完善宏观调控；要深化分配制度改革，健全社会保障体系，千方百计扩大就业。其中还确定要深化税收体制度改革。

2003年10月中共中央十六届三中全会通过的《中共中央关于完善社会主义市场经济体制若干问题的决定》，进一步明确提出了完善社会主义市场经济体制的目标、任务、指导思想和原则，并对完善社会主义市场经济体制各个方面的工作进行了战略部署。税收作为国家宏观调控体系的重要一环，十六届三中全会把“分步实施税收制度改革”列为《决定》的第20大项，明确提出要“按照简税制、宽税基、低税率、严征管的原则，稳步推进税收改革”，并具体提出税制进行改革的主要方面和目标，凸显了税制改革在完善社会主义市场经济体制中的重要地位。同时，这实际上也标志着新一轮的、也就是第三次全面性的税制改革已经开始启动。我们必须适应经济体制转轨和与国际市场接轨的要求，认真贯彻党的十六大和十六届三中全会精神，逐步推进改革开放后新一轮税制改革。

几年来，我国已进行的税政调整、税制完善，许多都是与党的十六届三中全会决定精神吻合的，除第二节已列举的外，现就《决定》着重部署的税制改革事项中的两项作些说明。

（一）完善出口退税制

十六届三中全会提出要“改革出口退税制度”。2003年10月13

日国务院发布关于改革现行出口退税机制的决定，改革的基本原则是："新账不欠，老账要还，完善机制，共同负担，推动改革，促进发展。"有关改革的措施主要有三：一是对出口退税进行结构性调整，区别不同产品调整退税率，少数产品保持或提高退税率，多数产品降低退税率，平均下降三个百分点，其中着重确定对一些资源性产品和限制出口产品取消退税或多降退税率；二是建立中央财政和地方财政共同负担出口退税增量的新机制，以 2003 年出口退税实退指标为基数，对超基数部分的应退税额，由中央和地方按 75∶25 的比例共同负担；三是加大中央财政对出口退税的支持力度，对截至 2003 年底累计的应退税款，由中央财政负担，从 2004 年起采取全额贴息办法解决，同时确定新增加的进口环节增值税和消费税收入，首先用于出口退税。以上改革，有利于解决现在出口退税中央财政压力大的问题，消除财政和经济运行中的风险隐患，有利于调整产品出口结构，促进对外贸易经济发展和产业结构优化升级，在实践中取得了显著成效。特别是确定资源性产品不退税、少退税，有利于保护国内资源，走可持续发展道路；建立中央和地方共同负担退税新机制，有利于合理调整中央与地方、沿海与内地之间的收入分配关系，强化出口退税管理，防范和打击骗取出口退税，从长远为完善出口退税机制，在某些方面确定了正确方向。

（二）全面进行农村税费改革试点

中共十六届三中全会把"深化农村税费改革"专列为《决定》的第 12 大项，确定了改革的原则和方向。这是减轻农民负担，统筹城乡经济社会协调发展全局，调整农村生产关系和上层建筑，完善社会主义市场经济体制，加快农村全面小康社会建设的重大举措，是农村经济社会的一场深刻变革。此项改革，采取了"积极稳妥，分步实施"的方针。第一阶段是从点到面，规范税费，减轻负担。时间是 2000—2003 年，主要任务是正税清费，治理"三乱"，取消"三提五统"，把过重的农民负担减下来，同时进行农村上层建筑的配套改革。自 2000 年在安徽省全省和部分地区进行农村税费改革试点以来，到2002年已有20个省（自治区、直辖市）以省（区、市）为单位进行了试点，2003年则扩展到全国范围。其基本内容是，取消农村各种收费和提留，取消屠宰税，逐步取消农业特产税，合理确定农业税计税土地面积，常年产量和计税价格，把农业税税率的上限定为7%，连同地方20%的附加，最高不得超过8.4%。改革试点取得了明显效果：一是较大幅度地减轻了农民负担，有效地遏制了农村“三乱”；二是初步规范了农村分配关系，促进了乡镇财税征管制度改革；三是进一步完善了村民议事制度，促进了农村基层民主政治建设；四是推动了乡镇机构改革，农村教育布局调整等配套改革，促进了农村上层建筑的调整和完善；五是改善了党群关系，维护了农村社会稳定。

第二阶段是深化农村税费改革，逐步取消专门面向农民的各种税费。时间是从2004年开始，全面取消农业特产税（烟叶除外），逐年降低农业税率，五年内取消农业税，为统一全国城乡税制创造条件，并推进建立覆盖城乡的公共财政体制，建立精干高效的行政管理体制和运行机制。这是加大农村税费改革力度的一个新的发展阶段。2004年已有吉林、黑龙江、上海、北京、天津、浙江、福建、西藏（早在24年前已停征）等许多省、自治区、直辖市以及其他省、区中有些市、县先期免征、停征了农业税；辽宁、湖北、江西等11个粮食主产省、自治区降低农业税率三个百分点，其他地区总体降低农业税率一个百分点。另据新华社报导，截至2005年1月24日，全国已有25个省、自治区、直辖市宣布免征、停征农业税。牧业税则在2005年全部取消。2005年3月，温家宝总理在十届全国人大三次会议上所作的《政府工作报告》中庄严宣布，2006年将在全国全部免征农业税，原定五年内取消农业税的目标，提前在三年内就可实现。2004年全国农业税收负担减轻280亿元。五年的农村税费改革，再现了二十多年前农村联产承包责任制同样的巨大政策效应威力，大大地稳定和推进了农业生产，提高了农民收入，激活了农村经济。

另外，增值税由生产型改为消费型，把设备投资纳入增值税抵扣范围，已于2004年7月1日起，在东北一些行业开始试点，以支持振兴东北老工业基地。截至2004年10月底，4万家企业获扣抵退税2.84亿元。

刊列中国国际税收研究会课题组：《加入世贸组织后中国税制改革走向》（国家社会科学基金重点项目，批准号：02AJY010）第二章，人民出版社2006年8月版。初稿以《税制改革适应市场化发展三个阶段要求》为题，刊《中国财经信息资料》2003年10月20日第29期。

中国现行税制评价

一、现行税制发挥的重要历史作用

中国现行税制基本上是在1994年全面、结构性税制改革的基础上，经过十多年的不断完善逐步形成的，它基本适应了社会主义市场经济框架建设阶段的形势要求。在统一税法、公平税负、简化税制、合理分权、理顺分配关系和强化中央调控力量、体现产业政策及贯彻国家战略决策方面，取得了突破性进展。

税收机制转变，税收宏观调控作用进一步强化，有力地促进了整个经济体制的市场化改革，特别是促进了国有企业经营机制转换和统一、开放、竞争、有序的市场体系建立；推动了经济结构的调整、优化，全方位、多层次、宽领域对外开放新格局的形成，国民经济的持续、快速、健康发展；调节了社会成员收入分配，保持了税收政策的连续性和税收收入的连年大幅度增长，也改善了依法治税的环境。总之，较好地处理了改革、发展和稳定的关系，为社会主义市场经济体制的建立和国民经济的发展，起到了积极而又重要的推动作用，具体地说，主要表现在以下一些方面。

（一）促进经济体制改革，推动了社会主义市场经济体制的加速建立

1994年的税制改革及其后的税制完善，为在中国建立社会主义市场经济体制，创造了良好的税收环境，加速了社会主义市场经济体制建立的进程。其表现：一是实现了内外资经营企业流转税制的统一，实现了内资经营企业所得税制的统一，不同所有制企业和市场经济主体，税负趋于公平，为市场经济所基本要求的平等竞争创造了条件。二是在商品产销全过程，全面实行增值税，基本消除了重复征税

因素，初步平衡了不同产品的税收负担和盈利水平，有利于作为市场经济主体的企业根据市场情况，自主决策，选择生产经营的产品品种和组织形式，并进行改组、改革，为实现市场配置资源创造了条件。三是取消了长期采取的国有企业税利承包上缴办法，国有企业从行政控制下再次解脱出来，把国有企业的“税前还贷”改为“税后还贷”，强化了企业生产经营中的自我约束机制，规范了国家与国有企业的分配关系，从而促进国有企业真正成为自主经营、自负盈亏、自我发展、自我约束的法人实体和市场经济主体，便于转换经营机制，走向市场。四是全国税政统一，税收立法权集中，减免税由税法明确列举，严厉处理违法行为，对地区、部门的各自为政和封锁，起到遏制作用。加以实行分税制财政管理体制，打破原有的按行政隶属关系划分收入的格局，有利于政企分开，弱化地方保护主义，克服地方对企业的行政干预，把企业推向市场，这些都有力地促进和培育了全国统一、开放、有序、竞争的大市场的形成。

（二）贯彻国家战略决策，促进了经济结构调整和经济快速发展

税制的许多措施，诸如对技术创新和高新技术产业的税收优惠，对软件产品和集成电路产品的税收优惠，对使用国产设备进行技术改造的税收优惠，对环保产业的税收优惠，对下岗职工办服务型企业的税收优惠，以及配合企业改组、改革的一些税收办法，在经济结构的合理调整中，起到了积极作用。对贯彻西部大开发的战略决策，在投资办企业等方面，国家给予了类同经济特区和沿海开放区的税收优惠待遇，这些税收优惠政策，作为一个重要因素，促使2000年和2001年西部地区的固定资产投资平均增长速度达14.9%，国内生产总值平均增长8.6%，均高于全国平均水平，促进了东西部地区经济的协调发展。

近年来，税收调控作为积极财政政策的一个有机组成部分，对促进扩大出口，启动国内消费和投资，起到了明显作用。例如从1998年开始，分步大幅度提高出口退税率，兼以对出口产品“免、抵、退”税办法，从而极大地鼓励了企业对产品出口的积极性。1997年下半年爆发亚洲金融危机，世界经济出口形势严峻，1998年的出口

贸易额不但没有下降，而是略有上升，从 1997 年的 1827.92 亿美元，增至 1998 年的 1837.09 亿美元。其后各年更是逐年大幅度上升，2001 年达 2661.55 亿美元。[①] 1999 年和以后各年，多次调低证券交易印花税税率，减半征收和全部停征固定资产方向调节税；对涉及房地产的营业税、契税、土地增值税给予一定减免；对符合国家产业政策的技术改造项目的国产设备投资，准予抵免企业所得税；对从事能源、交通、港口建设项目的外商投资企业减征企业所得税等，都对投资起了促进作用。1999 年 11 月 1 日起，开征储蓄存款利息所得的个人所得税，也对分流居民储蓄存款，拉动消费、投资，起了一定作用。1998 年后的清理整顿收费，分批宣布取消较多收费项目，减轻了企业和社会负担，增加了投资消费的能量。特别是 2000 年开始的农村税费改革试点，使全国范围的试点地区，农民负担减轻了 30% 以上，也带动了基层各方面的改革，对于扩大农民消费、投资能量、繁荣农村经济，起了重大作用。

现行税制促进经济发展的集中表现是，1994 年税制改革当年的国内生产总值达 46759.4 亿元，比 1993 年增长 12.6%，相继的 1995 年和 1996 年又分别比上年增长 10.5%、9.6%，其后几年，虽因亚洲金融危机、世界经济低迷和经济周期波动的影响，增长率有所下降，但也仍有 7.3% 至 8.8% 的较高增长速度，其中 2002 年国内生产总值达 102398 亿元，比上年增长 8%，为 1993 年的 2.96 倍。[②]

（三）保证了税收收入的大幅度增长，强化了中央财政的宏观调控能力

1994 年税制改革后，税收收入是逐年上升的。在 1993 年，因将要实施分税制财政体制，税收收入猛增的高基础上，1994 年的税收收入仍比 1993 年上升 871.58 亿元，达 20.48% 的高增长率，1995、

① 《2002 年中国统计年鉴》，中国统计出版社 2002 年 9 月版，第 612 页。

② 《2002 年中国统计年鉴》，中国统计出版社 2002 年 9 月版，第 51、53 页；《中华人民共和国第十届全国人民代表大会第一次会议文件汇编》，人民出版社 2003 年 4 月版，第 46 页。

1996年又分别比上年增加近千亿元，1997—2000年更分别比上年增长一千多亿元，2001年税收收入达15301.38亿元，比上年猛增2719.87亿元，增长率为21.62%，实际收入数为1993年的四倍，正好是翻了两番，占同年度的国内生产总值比率，也由1993年的12.29%，上升为2001年的15.95%。2002年税收收入17636.45亿元，比上年增长2335.07亿元，增长率15.26%，占国内生产总值比率上升为17.03%。[①] 这种成果的取得，是由于我国经济的快速发展，也是由于1994年的税制改革及其后多年的完善税制，适应和促进了经济的发展；是由于这些年转换征管模式，加强征管，搞金税工程，打击偷税、骗税和走私逃税。各年税收收入增长情况见表1。

表1　　1994年税制改革前后税收收入增长情况表

年度	税收收入总额（亿元）	比上年增长额（亿元）	比上年增长%（以上年为100）	税收收入占国内生产总值%
1991	2990.17	168.31	5.96	13.83
1992	3296.91	306.74	10.26	12.38
1993	4255.30	958.39	29.07	12.29
1994	5126.88	871.58	20.48	10.96
1995	6038.04	911.16	17.77	10.33
1996	6909.82	871.78	14.44	10.18
1997	8234.04	1324.22	19.16	11.05
1998	9262.80	1028.76	12.49	11.82
1999	10682.58	1419.78	15.33	13.02
2000	12581.51	1898.93	11.78	14.07
2001	15301.38	2719.87	21.62	15.95
2002	17636.45	2335.07	15.26	17.03

资料来源：据《2002年中国统计年鉴》第15、26、51、266页及《2003年中国财政年鉴》第342、435页数字计算。

① 《2003年中国财政年鉴》第342、435页。

在税收收入增长的同时，由于1994年开始实施分税制财政体制，中央税收收入占整个税收收入的比重，更大幅度上升，2001年达54.5%。比1993年的20.8%，上升了33.7个百分点，从而也使中央财政收入占整个财政收入的比重大幅度上升。例如中央财政收入占整个财政收入的比重，体制改革前的1991年为29.8%，1992年为28.1%，1993年为22%，中央财政要向地方举债度日，而体制改革后的1994年，前项比例猛升为55.7%，就变举债为有一定财力对地方进行转移支付了。其后各年，前项比重虽略有下降，但均在50%左右，2001年为52.4%，2002年由于所得税分享收入的改革，中央财政增加收入124亿元，中央财政本级收入也达10390亿元，占整个财政收入的比重上升为57.68%。[①] 从而更强化了中央宏观调控能力。

（四）统一规范税制，推进和改善了依法治税的环境

我国的税收制度经过1994年的税制改革及其后的完善，使依法治税的环境，得到了很大改善。一是有统一规范的税制准则、征管准则，尤以全国人大常委会颁发的《关于外商投资企业和外国企业适用增值税、消费税、营业税暂行条例的决定》法律文件，提高了新税制准则的权威性，便利严格按照税收法律、法规、规章制度办事；二是减免税明确规定在法律、法规中，任何部门、地区均无权超越规定减免税；三是通过制定和修订公布《中华人民共和国税收征收管理法》和全国人大常委会颁发《关于惩治偷税、抗税犯罪的补充规定》及《中华人民共和国刑法》的修改，严格对增值税专用发票及各种偷、骗、抗税的处罚，给予税务部门在执法中的一定查封权、拍卖权、冻结权。这些都为有法可依、有法必依、执法必严和违法必究的依法治税环境，创造了一定条件。

特别是1994年税制改革，是适应社会主义市场经济体制要求的，税收调节比过去更为广泛、深入地涉及企业、个人和各地区、各部门

① 《2002年中国统计年鉴》，中国统计出版社2002年9月版，第271页；《中华人民共和国第十届全国人民代表大会文件汇编》，人民出版社2003年4月版，第71、75页。

的切身利益，为人们所密切关注，税收在人们心目中的地位提高。通过学习、宣传、贯彻，依法治税的观念也更深入人心，税收工作日益受到各级领导重视，得到各地区、各部门和广大群众的理解与支持，越权减免税、偷税、抗税、欠税和各种违法现象，也相应得到了一定遏制。

二、现行税制存在的矛盾问题

中国现行税制基本上是在1994年税制进行全面、结构性改革的基础上，经十多年不断完善，逐步形成的。在1993年底确定税制改革方案时，社会主义市场经济体制目标还是刚刚提出，市场经济体制框架尚未形成，而适应市场化要求的改革，要稳定地分步进行；并且我国当时正处在经济高速增长、高通货膨胀阶段，受到要限制社会投资、消费的影响；同时，这次税制改革，与过去多次税改一样，是在保持原税负的基础上进行的，不增减宏观税收负担，未能改变政府收入中税费比例不协调的关系；地方税制基本上也没有改革，仍是20世纪80年代，甚至是50年代的。这就不可避免地使税制本身存在固有的带有计划经济色彩的某些矛盾。随着社会主义市场经济体制的初步建立，多种所有制经济共同发展格局基本形成，市场化程度大大提高；随着经济发展，市场供求格局发生根本性转变，出现生产水平与需求结构不相适应所产生的结构性生产过剩；随着国有企业的深化改革和各方面体制改革的进一步深入，我国经济出现了许多亟待解决的深层次问题。特别是现在全面建设小康社会，党的十六大提出了本世纪头20年的经济建设和经济体制改革主要任务，进行了重大战略部署，十六届三中全会进一步明确了完善社会主义市场经济体制的目标、任务、指导思想和原则，要求税收在促进经济增长、优化结构、调节收入方面，发挥重要作用，完善税收政策的有效实施方式，现行税制不适应经济发展的矛盾，更越来越多地凸显出来。加入世界贸易组织，经济科技全球化蓬勃发展，世界范围内的新一轮税制改革正在进行，又给税收带来较多的新问题。现从以下八个方面进行探析。

（一）统一税制，公平税负，仍有较大差距，不适应完善社会主义市场经济体制的要求

1. 内外资企业税制仍不够统一，税负失平。1994年的税制改革，虽规定外商投资企业和外国企业与内资企业同样适用较多的税种法规，但仍保留了很多税收优惠。在税制上仍有许多差别，在较大范围内还不够统一，税负失平，影响公平竞争。这有三种情况：一是仍单独适用外商投资企业和外国企业所得税法，过去在所得税方面的多种优惠，仍完整地保留下来，既有范围很宽的生产性企业普遍优惠，又有多项特定优惠，企业所得税的实际负担，多年来只约为11%—15%，比内资企业的所得税实际负担低了一半。城市房地产税、车船使用税，内外资企业也适用不同的税种法规。二是不适用某些税种法规，即不征城市维护建设税、固定资产投资方向调节税（本税从2001年度起，内资企业也已停征），免征耕地占用税。三是仍享有较多的关税和进口环节增值税优惠。例如符合规定的外商投资项目，在投资总额内进口自用设备和随同进口的技术及配套件、配件免征关税和进口环节增值税；为生产出口产品而进口的零部件、原材料，符合规定条件的，也同样免税；出口自产品一般免征出口关税。这种内外资有别的较大税负差距，随着外商投资企业的发展和市场化程度加大，越来越多地影响了内资企业的生产经营，冲击了全国统一市场。

2. 城乡税制分立，农民负担较重。新中国成立以来的长时期内，我国在农村一直是单独实行自然经济下传统田赋式的农业税制，不同于在城市实行的工商各税。农业税占农业实产量的比重，多年来虽然下降，但由于农业生产成本大幅度上升，特别是加征的乡统筹、村提留、劳动积累工和义务工收费，以及各种集资、摊派和乱收费，更多达农业税的三四倍，在农民收入水平低，提高缓慢的情况下，税费负担十分沉重。现正推进的农村税费改革，在大幅度减低农民负担的前提下，把各种税费都归并到农业税征收，逐年降低农业税率，逐步取消农业税，并相应进行基层体制等配套改革，对推动解决“三农”问题，繁荣农村经济，作出了重大历史贡献。但在全部取消田赋式的

农业税制、统一城乡税制前，也还是存在重大的缺陷：（1）现代税收适应商品经济发展要求，主要是以代表其纳税能力的销售收入额、所得额及拥有的财产额为课税对象，并且是征收货币；而农业税以土地常年产量为计税依据，较大部分仍是征收实物，这种课征制度是自然经济下的产物，难以确切地代表纳税能力，不适应商品生产市场经济发展和全国统一大市场的要求。（2）当前农民收入水平远低于城镇居民（2001 年农村居民家庭人均收入 2366.4 元，城镇居民家庭人均可支配收入 6859.6 元，相差 2.9 倍），而农村税费改革试点后的农业税占农业常产量的负担，上限可达 8.4%（7% 的上限税率，外加 20% 的农业税附加），2004 年总体上降低一个百分点税率后，上限也可达 7.2%（6% 的上限税率，外加 20% 的农业税附加），且只要占有土地，就应计算常年产量征税，无起征点的照顾性免税；而在城镇，居民的个人所得税，有生计费用扣除的规定，小规模纳税人的增值税征收率，商业为 4%，工业为 6%，也有起征点的照顾免税，舆论还认为偏高。这种不依据纳税能力，而是以经营不同类产业形成的、税收负担差别悬殊的税收制度安排，在城乡一体化的市场经济新形势下，不利于繁荣农村经济。（3）进口农产品征 13% 的增值税，而农业生产者是征上限为 8.4% 的农业税，仅从税率上比较，而不从实际负担比较，会被认为违背国民待遇原则，不利于国际贸易发展。特别是国际上对农产品大都是征收一般的增值税、所得税，并给予多种特别税收优惠，还享受大量的财政补贴，实际税负轻于工商业经营，如仍长期实施古老的农业税制，不与世界税制衔接，显然对提高农业的国际竞争力不利。（4）农村税费改革试点后，由于过去各项税费负担，在减轻约 30% 总负担的基础上，归并到农田上征收，这就导致专门从事粮棉农田生产，拥有较多农田的农民负担难以减轻，或减负较少，而拥有农田少，主要从事第二、三产业相对富裕的农民户，则负担大为减轻，不够公平合理。

3. 内资企业间、地区间税负有些不平衡。内资企业间的税负失平，主要表现在以下几项：一是享受优惠的特定企业，税负低于多数其他类同企业。1994 年以来的许多税收优惠，是属于专向性、特定性税收减免，只限于税法列举名称或指定的企业适用，其他企业不能享受，这使享受税收优惠的企业税负低于其他企业，影响公平竞争。二是国有企业与非国有企业之间税负不够平衡。这是由于近年来非全民所有制企业的国内生产总值大幅度上升，国民收入分配由国有企业向非全民所有制企业倾斜，可是它们的财政贡献率却未能相适应地改变，国有企业仍负担财政收入的很大部分。三是煤炭等矿产资源开采企业因增值税进项税额抵扣很少等原因，税负重于其他工业企业。四是在改革开放后的长时期内，东部地区，主要是沿海地区享有较多的税收减免优惠，而最近几年虽开始实施对西部地区税收优惠，但有些却难以落实，东部地区税收负担明显低于中部地区，特别是低于西部地区。据统计，我国东部九个省（京、津、沪除外）的综合税负率为 10.79%，而西部十省区（西藏除外）的综合税负率为 13.8%。[①] 在当前东西部地区人均 GDP 差距仍在不断扩大（1998—2002 年，东部地区人均 GDP 增长 41%，西部地区只增 33%），而东部沿海地区已较富裕的新形势下，实不利于中西部地区企业在全国统一大市场中的平等竞争，影响地区经济的协调发展。

（二）调节经济的税收内在调控机制有欠缺，不适应经济结构战略性调整、快速和可持续发展经济的要求

现行税制自主形成的税收内在宏观调控功能尚不够完备，针对性也不够强，不够适应党的十六大确定的要进行经济结构战略性调整、保护环境和资源、快速和可持续发展经济的要求。列举以下几项。

1. 关于促进高新技术进步。税收必须积极促进发展对经济增长有突破性重大作用的高新技术产业，推进产业结构优化升级。而现行税制的调节机制仍有欠缺：一是调节目标不够明确，针对性不是很强。税收优惠多以地域为主，以设在高新技术区内的企业为主，并多是限于经国家批准认定的高新技术产业企业。各税种政策规定也较零

① 《西部大开发税收优惠收效几何》，《中国税务报》2003 年 5 月 27 日。

散，对全国范围内各行业自主开发高新技术和应用，尚缺全面系统、有重点、有区别的税收优惠制度。二是生产型增值税，不准抵扣固定资产进项税额，不利于鼓励高新技术产业的投入和产品的推广使用。三是优惠方式多是直接的减免税，未同缓税式的间接优惠较好地结合。四是对税收优惠是否落实到位及其取得多少效益，缺乏必要的管理监督和考察制度。

2. 关于扶植中小企业。中小企业在国民经济中处于十分重要地位。但它们与大企业相比，仍是一个弱势群体。各国多针对其融资困难、管理成本高、技术创新能力相对较低、竞争力相对较弱的特点，给予必要的税收扶植，优惠的内容系统、全面地贯穿到创办、发展、转让等各环节，并涉及所得税、流转税、财产税各税种，体系完整，优惠的方式也多种多样。而我国过去有关这方面的税收优惠政策规定，只是着重于解决残疾和就业等问题，较少考虑中小企业本身的特殊性；税收优惠政策措施也嫌零散，不够规范，优惠方式单一，力度较小。2003 年度开始实施的《中华人民共和国中小企业促进法》只原则规定要对中小企业给以一定税收优惠，尚缺系统的税收政策措施内容。特别是在某些方面，还有不适当的限制，如增值税，小规模纳税人的征收率偏高，一般纳税人的认定标准偏严，影响中小企业在同等税收环节下开展生产经营和平等竞争。

3. 关于保护环境和资源。20 世纪 90 年代以来，可持续发展成为世界各国普遍采用的发展模式，同时也成为许多国家制定税收政策原则的一个重要指针，把环境和资源保护税收引入到本国的税收体系内。它不但体现在许多税种的法律规范中，而且还专门开征了一些环境和生态保护特别税种，如资源税、汽油税、垃圾税、水污染税、二氧化碳税、生态税、饮料容器税等，课税范围遍及直接污染环境的行为，遍及耗能、耗料泛滥和在消费过程中造成环境污染的产品。俄罗斯是居于世界第三位的水资源丰富大国，也专门开征了水资源税，对开采水、使用水、污染水都要征税，用重税保护水资源，有效地提高了水资源利用效率和防治污染。

党的十六大强调“必须把可持续发展放在十分突出的地位”，坚持“保护环境和保护资源的基本国策”，要“合理开发和节约使用各种自然资源”，要“资源消耗低，环境污染少”。[①] 我国现行税制，尚未能有针对性地体现以上要求，涉及这方面的税种少，覆盖面小，调控机制弱，有些是临时性、阶段性措施，税收优惠缺乏科学性、系统性和针对性。大部分税种的税目、税基、税率的选择，没有从可持续发展的角度考虑问题，更没有防治污染的特别税种，难以形成专门用于环保的税收收入来源。这与国际上已逐渐形成的环境和生态保护税体系相比，我国仍存在很大差距的。例如：（1）资源税立法，没有把促进国家资源的合理开发与有效利用，作为调节的重要目标，从而有效地遏制当前对国有资源的某种掠夺性开发、使用的浪费和自然环境的破坏；征税范围也窄，水资源、森林、草原及某些海洋资源，均未研究列入征税，影响税收对自然资源应有的保护作用。（2）城镇土地使用税和耕地占用税的税额很低，长期未作调整，而土地增值税的税率却很高，这三种税配合运用，其结果是抬高了二手土地市场交换的价格，促使一些人尽可能去争取占用耕地和购买政府第一手出让的土地，这不利于保护耕地和土地资源合理利用，也影响土地正常交易，造成一些土地闲置。（3）消费税除对小汽车稍有按排气量的差别征税的规定外，对一般产品未能体现环境和资源保护的宗旨，对多耗用宝贵自然资源制成的消费品，使用无法回收利用的原材料制成的消费品和在消费过程中会造成环境污染的产品，如一次性电池、塑料袋、某些包装容器等一类环境污染物，均未列入征税。（4）关税和进口环节增值税，未能体现把环境污染因素，挡在国门之外的宗旨。对占进口总值约40%的加工贸易来料进口，不征关税和进口环节增值税，这为外国转移污染严重产品进行简单加工，提供了一条获取高利的畅通途径，加重了国内环境污染。（5）对排污行为是收排污费，而不是征税，征收

① 《中国共产党第十六次全国代表大会文件汇编》，人民出版社 2002 年 11 月版，第 21、22 页。

面窄，也不规范，收费成本高，而收费金额却低，企业宁愿缴纳少量排污费，也不愿主动治理环境污染，加以地方保护主义干扰，缺乏税收的权威性和统一性，不足以遏制超标排污行为。

(三) 个人收入分配的税收内在调控机制有欠缺，不适应完善分配制度、健全社会保障体系的要求

深化分配制度改革，健全社会保障体系，是党的十六大的一项重大战略部署，现行税制在这方面的内在调控机制有欠缺，不能适应上述要求。

就个人取得收入进行再分配调节的个人所得税来说，问题主要是现行的分类税制模式，分别不同征税项目，确定税率、扣除标准和减免优惠，无法考察纳税人的整体负担能力，也容易造成纳税人分解收入，多项扣除，逃避纳税，难以真正贯彻公平税负原则，区别个人总收入不同情况，调节差距过大的收入。现行的超额累进税率，级次多，级距小，最高边际税率高，同各国正在进行的个人所得税制改革趋势不够适应，也未凸显当前要“扩大中等收入者的比重，提高低收入者收入水平”和“调节差距过大的收入”的政策要求。

就个人消费进行收入再分配调节的消费税来说，主要是着重调节富裕者收入不够。如对属于富裕者才有条件享受的高价贵重首饰及珠宝玉石，税率只为10%，金银首饰为5%，而普通百姓使用的低价润面油、花露水等护肤、护发品税率为8%，基本上是等同税率。进口的一些奢侈品、高档消费品还未列入征税。多项高级消费行为，如高尔夫球、保龄球、桑拿按摩、高级美容、高级夜总会、高级会员俱乐部等的消费行为，在营业税调节不足的情况下，也未区别情况，单独征收消费税。

就个人收入转化为财产后的收入调节来说，现只有房产税一种，覆盖面不全，并且房产税是单一比例税率，未区别房产价值大小，分别制定税率。特别是现行法规规定个人所有非营业用的房产，不论数量多少，质量好坏，都一律免征房产税；个人所有的居住房屋及院落用地，也可由省级税务局确定免征城镇土地使用税。这也就是说，富

裕者占有高级别墅乃至多处豪华住宅，也同普通住宅一样，免征房产税，乃至免征城镇土地使用税，这会导致高收入阶层把现金转化为房地产，进行保值增值，既不能公平调节收入分配，且难以有效和合理利用房产和土地。我国没有国际上普遍采用的遗产税与赠与税，尽管现时开征条件不太成熟，但从较长时期来看，也缺乏公平收入分配的示范效应和心理平衡效应。

特别是我国对社会养老、失业、医疗等保险基金的征集，现在是采取收取社会保险费的形式，而没有开征国际上普遍采用的社会保障税。其征集机构，或是由地区劳动社保部门设立社会保险经办机构直接征收，或是由地方税务局代为征收。虽然到 2002 年已有 19 个省、自治区、直辖市和计划单列市已由地税机关代征，在保险费的征收（地税机构办理）和管理（社保机构办理）上各负其责，收支两条线，消除了“坐收坐支”、“差额拨款”等带来的挤占、挪用社会保险费的弊端，也在一定程度上加强了征集方式的法制化、规范化，提高了征收工作效率，降低征收成本，使这些地区的代征收入额大幅度上升。但这毕竟是一种代征性质，是“以费代税”，社保经办机构仍负责征集基金的登记、申报、稽核，地税机关在征收工作中，无税收法律依据，只能依据社保机构提供的数据来征收，对漏报、漏征户无法管理，更难以发挥该种税收应有的一定个人收入分配调节作用。在经济全球化，跨国从业人员剧增的新形势下，也不利于这方面的国际交流与合作。总之，现行社会保险基金的征集方式，难以保证集中更多的社保基金，并有效管理使用，这是不适应健全社会保障体系要求的。

（四）税费错位，比例失调，不适应建立强大国家财政和构建公共财政体制的要求

改革开放后，由于放宽政策，放松管理，属于政府收入的税外收费逐年大幅度上升，在过去一个时期的较多年度，其增长速度大大超过了税收收入的增长。

依据有关数据估算，20 世纪 80 年代以后至 1996 年，税外收入

规模略高于或等于税收收入，而1997年后，经过整顿则是略低于税收收入，情况虽有变化，但税费比例不协调的关系，尚未有根本性的改变，这同当前世界各国税外收入一般只约为税收收入20%～50%以下的情况是截然不同的。现在的税外收费，很大部分都属于不对缴费人进行对等服务的无偿税收性质。以费代税挤占了税收应有的份额和发展空间，税收收入占国内生产总值的比重必然较低。这一方面影响税制的合理布局和税收应有作用的充分发挥，削弱国家财政对经济社会的宏观调控力度；另一方面是强化部门、地区利益，影响资金合理配置和滋长不正之风；特别是收费膨胀，税收负担虽然不重可是税费总的社会负担加重，其占国内生产总值比重甚至可达30%以上，超过了中等收入国家的平均水平。

总之，税费错位，比例失调，不适应市场经济下构建公共财政体制应以“税收收入为主，收费为辅”的收入分配合理格局的要求，不适应集中财力，振兴国家财政，建立稳固、平衡、强大的国家财政的国策要求，也不适应加速提高生产力，快速、持续、健康发展国民经济的根本要求。

（五）现行税制不适应遵循与运用WTO规则的要求

在遵循WTO规则方面，现行税制还存在一些与WTO规则明显抵触，属于禁止性项目，例如对“外商投资出口企业，减半征收企业所得税”，以及全部退还其再投资部分已缴纳的企业所得税的规定；对特定企业销售“以产顶进”国产钢材、成品油免征增值税；购进“以出顶进”视同出口的国产棉，实行出口退税；技改项目投资抵免所得税，限于使用国产设备；有的进口产品税负高于同类国产品；对某些国产品（如国产软件、集成电路产品）的增值税，实行“即征即退”办法，以及列举企业名称或指定企业给以减免税或“先征后返”、“即征即退”等等，都属于违背或涉嫌违背WTO规则，需要依据整个形势和完善税制的要求，进行全盘规划，区别不同情况，择机主动调整或被动调整。

在掌握运用WTO规划方面，也存在较大差距。突出地表现在现行进出口产品税收政策方面，是“外优于内”，例如：

1. 对加工贸易的来料进口，不论是否进入保税区或指定的加工区，都给保税，不征进口增值税、消费税、关税，有近万亿元的货物，以海关监管名义，无税进入关境，游移于全国市场，它减少了大量财政收入，也带来了征管的巨大漏洞。这种情况为不法分子假借加工贸易之名走私进口货物、通过虚开增值税专用发票把无税产品转为可扣税产品来偷逃国家税收的行为敞开大门。

2. 国家鼓励发展的外商投资项目和国内重点项目，在投资总额内进口的自用设备及配套件、备件和技术，免征进口增值税、关税，此项免税设备占进口设备总额的很大部分，既使进口税收受损，又搅乱了增值税征扣税机制，更对国内同类产业造成重大冲击。

3. 关税减让后，进口环节的国内流转税，对保护国内产业，将起更大作用。消费税是一个有重大宏观调控作用的税种，现所列征税产品范围较窄，对国内供应能力不足且不具国际竞争力的某些非必需品及国内有开发潜力但没有形成生产能力的某些产品，或是未列入消费税征税品目，或是税率偏低，不利于保护国内产业。

（六）现行税制不适应经济科技全球化和世界税制改革趋势的要求

经济科技全球化和科技进步加快的国际环境，给税收带来诸多要解决的问题，其主要表现：一是国家间的经济依赖程度加深，税制的相互影响加剧，跨国公司的大规模飞跃发展，及其经济活动和资本、人才、科技等生产要素流动日益频繁，有关国际税收分配及其关系处理的复杂性日益凸显；税收优惠与不良税收竞争问题颇有争议；国际避税与反避税工作繁重复杂。二是知识经济和由此产生的电子商务的发展，严重地冲击了传统的国际税收原则和各国的税收制度、征管制度。例如：就征管来说，由于电子商务活动虚拟化、无纸化，在税务登记、账簿凭证管理、税务稽查方面，都带来一定困难，在目前还存在较多的地域税收优惠情况下，电子商务活动，可以选择纳税较低地点，也会造成税源的不正常流动和税收流失。同时，电子商务也对原有“居民”、“收入来源地”、“常设机构”等概念提出挑战，经济发达国家和发展中国家从不同的利益出发，侧重坚持不同原则，尚难协调统一界定，税收管辖权划分困难。三是加入世贸组织后，一批外国会计公司和律师事务所来我国境内经营业务，有高级税务专家帮助纳税人，特别是帮助日益增多的跨国纳税人进行税收筹划和逃避税收，更增加税收工作难度。我国现行税制和征管制度已难以适应发展中的新情况，需要深入研究，采取适当对策，并把它落到实处。

特别是，当前许多国家为了应对激烈的国际竞争和世界经济停滞、滑坡，都正在研究实施税制改革，世界范围内的新一轮税制改革，正在开始进行。OECD 国家涌现出税制改革的诸多趋势，如降低税率、简化税制、拓宽税基、提高效率；实行标准化的增值税制度，完善所得制度，研究建立适应知识经济的新型税制；扩大“绿色税收”的征收范围。我国税制必须与发展中的世界税制相衔接，以利于在激烈的国际竞争中，保护国家的经济安全和权益，促进国际经济合作。

（七）税收管理仍欠健全，不适应合理分权、提高效率的要求

1. 税收管理权限的合理划分有欠缺。当前存在的问题主要是：

税收立法权过于集中在中央。1993 年 12 月 15 日发布的《国务院关于实行分税制财政管理体制的决定》和 1998 年 3 月 12 日发布的《国务院关于加强依法治税，严格税收管理权限的通知》等文件都明确规定：“中央税、共享税以及地方税的立法权都集中在中央。”除屠宰税、筵席税、牧业税的某些管理权限下放到地方外，其他税种包括地方税在内的管理权（如税收的一定调整权、减免优惠权等），全部集中在中央。这种税权的高度集中，比过去计划经济体制时期还更严格。这与宪法规定的省级人民代表大会及其常务委员会“在不同宪法、法律、行政法规相抵触的前提下，可以制定地方性法规”的精神，不甚符合。国际上通行的分税制财政体制，不但是通过分税种来划分收入，更要划分税权，特别是划分处于关键地位的税收立法权。不允许地方享有地方税的一定立法权，也与分税制财政体制的宗

旨不符，不利于充分调动地方积极性，在不影响全国税收统一和中央收入以及周边地区经济利益的前提下，因地制宜适时地处理地方有关事宜。地方由于缺少一定的税收立法权，但是又要履行其管理职责，在收支矛盾突出的情况下，就难免滥用其享有的收费权，导致收费膨胀，甚或有些地方领导以权代法、以言代法，导致地方非法使用或滥用税收立法权的严重现象。

其次是税收征管权限交叉，不够清晰。现行征管体制，按照收入归属，虽对国家税务局与地方税务局的职权范围进行了划分，但仍存在一些问题，部分属于地方立法的收入，如个体税收、集体税收及涉外税收中的地方税收等，仍由国税局征收，使地方政府无法对属于本级的收入，充分行使管辖权，难以对个体户定额征收其中的地方税部分，实施有效管理，也难以同其他执法权（如管理权、检查权、复议权）的归属协调一致。地方税机关只对单纯缴纳地方税的纳税人有税务登记权，而对兼缴国税、地税的纳税人无此种权限，以及普通发票的管理，按流转税的归属划分，地税部门对所管的多数纳税人，没有发票管理权，也使地税机构难以有效控制地方税源。

再次是税收的司法保障没有达到相应水平。法律未赋予税务机关对偷逃税者的搜查权，也未明确税务机关取得证据的手段与途径。由于税务专业性和技术性强，在办理税务刑事案件中经常出现公安司法机关有权无力，税务机关有力无权的局面。

2. 税收征管的严密性、全面性有欠缺。我国现行税收征管模式和征管制度在向现代化管理迈进过程中，尽管取得很大突破和重大成绩，但仍存在若干问题，主要是：

（1）“淡化职责，疏于管理”的弊端未能较好解决。

（2）计算机网络的依托作用未充分发挥。

（3）税源监控管理尚未到位。

（4）为纳税人服务的水平尚不够高。

（5）征纳税手续较复杂，税收成本较高。

（八）税收法制化、税制透明度有欠缺，不够适应公开透明、规

范稳定的要求

税收法定主义是国际公认的一个原则，它要求依据法律征税，税收法制健全、公开、透明，我国在这方面取得重大成绩的同时，也存在一些问题：

1. 缺少税收基本法。税收直接关系到各方面的切身利益，世界各国多在宪法中有较多的条文规定，从根本上明确国家与个人、法人的收入分配问题，国家机关之间的税权分配问题。许多国家还单独制定税收基本法，从原则上明确税法的宗旨、调整对象、税收立法原则、税制基本结构和税种设置；税收立法、执法、司法权的行使，中央、地方税权的划分；纳税人的权利与义务，税务机关的职权与责任等一类重要问题。而我国宪法只简略地规定了一条："中华人民共和国公民有依照法律纳税的义务"。税收基本法则迄今未制定（1950 年 1 月 31 日公布的《全国税政实施要则》类似，但早已失效），而是把有些内容零散地规定在法规和规章中，影响了税收基本法则的权威性和整个税法的规范化、系统化，影响各单行税法的配套设置和综合法律效力，以及同其他法律体系的协调执行。

2. 税收立法层次低。我国全国人大及其常委会通过的税收法律，现在只有四部，即外商投资企业和外国企业所得税法，个人所得税法、税收征收管理法以及农业税条例，其余绝大多数的基本法，都是由国务院或由全国人大常委会授权国务院制定的暂行条例，条例一般比较简单，许多重要内容都规定在条例的实施细则内，而细则是由财政部和国家税务总局制定。前述暂行条例属于行政法规，实施细则属于部门规章，立法层次低，不符合国际上的税收法定主义原则和宪法规定"依照法律"纳税的原则要求，影响税法的权威性、严肃性，特别是影响涉外税收和国际税收工作的便利执行，也在一定程度上导致税收法规、规章之间，税收法规、规章与其他法律、法规、规章之间的某种相互抵触，影响工作的顺利进行。

3. 税收条例及其实施细则，现在一般是长期不变，而许多补充修改的重要政策措施，却是以国务院通知（法规性文件），或财政部、国家税务总局通知的形式出现，有些还是内部文件，频繁补充修改，涉及范围广、内容变动大，一个补丁接一个补丁，不够规范稳定，往往难以让纳税人对税法透彻了解。有的税种基本法，如农业税条例，是1958年6月3日由全国人大常委会通过的税收法律，可是多年来以法规性文件和规章制度形式，频繁修改补充，以致纳税人与税率等税法基本要素和课征制度，都已改变得面目全非，农业税的税种基本法与实际执行的政策措施，内容大不相同，也不符合法制化对税法修改程序要求。

刊列中国国际税收研究会课题组：《加入世贸组织后中国税制改革走向》（国家社会科学基金重点项目，批准号：02AJY010）第四章，人民出版社2006年8月版。本文第二部分与《中国现行税制存在问题探析》一文重复内容，有删节。

加强税收管理 搞好治理整顿

江泽民同志在建国40周年庆祝大会上的讲话中说："在治理整顿期间，更要强调适当集中，逐步提高国家财政收入在国民收入中的比重，提高中央财政收入在国家财政收入中的比重。中央不掌握必要的财力，就不可能保证重点建设和治理整顿任务的实现。"要做到这一点，当前必须加强国家税收的征收和管理。从目前情况看，我认为有两个问题要研究解决。

1. 国家按不同的产品或行业，为流转税类的各税种制订了高低不同的税率，其中产品税税率，高的达60%，低的只为3%。不同产品按同等计税收入计算交纳的税款差距很大。有些企业，特别是税率高、交税多的企业，往往认为这就是自身创造的价值多，经济效益高，对国家贡献大，而留归本单位的利润却并不多。由此，有人提出企业单位应参与国家税收分配，要在纳税上享受一些特殊优惠，把一部分税款留归企业。对这个问题要进行分析。诚然，就总的方面说，国家税收如同企业利润一样，是以社会纯收入形式体现的那部分价值，是生产单位创造的，能代表企业的经济效益，是表明了企业对社会所作的贡献的。问题在于，每个企业实现的税收、利润，并不恰好与本企业的上述创造、效益、贡献相等，其间往往存在较大差距。有些行业、企业交税多、利润大，很可能是其他行业、企业劳动者创造的价值转移到本行业、企业实现的结果。这是因为一个行业、企业实现多少税收利润，除了自身的主观努力外，还有多种客观条件的影响。其中突出的一项，就是基于国家政策和供需关系等多种因素形成的每种具体商品的价格与其实际价值往往都有差距，有些甚至差距很大。价格高于价值的，实现的纯收入（税利）一般就多，否则就少。例如我国交税最多的烟草加工行业，按销售收入、产值计算的税利率约为整个国营工业平均数的三四倍，按资金计算的税利率更高达10倍多。所以出现这种情况，其基本原因，就在于烟草加工产品历来都是价高、税大，两者相互影响。高税形成高价，远远超出本身价值，该超出部分的纯收入（税），实际是其他某些工农业产品劳动者创造出来的价值转移到烟草加工产品上实现的，不能算作烟草加工业的劳动创造，无特殊权利参与其中的分配。当然，这部分价值得以最终实现，并用税收形式交给国家，烟草加工企业也是有它的一定贡献的。在建立新的经济运行机制中，我国税收作为由国家直接掌握进行宏观调控的重要经济杠杆，就是要通过税种选择、税率高低和计算征收等多方面的差别办法，来把企业由于价格价值背离以及资源、设备条件、土地、财产占有、地理交通差异等客观因素所形成的各种差别收入收归国家，促进条件不同的各类企业，在大体同等的起跑线上开展竞争，发挥各自优势，提高经济效益。如果让某些企业参与税收分配，把应交的一部分税款，转为这些企业所有，不适当地扩大这些企业的利益，必然造成税收流失，导致国家财政收入的分散，这对于搞好治理整顿是不利的。

2. 税收作为国家高度集中的一种计划分配，要能充分发挥它应有的职能作用，必须严格堵塞和改变任何单位和个人以任何非法和合法形式的侵蚀，这就要整顿税收秩序，加强税收管理，坚持以法治税；要改变若干不合理的制度和办法，认真划清税利两种不同分配界限，切实保障税收的集中计划分配。在当前治理经济环境、整顿经济秩序和全面深化改革中着重要做的是：第一，坚决制裁偷漏抗欠税。偷漏税是隐蔽的，不交或少交税款、抗欠税是公开的，抗拒不交或挪用拖欠税款，都属于纳税人对国家税收的侵蚀。现在许多企业单位和个体工商业户就是依靠非法的偷漏税来发财致富的，“官倒”、“私倒”更是严重的偷漏税者，给国家财政和社会经济秩序造成严重损害。为此，必须严肃税收法纪，严密税收征管；必须加强税收宣传，提高纳税观念；必须赋予税务机关必要的检查权，强化强制执行的权力；必须搞好部门配合，建立社会监督。要在这许多方面，采取一切有力措施来堵塞偷漏抗欠税。有些地区、部门截留、挪用、挤占国家税款，同样要采取制裁的有效措施。第二，认真清理整顿和严格控制减免税。减免税是依法对纳税人应交税款部分减征或全部免征。它只是国家针对某些特殊情况所运用的特殊调节手段。必须适应全局实际需要，依法运用得当，才能有利于促进发展生产，搞活经济。近年来减税免税过多过滥。不少地区部门从本位利益出发，往往超越税法规定和管理权限，乱开减免税口子，把部分应由国家集中的税款留给企业，这不但影响了国家财政收入，妨碍了税收杠杆作用的发挥，而且导致了税收的反向性调节。一些限制生产的高税率产品和长线产品，由于在某些地区享受减免税优待，造成在这些地区的该项生产盲目发展，严重危害了国家和社会的整体利益，最终甚至也要损害本地区和减免税单位的利益。当前对减免税进行全面彻底的认真清理整顿，是完全必要的。不但要从严处置那些超越税法和管理权限的减免税事件，就是税收法令中规定的那些减免税，有不适当或不必要的，也要通过法定程序加以废止。必须严格把减免税控制在一个完全必要和合理的较小范围以内，以适应减免税只作为特殊调节手段的性能，保证各类企业都平等纳税，合理负担，在大体同等条件下开展竞争。第三，改变“税前还贷”、“以税还贷”的做法。现行的准许公有制企业用征收所得税前利润，归还银行技术措施性贷款和基本建设性贷款的“税前还贷”办法，以及对某些特殊情况还准许企业用部分产品税、增值税归还基建性贷款的“以税还贷”办法，实际是让企业用应归属国家税款来代替自身偿还银行债务。在这种体制下，企业贷款多少，基本上就要用税款代为还贷多少。企业掌握了对申请和取得贷款的自主权，同样也就取得了对国家税收的很大支配和决策的权限，实际是企业合法参与国家税收分配的一种特殊形式，是变相地允许企业放开肚皮吃国家税收这口大锅里的饭。企业有国家税收代还贷款，还可从税前利润照提职工福利、奖金基金，企业贷款越多交税越少，税负越轻受益越大，而不必顾虑贷款投资效益；银行也是有国家税收作还贷担保，可稳得利息收益，不必顾虑呆账损失，借贷双方都无风险和责任制约，形成企业留利主要用于集体消费，而生产则靠多贷款，其数额逐年成倍增长，远远超过利润的增长，企业投资、消费的自我约束机制难以建立，加剧了近年来社会投资、消费的双膨胀。现行企业承包责任制中包干上交所得税的办法，也有许多问题。对此，我们必须积极试行“税利分流分管”的企业收入分配体制，划清税利两种不同分配界限，既不使税收挤占税后利润应有份额，也不让企业以各种变相形式参与税收分配，维护税收由国家集中计划分配的原则。

原载《人民日报》1989 年 10 月 30 日理论版。

为什么合理设置税种、调整税率能够引导企业的发展，符合扬长避短的原则和社会需要

税收作为国家对国民收入直接进行的一种有计划分配，既是国家组织财政收入的基本手段，又是调节、指导和促进发展有计划商品经济的重要经济杠杆，在社会经济活动的各个方面，有着广泛的积极作用。合理地设置税种和调整税率，有计划地组织税收能够通过调整各类纳税人的经济利益，引导各类产业、事业的发展符合扬长避短的原则和适应社会需要。

一、合理的设置税种，是引导、促进企业的发展符合扬长避短原则的关键

各个税种有各自的课税对象和作用范围，必须合理设置，配套运用，才能完善税制，控制和调节经济运行。在各个税种之间，它们的特定调节作用，往往是难于或不能相互替代的，而是必须相互补充，充分配合。建立一个税种，不仅要考虑它自身如何活动及其特定的作用范围，而且必须考虑它与其他税种的分工配合及其发挥作用的相互联系和影响。

我国近几年的税制改革，较为合理地设置了 20 多个税种，初步形成了一个多税种、多层次、多环节调节的中国式社会主义税制新体系，改变了过去长时期内税种单一化的不合理状况，使税收渗入到生产、交换、分配、消费各个领域，同生产经营、资源利用、成本管理、利润分配、留利使用等各个方面直接关联，有力地从各个方面调

节和稳定企业的经济利益。企业作为商品生产者和经营者，自主经营，自负盈亏，有其自身的经济利益，这就有利于通过税收对经济利益的调节，加强国家的宏观管理，引导、促进、监督各类产业、事业，认真按照国家政策和计划管理的要求，积极开展活动，使其发展符合扬长避短的原则和适应社会需求。当然，我国的税制改革，还只是初步进入了新轨道，还需要在现有的基础上，进一步合理化，使税制新体系更趋完善。这主要有两项内容，一是要对现行某些税种进行若干调整。例如扩大资源税、营业税的征税范围；调整产品税与增值税之间的征税范围；统一几种企业所得税，改进个人所得税；逐步缩小以至最后取消国营企业调节税。二是增设一些新税种。例如开征土地使用税、资金税、某些财产税，以及超限额在建工程税、拖期工程税等等某些有利于宏观控制的调节特别税和调节税。

二、税率是税制的中心环节，必须适应客观需要，适当制定和不断调整，才能发挥其应有的调节作用

税率是计算应纳税额的尺度，体现征税的深度。税率的高低，决定征税数额的多少，直接关系到国家财政收入和纳税人的负担，具体地、集中地体现国家的税收政策。适应经济发展，适当制定和不断进行有高有低的税率调整，才能正确贯彻国家的方针政策，有力地、恰当地从各个方面调节纳税人的收入，通过对物质利益的调节和诱导，分别进行鼓励和限制，这就可以使企业在生产经营上有所选择，根据自身条件，生产经营什么，不生产经营什么，如何生产经营，才能发挥优势，扬长避短。从而使企业的微观经济活动符合国家宏观决策和计划管理的要求，促使生产结构、产品结构和企业组织结构合理化，大力发展社会需要的生产和事业。例如 1984 年的第二步利改税改革，调整了 130 种产品的产品税率和增值税率。对价高利大产品、某些长线产品、进口的一些耐用高级消费品等调高税率；对价低利微产品、某些短线产品和一些生活必需品调低税率，从而较为均衡了这些产品的利润水平。缓解了价格不合理的矛盾，限制了长线产品的生产，扶助了短线产品的生产。1985年的关税制度改革，对占总数一半以上的税目调整了税率。对国内必需的先进技术设备和原材料调低税率，鼓励进口；对国内市场基本饱和的产品调高税率，限制进口，这正是采用多征税、少征税的办法，通过调节有关方面的物质利益，来引导国内各类产业、事业的发展。当然，各个税种已经进行的税率调整，只是基本适应当前情况。今后无论是产品税、增值税、关税、进口调节税以及其他一些税种，也都要在整个价格体系改革的进程中，根据宏观控制的要求，适应产品比价、盈利分配关系和整个经济的发展变化，适时地、不断地对税率进行有升有降的调整，以利于贯彻国家在各方面的鼓励限制政策，引导各类产业、事业的发展，符合扬长避短的原则和社会需要，提高经济效益。

三、公平税负才能使企业在大体同等的条件下开展竞争，增强活力

在不同历史时期，公平税负有不尽相同的内容。在现阶段，它既包含对在同等条件下的纳税人按同等办法征税，也包含对在不同等条件下的纳税人区别对待征税。这是紧密联系、相互渗透和配合运用的两个方面。目的都是为了使企业税收负担公平合理，贯彻国家的方针政策。就前一个方面说，是对纳税人的生产经营，只要是所处条件同等，就不分经济形式和经营方式，也不分所在地区和规模大小，都实行统一的税收政策，按同等的税率、同样的办法，征收同样数额的税，不使纳税人因得到税收优惠而多得利润，处于特殊有利地位；也不对某些纳税人从高征税而加重税收负担，处于不利地位。这就为各类企业在同等条件下展开竞争提供了一个良好的经济环境。从而达到鼓励先进、鞭策落后，提高效益，繁荣经济的目的。

公平税负的另一个方面是，对在不同等条件下的生产经营，区别不同情况，采取适当的差别征税办法，平衡税收负担。比如采取各种差别征税办法，把企业由于客观因素（如价格与价值背离、资源、设备、土地占有、财产占有、地理交通设施等的差别）所形成的各种级差收入和其他差别收入收归国家，使企业在同等努力的情况下，有大致相同的利润，由此鼓励生产经营条件不同的各类企业，处在同一起跑线上积极挖掘潜力，改善经营，开展竞争，提高效益。

刊红旗杂志社理论教育编辑室编《学习“七五”计划文件问题解答》，红旗出版社1986年8月出版。

借鉴税式支出国际经验，完善我国税收减免政策的监控及管理

税式支出是为了实现国家特定的社会经济目标，在基准税制规定的法定纳税义务基础上的税收优惠，是政府对纳税人的一种利益让渡，通过法律、法规明确规定，实行预算管理。

税式支出主要表现为各种税收优惠，表现为政府放弃的税收收入,但只有把税收支出的运用，纳入政府预算管理，进行“投入——产出”的效益比较，成本与效益密切联系，具有明确的政策性、预算性、定量性，综合体现为税式支出的计划性，税收优惠的运用，才具有税式支出的真正意义。税式支出是一种特殊的间接性财政支出，与一般预算支出密切相关，要结合运用，而不能相互代替。其优势表现，一是具有确定性，以法律形式公布，一定时期内不变，符合公平、法制的要求；二是具有时效性，省去了纳税与拨款两个环节，纳税人往往可以“自动”受益，有利于降低行政成本；三是具有诱导性，能否获得税收优惠，与纳税人的行为密切关联，符合提高经济效率的要求。把预算支出与税式支出结合起来，考虑财政支出的方向、规模和效益，扩大了财政收支管理的视野和思路，有利于增强财政收入管理的科学性，提高财政收支的效率，并增加财政收支管理的透明度，这是国家宏观调控的需要，是经济、财政、税收制度发展到一定阶段的必然产物，有其重大意义。

税式支出这个概念，是20世纪80年代开始从国外引进的。从税式支出的角度看，不仅税式支出的内容，即使在税收优惠政策制度的设计方面也存在较大欠缺，而且在税收优惠的管理方面，同国外规范

化的税式支出管理比较，更存在很大差距，其主要表现是：

1. 对税收优惠的认识有偏差，过高地估计了它的作用，实践中许多经济改革措施出台，都伴随着新的税收优惠措施，似乎一谈到改革开放，就必须“减免税”，导致税收优惠既多又乱，额度过大，有失总量控制和明确的优惠重点政策目标。

2. 税收优惠政策，未充分体现产业政策要求，对生产性外商投资企业的普遍税收优惠政策，对东部地区过多的税收优惠政策，未适应新的形势发展，及时调整过来。

3. 税收优惠重减免审批，轻管理监督，究竟全国实际减免税的数字是多少，分地区、分税种、分产业和分项目的减免税数字是多少，未能确切掌握，更很少对其取得的经济效益和社会效益，进行具体分析和考核。

4. 一方面是税收优惠减免税权限过于集中在中央，不利于地方政府根据本地区实际情况合理运用税收优惠政策，促进当地经济发展；另一方面在税权过于集中的情况下，地方政府越权减免税现象相当普遍，形成新的地区间不公平竞争。

5. 税收优惠未纳入预算管理，缺乏有效的监督和评价机制。

我们认为，必须借鉴税式支出的国际经验，调整和优化我国税收优惠政策，并逐步建立税式支出管理制度。主要是：

1. 大力清理整顿税收优惠政策规定。要按照世贸组织规则和市场经济公平税负原则，对现行税收政策制度规定，全面进行排比、清理。对不符合通行原则和现实要求的，应区别不同情况，分期逐步废除或修订、改变，尽可能压缩税收优惠的规模和范围。

2. 调整税收优惠（税式支出）的政策方向和重点。要严格按照不同发展阶段产业政策的要求，适时调整税收优惠（税式支出）政策，重点是推动科技进步，促进经济增长方式转变；也要贯彻区域经济协调发展政策，努力缩小地区发展差距。

3. 完善税收优惠（税式支出）的立法工作。要制定和公布全面性的单独税收优惠（税式支出）管理法规。明确税收优惠的重点和办法，改变税收优惠政策和规定分散在多种法规和规章制度的紊乱现状，增强税收优惠（税式支出）的透明度和规范性。

4. 强化税务机关对纳税人使用减免税款的监督责任。要明确税务机关不仅应依法对纳税人的减免税申请进行认真调查审核，还应督促纳税人建立减免税款专户存储制度，并对其使用进行必要的监督。

5. 合理划分税收优惠（税式支出）管理权限。主要是把地方税的部分税收优惠减免权，下放给省级政府和税务机关管理。也有的代表提出，为调动中央和地方两个积极性，可以设想把扶助性减免、税率性减免、税基性减免以及中央税、共享税的减免，划为中央统一管理，把恢复性简单再生产减免，人力不可抗的灾难性减免，以及地方税种的减免，下放给省级政府和税务机关管理。

6. 逐步建立我国税式支出预算管理制度。重要的是应在借鉴国际经验的基础上，逐步建立适合我国国情的税式支出预算制度，并将其纳入财政预算体系，形成正规和系统的税式支出预算管理体制。这种管理制度的建设，是从无到有，较为复杂，我国现行税制的完善和管理水平的提高，也有许多工作要做，因而要分步实施：

（1）研究论证。首先应借鉴国外税式支出的理论与实践经验，并结合中国国情，对有关问题开展广泛深入的研究，得出科学的认识和正确的判断。

（2）制定方案。可考虑分三步走。第一步是根据主要税种涉及的重点行业、项目、产品的税收优惠，进行税式支出的统计、测算、分析和评估，编制较为简单的税式支出报表。第二步是在前项基础上，把范围扩大到主要税种的各方面，编制比较系统、规范的税式支出报告。第三步是再把范围扩大，根据所有税种的税收优惠进行税式支出的统计、测算、分析和评估，编制比较全面和规范的税式支出预算。

对于税式支出的成本和效益分析，也应当从简到繁，从易到难，循序渐进，从税式支出的统计和估算等基础工作做起。

最为重要的是，应当根据贯彻国家政策的需要，确定财政、税收支持的方向和重点项目，并选择适当的支持方式，统筹考虑组织税收收入和安排财政支出（包括预算支出和税式支出）。所有确定的政策制度和办法，都应当以法律和行政法规的形式确定并公布。

（3）先行试点，逐步推进。可先选择部分有条件的地区进行试点，在试点的基础上总结经验，完善有关制度和办法，再逐步推广。在实践中要对税式支出的实际效果加以量化考核，以便检验有关税收政策、制度的科学性、合理性和可行性，并适时地加以必要调整。

王诚尧执笔，载中国国际税收研究会编：《2003 年国际税收理论研讨会论文集》，中国税务出版社 2004 年 12 月版。

税收中性原则不同观点探析

一、三大不同观点

近年来学术界和业务部门对西方的税收中性原则在我国的运用，有多种不同看法，这是涉及到一个如何认识税收调节与中性的关系和应当采用什么样的原则，来指导建立符合社会主义市场经济的税制体系的重大理论和实践问题。概括说来，当前有三大不同观点：

（一）绝对中性论

认为社会主义市场经济仍是市场经济，市场对资源配置最有效率，是起基础作用。在市场经济条件下，税收要保持中性，不应对市场机制和纳税人有效率的经济选择加以干预，以避免税收对市场机制的扭曲和增加纳税人的额外负担。税收中性原则要求的效率与公平，符合社会主义市场经济对税制的要求，因而如同在西方国家那样，税收中性原则也应成为我国税制改革和建设的一项基本原则。

（二）相对中性论

认为对税收中性应作广义的理解，税收中性与税收调节体现了一定时期经济政策导向，是一种对立统一关系，两者目标一致，要融为一体，配合运用，税收中性应成为我国税制改革和建设的一项基本原则。当市场经济运行状况符合完全竞争的条件时，税收应保持中性，即让市场机制调节市场的运行，不要用税收手段去扭曲和干预市场机制的正常运转；当市场运行不具备完全竞争的条件或市场机制失效时，则应运用税收调节加以“矫正”，克服市场机制的消极面。主张此种观点的同志，有多种不尽相同的理由：

1. 要从广义的角度来理解税收中性的内容，广义税收中性原则，包括税收效率与公平相统一的内容，除税制不要或尽可能减少对市场经济机制的扭曲外，公平税负、平等纳税、为纳税人提供平等的竞争的税收环境，以及国际税收中的“国民待遇”无差别原则，也反映了税收中性的内在要求。此外，税收征管制度的简明、高效、低成本，堵塞偷逃税，也有助于税收中性目标的实现。

2. 对税收中性从狭义理解，中性强调的是不干预，而税收调节则强调税收导向，这是矛盾。但从广义理解，税收中性与税收调节则具有统一性。这可从微观与宏观统一角度来理解。税收中性强调的是从微观经济入手，通过设置能使额外负担与效率损失较小的税制结构来促进效率的提高；通过对那些不可避免的税负进行公平分配来减少对市场经济的扭曲程度。而税收调节强调的是从宏观角度来协调经济发展，促进经济增长，提高宏观经济效率，两者目标是一致的。

3. 税收中性是相对的，而不是绝对的。一方面，倡导税收中性只是尽可能减少税收对经济干扰作用的“度”，尽量压低因征税而使纳税人或社会承受额外负担的“量”，并不排斥一定的税收调节；另一方面，税收调节通过干预经济，实现特定的经济和社会目标，虽是对税收中性有意识的偏离，但这并不是对税收中性原则的否定，也并不意味着税收中性作为一项基本原则，在税制改革、建设中不处于重要地位。税收中性与税收调节在税制改革建设中的地位高低，作用领域的大小，是可以经常变动，此消彼长的。在“效率优先，兼顾公平”的战略思想下，税制的设计，必须着重强调以税收中性为主，促进经济效率提高，而在“公平优先，兼顾效率”的战略思想下，就必须通过非中性的税收，来对个人和法人的所得进行强有力的调节，以实现社会财富分配趋于公平。

4. 税收中性和税收调节，均属于税收调控的范畴，税收中性是讲税收的调控要尊重市场机制对市场运行的自身调节作用，减少调控中对市场不必要干预的一面，弱化税收调控对市场经济所发生的负面效应；税收调节是讲运用税收调节来调控和干预，借以实施政府的特定经济和社会政策，目的是弥补市场经济的不足，促进市场机制更好运行。不是讲中性就否定调节，讲调节就否定中性。

5. 20世纪80年代以来，出现了世界性的税制改革，其主要措施，一是经济发达国家大都采取了大幅度降低所得税税率，减少优惠，实现税收中性化的目标措施；二是出现了广泛推行体现税收中性的增值税的热潮。这意味着国际上是提倡税收尽量减少对经济的不必要干预，通过税收中性化来提高效率，促进经济增长。我国1994年的税制改革，全面推行体现税收中性的增值税，以及大力整顿、减少税收优惠措施，也体现了以税收中性原则来进行税制改革的特点。这说明税收中性原则是适应市场经济机制要求的，它的运用对于优化税制结构，促进市场经济健康发展是大有好处的。

（三）非中性论

认为税收作为国家宏观调控的一个手段，国家必须运用它来调控经济运行，影响各类经济主体的活动，税收中性是一种不切实际的空想，是与税收调节对立的，不应成为我国税制改革、建设的指导原则。

二、我们的看法

我们倾向于“非中性论”的观点，认为税收调节是税收职能的固有属性，税收中性论的观点，即使在西方国家也不断受到挑战。在我国社会主义市场经济条件下，税收作为国家整个宏观调控体系的重要一环，更必须重视调节手段的运用。同时也认为，税收中性论在某些方面，在某些情况下，对我国税制改革和建设带有某种启示意义，应当重视。但这主要是说明，税收的调节，要适应现实经济情况，依循客观经济规律；要讲效率，有利于促进市场机制的正常运行，而不是妨碍；要注意税收作用的限度，调节适度，而不是滥施调节。并且中性要求所谓的可产生某种积极作用，别的税收原则能更确切地表述出来，而不必采用“税收中性原则”这样易引起误解的模糊概念。现把理由分述如下：

（一）调节是税收职能的固有属性，中性税收在实际生活中从未存在税收是组织财政收入的，但在征税中必然会产生一定的调节作用，对社会经济活动产生影响。组织收入与调节经济是密不可分、同时存在的税收的两个基本职能，调节应是税收职能固有的本质属性，不可能有不偏不倚、对社会经济活动不产生影响的中性税收。这是因为：（1）征税必然产生收入效应和替代效应。由于征税，减少纳税人可支配的收入，改变纳税人的相对收入状况，会产生收入效应，减少个人支出和储蓄；由于征税的商品价格提高，会产生替代效应，导致转向其他低税或无税商品的消费，这些都会影响生产经营、投资决策、储蓄倾向和消费选择。（2）税收要体现统治阶级的利益，为实现国家职能和一定政策目标服务。在阶级社会，税收的阶级性是鲜明的，在有阶级的社会，税收也是有阶级性的，必然要为统治阶级的利益服务，为实现国家的政治经济任务服务。这就必然要适应不同社会制度以及同一社会制度各历史时期的不同情况，在税收上采取某些区别对待的征税措施，以维护统治阶级的利益，保护和巩固社会的经济基础，以及从一定的政策目标出发，鼓励某些生产经营的发展，限制某些生产经营的发展。调节应是实现国家职能和政策目标的必然要求，不可能不偏不倚。（3）从古到今，任何社会都不存在完全的中性税收。从奴隶社会、封建社会到资本主义社会，税收为不同社会统治阶级利益服务所体现的阶级性，以及为实现国家职能和政策目标服务所采取的区别对待征税措施，都是鲜明的、具体的。即使在自由资本主义时期，开始倡导税收中性，不干扰市场经济机制，但税收基于调节所采取的区别征税措施，也仍是较为鲜明、具体的。现代的西方市场经济国家，虽然由于市场经济模式不同，税收调节作用有范围大小、程度强弱之别，但却都不能说是税收中性化。在西方国家，税收中性化只是作为一种学术观点，从未付诸实现，即使最早倡导税收中性的古典学派，在他们提出的税收政策措施中，很大部分也仍然是差别征税，而不是中性化。例如在美国个体（人）市场经济模式下，经济上较多的是自由放任，几乎没有产业政策。20 世纪 80 年代里根政府执政时期，税收的经济调节很小，而到 90 年代克林顿政府却又增加了税收调节的措施。在德国社会市场经济模式下，重视国家的一定干预和协调，从而税收的经济调节作用，也比美国稍多一些，在经济快速发展的不同时期，曾采用特别加速折旧的税收优惠办法，以及对企业留存利润用于再投资豁免所得税的办法，来刺激私人企业从内部积累资金，扩大生产规模。在日本政府主导型市场经济模式下，有较强的产业政策，政府作用较为有力，税收的经济调节作用也较多一些，曾在经济发展的不同时期，广泛采用内容不尽相同的增、减、免、退税的“租税特别措施”，来实现政府的特定政策目标。再就当前所谓中性税收的增值税这个税种来说，世界各国多是采用几个差别税率，连最早实行增值税的法国，40 年来也是区别一般产品、高档消费品、奢侈品、生活必需品，分订几个税率。即使是实行单一比例税率的国家，也由于有些商品的生产经营和服务性业务不征税，以及商品供求的弹性和生产经营者所处竞争地位的优劣，影响税负转嫁的程度，进而也要影响生产经营者的决策和消费者对消费的选择，因而增值税并不是完全的中性税收。就国家的整个税制来说，各个税种都有其一定调节作用，只是调节作用的范围和程度有大小、强弱之别，这是相互配合运用，更不存在税收中性化的问题。

（二）改变某些差别征税和优惠办法，属于税收调节的正常调整，不能说是趋向税收中性化

我国 1994 年的工商税制全面性改革，推行增值税和大力整顿、减少税收优惠，主要是基于：（1）税负失平，不利于平等竞争。企业所得税分设税种，税率不一，优惠各异，企业税负失平；在计划价格为主条件下，设计的流转税税率档次过多，税负差距大，不适应产品价格已大部分放开的新情况。（2）国家和企业的分配关系犬牙交错，很不规范。一些过高的税率，使企业难以承受，名目繁多的优惠政策，又导致财政难以承受，特别是影响正确处理国家与企业间、部门间、地区间、企业间的分配关系。总之，这是建立符合社会主义市场经济要求的税制调节体系，对税收的某些调节目标、范围和内容的正常调整。因为税收调节，本来就是要适应经济情况的发展变化而不

断调整，并不是什么固定不变的，是要依循客观经济规律办事，促进社会主义市场经济机制的建立和正常运行，而并不是凭主观意志随便调节，滥施优惠减免。这也是在强化税收的整个宏观调控力度的前提下进行的，通过这次改革，在整个税制的各税种间，调节的目标、范围、方向、内容是发生了若干变化，尽管增值税在改革初体现了较多的所谓中性，但其后因不适应实际情况，又作了改变，扩大了区别对待的调节内容，并且就整个税制来说，税制的调控力度是加强了，而不是削弱了，这决不是什么体现税收中性原则进行的改革。1993 年 11 月中共十四届三中全会提出“按照统一税法、公平税负、简化税制和合理分权的原则，改革和完善税收制度”。[①] 1993 年 12 月国务院明确宣布这次税利改革的五个基本原则，强调的是如何进行调控，也都未把中性原则包括在内，这就是明证。

（三）西方的税收中性原则，有其特定含义，不能扩大解释

关于税收中性原则的含义，本章第二节已介绍了西方学者原界定的含义。这就是包含两项内容，一是保持税收中立性，避免影响或干扰生产经营和投资决策、储蓄倾向以及消费选择；二是除税款负担以外，不导致纳税人的其他经济损失或额外负担。而我国有些学者却对此作广义的扩大解释，把公平税负、国际税收中的“国民待遇”以及其他一些方面，也纳入税收中性，从而论证税收中性与税收调节的统一性，甚至把税收中性也纳入税收调控范围。在本章第三节，我们对公平税负、国民待遇的含义已作解释，公平税负的一个重要方面是要对不同条件下生产经营和纳税能力不同的纳税人，通过差别征税进行调节，使之处于同一起跑线上进行平等竞争，这怎能混同于不进行差别调节的中性税收呢？国际税收中的国民待遇是指的外国产品、企业进入本国市场，国内税费的征收，不给予低于本国产品、企业的待遇，而不是指同本国产品、企业要完全同等征税，因而允许主权国家

---

① 《中共中央关于建立社会主义市场经济体制的决定》，人民出版社 1993 年 11 月版，第 15 页。

采取适当的涉外税收优惠政策，实行一定的差别征税，这同中性税收并无共同之处。税制的简化、高效等等，也并不是中性的问题。这种建立在这种广义解释基础上的税收中性与税收调节统一论的诸多观点，也是缺乏根据的。何况相对中性论中的有些同志，也承认税收调节是前提，是一般现象，绝大多数税收本身就是一种市场变形，必然带来一定的扭曲，那么，又为什么不从税收调节的适当运用方面提出主张，却偏要坚持以税收中性为基本原则的观点呢？建立和完善我国社会主义市场经济体制，包括建立和完善社会主义市场体系和国家宏观调控体系两个密切结合、不可分割的内容，市场自始至终都有其本身固有的缺陷，“存在着自发性、盲目性和滞后性的一面，国家必须对市场活动加以正确指导和调控。我国是发展中的大国，又处在经济体制转轨、产业结构升级和经济快速发展的时期，加强和改善宏观调控尤为重要。”① 税收作为国家宏观调控的重要一环，从建立到完善市场经济体系都必须不间断地对市场进行调控，脱离包括税收调节在内的国家整个宏观调控，就很难谈到市场机制的积极作用。当然，这也要依循经济规律，促进市场机制正常运行，这是税收调控如何运用的问题，而决不是这个时候、这种情况下需要税收调控，那个时候、那种情况下就不需要税收调控，去搞什么中性税收。所谓在“效率优先，兼顾公平”的战略思想下，就要着重强调以税收中性为主的说法，是缺乏根据的。

（四）我国社会主义市场经济条件下税收调控作用强大，倡导税收中性原则，会导致削弱以至否定这种应有作用

市场经济虽然以市场为导向，是通过作为市场讯号的价格竞争，来优化资源配置的。但是，由于市场经济的不同类型和模式，以及在不同时期，宏观调控的情况不同，也决定了税收的经济调节作用，有大小强弱的很大差别，特别是我国社会主义市场经济，是在社会基本制度根本不同的国家所出现的一种市场经济类型。在这种市场经济

① 《中国共产党第十四届中央委员会第五次全体会议文件》，人民出版社 1995 年 10 月版，第 18 页。

下，税收的经济调节作用，广泛而又强大，远非各种模式市场经济下的税收调节作用所可比拟。其根本原因，就在于我国的社会主义市场经济是要使市场在国家宏观调控下对资源配置起基础性作用，在这里，发挥市场的作用同加强国家的宏观调控，两者是紧密结合不可分割的，而我国社会的经济基础是社会主义公有制，强大的社会主义公有制为国家进行宏观调控提供了确切而又有力的保证，便于自觉地运用税收等经济杠杆，充分发挥“全国一盘棋”的优势；就在于国家既是社会管理者，又是国有经济的所有者，这种双重身份，赋与了国家繁重的组织经济发展的任务，必须综合运用各种经济手段和法律手段以及行政手段，来强化宏观调控体系，而税收则既是强有力的经济手段，又是重要的法律手段，规范了市场经济的运行，是整个间接宏观调控体系的主要环节之一；就在于各经济实体和社会成员既有自身的利益，又有共同的利益，而其根本利益则是一致的，我国税收代表了国家和人民的整体利益、根本利益，同西方国家阶级利益矛盾的对立性、对抗性情况不同，运用税收进行宏观调控，能得到广大人民支持和拥护，推行顺利；就在于我国现在的社会生产力发展水平不高，而且很不平衡，经济结构也不合理，需要制订国家的中长期规划和年度计划，制订国家产业政策，来对经济发展进行组织和引导，而税收杠杆同价格、信贷等其他经济杠杆还不一样，它是由国家直接掌握运用的，强大而又有力，并能具体体现国家产业政策要求，贯彻国家的各项方针政策。税收的一项基本原则，也是要体现国家产业政策，要随着经济情况的发展变化和要求，在征收中，实行某些必要的倾斜政策和区别对待办法，以利于运用经济杠杆，优化经济结构和资源配置，而就我国税收发挥功能作用的整体来说，正是与税收中性原则对立的。以税收中性原则来指导我国税制改革和建设，必然导致削弱以至否定税收调节经济、调节收入分配的应有作用。

（五）税收中性原则某些有启示作用的积极因素，可用别的税收原则明确表述，不必要采用中性这种模糊概念

税收中性原则的提出，作为一种学术观点，给我们的一个重要启

示，就是应当通过市场竞争机制形成价格，引导资源配置，税收不应进行不必要的干预。这个方面，国家现在提出的公平税负、鼓励竞争原则，是能更完善和更明确地表述这种要求的。因为公平税负两个方面的内容，都有利于鼓励开展平等竞争，这是对市场机制的一种保护、促进和完善；而中性则是不进行税收调节，放任生产经营条件和纳税能力不同的纳税人进行不平等竞争，这会导致市场机制不能正常发挥作用。再是配合体现产业政策，促进优化经济结构的原则，则更能弥补、纠正市场机制固有的缺陷。税收中性原则给我们的另一个启示是，要使纳税人在交纳税款以外，尽量减少其他损失或负担。这涉及到税收征管制度的完善问题，我们现在提出的税制规范、效率和简化、便利原则，是更能明确和完善地体现这种要求的。“中性”一词，按中国词义解释，含义不过是不偏不倚，用在表述这种要求方面，是含糊其词的。

原载王诚尧主编《国家税收》（财政部审定全国高等财经院校统编教材）第三章第五节，中国财政经济出版社1997年7月版。

改革开放初期税收理论的发展和突破

适应建设有中国特色社会主义的需要，改革开放的十多年来，我国财经理论有了重大发展和突破，作为财经学科分支的税收理论，也有重大发展和突破，其主要表现是：

一、关于税收产生和存在的客观基础

20世纪70年代广泛流行的是“国家存在和资金需要决定论”。把税收的产生和存在说成是基于国家的产生和存在，基于国家行使职能对资金的需要，只要国家存在，就不能没有税收，而废除税收就意味着废除国家。从1979年起对这个问题开展的热烈讨论，基本上否定了以上看法，形成了经济条件决定税收产生和存在的理论。认为税收的产生和存在，是在国家存在的前提下，决定于社会的一定生产关系、交换关系，必须从社会的生产资料所有制及其与此相关联的一些经济因素，来找税收产生和存在的客观基础。社会经济条件，是内在的、根本的决定依据，国家产生、存在和对资金的需要，则是一个必要的前提条件。我国社会主义初级阶段税收存在的经济条件主要是：在有计划商品经济条件下，多种经济成分并存；存在商品生产、交换，必须掌握运用价值规律；国营企业具有相对独立的经济实体地位；以及日益发展的对外经济交往。以上这样一些经济条件，在我国整个社会主义初级阶段都是存在的，因而税收的存在，包括国营企业税收的存在在内，也是必然的，具有它坚实的客观基础，不以人们的意志为转移。

在社会较为广泛地倾向于经济条件决定的观点中，对于经济条件是根本决定的依据，还是主要的决定依据，抑或只是决定依据之一，尚有分歧看法。例如有的主张“国家与经济条件不可偏废论”，认为国家与经济条件两者共同决定税收存在。要不要税由国家决定，要什么税，由经济条件决定。有的主张“多条件决定论”，认为广泛的剩余产品生产是税收产生和存在的物质前提；经常化的社会公共需要是税收产生和存在的社会前提；经济组织和社会成员的经济利益独立化是税收产生和存在的经济条件；强制性的公共权力是税收产生和存在的上层条件。

二、关于税收的职能作用

1978 年前的长时期内，我国普遍强调税收是重要的阶级斗争工具，较为重视税收在组织财政收入中的作用，而对税收与经济的关系，一般只说有利生产发展和便利企业经济核算。随着经济体制和经济结构各方面的重大变化，国家重视价值规律的作用，强调要用经济手段管理经济，对税收职能作用的认识，也有了重大发展。普遍认为，税收是一个主要经济杠杆，即能由国家掌握运用，从而影响、调节社会生产、交换、分配和消费，引起社会经济向预定方向运转的主要经济手段。这也就是在社会主义现代化建设新时期，税收既是国家组织财政收入的基本工具，又是国家用来贯彻方针政策，干预经济活动，加强宏观调控，促进经济结构和资源配置合理化，持续稳定协调发展经济的主要经济杠杆和重要的监督手段。一般认为，税收作为基本财政收入工具，既能在促进经济发展，提高经济效益的基础上，更多更好地为社会主义现代化建设集中必要的资金；税收作为主要的经济杠杆和重要的监督手段，又能通过有计划地调节收入，兼顾国家、集体、个人三者利益，正确处理积累消费间，国民经济各部门、各行业、各单位间，各种经济成分和经济组织形式以及地区间，在收入分配中的关系，加强宏观调控，以指导生产，便利流通，合理分配，调节消费。对于贯彻国家的产业政策，促进实现产业结构、产品结构、企业组织结构合理化，发展有计划的商品经济；对于鼓励先进，督促落后，促进建立和加强责、权、利相结合的企业经营管理体制，提高经济效益；对于调节企业留利的使用，引导、控制企业自有资金的合理安排；对于调节公民个人收入状况，实现公民收入合理化，遏制贫富悬殊；对于维护国家主权和经济利益，在平等互利的基础上，吸收外资，引进先进技术设备和扩大国际间的经济交往；对于监督各项经济活动，同经济领域里的不正之风进行斗争，保护社会主义经济基础，都有它不可忽视的重要作用。同时也认为，税收在一定经济条件下的作用是有其限度的，既不可忽视它应有的重要作用，也不可夸大它的作用，滥用这个经济手段包办代替一切。

三、关于国营企业交税、交利两种形式的运用

20 世纪 50 年代以来，受苏联财税理论的影响，曾广泛流行一种“非税论”的观点。即认为国营企业交税没有转移财产所有权，只具有税的形式和外壳，实质上并不是税。1979 年以来对这种观点作了批判。但是在一个较长期间内，认识并不深刻，并有反复，突出地表现在对国营企业交税、交利两种形式的看法和处理上。中国财政学会在 1980 年和 1981 年召开的税制改革与企业财务体制两个专题研究会，突破了“对国营企业征所得税是改变全民所有制性质”的传统观念，提出应当对国营企业开征所得税，使税收能深入到企业利润分配、使用和成本核算的各方面，进行调节、监督，维护企业自主经营权，促进建立责、权、利相结合的企业经营管理责任制，这是税收理论及其应用的可喜发展。但当时对是否仍要保留利润上交形式，则有不同看法，一种认为，利润是属于生产资料所有者的，国家是国营企业生产资料所有者，应在征所得税后，仍保留利润上交形式；另一种认为，税收能适应复杂的经济情况，从各个不同角度进行有计划调节，远较单一化的利润上交形式优越，应实行全部“利改税”，不保留利润上交形式。1983 年和 1984 年的两步利改税改革，是在前述第二种主张的基础上进行的。国营企业所得税的税率远高于其他企业所

得税，其中本已包含了部分应采用利润上交的数额，而同时又征收名实不符的“国营企业调节税”，即税是名，而利润上交是实。当时的预算管理，对这两种税也仍然是以利润科目入库。名义上是“利改税”，实际上是税利不分，是“非税论”的变种。1987年全面推行企业承包经营责任制，把国营企业所得税也当作利润上缴包括在承包基数之内，实际上又把税改为非税，出现诸多弊端。通过学术研讨，现在普遍认为，税利应当分流，即我们国家具有社会管理者和国营企业生产资料所有者双重身分，就国家取自国营企业的收入来说，凭藉政治权力取得税收收入，与凭藉生产资料所有者身分取得利润收入，应当适当区别开来，其中以税收形式取得收入为主，再配合利润上交、投资收益分配等的形式。基于这种理论观点，国家已在一些城市进行“税利分流、税后还贷、税后承包”的改革试点。

四、关于税收原则

1977年前的长时期内，对税收原则，只是着重“在原税负基础上简化税制”和公私区别对待与合理负担等方面。改革开放以后，国家要建立有中国特色的多税种、多层次、多环节调节的新税制体系，对税制建设应遵循的原则，在理论认识上也有重大发展，提出了若干新的税收原则。首先是着重提出“公平税负，鼓励竞争”原则。其内容包括紧密联系的两个方面，一方面是，对在同等条件下的纳税人按同等办法纳税，而不分经济成分、经济形式和经营方式，也不分所在地区和规模大小，都实行统一的政策，按同一税种、同等税率、同样的办法，征收同等数额的税；另一方面是，对在不同条件下的生产经营和不同负担能力的纳税人，采取适当的差别征税办法。这两个方面都是要使税收负担公平合理，为开展竞争创造大体同等条件，促进提高效率。

其次是着重提出“体现产业等政策，优化经济结构原则”。主要内容是，在完善税制过程中，要根据产业发展序列对税种和税率进行新的设计和调整，也就是在税制结构中，要对不同的部门、产业、行业、产品；对城乡和不同的地区；对内资、外资和出口、内销的不同经营；以及对新老技术、新老设备、新老产品等许多方面、许多环节，确定一定限度的差别征税办法，发挥它对产业发展的引导作用，促进经济结构各方面的合理化，保证发展有计划的商品经济。

三为“兼顾各方关系，总税负水平适当原则”。其主要内容是，要依据社会生产力水平、国民收入水平和加强宏观调控、搞活微观以及逐步提高人民生活的需要，研究确定合理的税收分配数量界限，既有利于聚财，保证社会主义现代化建设资金的需要，又有利于生财，贯彻从经济到财政的方针，促进生产发展。应在这种前提下，安排相适应的税制结构。

四为“统筹配置，讲求效率原则”。基于税种的特性不同，作用的范围和深度不同，应从我国国情出发，对各税类、税种，及其内部要素，进行优化组合，提高其整体机制功能，使税制适应税收应该有和能够有的作用范围，有效地、充分地发挥其作用。

五为“坚持国家集中分配原则”。要认真把税收分配权牢牢掌握在国家手里，税政、税制、税法要统一，税权要集中，决不能让任何部门、单位、个人以任何合法、非法形式，参与税收分配，侵蚀应由国家掌握的这个分配份额。

此外，还提出了税基广、普遍征收原则；涉外税收适当优惠原则；分税分级管理原则；简化税制，便利征纳原则等。

五、关于社会主义的税负转嫁

在高度集中的计划经济体制下，取得的一般共识是，社会主义税收负担基本不转嫁，或是不发生转嫁问题。改革开放以后，实行计划经济与市场调节相结合，企业在商品产销和定价方面有了较大自主权，市场机制正在形成，客观经济情况有了新的变化，对社会主义税负转嫁，主要是对流转税转嫁的认识，也有了变化，出现了多种不同观点。第一种观点是“全部转嫁论”。所持理由为：(1) 税负转嫁是税收在纳税人与负税人之间的转移和让渡。我国就商品征的税，是直接核算进商品价格的，通过销售而由消费者负担，这就是转嫁。（2）国营企业实行浮动价格和议定价格，其水平高于国家牌价，交税和留利都相应增加，其中就存在税负转嫁。（3）国家实行高价的商品，价格高于价值，是把税收加在价格内，由消费者负担。（4）流转税并不是商品价值中 M 的组成部分，而是一种附加价值，通过附加于各种购买行为集中到国家。（5）在计划价格下，加税，提价后，企业利润并未减少，增征的税，显然只能由消费者负担。至于在“税动价不动”时，实际是加了税，同时又降了价，消费者的税负加重与降价所得，恰好相等，加的仍是消费者负担。（6）在商品经济条件下，税负转嫁是典型方式，是经常的、普遍的现象，由于种种原因未能转嫁，只是个别的、偶然的。第二种观点是“不转嫁论”。所持理由为：（1）税负转嫁是一种剥削关系，而社会主义税收是按照马克思的社会基金原理，有计划地对国民收入的扣除，不应从表面现象出发，搬用资产阶级那套概念。（2）国家实行计划价格的产品，税金是其组成部分，计划价格不能随意变动，税负变动一般只会改变价格中的税利比重，不引起价格变化，不增加消费者负担。放开价格的产品，税收的增减，也不一定引起价格上升，即使上升，也是国家运用价格杠杆所作的调节，并非税负转嫁。（3）税收来源于劳动者创造的剩余产品价值，不是来源于消费者。（4）高税高价的某些产品，是国家对生产、消费的有计划调节，是贯彻合理负担原则，并非税负转嫁。第三种观点是“部分转嫁论”。所持理由为：（1）在有计划商品经济条件下，税负转嫁作为商品经济的普遍现象，有其存在的客观必然性，利益主体多元化，产生了税负转嫁的动力；而物价的放开，则表明转嫁机制的形成。（2）商品价格与价值相等时，没有税负转嫁问题，而在价格高于价值时，税负转嫁就不可避免。（3）烟酒等高税高价产品，明显是转嫁由消费者负担，国家也正是利用这种转嫁来限制该项产品的生产、消费。第四种观点是“税负基本不转嫁，并应限制论。”所持理由为：（1）社会主义税收是国家对国民收入进行有计划分配的手段，社会纯收入安排在那个环节体现，就在那个环节征税，是国家对工农劳动者为社会劳动所进行的一种必要扣除，纳税人与负税人原则上应是一致的。在强大的公有制经济和国家政权管理下，一般能这样做到。（2）税负转嫁是国家计划分配给纳税人承担的税负，转嫁给消费者负担，从而逃避税负，获取额外利润，这是社会主义分配原则所不允许的，非法的，理应限制。（3）税负转嫁的经济前提是商品经济和自由价格机制，这一条件在社会主义制度下并未消失，因而税负转嫁在一个较小范围内仍然存在，但又不能不受到极大限制。总之，社会主义税负转嫁是关系到税收制度建设和税收政策贯彻的重大问题，当前尚未有较为一致的看法，需进一步研讨。

（1991 年 6 月提供给财政部财政科学研究所领导原稿）

新中国税史亲历四则

一、“总”字先去后加 职能由弱转强

“文革”时期的1967年7月10日，中央决定对财政部实行军事管制。其后约经过一年的运动，财政部原有各司局的建制都被取消，原有干部基本被下放到湖北省的财政部沙洋五七干校劳动锻炼。财政部税务总局被撤销后，合并成为财政部业务组下属的一个税务小组，税总原有100多人，只留用7人，连同原农业税司留用的1人，共为8人。1972年3月，国务院批准财政部《关于扩大改革工商税制试点的报告》，其中规定，税务人员要适当补充。同年10月，财政部军管会确定要加强各地税务组织建设。在需要加强税收工作的背景下，1972年财政部恢复了税务局的建制，税总原有人员也开始陆续由干校调回。但当时机构名称是“财政部税务局”，而不是建国以后历来所称的“财政部税务总局”，其间少了一个“总”字，也没有对外挂税务机关的牌子。

1975年1月，邓小平恢复党内外各项领导职务，同年1月17日，四届全国人大一次会议通过任命张劲夫为财政部部长，军管会同时撤出财政部。张劲夫部长坚决贯彻邓小平抓财贸整顿的指示，亲自听取部内各司局群众的意见。他曾专门召集税务局十多个处级以下（含处级）业务骨干座谈。在这次群众座谈会上，除税制问题是重点外，我和大家在发言中也都纷纷提出，当时税务局的机构名称不合时宜，建议恢复原来的名称。张劲夫部长归纳大家的意见，背着手来回踱步，边定边说：“看来恢复一个‘总’字有四点好处：一是有‘总’字，表明是财政部的直属独立机构，不是部内司局单位，便于独立工作；二是有‘总’字，便于对外行文，能发号施令，出布告，

下指示；三是有‘总’字，表明有下属局，可与各省、市、县各级税务机构相区别，便于领导全国税务系统工作；四是有‘总’字，同建国以来大家都熟悉的名称一致，能承继各方面都认可的权威性。”接着他又不无忧虑地向大家提出问题：“恢复‘总’字后，税务总局是否会脱离财政部的领导？”大家异口同声地回答说：“不会！建国以来一直称作税务总局，也一直都是在财政部领导之下。”张部长当即表态：“好！我可向上反映。”

其后，在1977年7月1日上午召开的税收工作路线分析会上，当税务局有的同志在发言中提出：“税务局要加一个‘总’字，我们没有野心”的时候，张部长非常赞成他的话：“对！要有雄心，不要有野心。加‘总’字可以向上反映，要有无产阶级专政的权威。”在2日上午召开的上述会议上，当税务局有的同志在发言中提出，税务局改称为国家收入局，既管税又监缴利润时，张部长插话说：“改名称就麻烦了。税有传统习惯，且有同国外联系的问题，税务总局的‘总’字，是财政部自己取下来的，现在不能随便加啰！”此时，时任财政部办公厅主任的李朋解释道：“当时是稀里糊涂把这个‘总’字去掉的。”张部长接着说：“有这个‘总’字，可以对外行文，出布告嘛！加个‘总’字有权威，这是个实质性问题，能加强税务工作。我个人同意加‘总’字，如同建设银行一样，在部门口挂机关牌子，我向上面口头备个案。”隔不了几天，在李先念副总理的关怀下，中断了九年之久的财政部税务总局终于正式恢复了。

二、事关改革方向　内部展开辩论

20世纪70年代中期，财政部税务局内部从局领导到一般干部，对税制改革方向存在很大争议。局长坚持主张实施1965—1966年由他设计和主持试点的积累税，主管工商税政业务的处长和少数几个同志坚决支持这种主张；主管税政的副局长和较多同志主张实施产品税，其他同志或是主张实施行业税，或是倾向于产品税，但对积累税都持反对或怀疑的态度。当时争议的矛盾焦点，集中在是否以积累税为改革方向。

1976年，财政部张劲夫部长专门邀集税务局处级以下十多个业务骨干座谈。在这次群众座谈会上，包括我在内的多数同志都在发言中指出，积累税是按每个企业积累的50%，确定各个企业的不同税率，一个企业一个税率，也就是俗称的见面先拿积累的一半。以后主客观情况变化，企业实际实现的积累有多有少，超过原计划数2%的时候，还要相应调整税率，甚或产生退税。这样做既麻烦，税收收入也不稳定，更失去了税收应有的强制性、固定性，税收调节收入分配、配合计划管理、配合价格运用、促进加强经济核算的作用也基本消失了，并且只能在国营企业实施。实质上积累税不是税，而是1959年税利合一试点的变种。坚持积累税的税政业务处处长则辩解说，当时的工商税制是传统的对私征税老办法，不适应国营企业，而积累税可大大简化税制，减少征税人员，特别是能使税收收入大增，改变当时国营企业税收只占其积累的20%—30%的少收状况，但对同志们质疑的实质问题，则无言以对。对这次座谈会，张部长表态说，给他留下了深刻印象。

1977年6月28日和7月1日、2日的三个上午，由张部长亲自主持召开了"税收工作路线分析会"，专门听取税务局同志们的意见，要求大家畅所欲言。到会的还有王丙乾、江东平副部长、部工作路线小组成员、部各司局代表。税务局以一位副局长带队，包括我在内共有13位同志在会上发言。张部长不时在大家的发言中插话，表达了他的倾向性看法。他鲜明地质疑积累税的改革方向，譬如当有的同志谈到改采积累税，不同企业的同种产品，积累多的多征，积累少的少征，无积累的不征时，张部长一语道破："这是鞭打快牛，没有政策，扭亏办公室不就轻松了。"当有的同志谈到，积累税对保证收入，加强核算作用更大时，张部长果断揭示："税解决不了企业化挤冲摊的问题，因为都到成果里去了，不表现了。"当有的同志介绍积累税的征收办法时，张部长反问："积累税与税利合一有何区别!?"有的同志受命代念因病未到会的局长在税务局办公会关于税制改革的发言稿，当念到实行积累税，全国税务干部都可由当时的十几万人，精简到几万人时，张部长微笑着说："税务部门可以不用增加人了。"

张部长也质疑行业税的改革方向，譬如当有的同志提出主张行业税，以为在天津市试点，跨行业情况极少，不存在什么问题；上海是按行政系统进行试点时，张部长发问：“东方红炼油厂下面有几个行业怎么办？上海把有些产品下放到公社生产，转移利润，产品质量全面下降，矛盾暴露出来了，苏振华同志看了很生气，说要整顿”。体现出他分析问题时思维的敏捷性和周密性。当有的同志谈到采用行业税对协作产品零配件征税，可以说清道理时，张部长问明情况后说：“还不是产品税制的同样道理，不是什么新的。”

张部长对产品税制持较肯定的态度。譬如当有的同志提出，税收的存在，是由于商品、价格存在，主张必须按产品设计税率，并建议对同种产品全国统一实行一个税率时，张部长表示肯定：“只要商品、价格存在，税收就要存在，这个道理很重要。”当我在发言中谈到税收与商品价格的相互配合与制约关系和作用时，张部长有同感：“税收与价格配合运用是有作用的，这种作用不容忽视。烟酒价高，部分原因可能是税使其价格高了。”进一步说明了产品税的影响作用。当有的同志谈到粮食亏损有属于政策性的，有属于经营性的，一律不征税，以掩盖矛盾不合理时，张部长当即表示赞同：“这个意见对。”当有的同志谈到，应当采用产品税，但对有些积累多的大企业可单订产品税率多拿时，张部长表示不妥，并提出疑问：“不宜单订税率，产品税率多拿了，是否还会影响中央和地方收入关系安排？”

在6月28日的会上，当有的同志谈到，对于税制，四个局长三个主张，下面不好办，影响平常业务工作处理时，王丙乾副部长插话：“有位同志曾对我说，税制要改革，要我明确如何办，否则不好搞。我表示需要研究。目前不明确，原地踏步也可以嘛！我认为，要搞什么样的税制，这个思想首先要弄清，上面统一思想认识，再下去搞调查，否则白费功夫，还造成下面思想混乱。”

张部长在每天会议结束时，都有简短的讲话，概括起来主要就是：他肯定这几天大家的发言都很好，摆明不同观点，进行辩论有好处，可以对问题更加深入认识。同时指出：“今后要在一定范围内进一步开展，做到认识一致、目标一致、行动一致、步调一致。思想要敞开，但行动要十分慎重，决不能造成下面思想混乱，影响整个税收战线的工作。税制要总结历史经验，总结1959年税利合一试点和1965—1966年积累税试点的经验，要在税收理论和税收作用的认识上下功夫，要有政策，不能单凭财政观点。”明确指出：“现行税制是存在一些矛盾问题的，但究竟有多大？外面反映不过是协作产品的零部件征税问题，全能厂与非全能厂、大中小企业和税负平衡问题，这些对落实党中央的方针政策，发展生产力，能有多大影响？现行税制是否适应社会主义经济基础？我的看法是：‘基本适应，有待改进’。根据中央的大治快上，三年大见成效的战略决策，在这三年中，税制可以进行一些必要的小改革，加强、充实、提高，不作大变动。要在现行税制基础上，干好革命工作，以利于为革命和建设多作贡献，为将来较大的改革做准备。”强调指出：“如果我们没有税，四人帮捣乱的那个时候，我们就没有饭吃。当前工作的安排要根据大治快上的要求，干部思想要稳定，要充分调动积极性。我只要在财政部负责，对国营企业就要有税，税收工作就要加强，对于健全税务机构，充实税务人员，我是赞成的。”

通过税制改革方向的这场大辩论，张部长对辩论的评判和总结，以及王副部长的表态，要求实施积累税以及行业税改革的强劲势头，基本被遏制了。

1978年5月，局长人选更换，接任的刘志城局长是主张充分发挥税收作用的。特别是随着1978年12月党的十一届三中全会的召开，全党工作的着重点和全国人民的注意力转移到社会主义现代化建设上来，全国一片新气象。对于适应改革开放新形势，中央和社会舆论都要求积极发挥税收的经济杠杆作用，如何实行多税种、多层次、多环节课征的复合税制体系改革，也开始在财政部和财政部税务总局内部积极酝酿了。

三、试点均成功　改革始启动

——回忆上海、柳州1980年的利改税试点

我国的利改税试点，肇始于1979年湖北省光化县对15户地方国营

企业以50%—75%超额累进税率的单一所得税代替利润上交。紧接着1980年在财政部直接参与下，先后进行了上海市和广西柳州市的利改税试点，同年5月和10月财政部分别批准，从1980年度开始实施。

上海市的试点主要由上海市自行组织，当时分管税收工作的财政部吕培俭副部长要我随同他一起前去研讨。试点范围是上海市轻工业机械公司所属的40户企业，试点方案是以收入调节税、所得税和资金占用费等4税2费代替原来的利润上交。研讨中比较一致的看法是：(1)为有利于广大专业化生产，把按产品销售收入征收的工商税，改为按扣除销售成本的材料后的差额征收，相应把税率调高为10%，以保证原税负水平，这实质也就是改征生产型增值税。(2)恢复征收房地产税和车船使用牌照税。(3)开征收入调节税，按产品销售收入计算征收，以调节由于价格等客观因素导致的较高利润水平，几经商酌，把税率定为8.4%。(4)开征国营企业所得税，为不减少原有上交财政收入统一按50%的比例税率征收。(5)对国家批给的固定资金和定额流动资金，每月以上月底国拨付资金数额，分别按8%和4.2%的费率计算，缴纳固定资金占用费和流动资金占用费。(6)所得税后剩余的利润，由企业自主支配，用于建立生产发展基金、职工奖励基金、职工福利基金，国家一般也不另再拨款。

讨论中有争议的焦点是企业应纳税所得额的计算。上海市的同志原来主张，企业的技术措施和基本建设等专项贷款的还本付息和两项资金占用费，均在应纳税所得额中扣除。而吕副部长认为，银行的技措等专项贷款还本付息，应在企业税后留利建立的生产发展基金中列支，不能在税前扣除，否则企业革新改造资金，实际上主要仍是由国家负担，企业贷款越多，国家负担越大，最后可能在扣除后无所得额，所得税也就没有了，这是一个无底洞，不能乱开这个口子。如要支持企业革新改造，宁可降低收入调节税率，多给企业留利。两种资金占用费，类似于支付给投资者的股息红利，也应当在所得税后列支，经吕副部长的说理和坚持，最后确定各项技措和专项贷款的还本付息和两项资金占用费均在所得税后的利润中支付，不得在应纳税所得额中扣除，但考虑到上海轻工化同所属企业厂房场地等累积的财政欠账多，为照顾此种特殊情况，对批准的基本建设贷款归还的本金，准许在当年所得税额中减除，利息仍在留利中支付。

柳州市的试点是由时任财政部税务总局局长的刘志城亲自带队蹲点进行的，在确定方案的后一阶段，吕培俭副部长也要我随他一同前往。试点范围是盈利的37家地方国营工交企业，试点方案是以收入调节税、所得税和资金分红等2税2分红，代替原来的利润上交。其办法大体同于上海市，具体内容的差别是：（1）收入调节税依据工业产品的销售利润率和交通运输企业的营业利润率确定，凡利润率超过15%的，每超过1%，征税0.6%，利润率在15%以下的不征。（2）用资金分红办法代替上海的资金占用费，以课税所得额为被除数，企业自有固定资金和流动资金期末余额为除数，再乘以10%，确定为分红率，投资者按投资比例就分红总额参与分配。（3）企业归还各专项贷款的还本付息，均在税后留利的生产发展基金和折旧基金中归还，不足归还的，经批准可减免贷款项目新增的利润中缴纳的所得税，仍不足归还的，可减免新增项目新增的收入调节税、工商税。资金分红办法是刘志城局长提出来的，认为这更可表明，国家作为生产资料所有者依据其投资额的大小、参与利润分配的性质，投资越多，利润越大，分红也越多，吕副部长表示同意。

以上两个试点的共同特点和优越性是：（1）对国营企业征收所得税，建立了以所得税为分界线的国家与企业收入分配格局。（2）作为一个过渡措施，征收收入调节税，在所得税前，以企业销售收入为计税依据，用以调节由于价格等客观因素导致级差收入大小形成的利润差距，为以后开征新的税种，留下可以征税的空间。（3）对国营企业采取税利两种缴纳形式，税后利润部分上缴国家，部分作为企业留利，自主支配。上缴国家部分，或名资金付费，或名资金分红，均按国家拨固定资金和定额流动资金计算，有确定的数字依据，而不是由主管部门灵活核定。（4）技措等各专项贷款的还本付息，均在企业留利中支付，以加强企业责任，促进有效运用资金，避免盲目扩大投资。试点结果表明，较好地处理了国家与企业职工的收入分配关系，“统收统支”的不合理分配制度，进一步被打破；国有企业上交积累中的税小利大的分配格局彻底扭转，税收有了较充分发挥作用的场所。企业独立核算，自负盈亏，自主财力和自我发展、自我约束能力也大大加强。试点的1980年，上海市的试点企业留利约占利润总额的13%（不包括归还基本建设贷款本金，故比例较低），而柳州市的试点企业则为28%，两者虽有差距，但实际留利金额在企业实现利润和上缴税费金额大幅度增长的情况下，都比1979年增长50%以上，1981年又比1980年增长10%以上，从而保证企业扩建了生产车间、厂房、仓库，增添了机器设备，加速了老厂的革新改造，提高了生产率，也为国家增添了财政收入。

两市的利改税试点，为国家制定统一的利改税方案积累了有益经验，但是，试点的某些成功作法，在其后全国统一的利改税方案中没有得到肯定，如实施资金分红等办法的利润上缴方式；技术措施等专项税前还贷不准税后还贷，等等。

四、总体成功　但有微疵

——评析第二步利改税

1983—1984年的两步利改税改革，打破“对国营企业征收所得税是否定全民所有制”的理论误区，开征了国营企业所得税；扭转了过去的税制单一化倾向，逐步建立起多税种、多层次、多环节调节的复合税制体系；改变了长时期内财政收入中，税收与国有企业利润上交约各占一半的格局，使税收成为财政收入的基本形式；进一步废除了对国有企业的“统收统支”制度，以法定形式保障了企业对税后利润的自主支配权。这既增强了企业的活力和动力，便利国有企业成为自主经营、自负盈亏、自我发展的独立经济实体，又加强了国家的宏观调控能力，为完善企业经营机制，为加快城市改革步伐，创造了条件。总的说，利改税的这个人方向是正确的，应当充分肯定。

但是，在第二步利改税中也有一个失误，这就是把上海、柳州利改税试点中，在所得税前按销售收入额计算征收的收入调节税，改名为国营企业调节税，在所得税后征收，以核定的基期利润扣除所得税和1983年合理留利后的余额，占基期利润的比例，确定调节税率，用来完全代替资金分红、利润包干等各种利润上交形式。当时，我由财政部财科所临时调在财政部体制改革小组，经常参加部的税制改革研讨会议。在小范围的研讨中，曾几次听见时任财政部长的王丙乾说，国营企业调节税倒轧计算，一户一率，似税非税，赵紫阳总理和田纪云副总理坚持实行完全的以税代利，就只有叫税的这个名称了。

按以上办法确定的调节税率，维护了企业在1983年并不见得公平的既得利益，剩余利润不分情况，同样悉数上缴，也欠公允和不够切合不同企业各有差异的实际需要。当时各地确定的调节税率，一般都在10%—15%以上，其中上海市1983年10月上报的第二步利改税方案测算材料，1980年地方国营企业以1982年数据为依据计算的调节税率，平均高达29.5%。加上55%的所得税率，各地对利润所得征收的税率达65%—70%以上，甚至更高。对比其他企业适用10%—55%的八级超额累进税率或较低的比例税率，如集体企业在1985—1990年实际适用的税率平均为35%—38%，国有企业的税负明显高出一大块，很不公平。在国有企业税负重、留利少的情况下，为适应国有企业生产发展的需要，不得已在当时全面推行了用征收所得税前的利润归还银行技措贷款和基建贷款本息的“税前还贷”办法。这实际是用国家的所得税、调节税，来代替企业还债，甚至还有以产品税等直接还贷的“以税还贷”。企业贷款越多，受益越大，贷款数额逐年大幅度增长，1987、1988年贷款数额分别占到当年实现利润总额的21.6%和25.4%，1989年贷款余额更超过了当年利润总额。这加剧了当时社会投资、消费基金、借贷规模的膨胀，在某种程度上，引发了通货膨胀。在“税前还贷”、“以税还贷”影响税收收入的情况下，国家又不得已开征了国家预算调节基金和国家能源交通重点建设基金，从企业留利中挖回一块，以致国家与企业的收入分配犬牙交错，相互挤压，影响形成合理的收入分配格局的有效机制。

由于实行利改税办法的企业，在企业新增的利润中分得的份额远低于实行各种利润包干办法的企业（1983 年前者占 38.2% 的份额，后者占 85.5% 的份额），因而利改税企业及其上级主管部门纷纷要求改行利润承包上交办法。到 1987 年后，在全国普遍推行企业承包经营责任制中，各地普遍把国营企业所得税、国营企业调节税和利润一起，列入企业承包上缴利润指标内，名义上是仍按照税法规定计算缴纳，实际执行结果，往往是按有利于企业的标准和数额，笼统地承包一个上缴任务数，有的甚至连产品税等也一并承包，都不按税法规定计算，而是由财税部门与企业及其主管部门分别谈判确定。企业多盈利，按承包数不多缴；少盈利，企业无法补齐，国家只能少收。这导致否定国家税法、税收政策和税收管理体制，强化企业主管部门对企业的行政控制，以致国营企业所得税名存实亡，实际上已不成为一种税了。

1994 年的全面、结构性税制改革，合并内资企业三种所得税，按照公平税负、鼓励竞争的原则，国有企业与其他内资企业同样适用统一的企业所得税暂行条例征税，不再征收国营企业调节税和两种基金，税后利润由企业按照国家规定自主支配，并果断地废除了企业利润包干上交和“税前还贷”办法，才从前述困境中解脱出来，对国有企业征收的所得税，也才恢复成为真正的税。

历史的实践表明，在过去有计划商品经济条件下，特别是在社会主义市场经济条件下，国家以其享有的社会管理者和生产资料所有者的双重身份，向国有企业取得收入的方式，应是各有不同，其作用也有差别。税利两种缴纳方式的界限是不能混淆的，税收虽有重要作用，但也有其作用的限度，决不能完全代替利润上交、资金分红等其他方式，否则必然导致不良后果。

原刊易运和主编：《国脉风采—中国税务发展回顾》，中国文史出版社 2006 年 7 月版。

评论西方学者的税收转嫁与税收负担理论

在资本主义社会里，由于生产资料的私有制，由于税负转嫁关系和税收负担的不公平与苛杂繁重，不但劳动人民创造的剩余产品被资产阶级攫取了，就是必需产品中，也有日益增多的部分被掠夺了。一方面是税收加深了劳动人民的灾难；另一方面是税收帮助了资产阶级获得数以亿万计的利润。为了麻痹劳动人民，为了替资产阶级辩护，资产阶级经济学者就费尽心机，制造了很多的“理论”，企图借此来蒙蔽和歪曲事实的真象。这些“理论”都与税收转嫁与税收负担问题密切关联，现在，我们把其中主要的一些问题，分类归纳成以下四个大项，就资本主义社会的情况进行分析评论。

一、税负转嫁理论评析

早在17世纪中叶，资产阶级学者就对税负转嫁问题有所论述。经过重农学派、古典学派，再到近代的庸俗经济学派，更把它发挥成一门系统的所谓学说。在现代西方经济学者中，对这个问题的说法虽然并不完全一样，但基本论点还是相同的。这就是：第一，税负转嫁只是买卖双方或某甲与某乙个人相互间转移税款过程的问题。转嫁税负只限于通过价格的关系；加强劳动强度和提高劳动生产率等等使税款负担“消失”的，不属于税负转嫁范围。第二，课于纯收入或地租等的税不转嫁，课于生产费的税，有转嫁趋势；或者说，直接税原则上不转嫁，间接税可能转嫁。第三，性质上属于转嫁的税，实际上是否转嫁，尚须决定于商品性质、课税方法和生产条件等。由于美国经济学家塞力格曼在这方面的论述，是被称为“集其大成”的，所著《租税转嫁与归宿》一书，被西方学者奉为经典，因而我们也准备多以该书的论点为代表进行评论。

现在先谈西方经济学者关于税负转嫁的第一个基本论点。以塞力格曼为代表的西方经济学者，把税负转嫁问题，完全看成是一个价格问题，把税负转嫁现象看成只是商品买卖中，双方当事人（或所称的消费者和生产者）在价格上的一种竞争现象。税负是否转嫁，以及转嫁多少，要看价格变动的情况，因而他对税负转嫁所表述的概念就是：“第一，课税于某甲；第二，某甲转移此税于某乙；第三，此税竟为某乙所负担，或某乙更移此税于其他最后负担此税者。由此视之，最初纳税者未必即为最后负担租税之人也。此种租税转移之过程，名曰租税之转嫁。”① 基于这种概念，塞力格曼在所著《租税转嫁与归宿》一书的绪言中，就把生产过程中通过加强劳动强度和提高劳动生产率，发生的税负转嫁现象，排除在转嫁范围之外，并特别创立了一个“租税之消转”的名称，意谓“盖有取于转失为得，转损为益之义也”。② 他所持的理由就是，生产者（卖者）交税以后，并没有提高价格，而是通过改良生产方法和节省生产费，抵补了交税的损失，“甚或于抵补之外，尚有利益可得”，因而“消转与转嫁二者实为相反之概念也”。③

我们可以明显地看出，以塞力格曼为代表的西方经济学者，是把税负转嫁的概念庸俗化和技术化了。在他的描绘下，税负转嫁就只是买卖双方个人间对价格的一个所谓竞争问题，这样，卖者固然可以把税款的负担转嫁给买者；买者也同样可以反转过来把税款的负担转嫁给卖者。这样，他就把转嫁现象，再划分成什么“前转”（课税于生产者或卖者，而生产者或卖者移转其税于消费者或买者）与“后转”

① （美）塞力格曼：《租税转嫁与归宿》，商务印书馆 1933 年版，第 1 页。
② （美）塞力格曼：《租税转嫁与归宿》，商务印书馆 1933 年版，第 5、6 页。
③ 同上，第 5、7 页。

（课税于消费者或买者，而消费者或买者移转其税于生产者或卖者），另外还有所谓的“租税还元”（被课税的买者，得将本来应纳的一切租税，预先在买价中扣除，因而税负是买者转嫁于卖者）的名称。在这里，塞力格曼是把资本主义社会税负转嫁最本质的阶级间额外剥削的问题阉割了。笔者在《资本主义社会的税负转嫁问题》等的论文中已经论证，在资本主义社会，只能是剥削阶级交纳的税款转嫁给劳动人民；可是，却从来不是劳动人民交纳的税款转嫁给剥削阶级。其中最本质的是整个剥削阶级对劳动人民的额外剥削问题，而并不是什么买卖双方个人间相互转移税款的问题。塞力格曼的上述说法，只不过是企图掩饰税负转嫁现象的阶级内容罢了。至于他把加强劳动强度和提高劳动生产率等的转嫁税负方式，排除在转嫁范围之外，甚至把它誉作转负担为利益，更是企图要人们不去注意这种最直接、最残酷、最广泛的税负转嫁方式。在塞力格曼以后的西方经济学家，曾经把消转的原因作了一番归纳，这就是：实行科学管理方法；改善劳动组积和操作方法，有效利用原料和副产物，从而提高生产和降低成本；通货膨胀、物价腾贵；因社会事业发展而减轻生产费用；使用新式机器，提高劳动生产率等等。但是，试问所有这些，有哪一项不是扩大了剩余价值在劳动人民新创造的整个价值中的份额？又有哪一项不是相对地或绝对地削减了劳动人民在整个新创造的价值中所占的份额呢？是的，对于资产阶级来说，通过这种方式，固然是如同塞力格曼等资产阶级学者所论述的那样，可以“转损失为利益”了，可以多得剩余价值了；但是，对于广大的劳动人民来说，则遭受的压榨和剥削加深了，生活日益穷苦和贫困了。我们能有什么理由反对这是一种残酷的税负转嫁方式呢？在我国解放初期，有人在论述资本主义社会的税负转嫁问题时，也曾经出现了如同塞力格曼的这种论点，说成税负转嫁于无形，说成并没有转嫁给劳动者，等等。这是没有道理的。

再谈西方经济学者关于税负转嫁的第二个基本论点。塞力格曼认为，课于经济上剩余的租税，或者说，课于地租与纯利润的税收，决不转嫁；课于生产费的租税，有转嫁趋向，最后归剩余或利润负担，其中工资税则必然转嫁为利润税。[①] 与此相类似，许多西方经济学家都指出，直接税不转嫁，间接税有可能转嫁。有的人甚至把它作为一个根本原则，说什么："赋税是否转嫁，直接税与间接税的区别，即在于此"。被他们列入所谓不转嫁的直接税的，有利润所得税、货币资本的利息税、资本税、地租税、工地税、遗产税、财产税等等。在我国解放初期，有人也曾经认为，在资本主义国家，课于资本家利润的税，"较少转嫁的可能"；课于地租的税，"不利于地主"；课于货币资本的利息税，"会使利润率低落"，课于房屋的税，要减少出租和使用房屋双方资本家的利润。并总括说，这些税"通过商品价格而转嫁于消费者是比较地不容易的"。

我们现在再来看看西方经济学者认为几个主要税种不能转嫁的理由。他们说，利润所得税不能转嫁的主要理由是：所得利润在营业和价格决定之后，事前既不能预计要征若干税款；事后又因价格已定，不能再因课税而提高价格，多得利润。塞力格曼曾就此断然地说："课于此剩余之租税，乃生产之结果，而非生产费之一部。"[②] 又说："一切用费以外之剩余，是为净利润或纯利润。纯利润者乃价格之结果，而非价格之条件也。故课于剩余或利润之租税，不能触及限界生产品，而且不能使价格发生变化"。[③] 地租税不能转嫁的主要理由是：地租的数额或农产物的分配成数，既经决定，地主不能任意增减，加税以后，不能加租；农产物的价格是经市场决定的，地主也不能因为有地租税的负担而提高农产物的价格；土地作为一种资本较有固定性，不能移动转投资于其他方面。这样，就只有由地主负担租税了。塞力格曼甚至还武断地说："在美国实际现状下，美国地主实可宣定为土地税之最后负担者。"[④] 货币资本的利息税不能转嫁的主要理由

---

① （美）塞力格曼：《租税转嫁与归宿》，商务印书馆1933年版，第410、411页。

② （美）塞力格曼：《租税转嫁与归宿》，商务印书馆1933年版，第410页。

③ 同上，第268页。

④ 同上，第288页。

是：资本所有人只能照市场上决定的利率取得利息，没有能力因负税的原因，而要求特别提高利率，这样，资本家就只有减少利息所得来负担税款。

关于所谓直接税不转嫁，间接税有可能转嫁的理论的荒谬，笔者在《资本主义社会的税负转嫁问题》等论文中，已经作过一些分析批判，现在再针对西方经济学者在具体税种上所提出的理由来加以评析。先就所谓利润所得税不能转嫁的问题来说，固然，从表面上看，利润的获得，是在营业和价格决定后，但是，问题在于价格决定的当时，资本家为什么不可以尽可能提高价格，使得除了获得巨额利润以外，还使预计要交纳的所得税款，包括在订定的价格以内，从而进行转嫁呢？难道竟然会有这样愚蠢的资本家，因为不知道将要交纳多少所得税，就在有可能提价的情况下，而不尽可能提高价格呢？何况资本家在这一个营业期没有提高价格，或不可能提高价格，在下一个营业期还会有许多可以提价的好机会呢？更何况资本家除了提价以外，还可采用加强劳动强度等等的转嫁税负方式呢？资本家只要是把税收的实际负担转嫁出去了，不论是在交税以前提的价，抑或是在交税以后提的价；也不论是在这一个营业期（或这一批货物）抑或是在下一个营业期（或在另一批货物）提的价；更不论是在流通过程中提价抑或在生产过程中加强了剥削，都应当认为实际是发生了税负转嫁关系。西方经济学者死抱着先交税，后提价才算转嫁的论点，是丝毫没有道理的。

所谓地租税不能转嫁的理由，也是荒谬之至的。西方经济学者俨然是把地主与农民两个不同的阶级，当作完全处于平等地位的关系对待了。所以，竟然会说什么，地租既经双方自由约定，增加课税以后，地主就不能任意增加地租。事实是，在剥削阶级的统治下，土地等生产资料基本掌握在地主手里。而并不是掌握在农民手里。这样，地主阶级凭借其生产资料所有权，就能对农民予取予夺。地租的数额都是由地主片面决定的，何能谈到什么双方自由约定？地主只是要求获得最多的地租，当有可能的借口时，又为什么不撕毁原来的所谓约定，而增加地租？以旧中国为例，在抗日战争时期国民党统治区内，田赋征实加重税收负担后，地主们就向农民威胁着，如不增交地租，就要抽佃，国民党政权也帮助地主把增加的税收负担转嫁到农民身上，特别通令，地主得增加地租，佃户抗不交租的由法院审理。例如水田每亩的地租，西康省就由 1937 年的 10.6 斗，至 1939 年的 13.4 斗，再增至 1941 年的 14.3 斗；广东省由 1937 年的 14.8 斗，增至 1939 年的 16 斗，再增至 1941 年的 17.3 斗。1941 年以后，地租数额增加得更为迅速，根据四川省一个县 27 家佃农的典型调查，实交的租率，从 1938 年到 1941 年增加了 14.6%，而到 1944 年更增加了 95.9%。[①] 除此以外，押租和各种数不清的附加地租也都大量地增加了。在这里，还应当说明的是，旧中国的地租率一般高达土地产值的一半左右，在这样高的地租率下，地主的所谓税收负担，总是可以转嫁出去的，更何况在征税中，地主与官府串成一气，故弄圈套，大地主是“有田无赋（税）”或“田多赋（税）少”；农民则是“无田有赋（税）”，或“田少赋（税）多”，因而地主阶级即使有什么税收负担，也都是可以转嫁到农民阶级身上去的。地主在剥削了农民的劳动果实以后，掌握了物资，如同资本家对工业品一样，地主也是可以抬高农产品价格的。在旧中国，当新谷登场的时候，地主伙同资本家一道，杀价收购农产品，而当青黄不接的时候，则高价卖出，这曾经成为一种规律。在资本主义社会也是这种情况。例如美国的地租，在第二次世界大战前（1930—1940 年），每年平均 12 亿美元，而到战后（1946—1960 年），此项年平均数，竟超过 30 亿美元。在 1945—1956 年的 12 年间，土地所有者攫取的租佃费总额是 360 亿美元以上，可是在同期内，农业劳动者还要支付抵押债款利息 40 亿美元，自身的劳动所得大幅减少。[②] 在这样的情况下，所谓的什么由地主负担的地租税，怎么会不能转嫁给农民负担呢？

---

① 陈伯达：《近代中国地租概论》，人民出版社 1955 年版，第 57、60、64 页。

② 数字见《国际问题译丛》1960 年第 8 期，第 29 页。

另外，资本的利息税和财产的租赁税或收益税问题，作为持有此项资本或财产的人，也同样是一个剥削者，是整个统治阶级的一员，要参与整个剩余阶值的分配。他们有权利和能力，按照所占有的资本数额，来分配一分适当的剩余价值。这样，当税负加重，整个剥削阶级须加重对劳动者的剥削时，也就不能缺少他们所要多得的一份了。他们也是可以和必然要把交纳税款的负担转嫁出去的。至于工资税必然转嫁为利润税的谬论，在《资本主义社会的税负转嫁问题》的论文里已有批判，此处不再赘述。

根据以上的分析，我们可以知道，西方经济学家就是企图使人相信，由资本家阶级交纳的直接税，只会减少利润，不会增加劳动人民负担，而间接税的转嫁也只是一种“倾向”，受到条件限制，倒是工人交纳的直接税有可能转嫁为利润税。因此，当美国大肆运用税收压榨工具的现在，垄断资产阶级的御用学者，就欺骗地宣传说，美国已发生“社会革命”或“收入革命”了。应当肯定这是对劳动人民的一种欺骗。因为事实证明，资产阶级交纳的间接税固然可以转嫁，而交纳的直接税也同样可以转嫁，只有劳动人民直接交纳的各种税款才是不转嫁的。如果一定要拿税负是否转嫁来划分直接税与间接税的话，那么，我们从劳动人民的立场和角度看，可以认为：一切由劳动人民直接向国家交纳，直接减少收入的各种税，如工资所得税、农民的田赋、手工业者的营业税等，都是直接税；一切形式上由资产阶级交纳，最终结果还是要转嫁由劳动人民负担，减少劳动人民实际收入的各种税，都是间接税。在这里面，固然包括了由资产阶级交纳的属于所谓间接税系统的一切税，同样，也包括了由资产阶级交纳的属于所谓直接税体系的所得税在内。当然，由资产阶级直接交纳，同时又不能转嫁出去的部分，也可以视为是资产阶级的直接税的。

最后，再看看资产阶级关于税负转嫁的第三个基本论点，这就是转嫁的税种，也并非必然要发生转嫁关系；是否能够提高价格转嫁税收负担，尚决定于一些原则。在这里，美国资产阶级经济学者塞力格曼把它归纳为十一个原则，被资产阶级经济学界公誉为“极古今理论之大观”和“百击不懈”。我们就以它为代表来进行分析。这些原则的主要内容，略如下述：(1) 原则一，物品系耐久的，抑系易坏的？如课税物品愈耐久的，每年课税次数愈多，税收愈是还元由原物品所有者负担。(2) 原则二，物品受独占法则支配，抑受竞争法则支配？受独占法则支配的物品，不发生转嫁。(3) 原则三，租税系一般的，抑系特别的？如租税愈普遍，愈不能转嫁。(4) 原则四，资本能完全移动否？如资本不能完全移动，则转嫁更微小且缓慢。(5) 原则五，物品之需要有伸缩力否？如物品的需要伸缩力大，则生产者必然要负担税收的大部。(6) 原则六，生产上利便之不同影响于供给者若何？如生产条件优越，利润大的，课税后，多由生产者负担。(7) 原则七，物品之生产费均一乎，递增乎，抑系递减？如课税品系依递减生产费进行生产的，消费者的税收负担较重。(8) 原则八，课税于限界抑课税于剩余？如税收仅课及剩余，而不及于限界时，转嫁必然很少发生。(9) 原则九，租税系重税抑系轻税？如税收愈轻，愈不转嫁。(10) 原则十，课税系比例的，抑系递变的？如租税愈累进，转嫁愈困难。(11) 原则十一，课税品系精制品抑系粗制品？如课税品系精制品，凡转嫁由消费者负担之租税，必由消费者负担。①

塞力格曼就他所创建的这十一个原则，作了长篇累牍的论述，说明在这种情况下怎样？在那种情况下又如何？好象这个问题真是万分复杂，把人弄得如堕五里雾中，莫知所从。但是，我们仔细分析，他的这十一个原则和那么多庞杂的“创见”，原来只不过是从税收种类和征税方法、商品的性质、供需的弹性、生产的条件等方面来确定税负是否转嫁的问题而已。譬如原则三、八、九和十是从税收的种类、性质和征税方法的方面，来决定税负转嫁问题的；原则一和十一是从商品性质方面来决定税负转嫁问题的，原则五、六和七是从供需弹性方面来决定税负转嫁问题的；原则二和四是从生产条件方面来决定税

① （美）塞力格曼：《租税转嫁与归宿》，商务印书馆 1933 年版，第 241、271、272 页。

负转嫁问题的。在我国解放初期，有人在论述我国过渡时期税负转嫁问题时，也在很大程度上受了这种“理论”的影响。

究竟塞力格曼这十一个原则所表述的四个方面，是否可以真的用来决定税负转嫁问题呢？就让我们进行一些分析研究吧。

先就所谓税收的种类、性质和征税方法的方面，对决定税负转嫁的问题来看。除按税收种类、性质确定税负转嫁的理论（主要是原则八），已在前面批评过，不再赘述外，现就有关这方面的其他三个原则分析。

塞力格曼认为，课税愈普遍，愈不能转嫁（原则三）的理由是，资本家转移其资本于其他部门仍不免要交税，因而逃避税课的范围很狭小，这样，就自愿地担负税款了。[①] 显然，这是一种欺人之谈。如果有一种课税要涉及到资本家经营的各行各业，那么，各种各样的资本家，作为一个阶级，为什么不可以联合起来，借口税收增加，来加重对劳动人民的剥削呢？正如以前已经讲过的，资本家是可以通过多种多样的方式，来转嫁税负的，只要他们有加强剥削，多攫取利润的机会和能力，任何卑鄙的伎俩，都是会采取的，姑且不论资产阶级的政府是否会这样要求普遍削减资本家的利润，就是对于资本家来说，难道竟会这样老实和甘心自愿地担负税款吗？事实也证明，在资本主义国家，有许多税似乎是很普遍的，各行各业都要课征到，但是，整个资本家阶级的利润，却是逐年增长不已，这就是可以作为税负转嫁的一个证明的。塞力格曼认为：税负愈轻，愈不能转嫁（原则九）的理由是：小额税款对资本家损失不大，顾虑加价后，影响供求关系，因而愿意担负此项小额税款。这样的理由，也是不能成立的，因为我们知道，资本家加强剥削转嫁税负的程度，是决定于他具有的加强剥削的能力的大小，他只要具有这利能力和处在便利的条件下，就会尽量利用这种能力和机会来达到最大限度的剥削。这种加强剥削转嫁税负的数额，可能是超过交纳税款的数额，有时也可能是不到交纳

① （美）塞力格曼：《租税转嫁与归宿》，商务印书馆 1933 年版，第 271 页。

税款的数额，这完全取决于资本家具有的加强剥削的能力大小，而并不怎样涉及税的轻重问题。因为我们知道，即使是轻税，资本家也不愿负担税款的。另外，我们也知道，同一数额的税款，对于大资本家来说，可能是轻税，而对于中小资本家来说，则可能就是重税了。如果照塞力格曼的说法，就是大资本家交纳的税款不转嫁，而中小资本家交纳的税款则要转嫁。这是为谁辩护，我们可以一目了然。塞力格曼认为累进税难于转嫁（原则十）的理由是：累进税不如比例税那样容易触及限界生产者，增加限界生产者的生产费用，这样，限界生产者的较小企业，就不必提高价格；限界以上生产的较大企业，也就不能提高价格了。这种理由也同样是不能成立的。诚然，在累进税制下，所得额、收入额较少的限界生产者（一般都是生产设备条件差的小企业）可能是交纳较少的税；而所得额、收入额较大的限界以上生产者（一般是生产设备条件较好的大企业以至垄断组织）可能要交纳较多的税。但是，因为在它们之间，生产设备条件上的差异，劳动生产率和生产成本高低的悬殊，加以大企业，尤其是垄断组织对营业和价格的控制，因而愈是在限界以上的生产者，凭借其经济势力，也就愈可攫得更多的剩余价值和利润；这样，大企业多交的累进税，是完全能够转嫁出去的。在这里，居于劣势的，只是那些处于限界生产者地位的小企业，到是难于把税负完全转嫁出去。塞力格曼诡辩说，累进税不易转嫁，这只不过是虚伪地宣扬那些大资本家“负担”了较多的税款而已。

再就所谓生产条件对税负转嫁的决定作用来看。塞力格曼在这里最强调的是，受独占法则支配的产品下发生税负转嫁关系（原则二）。所持理由为，独占者已把独占价格订在能够获得最大限度利润的基础上，再提高价格转嫁税负，就会减少产品的销售数量，反而会使总的利润减少，因此，不如自己担负税款。这更是一种极端荒谬的论调。众所周知，垄断价格本身就并不是一种什么普通的价格，而是一种超过价值的高价格，通过这种高价格，垄断资本家们就不仅残酷地攫取了本部门劳动者创造的血汗果实，而且还占有了非垄断企业的一部分剩余价值。在这样一种情况下，难道能有什么理由否认税负已经转嫁了吗？其次，我们也知道，垄断组织在生产过程中，施行所谓新的科学管理方法，加强劳动强度，提高剥削率，是具有更多的便利条件的，而这就正是最残酷、最直接的一种税负转嫁方式。由此可见，塞力格曼的这个所谓原则，不过是极力掩盖垄断资本家们的残酷的税负转嫁行为，并为他们辩护而已。

在生产条件决定税负转嫁方面，塞力格曼对于资本愈不能移动，愈难转嫁税负（原则四）所持的理由是：资本既难移动，与其低价变产转业蚀本和冒受转业的种种风险，尚不如自行负担税款较为得计。这样的理由也是不值得一驳的。我们仅仅从大的方面来看，在垄断前的资本主义时期，资本的移动和转业是较为自由的；可是，在垄断资本主义时期，由于垄断资本家们的操纵，资本的移转和转业，比较起来，就并不是那么容易了，难道在现代垄断资本主义时期，税负转嫁竟然会因此而比过去困难吗？如果是这样，为什么劳动者是愈来愈遭受残酷的压榨呢？这是不能设想的。其次，资产阶级经济学者常说，农业资本具有固定性最难转移。那么，我们再具体地就农业方面来说，地主和农业资本家们又何尝不是天天在设法加强对农业劳动者的剥削呢？或则是增加地租和加强劳动强度，或则是提高农产品的批发价格，无一不是可以把交纳税款的负担转嫁出去，从而为自己攫得庞大的剩余价值，难道这不是活生生的事实吗？

至于所谓从商品性质和供需弹性来决定税负转嫁方面，塞力格曼要弄的欺骗手段也相类似。譬如他认为，绝大多数的货物需要量都是有弹性的，因而增加税负后提高价格有限度，税款只能由买卖双方分担，也就是说，税款只能有一部分有可以转嫁给消费者。显然，这是与现代资本主义国家物价增涨无已的事实不符的，这在笔者的《资本主义社会的税负转嫁问题》等论文内已有说明，为免重复，就不一一列举批驳了。

在这里，我们可以总括地说，塞力格曼完全避开不谈资本主义社会中国民收入按阶级分配和按资本分配的关系问题；完全避开不谈税收制度和税负转嫁现象所表现的阶级与阶级间、人与人间的一种额外剥削关系问题。避开最本质和最根本的问题只字不提，而只是从税收的种类和征收方法、商品性质、供需弹性和生产条件等方面出发，大谈这样一些物与物之间的关系，和单纯技术上的问题，这显然就是想要利用这么多庞杂的虚假的表面现象，来蒙蔽人们，企图达到掩盖真象和歪曲事实的目的。

二、调节社会财富分配的税收负担理论（收入革命论）评析

西方经济学者为了麻痹劳动人民的阶级斗争意志，虚伪地宣传说，在资本主义社会，通过税收的调节，可以贯彻负担公平原则，平衡社会财富的分配。右翼社会党人（英国的工党也包括在内）就是从这种观点出发，对劳动人民进行欺骗的。他们胡说什么暴力的剥夺方法会破坏社会生产力，而通过税收的调节，使不同阶级负担不同的税款，就能根除财富分配的不均衡，避免损失，和平地进入社会主义。现在许多西方经济学者，更是极力捏造这种所谓调节的实际功效，认为通过税收的调节，高收入阶层负担了很多税，财富减少了，已经使他们变得不富裕了；低收入阶层负担税款极少，并享受了许多福利，已经使他们变得较富裕了。因而根据他们的说法，在主要资本主义国家，近年已经发生了规模庞大的“收入革命”；这种“收入革命论”，是整个“人民资本主义”的一项重要内容。西方经济学者甚至更大肆宣扬说，美国已经是一个“中产阶级社会”的国家了；英国在1951年以后，实质上已经不再是资本主义国家了。在这些国家里，都已经没有什么贫富不均的资产阶级和无产阶级了。

应当指出，这样一类“理论”，都是荒谬绝伦的。我们知道，生产资料所有制形式是各该种生产方式下的生产关系的基础，任何社会产品或收入的分配，都是决定于社会的生产资料所有制的形式的。分配的形式只是生产资料所有制形式的派生物。国民收入的原始分配形式和性质，固然是依据生产资料所有制形式为转移，就是国民收入的再分配形式和性质，也同样是以生产资料所有制形式为转移。在一个

社会里，决不可能有基本上改变原始分配形式的再分配形式。在资本主义社会里，生产资料既由资产阶级占有，那么，它的国民收入原始分配和再分配，也只能以有利于资产阶级，而不利于劳动者的方式进行；只能按照经济实力的大小和资本的多寡，而不按照劳动的数量和质量来进行。决不可能设想；当国民收入的原始分配，以有利于资产阶级的方式进行以后，而在再分配中，还能基本上反转过来，以有利于劳动者的方式来进行。因为这是不符合生产资料所有制形式决定分配形式的客观必然性的。所有这一切，正如列宁教导我们的："在资本主义制度下，除了实力之外，便不能有别一种实行瓜分的基础和原则。这些亿万富翁无论与其他什么人瓜分资本主义国家底'国民收入'时，除了按'资本标准'以外，是不能有其他什么标准的（而且还要附加一点：务使巨大的资本得到比它所应得的更多）。资本主义就是生产资料的私有制和无政府性的生产。在这种基础上鼓吹'公平'分配收入，便是蒲鲁东主义，便是市侩和庸俗人的瘪想。瓜分是只能'按实力标准'来实行的。"①

资本主义社会的生产资料占有制形式与分配形式，既然存在上述那种必然联系，那么，国民收入的原始分配，在资产阶级与劳动者之间进行后，也就决不可能期望国家再通过税收的什么调节，把富裕的资本家们改变成不富裕的，再把穷困的劳动者改变成较富裕的。我们一时一刻也不会忘记，在资本主义社会，国家是掌握在资产阶级、尤其是垄断资本家的手里，因而国家税收政策的任务，就只能是以有利于资产阶级，而不利于劳动人民的方式来进行。所谓税收调节的目的，如同整个经济调节一样，实质上不过是"给工人（和一部分农民）造成军事苦工营，给银行主和资本家造成天堂"。②

至于右翼社会党人所说，通过税收的调节，就可和平地进入社会

① 列宁：《论欧洲联邦口号》，见《列宁文选》（两卷本）第1卷，人民出版社1954年版，第903页。

② 列宁：《灾祸临头和防止之法》，见《列宁文选》（两卷本），第2卷，人民出版社1954年版，第106页。

主义。这种修正主义的论调，那更是不值一驳。试问：在资本主义社会里，仍然保留资本家的生产资料私人占有制，仅仅通过课税，怎么可能把这种所有权一步一步征收过来，变资本家私人所有，而为人民所有呢？资本主义国家的政权是资本家、尤其是垄断资本家掌握的，由自己掌握的国家机器，竟然会向自己革命，强迫自己把胜过生命的财产交还给人民吗？决不可能这样。不经过无产阶级革命，实行无产阶级专政，资本家阶级是决不会那样心甘情愿地退出历史舞台的。在这里，我们还应当强调地指出，不但是资本主义国家不可能这样做到，就是在我们社会主义国家，当革命胜利，推翻了反动统治，以工人阶级为领导的劳动人民掌握了政权，也是不可能单单依靠课税，就可改变剥削阶级的生产资料所有制的。譬如我国解放初期，对于地主的土地私有制，就是通过土地改革才废除了的。税收仅仅是在土地改革前，对于削弱地主阶级经济力量和打击地主阶级起了很大的配合作用。同样，对于资本主义所有制的改变，也是通过社会主义改造，由国家资本主义的初级形式到国家资本主义的高级形式，从而逐步改变为全民所有制形式的。在这里，税收仅在把资本家的利润限制在一个较小的合法的范围内这方面，发挥了较大作用而已。可是，把资本主义经济改变为国营经济，主要却并不是通过税收来实现的。苏联在十月革命胜利后，对于改变富农和资本家的生产资料所有制，也主要不是通过税收来实现的。斯大林在这方面曾经写道："如果仍然把生产资料和土地自由使用权保留在富农阶级手里，如果在我们的实践中仍然保留农村雇佣劳动法和租地法，禁止剥夺富农财产，而只采用抽税办法及其他限制手段，就会无法排挤富农这个阶级。……为要排挤富农阶级，就要在公开的战斗中击破这个阶级底反抗，剥夺它所借以生存，借以发展的一切生产条件（土地自由使用权、生产工具、租地权、雇佣劳动权等等）。"①

① 斯大林：《论消灭富农阶级的政策问题》，见《列宁主义问题》，人民出版社 1955 年版，第 404 页。

以上是我们从理论原则上，对西方的“税收调节”、“收入革命”和“通过税收和平进入社会主义”的谬论进行了驳斥。为了更具体地论证资产阶级上述“理论”的荒谬，我们还可以就几个主要方面，对近年来资本主义社会的一些实际情况，进行分析考察。

第一，如果资本主义国家的税收真的起到了“平衡社会财富”和“实现收入革命”的作用，那么，在税收负担上，必然是要表现为劳动者只负担很少的税款，而资产阶级则相应地负担很多的税。在这里，西方一些学者要弄了一些手法，他们拿表面上资产阶级交税增多这件事情，来蒙混人们，这就似乎是，资产阶级负担税款真的增多了。但是，我们只要仔细分析一下，就会发现，原来实际的情况，恰巧与此相反，除劳动者如何遭受税收压榨，资产阶级如何享受纳税优待问题，已在笔者另文内作了分析，不再赘述外，准备再就几个问题，来补充说明在劳动者与资产阶级之间，负担税款的如何不公平。这种不公平表现在税收制度的构成上。在现代许多资本主义国家，间接税仍占重要地位，高级奢侈品的间接税率并不很高，而大众消费品的间接税率却不低，并且前者有时还要降低，而后者却要提高。譬如英国财政大臣在下议院谈1959—1960年年度预算时曾说，对汽车、收音机、电视机、化妆品和香水之类物品，税率要从60%降为50%，可是，对劳动人民大量需要的服装、鞋子、家具等的税率却不减低。即使是在所谓直接税中，也同样是加重对劳动者的征课，放松对资本家的征课。譬如英国实行的所得税，分为基本所得税与附加所得税两种。前者是劳动者与资本家都要交纳的，当然，按人头分配，实际上这种税，就基本上是由劳动者交纳的了；后者是所得额在一定数额以上交纳的，因而这种税就成了资本家的交纳，可是，税负却是很轻的，近年来的情况表明，它只占全部税收收入的3%左右，占基本所得税收入的1/18—1/10。[①] 工党政府实行的特种资本税在1948—1949

① （苏）弗·基里新：《资本主义国家税收》，财政出版社1959年版，第32页。

年度至1950—1951年度，仅为同期间接税收入的1/46。[①] 在各种税的课征制度和减免制度中，也是有利于大所得者，而对于小所得者没有什么好处。譬如美国的所谓直接税，向公司课征的，仅占财政总收入的27.4%，倒是向个人课征的占51.7%。[②] "快速折旧"免税办法，得好处的也是大企业，因为它们的固定资本大，利润多，调换生产设备频繁，通过这种免税，更帮助了它们积累资本，革新技术和巩固垄断地位；对于小企业则是一种相反的情况。又譬如同是按营业行为课征营业税，卡特尔、托辣斯、康采恩等组织起来的垄断企业就要比单个的企业少纳许多税款，因为在垄断组织各企业间的营业，是不算营业行为，免交税款的。原西德一个康采恩与单个企业相比，每年少纳的营业税就可达总销售额的8%—12%，有时还要多一些。其中如曼奈斯曼康采恩1958年销售额50亿马克，因只对康采恩以外营业才交税一次，这就多获了数亿马克的利润。[③] 再譬如同是对所得税应税收入减征5%，产生的效果就迥然不同。美国的一个年收入3500美元，有两个孩子负担的工人，只可因此少交税12美元，纯收入增加0.3%；可是，对于一个年收入100万美元的富翁来说，却可少交4.4万美元，相应增加收入4.4%。[④] 劳动者与资本家负担税款的不公平，还表现在近年来劳动者交纳税款迅速增加，可是资本家，尤其是大资本家交纳税款增加的很少，甚至没有增加。先看美国，从1937—1938年度到1948—1949年度，年收入在5000美元以下的低收入者，交纳的所得税增加了90.6倍，年收入在5000美元到1万美元的，也增加了43.4倍；可是，年收入在50万美元到100万美元的资本家，所得税只增加了2.9倍，而年收入100万美元以上的大资本

① （苏）艾·希列格里：《为帝国主义服务的税收、公债和通货膨胀》，财政出版社1956年版，第137页。

② 《1959年世界知识年鉴》，世界知识出版社1959年版，第816页。

③ 德国经济研究所（民主德国）：《西德资本积聚的现状》，见《国际问题译丛》1959年第15期，第40页。

④ （苏）弗·基里新：《资本主义国家税收》，财政出版社1959年版，第39页。

家，所交税款只增加了2.4倍。[①] 近年来也是这种情况，低收入阶层交纳的税款，从1946年的181亿美元，增为1957年的414亿美元，计增加1.29倍；而高收入阶层的税款，则只从1946年的226亿美元，增至1957年的332亿美元，仅增加0.47倍。[②] 又以1958—1959年度与1953—1954年度相比，工人和职员交纳的税款增加了36%，而其他阶层和公司的税款，则仅增加4%。[③] 再看英国，资产阶级辩护士克罗斯兰特宣称，1951年是英国资本主义时代结束和“昌盛之国”完全建立的一年，可是就是这一年，工人的工资所得税竟增为1938年的132倍，职员薪金所得税增为7倍弱，而其他收入的所得税，则只增长2.5倍。[④] 如果与1944—1945年度相比，利润税、过分所得税以及高额收入的补充所得税三项，还减少了33%，可是，税收总额却增加了19%。西德也是同样情况，1956年与1953年相比，工资所得税增加46%，间接税增加36%，公司所得税只增加20%，而其他收入所得税还减少6%。[⑤]

劳动者与资本家阶级负担税款的不公平，更集中地表现在税收总额中交纳的比重上。由于税收总额剧增，而资本家交税的数字不增或增加很少，因而美国的公司直接税在联邦税收总额中的比重逐年下降，1948年为44.1%，1945年为37.8%，1950年为29.9%，1954年为29.4%，1955年为26.2%，1956年为27%，1957年为25.9%，1958年为24.2%。职工所得税在所得税总额中所占的比重，一般则是逐年上升的。1942—1943年度，还只占26.8%，1943—1944年度也只为47.8%，而到1949—1950年度，就递增为63.2%，1950—

---

① （苏）艾·布里格里：《为帝国主义服务的税收公债和通货膨胀》，财政出版社1956年版，第91页。

② （美）乔治·席斯金德：《凯恩斯主义和美国经济危机》，世界知识出版社1959年版，第71页。

③ 《1957年资本主义国家经济情况》，世界知识出版社1959年版，第236页。

④ 同①，第32页。

⑤ 《1956年资本主义国家经济情况》，世界知识出版社1959年版，第236页。

1951 年度则增为 62.8%。[1] 在英国，仅就劳动人民交纳的所得税和日用品消费税来看，就比资产阶级交纳的利润税、补充所得税、遗产税和其他税款多4倍。[2] 根据苏联许多经济学家的计算，在现在主要资本主义国家，劳动人民承担了全部税款的80%以上（例如英国就占85%）。可是，他们分配到的国民收入仅占总数的30%—40%。

第二，如果资本主义国家的税收真的起到了“平衡社会财富”和“实现收入革命”的作用，那么，国民收入按阶级进行的分配，必然要大起变化，必然可以使国民收入的主要部分为劳动者占有，最低限度，也要比以前年度分得多一些才对。在这里，资产阶级经济学者以美国的科兹涅兹为代表，耍弄的手法是，捏造一些数字，借以伪证低收入阶层分配比例在逐渐提高，而高收入阶层分配比例，则在逐渐降低。他们计算资本家的收入，没有包括日益提高的公司未分配利润、资本增殖收入、各种隐蔽形式的利润（如加速摊提固定资产折旧等）、大量隐瞒未报的利润、得自公司的各种各样福利补助和津贴等，因而计算出来的收入，也就大大地低于实际的收入。他们计算劳动者的收入，是按协定工资标准计算，而不是按实际工资计算（协定常被资本家破坏，因而实际工资是比协定工资标准低的）；是按名义工资计算，而不是按工资的实际购买力计算；尤其是还把一部分工人贵族和资本家的所谓工资也合并计算在内，从而虚伪地夸大了劳动者的实际收入。

事实完全揭露了资产阶级经济学者的谎言。在美国，从1947年到1957年，钢铁工业每增加工资1美元，利润就要增加3.23美元；福特汽车公司工人工资增加70%，而纳税前的利润则增加329%。[3] 正因为这种情况，所以美国工人占资本家利润的百分比，就是逐年下降的，譬如1889年占70%，1919年占61%，1929年占47%，1939

① 《资本主义国家财政论文选》，中国人民大学出版社1952年版，第152页；（苏）弗·基里新：《资本主义国家税收》，财政出版社1959年版，第40页。

② （苏）M.B·鲍加恰夫斯基：《资本主义总危机时期的美英财政》，中国人民大学出版社1957年版，第272、273页。

③ 席曼·拉曼：《美国通货膨胀问题》，《国际问题译丛》，1958年第5期。

年占45%，1956年则只占49%左右，[1] 这充分表现了美国工人的相对贫困化。在意大利，从1948年到1954年，垄断组织的利润，每年平均增加30%，可是，国民收入每年只增长7%。目前，资本家的纯利润比劳动者的收入要多三倍。[2] 正是由于以上这种情况，所以劳动者在国民收入中所占的比重愈来愈降低和愈来愈缩小了。美国劳动者在国民收入中所占的份额，1900年为56.7%，1923年为54%，1941年为44.4%，1951年为41.9%。到了1955年，情况更为严重，92.6%的家庭就仅分得全国收入的34.6%，但是仅占7.4%的家庭分得了全国收入的65.4%；甚至在所谓经济繁荣的1956年，千分之一的家庭总收入，竟然同全国一半以上家庭的总收入一样多。[3] 原西德工人的收入在国民收入中的比重，近年来在逐渐降低，而资本家收入所占比重，则在相应提高。具体表现在，工人收入在国民收入中的比重，1950年尚占28.6%，而到1956年就降为26.4%；资本家收入的比重，1950年占33.6%，可是到1956年，就上升为40.9%。[4] 农民的收入也同样是愈来愈低了。法国最近几年，在19910亿法郎的农业纯收入中，数以百万计的农业工人，只得到2700亿法郎，仅占总数的13.6%；可是，农业经营者分得15.760亿法郎，占总数79.5%，地主也以地租形式分得1450亿法郎，占总数的6.9%。[5] 美国农民1959年1至3季的纯收入比1958年同期减少28%，而粮商的利润则在同期竟增加20%。[6]

---

① （苏）康兹明诺夫：《现代资本主义条件下工人阶级的状况》，《国际问题译丛》1959年第14期，第7、8页。

② 毛罗·斯科奇马罗夫：《意大利人民反对垄断组织的斗争》，《和平和社会主义问题》1957年第8期，第47页。

③ 数字资料参阅：伊·格勃留明："关于'人民资本主义'的神话"，上海人民出版社1958年版，第66页；（加拿大）彼得·怀特豪斯："美国的'人民资本主义'是一个神话"，1959年6月30日《人民日报》；（苏）吉洪诺夫："现代资本主义基本经济法则"，人民出版社1953年版，第42、43页。

④ 《1959年世界知识年鉴》，世界知识出版社1959年版，第609页。

⑤ 《人民日报》1959年8月31日第6版。

⑥ 《人民日报》1959年11月22日第4版通讯。

在上述按阶级的分配中，我们还可以指出，同是资产阶级，愈是富有的垄断资本家，分得的愈多；同是劳动者，愈是压在下层的，分得的愈少。譬如在美国，500 家大工业公司，仅占工业总户数的 0.4%，可是纳税后的利润，1955 年竟占全部工业利润的 68‰，1956 年也占 65%；而其中 22 家最大的工业公司分得的利润数字，又占这 500 家公司利润总数的 43.7%。与此相适应，资本是愈来愈集中了，往往二、三家最大垄断公司的资本，就可达整个行业资本的一半以上。美国黑种人的工资竟不到白种人工资的一半，女工只约为男工工资的 60%—70%，童工工资更低。

一方面是劳动者在国民收入原始分配中，分得的数额很少，另一方面，在国民收入的再分配中还另外有种种剥削，税收的额外剥削，就是其中一个重要项目。这样，广大的劳动人民在自己所创造的国民收入中，最后实际所享受到的份额就越来越少了。

第三，如果资本主义国家的税收，真的起到了“平衡社会财富”和“实现收入革命”的作用，那么，表现的情况是，劳动者的处境必然得到改善，生活水平也要大大提高，与此相适应，资产阶级尤其是垄断资本家那种极端豪华和荒淫无耻的生活，也必然要有所收敛。可是，近年来资本主义国家的实际情况证明，劳动者的处境和生活，却不但不是愈来愈得到改善，而是愈来愈艰苦了；不但是日益相对贫困化，而且是日益绝对贫困化了。这表现在：失业规模扩大，失业人数增加；劳动强度加强，生产事故增多；生活费用指数上涨，实际工资下降；居住条件恶化，生活必需品消费量减少；缺乏医疗和福利设施，丧失接受文化教育机会；信贷消费增加，负债累累，等等。其中有些问题，我们在以前几章已有说明了，在这里，我们只想着重指出的是，劳动者的收入是愈来愈不能用以维持本身和家庭的最低生活了。根据美国加里福利亚大学海勒尔社会经济研究委员会计算，在 1956 年的最低生活费用需要 5593 美元，或每星期 108 美元，但美国却有 81% 的黑人家庭和 48% 的白人家庭每年收入只约为 4000 美元，而 2/5 以上的黑人家庭和 1/5 的白人家庭的收入，更在 2000 美元以下。美国报纸也承认在1953—1958年，每年家庭收入不到1000美元在饥饿线上挣扎的，增加了75万人以上，目前有1600万个家庭每年收入不到2500美元，只能在极端贫困中生活。[①] 在意大利，官方统计的1957年工人家庭的每月最低生活费为7万里拉，可是，纺织工人的工资，仅为25000里拉，即约为最低生活费的1/3；机器制造业工人，随劳动熟练程度的不同，每月工资为3万—6万里拉，也只为最低生活费用的40%—85%。[②] 正是因为这种情观，所以，资本主义国家的很多劳动者，都只能依靠借债和“救济”度日。美国官方宣布，消费者债务1945年为233亿美元，1958年递增为1631亿美元，而1959年更达1850亿美元，平均每人负债达1000美元。意大利农民负债总额1957年6月底为3530亿里拉。1958年底增为3920亿里拉。又根据美国劳动问题调查协会统计，美国靠救济度日的家庭，已从1956年的317万家，增加到1959年初的523万家。[③] 所有这一切正证明了列宁所说的：“食品、衣服、燃料和房子都涨价了。工人的贫困化是绝对的，就是说，他们简直愈来愈穷，生活更坏，吃得更差，更吃不饱，更要挤在地窖和阁楼里”。“但是，工人的相对贫困化，即他们在社会收入中所得份额的减少更为明显。工人在财富迅速增长的资本主义社会中的比较份额愈来愈小，因为百万富翁的财富增加得愈来愈快了。”[④]

可是，在劳动者相对贫困化和绝对贫困化的另一方面，由于资本家阶级攫取了数以亿万计的巨额利润，因而他们就极力挥霍，过着骄奢淫逸的生活。在美国，亿万富翁用在珠宝首饰上的开支，每年就达数十亿美元，而用在赌赛跑马、跑狗等的费用，每年也达十余亿美元。不少亿万富翁，私人拥有飞机和海上游艇，仅维持费一项，每只海艇每年就需50万美元，至于其他高贵奢侈品的挥霍无度，就更不

① 参《人民日报》1957年9月26日第7版。

② 《1957年资本主义国家经济情况》，世界知识出版社1959年版，第55页。

③ 以上数字，参见《人民日报》1959年8月22日、8月31日和9月2日。

④ 列宁：“资本主义社会的贫困化”，见“列宁全集”，第18卷，人民出版社1959年版，第430、431页。

用多说了。这简直不能与劳动人民的穷困生活相比拟，这种极端悬殊的现象，随着资本主义社会的发展和没落，还在日益加剧。

根据以上分析，我们完全可以认定，西方经济学者的什么税收“调节社会财富”、“收入革命”和通过税收调节“和平过渡到社会主义”的“理论”，都是极为荒谬的，它只不过是企图掩饰税收课征的不公平，劳动者税收负担的日益苛重，企图欺骗劳动人民放弃阶级斗争，驯服地忍受日益苛重的税收负担和其他各种压榨而已。

谈到这里，我们还有一个问题有必要着重指出，我们驳斥资产阶级经济学者上述一类谬论，并不是因此就否定对现代资本主义税收制度进行改革的必要性。我们认为，劳动人民在推翻资产阶级的反动统治以前，应当在进行谋取本身彻底解放的政治斗争的同时，进行为减轻劳动人民税收负担的斗争，在一定程度上，对于改善劳动者的生活有好处，对于配合夺取政权的政治斗争也有好处。有关这方面的问题，已在前面作了分析，因而不多赘述。

三、资产阶级轻税劳动者重税的负担理论评析

西方经济学者在谎称已经发生所谓“收入革命”的同时，面对资本主义的现实情况，他们又不能不千方百计造作种种“理论”，来为资产阶级轻税和劳动者重税进行辩解。以凯恩斯、汉森、凯沫尔、墨斯格莱夫、格罗夫斯、洛兹、马歇尔等西方经济学者为代表，他们都是歇力主张大量加重对劳动者的课税和减免资产阶级的纳税。他们所持的理由，可以概括地归纳为以下四项：第一，对资产阶级课税多了，会扼杀资本家的事业经营积极性，缩小投资和企业的生产能力，从而影响国民经济的发展。所以，任何一种税收，只要它多少是抑制个人创业的精神，就必须取消；可是，对于劳动者课以重税，则不会影响劳动者的加班加点工作和劳动强度。第二，对资产阶级课税多了，会引起通货膨胀；而对于劳动者课以重税，则可缩减广大消费者需要，从而制止通货膨胀。第三，对资产阶级课以重税，在财政收入上无济于事，因其人数不多，所得国民收入也少，而对于劳动者课以重税，

则因其人数众多，潜力极大，能够解决财政问题。第四，对资产阶级课以重税不公平，因为这等于剥削了对他们“储蓄”的奖励；对劳动者应多课税，因为他们从国家那里享受到的福利，要比交纳的税款还大得多。以上这样一些“理论”，现正在指导资本主义国家的税收负担政策。资本主义国家多年来给与资产阶级种种纳税优待和加重对劳动者的课征的种种措施，也就正是在上述的一些借口下采取的。

西方经济学者上述的种种理由，都是极端荒谬的，因而也是不能成立的。现在，我们准备逐项加以驳斥。先驳斥第一个理由。在资本主义社会，对资产阶级的课税，不仅没有高到使资本家不可能积累资本或失去了积累资本的刺激，事实恰巧相反，一切正如以前笔者在《资本主义社会的税负转嫁问题研究》和《资本主义税收是劳动大众的沉重负担》等文中所已经论述了的，资产阶级交纳的税款与劳动者对比起来，是显得太少了，并且他们还通过各种方式，把税收负担转嫁给劳动者。尤其是，税收对资本家来说是有偿还性的，国家征收去的税款，大批大批地通过军事定货和各种补贴来偿还给资本家，这又何尝谈得到影响经营积极性和资本积累的问题呢？西方经济学者所以要提出这样一条理由，只不过是要在所谓国民经济利益的漂亮外衣掩饰下，来为资本家少交税款进行辩解而已。与此同时，他们对于劳动者的命运，却是一种截然相反的态度。如以前所论述的那样，劳动者的税收负担已经够沉重了，这种沉重的负担已经严重地影响到劳动力的再生产，可是，这些资产阶级的辩护士却偏偏要说，它不会减少对劳动的刺激，不会影响劳动时间和劳动强度。揭穿这些辩护士漂亮词句的外衣，他们实质上就是说：尽量加重对劳动者的压榨和剥削吧，劳动者为了生活，是必定要忍受这种压榨和剥夺的，他们是不可能用减少劳动量或劳动强度来进行抵制的。试看，资产阶级的辩护者们对于劳动人民摆出了一副何等狰狞可怕的面目！而这正是资产阶级吃人的“理论”。

再驳斥第二个理由。应当指出，西方经济学者对于税收与通货膨胀的关系，说法是不尽相同的。有人认为课税会引起通货膨胀；而大多数人则认为税收能够制止通货膨胀。但是，不管是怎样的见解，他们的目的却都是同一的，即为他们本身的阶级利益辩护。因此，认为课税会引起通货膨胀的西方经济学者，就主张减少对资本家的课税；而认为税收能够制止通货膨胀的西方经济学者，就主张加重对劳动者的课税。先分析批判第一种论点。在这里，西方经济学者是以把价格的任何上涨都荒谬地称作通货膨胀这样的“理论”作为基础的。实际上，通货膨胀的基本特征是：流通领域内充斥过多的纸币，因而造成纸币购买力降低，国家以隐蔽形式得到一部分收入，造成国民收入、国家财富作有利于剥削阶级的再分配。可是，物价上涨的原因却是很多的，而不仅仅是由于通货膨胀。对资本家课税，虽然由于转嫁税负，会使物价高涨，但是，却并不会使流通中纸币增加，因而也就不可能造成什么通货膨胀。事实也证明，通货膨胀常常是由于庞大的军费和军事生产，从而增发纸币和公债所引起的。美国前财政部长汉弗莱在 1957 年 3 月 6 日发表反对艾森豪威尔 1957—1958 年度预算的意见时，也不能不承认：“军事项目和部队人员用掉的数以十亿计的钱，产生了很大的通货膨胀的压力。”① 在历史上，从来没有任何一个国家在任何一个时期，是直接由于课税而造成通货膨胀的。西方经济学者只不过是为了要免除资本家的超额利润税和资本税，而制造了这样的一个“理论”。可是，历史对于这些辩护士来说，是最无情的。英美等资本主义国家在第二次世界大战后，取消了资本家的超额利润税，可是，通货膨胀非但没有得到缓和，而且是愈来愈严重了。从这里，也可以征明这种理论的荒谬。

其次，我们来分析西方经济学者关于对劳动者课税可以制止通货膨胀的论点。在这里，他们所持的理由是，通货膨胀是由于“超额的需求”所引起的。劳动者手中有较多的钱就会用于消费；而资本家则主要是用于储蓄。所以，对劳动者加重课税，就能节制消费，避免造成“超额的需求”；而对资本家课税，则此项作用不大。显然，这样的理论是荒谬的。我们知道，在资本主义制度下，劳动者在国民

① 《人民日报》1957 年 6 月 1 日第 6 版。

收入中，仅能分得一个很小的份额，他们的手中，并没有什么多余的货币。他们的需求，是受这个可怜的分配分额限制住了的。如果税收的目的，真的是要收回过剩的货币，就应当是向有过剩货币的资本家征收，而不应当向收入尚不够生活支出的劳动者征收。同时，社会的整个需求中，劳动者的消费要求，仅占其中的一部分，除此以外，还有来自资本家的消费需求、生产资料的投资需求，以及国家方面的庞大需求。如果需求应通过税收来节制，那么，对资本家和国家的需求，又为什么不应当节制呢？尤其重要的是，这种理论的本身也是站不住脚的，因为在资本主义条件下，向劳动人民征税，固然是缩减了劳动者的购买力，但由于征收者的购买力是用于直接军费和间接军费，社会总的购买力并不会怎样改变；而只是需求的构成和用途发生变化而已，这对于缩减剩余货币量和制止通货膨胀并没有什么作用。西方经济学者所以要坚持这样的主张，只不过是要模糊税收的额外剥削性质，在制止通货膨胀的漂亮外衣下，蒙蔽人民，从而便于对劳动人民进行额外剥削。当然，我们这样说，也并不否认税收能起到制止通货膨胀的作用。如果能真的针对亿万富翁课征，收回过多的货币；同时，又大大节减军费和行政支出，做到财政收支平衡，不使收回的货币再流入市场，那是完全可能制止通货膨胀的。不过，这种特定条件在资本主义社会并不存在，因为疯狂的军备竞赛和经济军事化，使预算支出和预算赤字不断上升；同时，由资产阶级掌握的改府，也决不可能向资产阶级课以重税。

再驳斥所谓第三个理由。诚然，社会各阶级人数的组成，正如同西方经济学者所说的那样，资产阶级的人数极少，而劳动者的人数极多。但是，这决不能得出这样的结论：资产阶级的纳税负担能力小了，对财政收入的作用不大了；而劳动者的纳税负担能力强了，在财政收入上有很大的效果了。因为问题的实质在于：在资本主义社会里，资产阶级的人数虽少，可是，却正是这一小批的剥削者掠夺了劳动人民创造的国民收入的大部分；劳动者的人数虽多，可是他们只能分得很小一部分国民收入。每个资本家都在国民收入中取得庞大的收入，他们除过着挥霍的生活外，还可剩余很大一部分资金，这就是可以作为税款负担的重要源泉，只要把这么一大笔数字的金额筹集起来，就可以充分满足财政上的需要。就劳动人民来说，情况就完全相反了，他们按人数分配到的收入是极小的，加以在昂贵的生活费用下，维持最低生活尚感不足，哪里还有什么负担税款的潜力呢？我们试以美国为例，1957 年的人口数是 17123 万人，国民收入是 3580 亿美元，在总人数中，以 10% 的资产阶级，分得国民收入的 60%，90% 的劳动者，分得国民收入的 40% 计算，则每个资本家可在这个年度的国民收入中分得 12547 元，资本愈大的，分得愈多；每个劳动者都只能得到 929 元。即使根据美国官方公布的数字，一个四口之家，每年最低的生活费用也需 4472 美元。[①] 那么，劳动者维持他们最低的生活尚差 656 美元，又哪有负担税款的潜力可图呢？可是，对于资本家来说，即使把他们的奢侈生活程度提高到最低生活费的五倍，那么，一个四口之家，也还能多出 27828 美元，资本愈大的，剩余愈多。所有的资本家总计共能多出 1191 亿美元，这个数字甚至还超过同年度的联邦预算总收入的一倍。英国的情况完全相同。目前全国有五千多万人，可是，全国财富却大部分集中在大约 2 万个财主手中，他们拥有 60 多亿英镑的财产。在这 2 万人中，1193 个财主又各拥有 50 万英镑的私人财产，财产总值达 12.45 亿英镑，每年收入都在 2 万英镑以上，可是，产业工人每年平均工资仅达 600 英镑。[②] 这就说明资产阶级的纳税负担潜力是何等巨大！同时，这也正可以证明西方学者的前述“理由”只不过是要弄其颠倒黑白的手法而已。资产阶级的辩护士们在前述所谓“财政效果”的借口下，坚持对劳动者课征千捐万税，而反对集中在几种税上，加重对资产阶级的累进课征，更是暴露了他们的丑恶面目。

最后，再谈到西方经济学者所持的第四个理由，那就更不值得一

① 《人民日报》1959 年 9 月 26 日。

② 《1959 年世界知识年鉴》第 709 页。

驳了。这种所谓理由，是以被马克思早已揭穿的所谓“资本禁欲论”或“资本家节制论”为基础的。这种“理论”认为，资本家的所得和积累，是来自本身的节约和储蓄，而不是来自对劳动者的剥削，这是何等荒谬。至于他们说的什么劳动者享受到的福利比交纳的税款还要多，这也同样是歪曲事实。在资本主义社会里，税收只能是资产阶级额外剥削劳动者的工具，只能是维护资产阶级压迫劳动者的秩序的工具，是谈不到对劳动者的什么“服务”或“偿还”的问题的，详细情况笔者在《资本主义税收是劳动大众的沉重负担》一文中已经说明过了。我们在这里所要说明的只是，在过去，资产阶级的古典学派还标榜过税收负担的公平原则，而现代的庸俗资产阶级学派，为了要为资产阶级利益辩护，竟连这个幌子也不顾了，竟然对税收负担的公平原则作起颠倒黑白的解释来了，这就难怪他们要胡说什么“能保证国家财政需要的任何一种税收都是公平的”。

四、拯救经济危机的机动税收负担理论评析

现代资本主义世界的经济危机，深刻地暴露了资本主义制度的腐朽性和寄生性。当每一次经济危机到来时，必然是社会生产力遭受严重破坏，生产急剧萎缩，工商企业大量倒闭，劳动失业人数猛烈增加，给劳动人民带来了无穷尽的痛苦和生活上的严重威胁。同时，也促使劳动人民进一步认识到资本主义的本质。西方经济学者秉承金融寡头的意志，为了麻痹劳动人民便于进行残酷的压榨，竟然宣传什么：通过国家干预经济生活，“周期性的经济循环波动”（他们避而不提周期性经济危机的词句）是可以防止的。围绕这个中心，他们编造了一系列“理论”，所谓拯救经济危机的机动税收负担理论，就是其中之一。这个理论是著名的美国经济学者汉森“创造”出来的。他提出：现代资本主义的一切毛病，都是由于需求的不足，只要能够有效地调节需求，就完全能够制止“经济循环波动”；在这方面，国家的财政、税收政策对于“调节”经济，消除“衰退”（他避而不用“经济危机”的词句）达到“充分就业”，可以起到决定性的作用。

办法是：在经济“高涨”时期，由国家提高税率，增加税收负担(另外还减少公共支出和减少发行公债)，以限制“繁荣”时期消费的过分扩张和积累专用的财政后备金；在经济“衰退”时期，则降低税率，减轻税收负担，甚至停止课征和退还已征税款（另外还扩大政府支出和发行公债），以增加消费者的购买力，刺激资本家投资和经济活动的积极性。根据汉森的说法，有两种税是最便于控制和用来为这种目的服务的：一是工资名册税（或称社会保险基金的税收），在经济循环向上时期开征，以后经济愈“繁荣”，税率愈重，到经济循环向下时期即予停征，并从设立的特殊基金账户中退还给原纳税人；另一是营业税（或称消费税），征收和退还的情况类似，只是税款不是退还给原纳税人或消费者，而是在经济“衰退”阶段用来直接弥补国家预算的赤字。另外，汉森还认为，在经济循环的不同阶段，调整个人所得税的基本税率也能影响广大消费者的购买力，从而可以“调节”消费，并进而制止经济循环的波动。

这种所谓“理论”的基本前提有二：一是资本主义国家对整个社会的经济体系，具有决定性的作用，通过国家有计划的经济调节，就能够解决一切问题，因而也就能通过税收负担的调节，来拯救危机；二是周期性的经济危机只是由于流通过程中的需求暂时不足，而并不是资本主义制度本身有什么不可解决的基本矛盾，通过税收负担的调节，既然可以影响需求，所以也就能用来拯救危机。可是，事实上这样的前提条件，却根本不存在。因为我们清楚地知道，在资本主义社会，国家只不过“是一个组织国防、维持‘秩序’、征收税捐的机关。真正的经济是很少与资本主义国家有关系的，它并不在资本主义国家手中。相反地，国家是握在资本主义经济手中。”① 资本家为了多攫取利润，他们总是千方百计地对劳动者进行残酷剥削，只付给劳动者最低的甚至不能维持最低生活的工资。随着生产的扩大，劳动者却日益贫困，他们有支付能力的需求大大落后于生产的发展。这种

① 斯大林：《与英国作家威尔斯的谈话》，人民出版社1953年版，第5页。

情况的产生，是根源于资本主义制度下生产的社会性和生产成果的私人资本主义占有形式之间的矛盾。这是资本主义的基本矛盾，而它也正构成生产过剩的经济危机的基础。因此，经济危机不可避免的根源在于资本主义制度本身。只要资本主义制度存在，就必然要产生经济危机。要消灭经济危机，就只有首先消灭资本主义制度。如果仍然保留资本主义制度，则资产阶级国家任何所谓“调节需要”的手段，都可能只是加深经济危机，而不可能拯救经济危机。汉森把经济危机归因于流通过程中需求的暂时不足，只不过是企图用一些表面现象来蒙混人们而已。

具体地就汉森的机动税收负担的办法本身进行分析，这种所谓“理论”也是不能够成立在这样一种情况下，资本主义国家既然不掌握经济，既然不具备组织经济的职能，既然各个资本主义企业由各个资本家所私有，而不可能由国家统率，试问又怎么可能对社会的整个经济体系进行什么有计划的调节呢？诚然，现代资本主义国家通过它们所谓的“调节”，在某个时候，也能对国民经济的某些过程发生某些影响作用。但在垄断资本家们的操纵下，这种“调节”只能是有利于垄断资本，而不利于劳动人民，它决不可能对社会的整个生产和再生产过程，起什么决定性的作用，也决不可能成为整个社会经济发展的什么组织力量。因此，在整个资本主义生产和再生产过程中必然产生的周期性经济危机，国家是完全无力防止的。因为我们也清楚地知道，在经济“繁荣”时期多征税款，包括工资名册税、消费税和个人所得税在内，这些税主要都是面对劳动大众征收的，基本上也都是由劳动大众直接负担的；由资本家交纳的很少，负担的更是极少，与资本家的庞大利润额对比起来，简直是九牛 毛，微乎其微。因而多征这些税不会限制资本家在经济“繁荣”时期的什么消费倾向，也不会削弱他们对增加投资的兴趣。对于劳动大众说来，多征这些税，则要大大压缩其购买力，从而进一步降低其消费水平。但是，由于现代资本主义国家积极进行扩军备战，预防数字和财政赤字日趋扩大，国家通过税收集中这一部分购买力后，仍将在庞大的军费和警察行政费中拨支出来，因而对社会商品的总需求并不会减少，所不同的只是把劳动者的消费能力，转变为由国家供养的军队和官吏的购买能力而已。这是不可能限制什么“繁荣”时期消费的过分扩张的。退一步说，即使把一部分购买力冻结起来，不通过国家预算拨付出去，也是不可能起到什么拯救经济危机的作用的。因为在经济“繁荣”时期，多得利益的只是资本家，劳动者的劳动所得本来也是很少的，购买和消费能力远远落后于生产的发展；而现在又要在本来已很低弱的购买和消费能力中，强制地征收去很大一部分，这就更不能与生产的发展相适应了，这只能加速经济危机的来临，而不可能对防止经济危机起到什么积极作用。

现在再谈在所谓经济“衰退”时期减征税款、停止征税以至退还所征税款的问题。课征的几种税只有工资名册税中征自工人的部分，是仍然退还给工人的，这样，工人就只能得到很小一部分退还的税款，可是在经济危机时期，工人大量失业，幸而在业的工人，工资也大幅降低，得到的这很小一部分退还税款的购买力，是远不能弥补因经济危机而失去的这部分购买力的。这对于提高消费能起什么刺激作用？又怎能拯救什么经济危机？所以，它的实质只不过是强制工人阶级在经济“繁荣”时期就把一部分生活必需费用“储存”下来，以备在经济危机时期，由工人阶级自己救济自己而已。这样，“救济”失业者的费用也由工人阶级自己负担了，垄断资本家及其掌握的国家就连这笔开支也可节省下来了。显然，这是别有用心。在经济“繁荣”时期向资本家征收的许多税到了经济危机时期，都是要停征减征的，甚至过去已由劳动者负担的税，还要直接退还给垄断资本家，这样大量的未征税款和已征税款，就都要直接落入垄断资本家的腰包了。垄断资本家凭空增加大量收入。可是，这对于刺激他们所谓的投资兴趣却毫无作用，决不可能拯救什么经济危机。因为在经济危机时期，资本家手中本来是掌握了大量闲置资本，他们因无利可图，顾虑风险，是不会增加投资的。经济“繁荣”时期征收的税，根据汉森的说法，有些是用来扩大所谓“公共工程”的开支、弥补预算赤字的。但是，这笔钱通过国家订货，仍被垄断资本家所攫取；并且这也不过是在“公共工程”等的幌子下，来加剧军备竞赛，推行战争政策。显然，这也可使经济危机暂时延缓一下，但因为资本主义国家的经济军事化会带来通货膨胀，加重对劳动者的剥削，因而加深了生产能力和居民的有支付能力的需求之间的矛盾，这就必然使经济危机更加深刻，而不能做到什么拯救经济危机。

现代资本主义国家的实际情况，就是最好的证明。在美国，正是采用了汉森之流拟订的办法，加紧在税收方面对劳动人民的压榨；而在出现经济危机的时期，或则是大量地把征自劳动人民的税收“退还”给垄断资本家，或则是通过军事订货、国家投资和其他各种津贴，给予垄断资本大批赠礼。可是，周期性的经济危机不但没有消失，而且愈来愈频繁，愈来愈深刻，劳动人民遭受的灾难更为深重。在第二次世界大战以后，美国在十年内就发生了三次经济危机，即1948—1949年、1953—1954年、1957—1958年这三次经济危机。

根据以上分析，我们可以认定，拯救经济危机的机动税收理论，只不过是要麻痹劳动人民的斗争意志，忍受税收的压榨，实际只是为垄断资本家发财致富寻找藉口。

五、资本主义社会税收转嫁与负担的概括论点

从资本主义社会的税收转嫁与税收负担的分析研究中，我们可以看到资本主义社会的税收转嫁实际上指的是：应该由某个阶级缴纳的税款，而又将其负担转移给其他阶级来负担的问题。具体地说，就是剥削阶级如何通过加强剥削的方法，把形式上由他们交纳的各种税款的负担，转移给劳动人民的过程。通过税负转嫁关系，实际负担税款的，就是劳动人民，他们再一次减少了劳动收入，而剥削阶级则在加强剥削中，逃避了税收负担。西方经济学者撇开阶级关系，只把税负转嫁简单地虚伪地描绘成某甲与某乙个人相互间转移税款负担的过程，那是荒谬的。所以剥削阶级统治社会的税负转嫁，实质上是阶级间的一种额外剥削或补充剥削，是整个剥削阶级与全体劳动人民相互

关系的一种表现；而税负转嫁过程也永远是阶级斗争的过程，是剥削阶级与被剥削阶级并存社会所特有的现象。税收转嫁的可能性及其程度决定于阶级力量的对比关系。转嫁税负的方式有多种多样，但主要的就是两种，一种是在生产过程中，通过减少工资、延长工作时间、恶化劳动条件、加强劳动强度和更新技术装备等，降低劳动力价值的购买水平（对个体经济则是压低产品的收购或包买价格）或迳自降低劳动力价值，以扩大剩余价值的剥削，把税负转嫁给以生产者资格出现的劳动人民；另一种则是在实现价值的流通过程中，通过提高用货币形式表现出来的商品价格，扩大剩余价值所占的份额（也包括提高服务价格和房租），抑低劳动收入的实际购买力，把税负转嫁给以基本消费者身份出现的劳动人民。

正因为税负转嫁问题的实质和规律是这样，所以，在资本主义社会里，资本家阶级缴纳的各种税款，其中大部分以至全部都是可以和必然要转嫁给劳动人民负担的，而劳动人民直接缴纳的税，则无论如何也不可能转嫁给剥削阶级负担。所以，我们才把资本主义社会的税收，称为对劳动人民进行额外剥削的残酷工具。

从资本主义社会的税收转嫁与税收负担的分析研究中，我们可以知道，资本主义国家千方百计地，急剧地加重劳动者的税收负担，并给资产阶级，尤其是给垄断资本家以种种纳税优待，同时，还通过预算支出，把税收大量地作为给亿万富翁的赠礼，这是资本主义制度本身所决定的，有它的客观必然性的。面对这样的客观实际，资产阶级的辩护士们，为了本阶级的利益，必然要捏造种种“理论”，来为资产阶级利益进行辩护，借以对劳动人民进行欺骗和蒙蔽。我们站在劳动大众的立场，就在于尖锐地揭露西方经济学者“理论”的虚伪性和资本主义国家税收转嫁的残酷性，积极支持劳动大众在进行政治斗争求得本身彻底解放的同时，也通过各种经济斗争，来迫使加重资产阶级的税收负担，和减少劳动者自己的税收负担，以便使各阶级间的税收负担能重新分配求得自己应有的生活权利和经济利益。当然，资本主义制度下工农劳动大众都很了解，一时一刻也不应忘记夺取政权的政治斗争。在这里，争取减轻本阶级税收负担的经济斗争，只是从属于政治斗争的任务，它只能稍许改善本身的生活。因为，在无产阶级尚未取得政权、生产资料的资本主义私有制尚未废除的情况下，不可能改变生产资料资本主义私有制基础上产生的分配关系，不可能根本改变不公平的税收制度。西方经济学者制造的种种税收转嫁和负担“理论”，都是骗人的谎言。

只有在劳动人民当家作主的社会主义国家，资产阶级转嫁税负的不法行为，才能够受到严格限制。而随着生产资料的资本主义私有制的改造深入，资本主义私有制逐渐消失。在我国过渡时期初期，资本主义工商业在强大的人民政权和国营经济领导下，在社会主义基本经济规律和国民经济有计划按比例规律的作用影响下，在广大职工的严格监督下，资本主义企业受国家计划价格的规范，一般只能获取国家允许范围内的合法利润，要想通过提高商品、服务价格，提高雇工劳动强度等来增加利润，转嫁税负，都并不容易。扩大剥削一般只表现于这个时期或那个时期，这个资本家或那个资本家，这个行业或那个行业，这个地区或那个地区。全面地、长期地扩大剥削是不可能的，因而税负转嫁就只能是在一个较小的范围以内，一般就只能是表现在过渡时期的较前一个阶段。国家资本主义经济的税负转嫁难于资本主义经济，高级形式的国家资本主义经济的税负转嫁也就更难。初级形式的国家资本主义经济随着国营经济的发展和壮大，随着各种非社会主义经济改造的逐步完成，这种转嫁的范围，就日益受到严格限制。在全国资本主义工商业改造基本完成，就基本上不发生税负转嫁问题。概括地说就是，在新中国建立后的社会主义改造时期，在以公有制为主体的计划经济体制时期，基本上不发生税负转嫁问题，而当税负转嫁的物质基础消失，主要是不存在生产资料资本主义所有制和经济实体不能自由确定商品市场交易价格的条件下，税负转嫁关系也就随之消失。

只有在劳动人民当家作主的社会主义国家，才能够实行最公平和有效率的税收制度，加重对资产阶级的课税和照顾劳动人民的税收负担。在我国过渡时期，在税收负担的政策原则上，正是鲜明地表现了公私经济区别对待和不同阶级、阶层区别对待。由于不同税率、计税方法、减免税等方面的税法规定，同样数额的营业和所得，资本主义经济交纳的税，就要比国营经济、合作社经济和劳动者的个体经济交纳的多一些；富农经济交纳的税也要比一般农民多一些，贫农交纳的税更少。为了在土地改革前，就着手削弱地主的经济实力，地主要交纳较多的税。在这里，由于税法上的差别规定，剥削者的所得和收入愈多的，交纳的税也就愈多；贫苦的手工业者、农民、商贩、生活困难的，则可以得到免税照顾。劳动者的工资收入则是不课征税的。为了对农业劳动者进行照顾和促进生产，我们的农业税多年来还都是一直采取了稳定负担的政策，增加生产并没有随同增加课税。为了引导个体经济走向合作化的道路，税收负担上也有种种优待办法；对资本主义经济接受社会主义改造，在税收负担上也有鼓励。这样，税收就在配合贯彻党的阶级政策和社会主义改造方面，发挥了它的重大作用。同时，在促进提高社会生产力，促进整个经济的恢复和发展，也发挥了重要作用。

不同本质的国家在税收转嫁与税收负担问题上的对比情况，正是充分表明社会主义制度的巨大优越性。

(1960年6月8日《资本主义社会的税收转嫁与税收负担》书稿第四章出版社三校清样)

笔者说明：本文是在1960年的情况下，对西方有些学者的税收转嫁和负担理论，抹煞资本主义税收阶级实质所作的评论，并不否定西方税收理论和税制建设经验对我们研究问题的重要国际借鉴作用。为保持历史和认识发展的原貌，未对本文修改。有关该项问题，并请参见笔者其他有关论述。

三、逐步推进新一轮全面性税制改革

要进行全面性税制改革

我国经济发展，已进入了一个新阶段，依据党的十六大精神，适应经济体制改革转轨和与国际市场经济接轨的要求，必须分步实施改革开放后的第三次全面性税制改革，本文从客观形势与现实情况两个方面，论证了进行全面性税制改革的根据，陈述了稳步推进全面性税制改革的具体思路。

一、客观形势要求我国进行全面性税制改革

改革开放以来，随着市场作用的发挥和市场经济体制目标的确立，我国经历了两次全面性的税制改革。第一次是1983—1984年的“两步利改税”和工商税制全面改革，把过去较为单一的税制体系逐步改革为多税种、多层次、多环节调节的复合税制体系，适应了改革开放初期经济体制改革目标模式探索阶段引入市场机制的形势，强化了税收的宏观调控功能。第二次是1994年的全面、结构性税制改革，遵循党中央提出的建立社会主义市场经济体制的目标要求，依据“统一税法、公平税负、简化税制、合理分权”的原则，初步建立了适应社会主义市场经济体制要求的税制体系框架。9年多来的实践证明，1994年的改革是成功的，取得了巨大成绩，在过去一个时期，稳定税制，不做大的变革，也是适当的。但随着社会主义市场经济体制的初步建立，国民经济的飞速发展，我国加入世贸组织后更大程度地融入世界经济发展主流，以及国内外经济形势发生的一系列重大变化，现行税制不适应经济发展的矛盾，越来越尖锐地显露出来。

当前我国经济转轨和发展已进入一个新阶段，党的十六大对坚持

改革开放、不断完善社会主义市场经济体制、全面建设小康社会作了纲领性的重大战略部署，适应完善社会主义市场经济体制和与国际市场经济接轨的客观形势要求，必须进行改革开放后的新一轮全面性税制改革，并与税外收费改革紧密结合起来。它不但涉及产业、行业、地区间和内外资各类企业利益的较大调整，也涉及对地方和中央各部门利益的较大调整，无论就其性质、规模，还是深度和影响面来说，都将是一次税制大改革。这是中国税制建设的一个重大系统工程，涉及财政经济和行政体制改革的许多方面，各税种立法也需要一个过程，工作量大而又复杂，应当全面规划，分步实施。完善一个或几个，就先出台一个或几个。

进行新一轮全面性税制改革的主要根据：

一是1994年的税制改革是在社会主义市场经济目标刚刚提出，而市场经济体制框架尚未形成和当时我国经济处在高速增长、高通货膨胀的情况下进行的，含有过多的频繁变动的过渡性区别对待政策、优惠政策和对社会投资、消费的限制政策。地方税制基本未改，仍然沿用20世纪80年代甚至50年代的许多条例法规。这些必然导致税制本身存在固有的、带有某些计划经济体制色彩的诸多矛盾。当前多种所有制经济共同发展的格局已基本形成，国有企业市场化程度大大提高；市场供求格局也发生了根本性转变，出现了生产水平与需求结构不相适应所产生的结构性生产过剩现象，现行税制已不适应享有自主权的各市场经济主体日益增强的对“公平竞争、平等发展”的迫切要求；不能适应调整产业结构，拉动国内需求，促进民间投资的需要。

二是随着经济发展和经济体制改革的进一步深入，我国经济出现了许多亟待解决的深层次问题，如不少企业在重组中面临重重困难，高新技术产业要开拓，中小企业要扶植，东西部地区要协调发展，城乡差距要缩小，社会成员收入悬殊要调节，环境和资源要保护，失业增加和农村富余劳动力转移问题要解决，统一的社会保障体系要建立等等，这都需要税收上的有力配合，而现行税制在上述方面的内在调控机制都有欠缺。现阶段以市场化为导向的经济体制的深化改革，经济结构的全面调整，新型工业化道路的迈进，都要求加强税收这个重要经济杠杆的宏观调控力度，这就需要建立一个与完善的社会主义市场经济体制相适应的税收制度。

三是加入世界贸易组织，不仅确定了我国经济体制改革必须尽快向市场经济“转轨”，完善市场经济体制；同时，也确定了我国的市场经济，必须与国际市场经济“接轨”。这在税收上就要求尽快改革税制中与市场经济要求不相适应的方面，加快转轨的步伐；必须在前者的基础上采取“遵循规则与运用规则相结合”的原则，调整税政，改革税制，满足“接轨”的要求。这就是一方面应当遵循和信守世贸组织有关规则及其对税收的要求和我国作出的承诺；另一方面又要掌握运用世贸组织规则的有利条款和允许的方式，进一步调整税收政策，完善税收制度，以利于在复杂的国际竞争中，有效利用国内外两个市场、两种资源，加速发展我国急需发展的产业，提高国际竞争力。

四是在政府收入中，“税小费大”的情况还未根本转变，既不适应构建公共财政应以“税收收入为主、收费为辅”的收入分配格局的合理要求，也不适应集中财力，振兴财政，建立稳固、平衡、强大的国家财政的国策要求。

五是经济全球化和科枝飞速发展的国际环境给税收带来诸多要解决的新课题，表现在国家间的经济依赖程度加深，税制的相互影响加剧，跨国公司的发展及其经济活动和资本、人才、科技等生产要素流动日益频繁，有关国际税收分配及其关系处理复杂化凸显等方面；电子商务的发展，更严重地冲击了国际税收原则和各国的税收制度，原有“居民”和“所得来源地”概念，难以界定，税收管辖权划分困难，我国现行税制已很难适应发展中的新情况。

六是当前世界上许多国家为应对激烈的国际竞争和世界性经济停滞、滑坡，都正在研究实施税制改革，世界范围内的新一轮税制改革已经开始。OECD（经济合作与发展组织）国家就出现了税制改革的诸多趋势，如降低税率，简化税制，拓宽税基，提高效率；实行标准化的增值税制度，完善所得税制度，研究建立适应知识经济的新型税制；扩大“绿色税收”的征收范围等等。我国税制必须与发展中的世界税制相衔接，以保护国家的经济安全和权益，促进国际经济合作，提升我国经济的国际竞争力。

二、进行全面性税制改革的基本思路

总的是以党的十六大决定为指导，依据“转轨”与“接轨”的要求，必须以适应市场化机制为导向，加强宏观调控，在降低社会税费总负担水平，逐步提高税收占国内生产总值比重的原则要求下，合理安排和优化税制结构，建设统一、规范、公平、高效、简化和有透明度，适应社会主义市场经济发展和经济全球化要求的完善税制体系。

第一，要改革与调整税制的总体结构，使各税种成为一个有机整体，并协调统一各产业、各地区的税收政策法规。不分企业类别、所有制形式，实行统一的税收政策制度。授权省级的税收立法应权限清晰，要符合全国统一的税收政策制度要求，并重视与国际税制衔接。

第二，要规范税制，简化明确，完善各税种的组成要素，使之更具有科学性、严密性、高效性和可操作性，并保持一定的稳定性。

第三，要严格贯彻“公平税负、鼓励竞争”的原则，普遍征收，从低定率，不搞有违市场经济规则和国家宏观决策的特殊优惠待遇，坚决取消现行各种不合理的区别征税和优惠政策制度规定，对各类纳税人的征税，真正做到公平、公正、合理；涉及国际间的征税，要符合最惠国待遇原则和国民待遇原则，没有歧视。

第四，要使税收政策制度，体现国家战略决策和产业政策、地区协调发展原则的要求，引导经济结构调整，高效率地促进发展经济。

第五，要使税制纳入严格的法制化轨道，依法治税，严格征管，依循税收法定主义，逐步改行政立法为人民代表大会立法，提高税法的权威性和透明度。

对各税类、税种及其基本制度的改革走向有如下具体建议：

（一）国内流转税改革

1. 增值税改革以完善征、扣税机制为主要内容，把生产型增值税改为消费型增值税，解决固定资产（主要是机器设备）区别内外资企业，进口与国产品分别实行不同的征、扣税办法等征扣税机制混乱、政策分歧较大的矛盾。把与商品交易密切联系的一些劳务服务纳入增值税征税范围，解决同属于企业收入和增值范围的劳务收入，由于不征增值税导致的增值税征、扣税机制分割、混乱的矛盾。对进口产品全额征税，完善出口产品退税机制，取消增值税中间环节的减免税规定，严格确定小规模纳税人范围。

2. 消费税要适当扩大征收范围和调整税率，把需要严格控制消费的资源性产品和污染环境、有害健康的产品列入征税，也把特定消费行为也列入征税。

3. 营业税在部分项目并入增值税后，连同城市维护建设税、教育费附加，全并为独立的地方经营收入税以企业经营收入（含调拨收入额）为课税对象，中外资企业统一适用。

（二）关税改革

1. 按照我国承诺，逐步降低进口关税税率，调整关税税率结构，整顿税收优惠措施，加强关税管理。

2. 调整出口关税项目和税率水平，健全管理制度。

3. 完善反倾销税、反补贴税制度，加大运用力度保护国内产业。

4. 严格限制加工贸易的来料、进料加工进口征税的范围，产品不进入保税出口加工区的，应一律照章纳税。

5. 从加强关税，同时又加强国内税统一管理的目标出发，将海关代征进口环节国内税，改为由口岸国内税务局自行征收，并改变进口环节国内税随同关税一并减免的做法。

（三）所得税改革

1. 将内外资两套企业所得税制合并改革为统一的法人所得税，以法人实体界定纳税人及其纳税义务，不具有法人资格的个人独资企业和个人合伙企业．划为个人所得税纳税人。降低税率，统一税基及计算，调整税收优惠目标规模和重点。

2. 把个人所得税的分类税制，改革为综合分类税制，重新设计税率、征收预扣率，减少税级，提高生计费用扣除标准，调整中外籍个人征税政策上的差异，并在征收制度上与法人所得税协调配合。

（四）财产税改革

1. 把内外资企业和中外籍居民分别适用的房产税、城镇房地产税、城镇土地使用税，在条件具备时逐步合并为城乡统一适用的房地产税，拓宽税基，调整税率，扩大财产税的调控力度，使其成为地方政府的主体税种。

2. 把对内外资企业和中外籍个人征收的车船使用税和车船使用牌照税合并为统一适用的车船税，调整征税定额，改进征收办法。

（五）农业税改革

近期目标是按照农村税费改革的总体规划，完善农村税费改革试点的各项政策，大幅度降低农民税费负担，合理调整农业税负水平。改进农业税征收办法，取消农业特产税，加快推进各项配套改革，在完成试点工作基础上，逐步降低农业税税率，切实减轻农民负担。长远目标是创造条件把古老的田赋式农业税制，逐步并入现行按收入与所得征税的制度，解决历史延续下来的农业经济单立税制的问题，实现城乡税制的统一。

（六）清费立税改革和下放地方税管理权限

取消一切不合理、不合法收费项目，对保留的合理收费项目要降低收费标准，并进行规范化管理。同时，要对部分体现政府职能，属于税收性质，具有税收功能，且便于征收管理的收费改为征税。有相关税种的，通过增设税目，提高税率，并入现行税种征收体系，不另立新税种，避免同一课税对象设几种税的问题发生，如把城市水资源费和矿产资源费等并入资源税，把土地使用费并入土地使用税等。现行税种中无相应课税对象的，要开征新税种，如把现行职工养老保险、失业保险、医疗保险基金收费，改为开征社会保障税；把对环境保护等的各种收费改为开征环境保护税。

现在的各种收费，绝大部分都是地方的，不可能由中央分别为各地区代为制定不同的费改税办法，要借鉴国际经验，在不影响全国税政统一和中央收入以及周边地区经济利益的前提下，下放地方税的部分立法权，保留必要的干预和否定权。这包括两项：一是对全国性的某些地方税种，允许省级政府和人代会调整税目、税率、扩大征收范围和提高征收金额。把地方立项的合理收费，并入现行地方税种征收，区别情况，或报中央政府批准，或只报备案。对地方税主体税种，赋予省级政府相适应的税收管理权。对中央只负责制定统一税收法律、条例的地方税种，应允许省级政府制定实施细则。二是属于部分地区或少数地区的特别收费，规模较大、符合税收条件的，可根据当地情况，授权省级人民代表大会立法，报中央政府批准，开征地区性的特别税种，相应地取消该项收费。

另外，为完善税制调节体系，在适当时机，要开征社会保障税、遗产和赠与税，环境保护税，单独设立证券交易税（相应取消证券交易印花税），并征收证券交易所得税。为适应社会经济形势变化，应取消固定资产投资方向调节税、屠宰税和筵席税。

本文载财政部财政科学研究所《研究报告》2003 年 5 月 12 日第 24 期（内报），人民日报社《中国经济快讯》2003 年 5 月 8 日第 12 期，以《对我国进行全面性税制改革》为题；《经济日报》2003 年 8 月 4 日“理论与实践”版，以《深化税收体制改革走向》为题，分别摘转载。全文以《对我国进行全面性税制改革的探讨》为题（增引了十六届三中全会税制改革原则）载《税务研究》2004 年第 1 期。文章的主要内容是 2002 年第三、四季度在中国国际税收研究会理论研讨会的发言，初稿以《要全面规划税制改革》为题，载研究会《研究要报》2004 年第 1 期。

深化税收体制改革构想

根据十六大精神，为适应经济体制改革新要求，亟待抓紧研究新的税收体制改革。

一、基本思路

总的思路是，必须以适应市场化机制为导向，加强宏观调控，在降低社会税费总负担水平，逐步提高税收占国内生产总值比重的原则下，合理安排、简化和优化税制结构，建设统一、规范、公平、高效和有透明度、适应社会主义市场经济发展和经济全球化要求的完善的税制体系。第一，要改革与调整税制的总体结构，使各税种成为一个有机的整体，各税种、各产业、地区的税收政策法规，也要协调统一，授权省级的税收立法，要符合全国统一的税收政策制度要求，并重视与国际税制衔接。第二，要使税制规范化，完善各税种的组成要素，使之更具有科学性、严密性、高效性和可操作性，并保持一定的稳定性。第三，要严格贯彻“公平税负、鼓励竞争”的原则，坚决取消现行各种不合理的区别征税和优惠政策制度规定，涉及国际间的征税，要按照最惠国待遇原则和国民待遇原则，不得歧视。第四，要使税收政策制度体现国家战略决策和产业政策、地区协调发展原则的要求，引导经济结构调整，高效率地促进经济发展。第五，要使税制纳入严格的法制化轨道，依法治税，提高税法的透明度和权威性。

二、改革走向

对各税类、税种及其基本制度的改革走向，主要有以下几点：

1. 工商流转税改革。(1) 增值税改革以完善征、扣税机制为主要内容，把生产型增值税改为消费型增值税，解决固定资产区别内外资企业，进口与国产产品分别实行不同的征、扣税办法，导致政策分歧、征扣税机制混乱的矛盾。把与商品交易密切联系的劳务服务纳入增值税征税范围，解决同属于企业收入和增值范围的劳务收入，不征增值税导致的增值税征、扣税机制分割、混乱的矛盾。取消增值税中间环节减免税措施，严格确定小规模纳税人范围。(2) 消费税要适当调整征收范围和税率，把特定消费行为也列入征税。(3) 营业税在部分项目并入增值税后，连同城市维护建设税、教育费附加，合并为独立的地方经营收入税，以企业经营收入为课税对象，中外资企业统一适用。

2. 关税改革。(1) 按照我国承诺，逐步降低进口关税税率，调整关税税率结构，整顿税收优惠措施，加强关税管理。(2) 调整出口关税项目和税率水平，健全管理制度。(3) 完善反倾销税、反补贴税制度，加大运用力度，保护国内产业。(4) 严格限制加工贸易来料、进料加工进口征税的范围，产品不进入保税地点的，应一律照章征税。(5) 从加强关税又加强国内税统一管理的目标出发，将海关代征进口环节国内税，改为由口岸国内税局自行征收，并改变进口环节国内税随同关税一并减免的做法。

3. 所得税改革。(1) 内外资两种企业所得税合并改革为法人所得税或公司所得税，以法人实体界定纳税人及其纳税义务，不具有法人资格的个人独资企业和个人合伙企业，划为个人所得税纳税人。统一税率，统一税基及计算，统一税收优惠，内外资企业及有所得的法人实体一律适用。(2) 把个人所得税的分类税制，改革为综合分类税制，重新设计税率、征收预扣率和费用扣除标准，调整中外籍个人征税政策上的差异，并在征收制度上与法人所得税或公司所得税协调配合。

4. 财产税改革。(1) 把内外资企业和中外籍居民分别适用的房产税、城镇房地产税、城镇土地使用税，合并为统一适用的房地产税，拓宽税基，调整税率，扩大财产税的调控力度，使其成为基层政府的主体税种。(2) 把对内外资企业和中外籍个人征收的车船使用税和车船牌照税合并为统一适用的车船税，调整征税定额，改进征收办法。

5. 农业税改革。近期目标是按照农村税费改革的总体规划，大幅度降低农民税费负担，合理调整农业税负水平，改进农业税收办法，取消对农民一切不合理的收费负担。长远目标是把古老的田赋式农业税制，逐步并入适应商品经济的现行按收入与所得征税的制度，解决历史延续下来的农业经济单立税制的问题。

6. 清费立税改革。在取消一切不合理、不合法收费项目和对保留的合理收费项目降低收费标准、并进行规范化管理的同时，要对部分体现政府职能、属于税收性质、具有税收功能、且便于征收管理的收费改为征税。有相关税种的，通过增设税目，提高税率，并入现行税种征收体系，不另立新税种，避免同一课税对象设几种税。如把城市水资源费和矿产资源费等并入资源税，把土地使用费并入土地使用税等。现行税种中无相应课税对象的，要开征新税种，如把现行职工养老保险、失业保险、医疗保险基金收费，改为开征社会保障税；把对环境保护等的各种收费，改为开征环境保护税等。现在的各种收费，绝大部分都是地方的，不可能由中央分别为各地区代为制定不同的费改税办法。借鉴国际经验，在不影响全国税政统一和中央收入的前提下，可以下放地方税的部分立法权，保留必要的干预和否定权。这包括两项：一是对全国性的某些地方税种，允许省级政府和人代会调整税目、税率、扩大征收范围和提高征收金额，把地方立项的许多收费，并入现行地方税种征收；二是属于部分地区或少数地区的特别收费，规模较大、符合税收条件的，可适应当地情况，授权省级人民代表大会立法，开征地区性的特别税种，相应地取消该项收费。

另外，为完善税制调节体系，在适当时机，要开征遗产和赠与税，单独设立证券交易税（相应取消证券交易的印花税）。为适应经济社会形势变化，与国家的政策调整、改革相配套，降低税收成本，要取消固定资产投资方向调节税、农业特产税、屠宰税和筵席税。

载《经济日报》2003 年 8 月 4 日“理论与实践”版。

中国现行税制存在问题探析

中国现行税制基本上是在 1994 年的全面、结构性税制改革的基础上建立起来的，近十年来有许多完善税制的重要措施，但未作全面性重大改革。多年来的实践充分证明，它在“统一税法，公平税负，简化税制，合理分权，理顺分配关系”和强化中央宏观调控力量，体现产业政策、贯彻国家战略决策方面，取得了突破性进展，有力地促进了整个经济体制的市场化改革，特别是促进了国有企业经营机制转换和统一、开放、竞争、有序的市场体系建立；推动了经济结构的调整优化、对外开放新格局的形成和国民经济的持续快速健康发展；保持了税收政策的连续性和税收收入的连年大幅度增长，也改善了依法治税的环境。总之是，现行税制适应了社会主义市场经济体制框架建设阶段的情况，作出了重大的历史贡献。

但要指出的是，在 1993 年底确定税制改革方案时，社会主义市场经济体制目标还是刚刚提出，市场经济体制框架尚未形成，而适应市场化要求的改革，要稳定地分步进行；并且我国当时正处在经济高速增长、高通货膨胀阶段，受到限制社会投资、消费的影响；同时，这次税制改革，与过去多次税改一样，是在保持原税负的基础上进行的，不增减宏观税收负担，未能改变政府收入中税费比例不协调的关系；地方税制基本上也没有改革，仍是 20 世纪 80 年代，甚至是 50 年代的。这就不可避免地使税制本身存在固有的带有计划经济色彩的某些矛盾。随着社会主义市场经济体制的初步建立，多种所有制经济共同发展格局基本形成，市场化程度大提高；随着经济发展，市场供求格局发生根本性转变，出现生产水平与需求结构不相适应所产生的结构性生产过剩；随着国有企业的深化改革和各方面体制改革的进一步深入，我国经济出现了许多亟待解决的深层次问题，现行税制不适应经济发展的矛盾，越来越多地凸显出来。特别是现在全面建设小康社会，党的十六大提出了21世纪头20年的经济建设和经济体制改革主要任务，在八个方面进行的重大战略部署，都与税收密切关联，现行税制在公平税负和内在调控机制上有欠缺，要充分发挥它在以上这些方面应有的经济杠杆作用，是有较大差距的；加入世界贸易组织，既要在税制上区别情况逐步调整不符合WTO规则要求的方面，更要在税收上善于运用规则，以利于维护国家经济安全和权益，提高我国经济的国际竞争力，这对现行税制来说，也是有较大差距的；现经济科技全球化蓬勃发展，世界范围内的新一轮税制改革正在进行，又给税收带来较多的新问题。所有这些国内外经济形势的发展变化，都要求进行新一轮的全面性税制改革，现从以下八个方面进行探析。

一、税费错位，比例失调，不适应建立强大国家财政和构建公共财政体制的要求

在我国政府收入中，存在大量的税外收费，主要由三个部分组成：一是预算内收入的收费，包括各种政府基金收入、行政性收费收入、排污费、教育费附加等专项收入、土地和海洋有偿使用收入等，此类收费金额不大，1996—1999年共为3608.73亿元，相当于同期税收收入的10.20%，扣除其中不属费的收入金额，则为10%以下。二是预算外收入的收费，包括行政事业性收费、政府性基金收入、乡镇自筹统筹资金、地方财政收入、国有企业和主管部门收入、其他收入等。此类收费金额因涉及地方、部门利益，较难统计，一般是实际数大于公布数。如《1996年中国财政年鉴》原公布的1995年预算外收入为2404.18亿元，相当于同年度税收收入的39.82%，而在1996年进行的全国预算外资金清理检查，初步统计为3843亿元，超出

1437亿元[1]，相当于同期税收收入的63.65%。还有主管部门对项目的调整和不同的计算口径，也影响金额的大小。如1996年预算外收入3893.34亿元，相当于同期税收收入的56.35%，如把当年的社会保障基金1014.7亿元计入，则为4908.04亿元，相当于同期税收收入的71.03%。三是制度外收入的收费，多由地方、部门越权自行设立的各种基金、收费、集资项目、金额更难统计，一般估计约为预算外收入的1/3—1/2。改革开放后，由于放宽政策，放松管理，税外收费是逐年大幅度上升的，在过去一个时期的较多年度，其增长速度大大超过了税收收入的增长，如预算外收入收费比上年的增长率，20世纪80年代初期的1981—1984年，分别为33.6%、20.5%、22.8%、28.7%；90年代初中期仍维持高速增长率，有的年度并是超高速增长，1991年为19.7%，而同期税收收入只增5.96%；1992年为18.9%，而税只增10.26%；1993年为46.7%，而税只增29.07%；1994年为30%，而税只增20.48%；1995年为29.2%，而税只增17.7%；1996年为59.6%，而税只增14.44%。只是1997年7月以后，开始大力清理整顿乱收费，同时加强税收工作，预算外收入的增长速度，才低于税收收入，但也还是有一定增速的，1997—2000年分别为18.1%、9.1%、9.8%、13%。[2]

依据前列数字估算，20世纪80年代以后至1996年，税外收入规模是略高于或等于税收收入，而1997年后，则是略低于或等于税收收入，情况虽有变化，但仍是围绕1∶1的大致同等规模上下波动，税费错位，比例不协调的关系，1997年前后尚未有根本性的改变，这同当前世界各国，税外收入一般只约为税收收入20%—25%以下的情况，是截然不同的。现在的税外收费，很大部分都属于不对缴费人进行对待服务的无偿税收性质。以费代税挤占了税收应有的份额和发展空间，税收收入占国内生产总值的比重，必然较低。例如

① 《中国财经报》1997年3月26日。

② 《2002年中国财政年鉴》第386页。

1994—1996年只分别为10.96%、10.73%、10.18%，1997年后虽逐步回升，1999年仍只为13.08%。同年度比较，这不但远低于25个高收入国家，税收收入占国民生产总值比重平均数的37.29%，7个中等高收入国家平均数的27.3%，也低于6个中等低收入国家平均数的21.3%，甚至低于4个低收入国家平均数的16.3%[①]。我国税收收入占国内生产总值比重，2000年、2001年虽分别上升为14.07%、15.95%，也仍然低于中等低收入国家的水平。这一方面影响税制的合理布局和税收应有作用的充分发挥，削弱国家财政对经济社会的宏观调控力度；另一方面是强化部门、地区利益，各自为政，影响资金合理配置和滋长不正之风；特别是收费膨胀，税费总的社会负担加重，其占国内生产总值比重，甚至可达30%以上，这又超过中等收入国家的平均水平，要影响投资、消费，进而也影响经济的快速发展。农村税外收费的沉重，更是一个明证。2000—2001年农村税费改革试点开始时，全国农业税（包括农业特产农业税）年收入分别为298.91亿元和286.39亿元，而乡统筹、村提留和附加于其上的收费，则约为900亿元，三倍于农业税收，农民不堪重负，阻碍了农村经济发展。

总之，税费错位，比例失调，不适应市场经济下构建公共财政体制，应以"税收收入为主，收费为辅"的收入分配合理格局的要求，不适应集中财力，振兴国家财政，建立稳固、平衡、强大的国家财政的国策要求，也不适应加速提高生产力，快速、持续、健康发展国民经济的根本要求。

二、公平税负仍有较大差距，不适应平等竞争、完善社会主义市场经济体制的要求

1994年的税制改革及其后的税制完善，虽对贯彻公平税负、鼓励竞争原则，有很大突破和进展，但在较大范围内，仍存在税负不

① 国际比较数字见《财政研究》2003年第5期，第40、41页。

平，影响公平竞争问题，不适应完善社会主义市场经济体制要求。这主要是：

1. 内外资企业税负失平。1994 年的税制改革，虽规定外商投资企业和外国企业与内资企业同样适用较多的税种法规，但仍保留了很多税收优惠，这有三种情况：一是仍单独适用外商资企业和外国企业所得税法，过去在所得税方面的多种优惠，仍完整地保留下来，既有范围很宽的普遍优惠，又有多项特定优惠，企业所得税的实际负担，多年来只为 10%、11% 左右，比内资企业的所得税实际负担低了一半。二是不适用某些税种法规，即不征城市维护建设税、固定资产投资方向调节税（本税从 2001 年度起，内资企业也已停征），免征耕地占用税。三是仍享有较多的关税和进口环节增值税优惠。例如符合规定的外商投资项目，在投资总额内进口自用设备和随同进口的技术及配套件、配件免征关税和进口环节增值税；为生产出口产品而进口的零部件，原材料，符合规定条件的，也同样免税；出口自产品一般免征出口关税。这种内外资有别的较大税负差距，随着外商投资企业的发展和市场化程度加大，越来越多地影响了内资企业的生产经营，冲击了全国统一市场。

2. 进口产品与国产品税负有些失平。进口产品的税收负担远低于同类国产品，这主要包括两项：一是进口符合规定的某些机器机械设备和配套件等免征关税和进口环节增值税；进口的加工贸易来料、进料是保税而不征关税和进口环节增值税，可是同类的国产品则要征增值税。二是对进口产品与国产品虽同样征收 17% 的增值税，但因我国是采取生产型增值税，生产国产品所含固定资产进项税额不能抵扣，与国际上采取的消费型增值税对比，实际税负为 23%，进口产品少负担了 6% 的增值税。另外，我国的出口产品与外国的出口产品对比，又是多负担了 8% 的增值税税款，这包括法定税率 17% 与平均退税率 15% 差额的 2 个百分点和不能抵扣的 6% 固定资产进项税额。如果加上按照 WTO 规则可以出口退税，而未退税的营业税、城市维护建设税等，则我国出口产品的税负更重。以上这种税负失平，对国产品的生产经营和出口都是不利的。

3. 内资企业间税负有些失平。内资企业间的税负，也有失平之处，影响公平竞争。主要表现以下几项：一是享受优惠的特定企业，税负低于多数其他类同企业。1994 年以来的许多税收优惠，是属于专向性、特定性税收减免，只限于税法列举名称或指定的企业适用，其他企业不能享受，这使享受税收优惠的企业，税负低于其他企业，影响公平竞争。例如对国家鼓励发展的国内投资项目，在投资总额内进口自用设备等的免征关税和进口环节增值税，多限于十多个国内试点企业集团自行批准，其他企业进口设备等，都要依法纳税；增值税的许多“先征后返”、“即征即退”的优惠规定，企业所得税和营业税中的多项优惠规定，适用范围也是限于列举名称的企业。二是国有企业与非国有企业之间税负不够平衡。这是由于近年来非全民所有制企业的国内生产总值大幅度上升，国民收入分配由国有企业向非全民所有制企业倾斜，可是它们的财政贡献率却未能相适应地改变，国有企业仍负担财政收入的很大部分。三是煤炭等矿产资源开采企业税负重于其他工业企业。由于煤炭产品属于自然资源赋存的矿产资源，煤炭企业没有原材料购进，而固定资产的增值税进项税额又不能抵扣，其他进项税额抵扣很少，税负明显高于其他行业的企业。据国家统计局资料，2002 年，国有及国有控股煤炭采选业的实际增值税平均综合税负高达 9.98%，比 1993 年增长了 6.28 个百分点，9 年增幅达 169.2%①。加以煤炭资源税和资源补偿费要双重征收，还要加征铁路建设基金，以及电力建设基金、港口建设基金和其他收费，税费负担成为工业企业中最重的，致使煤炭企业在市场竞争中处于劣势，发展后劲不足，安全、生产、生活欠账较多。

4. 地区间税负有些失平。在改革开放后的长时期内，东部地区，主要是沿海地区享有较多的税收减免优惠，而最近两年虽开始实施对西部地区税收优惠，但有些却难于落实，东部地区税收负担明显低于

① 《“黑金”能否再显昔日光辉》，《中国税务报》2003 年 6 月 1 日。

中部地区，特别是低于西部地区。据统计，我国东部九个省（京、津、沪除外）的综合税负率为10.79%，而西部10省区（西藏除外）的综合税负率为13.8%①。在当前东部沿海地区已较富裕的新形势下，不利于中西部地区企业在全国统一大市场中的平等竞争，影响地区经济的协调发展。

三、调节经济的税收内在调控机制有欠缺，不适应经济结构战略性调整，快速发展经济的要求

税收促进经济增长，既要求宏观税收负担适当，又要求能优化经济结构。只有优化经济结构，才能有较高的经济增长速度，才能提高经济效益和综合竞争力，才能保持可持续发展。中国现行税制在优化经济结构方面，虽有其一定的调控机制作用，但税制本身自主形成的宏观调控功能仍不够完备，针对性也不够强，不适应党的十六大确定的要进行经济结构战略性调整，快速发展经济的要求。例举以下几项：

1. 关于促进高新技术进步。科学技术是第一生产力，进行经济结构战略性调整，走新型工业化道路，必须积极发展对经济增长有突破性重大作用的高新技术产业，推进产业结构优化升级。而现在税收调节机制上就仍有欠缺：一是调节目标不够明确，针对性不是很强。税收优惠多以地域为主，以设在高新技术区内的企业为主，并多是限于经国家批准认定的高新技术产业企业。各税种政策规定也较零散，对全国范围内各行业自主开发高新技术和应用，尚缺全面系统、有重点、有区别的税收优惠制度。二是生产型增值税，不准抵扣固定资产进项税额，不利于鼓励高新技术产业的投入和产品的推广使用。二是优惠方式多是直接的减免税，未同缓税式的间接优惠较好地结合。四是税收优惠的落实到位，及其取得的效益，缺乏必要的管理监督和考察制度。

---

① 《西部大开发税收优惠收效几何》，《中国税务报》2003年5月27日。

2. 关于扶植中小企业。中小企业占我国全部注册企业总数的99%以上，容纳了最大多数的就业人口，提供了工业总产值和出口总产值的60%，也是大型企业得以发展的重要基础和基本前提，在国民经济中处于十分重要地位。但它与大企业相比，仍是一个弱势群体。各国多针对其融资困难、管理成本高、技术创新能力相对较低、竞争力相对较弱的特点，给予必要的税收扶植，优惠的内容系统、全面，贯穿到创办、发展、转让等各环节，并涉及所得税、流转税、财产税各税种，体系完整，优惠的方式也多种多样。而我国过去有关方面的税收优惠政策规定，只是着重于解决残疾和就业等问题，较少考虑到中小企业本身的特殊性；税收优惠政策措施也嫌零散，不够规范，优惠方式单一，力度较小。2003 年度开始实施的《中华人民共和国中小企业促进法》只原则规定要对中小企业给以一定税收优惠，也尚缺系统的税收政策措施内容。特别是在某些方面，还有不适当的限制，如增值税小规模纳税人的征收率偏高，一般纳税人的认定标准偏严，影响中小企业在同等税收环节下开展生产经营和平等竞争。

3. 关于促进全面繁荣农村经济。建国以来的长时期内，我国在农村一直是单独实行自然经济下传统田赋式的农业税制，不同于在城市实行的工商各税。农业税占农业实产量的比重，多年来虽然下降，但由于农业生产成本大幅度上升，特别是加征的乡统筹、村提留、劳动积累工和义务工收费、各种集资、摊派和乱收费，更多达农业税的三、四倍，在农民收入水平低，提高缓慢的情况下，税费负担十分沉重。现正推进的农村税费改革，在大幅度减低农民负担的前提下，把各种税费都归并到农业税征收，并相应改革基层体制，对推动解决“三农”问题，繁荣农村经济作出了重大历史贡献，是完全适应现实情况，抓住了问题的关键，在现阶段尚不具备条件，对农业税制进行根本改革的情况下，必须认真贯彻“减负、规范、稳定”的方针，积极抓好这一工作，并为农业税收的第二步、第三步改革创造条件。但也要看到，如在很长时期内，仍保留田赋式的农业税制，也还是存在税收调控机制的缺陷的：（1）现代税收适应商品经济发展要求，主要是以代表其纳税能力的销售收入额、所得额以及拥有的财产额为课税对象，并是征收货币；而农业税以土地常年产量为计税依据，较大部分仍是征收实物，这种课征制度是自然经济下的产物，难于确切地代表纳税能力，不适应商品生产和市场经济发展的要求。（2）当前农民收入水平远低于城镇居民（2002 年农村居民家庭人均收入 2366.4 元，城镇居民家庭人均可支配收入 6859.6 元[①]），而农村税费改革试点后的农业税占农业常产量的负担比上限可达 8.4%（7% 的上限税率，外加 20% 的农业税附加），且只要占有土地，就应计算常年产量征税，无起征点的照顾免税，而在城镇，小规模纳税人的增值税征收率，商业为 4%，工业为 6%，并有起征点的照顾免税，舆论还认为偏高，这种不依据纳税能力而是以经营不同类产业，形成的差别悬殊税收负担，仍是不利于在城乡一体化市场经济新形势下，加快繁荣农村经济的。（3）进口农产品征 13% 的增值税，而农业生产者是征上限为 8.4% 的农业税，仅从税率上比较，而不从实际负担比较，会被认为违背国民待遇原则，不利于国际贸易发展。特别是国际上对农产品多是征一般的增值税、所得税，并给多种特别税收优惠，还享受大量的财政补贴，实际税负轻于工商业经营，而我们如仍长期实施古老的农业税制，不与世界税制衔接，显然对提高农业的国际竞争力不利。（4）农村税费改革试点后，由于过去各项税费负担，在减轻约 30% 总负担的基础上，归并到农田上征收，这就导致专门从事粮棉农田生产，拥有较多农田的农民负担加重；而拥有农田少，主要从事第二、三产业相对富裕的城镇农民户，则负担大为减轻，即使完全贯彻实现了“每个农户的负担水平都有所减轻”这条硬杠子，[②]专门从事粮棉生产拥有农田较多的农户，相对于主要从事第二、三产业的农户来说，其负担也是减得较少，不够公平合理。

① 2002 年《中国总计年鉴》第 3203 页。

② 《人民日报》2003 年 4 月 4 日。

四、环境和资源保护的税收内在调控机制有欠缺，不适应可持续发展的要求

20 世纪 90 年代以来，可持续发展成为世界各国普遍采用的发展模式，同时也成为许多国家制定税收政策原则的一个重要指针，把环境和资源保护税收引入到本国的税收体系内。它不但体现在许多税种的法律规范中，而且还专门开征了一些环境和生态保护特别税种，如资源税、汽油税、垃圾税、水污染税、二氧化碳税、生态税、饮料容器税等，课税范围遍及直接污染环境的行为，遍及耗能、耗料泛滥和在消费过程中造成环境污染的产品。俄罗斯是居于世界第三位的水资源丰富大国，也专门开征了水资源税，对开采水、使用水、污染水都要征税，用重税保护水资源，有效地提高了水资源利用效率和防治污染。

党的十六大强调“必须把可持续发展放在十分突出的地位”，坚持“保护环境和保护资源的基本国策”，要“合理开发和节约使用各种自然资源”，要“资源消耗低，环境污染少”。① 我国现行税制，尚未能有针对性地体现以上要求，涉及这方面的税种少，覆盖面小，调控机制弱，有些是临时性、阶段性措施，税收优惠缺科学性、系统性和针对性。大部分税种的税目、税基、税率的选择，未从可持续发展的角度考虑问题，更没有防治污染的特别税种，难以形成专门用于环保的税收收入来源。这对比国际上已逐渐形成的环境和生态保护税体系，其覆盖面大，系统科学，划分细致，易于操作，是有很大差距的。现例举我国现行税种在这方面存在的问题：

1. 关于资源税。一个问题是，调节目标的定位不尽恰当。开始时是把目标定在调节矿藏优劣条件和地理位置所形成的矿产资源级差收入，后又作为开采行为造成国家矿产资源减少的一种补偿，增加普

---

① 《中国共产党第十六次全国代表大会文件汇编》，人民出版社 2002 年 11 月版，第 21、22 页。

遍调节收入的目标，采取了“普遍征收与级差调节”相结合的原则，只要是开采矿产资源，没有级差收入，也要缴纳部分税款。但是，在过去几次立法中，却都未把促进国家资源的合理开发与有效利用，作为调节的重要目标，影响了税收在这方面作用的发挥。由于是以企业销售数量和自用数量为计税依据，而不是以矿产总量为计税依据，加以开采富矿成本低，利润大，而开采贫矿则相反，以致企业不考虑资源环境影响，“采富弃贫”，随便开发。由于资源性产品历来价格低，而其下游产品企业，使用低价的国有矿资源产品作原料，成本低、利润高，需求量大，加以资源税收入归地方（不含海洋石油税收入)，开采越多，地方财政收入也越多，愿意更多开采。这些都无形中助长了对国有矿产资源的某种掠夺性开发，使用浪费和自然环境的一定破坏、污染。另一个问题是，征税范围偏窄，仅限于矿产品和盐，不包括其他重要自然资源，如水资源、森林、草原以及石油、天然气以外的海洋资源、森林、草原以及石油、天然气以外的海洋资源，均未列入资源税征税范围，起不到对这些自然资源的保护作用，并使资源下游的产品比价不合理，更刺激了对大量非税资源的掠夺开采和使用。

2. 关于三种土地税。城镇土地使用税和耕地占用税，仍是适用20世纪80年代的税收法规，定额税率偏低，长年未作调整，每平方米最高税率，只分别为0.5—10元和2—10元，最低税率分别为0.2—4元和1—5元。而土地增值税却又税率偏高，以增值幅度为依据，税率高达增值税额的30%—60%。这三种税配合运用，其结果是抬高了二手土地市场交换的价格，促使一些人尽可能去争取占用耕地和购买政府第一手出让的土地，这不利于保护耕地和土地资源合理利用，也影响土地正常交易，造成一些土地闲置。

3. 关于消费税。主要是除对小汽车稍有按排气量的差别征税规定外，对一般产品未能体现环境和资源保护的宗旨，对多耗用宝贵自然资源制成的消费品，使用无法回收利用的原材料制成的消费品，和在消费过程中会造成环境污染的产品，如一次性电池，塑料袋，某些包装容器等一类环境污染物，均未列入征税。

4. 关于其他税种。关税和进口环节增值税，未能体现把环境污染因素，挡在国门之外的宗旨。例如对占进口总值约40%的加工贸易来料，进料进口，不征关税和进口环节增值税，这为外国转移污染严重产品进行简单加工，提供了一条获取高利的畅通途径，加重了国内环境污染。又如西方的船舶公司把我国当成倾倒有毒物的大垃圾场，而我国拆船业进口的废船，却在进口环节，享受“先征后返增值税”的优惠。据报导，最近拆除一条名叫“海上世界”的50万吨废油轮，起码要产生2万吨废弃物，其中甲板漆等，都是有毒物质会造成严重环境污染和人体伤害。再如未按进口产品的环保能力和产品本身对环境的不同影响，区别确定高低不同关税税率。另外，对稀缺矿产资源，只是征出口关税进行限制，而未对其进口低税、免税加以鼓励。

所得税等其他税种，在环保方面也有一些税收优惠措施，但是仅限于对治污硬件的优惠，而对软件几乎没有优惠；只注重事后鼓励，未能控制源头，难以防止和限制排污行为；优惠形式单一，限于减免税，未兼用加速折旧等其他缓税形式。

5. 关于排污费。现在我国对排污行为，是收费而不是征税，征收面窄，也不规范，收费成本高，而收费金额却低，企业宁愿缴纳少量排污费，也不愿主动治理环境污染；并且还受地方保护主义干扰，缺税收的权威性和统一性，不足以遏制排污行为，且收费金额远不能满足治理环境污染的资金需要。例如北京举办奥运，环保投资所占比重最大，2001年就投入200亿元，其中来自财政投资只为70亿元，而在这70亿元中，排污费更只为1亿元。

五、个人收入分配的税收内在调控机制有欠缺，不适应完善分配制度，健全社会保障体系的要求

深化分配制度改革，健全社会保障体系，是党的十六大的一项重大战略部署，现行税制在这方面的内在调控机制有欠缺，不够适应上述要求。现就有关税种进行分析：

1. 关于个人所得税。就个人取得收入进行再分配调节的个人所

得税来说，其内在调控机制的欠缺：一是现行的分类税制模式，分别不同征税项目，确定税率，扣除标准和减免优惠，无法考察纳税人的整体负担能力，也容易造成纳税人分解收入，多项扣除，逃避纳税，难以真正贯彻公平税负原则，区别个人总收入不同情况，调节差距过大的收入。二是现行定额、定率和简单综合费用扣除法，忽略了家庭人口结构与支出结构的重要因素，且随着经济情况的变化，每月800元的定额扣除，也显得偏低，不利于在再分配中，提高低收入者的实际收入水平。三是现行的超额累进税率，级次多，级距小，边际税率高，同各国正在进行的个人所得税制改革趋势不够适应，也未凸现当前要“扩大中等收入者的比重”的政策要求。四是对外籍人士已不是过去那种高价提供服务，而其征税的扣除额，却是五倍于中国籍居民，很不公平。五是有的项目如个人储蓄利息所得，不论金额大小，都一律要征20%的税，特别是个人证券交易所得有达数百万元、千万元以上的，却是全部免征个人所得税，呈逆向调节。

2. 关于消费税。就个人消费进行收入再分配调节的消费税来说，它在这方面的内在调控机制也有欠缺，主要是着重调节富裕者收入不够。如对属于富裕者才有条件享受的高价贵重首饰及珠宝玉石，税率只为10%，金银蓖饰为5%，而普通百姓使用的低价润面油、花露水等护肤、护发品税率为8%，基本上是等同税率。进口的一些奢侈品、高档消费品还未列入征税。多项高级消费行为，如高尔夫球、保龄球、桑拿按摩、高级美容、高级夜总会、高级会员俱乐部等的消费行为，在营业税调节不足的情况下，也末区别情况，单独征收消费税。

3. 关于财产税。就个人收入转化为财产后的收入调节来说，现只有房产税一种，覆盖面不全，并且房产税是单一比例税率，未区别房产价值大小，分订税率。特别是现规定个人所有非营业用的房产，不论数量多少，质量好坏，都一律免征房产税；个人所有的居住房屋及院落用地，也可由省级税务局确定免征城镇土地使用税。这也就是说，富裕者占有高级别墅乃至多处豪华住宅，也同一般居民的普通住宅一样，免征房产税，乃至免征城镇土地使用税，这会导致高收入阶层把现金转化为房地产，进行保值增值，既不能公平调节收入分配，且难以有效和合理利用房产和土地。我国没有国际上普遍采用的遗房税和赠与税，尽管现时开征，条件不太成熟，但从较长时期来看，也缺公平收入分配的示范效应和心理平衡效应。

4. 关于征集社会保障基金。我国对社会养老、失业、医疗等保险基金的征集，现在是采取收取社会保险费的形式，而没有开征国际上普遍采用的社会保障税。其征集机构，或是由地区劳动社保部门设立社会保险经办机构直接征收，或是由地方税务局代为征收，虽然到2002年已有19个省、自治区、直辖市和计划单列市已由地税机关代征，在保险费的征收（地税机构办理）和管理（社保机构办理）上各负其责，收支两条线，消除了“坐收坐支、差额拨款”等带来的挤占、挪用社会保险费的弊端，也在一定程度上加强了征集方式的法制化、规范化、提高了征收工作效率，降低征收成本，使这些地区的代征收入额大幅度上升，2002年达1327亿元，比上年增长40.5%；2003年第一季度收入368.87亿元，同比增长34.17%①。但这毕竟是一种代征性质，是“以费代税”，社保经办机构仍负责征集基金的登记、申报、稽核，地税机关在征收工作中，无税收法律依据，只能依据社保机构提供的数据来征收，对漏报、漏征户无法管理，更难以发挥该种税收应有的一定个人收入分配调节作用，也不利于这方面的国际交流与合作。总之，现行社会保险基金的征集方式，难于保证集中更多的社会保障基金，并有效管理使用，这是不适应健全社会保障体系要求的。

六、现行税制不适应加入WTO规则的要求

加入世界贸易组织，我们要采取“遵循与运用WTO规则相结合”的原则，对现行有关税收政策制度，区别不同情况，相适应地进行处理。这就是：一方面应当遵循与信守WTO有关规则及其对税

---

① 《中国税务报》2003年2月4日和4月28日。

收的要求和我国作出的承诺；另一方面又要掌握运用 WTO 规则的有利条款和允许的方式，进一步调整、完善税收政策制度，加速发展我国急需的产业，提高国际竞争力。在以上两个方面，我国现在还都有差距。

在遵循 WTO 规则方面，现行税制还存在一些与 WTO 规则明显抵触，属于禁止性项目，例如《外商投资企业和外国企业所得税法》第八条及其实施细则第七十五条规定："外商投资举办的产品出口企业，……凡当年出口产品产值达到企业产品产值 70% 以上的，可以按照税法规定的税率减半征收企业所得税。"又前一税法第十条及其实施细则第八十条规定："外国投资者在中国境内直接再投资举办、扩建产品出口企业……全部退还其再投资部分已缴纳的企业所得税税款"。这两项都是以出口业绩为标准，进行的所得税减免优惠，是属于 WTO《补贴与反补贴措施协定》明文列举的禁止性补贴，也违背《与贸易有关的措施协定》的有关规定，我们应在过渡期内主动调整。有现行税收政策制度中，还有一些属于违背或涉嫌违背国民待遇原则或补贴原则的，例如对特定企业销售"以产顶进"国产钢材、成品油免征增值税；购进"以出顶进"视同出口的国产棉，实行出口退税，而对进口同类产品照章征税。又如技改项目投资抵免所得税，限于使用国产设备；有的进口产品税负高于同类产品；对某些国产品（如国产软件、集成电路产品）的增值税，实行"即征即退"办法；以及列举企业名称或指定企业给以减免税或"先征后返"、"即征即退"等等，都需要依据整个形势和完善税制的要求，进行全盘规划，区别不同情况，择机主动调整或被动调整。

在掌握运用 WTO 规划方面，也存在较大差距。这由于各成员国实行的是现代市场经济，是在政府宏观调控下的市场调节机制，世界贸易组织是承认接受政府对经济的宏观调控和管理的，并且主权国家的利益，依然是世界多边贸易体系的主体，因而世贸组织在确定各成员国应普遍接受的共同贸易规划，保障国家间贸易自由化和公平竞争的同时，对各成员国实施本国特定的产业政策，并无过多的限制，是允许对本国产业实行合理与适度的保护，允许在特定情况下，可以采取不同于WTO基本规则，甚至违背规则的作法，特别是基于鼓励世界经济的可持续发展、经济安全和社会安定，基于照顾发展中国家利益，还有许多例外条款的明文规定。对农业生产、中小企业、贫困地区、残疾人就业、环保设施、出口产品、社会救济与医疗卫生、过渡期内的幼稚产业等等，都允许有一定的税收优惠支持。而我们在这方面，对WTO规则的掌握运用，还有较大差距，对支持科技进步创新和应用，推动经济结构调整；对促进发展农业和能源交通、原材料等瓶颈产业，扶植发展国家比较优势产业和幼稚产业等等，仍存在较大的政策运用空间；对加大反倾销税，反补贴税的征收和应诉力度，在激烈的国际竞争中，为保护我国经济不受掼害，设置合理的“安全网”，也存在较大的政策运用空间。

突出地表现在现行进出口产品税收政策方面，是“外优于内”，即加工贸易和外商进口设备享受了过优的税收待遇，而出口企业主要是内资出口企业却又受到退税不足的待遇，不适应恰当地掌握运用WTO规则的要求，其主要表现是：

1. 对加工贸易的来料、进料进口，不论是否进入保税区或指定的加工区，都给保税，不征进口增值税、消费税、关税，此项来料、进料进口额约占进口贸易总额的40%，即有近万亿元的货物，以海关监管名义，无税进入关境，游移于全国市场，它减少了大量财政收入，也带来了征管的巨大漏洞，为不法分子借加工贸易名义，走私进口货物和通过虚开增值税专用发票，把无税产品转为可扣税产品，偷逃国税，敞开大门。

2. 国家鼓励发展的外商投资项目和国内重点项目，在投资总额内进口的自用设备及配套件，备件和技术，免征进口增值税、关税，此项免税设备占进口设备总额的很大部分，既使进口税收受损，又搅乱了增值税征扣税机制，更对国内同类产业造成重大冲击。

3. 出口产品不是实行WTO规则允许的零税率，而是使用退税率，采取预算计划指标控制退税金额和进度，而且长期拖欠部分出口退税税款。据测算，截止到2002年底，已累计拖欠企业退税高达1400多亿元。2003年安排的退税指标是1150亿元，加上2002年未用退税指标，也不过1300亿元，还不足清偿2002年已欠退的数额，而2003年又发生新的应退税额，这给出口企业，特别是中小企业造成了经营困难。

4. 关税减让后，进口环节的国内流转税，对保护国内产业，将起更大作用。消费税是一个有重大宏观调控作用的税种，现所列征税产品范围较窄，对国内供应能力不足，并且不具国际竞争力的某些非必需品以及国内有开发潜力但没有形成生产能力的某些产品，或是未列入消费税征税品目，或是税率偏低，不利于保护国内产业。

七、现行税制不适应经济科技全球化和世界税制改革趋势的要求

经济科技全球化给税收带来诸多要解决的问题，其主要表现，一是国家间的经济依赖程度加深，税制的相互影响加剧，跨国公司的大规模飞跃发展，及其经济活动和资本、人才、科技等生产要素流动日益频繁，有关国际税收分配及其关系处理复杂化凸现；税收优惠与不良税收竞争问题颇有争议；国际避税与反避税工作繁重复杂。二是知识经济和由此产生的电子商务的发展，严重地冲击了传统的国际税收原则和各国的税收制度、征管制度。例如就征管来说，由于电子商务活动虚拟化、无纸化，在税务登记、账簿凭证管理、税务稽查方面，都带来一定困难，在目前还存在较多的地域税收优惠情况下，电子商务活动，可以选择纳税较低地点，也会造成税源不正常流动和税收流失。同时，电子商务也对原有“居民”、“收入来源地”、“常设机构”等概念提出挑战，经济发达国家和发展中国家从不同的利益出发，侧重坚持不同原则，尚难协调统一界定，税收管辖权划分困难。三是加入世贸组织后，一批外国会计公司和律师事务所来我国境内经营业务，有高级税务专家帮助纳税人，特别是帮助日益增多的跨国纳税人筹划税收和逃避税负，更增加税收工作难度。我国现行税制和征管制度已难于适应发展中的以上这种新情况，需要深入研究，采取适

当对策，并把它落到实处。

特别是当前许多国家，为应对激烈的国际竞争和世界经济停滞、滑坡，都正在研究实施税制改革，世界范围内的新一轮税制改革，正在开始进行，OECD（经济合作与发展组织）国家就出现了税制改革的诸多趋势，如降低税率、简化税制、拓宽税基、提高效率；实行标准化的增值税制度，完善所得税制度，研究建立适应知识经济的新型税制；扩大“绿色税收”的征收范围。我国税制必须与发展中的世界税制相衔接，以利于在激烈的国际竞争中，保护国家的经济安全和权益，促进国际经济合作。

八、税收管理和法制化仍欠健全，不适应效率、透明的要求

1. 税收管理权限的合理划分有欠缺。当前存在的问题主要是：

（1）税收立法权过于集中在中央。1993 年 12 月 15 日发布的《国务院关于实行分税制财政管理体制的决定》和 1998 年 3 月 12 日发布的《国务院关于加强依法治税，严格税收管理权限的通知》等文件都明确规定：“中央税、共享税以及地方税的立法权都集中在中央。”除屠宰税、筵席税、牧业税的某些管理权限下放到地方外，其他税种包括地方税在内的管理权（如税收的一定调整权、减免优惠权等），全部集中在中央。这种税权的高度集中，比过去计划经济体制时期还更严格。这与宪法规定的省级人民代表大会及其常务委员会“在不同宪法、法律、行政法规相抵触的前提下，可以制定地方性法规”的精神，不甚符合。国际上通行的分税制财政体制，不但是通过分税种来划分收入，更要划分税权，特别是划分处于关键地位的税收立法权。不允许地方享有地方税的一定立法权，也与分税制财政体制的宗旨，不够符合，不利于充分调动地方积极性，在不违背中央政策法规的前提下，因地制宜适时地处理有关事宜。特别是地方对税收处于缺权地位，而又要履行其管理职责，在收支矛盾突出的情况下，就难免滥用其享有的收费权，导致收费膨胀，甚或有些地方领导以权代法，以言代法，导致出现地方非法使用或滥用税收立法权的严重

现象。

（2）税收征管权限交叉，不够清晰。现行征管体制，按照收入归属，虽对国家税务局与地方税务局的职权范围进行了划分，但仍存在一些问题，部分属于地方税的收入，如个体税收、集体税收及涉外税收中的地方税收等，仍由国税局征收，使地方政府无法对属于本级的收入，充分行使管辖权，难于对个体户定额征收中的地方税部分，实施有效管理，也难于同其他执法权（如管理权、检查权、复议权）的归属协调一致。地方税机关只对单纯缴纳地方税的纳税人有税务登记权，而对兼缴国税、地税的纳税人无此种权限，以及普通发票的管理，按流转税的归属划分，地税部门对所管的多数纳税人，没有发票管理权，也使地税机构难于有效控制地方税源。

（3）税收的司法保障没有达到相应水平。法律未赋予税务机关对偷逃税者的搜查权，也未明确税务机关取得证据的手段与途径。由于税务专业性和技术性强，在办理税务刑事案件中，经常出现公安司法机关有权无力，税务机关有力无权的局面。

2. 税收征管的严密性、全面性有欠缺。存在的问题主要是：

（1）“淡化职责，疏于管理”的弊端未能较好解决。现行税制模式，是以取消专管员管户制为其主要特点，不少地区坐等纳税人自行申报和在纳税大厅集中征收，对纳税人的经营情况、财务情况和税收信息，缺少专责的系统跟踪管理，对漏不申报、虚假申报，难于进行有效的监控和判定，从而导致管理疏松，漏户和偷逃税职责不清的问题。

（2）计算机网络的依托作用未充分发挥。纳税人涉税信息采集困难，信息系统缺乏统一规划，缺乏统一的税收征管指标体系，特别是征管软件不统一，征管网络未形成，无法支持网络化的应用，客观上造成征、管、查三环节信息不能共享，国地税机构之间和地区之间的信息不能共享，极大地限制了征管效率的提高。

（3）税源监控管理尚未到位。税源监控管理，是对依法纳税的经济总量和税收运行全过程的监控管理。现只是着重在税收收入管理，而未拓展到应缴税收管理、减免税收管理、欠缴税收管理以及潜在税收管理的税收运行全过程。

（4）为纳税人服务的水平尚不够高。税收征管不仅是对纳税人依法纳税的监控管理，而且必须做好为纳税人服务的工作，提供优质服务，给纳税人以最大的各种便利条件，尽可能减少纳税人用于计算和办理纳税的时间、费用，极大地提高税收工作效率。现行税收征管工作同上述这个发展方向，尚有距离。

3. 税收法制化、税制透明度有欠缺。税收法定主义是国际公认的一个原则，它要求依据法律征税，税收法制健全、公开、透明，我国在这方面取得重大成绩的同时，也存在一些问题：

（1）缺少税收基本法。税收直接关系到各方面的切身利益，世界各国多在宪法中有较多的条文规定，从根本上明确国家与个人、法人的收入分配问题，国家机关之间的税权分配问题。许多国家还单独制订税收基本法，从原则上明确税法的宗旨、调整对象、税收立法原则、税制基本结构和税种设置；税收立法、执法、司法权的行使，中央、地方税权的划分；纳税人的权利与义务，税务机关的职权与责任等一类重要问题。而我国宪法只简略地规定了一条“中华人民共和国公民有依照法律纳税的义务”。税收基本法则迄未制订（1950 年 1 月 31 日公布的《全国税政实施要则》类似，但早已失效），而是把有些内容，零散地规定在法规和规章中，这影响税收基本法则的权威性和整个税法的规范化、系统化，影响各单行税法的配套设置和综合法律效力，以及同其他法律体系的协调执行。

（2）税收立法层次低。我国全国人大及常委会通过的税收法律，现在只有四部，即外商投资企业和外国企业所得税法、个人所得税法、税收征收管理法以及农业税条例，其余绝大多数的基本法，都是由国务院或由全国人大常委会授权国务院制定的暂行条例，条例一般比较简单，许多重要内容都规定在条例的实施细则内，而细则是由财政部和国家税务总局制定。前述暂行条例属于行政法规，实施细则属于部门规章，立法层次低，不符合国际上的税收法定主义原则和宪法规定“依照法律”纳税的原则要求，影响税法的权威性、严肃性，特别是影响涉外税收和国际税收工作的便利执行。也在一定程度上，导致税收法规、规章之间，税收法规、规章与其他法律、法规、规章之间的某种相互抵触，影响工作的顺利进行。

（3）税收条例及其实施细则，现在一般是长期不变，而许多补充修改的重要政策措施，却是以国务院通知（法规性文件），或财政部、国家税务总局通知的形式出现，有些还是内部文件，频繁补充修改，涉及范围广，内容变动大，一个补钉接一个补钉，往往难于让纳税人对税法透彻了解。有的税种基本法，如农业税条例，是1958年6月3日由全国人大常委会通过的税收法律，可是多年来以法规性文件和规章制度形式，频繁修改补充，以致纳税人与税率等税法基本要素和课征制度，都已改变得面目全非，农业税的税种基本法与实际执行的政策措施，内容大不相同，也不符合法制化对税法修改程序要求。

参考材料：

（1）中国税务学会编：2000年和2001年《全国税收理论研讨会文集》，中国税务出版社2001年5月和2002年8月版。

（2）中国国际税收研究会编：2000年和2001年《国际税收理论研讨会文集》，中国税务出版社2001年8月和2002年8月版。

载财政部财政科学研究所《研究报告》2003年7月18日第37期（内刊）；《经济活页文选（理论版）》2004年第1期，中国财政经济出版社2004年1月。中国人民大学复印刊物《体制改革》2004年第6期全文转载。入选国家税务总局编委会编：《2005年中国税务年鉴》“税收文选篇”，中国税务出版社2005年11月版；收入中国国际税收研究会编：《完善地方税的国际借鉴研究》，中国税务出版社2008年5月版。

税制要适应市场化不同发展阶段要求进行改革

一、税收与经济是内在的决定与反作用辩证关系

税收的基础是经济，是经济这个有机体中分配环节的有机组成部分。就国民经济活动的过程和环节来说，是生产决定税收分配，税收分配反作用于生产；就国民经济的总体和部分来说，是经济决定税收，税收反作用于经济。在生产与税收分配、经济与税收之间，是一种内在的决定与反作用辩证关系。这不仅表现在社会经济制度发展水平对税收的决定作用和税收的反作用，而且也表现在经济结构决定税制及其结构调节体系的基本方向和税类、税种、税源的主要构成以及需要采取的税收基本政策原则；税制及其结构则反作用于国民经济各方面的合理化、资源的适当配置和社会生产力的发展。例如产业结构、产品结构的差异，决定税种、税源和税目、税率结构的差异，税制及其结构则对一些产业、事业起促进、制约作用；地区经济差异，决定地区间税收收入水平差异以及一定的差别税收政策，税制及其结构则对地区经济的协调发展起促进、制约作用；所有制结构决定税制结构的社会性质、纳税人及收入来源构成，税制及其结构则反作用于各种所有制形成的不同发展和社会各阶层利益的合理分配。税收作为国家主要的宏观调控手段，显然在其制度上必须适应不同阶段的经济发展和经济结构情况，按照国家战略决策和产业政策的要求，进行阶段性的调整和改革，促进经济结构合理化、资源合理配置和经济持续、快速发展。

二、税制必须适应经济体制转轨要求进行改革

税收与经济的决定与反作用辩证关系，还突出地体现在经济体制与税制的密切联系上，经济体制是在一定生产关系基础上，为配置资源和对其成员分配利益，所产生的国民经济管理制度和管理形式。它包含经济组织、经济决策、经济调控、经济监督、经济利益结构等系统，是国民经济各过程、各部门、各环节、各层次等诸多体制相互联系、相互交错的整体，是组织协调内部各种经济要素和全部经济活动的一整套制度安排。作为分配手段之一的税收及其制度和结构，其作用范围和格局，显然必须受到经济体制这个国民经济管理制度整体所制约，为它所决定的。在我国原有高度集中的计划经济管理制度下，政企职责不分，条块分割，经济活动实行的是国家直接计划管理，忽视商品生产、价值规律和市场的作用，国家对企业统得过多、过死，企业缺乏生产经营自主权，国有企业利润基本上缴，甚至全部上缴，统收统支，统负盈亏，利润多少同企业和职工经济利益不挂钩，分配的平均主义严重。与这样一种经济体制相适应，同运用价值规律、调节经济利益紧密联系的税收，其作用的范围，程度必然是窄小，低下的，不为社会所重视，从而造成了 1977 年前三次大的税制一再简化，基本上成了单一化税制，也不存在什么中央税与地方税体系。前苏联，东欧国家实行计划经济体制也是这种情况，对国有企业不征所得税，名义上虽在流转环节征周转税，但界定为“非税”性质，作用仅限于一定程度的经济核算。我国实行由计划经济体制向市场化改革转变后，资源配置和协调机制及信息传递，从通过政府直接行为，逐步转为通过市场，主要是运用经济杠杆手段，实行政府间接的宏观调控；生产资料所有制形式，从单一社会主义公有制转向以公有制为主体的多种所有制经济共同发展；国有企业生产经营从政府集中管理，转向政企分开，自主经营，自负盈亏，动力机制从依靠行政命令和自觉，转向通过经济鼓励，企业有自身的特殊利益；企业间关系从不竞争转向竞争；社会成员分配，从单一的按劳分配，转向以按劳分配为

主体、多种分配方式并存的分配制度；同外部世界关系上，从比较封闭式转向开放，国际化，这一切经济管理制度和管理形式的重大变化，就是要求改革生产关系和上层建筑中一切有碍生产力发展的部分，同时也开辟了税收发挥经济杠杆作用的广阔天地，这就决定了我国税制，必须依据不同阶段市场化改革的要求，进行相适应的税制大改革，实行符合社会主义市场经济体制转轨和经济全球化要求的复合税制新体系，以利于适应和推动各项经济体制改革，促进经济结构合理化，保证国民经济持续快速健康发展。

三、市场化发展三个阶段，三次全面性税制改革

我国从计划弪济体制到实现完善的社会主义市场经济体制转变，要经历一个相对较长的时期。在整个转轨过程中，经济发展的阶段性，决定于转轨的阶段性，划分经济发展阶段，需要把两者结合起来考察，这既便于展现我国经济发展的水平和差距，也便于充分认识我国经济存在的主要问题及其体制根源，更有利于把握好加快经济发展的对策。

改革开放以来，我国经济转轨发展，依照体制改革和经济发展两个方面相结合的不同阶段性，大致可划分为三个阶段，税收适应不同阶段的转轨和发展两个方面要求，已进行了两次全面性税制改革，并将要进行第三次全面性税制改革。由于转轨发展的渐进性、复杂性，每个阶段的税制改革，往往是在全面性税制改革前，既有若干前奏性税制调整改革，而在每次全面性税制改革之后，又有若干完善税制改革的重大举措。

我国经济转轨发展的第一个阶段，是经济体制目标横式改革探索阶段，对市场化体制改革进行探索，也是扩张供给阶段，时间是1978年12月至1991年。这个阶段始自党的十一届三中全会确定了全党工作重点转移到社会主义现代化建设上来，提出改革开放的方针，随后并对市场化体制改革目标进行探索。1982年9月，党的十二大提出："正确贯彻计划经济为主，市场调节为辅的原则，是经济

改革中的一个根本性问题”。[①] 1984年10月，党的十二届三中全会通过的《中共中央关于经济体制改革的决定》明确是：“在公有制基础上的有计划商品经济体制”，强调自觉依据和运用价值规律，充分发展商品经济，发挥市场的作用。[②] 1987年10月，党的十三大仍肯定要逐步建立有计划商品经济体制，但提出了更多的市场调节内容，强调它是“计划与市场内在统一的体制”，是“国家调节市场，市场引导企业的机制。”[③] 随着经济体制改革目标的探索，相应采取了一系列重大改革措施，经济结构发生重大变化，经济快速增长，长期存在的商品短缺现象基本解决。

与整个经济发展形势相适应，1980—1981年，初步建立了独立的涉外税制体系，1983—1984年，进行了两步利改税和工商税制全面改革，并在其后几年进行完善，逐步建立了一个适应当时建立有计划商品经济体制，发挥市场调节作用，以流转税为主、所得税为副，配合其他税种的多税种、多层次、多环节调节的复合税制体系。

第二个阶段是计划经济模式向市场经济“转轨”阶段，建设社会主义市场经济体制框架，也是转变经济增长方式，经济高速成长及平稳发展阶段。时间是1992年至2000年。这个阶段起自1992年初邓小平同志南巡重要讲话和党的十四大明确建立社会主义市场经济体制目标，各方面的改革都以其为导向，大踏步推进；对外开放格局朝着全方位、深层次、宽领域逐步拓展；经济增长方式，逐步从粗放型向集约型转变，经济高速增长，后虽受亚洲金融危机和世界经济波动影响，仍保持一定发展速度。适应整个经济形势发展的要求，税收制度在1994年进行了全面、结构性改革，其后又采取了许多完善税制的重大措施，一个具有中国特色，基本符合社会主义市场经济发展要

① 《中国共产党第十二次全国代表大会文件汇编》，人民出版社1992年9月版，第25页。

② 《中共中央关于经济体制改革的决定》，人民出版社1984年10月版，第17页。

③ 《中国共产党第十三次全国代表大会文件汇编》，人民出版社1987年11月版，第26、27页。

求的税制体系框架初步建立起来。

第三阶段是建立完善的社会主义市场经济体制阶段，也是经济结构进行战略性调整，走新型工业化道路阶段。这个阶段从2001年开始，起自党的十六大宣布社会主义市场经济体制已初步建立，并在2001年12月我国正式加入了世界贸易组织。当前，全民奋战在全面建设小康社会中，改革开放和经济建设都进入了一个新阶段，我们的长期任务是要皖善社会主义市场经济体制，全面提高对外开放水平，推动经济结构战略性调整，基本实现工业化，大力推进信息化，加快建设现代化，保持国民经济持续快速健康发展，不断提高人民生活水平。适应经济体制转轨完善和与国际市场经济接轨的要求，推动经济结构战略性调整，走新型工业化道路，必须进行新一轮的全面性税制改革，建设一个具有中国特色，适应社会主义市场经济发展和经济全球化要求的统一、规范、公平、效率、简化、透明的完善税制调节体系。

本文是2002年第三季笔者在中国国际税收理论研讨会的发言。

增值税巧转型

当前，对我国增值税制进行改革，由生产型转变为消费型，准许外购的固定资产进项税额在产品销项税额中进行扣抵，实质上是降低征税水平，减轻税收负担。为了既能较好地发挥转型的积极作用，又避免导致财政减收，并力争能够增收，必须研究采取适当的转型办法和配套改革措施。

首先，最重要的是作为顺利推进转型的关键应确定转型的适当抵扣范围，把它限定为增值税一般纳税人当年新增固定资产中的动产部分。这就是：一要把存量固定资产排除在抵扣税范围之外。这部分约占社会固定资产总额的90%，把它排除出去，就基本上避免了转型对财政收入的冲击。存量固定资产是过去已经形成的，不予抵扣税，基本上不存在影响企业新投资和技术进步创新的问题。且过去对这部分资产的征税和税收优惠办法多种多样，差别很大，又有不同的使用年限和折旧金额，情况十分复杂，把它排除在抵扣税范围之外，也避免了实际上难以计算的困难和出现新的矛盾。二是一般要把新增固定资产中的不动产部分，排除在抵扣税范围之外。这是因为房屋、建筑物等不动产，在整个固定资产中，占了较大比重，而它对技术进步创新的激励作用，却远不如机器设备。至于水电业等特定产业，如有必要，可作特殊处理，如限定范围，准予在一定期限内分期抵扣税等。三是不征增值税的产业、部门新增固定资产约占社会整个新增固定资产总值的50%以上；还有小规模纳税人新增的固定资产，以及增值税一般纳税人新增非用于生产经营的固定资产部分，按照税法规定，是不属于抵扣税范围的。把以上各项都排除在抵扣税范围之外，按

2000年《中国统计年鉴》有关1999年的各项数据计算，全年需抵扣税的固定资产基数可缩小为只约近4000亿元，进项税额只约600亿元，这是当前财政完全承受的。

其次，应配套取消有关机器设备的各项税收优惠政策规定。在增值税转型后，新购机器设备既然可抵扣税，现行有关这方面的税收优惠政策规定，就已无必要存在。且其多与世贸组织规则和市场经济的公平税负原则要求不符，也导致增值税制本身繁杂无序，内控机制失调，原则上应一律取消。除2001年度起，已对国有大中型企业技改项目进口国内不能生产的设备停止退税外，还要取消现行对重点投资项目和外商投资项目进口设备免征增值税的优惠规定；取消现行外商投资企业购买国产设备退还增值税的优惠规定；取消现行对技术改造购买的国产设备投资，可在计征企业所得税的新增利润中，抵扣40%的优惠规定。以上几项税收优惠，加上转型后抵扣的固定资产进项税额，不再进入成本费用，应税所得额扩大，企业所得税的相应增收，以1999年的数据计算，约近400亿元，进行冲抵后，前述需抵扣的进项税额，就只剩约200多亿元了。

第三，配套清理整顿中间环节的增值税减免优惠政策规定。现在生产经营中间环节的增值税减免优惠规定甚多，其中不少与世贸组织规则或公平税负原则的要求不符。例如对列举企业的“以产顶进”的钢材销售，准予免征增值税；出口商购买规定范围的“以出顶进”国产棉，准退一定比例的增值税，均涉嫌属于世贸组织协议列举的“禁止性替代补贴”。对列举名称或指定企业的多种多样减免税或“先征后返”、“即征即退”的税收优惠规定，涉嫌属于世贸组织规则限制的“专向性、特定性可申诉补贴”，与国民待遇原则或公平税负原则，也有不符之处，都需要进行全面清理，区别不同情况，有步骤地加以调整，尽可能缩小减免税优惠范围，完善增值税扣税内控机制。

第四，配套实施进口产品全面征税，出口产品全额退税。要改变现行进口环节增值税、消费税与关税同步减免的政策，实施进口产品全面征税。这是因为作为国内税的增值税等，与作为国（关）境税的关税，在性质、功能作用和征税的要求上，均有很大不同。特别是加入世贸组织后，关税税率要不断降低，在进口环节对进口产品征收的增值税、消费税，与在国内对本国产品征收的同样税种，更必须重视保持本国产品与进口产品之间税收负担的协调平衡，以利于公平竞争，保护本国产业的发展。长期以来，进口的大部分产品，都是减免税或不征税的，除某些必要情况外，实施全面征税，还能大幅度增加财政收入。要用足世贸组织规则允许出口退税的条款。对出口产品的增值税，实施全额退税，以鼓励扩大出口。这就是要恢复实行增值税暂行条例规定的零税率制度，对出口产品产销全过程已征的增值税，实施全部彻底的退税。其中只对确需保护的国内稀有资源和紧缺物资，减少退税额，甚或不予退税。

为了避免影响税款的及时入库，我们还可以限定企业新购的固定资产（动产部分），在投入生产经营使用时，才准抵扣税。其进项税额巨大的，也可核定分期抵扣。无论何种情况，决不应通过提高增值税税率的办法，来弥补转型的减收。因为我国现行生产型增值税的基本税率17%，换算成消费型增值税税率，就达23%，处于世界高水平，不能采用更高税率再加重劳动密集型企业的负担，造成新的矛盾。也不应采取分步实施的方式，只选择某些产业或企业先试行转型，因为经营的产业或企业性质，实践中往往难于区分，且税制更不规范，又涉及产业、企业间新的税负不平衡，这只会增加执行中的困难和矛盾。

综上分析，增收、减收因素相抵，特别是随着转型带来的经济发展，税源扩大，增值税转型不但不会导致减收，而且还可以在促进经济发展的基础上，大量增收。

原载《经济参考报》2001年8月1日理论版，《财政与税务》（全国性复印刊物）2001年第11期转载。本文据财政部财科所《研究报告》2001年7月9日第14期摘转载。

房地产税收要进行区别征税的重大制度改革

在工业化、城镇化、市场化、国际化的大潮中，随着住房制度的改革，房地产市场的建立和发展，我国房地产税制不适应经济改革、发展现实的问题，日益凸显，必须针对现时房地产市场存在的矛盾问题，在税收上采取果断措施，短期策略与长期战略并举，调整政策，进行区别征税的重大制度改革，逐步建立统一、公平、规范、效率、透明的房地产税收系列。既调节不同群体收入分配，实现社会公平；培育县市级地方税主体税种，保证财政收入；同时，在这个基础上，又调节房地产市场的供需关系，推进节能省房地产建设，提高房地产资源利用效率，促进房地产市场健康发展，便利住房保障制度建立、完善。本文拟就上述问题进行一些探讨。

一、房地产市场矛盾突出，必须加强税收调节

1998年以来，我国房地产市场有很大发展，为社会提供了大量商品房，在一定程度上满足了人们需要，也带动了相关产业的发展，推动了整个国民经济的繁荣。但是，其间的矛盾问题也很突出，其主要表现：

一是房地产投资规模偏大，耗能占地多。近年来我国房地产开发投资规模，都以年均20%以上的高速增长。据建设部资料，2004年仅注册登记的开发商完成的投资额就达13158亿元，比上年增长28.1%。这还不包括其他建筑公司项目，集体、个人建设及革新改造、基建用房和农村建房的数额。又据国家统计局公布的数据，在国

家2005年5月采取措施控制投资规模后，2005年1—8月房地产完成的投资，仍比去年同期增长23.9%占同期国内各业固定资产投资完成额的24.2%，仅次于在国民经济发展中居主导地位的制造业所占27.5%的比重。两个产业的固定资产投资，差不多是处于平起平坐的地位。规模庞大的房地产建筑，要消耗大量的能源和钢材、水泥，据有关部门数据，建筑业运行及其施工生产环节消耗的能源，已达社会总能源消耗的46.7%，一些大城市建筑内空调能耗占到高峰电力能耗的60%左右。特别是过于庞大的房地产开发，更要占用大片农用耕地，1991—2000年，年均征用土地831平方公里，2001年是1812平方公里，2002年以后是年均2000多平方公里。影响到我国耕地面积，从1996年10月的19.51亿亩，减为2004年10月的18.37亿亩，短短八年间净减少1.14亿亩。

二是商品房价格上涨过快，开发商利润过大。近年来商品房的价格，都是快速上涨的。2004年商品房均价比2003年上涨14.4%。其中，商品住房上涨15.2%。而同期居民消费价格总水平上涨3.9%，两者相比，其上涨速度，前者比后者分别高达3.69倍和3.9倍。在高房价下，房地产开发商也获取了超额的暴利。一般保守计算，在商品房价格中，商品房的利润是15%，超过发达国家房地产商的7%利润水平一倍多。而据有的调查资料，其平均销售利润率更高达30%，开发商的自有资金，通常不到全部资金的20%，55%以上是银行贷款，其余为预售货款和定金，以此计算，其资金利润率更高达150%。2002—2004年，房地产业连年蝉联十大暴利行业之首。据中央统战部、全国工商联、中国民营企业研究会联合调查，私营房地产商税后净利润高于居第二位的电力、煤气业一倍多，高于各行业平均水平5倍。有人计算，北京市平均不到两天，就产生一个房地产亿万富翁，可是房地产业却有惊人的偷逃税。北京市在2003—2005年上半年对1103户房地产企业进行纳税检查，发现涉税违法户725家，占检查户总数的66%，追补税款10.05亿元，课处滞纳金和罚款7708万元。最近上海、广州等市税务部门公布的材料，房地产企业欠税占全部企业欠税总额的8成以上。

三是房屋供应结构不合理，不适应社会需求。房地产开发商提供房屋的结构性矛盾问题，近年进一步凸现。在新增房面积大幅度增加的情况下，中小户型、中低价位的普通住房和经济适用房，2004年却出现负增长。其中全国经济适用房开发投资占房地产投资总额的比重，已从2003年的6.1%，下降为2004年的4.6%，2005年第一季度进一步下降到2.6%，在整个房地产投资建设中，是处于很小的配角地位。据国家统计局发言人发布的数据，每套面积80平方米以下的住房，已不到新建房总额的12%。即使是开发商营建的经济适用房，由于单套面积越大，设计成本、建筑成本、销售成本越可节约，受利益驱动，开发商往往不顾国家规划的制约，多建大户型房，北京市现在的经济适用房，许多实际就是单套面积超过140平方米，甚至是高达三四百平方米的非普通住房。特别是近年来，占地面积特大、消耗能源特多，极为奢侈浪费的超级豪华住宅、别墅，更是大量涌现。

四是房地产体系不够健全，市场秩序也比较混乱。现在房地产市场，主要就是新增商品房的一级市场，而存量二手房的二级市场和房屋租赁市场则尚未有较多发展，土地交易市场更不够健全。同时，在房地产开发、交易、中介服务和服务管理的各个环节，还都存在违法、违规行为。或不按国家主管部门批准规划的住房类型、面积、价位进行开发建设；或囤积和炒买炒卖土地，非法转让不符合法律规定条件的房地产开发项目用地；或投机炒作，哄抬房价，牟取非法暴利；或迎合某些领导旨意，大拆大建，搞形象工程，既浪费国家资源，又造成住房被迫需求；或利用信息不对称，虚假宣传，人为造成市场紧张，误导市场预期；或购房合同欺诈，期房质量“缺斤少两”。这些都损害了群众利益，影响到整个房地产市场体系的健康发展。

2005年5月，国务院办公厅转发建设部、财政部、国家税务总局等七部委《关于做好稳定住房价格的意见》后，在遏制部分城市住房价格上涨过快问题上，已取得一定成效，但房地产市场矛盾问题的根本解决，还须短期与长期战略并举，既要有过渡性政策措施，又更要有长期性的制度建设。房地产在我国是一个特殊行业，与政府各部门有千丝万缕关系，土地、建设、信贷、财政、税收、工商等有关管理部门，要协调配合，加强宏观调控，综合治理，促进健全房地产市场机制。

在这里，税收作为国家宏观调控的一个重要经济杠杆，是能够发挥其重大作用的：一是调节不同收入阶层对房地产资源的占有关系，抑制富人过多占有房地产资源，特别是优秀资源；促进建立和完善住房保障体系，帮助中低收入者，最低收入者都有房子居住，实现社会公平。二是调节住房类型格局，抑制奢侈房消费，鼓励理性消费，推进土地、能源和有关资源节约。三是促进现有存量住房市场化流动，优化配置，提高房地产资源利用效率。四是促进形成房地产一级市场、二级市场、租赁市场、中介市场之间的合理结构关系，完善房地产市场体系。五是调节房地产开发商和其他经营者之间的利益分配关系，抑制投机倒卖，稳定房价，提供公平竞争环境。六是保证财政收入，让国家有更多机会获得土地增值收益，培育不动产税成为县市一级地方税的主体税种，使优化经济环境与充裕财源相互带动推进。我们必须通过调整房地产税收政策，进行税收制度重大改革，强化其宏观调控力度，充分发挥税收的以上应有作用，以利于保证房地产收益合理分配，推动房地产资源有效利用，促进房地产市场持续健康发展。

二、流转环节的税收区别对待调节

房地产有开发、流转、取得与持有各环节，我国与世界各国一样，建立了房地产税收的复合税制调节系列，对各环节主体的利益分别进行调节。为推动房地产资源有效利用，促进房地产市场健康发展，税政的调整，税制的改革，在流转环节（含开发、取得），需要采取以下有鼓励、有限制的区别对待征税重大举措：

一是开征超豪宅、别墅消费税，抑制过奢性消费。我国现有一个相当规模的富豪阶层，多要为其亿万资产寻找奢侈享受出路。超级豪宅、别墅作为主流奢侈品，正是富豪最眩目的财富象征，也便利了房地产开发商打出品牌，获取暴利。近年超级豪宅、别墅兴建、大幅上升，其所占住房总套数的比重，已从2003年的2.3%，上升为2004年的3.6%。其豪华奢侈气派，以上海市紫园别墅为例，投资20亿元，项目总占地面积4000亩，最大的一户占地超过20亩。别墅拥有13座岛屿，每户豪宅完全独立，家家都有游泳池、游船码头、保龄球道等。售价最高的，每栋1.3亿元，最低的也要1400万元。购房后还要巨额的养房费用，以1000平方米套房粗略计算，每月最少需要开支五六万元，包括其中的电、水、气的奢侈浪费耗损，实在惊人。超级豪宅、别墅是比小汽车及贵重首饰及珠宝玉石更为高级的奢侈品，特别是还大量占用宝贵的土地资源，消耗稀缺的能源。抑制此种过度性的奢侈消费，节省土地、能源，不能只是行政和舆论上的告诫，而应采取有效的经济手段。可以把超级豪宅、别墅增列为现行消费税的一个税目，开征超级豪宅、别墅消费税，分别按超级豪宅、别墅的规格、价位，实行分级超额累进税率制，譬如把税率定为20%—40%。在销售环节一次性征收。开征这种特别消费税，并不会导致其他类型住房价格上涨，因它是有针对性的特别征税，不是普遍提高各类住房税收负担。此项征税，只会加大超级豪宅、别墅的销售成本，导致提高它们的销售价格。根据市场供需情况，或是转嫁由购买者的富豪负担，或是不能提高价格，转嫁税负，而由房地产开发商削减自身利润，自行消化。这种征税的收入分配，正是通过影响供需双方关系，可以起到抑制兴建超级豪宅、别墅的作用。

二是区别售房类型和持有期间长短征税，进行有针对性调节。2005年5月国务院办公厅转发的七部委文件，用建筑容积率、单套面积、实际成交价格三个因素，明确了享受优惠政策的普通住房标准，规定自2005年6月1日起，对个人购买住房不足2年转手交易的，销售时按其取得的销售收入全额照章征收营业税；购买期间超过两年，其属普通住房的，免征营业税，其属非普通住房的，则应按购销差价征收5%的营业税，以及连同附加征收城市维护建设税和教育费附加。这加大了对投机性和投资性购房的调控力度，也有利于鼓励中小户型、中低价位的普通住房兴建，相应限制了非普通住房建设。此奖限政策，虽是针对当前部分房价上涨的应急措施，但应长期坚持。此外，契税也要区别普通住房与非普通住房，采用高低不同税率。个人所得税则要看购买期是否超过5年。是否唯一生活用房，是否在出售前后一年期限内换购新房及其价差，来确定不同的征免税办法。至于土地增值税，当时开征这个税种时，针对大肆炒、卖房地产的情况，现在有所变化，又与营业税、所得税有一定重叠，计算征收中困难也多，国际上征收这个税种的，仅剩下韩国和意大利，其他国家都已停征。现在发达国家的二手房买卖的市场交易，已占到房地产市场交易总量的85%，而我国的情况正好相反，为活跃住房的商品流通，提高房地产资源利用效率，优化资源配置，从长期着眼，也可考虑停征土地增值税。

三是调减出租房税负，活跃房屋租赁市场。按照现行税法规定，个人出租住房，要征收七税一费，即营业税（租金收入的5%）、城市维护建设税（营业税额的7%、5%）、教育费附加（营业税额的3%）、房产税（租金收入的12%）或城市房地产税（租金收入的18%）、城镇土地使用税（城市每平方米0.3—10元）、个人所得税（租赁所得额的20%）、印花税（租赁合同金额的1‰），税种多，税负重，各税分别计算，征收缴纳手续也很繁杂。一些住房多余户往往认为，租金收入扣除税金后所剩不多，而麻烦不少。对暂时闲置的房屋不愿出租，或干脆暗中交易，偷逃税款。据北京市最近调查，全市纳税的房东不到应纳税户总数的20%[①]。现在有的地区为便利征收，对个人住房租赁，规定一个5%的综合税率，各税统一计算缴纳，这种做法可取，但与全国统一税法不甚符合，为盘活闲置住房，活跃租

① 《中国税务报》，2005年6月2日。

赁市场，提高住房使用效率，似应大幅度减轻出租房税负，明确个人出租住房，可以只征个人所得税，普通住房税率减为租金收入的5%，非普通住房税率减为租金收入的10%。房产税（不动产税）另分别普通住房与非普通住房确定征免，租赁合同按章粘贴印花税票，其余各税均不征收。

四是促进建立公屋廉租制，完善住房保障体系。现行住房规划是，高收入者购买商品房，中低收入者购买经济适用房，最低收入者由政府或单位提供廉租房，通过实物分配、租金减免和发放资金补贴等方式，使最低收入人群得到实惠。以北京市为例，从2001年以来，已有1万多户低保家庭享受到了这种优惠。但由于廉租房管理部门资金少，租价低的房源缺，许多能够享受廉租房补贴的家庭，经常找不到住房，而政府又无适当财力新建廉租房。同时，此项制度覆盖面窄，按规定不包括买不起经济适用房的一些低收入人群，庞大的农民工人群也未能覆盖。经济适用房建设用地是行政划拨，政府扶助，开发商营建销售，保本微利。由于不缴纳巨额的土地出让金等原因，价格较低，而规定的销售对象广泛（如北京市规定为年收入0.5万—6万元的家庭），管理机制欠缺。购房人资格审查不严，往往是开发销售商代劳审查，市场秩序较乱。开发商受利益驱动，多营建大户型，品位有些也上档次，售价相对赖高，便利了有资金实力者。据《2005年第2季中国房地产市场报告》，对北京、西安、太原三城市的抽样调查，认为当前经济适用房主要满足了中等偏上收入家庭的需要，中等偏下收入和低收入家庭所占比例不高；购房的很大部分是用作投资，自用率平均只有70.295%，其中北京市更只有51.34%；继续完全依靠划拨土地，在市场低价售房，政府在执行能力和执行成本方面，都面临一些难题[①]。看来以行政划拨土地的暗补方式，要求开发商以保本微利（3%以内的利润）的低价格在同一的住房交易市场，向人们销售同样的住房商品，难免出现一些问题；期望除最低收

① 《中国经济时报》，2005年7月7日。

入者以外的所有家庭，都能够拥有属于自己私有的住房，即使是在较长期限内也不能够实现。现在经济发达国家的住房自有率，一般也就50%多，40%以上的居民住房都是租赁的。我国当前解决中低收入者的住房问题，最主要的是帮助所有家庭都有房子住，改善住房条件，而不是都要拥有属于自己的私有房。要帮助所有家庭都有房子住，必须有政府的积极干预，大力帮助，否则是不可能的。我们似可考虑，停止经济适用房制，借鉴中国香港地区公屋制的成功经验，由政府设立专门的公屋廉租管理机构，把它作为一项重大社会保障措施，责成地方政府无偿划拨足够的建公房用地，多拨财政资金，营建大批中小户型，中低价位的现实需要公房；同时，收购城市同类旧房，用以就近出租给最低收入者、低收入者和中等偏下收入者，根据住房质量和租赁者的收入水平，收取有差别的租金，或实行公开的不同减免补贴。要明确租赁者入住的资格条件，严格审查，完善租赁的准入与退出机制。当租赁者收入水平提高、不符合条件时，应按规定及时退出，转换给符合条件的登记户入住。在这里，通过税收的减免和其他优惠措施，可以有力地推进建立公屋廉租制，从而完善我国的住房保障体系。

五是正税清费，减轻购房负担。现行涉及房地产的税种，连同开发、流转、取得和持有环节在内，共是12个，外加教育费附加一项，而行政事业性收费项目，多的地区高达数百项，平均是税种的六七倍，基本集中在房地产的开发、流转、取得环节。其金额在住房销售价格中所占比重，据有关部门计算是15%，比税收所占10%的比重，超出50%。其中许多是属于不合理的收费，它挤占税收，抬高了住房价格，影响了财政资金统筹安排，也导致产生腐败，必须按照公共财政体制要求的收入分配框架，大力整顿，摆正“税为主、费为辅”的收入分配关系和格局。必须坚决取消一切非法和不合理的收费，把属于土地、房屋价格的收费，并入房地产价格，把属于税收性质的收费，改为征税，按有偿受益原则，只保留必要的规费、使用费性质的收费项目，严格审批收费金额，实行财政预算管理。

三、持有环节的税收区别对待调节

我国现行房地产税收存在三个主要矛盾问题，第一个问题是税制不统一。内外两套税制，内资企业和华籍居民是适用房产税和城镇土地使用税，还有耕地占用税、土地增值税；外资企业和外籍人士是适用城市房地产税和土地使用费，课征制度不同，税负轻重不一，总的是外轻于内，也有外重于内的，如出租房屋，外资企业和外籍人士的房产税率是租金收入的18%，而内资企业和华籍居民的房产税率是租金收入的12%。前者有违公平税负原则，后者有违国民待遇原则，不适应统一场的构建，市场经济体制的培育发展。此外，城乡税制也不统一，现行房地产税不适用于农村。第二个问题是房地产税基本法规制度过于陈旧。几个税种的条例都是20世纪80年代，甚至是50年代制定的，时隔数十年，其内容不适应国民经济已有重大发展变化的现实，不适应原计划经济体制已转变为社会主义市场经济体制，并要不断完善的现实。第三个问题是房地产税收重流转，轻持有。着重对营业性房屋、个人出租住房征房产税，重营业交易税收调节；不对个人非营业性住房征房产税，轻房产持有关系税收调节。现行房产税有些类似按营业行为征收的营业税，而不太像调节财富占有关系的财产税。这不适应当前人们已购有较多较高价位住宅，需要进行有区别的财产占有关系的税收再分配调节，缓和社会矛盾的现实要求；不适应需要通过税收调节房地产供需关系及其结构，促进房地产市场持续健康发展的现实要求。房地产税制必须进行根本性改革，而其重点是在房地产持有环节，其设想是：

一是简并税种，开征统一的不动产税（即物业税，下同）。这就是把房产税、城市房地产税、城镇土地使用税和土地使用费四种税费，以及属于税收性质的其他有关收费，合并为全国统一适用的不动产税。对内外资企事业单位、个人和城市、乡村都统一适用。所以拟名为不动产税，而不称为房地产税，是因为它的含义准确，既包括房屋，又包括土地，也包括难于算作房屋的其他众多的地上建筑物，并便于同国际上的称谓衔接。契税是对取得房地产环节征收的一个特别税种，自古有之，人们长期习惯把它视为享有产权的象征和凭证，国际上也有类似税种，可仍单独征收，不予合并，不动产税的税制主要设想是：

1. 扩大征收范围，选定征免税界限。要转变房地产税收重流转轻持有的现状，就必须适应市场经济发展的要求，扩大不动产税的征收范围，取消那些不适应现实情况的减免税和优惠。一是取消现行个人所有非营业性住房免税的规定。住房制度由福利分房改为市场化购房后，广大群众多拥有自有的住房，取消此项免税政策后，征税范围将大为扩充，重流转轻持有的征税现状，将大有改观。但考虑到实行初期，面对千家万户，征税工作涉及面太大，一般群众骤然直接增加许多税负，也有承受能力的制约，因而可以对自有普通住房暂时仍予免税，而把征税范围只扩大到非普通住房，特别是超级豪宅、别墅。加大占用此类住宅的成本，既调节其所有者的财产占有关系，又限制此类住宅的消费需求、投资需求，进而可以优化房屋的供给结构。二是取消对事业单位有关免税规定，把非公益性事业单位和社会团体用房列入征税范围。因为这些单位在市场化改制后，已有市场化的主要资金来源，理应按市场化规则，担负纳税义务。三是把乡村的房屋、土地纳入统一税制征收范围，但为便利农民休养生息，扶持发展农业，在一个较长时期内，应只限于对工商营业用房地产和高标准的住房，征收不动产税，其余均予免税。

2. 区别不动产类型、用途分别制订税率。现行城镇土地使用税分地区按单位面积设计固定税额的办法，国家不能及时分享土地增值的利益，很不合理，应当改变。借鉴国际通行做法，对工业用不动产、商业用不动产、单位和个人住房、无建筑物土地，可分订不同的幅度税率，由省级政府根据当地情况自行决定本地区的适用税率。为加强税收调节个人占有财富关系的分配力度，也可借鉴有的国家做法，对个人住房按类型、价格采用三四级超额累进税率制。

3. 以评估市场价格为计税依据。现行房产税是以原房价余值

（原房价值一次性减除20%—30%的余额）为计税依据；出租的房屋则以房产租金收入为计税依据。其不合理处有二：一是各时期的房价水平高低不一，在同一年度，都按原价即历史成本价余值计算税额，很不公平；特别是城市房价，是随着经济的发展繁荣而相应上涨的，坐落商业繁华地段的房屋，价格上涨幅度更大，都按历史成本价余值计征，国家不能分享土地增值收益，还要承担一般物价上涨、币值下落的损失，以至大量税收白白流失。二是出租房屋是按租金收入计算纳税，租金收入是现实的市场价格，计算出来的税额，往往要比按原价余值计算的高出数倍以至十多倍，购房时间越早，原价越低，税额差距越大，限制了租赁市场发展。

4. 下放管理权限，培育县市级地方税主体税种。适应建立和完善分税制财政体制的要求，作为地方税的不动产税，应当下放部分立法权，中央只制订不动产税的基本法，对税法要素作政策原则性规定，在国家统一的大政方针下，由省级人大或政府制定实施细则，明确具体的征收范围，选定适用税率，批准减免税优惠或加征税款，确定计征方法，以利于地方因地制宜处理问题，繁荣地区经济，增进税收，逐步把不动产税培育成为县市级地方税的主体税种。

二是开征不动产闲置税。现在土地、房屋资源闲置浪费现象严重，存在大量已征未用和购而不用的情况，有的地方政府还征用大片土地，等待招商引资时高价出让。国土资源部透露，2004年初掌握在开发商手中购而未开发的土地，全国至少有70万亩①。商品房同样大量闲置，据有关资料，截至2004年9月，全国商品房空置面积达9798万平方米（其中商品住房空置面积5736万平方米），闲置率达19%。北京市闲置一年以上的商品房，2004年比2003年下降23%，但仍达800万平方米，为商品房销售总数的1/3，远远超过国际警戒线②。存量房屋也多闲置，长期少人住，甚或无人住。最近国

① 《人民日报》，2004年5月16日。
② 《北京晚报》，2005年3月7日。

家对超过出让合同约定开发日期一定期限的，虽出台了征收土地使用费的规定，但这是未遵守合同的违约金收费，不属于对闲置浪费，土地资源本身的强制性征税，此种收费应由税收取代。为制止一些人坐享房地产自然增值带来的利益，打击囤积投机，抑制那种非理性投资，制止资源浪费，提高土地、房屋利用效率，优化稀有资源配置，需要采取税收强制手段，开征不动产闲置税。或在不动产税基本法中，区别不同情况，增列对闲置不动产加成、加倍征收不动产税的具体规定。

四、抓紧创造条件，逐步实施

改革房地产税收制度，特别是建立适应社会主义市场经济要求的新型不动产税，是一项十分复杂艰巨的任务，牵涉到亿万群众，涉及各方面利益的调整，必须做好有关基础准备工作，搞好各项配套改革措施，才能顺利实施。关于基础准备工作，一是要建立和健全房地产登记制度，只有全面掌握房地产各方面的情况，才能找到、找准课税目标。当前多部门登记、分级登记、分块登记的分散管理办法，需要改变，建立由房屋和国土资源管理部门统一的房地产登记制度，信息由有关部门提供和共享。登记内容也要改变以产权为主的现状，把它扩充到有关房地产价格及其评估和变动的方面；房地产产权的取得及其流转变动和消失方面；税收的计算缴纳方面。既要有以产权人为户头的登记序列，又要有以房地产为户头的登记序列。二是建立和完善以房地产市场价格为依据的价格评估制度。这是不动产以评估市场价格为计税依据的必备条件。要建立一套适应市场经济发展要求的房地产评估机构，既有政府的，也有民间中介组织的，评估各有侧重，分工协作。要实行房地产评估人员资格认证制度，加速培育，逐步形成一支富有理论知识和实践经验，精通业务的房地产评估师队伍。要逐步摸索和确立一套适应我国情况的以市场价格为依据的房地产价格评估办法。三是税务部门要抓紧培养一批既懂税收和财经政策法规，又熟练掌握不动产税计征技术业务的专业税务干部。同时，还要做好同房屋、土地管理、房地产市场管理和财政、银行、工商等各部门的协调配合工作。

鉴于房地产税收制度改革的艰巨性、复杂性，做好基础准备工作，也需要时日，应当全面规划，循序渐进，分步到位。可以先选择几项容易办到的项目，由国务院发文通知实行，可以先在几个城市试点，摸索积累经验，逐步推开，待时机成熟，再正式立法，全国实行。

载财政部财政科学研究所《研究报告》2005 年第 47 期（10 月 24 日，内刊）；《涉外税务》2005 年第 12 期；中国人民大学复印刊物《财政与税务》2006 年第 5 期转载。全文入选国家税务总局编委会编：《2006 年中国税务年鉴》“文选”，中国税务出版社 2006 年 12 月版。收入财政部财政科学研究所编：《热点与对策·2005—2006 年度财政研究报告》，中国财政经济出版社 2006 年 9 月版；中国国际税收研究会编：《物业税改革国际借鉴研究》，中国税务出版社 2008 年 5 月版；北京市国际税收研究会编：《北京市国际税收研究会理论研讨文集（2005 年）》，中国社会保障出版社 2007 年 3 月版。国家税务总局和中国国际税收研究会 2006 年 12 月评授“第五次（2005—2006 年）全国国际税收优秀科研成果个人一等奖”；北京市国际税收研究会 2006 年 6 月评授 2005 年优秀论文特别奖。

改革烟叶税，严控烟叶和卷烟生产与消费

现行烟叶税是在2004年取消除烟叶外的农业特产农业税，保留下来，并于2006年4月新建立的一个农产品特别税种。由于它与地方政府的经济利益联系过于密切，并沿袭传统的农业特产品征税制度，存在较多矛盾问题。为严控烟叶生产，减轻农民负担、社会负担，有效利用社会资源，便利应对日益加剧的烟草市场国际竞争，充分发挥对烟叶征税应有的独特作用，笔者建议，要对烟叶税种进行重大改革，主要是把烟叶税种改为消费税的一个税目，收入完全归属中央，并相应改革传统的农业特产品征税制度，纳税人由烟叶收购单位，统一改为烟草公司，纳税环节由烟叶收购环节，推后改为烟草公司销售、调拨环节；计税依据由烟叶收购金额，改为烟叶销售、调拨金额；税率由20%逐步提高为30%—40%。这里着重分析现存的矛盾问题，相应提出改革的理由。

一、改革烟叶税，是严控烟叶播种面积和产量的需要

现行烟叶税是地方税种，收入完全归属地方政府。从2006、2007年的年收入40多亿元，逐渐上升为2011年的91.45亿元。收入的总金额虽不大，但具体到一些市县，却是一笔很大的地方自主财力，同地方经济利益密切关联。地方政府基于保证本地区财政收入的需要，一般是积极采取强力的行政手段和补贴等多种措施，大力支持、鼓励甚或强迫农民种植烟叶，多产烟叶，烟草专卖局与烟草公司政企不分，有自身经济利益，也积极推动，农民往往被迫多播种烟

叶，少播种甚或放弃必需农作物的播种。因而大面积的烟叶播种得以保持，并不断扩大。一些地区的烟叶产量和收购数量，也往往出现超过国家计划安排的情况。2010 年我国烟叶播种面积已达 1345 千公顷，而 1980 年只为 512 千公顷，30 年间扩大了 1.63 倍，比签署烟草控制框架世界公约的 2003 年播种面积 1264 千公顷，也增 6.4%。烟叶产量 2010 年达 300.4 万吨（其中烤烟 273.1 万吨），而 1980 年只为 84.5 万吨（内烤烟 71.7 万吨），30 年间，增加 2.56 倍，比 2003 年的 225.7 万吨（内烤烟 201.5 万吨），也增 33.1%[①]。扩大烟叶播种面积，挤占了宝贵的土地资源，影响了粮棉和其他必需农作物更多增产，农作物产业结构难于完善，却使我国烟叶产量高居世界烟叶产量 1/3 以上的尴尬地位。烟叶作为卷烟的主要原料，它的大量增产，给人们健康和社会带来了很大危害。

把地方税种的烟叶税，改为中央税种消费税的一个税目，收入也改为完全归属中央财政，切断了烟叶税与地方政府的经济利益联系，地方失去大力推动甚或强迫农民多播种、多生产烟叶的动力，这便利了农民根据市场情况和自身条件，自主选择播种收益更大的农作物，一些不适宜种烟的土地，更不会用来种烟叶。这既可减少烟叶播种面积，节约和有效使用土地等资源，又可有效控制烟叶产量。

二、改革烟叶税，是彻底免除农民的农业特产品税收负担的需要

烟叶税是农村税费改革后，唯一保留下来的农产品特别税种。其征税制度，基本上也仍沿袭旧制。现虽把纳税人，由农业特产品生产者的农民，改为烟叶收购单位，但同样规定是由收购单位在收购环节缴税，同样是以烟叶收购金额为计算税额依据。给人的印象，仍然如同 1993 年前征收烟叶的产品税那样，规定的纳税义务人是农产品的

---

① 据《2010 年中国统计年鉴》第 482、487 页；《2011 年中国统计年鉴》第 461、479 页数字计算。

生产者，其中交售给国营、集体收购单位的，为避免直接向农民征税，才由收购单位根据收购所支付的金额计算缴税；售给其他单位和个人的，仍由农民自行计算缴税。因而收购单位缴纳的此项税款，实际是代扣代缴性质，烟农仍是税收负担者。烟草公司在此理念下，受经济利益驱使，会自然地考虑此种代扣代缴税款因素；同时，国家每年规定的烟叶收购品种、等级价格数量多，价差大，评议主导权多在烟草公司，他们凭借垄断地位，往往会压级压价收购，以求补偿所缴税款。这样，其缴纳的烟叶税款，实际上是通过压低烟叶收购价格，采用税负转嫁中的后转方式，转嫁由烟农负担。农村税费改革，取消了农业税和农业特产农业税，从事农产品生产的一般农户，都不再缴纳这方面的税，完全免除了此种负担，唯独保留烟叶的农产品特别税种，烟农实际上仍有此种税收负担，很不公平，也与统一城乡税制，不对农业、农产品单独设置税种的原则要求不符。

把烟叶税的纳税人，由现行规定的烟叶收购单位，统一改为烟草公司；把纳税环节由烟叶收购环节改为烟草公司对其他烟草单位销售或调拨烟叶环节；把计税依据的烟叶收购金额改为烟草公司销售、调拨烟叶的金额，这是在烟叶原收购金额的基础上，再加其他营销成本费用、有关税金和适当利润后组成销售、调拨价格。这表明征收此种烟叶消费税，是基于烟草公司有营销业务，获取一定收入和利润，而应自行负担纳税义务，这就远离农民，表明不是应由烟农负担的税，改由烟草公司代扣代缴。这从思想意识上可以改变烟草公司是代扣代缴烟叶税的的传统观念，从而抵制烟草公司压级压价收购烟叶的借口。特别是在烟叶税收入改为归属中央，烟草公司难于得到当地政府过去那种大力支持，农民选种农作物的自主权扩大，市场机制作用加强，农民的议价地位提高，烟草公司也难于单方面随意压级压价收购烟叶，转嫁税负，这就不但在名义上完全废除了对农产品征税的特别税种，而且在实际上也彻底免除了农民的此项税收负担，有利于提高烟农收益，完全实现了我国税制结构在这方面的改革完善。按烟草公司的烟草销售、调拨金额计算征税收烟叶税，计税金额比现行办法规定的收购金额大得多，也有利于增裕税收收入，便利控制烟草生产。

三、改革烟叶税，是促进烟叶规模化大生产，节约、有效利用社会资源的需要

我国烟叶生产，现是处于播种面积分散的小农经济状态，500多万农户，2000多万烟农，种植1500多万亩烟田，分散在全国20多个省、自治区、直辖市的广阔土地上，生产技术设备落后，劳动生产率低，亩产数量少，品质等级不高，烟农在生产、生活上也存在较多困难。改革烟草税制及其收入归属后，地方政府不能取得烟叶税收入，卷烟等烟草制品的税收收入分配，也所剩无几，不会再在意本地区有多少烟叶播种面积。这有利于国家烟草专卖局和中国烟草公司统筹考虑，通盘规划，在全国范围内，选择若干适宜种烟的地区，辟为烟草生产专用地，采用先进技术设备，集中地大规模生产烟叶。不属国家选定地区不让种烟，以利于节约、有效地使用土地等社会资源。这样也有利于烟草公司与烟农加强合作，建立合作互动、利益共享、双赢的经济关系。例如可由烟草公司主导，为当地烟农提供必要的资金和贷款，提供烟叶优良品种和先进技术设备，以及聘请高级专业技术人才和专家，进行具体指导。在烟农自愿的基础上，积极帮助组建较大规模的烟叶生产专业合作组织，以利于集中地进行规模化、现代化大生产，并提高所产烟叶的品位等级，也生产一些带香味风格的烟叶，为创名牌卷烟生产，提供优质主要原料。条件许可时，也可由烟草公司和烟农共同组建股份制的大型烟叶生产农场，由烟叶公司出资金和技术设备，烟农以土地入股，年终按股分红；劳动力按等级领取工资，随着农场经济效益的变化，定期调整。

四、改革烟叶税是应对国际烟草市场竞争加剧的需要

1949—1993年的长时期内，烟叶先后被分别列为货物税、商品流通税、工商统一税、工商税、产品税的一个税目，与其他货物一样，在外国烟叶进口时，要征各该国内税种的税；本国烟叶出口时，也同其他货物一样，享受一定的退免税待遇。1994 年 1 月到现在，烟叶先是农业特产农业税的一个税目，后是独立的烟叶税种，外国烟叶进口时，均不再征收进口环节的各该国内税，这对依法要缴税的国产烟叶是一个很大冲击，不公平合理；我国产烟叶出口时，已在收购环节缴纳的烟叶税，也不再享受出口退税待遇，而外国产烟草则是以完全退税的不合税价格，进入国际市场，加重了国产烟叶的出口成本，导致其处于国际市场竞争劣势。我国加入世贸组织前后，根据“入世”的要求和承诺，不断调低了进口关税税率，其中烟叶税率，由 1996 年的 50%，降为 2000 年的 40%，再降为 2004 年以后的 10%，更便利了外国烟草大举进军我国，冲击国内市场。

恢复 1993 年以前的做法，把烟叶税种改为消费税的一个税目，与卷烟税目并列，分别征税，就正是有效应对当前国内烟草市场竞争加剧的一项必要举措。它在外国烟叶进口时，依法照征消费税，有利于限制外国烟草进口，减少或避免冲击国产烟草产销；它在国产烟草出口时，依法完全退还已缴的国内烟草消费税，有利于降低出口成本，以同样不含国内商品流转税的价格，进入国际市场，在税负平等的基础上，参与国际市场竞争。

五、改革烟叶税，是严控生产、消费的需要

烟叶是卷烟生产的主要原料，是需要严格控制产销的产品，历史上都是采用较高税率。在 1993 年前列作工商税收有关税种的税目时，货物税税率是 40%（价外税，1950 年 12 月 19 日起）；商品流通税的熏烟叶税率是 45%（1953 年 1 月 1 日起）；工商统一税的熏烟叶是 50%，土烟叶是 40%（1958 年 9 月 11 日起）；工商税税率是 40%（1972 年 3 月 30 日起）；产品税税率是 38%（1984 年 10 月 1 日起）。在 1994 年 1 月 30 日改列作农产品农业税税目时，一般农特产品，税率定为 10% 左右，个别特殊产品主要是烟叶，在其中所定税率最高为 31%。2000 年开始，农村税费改革试点，大幅度减轻农民负担，规定试点地区农业税税率，最高不超过7%（另加20%的地方附加）；农业特产税率，按略高于农业税税率的原则，进行适当调整。其后各地都相继降低了农业特产税税率，从2004年开始，并取消了除烟叶以外的农业特产税。2006年新建立烟叶税种，规定的20%税率，是在各地大幅度降低税率的基础上设计的。烟叶是必须严格控制生产、消费的产品，总结长时期的实践经验，结合当前形势发展的要求，仍然采用20%的税率，税率显然偏低。为了加大对烟叶征税的调控力度，必须把税率逐步恢复到30%—40%的原有水平，这不仅是防御跨国烟草集团对我国内市场冲击日益加剧的必然要求，也是调节烟草公司过高利润，高烟税形成高烟价，严控烟叶和卷烟生产、消费，减少烟草对公众和社会危害的迫切需要。

载《中国税务报》2012年8月15日“理论专刊”版。2013年7月就北京市国际国际税收研究会2012年度优秀论文特别奖，收入《北京市国际税收研究会理论调研文集（2012）》和《2013年中国税务年鉴》“文选”篇，均中国税务出版社出版。

“以税代利”有什么优越性

我国国营企业的纯收入，历来是采取税收与利润上缴两种形式交给国家的。现在有些地区在少数国营企业试行了以税代利的改革办法，企业除了在商品产销过程中，要以产品销售收入为计算依据缴纳工商税以外，还把原来用利润上缴形式交纳的那部分纯收入，也改为采用税收形式上缴，变税、利两种缴纳形式为税收一种缴纳形式。征税以后剩下的利润，由企业按照规定建立生产发展基金、职工福利基金、职工奖励基金，自行支配使用，实行企业财务自理，国家不再拨款。这是国家与企业在收入分配体制上的一个重大改革，也是当前企业实行经济责任制的形式之一。

从各地的实践经验来看，“以税代利”这种形式，较之利润上缴和留成的形式有更大的优越性：

第一，能较好地发挥税收对经济的指导和调节作用。社会经济情况复杂，需要有各方面的调节，才能做到经济结构、产品结构、企业组织结构合理化，做到正确处理国家、企业、职工间利益关系。对国营企业扩大征税范围，采取多种税多次调节的办法，加以配套，就能适应复杂的经济情况，从不同角度进行这种调节，有计划地指导生产、指导消费和适当安排各方面的关系。而利润是一个综合性经济指标，利润上缴和利润留成形式的单一性，不可能对各方面都进行有效的调节，也适应不了经济活动的复杂性。

第二，能较好地把企业的责、权、利结合起来，促进提高经济效果。采取征税办法，用税收立法形式，把国家与企业对企业纯收入的分配相对固定下来，企业经营管理好、经济效果好，企业就可多得，否则就少得，甚至承担亏损责任，这就能更好地建立和健全经济责任制，把企业经营管理中的责任、权力、利益紧密结合，既给了企业一定的自主财权，更加重了企业的经济责任；既给了企业以内在的经济动力，又有了外部的竞争压力；既可在税收调节中解决客观原因造成的企业间苦乐不均，又能保护企业间合理的利益差别。并且留给企业的资金比例固定，有法律保障，企业事先知道，这样也利于企业按照国家计划的要求，来主动安排生产发展规划和有计划地进行挖潜、革新、改造。而利润上缴和留成办法，仍是按部门、地区隶属关系办理，并且是有利润才分成，无利润不分成，亏损仍由国家弥补，在分配上责、权、利结合不够紧密。

第三，能进一步加强财政、税收监督，确保财政收入的及时可靠和稳定增长。改利为税，财政、税务部门就深入到企业的生产、销售、资金管理、成本核算、利润分配和使用的各个环节，便于了解各方面情况，提出建议，促进改善经营管理，降低成本，多得盈利。同时，根据税法规定剔除不应当在成本费用中列支的项目，还能有力地防止企业化、挤、冲、摊利润，防止企业的某些铺张浪费现象，从而保证国家收入。

"以税代利"较之利润上缴和留成形式虽有更多优越性，但是，当前只能通过试点，摸索经验，稳步进行，而不能匆匆忙忙全面推广。这是因为，当前财政经济还有较大困难，还有待进一步调整经济，管理体制尚未全面改革，经济管理不够健全，"以税代利"也缺乏全面的成熟经验。对于这项关系重大的分配体制改革必须慎重对待，避免由于匆忙变换缴纳形式，有的地区、有的企业选择对本身有利的办法，挖走国家收入，以致国家财力分散，影响财政经济稳定。同时，在当前调整时期，各方面的情况变化很大，客观上影响企业利润高低的因素也很多，并不完全是企业主观努力所能决定的。这种情况也应考虑。

与李惠茹合作署名，载《北京日报》1982年2月5日"理论战线"版。

四、“入世”与调整税收政策

适应加入世贸组织后的新形势调整税收政策

适应"入世"后的新形势，必须遵循与利用 WTO 规则，进行税收政策调整。现提出以下看法与建议。

一、对 WTO 规则采取"遵循与利用相结合"原则，调整税收政策

当前我们对 WTO 的众多协议和规则性文件，要进一步深入研究，在正确理解和掌握 WTO 有关规则及其对税收政策要求的基础上，采取"遵循与利用相结合"的原则，对现行有关税收政策措施，区别不同情况，进行适当处理。这就是：一方面应当遵循和信守 WTO 有关规则及其对税收的要求和我国作出的承诺，另一方面又要利用 WTO 规则允许的方式，进一步调整、完善税收政策和制度，加速扶植发展我国急需发展的产业，提高国际竞争力。基于这个原则，我们必须对照 WTO 规则的要求，清理现行各项税收政策措施，与 WTO 规则明显抵触或属于禁止性的项目，要主动调整改变。譬如《外商投资企业和外国企业所得税法》第八条及其实施细则第七十五条规定："外商投资举办的产品出口企业，……凡当年出口产品产值达到企业产品产值 70% 以上的，可以按照税法规定的税率减半征收企业所得税"。这是以出口业绩为标准进行的所得税优惠，是属于 WTO《补贴与反补贴措施协定》明文列举的禁止性补贴，也违背《与贸易有关的措施协定》。对此项税收政策，我们就应当主动调整改变。现行税收政策中，还有一些违背或涉嫌违背 WTO 规则的，如对国产软件、集成电路产业实行增值税即征即

退政策；对特定企业销售“以产顶进”国产钢材、成品油、棉花，视同出口，实行增值税免征或出口退税，而对进口同类产品照章征税等。但考虑到世贸组织是各个国家和地区为争夺国际市形成的一个谈判场所，为保护和促进我国某些产业的发展，依据“遵循与运用相结合”的原则，当前重点是做好 WTO 成员方已提出交涉或异议的政策调整工作，其余有关政策是否违背 WTO 规则，意见也不尽一致，可稍缓时日，待 WTO 成员方提出交涉或异议时，再进行谈判，被动修改。但要强调的是，我们必须通过对现行税收政策措施的清理，全面系统地掌握违背与涉嫌违背 WTO 规则的具体情况，提出在允许的过渡期内，进行适当政策调整的全盘规划，决不能认为当前没有几项需要调整的政策，就坐等“被动调整”，导致将来工作上的被动，有损国家信誉。

二、调整内外资企业所得税负差距悬殊的税收政策

现行企业所得税对内外资企业采取的区别对待税收政策，外商投资企业和外国企业与内资企业对比，适用的实际税率一般都低，税前扣除标准放得宽，限制少；税收优惠更是种类多、范围广、期限长、力度大，因而当前外商投资企业的实际税收负担约为 11%，而内资企业则约为 22%。针对此种情况，联系到与 WTO 规则的关系，有两种不同观点：一种观点认为，实行内外有别的两套税制，外商投资企业处于超国民待遇，而内资企业则处于非国民待遇或次国民待遇，不符合 WTO 国民待遇的无歧视原则，应当进行调整；另一种观点认为，WTO 的国民待遇原则是指进口产品（或承诺的服务和知识产权）“所享受的待遇，不得低于同类国产品所享受的待遇”，反映在税收上，主要就是对进口产品的国内税费征收，不能高于国产品，但不反对给以税收优惠。对设在中国境内的外商投资企业和外国企业给予优惠待遇，少征税，也是不违背国民待遇原则的。但是，外商投资企业享受过高的税收优惠不符合市场经济公平税负原则，影响内资企业公平竞争，随着加入 WTO，外资大量

涌入，此种矛盾将更突出，因此，必须抓紧调整。

调整内外有别的企业所得税政策，其重点：一是要统一税率，把比例税率降低为25%左右，或稍下的水平。同时，并对所得少的中小企业采用税负更低一些的超额累进税率。二是统一税前费用扣除的范围和标准，取消对内资企业计税工资等诸多限制列支的规定。三是统一税收优惠，按照以产业导向为主，结合西部大开发战略以及外资政策，确定优惠方案，取消现行过多、过滥的税收优惠政策措施。

三、对进出口产品税收政策进行重大调整

现行进出口产品税收政策的重大特点，是“外优于内”，即加工贸易和外商进口设备享受了过优的税收待遇，而出口企业主要是内资出口企业却又受到退税不足的待遇，不适应恰当地利用WTO规则的要求。其主要表现和矛盾是：

1. 对加工贸易的来料进口，不论是否进入保税区，都免征进口增值税、消费税、关税。此项来料进口额约占进口贸易总额的50%，即有万亿元的货物以海关监管名义无税进入关境，游移于全国市场，它减少了大量财政收入，也带来了征管的巨大漏洞，为不法分子借加工贸易名义走私进口货物和通过虚开增值税发票，将无税产品转为可扣税产品，偷逃国税敞开大门。

2. 国家鼓励、支持发展的外商投资项目和国内重点项目，在投资总额内进口的自用设备及配套件、备件和技术，免征进口增值税、关税，此项免税设备，占进口设备总额的很大部分，即使进口税收受损，又搅乱了增值税征扣税机制，更对国内同类产业造成重大冲击。

3. 出口产品退税采用预算计划指标控制退税数额和进度，不但退税率一般低于法定税率，退税不足，而且长期拖欠部分出口退税税款。据测算，截至2002年年末，已累计拖欠企业退税高达1400亿元，给出口企业特别是中小企业造成了经营困难。

针对以上矛盾，现行进出口税收政策必须进行重大调整。调整的要求是，恰当地利用WTO规则和借鉴国际经验，做到进口应收尽

收，出口应退尽退。具体的调整措施是：

1. 按照国际通行做法，公平税负，完善制度，对加工贸易的进口来料严格限制，必须进入保税区、出口加工区或指定的保税工厂，实行规范化的保税管理。未进入这些地点的进口来料，一律严格按照世界各国控制进入关境征税的惯例，在入境时照章征收关税和进口环节的增值税、消费税。

2. 彻底清理进口设备的税收优惠政策。按照国际通行做法，除属于国际组织无偿捐赠以及个别特别短缺的设备外，应一律照章征收关税和进口环节增值税。

3. 用足 WTO 规则，允许出口全额退还流转税，不再区分产品类别、企业性质、出口方式，统一实行出口零税率和"免、抵、退"制度。同时在预算中打足出口退税资金，不留资金缺口。只要做到进口税收应收尽收，加上国内经济发展，税收增长，出口退税的资金是有保证的。

4. 把现行由海关代征国内流转税制度，改为由国家税务局设立机构直接征收。其根据，一是由于进口环节的增值税、消费税与国内征收的增值税、消费税，是属于同一税种，在性质和功能上不同于关税，特别是增值税需要有一个完整的征扣税运行机制，如果在进口环节，即起始环节就与关税同步将增值税减免掉，会造成增值税后续环节征扣税机制的混乱，使逃税难以控制。为了有利于进口环节征税与国内征税的协调平衡，更好地贯彻税收政策，有效地加强管理，应把关税与国内税的管理区分开来。二是根据国际公共管理理论中的"无缝隙政府"原则，对于一件公共事项的管理，涉及的机构越多，"缝隙越大"，效率越低，管理成本越高。由国家税务局统一直接征收，可缩小"缝隙"，强化征管，提高效率。

原载中国国际税收研究会《研究要报》2003 年第 2 期（4 月 4 日），国家税务总局应领导批示充分肯定。作为中国国际税收研究会 2002 年开始承担的国家社会科学基金重点课题《加入 WTO 与我国税制改革走向》的中期研究成果上报，全国哲学社会科学基金规划办公室高度重视，以该文为基本内容，加以整理，改题为《关于“入世”后调整税收政策的建议》，报中央宣传部，并编为《国家社会科学基金项目成果要报》2004 年第 4 期，报党中央、国务院各领导及相关部门。

遵循 WTO 规则，调整进出口税收政策

“遵循与运用 WTO 规则相结合”原则，认真研究调整现阶段进出口环节国内税政策，是履行会员国义务、实现担负责任与享受权益的统一、提高我国企业和整个经济国际竞争力的当务之急。

一、实施进口产品与国内产品平等的纳税政策

“入世”后，关税的保护作用下降，国外优势产品大规模进入并占领我国市场，必须加强国内税对国家经济安全、利益的保护功能，把特定历史背景下形成的进口倾斜税收优惠政策改变为进口产品与国内产品平等的纳税政策。为此，一要彻底清理占进口很大比重的机器设备以及其他产品的税收优惠政策，按照法定税率，全额征收进口环节国内税，以利于防范外国产品对国内同类产业的重大冲击，防范骗取进口免税和在国内骗取增值税抵扣。二是调整加工贸易的来料进口税收政策和管理，把不征、不退进口环节各税和过于宽松的管理，改为按照国际通行做法，严格限定该项来料，使其进入属于“境内关外”有合格的隔离设备的保税区、出口加工区，实行规范化的保税管理；未进入这些地点的，一律照章征收进口环节各税，以利于保护我国经济安全、利益，并防范对国内环境污染。三是改变进口环节增值税、消费税与关税同步减免政策，把国内税与关税的征税、管理区别开来，以利于进口环节国内税的征收与国内征税协调平衡，更好地贯彻统一的国内税政策，有效地加强管理，保护国内生产。

二、进一步调整、改革出口退税政策

2003年10月的出口退税机制改革，是新一轮税制改革的开端，它适应当前形势，区别不同产品，适度调低了退税率，特别是确立了对资源性产品不退税、少退税的新政策，建立了中央、地方共同负担出口退税的新机制，从而有利于消除财政和经济运行的风险隐患，缓解财政压力；有利于调整产品出口结构，促进外贸经济发展和产业结构优化升级；有利于保护国内自然资源，走可持续发展道路；有利于合理调整中央与地方、沿海与内地之间的收入分配关系，强化出口退税管理，防范和打击骗取出口退税。截至2004年4月10日，我国已完成全部清欠退税计划的91.7%，取得了缓解中央财政压力和调整产品出口结构的显著成效。但依据"遵循与运用WTO规则相结合"原则的要求，借鉴国际通行做法，从长远目标来看，还应在一些方面逐步调整、完善。

一是要创造条件，逐步实现一般产品出口零税率。普遍实施出口退税零税率、全额彻既退税，是世贸组织规则允许的，也是国际通行的做法。从长远来说，除自然资源性产品和紧缺物资。应贯彻限制出口政策，坚持不退免、少退免赠值税、消费税外，我们应当积极创造条件，解决现存造成退税不足的税制和征管中的矛盾问题，让我国出口产品同世界各国一样，以不含产制国间接税的价格，进入国际市场，使之与外国产品处于平等竞争地位，从而提高我国出口产品应有的国际竞争力，保证扩大出口。当前调低退税率，似是特定时期的权宜措施，虽有着较大的积极作用，但对一些产品出口，也不能说没有影响。2004年第一季度，我国就首度出现84亿美元外贸逆差，值得关注。

二是要进一步完善中央、地方权责利对等、共同承担退税的新机制。国际上实行增值税共享的国家，通常是先从增值税收入中扣除出口退税部分，再由中央、地方分成，这实际是按中央、地方分享增值税的同样比例分担退税金额，这种做法值得借鉴。我们要创造条件，逐步实施，而不只是由地方分担超出2003年实际退税基数部分。同时也要完善出口地、货源地的地区间合理分担退税款的办法，对贫困地区分担退税款有困难的，可由中央财政支持，避免加剧地方保护主义、扭曲对外市场结构、分割国内市场。

三是要进一步改革退税管理制度。这就是要按照“简化凭证、提高效率、加强控管、优化服务”的总体思路，进一步改革退税管理制度；要逐步取消出口退税指标分级管理办法，实现出口退税按实际退税率需要及时办理，并可建立出口退税“滞退金”制度，促进加快退税进度。

四是要建立进出口产品国内税的协调平衡机制。这主要是指坚持国际公认的消费地所在国征税原则，实行进口产品全额征税、出口产品彻底退税，以利于在进出口市场平衡的基础上，使进口税收入与退税支出协调平衡，从而保证财政收支平衡。其次是在欠退税较多等特殊情况下，把新增加的进口增值税收入，首先用于出口退税，扩大退税资金来源，但绝不是出口退税都要用进口税抵补。因为它有原在国内产销环节已征增值税款作为退税资金来源保证，一般不宜改用性质和收入来源不同的进口环节国内税收入来抵充出口退税支出。

刊《中国税务报》2004年11月26日理论专刊财税理论版。

适应"入世"形势，调整进出口国内税政策

我国加入世贸组织后，外贸出现了"大出大进"的新态势，进出口迅猛增长，2002年总值达6208亿美元，比"入世"前的2000年增长30.89%，相当于同年度GDP的50.19%，2003年又更大幅度增长，在整个国民经济中的地位日益重要。税收必须适应新的形势发展，根据国家的整个战略要求，采取"遵循与运用WTO规则相结合"的原则，对进出口国内税政策，需要进行必要的调整，以完善和强化税收的内在调控机制，从而维护国家安全和经济权益，优化经济结构，提高我国经济的国际竞争力，促进包括外贸进出口在内的整个经济持续快速健康发展。

一、要遵循与运用WTO规则

世界贸易组织经历多次多边贸易谈判，达成了众多协议和规则性文件，用以破除各种贸易壁垒，保障推进国家（地区）间平等的世界贸易自由化，这是各成员国（地区）普遍接受和应当遵守的。由于各成员国（地区）实行的是现代市场经济，是在政府宏观调控下的市场调节机制，世界贸易组织是承认接受政府对经济的宏观调控和管理的，并且主权国家的利益，依然是世界多边贸易体系的主体，因而世贸组织在确定各成员国（地区）应普遍接受的共同贸易规则的同时，对各成员国实施本国特定的产业政策和特别措施，并无过多限制。允许对本国产业实行合理与适度的保护，允许在特定情况下，可以采取不同于WTO基本规则，甚至违背规则的作法。特别是基于鼓

励世界经济的可持续发展、经济安全和社会安定，基于照顾发展中国家利益，还有许多特别条款和明文规定。对农业生产、科技进步创新、中小企业、贫困地区、环保设施、出口产品和过渡期内的幼稚产业，等等，都允许有一定的税收优惠支持。

基于以上情况，对 WTO 规则，我们要采取“遵循与运用相结合”的原则，对包括进出口国内税在内的有关税收政策制度，应区别不同情况，进行适当处理。一方面应当遵循和信守 WTO 有关规则及其对税收的要求和我国作出的承诺；另一方面又要从我国国情和经济安全、利益出发，利用 WTO 规则例外条款和允许的方式，进一步调整、完善税收政策制度，加速扶植发展我国急需发展的产业，营造经济快速发展、持续发展的良好环境，提高我国企业和整个经济的国际竞争力。考虑到世贸组织是各个国家和地区为争夺国际市场形成的一个谈判场所，为保护和促进我国某些产业的发展，依据“遵循与运用相结合”的原则，除 WTO 规则禁止性条款或明显违背 WTO 规则的税收政策，应在过渡期内主动调整改变以外，当前重点是做好 WTO 成员方已提出交涉或有异议的政策调整工作，其余有关政策制度，有些是否违背 WTO 规则，意见也尚不尽一致，可稍缓时日，待成员方提出交涉或异议时，再进行谈判，被动修改。但要强调的是，我们必须通过对包括进出口国内税在内的现行税收政策制度的认真清理，全面系统地掌握违背与涉嫌违背 WTO 规则的具体情况，提出在允许的过渡期，进行政策调整的全盘规划，决不能认为当前没有几项需要调整的政策，就坐等“被动调整”，导致将来工作上的被动，有损国家信誉。

二、调整进口环节国内税政策

现行若干进口国内税政策制度，有的属于违背或涉嫌违背 WTO 规则，有的不够完善，不符合恰当掌握运用 WTO 规则的要求，有的则是两者兼而有之，都需要研究调整。特别是“入世”后关税保护作用下降，国外优势产品大量涌入，必须加强国内税对国家经济安全、利益的保护功能，过去特定历史背景下形成的进口倾斜税收优惠政策，已不适应现实情况，应当认真按照国际通行做法，实施进口产品与国内产品平等纳税政策，做到进口环节的税收应收尽收。

（一）彻底清理进口设备和其他产品的税收优惠政策

现行税法规定，国家鼓励、支持发展的外商投资项目和国内重点项目，在投资总额内进口的自用设备及配套件、备件和技术，免征进口环节增值税、关税，此项免税设备，占进口设备总额的很大部分，既使进口税收受损，又对国内同类产业造成重大冲击，且搅乱增值税征扣税机制，增加了骗取进口免税和在国内骗取抵扣税的机会。同时，外商投资企业和国内重点项目的免税，是按照不同的进口产品和技术目录，实行不同的进口税收政策，特别是国内投资项目，许多是限于由十多个国内试点企业集团自行批准，据以免税，是属于特定项目和企业的免税，也同 WTO《补贴与反补贴措施协议》中，限制采用税收进行专向性、特定性补贴的规则不够符合。现行税法指定一些内资企事业单位进口的某些产品，免征、减征进口环节增值税和关税。此种优惠限于指定的企事业，其他内资企业和外商投资企业不能享受，涉嫌有违补贴与反补贴原则；相对于其他进口的同类外国货物来说，税负差别大，也涉嫌有违国民待遇原则。我们必须认真彻底清理进口设备和其他各项产品的税收优惠政策，按照国际通行做法，除属于国际组织无偿捐赠以及个别特别短缺的设备和产品外，应一律照章征收关税和进口环节增值税。

（二）调整加工贸易的来料进口税收政策和管理

现在对加工贸易的来料，包括原材料、零部件、元器件、包装物料及消耗性材料等，是在全国各地的很大范围内，实施保税制度，不征进口增值税、消费税、关税。此项料、件进口额，约占进口贸易总额的40%，即有近万亿元的货物以海关监管名义无税进入境内，游离于全国市场。现保税点遍及全国各地，2001 年在海关备案，属于保税范围的加工贸易企业多达9.7 万多家，而能置于海关有效监管下的，据业内人士估算，仅约占 30%，约有 1800 亿元的保税款货物，游离于海关有效监管之外。它减少了大量财政收入，冲击了国内生产，也带来了征管的巨大漏洞，为不法分子借加工贸易名义走私进口货物和通过虚开增值税发票，将无税产品转为可扣税产品，偷逃国税敞开大门；还为外国转移污染严重产品进行简单加工，提供了一条获取高利的畅通途径，加重了国内环境污染。我们必须按照国际通行做法，公平税负，完善制度，对加工贸易的进口来料严格限制必须进入属于“境内关外”、有合格的隔离设施的保税区、出口加工区，实行规范化的保税管理。未进入这些地点的进口来料，一律严格按照世界各国控制进入关境征税的惯例，在入境时照章征收关税和进口环节的增值税、消费税，以利于保护我国经济安全、利益，并防止对国内环境污染。

（三）扩大国内税对进口产品的调控力度

关税减让后，进口环节的国内流转税，对保护国内产业和环境，应起更大的宏观调控作用，现行税制在这方面的内在调控机制，尚有欠缺，需要调整完善。一是要扩大消费税的征收范围。消费税是一个具有重大宏观调控作用的税种，可是现在征收的范围较窄，对国内供应能力不足，并且不具国际竞争力的某些非必需品，以及国内有开发潜力但没有形成生产能力的某些产品，或是未列入消费税征税品目，或是税率偏低，不利于保护国内产业；对在消费中会造成环境污染的某些产品，未列入征税，不利于国内环境保护，都需要考虑适当调整。二是要平衡进口产品与国产品的税收负担。现在对进口产品与国产品虽同样征收17%的增值税，但因我国是采取生产型增值税。生产国产品所含固定资产进项税额不能抵扣，与国际上普遍采取的消费型增值税对比，实际税负为23%，进口产品少负担了6%的增值税，这需要通过增值税转型的改革来解决。

（四）改变进口环节增值税、消费税与关税同步减免政策和海关代征制度

这是因为，第一，增值税、消费税与关税的性质和功能作用不同，两者在减免税优惠方向、范围、方式方法上也有所不同。关税是

国（关）境税，同进出国（关）境的贸易密切关联，国际色彩较浓，在加入 WTO 后，更多地受 WTO 规则直接制约，关税水平和税率、实施的保护和优惠，都要与国际衔接和协调，而增值税，消费税是国内税，国际色彩相对较少，完全由主权国家自主制定政策法规。在进口环节对外国产品进口征收增值税、消费税，与在国内产销环节对国内产品征收的，同属一个税种，两者在税负上应当协调一致。对进口产品既不能违背 WTO 规则，征收歧视性的高税，也不宜低征税，造成外货进口的税负，低于本国产品，影响本国产业的发展。特别是增值税需要有一个完整的征扣税运行机制，如果在进口环节，即起始环节就与关税同步、把增值税减免掉，会造成增值税后续环节征扣税机制的混乱，使偷逃税难以控制。2002 年进口环节国内税达 1890 亿元，为同年关税收入的 2.69 倍，已不同于过去进口环节国内税较少的情况。为了有利于进口环节征税与国内征税的协调平衡，更好地贯彻统一的国税政策，有效地加强管理，保护国内生产，应把关税与国内税的征税和管理区分开来。第二，根据国际公共管理理论中的、“无缝隙政府”原则，对于一件公共事项的管理，涉及的机构越多，“缝隙越大”，效率越低，管理成本越高。由海关代征进口环节增值税、消费税，改为由国家税务局在口岸地区设立机构统一直接征收，有利于同一税种政策，在各环节的统一实施和衔接；有利于进口征税与出口税的联系；有利于税务机关参与进出口货物管理，从而可缩小“缝隙”，强化征管，提高效率。

三、调整出口环节国内税政策

现行出口环节国内税政策制度，也是既有违背或涉嫌违背 WTO 规则的情况，又有运用规则力度不足、不完善之处，同样需要研究调整，完善出口退免税制度，适应 WTO 规则要求，大力支持扩大出口，保护国内稀有资源。

（一）择机调整不符合 WTO 规则的有关鼓励出口政策

突出的是《外商投资企业和外国企业所得税法》第八条及其实

施细则第七十五条规定，“外商投资举办的产品出口企业，……凡当年出口产品产值达到企业产品产值70%以上的，可以按照税法规定的税率减半征收企业所得税。”同法第十条及其实施细则第八十条规定，“外国投资者在中国境内直接再投资举办、扩建产品出口企业……全部退还其再投资部分已缴纳的企业所得税款”。这两项都是以出口业绩为标准，进行的所得税减免优惠，是属于WTO《补贴与反补贴措施协议》明文列举的禁止性补贴，也违背《与贸易有关的措施协定》的有关规定，我们应当在过渡期内主动调整。在现行税收政策制度中，还有一些属于违背或涉嫌违背WTO规则的，例如对列举名称的钢铁企业，不以含税价格销售给加工出口企业用于加工生产出口产品的钢材，免征增值税，其进项税额准予在其他内销产品的销项税额中予以抵扣，这是“以产顶进”，是以国产钢材顶替进口钢材，涉嫌属于《补贴与反补贴措施协议》的禁止性进口替代补贴，也涉嫌对外国进口同类产品构成歧视，不符合国民待遇原则。又如购进“以出顶进”视同出口的国产棉，实行出口退税，而对进口棉照章征税，这是“以出顶进”，也涉嫌属于要禁止的国产化、进口替代化税收优惠。这些都需要依据整个形势发展和完善税制的要求，进行全盘规划，区别不同情况，择机主动调整或被动调整。

（二）调整完善出口退免税制度

当前增值税出口退税存在的主要问题是，从1998年以来，虽经分次、分批、分产品提高退税率，平均已达15%（其中纺织服装、机电产品和高新技术产品达17%，实现了出口退税零税率），但仍比法定一般税率低2个百分点；而近年随着退税率提高和贸易出口额大幅度增长，应退税额也相应大幅度上升，年实际已退税额达1994年的两倍多。国家现在是采取预算计划指标控制退税金额和进度，由于需要出口退税的金额大，确定的退税指标跟不上，1997—2002年，应退出口退税额年均增长37.4%，而退税指标平均只增长17.8%，因而长期拖欠了部分应退税款。据商务部和海关总署统计数据，截至2002年年末，全国累计应退未退税额高达2477亿元。可是2003年安排的退税指标，是1150亿元，加上2002年未用退税指标100多亿元，再加上2003年下半年追加的退税指标300亿元，总计也不过1600亿元，还不足清偿2002年累计应退未退税额，而外贸出口额持续增长，2003年上半年比2002年同期增长34%，又发生新的应退税额。据测算，到2003年年底，累计欠退税将超3000亿元。这给企业特别是中小企业带来了经营困难，也给中央财政带来很大压力。有种观点认为，降低或提高退税率，都是促进外贸健康发展的主要手段，现在也可如同1995年和1996年那样，普遍调低退税率。如果这样做，确实能暂时解除财政压力，但出口生产经营企业将面临很大困难，出口产品成本提高，国际竞争力下降，许多产品难以出口，在放开进口准入限制的新形势下，2003年1—8月我国进口增长速度持续高于出口增长，前8月累计增长40.6%，高于出口增幅8.1个百分点，出口如再减少，可能会导致较大的外贸逆差，国内生产也受损害。如果不适当调低出口退税率，在现实环境和条件下，中央财政确实难以承受，既失信于企业，也不能帮助其解决困难，发展下去，拖欠退税越滚越大，成为一种特殊形式的财政赤字，会有一定财政、金融风险。这在当前，确是一个两难问题。我们必须从现实情况和长远要求出发，着眼于整体利益，全面衡量各方面的利弊得失，正确处理各种利益主体间的矛盾，既要在当前采取有效的过渡性权宜措施，又要有完善出口退税制度的长远目标，并把当前措施与长远目标和各方面的配套改革恰当地结合起来。这也都需要本着"遵循与运用WTO规则相结合"的原则来进行。

1. 当前可以有区别地适当调低部分产品出口退税率，并取消有的产品退税。在当前"陈欠"和新增应退税金额巨大，而财政难以承受的特殊情况下，为缓解财政压力，又不对出口造成大的负面影响，作为一种短期权宜措施，可在认真分析国际市场、出口形势和出口结构的基础上，区别不同行业对经济财政的影响，对部分行业产品，分类适度调低一点出口退税率。例如，有较高利润的出口产品，调低退税率后，不会明显影响该项产品在国际市场竞争力的；国际市场已经饱和的产品，多出口会导致国内企业竞相压价，招致外国反倾销控诉，不利于我国的；在国际市场上竞争力很差的产品，单纯依靠出口退税维持生计，而又耗用大量资源的；产品生产较易且会较多污染环境，须加必要限制的。对以上这类产品可区别情况，进行结构性的调低退税率，确定不同的退税率调低幅度。至于对有的产品出口，甚至可以不退免税，这主要是稀有资源产品和紧缺物资，以及具有相当竞争力的资源性产品。例如山羊绒（原料）、原油、原木、稀土金属矿等。不对这些产品出口退免税，也是对 WTO 规则的恰当掌握运用。这由于 WTO 规则只规定了出口退税的上限，即退税金额不得超过国内已征税款，而对少退免税和不退免税并无限制；也由于 WTO 规则原则上不允许采用行政手段限制产品出口，只允许征收出口关税。我国加入 WTO 后，列名禁止出口的产品减少，除对少数产品，已经 WTO 允许继续运用出口关税手段进行限制外，也可再加用国内税的调节手段，以利于保护我国内稀缺资源。这不但在当前财政压力较大的情况下，是一个可以采取的有效措施，即使从长远来说，为保护国家稀缺资源，也是必要的，是 WTO 规则所允许的。当前采取这样的权宜措施，有利于消除财政和经济运行的风险隐患，缓解财政压力；有利于调整产品出口结构，促进外贸经济发展和产业结构优化升级；有利于保护国内资源，走可持续发展道路。

这里需要着重指出的一个问题是，当前国际市场的竞争十分激烈，各国都千方百计要使本国产品进入国际市场，多占领一些国际市场阵地，中国产品一旦退出这个阵地或缩小了阵地，将来就很难再进入阵地，或恢复原有阵地。我国当前出口产品的利润一般都并不高，许多产品是靠退税才有微利，转为内销也有困难，因有些产品只适应国外不同消费者需要，并不符合国内消费者需要，这会导致一些产品停产，扩大失业。因此，现在降低退税率，必须限制在一个尽可能小的幅度内，是对部分产品适度调低退税率，是基于缓解出口退税的中央财政压力，调节出口产品结构，促进外贸经济发展的一种结构性调整，不宜如同 1995 年和 1996 年那样，对各种出口产品都普遍降低退税率，以致损及出口，影响外贸进出口平衡。缓解中央财政的退税压力，还要从增收节支，完善体制改革和提高企业素质、效益等多方面进行综合治理。

2. 长期目标是一般产品普遍实施出口零税率，彻底退税，辅以稀缺资源等产品不退税，少退税。WTO《补贴与反补贴措施协议》把增值税、消费税、营业税等一类税收，称作"该类产品最终用于国内消费时所需承担的税赋。"认为最终是由所在国的消费者负担的税，应实施消费地所在国征税原则，因而允许出口国对出口产品全额免征或退还已征的该项税款，而不视为财政补贴，加以禁止或限制。现在世界各国依据此项规则，也普遍对出口产品采取零税率制度。按照 WTO 规则，我国出口产品，应由消费地的进口国征收增值税、消费税，我国消费者或产销者都不应负担该类税收，其在我国已征的该项税款，理应全额退还垫缴税款者的出口商（含生产者直接出口）。因此，我们的长期目标，决不是普遍地永远采取退税率办法，并把它作为一个杠杆运用，来回调高调低，而是也应同世界各国一样，普遍实施产品出口零税率，全额彻底退税，让我国出口产品同样以不含产制国税收的价格进入国际市场，使我国产品与外国产品在国际市场上处于平等竞争地位，从而提高我国出口产品在国际市场上应有的竞争力，保证扩大出口。我国现行 15% 的平均退税率，低于一般产品 17% 的法定税率，加之是采取生产型增值税，消耗使用的固定资产进项税额，测算相当于 6% 的税率不得抵扣，还有其中的劳动服务是缴纳营业税，一般不得抵扣。附征的城市维护建设税也不得抵扣。从理论上说，我国出口产品与外国出口产品对比，现在是额外负担了国内增值税的 8% 税款，以及国内其他流转税款，实际退税额，低于已征税额，出口产品中是带有部分应退增值税款的，这不利于我国产品在国际市场中的竞争。根据用足、用好 WTO 规则，允许全额退税的原则，应当积极创造条件，解决现存造成退税不足的税制和征管中的矛盾问题，逐步实现一般产品出口零税率目标，提高退税额度，向国际上的通行做法取齐。

我国对出口产品已征增值税款，是已有实在的入库现金的，把这本不应由我国消费者或产销者负担，不应由出口国征收的此项税款，如数退还给垫付者的出口商，应是有原缴纳税金的物质保证的，从道理上说，退税应无资金来源的困难。至于谈到实际工作中的“少征多退”，因而认为只能实施较低的退税率而不能实施零税率的理由，也难以成立。因为那是要通过税收政策制度的调整改革，尽可能取消增值税中间环节的减免税问题；是要加快“金税工程”建设步伐，强化税收征管，加大打击偷税、骗税的问题；是创造逐步实施出口零税率的条件问题。何况增值税的减免税受益者、偷骗税者，除极少数情况外，与出口商并非同一人，偷骗税款的少征，要并非同一人的出口商分担一部分，也不合情理。逐步向一般产品出口零税率的目标迈进，随着加入 WTO 后的出口产值大幅度上升，退税额虽会相应大增，但它有原实征税额作保证，特别是因出口增加，扩大就业，拉动整个经济大发展，加以进口总值上升。如能取消进口环节的大量减免税优惠，实现进口全面征税，应收尽收，整个增值税的征收额以及国内的所得税和其他各税征收额，肯定会更大幅度上升，足以抵消增加的退税额而绰绰有余，不会增加财政压力的。

当然，依据“遵循与运用 WTO 规则相结合”的原则要求，在将来普遍实施出口零税率的情况下，对少数需要限制出口的稀有资源和紧缺物资，也仍然需要坚持不退免已征和应征的增值税、消费税的政策，或视情况差别，降低退税率、免征额，减少退免税，以保护国内资源。

3. 改革分税制财政体制，建立和完善中央与地方（出口地、产制地）财政权责对等、共同承担的出口退税的新机制。现行财政体制是规定增值税收入由中央财政与地方财政按 75 : 25 的比例分享，而退税则是单独由中央财政负担。例如 2001 年国内增值税收入 5452.52 亿元（不含进口增值税 1638.24 亿元），按规定比例，中央财政分享 4089.39 亿元，地方财政分享 1363.13 亿元，可是当年增值税的出口退税（含抵免调减数）1064.23 亿元，却是全额在中央收入中冲减，中央财政替地方分担了本应在地方收入中冲减的266亿元退税款，给中央财政增加了不应有的压力。现在国际上通常是先从增值税收入中，扣除出口退税部分，再中央、地方分成，这实际是按中央、地方分享增值税的同样比例分担退税金额。这种作法，可以借鉴，在当前和今后长期都应采用，并可研究通过体制改革，提高中央财政收入在整个财政收入中的比重，扩大中央转移支付的调控能力。在有些地方，出口地和货源地并不统一，如天津市出口的货物，约有一半是外地生产的，北京市的此项比例更高达80%—90%，出口环节以前各环节的外地产品增值税收入，天津、北京等出口地并未分享，因而除应推广代理出口制外，也应研究地区间的合理分担退税款办法。按分享收入比例，分担退税款，有利于合理调整中央与地方、沿海与内地之间的收入分配关系，强化地方对出口退税的管理监督，防止和打击骗取出口退税，对有的地区和企业不计成本，单纯追逐出口，也可起一定抑制作用。对于贫困地区分担退税款有困难的，中央财政也仍可给予支持，避免加剧地方保护主义，扭曲对外市场结构，分割国内市场。

有一种论点认为，进口增值税收入专属中央，退税款也应全由中央财政负担，这是没有根据的。因为进口增值税如同关税一样，是对进口货物征收的税，其收入按国际通行做法，是专属中央，不适宜于由征税的口岸地或其他地方分享，而增值税出口退税，是按照国际通行做法，把不应在出口国征收而已实际征的税款，退还给垫付税款的出口商，两者性质和收入来源都不一样，不能混同。因为出口退税，是已有原在国内产销环节已实际征收的增值税款，作为退税资金来源的保证的，不宜改用性质和收入来源都不同的进口税来抵退。当然，基于外贸进出口要协调平衡，在这个基础上，建立进出口税收协调平衡机制，也是必要的。这主要是指坚持国际公认的消费地所在国征税原则，进口产品全额征税，出口产品彻底退税。这在进出口贸易平衡的情况下，就使进口环节的国内税收入与退税支出也协调平衡，从而保证财政收支平衡。其次是指进口环节国内税，在某些情况下，可作为退税资金来源之一，如在拖欠出口退税多的情况下，新增加的进口环节增值税款，首先用于出口退税，而决不是出口退税都要用进口税抵补。

4. 在一定期内，仍要谨慎地继续采用出口退税账户托管贷款办法。从 2001 年 8 月以来，许多地区实施了出口退税账户托管贷款办法，这是以企业的出口退税应收账款为保证，由商业银行发放的一种短期流动资金专项贷款，地方财政也相应提供不同比例贴息。两年多的实践证明，它有利于暂时缓解出口企业资金周转困难，缓解财政特别是中央财政资金不足问题，从而也对扩大出口，起到一定的积极支撑作用。但由于历年累计出口欠税金额与年俱增，前项贷款金额也越来越大，全国已达500 多亿元，其中多有超过规定的一年贷款期限，而未能归还的。这种贷款表面上是企业向银行借钱，实质上也可说是财政向银行借钱。贷款金额越滚越大，难于如期归还，是会有一定的财政、金融风险的。并且出口企业和地方财政都要分担一部分贷款利息，增加了各自的资金困难。特别是这种财政贴息，从源头上看，似是基于企业的出口行为，以出口为条件而采取的一种出口补贴，虽然是起因于没有及时出口退税，但它终归不等于是出口退税。涉嫌有违 WTO《补贴与反补贴措施协议》，因而在当前，为了缓解财政上承担退税压力，对前述贷款办法，作为一种过渡性的辅助手段虽仍需要继续采用，但应谨慎进行。主要的还是应当创造条件，抓紧加速缩小拖欠退税规模从而也连带逐步缩小前项贷款金额。

5. 改进退税管理办法，加快退税进程。针对现存问题，主要是按照“简化凭证、提高效率、加强控管、优化服务”的总体思路，进一步改革退税管理制度。一是要抓紧建立科学、严密、协调、有序的税收管理体系，重点是税收信息监控体系，国税、地税、海关、银行要计算机联网，部门间信息共享，征税局与退税局密切配合，加强退税管理，严堵骗税、偷税。出口业务也要有统一规划，协调管理，避免一些企业从本位出发，竞相压价招致外国反倾销控诉，有损国家整体利益。二是改按出口实际情况，确定财政预算的出口退税指标，避免增加新欠退税，并积极创造条件，尽可能扩大退税指标，使之高于当年应退出口税额，逐步压缩以至消灭"陈欠"应退出口税款。三是对不同经济性质、不同规模、不同产业、不同开业时间的企业，要在退税待遇和管理上一视同仁，取消现行某些不适当的限制办法，如对小型出口企业和新发生出口业务企业的某些限制等。四是普遍推行以增值税"免抵退"为主的退税方式，以利于落实地方国税局的监管责任，强化征退税衔接，以及促进外贸体制改革，防范骗税，和在中央、地方间合理分担免、抵税款。出口商在出口环节随同增值税免缴附征的城市维护建设税，并因提前得到抵免税，免占用资金或支付贷款利息，也可得到较大实惠，从而减轻负担，扩大生产企业自营出口。五是尽可能简化退税手续，加快审批进程。在拖欠退税现象基本消失，条件具备时，可借鉴国际经验，明确限定出口退税期限，逾期未退税的，实施"滞退金"制度，给出口商一定的利息补偿。

最后，要着重强调的是，解决现存出口退税的矛盾问题，其根本途径，仍然在于大力清理整顿进口环节的减免税，做到进口全额征税；在于尽可能取消国内环节的增值税减免、完善征扣税机制，做到应收尽收；在于加强征收环节的管理，做到不给偷逃骗税留下空隙。征税、退税紧密关联，征税环节的工作做好了，出口退税的矛盾问题，也就易于解决。

载财政部财政科学研究所《研究报告》2003年第40期（内刊，9月3日）；《经济活页文选（理论版）》2004年第1期"现行税制诊断"专刊，中国财政经济出版社2004年1月版。收入中国国际税收研究会编《2003年国际税收理论研讨会论文集（上册）》，中国税务出版社2004年12月版。

《中国加入 WTO 与税收改革》序

我国即将加入世界贸易组织（WTO），融入世界经济发展主流，这是国家适应经济、科技全球化趋势，进一步推进改革开放，加快实现经济体制和增长方式两个根本转变的客观必然要求和重大选择。为了研究“入世”对税收的影响和对策，探索我国税收改革、建设的走向和途径，由中国国际税收研究会牵头，国家税务总局国际税务司、深圳市国家税务局、深圳市地方税务局共同举办了《WTO 与中国税收》研讨会。参加会议的有中国国际税收研究会常务理事、学术研究委员、团体会员代表、部分涉外税务工作者和特邀的专家、学者、教授共 130 余人。国家税务总局副局长郝昭成、中国国际税收研究会会长卢仁法、国务院发展研究中心副主任陆百甫在大会分别作了重要讲话和主题发言。会议并就一些专题进行了热烈讨论。各方面反映，这次会议开得很好，主要是开会时机选择适当，研讨的主题，紧密围绕国家的重大决策和税收改革的中心任务要求，针对性强，也很务实，大会研讨的发言和一些论文的质量，都比较高。本书就是从大会研讨的发言和收到的论文进行筛选编辑的。

本书围绕加入世贸组织与中国税收改革这个主题，结合大会研讨的专题，把遴选的文章分成五个部分：一、加入 WTO 与中国税收改革综论；二、加入 WTO 对中国税收的利弊影响；三、加入 WTO 与调整税收政策；四、加入 WTO 与改革税收制度；五、加入 WTO 与加强税收管理。入选的文章认为，加入 WTO 对税收来说，如同对整个经济一样，也是有利有弊，利大于弊。一方面是，加入 WTO 推动我国经济发展，将为我国税收奠定更为牢固的基础，同时，在我国经济融入经济全球化进程中，必然要求税收进一步提高对市场经济的适应性，为我国经济发展，创造更好的税收环境，也为税收改革、建设带来新的契机；另一方面，加入 WTO 会对我国经济带来某些重大冲击，从而也给税收带来某些负面影响和一定压力。关键在于抓住机遇，迎接挑战，做好趋利化弊的转化工作。入选的文章，深入研究了与税收关系密切的 WTO 若干原则的内涵及其对税收的具体要求，分析了现行税收政策制度规定中与 WTO 原则的要求不够符合之处。但不同文章的作者，由于对 WTO 规则，主要是对国民待遇原则，有不尽相同的理解，从而对某些税收政策制度规定，是否违反 WTO 规则，也有不同的看法。

入选的文章提出，调整税收政策，改革税收制度，强化税收管理，不仅要有步骤地解决其中不符合 WTO 规则要求的矛盾问题；而且要同时解决其中不符合市场经济规则——公平税负、鼓励竞争的矛盾问题；特别是要重视在保障国家经济安全、利益的前提下，运用好 WTO 规则，尤其是其中的例外条款和给予发展中国家的优惠待遇，强化税收的调控能力，促进调整经济结构，支持发展高科技产业和国家比较优势产业，并对国内幼稚产业提供一定期限的保护，以利于合理利用国内、国外两个资源，鼓励和扶植国内产业健康发展，加速提高国际竞争力。入选的文章提出，在以上基础上，要有步骤地对现行税收制度，进行一次全面性改革。税制改革要体现统一、公平、规范、效率、透明和法制化的原则。通盘权衡改革的利弊，要废止、停征或合并不适应经济发展形势的税种；要全面深化流转税、所得税和其他税种的改革；要适应加入 WTO 后国内外新形势，设计开征一些新税种。同时，还要加强税收法制建设，要深化税收征管改革，要加强税务干部队伍建设。对以上一些方面，入选文章从不同的侧面和角度，提出了许多创新见解和建设性的建议。这既有学术价值，又有实践意义，它在一定程度上，代表了我国国际税收科研活动当前所达到的新水平，是全国税务干部和有关方面人士了解、研究 WTO 与中国税收问题的一本良好读物。

本着贯彻百家争鸣的原则，本书选编了不同观点的文章。限于篇幅，对有些文章商得作者同意，作了一些删改。由于编者水平所限，选编不妥之处，敬请读者指正。

中国单位国际税收研究会署名，王诚尧执笔，刊中国国际税收研究会编：《中国加入 WTO 与税收改革》，中国税务出版社 2000 年 9 月版。

《加入世贸组织后中国税制改革的走向》序言

2001年12月11日，我国正式成为世界贸易组织成员。加入世贸组织，不仅进一步确定了我国社会主义市场经济体制的方向，决定了我国市场经济与国际市场经济"接轨"的必然趋势，而且也决定了我国必须加快税制改革步伐，使之尽快转到适应社会主义市场经济的轨道上来，与国际税收惯例和规则"接轨"。在这一背景下，时任中国国际税收研究会会长的卢仁法同志，与研究会的有关同志一起酝酿，选定了《加入世贸组织后中国税制改革走向》这个课题，于2001年12月28日填报了"国家社会科学基金项目申请书"。经过层层筛选，这个课题被列为全国100个重点课题之一。2002年8月30日，全国哲学社会科学规划办公室正式批准立项。经多次研讨，数易其稿，最终于2005年6月30日完成课题研究，于2005年6月30日上报鉴定结题申请。全国哲学社会科学规划办公室组织专家鉴定组评审后，于2005年12月30日发给"良好"等级的"国家社会科学基金重点项目结题证书"。

本课题研究的指导思想是以邓小平理论和"三个代表"重要思想为指导，坚持科学发展观，按照党的十六大和十六届三中全会为税制改革指明的方向，研究税制如何适应"转轨"、"接轨"的要求，从总体上设计税制改革思路，完善税制自身建设，建立适应和促进完善社会主义市场经济条件下新税制架构的最佳途径。在课题的研究中，我们始终坚持一切从中国现实情况出发，理论和实际紧密结合，求真务实，大胆创新，稳步推进；坚持把研究的问题置于经济全球化、科技进步加快的国际大环境中，重视研究市场经济国家税制建设的共同经验，洋为中用，以拓宽思路；坚持创新思维，以新理念探索新途径，提出相应可行建议。

课题研究报告分为三个部分，共13章。第一部分是总论，包括第一章至第五章，其基本内容和排列次序：一是面临的形势，二是各阶段的税制改革实践和经验教训，三是国际经验和发展趋势，四是现行税制存在的矛盾和问题，五是税制改革思路。第二部分是税类、税种分论，包括第六章至第十章，涵盖两大主要税类和3个在当前有特殊意义的税种。第三部分是税收管理，包括第十一章至第十三章，内容涉及税收管理体制、征管制度和法制化建设。

本课题的阶段性成果之一：《关于加入世贸组织后调整税收政策的建议》，提出要对WTO规则采取“遵循与利用相结合”的原则，认真调整相关税收政策；要实施进口产品与国内产品平等纳税的税收新战略；要实施内外资、公私营统一的税收新战略；要实施鼓励我国企业进行国际经营和国际资源开发的税收新战略；要实施资本性货物快速发展的税收新战略；要实施促进西部地区经济发展的税收新战略，并陈述了需要采取的若干具体政策和措施。这些建议受到全国哲学社会科学规划办公室高度重视，报送中央宣传部后，于2004年3月11日，编列在《国家社会科学基金项目成果要报》第四期，报送中央和国务院各领导及中央各有关部门领导。以上建议在最终课题报告中又有进一步的深化和细化。整个课题报告贯穿税制“转轨”、“接轨”这条主线，体现税制的统一、公平、规范、效率和法制化的要求，在许多方面有创新见解，诸如关于适应市场经济发展划分税制改革阶段的论述及其对每个阶段经验教训的总结；关于主要市场经济国家税制建设8条经验的总结及4项基本发展趋势的分析；关于现行税制存在的8个方面矛盾和问题的概括和深入分析；关于分步实施税制改革的3项基本内容和配套措施、策略安排的论述；关于应当按照增值税的内在要求，完善增值税运行机制的论述和相关建议；关于合并营业税、城市维护建设税等相关税种，建立地方征收的经营收入税的建议；关于企业所得税优惠政策的制度"误区"的分析和调换法人所得税税率形式的建议；关于个人所得税的功能主要应定位于调节收入的论述和取消外籍人员生计费用特别扣除，以及实施利息所得起征点征税的相关建议；关于农民负担的税收不公平的具体分析和相应的调整改革建议；关于改变收入计划管理，建立税源监控体制的系列建议；关于完善我国税收立法和完善地方税收管理权限的若干建议等等，都有独到之处。

当然，书中的缺点，甚至错误之处，也在所难免。我们希望通过本课题成果的出版，扩大社会影响，与各方面的同志相互交流，扩大对我国税制改革走向的共识，共同研究出更适当的税制改革方案和策略，为逐步建立完善新税制调节体系，促进加快发展社会主义市场经济贡献一份力量。

本书课题组组长卢仁法（中国国际税收研究会现任名誉会长，原第一届和第二届会长，原国家税务总局党组副书记、副局长），其他成员 8 人。各位成员的分工是（按撰写的章次为序）：王道树（国家税务总局计划统计司副司长，中国国际税收研究会理事）撰写第一章、第五章、第十章；王诚尧（财政部财政科学研究所研究员，北京大学兼职教授，中国财政学会、中国国际税收研究会理事，原副秘书长、常务理事）撰写第二章、第四章、第七章和序言；王国华（中央财经大学副校长、教授、博导，中国国际税收研究会副会长）撰写第三章、第十一章和全书内容提要；韩绍初（中国国际税收研究会常务理事，原第一届、第二届副会长，原财政部税政司司长）撰写第六章；张富珍（北京市国际税收研究会常务副会长，中国国际税收研究会原副会长、常务理事，高级经济师）撰写第八章、第十二章；张利霞（中央国家机关工委团工委办公室副主任，博士）撰写第九章；傅静（国家税务总局政策法规司副处长，法学硕士）撰写第十三章；郭平壮（中国国际税收研究会处长、理事、副研究员）任课题策划，并撰写课题组有关文件。课题组工作人员嵇绍军（中国国际税收研究会理论研究部，法学硕士）亦参与撰写课题组有关文件。

课题组长卢仁法同志，早在1999年11月就提出要着重研究加入世贸组织对中国税收的影响和税收对策，并进行具体安排。2000年5月主持召开了全国性的“WTO与中国税收研讨会”，于2000年9月组织编辑出版《中国加入WTO与税收改革》一书，这是我国最早出版的论述这个问题的系统著作。这为本课题的申请、审批立项和创作，开创了良好条件。他在担任本课题组组长期间，作为时任的中国国际税收研究会会长，高度重视本课题研究的领导组织工作，遴选课题组人员，共同研究确定课题研究的指导思想、目标和任务要求；确定全书的体系和分章主要内容的安排；审阅全部书稿，提出修改意见，最后全面审查定稿。韩绍初同志协助组长对课题研究做了大量具体组织领导工作。他起草了社会科学基金项目申请书。明确了本课题研究的基本思路和方法，带领课题组同志研究解决了写作中的许多具体问题，对分工写作同志碰到的疑难问题，还提出指导性的解决方法；审阅全部书稿，提出修改意见，并对部分章节内容作了修改。王诚尧同志任全书总纂、修改工作，并对部分章节内容作了改写和补充，以及撰写课题研究报告。王道树同志根据全国哲学社会科学规划办公室提出的成果出书的几点具体意见，对部分章节内容作了修改。王国华同志在前期对部分章节内容也做了修改。

何盛明同志（财政部财政科学研究所教授、博导、原所长）和马国强同志（东北财经大学副校长、教授、博导）对本课题研究给予大力支持，热情帮助；全国哲学社会科学规划办公室的一些同志对课题的研究提出宝贵的指导意见；国家税务总局办公厅赵岩博士以及政策法规司黄运同志、深圳市地方税务局张雄同志也积极给予帮助；人民出版社的许多同志大力支持了本书的出版，我们在此谨表衷心的感谢！

中国国际税收研究会《加入世贸组织后中国税制改革走向》课题组署名，王诚尧执笔。载中国国际税收研究会编《加入世贸组织后中国税制改革走向》，人民出版社2006年8月版。

亚洲区域经济一体化进程中的税收协调对策研究

一、亚洲区域经济一体化进程态势

区域经济一体化是经济全球化的重要内容，也是经济全球化的主要外在表现形式。在当前经济全球化的汹涌浪潮中，同一区域的相邻国家为减缓经济全球化的无序冲击，排除相互间的各种贸易障碍，推进贸易自由化，实现区域内各国资源的合理配置，有效使用，互惠互利，促进区域内各国经济共同发展，政治相互信任，巩固地区安全与稳定。现全球已有3/4以上的国家，都纷纷组建了多种形式、层次的地域合作组织。著名的是欧洲联盟，它创建于1951年，由法国、德国、意大利、荷兰、比利时、卢森堡六国组建的欧洲共同体，1995年已逐渐扩展为15个成员国，到2004年更扩展为25个会员国，是当前合作层次程度最高、参加国数最多的地域合作组织。还有1994年1月成立的"北美自由贸易区"，成员国有美国、加拿大、墨西哥三国，最近经美国提议，美洲34个国家的首脑会议决定，到2005年，将扩建成包括整个美洲各国在内的自由贸易区。

亚洲区域合作起步较晚，但近年发展迅速，形成宽领域、多层次、广支点、官民并举的良好态势，前景非常广阔。在东亚，1984年由菲律宾、马来西亚、泰国、新加坡、印度尼西亚、文莱六国组建的东亚联盟，1995—1999年扩展为包括越南、缅甸、老挝和柬埔寨四国在内的东盟十国。近年又建立了东盟十国与中国、日本、韩国领导人会议体系，发表《东亚合作联合声明》，形成"10+3"和三个"10+1"会议机制。中日韩也发表了第一份中日韩三方合作联合宣言。在这种机制下，东亚地区贸易、金融、投资合作方面，都取得了多项实质性成效。2000年11月4日，中国总理在出席中国与东盟领导人会议后，签署了《中国—东盟全面经济合作框架协议》，决定到2010年建成“中国—东盟自由贸易区”，并先期开放农产品市场（与东盟的4个新成员国在2015年建成自由贸易区）。把分别对话的三个“10+1”会议机制，变成真正的“10+3”的东亚领导人会议，并建立协调职能机构。把区域内15国（东南亚10国，东北亚5国）分散的自由贸易进程，整合成东亚自由贸易区，建立“东亚共同体”，强化经济合作，增进共同利益，分担共同风险。推动东亚各国经济社会发展，政治改善，已成为各方共识和努力目标。

在中亚，2002年中国、俄罗斯和中亚四国——哈萨克斯坦、吉尔吉斯斯坦、塔吉克斯坦、乌兹别克斯坦组建的“上海合作组织”，2002年9月通过《上海合作组织成员国经贸使用纲要》现已完成机制化建设，逐步从安全合作向经贸合作扩展，并以建立中亚自由贸易区为重要目标。这个组织发挥了成员国经济互补性和资源丰富等优势，积极开展各种形式的合作，为商品、资本、服务和技术的自由流通创造良好条件，促进了成员国经济共同发展。

另外，中国、俄罗斯、朝鲜、韩国和蒙古五国还在1995年12月6日签署了三个关于开发图们江的国际性会议，要在图们江地区建立世界一流的自由港和自由贸易区，建设工作正在进行。中俄边境的“中俄东宁——波尔达夫卡互市贸易区”的建设已经动工，将成为东北亚大道上重要的贸易和进出口商品加工基地。2004年7月6日中国与海湾阿拉伯国家合作委员会（中东地区盛产石油和天然气的六国合作组织）签署了《中国与海合会国家经济贸易、投资和技术合作框架协议》，启动了自由贸易区谈判。亚太经贸合作组织也启动了加速贸易投资、自由贸易进程。

党的十六大关于国际形势和对外工作的决定中，明确提出了要：

继续加强区域合作，把同周边国家的交流和合作推向新水平。[①] "区域合作"首次出现在全国代表大会的政治报告中，首次与睦邻友好的双边关系，并列为我国周边外交的主要方向，这具有重大意义。今后一个时期我国将在过去已有成绩的基础上，继续以上海合作组织和"10+3"合作为投入重点，努力推动周边国家各种类型的区域合作发展。这种合作仍以保持和深化经济合作为中心任务，以自由贸易建设为重点内容，同时稳妥地开展政治安全对话合作，以及拓宽其他合作领域，形成战略伙伴关系，推动逐步建立起安全稳定、友好信任、互助互补、共同发展的地区新秩序。在我国的积极参与、推动和相邻国家的共同努力下，以经济合作为中心的亚洲区域合作，必将全面和逐步向高层次发展。

二、区域税收协调的必要性

区域经济合作，建立自由贸易区，意味着要消除区域内国与国之间的贸易障碍，实现自由贸易，跨国经营活跃，商品、投资、技术、服务将跨越国境扩大流动和大量发展。其重要表现是，来自区域成员国的跨国公司将大量增加，业务将大发展。跨国公司的业务经营收入和所得，往往涉及究竟要向哪个国家或向哪儿个国家缴纳税款的问题，有关国家如何区别各类不同情况，行使本国的税收管辖权，使税收收入在有关国家之间进行合理分配，既避免重复征税，保护跨国纳税人应有利益；又维护有关国家税收权益，不使税收收入遭受损失，这是一个重要的国际税收问题。现在区域内各国对各类收入、所得行使税收管辖权，有不尽相同的税制规定。这是需要有关国家进行税收协调，恰当处理，避免国际税收争端的。跨国流动人才收入如何征税，也同样需要税收协调处理。跨国公司当前存在的另一个重大税收问题，就是利用跨国经营难于控管的特点，千方百计逃税、避税，或是弄虚作假，虚报、瞒报；或是滥用税收协定和钻税法空子；或是利

---

① 《中国共产党第十六次全国代表大会文件》，人民出版社2002年11月版第4页。

用征管制度漏洞和征管不力缺陷；或是利用国际市场信息灵通优势，通过转让定价方式转让利润，肆意逃税。这更是需要加强国家间的税收征管合作、协调，共同进行有力的反逃税、反避税斗争。建立自由贸易区的另一个重要表现是，区域内成员国间的进出口贸易将大幅度增长。就中国与“10 +3”成员国之间的进出口贸易来说，2003 年达 275057 亿美元，占中国进出口贸易总规模的 32.3%，中国对该地区的贸易逆差达 541.68 亿美元。[①] 在逐步建立“中国—东盟自由贸易区”以至东亚自由贸易区的进程期间及其后，前项区域进出口贸易额，肯定还会大幅度增长，如何区别不同类别商品，在进出国境时实施有差别的征税制度，以适应和促进区域内此种“大进大出”的外贸形势，也是需要国家间税收协调的。

当前电子商务迅猛发展，它具有多国性、高度流动性、隐蔽性和无纸化操作的快捷性等特征，严重阻碍了各国税务当局取得相关信息，税收征管稽查困难。特别是传统的居民、来源地和常没机构概念难以适应网络时代的新形势，认定纳税主体困难；界定有形交易与无形交易，区分产品、劳务、特许权也有困难；并且各国间的转让定价问题，也变得更加复杂，这些都给各国行使其本国的税收管辖权，带来了困惑和争议。究竟如何行使收放来源地管辖权或居民管辖权。需要进行税收协调。

随着经济全球化的发展，国际金融市场的规模和衍生交易急剧膨胀。不断创新的金融衍生交易，导致资本利得与其他所得、已实现所得未实现所得、股息所得与利息所得的界限变得更加模糊，税收上难于区别处理，且可能由于各国划分标准不一而产生重复征税，或是由于被跨国金融企业把衍生交易安排在避税港，而造成逃避税，这也需要加强税收协调，共商对策，保护有关国家应有的税收权益。

现在包括我国在内的亚洲绝大多数国家和地区．都对吸引外资。采取很宽松的税收优惠政策措施，特别是 1997 年亚洲金融危

① 《人民日报》2004 年 6 月 15 日。

机后，相邻一些国家竞相对外商投资扩大税收优惠，在一定程度上造成了事实上的过度税收竞争，增加了吸引外资的成本，削弱了本国内资企业的公平竞争力，也影响亚洲区域经济的正常发展，而得利的只是外国投资者，为防止演变为有害税收竞争，必须加强税收协调。

另外，区域内的自南贸易区，作为一个区域经济合作组织，有许多涉及区域外国际税收的共同事宜，也需要通过税收协调，采取一致的行动措施，以维护区域内各国应有的税收权益。

三、我国进行区域税收协调的原则和主要内容

中国作为一个经济发展中的大国，在积极参与和推动亚洲区域合作的同时，也应在公正合理、平等互利、相互尊重的基础上，适应区域经济合作不同发展阶段的需要，主动与区域内国家进行相适应的区域税收协调。其原则和主要内容是：

（一）采取遵循与运用 WTO 规则相结合的原则

世界贸易组织（WTO）为消除国际间的贸易障碍，推进全球贸易自由化，在诸多协定的规则中，对税收提出了许多原则要求，诸如共同削减关税，并实施非关税壁垒关税化；在会员国之间和进口产品与本国产品之间的税收待遇上，不搞歧视；不准搞"禁止性税收补贴（优惠）"和不搞"可申诉补贴（优惠）"；税收法制要透明、统一，执法要公开、公正、合理；成员间税收争端通过协商和申诉、裁决程序解决。同时又有许多例外条款，允许会员国实施特定的产业政策和特别措施。这可以视为是全球性的一种国际税收合作和税收协调，虽属一般层次的税收协调，但却是基本的。它适用于全球性的经贸关系，对较高层次的区域自由贸易区活动，更应适用。我国必须采取遵循与运用 WTO 规则相结合的原则，一方面既要模范地遵循和信守 WTO 有关税收的原则和作出的承诺，改变、调整那些与 WTO 规则抵触的税收政策法规，并推动、协调区域内经济合作成员国也同样做到；另一方面也要从我国国情和利益出发，利用 WTO 规则允许的

条款和允许的方式，调整、完善我国税收政策制度，加速发展我国亟需发展的产业，营造可持续发展的良好环境，并同时也应允许和支持区域内经济合作成员国也同样去做。这两个方面的有机结合，既遵循了 WTO 的共同规则，又照顾了相邻国家（地区）的不同情况，为搞好区域税收协作奠定了必要的基础。

（二）坚持和维护收入来源地税收管辖权优先原则

税收协调的基本问题是主权国家间对跨国纳税人行使各自税收管辖权产生的冲突进行协调，避免重复征税，以及延伸的某种参照税系税制的趋同，甚或是最高层次的税制一体化。在这里根本的是税收管辖权行使的协调问题。现行国际税收规则，是对收入、所得分类，分别确定划归收入来源地征税的范围及设定限制，营业收入亦是限定在来源地必须设有常设机构以及只就其获得的那部分收入征税。这限制了收入来源地国家行使税收管辖权，有利于商品、资本、服务输出国的发达国家，行使居民管辖权，而不利于作为输入国的发展中国家。特别是日益发展的电子商务，各种收入、所得很难划分，并且不需设立常设机构，收入来源地国家更难行使税收管辖权。当前发达国家已提出电子商务征税完全让位于居民地管辖权的方案，要剥夺发展中国家的应有征税权。我国代表在 2003 年 12 月的“联合国国际税收合作特设专家小组”召开的第十一次会议上，介绍一种提议，允许电子商务所得的支付国对支付给非居民的所得源泉征收预提所得税，这对发展中国家实施收入来源地税收管辖权是有利的，但发达国家的代表持反对意见。我国必须协调相邻国家发起修改现行有关不利于发展中国家的规则，坚持维护收入来源地优先征税的合理要求。

（三）依据区域经济一体化进程，逐步实施相适应层次的区域税收协调

区域税收协调是部分税收主权让渡，相互协调税制，减少差异，其进展只能是阶段性的，应依据区域经济一体化的进程，逐步实施相适应层次的税收协调措施。当前世界上，只有欧盟已实现统一大市场和货币联盟（不全，英国尚未统一使用欧元），正向经济

货币联盟的更高阶段迈进，属于高层次的经济合作，与此相适应，统一了关税制度，成员国间免除关税，对非成员国交易，实施统一的关税政策；同时，对增值税、消费税、所得税等其他税种也进行了较大程度的诸多税制协调，缩小差距，但成员国间的税制差别仍然很大，还谈不到统一税制。世界上的其他区域合作组织都处在关税同盟、自由贸易区、共同市场的较低阶段，区域税收协调也只是集中在关税方面。

东亚国家的区域经济合作目前还是松散的，正朝自由贸易区阶段迈进。根据《关贸总协定》第24条的解释，自由贸易区是两个或两个以上关税领土所组成的一个对这些组成领土的产品的贸易，已实质上取消关税或其他贸易障碍的集团。我们的税收协调，当然首先也要集中在关税方面。2004年10月东盟计划确定在2007年前取消6个老成员国间的关税；在2010年前4个新成员国实现关税零税率。其中对电子技术、农业等11个优先自由化领域率先实行零关税，并着力废除非关税壁垒。在"中国—东盟自由贸易区"建设进程中，中国与东盟成员的泰国，已率先在2003年10月10日实现蔬菜、水果交易关税零税率，并计划扩大到奶制品、海产品、工业产品。2004年6月，又有新加坡主动加盟，签署了中泰新果蔬零关税协议。肯定地税，随着"中国—东盟自由贸易区"的进程，关税协调将逐步扩大范围，加深程度。其次，要在双边税收协定基础上，把适用范围扩大到电子商务征税等更多方面，并协调争取签订区域税收合作多边协定。第三，国内税种也可考虑在改革完善税制的基础上，在可能的某些方面，稍许接近一些。这主要是适应市场经济的内在要求，我国应"按照简税制、宽税基、低税率、严征管的原则，稳步推进税收改革。"[①] 完善我国税制和征管体制。从而影响和带动相邻国家，也相应调整、改革税制，缩小彼此间的差距。譬如按照国际通行做法，取

① 《中共中央关于完善社会主义市场经济体制若干问题的决定》，人民出版社2003年10月版，第22页。

消增值税中间环节的诸多减免税和实施消费型增值税，使税基相互接近。亚洲国家的社会制度、经济发展水平、资源条件、政治体制等均有很大不同，特别是区域经济一体化进程尚处在初始阶段，应尊重各国意愿，选择适应本国的不同税制、税收协调主要仍在关税方面，对其他各税只是尽可能缩小彼此差距，很难强求趋同，更不可能统一。

（四）实施合理税收优惠，整顿过度税收优惠，防止不良税收竞争

税收优惠是税收的特殊调节手段，也是税制的必要组成部分。对农业、科技研究开发、环境保护等特定产业、特定部门和经济落后地区适当地实施税收优惠，可以在一定程度上解决市场无效性的矛盾，促进特定产业、部门地区发展，这对一个国家的整个经济发展有利，也有利于其他国家，这种优惠是合理的，必要的，也是世贸组织规则所允许的。发展中国家为吸引外资和先进技术，对外商投资给以适当的税收优惠，是主权国家基于发展本国经济正当行使税收主权，也不是世贸组织规则所反对的。现在许多经济发达国家把低税率等税收优惠一概定性为有害税收竞争而加以反对，是企图剥夺发展中国家运用税收手段发展本国经济的权力，是不公平的。最近新加入欧盟的东欧十国，就公开支持降低税率的合理税收竞争。我们应当继续支持实施合理税收优惠，坚持对税收减免实施税收饶让，使投资商得到实际利益。同时也要协调削减过多、过滥的税收优惠。就我同现行内外资企业所得税来说。其税收优惠遍及税率、减免税、应税所得计算扣除等诸多方面，范围广、种类多、项目杂、金额大，且变动频繁、透明度低。特别是对外商投资经营生产性企业，是实施普遍优惠，其范围、种类、项目、期限、金额、力度，更远远超过内资企业，必须在新一轮税制改革中大加整顿，把税收优惠总量削减到适度范围，并转到以产业政策和科技进步创新为导向，结合地域政策和合理、有效利用外资，优化经济结构。我国率先进行此种整顿改革，在东亚区域必将起到示范作用，有利于区城税收协调，防止优惠过度的不良税收竞争。

（五）加强税收情报交换、征管合作，建立区域税收协调合作组织

税收情报交换是主权国家对税收计征与缴纳工作的相互协助、合作的最基础形式，也是国际税收协调的重要组成部分，在加强各国税务部门合作关系，强化征管力量，防止国际逃避税，完善税收调控机制，提高税收效率方面，有不可替代的重要作用，因而在各种形式的国际税收协定中，都有交换税收情报的内容。我国对外签订的双边税收协定中，也都有这方面的原则规定，其范围大体包括三个方面：一是交换实施协定的规定所需要的情报，例如纳税人在居住国或所得来源地的收入情况、联属企业间的作价等；二是交换与税收协定有关税种的国内法律的情报，其中包括为防范逃漏税所单方面采收的法律措施；三是交换防止税收欺诈、偷漏税的情报，如对境外所得隐瞒不报或申报不实、转移利润、虚报成本费用以及查处这类案件的情报等。欧盟在成员国间的双边税收协定基础上，1977 年签订了《欧共体税务机关相互援助指令》，1988 年又签订了《税收事务行政相互协助多国协定》。1979 年、1992 年对《相互援助指令》适用的范围又有扩大，内容也更完备。欧盟在如何协调税收情报交换国之间的义务和权利及保护纳税人方面也积累了经验。我们应当在过去的双边税收协定基础上，借鉴欧盟的有些做法，把东亚区域税收情报交换搞得比现在更完备一些，并强化区域各国税务部门间的联系和征管合作。早在 1967 年，联合国经济与社会理事会下就设有"国际税收合作特设专家小组会议"，这是一个全球性松散的税收议事小组。为创建一个各国交换税收信息，交流税收政策和税收管理实践的官方场所，最近，世界银行、国际货币基金组织、经济合作与发展组织正积极筹建一个全球性的税收论坛——"国际税收论坛"。我们也可研究筹建组织更紧密一些的东亚区域税收合作机构，以利于协调处理区域各国税收事宜。

2004 年 10 月提交中国国际税收研究会学术研究委员会课题研讨会论文，首刊中国财政学会编：《第十六次全国财政理论讨论会文

选》，中国财政经济出版社 2005 年 12 月版；收入北京市国际税收研究会编：《2004 年北京市国际税收研究会理论调研文集》，经济管理出版社 2006 年 5 月版；中国国际税收研究会编：《跨国经济税收的国际借鉴研究》，中国税务出版社 2008 年 5 月版。

五、逐步统一城乡税制

现阶段持续推进城乡税制统一改革的意见

统一城乡税制，一般是指建立统一、现代化的涵盖城乡的一元化税制体系，各税种都同样适用于城乡相关的课税对象。除有特殊的涉农税收优惠外，都按统一的法定标准和办法征税，不单独设置专门适用于城市或农村的税种，特别是不对农业、农民单独设置税种。这是贯彻科学发展观，完善税制体系，妥善安排城乡收入分配关系，减轻农民负担，促进农业发展，繁荣农村经济必由之路，是促进解决好“三农”问题，建设社会主义新农村，协调城乡经济社会发展，逐步推进城乡一体化的重大举措。

统一城乡税制，作为一项重大复杂的系统改革工程，是一个长时期的历史发展进程，要适应不同阶段的经济社会发展情况，分阶段有针对性地逐步推进。2000—2005 年的农村税费改革，是其第一阶段，从减轻农民各项税费负担，到 2006 年 1 月 1 日，在全国范围内，全面废止农业税，从而不再存在专门针对“三农”征税的农业税体系，破解了城乡二元税制，在促进解决好“三农”问题、相应带动农村综合改革、体制机构更新，起到了极为重大的历史作用。当前阶段存在的主要问题：一是现有几个税种只是面向城镇或特种农产品征税，有违税种不全面覆盖城乡，不单独对农业设置税种的统一城乡税制要求，影响统筹城乡经济社会发展；二是现行有关税种的涉农税收优惠政策，有些尚欠完善，力度不足，未能更好地促进发展农业，维护农民利益，协调城乡经济发展。这些都需要在“十二五”时期加以研究，逐步调整、改革。

在调整改革中，以贯彻落实科学发展观，促进解决好“三农”问题，统筹城乡经济社会发展，逐步实现城乡一体化为指导思想，要本着城市支持农村，工业反哺农业，城乡互动、工农互动的要求，持续贯彻“多予、少取、放活”的方针；要使各税种的征收面都覆盖城乡，但应有适应现阶段要求的较大力度涉农税收优惠政策；要与完善整个税制和清理、整顿税外收费紧密结合进行，既应着眼于解决当前的矛盾问题，更需要重视完善税制体系的长期建设；要重视发挥税收应有的宏观调控作用，既着力于鼓励和促进农业发展，农村繁荣，农民增收，又应有必要的引导、制约，遏制负面效应；要公平税负，重视经济效率，尽可能简化农村税收办法和征管手续。依据前述原则要求，结合税制改革完善，现着重就扩大几个税种的覆盖面，强化宏观调控作用和调整、扩大涉农税收优惠，加大惠农力度两个方面，提出意见和建议。

一、结合税制体系改革，把几个专向城市或农产品征税的税种，改为覆盖城乡全面的税种，加大税收调控作用

在现存的19个税种中，除关税、船舶吨税两种是在进出口（关境）环节征收以外，其余17个税种，征税面已覆盖城乡的，有增值税、消费税、营业税、车辆购置税、企业所得税、个人所得税、资源税、土地增值税、契税、车船税、印花税、固定资产投资方向调节税（现保留税种，暂停征收）12种，其中土地增值税的覆盖面虽不很明确，但税法并未限定只在城镇征收，只要是转让的房地产增值，就可依法征税，因而划归此类。征税面只为城镇，属于专为城镇设置的专向税种，有房产税、城镇土地使用税、城市维护建设税3种。征税面在农村，专为特种农产品设置的税种，有烟叶税一种。征税面基本在农村，少数在城镇，专为控制占用耕地设置的税种，有耕地占用税一种。这个税种的课税对象，虽基本在农村，而纳税人包括城乡的企事业单位和个人，纳税人主要是房地产开发商，涉及要农民纳税的情况极少，并且按批准面积占用耕地，新建住宅，也享有一定的税收优惠。为节约和有效使用土地资源，保护耕地红线，这个税种当前仍应保留，留待将来开征统一的不动产税时，一并研究改革。这里只就4个专向性税种的改革完善，把征税面扩大到覆盖城乡，强化税收调控作用，进行研讨，提出建议意见。

（一）把房产税扩征到农村，对位于农村的豪宅、别墅征税

现行《房产税暂行条例》第一条明文规定："房产税在城市、县城、建制镇和工矿区征收"，不包括农村在内。这不符合统一城乡税制应是税种在城乡统一实行的原则要求，也与世界各国对房地产税是在城乡统一征税的通行做法不符。当前一些城市对居民住房征税改革试点，征税面也是限于市区，征税范围甚或只是限于新购住房，不包括存量住房。

随着住房征收房产税改革试点的深入，征税范围肯定会逐步扩大。这是当前形势发展的迫切需要。改革房产税制，其覆盖面理所当然是包括农村在内。对居民自用住房征税，当前应当着重解决的一个问题是，必须把征税范围扩大到位于农村的豪宅和别墅。这种征税，丝毫不会增加农民负担，反而会使农民受益。因为现在农村建设豪宅、别墅，有日益扩大趋势，其所有者都是城市富有者，通过征税，把他们的一部分收入集中起来，有利于促进健全以房地产税为主体的地方税体系，完善分税制财政体制，扩大地方基层政府提供基本公共产品和服务的能力；有利于健全财产税体系，调节城乡居民收入和财富分配，缓和贫富差距矛盾；有利于促进房地产业健康发展，少建占地广阔的高档住宅，从而促进土地资源节约、高效利用，保护耕地红线，保护农民对土地使用的权益。将来通过住房征税改革试点，修改税法，应删改现行《房产税暂行条例》第一条，明确在城乡统一实行，明确对位于城乡的豪宅、别墅，都按同样的评议价格和较高的比例税率或累进税率征税。位于农村的企业房产，也同样要依法征税。至于农村的一般普通住房，仍应有别于城镇住房，给予免税优惠。除同样享受城市一般住房在计算征收中的税收优惠外，还要针对农村的特殊情况，另外采取若干免税的政

策措施。

（二）把城镇土地使用税，改为土地使用税，加重对房地产开发商“圈地”、闲置土地的征税

现行城镇土地使用税同房产税一样，其征税范围，也只是限于城镇和工矿区，不包括农村。这也需要进行同样的改革。

当前，房地产开发商拍购的土地，多有位于农村而非城镇的。长期以来，开发商为牟取暴利，大量囤地。据国土资源部2010年8月1日披露，截至2010年5月底，全国闲置土地2818宗，闲置面积16.95万亩，其中闲置5年以上的土地，占31%。[①] 当时多家媒体报导，仅北京泛海建设（国际）一家房地产公司，4块土地闲置5年多，就获利高达228亿元。[②] 例如广州番禺区香江房地产开发有限公司，从2000年8月起，在该区谢村拥有一块土地，长期不开工使用，番禺区国土资源管理局认定从2002年12月起为闲置土地。按市价计算，到2010年的7年间，公司该块囤地净获利8.5亿元，获利率高达原拍购开发支出费用总额的389倍。国土资源主管部门依据有关法规，仅收取土地闲置费36.5万多元，还允许延期动工开发。[③]

国际上对闲置土地一般是采取税收手段从严限制和打击。例如日本征土地保护税，奥地利征高税率的闲置土地价值税。借鉴国际经验，我们也应结合房地产税制整体改革的要求，把土地使用税的覆盖面扩大到农村，把按面积定额征税，改为从价定率征税。房地产开发商拍购取得的土地，闲置未开发的，不论是位于城镇或农村，都应依据新评议的市价，加征多倍，从重征收闲置土地特别税和土地增值税，相应取消软弱无力的土地闲置行政收费。这是完善土地使用税，也是统一城乡税制。它有利于遏制和打击开发商的违法囤地，制约一些地方政府部门竞卖土地，节约有效使用土地，保护土地资源。企业

① 《北京晚报》2010年8月19日。

② 《北京商报》2010年8月4日、《北京晚报》2010年8月8日、10日。

③ 《中国电视报》2010年9月16日报导。

把土地使用税的覆盖面扩大到农村，城乡统一征税标准和办法，仍然必须有较多的涉农税收优惠政策。例如农林牧渔业直接生产用地和法定范围内的农民宅基地应当免税；水利设施及其管理用地，林区育林地、防火道及其设施用地，等等，也仍应当免税，以保护农民利益，促进农业全面发展。房产与土地密不可分，将来条件具备时，房产税与土地使用税，按照国际通行做法，要合并为一种，称为房地产税或不动产税。

（三）合并城市维护建设税、费和教育费附加，统一改为覆盖城乡、独立征收的维护建设和教育税

现行城市维护建设税和教育费附加等税费，存在较多矛盾问题：

1. 原则上是城市专向税，不符合税种要覆盖城乡征税面的要求。城市维护建设税，冠以“城市”两个专属用词，在《城市维护建设税暂行条例》第一条，又开宗明义确定，开征这个税种，是“为了加强城市的维护建设，扩大和稳定城市维护建设的资金来源”。这显然是对城市单独设置的税种，与统一城乡税制，税种征收面应覆盖城乡的要求不符。而《暂行条例》第四条，对纳税人所在地不在市区、县城、镇的，却规定了适用1%的税率。又表明在农村，只要是缴纳了增值税、消费税、营业税等三税的，也应随同征收本税，在法律规范的用语上，显得有些模糊不清。并且在农村征收的税款，按税法规定，是专门用于城市维护建设，而不是用于农村维护建设，就当前支农、惠农的总政策要求来说，在道理上也难说通。

2. 与城市维护建设税同是作为“三税”附加征收的教育费附加，也是以上这种情况。因为在农村，过去还要另外征收农村教育事业费，两费只征收其中一种，缴了农村教育事业费的，就无需再缴教育费附加，只是在前几年的农村税费改革中，农村教育事业费被取消了。另外，经国务院批准，从1997年起，对缴纳娱乐业、广告业营业税的纳税人，要附加征收文化事业建设费，这些附着于税收的收费，实质上都是税收性质，应在统一城乡税制中一并研究改革。

3. 属地方附加税性质，缺独立税种应有的特殊功能作用。城市

维护建设税以“三税”实际缴纳的税额为计税依据，没有一个专门税种特有的调控目标和独立的课税对象，只是随着“三税”的征收而征收，随着“三税”的减免而减免，不能按照一个独立税种特殊的宏观调控目标要求，针对课税对象和纳税人的不同情况，采取相适应的有效政策措施，区别对待，从而难于发挥一个独立税种应有的特殊宏观调控功能作用。

4. 受益与负担不适应，税负失平。城市维护建设税，是一种受益税，要认真贯彻“谁受益，谁负担”的政策原则，而现在作为一种地方附加税，则难于实现此种政策原则，其表现：一是现在不少企业虽有产销营业额，按照政策法规，却无需缴纳“三税”；有些企业的生产基地、矿场，只有产品的调拨额，而无产销营业额，也无需缴纳“三税”。可是这些企业都是享受了所在地的市政建设和公共基础设施服务的利益，企业职工子女享受了义务教育利益，却没有这方面的税收负担，对比有这方面税收负担的纳税人来说，显然是税负不平。二是现在“三税”都有差别税率，特别是消费税税率的差距大，一些缴纳消费税高税率产品的企业，享受市政建设和基础设施服务的利益，对比其他企业，并无特殊，可是缴纳的税款多，负担大，而低税率产品的企业，则缴税相对较少，负担小，税负失衡。过去只对高税率卷烟业曾一度减半征收城市维护建设税，后又恢复全额征税。

5. 导致地区间税收不适当转移，中央与地方间收入分配关系复杂化。许多跨地区的生产经营，是集中汇总在总机构或营销机构纳税，税款由企业总机构或营销机构所在地缴入当地国库。随着市场经济发展，企业跨地区的生产经营，日益增多。在许多情况下，地区间的税收转移，有其必然性，是不可避免的。可是城市维护建设税是受益税性质，其税收收入理应归属企业享受市政建设和基础设施服务的所在地政府所有，随着“三税”的缴纳，而把该项税收转移到别的地区政府，就无必要，也不够合理。特别是铁道部门和多个银行保险机构的城市维护建设税、教育费附加随着企业集中缴纳营业税，也一并交到中央金库，成为中央专项收入，2009 年中央集中的此项城市维护建设税收入，是124.19亿元，占该税种全部收入的8.04%。这个税种本应是纯粹的地方税种，只因采取地方附加形式和部分集中缴税，变成了中央地方共享税种。其收入本应全由地方政府自主支配，用于当地的城市维护建设，并且收入还远不及当地实际需要，却要先由中央集中，再由中央采取财政转移支付方式，下拨地方，中央和地方财政收支犬牙交错，不必要地增加了相互间筹措和安排收支分配关系的复杂性。

6. 城市维护建设税和教育费附加的收入规模，远不能满足地方的实际需要，农村更缺此项资金来源。以2009年为例，地方支出中，仅城乡社区公共设施支出一项，就达2548.37亿元（还不包括城乡规划与管理支出），占全国该项总支出的99.95%，差不多是全国该项支出的全部。而同年度地方的城市维护建设税收入为1419.92亿元，占全国该项税收收入的91.96%，只为前项城乡社区公共设施支出的55.70%。2009年地方教育费支出9869.92亿元，占全国该项支出的94.56%，[①] 而教育费附加收入更是少之又少。这说明地方的此项专用资金收入规模小，不能满足地方实际需要，更谈不到通过此项收入，来扩大城乡维护建设规模，农村的公共设施和公用事业，更缺稳定的维护建设资金来源。当然，筹措此项资金，要多渠道统筹安排，但改革此项税费制度，适当扩大这方面的收入规模，也还是必要的。

为了解决以上矛盾问题，较好地发挥独立税种的宏观调控作用，让享受公共维护建设和公共福利服务，从事生产经营的企事业单位和个人，担负相适应的纳税义务，筹集较多的维护建设和教育资金，保障发展城乡公用事业和公共基础设施建设，发展教育文化事业，优化生存环境，保证城乡居民享受更多的物质文明、精神文明、环境文明的利益，建议把专门面向城镇征收的城市维护建设税和教育费附加、文化事业费等有关税外收费，加以合并，建立一个独立征收的税种，称为维护建设和教育税。在城乡全面实施。征收的税额，按一定比

① 以上据《2010年中国财政年鉴》数字计算。

例，划分为用于维护建设和教育（特别是义务教育）文化两个部分。

这个新税种，以从事生产经营的企事业单位和个人的销售收入、营业收入和调拨收入等其他收入为独立的课税对象和计税依据，企业和单位不论是否对外营业，有无实际现金业务收入，是否属于不征、免征增值税、消费税、营业税范围，只要有前项法定收入，都应当在享受公共设施等利益的企业和单位所在地，依法缴纳本税。但要规定起征点，以照顾低收入者和简化征管办法；要有若干涉农税收优惠政策，促进发展农业。具体税率由省级按照当地维护建设和教育文化事业的需要，在全国统一规定的幅度范围内自行确定。本税征收范围广，有较大和稳定的税源，与当前提供基本公共服务、保障义务教育密切关联。现在我国经济整体上尚欠发达，房地产税收入一时尚难充裕，把本税划为市县级税种，将可成为市、县级财政自主收入的一个重要来源，同时也可化解营业税并入增值税，当前来自地方的巨大阻力，加以农产品及其加工的生活必需食品等的增值税率调低，中央与地方的收入分成比例，也可不作大的调整。

（四）把专向特种农产品征收的烟叶税，改为消费税的一个税目

在1994年实施新的工商税制改革前，历来的货物税收法规，都是把烟叶专列为一个税目。包括1950年1月30日发布、1950年12月19日修订公布的《货物税暂行条例》；1952年12月26日公布的《商品流通税试行办法》；1958年9月13日颁布的《工商统一税条例（草案）》；1972年3月30日发布的《工商税条例（草案）》；1984年9月18日发布的《产品税条例（草案）》，都是这样。只是烟叶税目下所列子税目名称略有差别，或把晾晒烟称作土烟、晒烟、晒烟叶；或把烤烟叶称为烤烟、熏烟叶。在此之前，农业税中有关农林特产的征税规定，如1983年11月12日发布的《国务院对农林特产收入征收农业税的若干规定》，只列了园艺收入、林木收入、水产收入，并未把烟叶列名征税。1993年12月31日发布工商税制改革文件，把原货物和劳务征税改分为增值税、消费税、营业税三个税种，增值税是不设置税目，一般按同一的标准税率征税，消费税是只设置要进行

双层次调节的若干工业产品税目，没有农业产品税目。而 1994 年 1 月 30 日发布的《国务院关于农业特产收入征收农业税的规定》，第一次把烟叶列为征收农业特产农业税的税目，包括晾晒烟和烤烟两项收入，规定纳税义务人为我国境内的烟叶生产单位和个人，在收获、出售的当天发生纳税义务，30 日内申报纳税。收购烟叶的单位应按照收购的金额和法定税率，依法缴纳或代扣代缴税款。2000—2005 年的农村税费改革，取消了农业特产农业税，只暂时保留对烟叶一个税目征收该税。2006 年 4 月 28 日公布的《烟叶税暂行条例》，把对烟叶的征税，改为一个独立的税种，征税项目是晾晒烟叶和烤烟叶。规定的纳税人明确是依照专卖法有权收购烟叶的烟草公司，或者受委托的烟叶收购单位，生产烟叶的单位和个人不再是纳税人。

现对烟叶进行双层次的税收调节，除普遍征收的增值税外，还另保留特别征税，征以较高的税（现税率为收购金额的 20%），完全必要。吸烟有害，应当控制产销，是国家专卖、专营管理的产品。新中国建立以来，历来颁布的货物税收法规，都把它单列税目，征以高税。烟叶税这个税种的收入，2006—2009 年，分别为 41.60 亿元、47.80 亿元、67.45 亿元、80.81 亿元，是上升趋势，在组织财政收入中也有它的一定作用。但把它设置为一个独立税种，则有不当，宜于把它改列为消费税的一个税目。理由是：

第一，统一城乡税制的一个核心内容，是要求不对农业产品单独设置税种征税。取消这个税种，改列为消费税的一个税目，就正可解决这个矛盾问题，也简并了税种，简化了税制。

第二，烟叶是限制产销的产品，更是应当限制进口的产品。现行税法只是规定进口的增值税产品和消费税产品要在入境时征这两种税，而对烟叶，按照历来不征进口的农业产品农业税的惯例，也不对进口的烟叶，按《烟叶税暂行条例》，另外加征烟叶税，这放松了进口烟叶的管制。国产烟叶要设烟叶税种进行限制，而进口烟叶则不征此税，无需限制，不但境内外产业烟税负失平，也不合情理。改为消费税的一个税目，就可名正言顺地征收进口烟叶的消费税，有利于解决以上矛盾问题，限制此种产品进口。

第三，1993 年前，我国对农林牧渔产品征收货物税、产品税，虽规定从事生产的单位或个人是纳税人，但历来都强调，不对农民直接征税，属于交售给国有、集体企业的，由收购单位负责计算缴纳税款，只是交售给其他单位或个人的，才由销售者自行纳税。2006 年的《烟叶税暂行条例》进一步明确，烟叶税的纳税人是依照专卖法有权收购烟叶的单位或其委托收购的单位，不再把烟叶生产者定为纳税人。现在改为消费税的一个税目，同样也可以这样规定，不会增加农民负担。

第四，列为消费税税目的，一般都是高级消费品、奢侈品、“寓禁于征”的限制产销品，需保护的资源性产品。烟叶是应限制产销的消费品，正是需要消费税的双层次调节，进行必要的限制。消费税不应仅限于对特种工业产品征税，对特种农业产品需要另外征税调控的，也应同样征税。将来营业税并入增值税，对某些娱乐业或高级消费行为，也同样可以另列税目，征收消费税。

二、调整和扩大涉农税收优惠，强化惠农力度

现行覆盖城乡征收面的各税种，有较多的涉农税收优惠政策，一些主要税种优惠政策更多。增值税方面，例如对农业生产者直接销售自产农产品免征增值税；主要农业生产资料的产销，基本免征增值税；农产品适用 13% 的较低税率，而标准税率是 17% 。营业税方面，例如提供农业机耕、排灌、病虫害防治、植物保护、农牧保险和相关技术培训劳务取得的收入，以及农业技术转让收入免征营业税；提供家禽、牧畜、水生动物配种和疾病防治劳务取得的收入免征营业税。将土地使用权转让给农业生产者，用于农业生产的，免征营业税。企业所得税方面，例如企业从事列举的农林牧渔业 8 个项目的所得，免征企业所得税；从事列举的花卉、茶以及其他饮料和香料植物的种植项目，海水、内陆养殖项目，减半征收企业所得税。个人所得税方面，例如个人或个体户从事种植、养殖、饲养、捕捞业的所得，免征

个人所得税；个人独资企业和合伙企业从事以上“四业”的所得，暂免征个人所得税；进入各类市场销售自产品的农民取得的所得，免征个人所得税。其他税种也有惠农政策，例如对捕捞、养殖渔船和拖拉机免征车船税；农业户口居民在规定用地标准范围内，占用耕地新建自用住房，减半征收耕地占用税；国家指定的收购部门与村居委会、农民个人书立的农副产品收购合同、农牧业保险合同，免征印花税，等等。

当前涉农税收优惠，存在的主要问题：一是税收优惠的系统性、公平合理性、税种间的协调配合性尚嫌不足；二是对促进农业规模化、产业化、市场化、农村经济结构合理化，尚有欠缺；三是税收优惠力度不够，有的优惠未能使农民得到真正的实惠；四是失地农民以及农村富余劳动力就业，未能享受城镇下岗职工与城镇贫民再就业的大致同样税收优惠。

统一城乡税制，必然要有适应不同发展阶段的不尽相同的涉农税收优惠政策。这是促进解决好“三农”问题、推进城乡税制统一的阶段性发展的客观要求，也是统一城乡税制的有机组成部分。即使在已实现城乡税制统一的经济发达国家，基于农业生产的特殊性，对比工业也相对薄弱，都采取了较多的涉农税收优惠政策，这是国际上的通行做法，也是世界贸易组织《补贴与反补贴措施协议》等确定的有关规则所允许的，其他国家不能干预。我们必须坚持贯彻现行有效的各项涉农税收优惠政策，并适应形势的发展，研究调整完善，加大它的调控力度，充分发挥它在鼓励、扶助、引导和必要的制约作用，促进农业和农村经济结构合理调整，促使农业发展，农村繁荣，农民增收，协调城乡经济、社会发展。下面就调整和扩充涉农税收优惠强化惠农力度相关的一些问题，提出调整改革意见。

（一）调整增值税几项惠农政策，扩大税收优惠力度

1. 调低农产品及其加工的生活必需食品等的增值税税率。现行税法规定是，农产品、植物油的增值税率是13%，农产品深加工的产品，包括生活必需的食品等在内，均适用17%的标准税率。此项

税率水平，与许多国家通行的税率和我国1993年前的相关税率对比，都显得偏高。例如欧盟国家，一般都对农产品和食品采取低税率，意大利的农产品增值税税率是4%，而标准税率是20%；法国农产品的增值税率是5.5%，而标准税率是19.6%；荷兰的谷物增值税率是6%，而标准税率是17.5%；德国的食品增值税率是7%，而标准税率是16%；英国的食品增值税率是0，而标准税率是17.5%。[①] 农产品和食品的增值税率一般只约为标准税率的1/3，甚或更低。我国从1950年1月至1993年12月的40多年间，实施的多个对货物征税的基本法规，也都对农产品及其加工的生活必需食品和日用必需品，采取低税率。以1984年9月18日发布的《产品税条例（草案）》（1984年9月至1993年12月实施）为例，属于农产品的，只列举了部分品目征税，未列举的不征产品税。列举征税的木耳、银耳、原竹、水产品等税率为5%，食用猪、菜牛、菜羊税率为3%，原木、毛绒、精制茶税率为10%，只是燕窝、鱼翅等贵重食品和烟叶税率高，分别为35%和38%。属于农产品深加工的食品饮料类，列举征税的产品，只糖的税率一般较高，机制蔗糖为22%，土制蔗糖为10%，淀粉糖为15%，甜菜糖为5%；味精税率也达13%，罐头食品、汽水及其他液体饮料税率为10%，列举征税的奶粉、炼乳、奶油、固体饮料、糖果糕点、果脯果酱、税率均为5%，其他未列举的所有深加工成为工业品的食品，税率也一律为5%。属于农产品深加工的用品，除呢绒、毛毯等项税率较高为18%外，一般生活日常用品和手工产品的税率也较低，蚕丝、麻袋、牛皮革、普通纸为10%，服装、夏布（手工产）、地毯、毛条、皮张、皮筒、猪皮革、皮革制品和经加工整理的羽毛、羽绒、马鬃、马尾、猪鬃税率均为5%。麻棉纱则是以纱支区分适用税率，18支以下的（一般是手工产）税率为4%，60支以上的，税率为13%（工厂精纺），界于两者之间，19—28支和29—59支的，税率分别为7%、10%。另外，产品税的

① 转引自《涉外税务》2010年第10期第48页。

税目税率表，还专列了一个大类税，名为“其他工业产品”，凡未列名征税的，均归入此税类，一律适用5%的税率。虽然农产品也有小部分，会有几次加工，会出现重复征税情况，但终归是少数。多数情况是只需一次性初加工整理（甚或是无需加工），或稍作深加工，即可直接成为食品或日常用品，在1993年前会出现重复征税的情况较少，这是不同于机器机械等工业产品，从原料到成品，要经过多个生产单位，经几次加工，会出现较多重复征税的情况不同。总的说，在1993年前的税制下，产品税规定的农产品加工成的一般食品和日常生活必需用品税率，一般都是低于现行增值税税率的。

为便利农民利用自身有利条件，以农产品自行深加工食品和生活必需品，繁荣农村经济，增裕农民收入，减轻包括农民在内的城乡中低收入者的税收负担，改善民生，协调城乡经济社会发展，似可借鉴国际通行做法及其减税比例，并参照我国过去这方面的税负水平，把农产品及其初加工以及深加工的生活必需食品和日用必需品的税率，降为标准税率1/3的水平，也就是农产品的税率，由13%降为6%左右，其深加工的生活必需食品和生活必需一般日常用品，也同样降为6%左右。至于燕窝、鱼翅等贵重食品，为调节富裕消费者的收入，也可如同对待烟叶一样，增列为消费税的税目，另外加征税款。

国家主管部门颁发的现行《农业产品征税范围注释》，对各类农业产品的范围作了界定，属于解释范围内的，就是初级农产品，适用13%的较低税率，否则就是深加工产品，按17%的标准税率征税。这便利了各地统一执行，但看来其中也有不尽合理之处。例如，面粉、玉米面、鲜干水产品是初级农产品，蒸煮成熟制品则不属之；原竹、原木锯成一定长度的竹段、木段，是初级农产品，拉成竹条、锯成木板，则不属之；动物毛、绒未洗净的，是初级农产品，已洗净的，则不属之。这其中适用的税率相差4%。特别是农业生产者直接销售，则更是涉及到是免予征税，还是征17%的增值税的问题，税负相差极大，限制了农民进行一般性加工生产的积极性。降低农产品及其加工的生活必需食品以及生活必需日用品的增值税率，也有利于化解这方面的矛盾问题，有利于促进农业生产者利用自身有利条件，扩大对农产品的加工业务经营，提高产品的附加值，增裕农民收入。

2. 调整农业生产者和农业生产资料的税收优惠政策。现行税法规定，农业生产者直接销售自产农产品，免征增值税；农用塑料薄膜、种子、种苗和国家规定范围内的农业机械、化肥、农药、饲料免征增值税。其本意是为了减轻农民负担，降低农业生产成本。近年来，农膜、农机、农药、化肥、饲料等主要农业生产资料，其价格上涨的幅度高于一般商品。媒体报导，农业生产资料免税的好处，实际为厂商和中间商取得，农民从中并未得到实惠，农民在前几年农村税费改革中，好不容易得到的利益，大都被冲销。因而有人主张，对农业生产者直接销售自产农产品和工商业销售农业生产资料，都一律照征增值税，同时准许农业生产者在缴纳农产品增值税时，抵扣购进农业生产资料的进项税额。我国当前的农业生产，基本上是由家庭承包责任户进行，以家庭户为单位，规模极小，征税要对数以万万计的农户，还要计算扣抵的进项税额，根本无法征管，税收成本更极大。似可调整改革为农业生产者直接销售自产农产品，也同样是增值税的纳税人，但税率为零，而对农业生产资料的生产销售则照章征收增值税，农民购买农业生产资料，凭购买时取得的增值税发票标明的增值税额，由村委会汇总，以增值税纳税人的身份，向财税机关办理退税，让农民在此项税收优惠中，得到看得见的实际利益，也鼓励农民采用优质农业生产资料，提高生产效益。当然，对于农业生产资料的价格，国家主管部门仍应采取措施，严加管理，促进产销商千方百计削减成本，降低利润，遏制其价格上涨。

3. 平衡水产养殖业与种植业等的企业所得税优惠。《企业所得暂行条例》第八十六条规定，对农业种植业，包括粮棉油麻、蔬菜、中药材、糖料、水果等众多的种植，免征企业所得税，只是对少数的种植，包括花卉、香料、茶及其他饮料是减半征收企业所得税。对于林木的培育、种植、林木产品的采集；牲畜、家禽的饲养，也是免征企业所得税。渔业则是除远洋捕捞一项是免征企业所得税外，包括海水养殖、内陆养殖在内，都是减半征收企业所得税。水产养殖业与种植业等的企业所得税优惠，有一定差距。渔业养殖、捕捞，是保障人民生活必需的重要资源，其地位不下于农业、林木种植和畜禽饲养，远洋捕捞成本大，困难多，固然应当大力扶持，近海和内陆河流、湖泊的渔业养殖，包括水生动物和水生植物的养殖在内，同样应当积极鼓励，给予免征企业所得税的优惠。至于海水、淡水养殖产制珍珠等项，利润较大，也可不给减免税优惠。

4. 增值税、营业税起征点宜与物价指数挂钩，适时调整。现行增值税对经营农产品的起征点规定是：销售水产品、畜牧产品、蔬菜产品、果品、粮食等农产品的个体工商户、农民和以销售上述产品为主的个体工商户、农民，一律为月销售额 5000 元，按次（日）纳税的，一律为每次（日）销售额 2000 元。这与销售一般货物对比，按月纳税的是销售一般货物月销售额 2000—5000 元的最高限额，按次（日）纳税的，则比销售一般货物，每次（日）1500 元，高出 500 元。这种税收优惠，对活跃农产品的市场经营，减轻低收入者负担，增加就业机会，大有裨益。由于增值税的起征点，是由《增值税暂行条例实施细则》规定的，基本法规有较长时期的稳定性，而物价又经常是上涨趋势，为切合实际情况，宜于修订《暂行条例实施细则》规定，改为增值税起征点和经营农产品适用的较高的起征点，与物价指数挂钩，由国务院适时调整。同时，还可与个人所得税结合起来，对处于起征点以下的个体工商户和农民销售额一并免征个人所得税，这更可照顾个体工商户和农民的小本经营，畅通农产品的流通渠道，促进农业发展，满足城乡居民生活需要。营业税的起征点规定，也可同样处理。

（二）实施大力扶助农民专业合作社的税收政策，并鼓励农工商一体化生产经营

现在许多地区出现了各种形式的农民专业合作社，这是在新的历史时期，农民自愿联合起来的一种新型农村合作经济组织或合作经济

实体，是实现农业规模化、产业化、科技化、市场化，提高产品附加值，增加市场竞争力，保证农民增产增收，繁荣农村经济、协调城乡经济一体化发展的一个重要途径。国家必须在各个方面进行大力扶助和支持。现税收上也采取了一些鼓励发展的措施。例如农民专业合作社销售本社成员生产的农产品，视同农民生产者直接销售自产农产品，免征增值税；农民专业合作社向本社成员销售农膜、农机、农药、化肥、种子、种苗等，免征增值税；农村经济合作组织从事农林牧渔业生产项目的所得，按照一般企业规定，可免征、减征企业所得税；农民从农民专业合作社取得的盈利返还，以及为农民销售自产农产品取得的所得，免征个人所得税；农民专业合作社签订产品收购合同、农牧业保险合同和与本社成员签订的购销合同，免征印花税。存在的问题是，税收优惠的范围仍嫌偏窄，优惠的力度和激励的导向性也有不足。

借鉴国际上税收鼓励农民合作经济组织的经验，结合我国现实情况和实际需要，为鼓励农民专业合作社做大做强，转型升级，扩大生产经营规模，增加科技含量，提高市场竞争力，逐步向农工商一体化的农业龙头企业发展的方向迈进，更多地为农民争取利益，更大发挥它在协调城乡经济社会发展中的作用，似可采取以下扩大税收优惠的政策措施：

1. 适当放宽农民专业合作社为非本社成员购销服务的税收限制。现规定是农民专业合作社为本社成员购销服务可享受税收优惠，为非社员购销仍应照章征税。欧盟一些国家是限定为非社员购销服务的一个最高比例（譬如 20% 左右），在此限定比例范围以内的，仍可免税。为鼓励农民专业合作社扩大业务经营，更多地为农民服务，我们也可考虑借鉴此种作法，规定一个最高限额比例，在此比例范围内的，只要为社员与非社员服务的购销价格同等，都可免征增值税，只对超出限额比例的部分，仍应照章征税。企业所得税同此办理。

2. 鼓励农民专业合作社对农产品进行加工。为发挥农民专业合作社处于农村的优势和便利条件，提高产品的附加值，扶助其更快发展、壮大，要鼓励其对农产品进行加工。一是扩大对初级农产品的解释范围，对一般简单加工的自产农产品，认定为初级农产品，适用零税率不征增值税。二是对农产品深加工的生活必需食品等，按降低后6%左右的低税率征增值税。三是农产品深加工的其他一般用品，可参照国家对有关资源利用的规定，对其取得的收入，减按90%的收入，计入收入总额，征收企业所得税。

3. 农民专业合作社的养殖业，比照国有农口企业免征企业所得税。现税法规定，国有农口企业的水产养殖业，包括水产动物养殖业和水生植物养殖业在内，都免征企业所得税。而一般企业的水产养殖业则是减半征收企业所得税。为调动农民专业合作社进行水产养殖的积极性，鼓励其利用本身的有利条件，增产增收，并向农业龙头企业的方向发展，宜于与国有农口企业享受前项同等税收优惠，免纳该项企业所得税。

4. 对新办和不以营利为目的农民专业合作社可给予定期免征企业所得税优惠。农民专业合作社在成立初期，底子薄，都存在资金困难问题，为照顾此种情况，鼓励农民自愿加快组织起来，可定期给予免征企业所得税的优惠。有些农民专业合作社其主旨是为本社成员提供产销和生活服务，不以营利为目的，其赢利一般都小，为照顾此种情况，简化征管手续，经审查核定，也可定期免征企业所得税。

5. 对边境贫困地区的农民专业合作社，给予免征企业所得税优惠。为扶助发展边境贫困地区经济，改善农民生活，缩小地区差距和城乡差别，对该所在地区的农民专业合作社，其生产经营所得和其他所得，都定期免征企业所得税。

国家对国有农口企业等农业龙头企业，现在企业所得税方面，享有较多的税收优惠，而其他企业未能享受。为鼓励农工商一体化生产经营发展，可研究放宽此种限制，对其他企业，包括国有农口企事业单位与其他企业组成的联营企业，股份制企业以及农民专业合作社等其他企业在内，都给予同等税收优惠。

（三）实施积极的活跃农村金融的税收优惠政策，促进资金等生产要素回流农村

现阶段我国的农业生产基本上是以家庭承包户为单位独立进行，规模极小，资金匮乏，无力扩大生产经营和采用新的生产技术设备，抗御风险能力薄弱。农口国有农场、牧场很少。即以农民专业合作社来说，它是以农户的土地承包经营权、村集体资产作价入股的形式投资，流动资金也很不足，缺乏有效的申请贷款抵押资产，难以取得金融机构贷款。农业生产受水、旱自然灾害等的影响，风险较大，金融机构也不愿放给农贷。金融机构在农村吸收的储蓄存款，往往难于完全用作农贷，而有部分贷给非农企业单位，甚或是流向城市。广大农民往往要遭受地下民间的高利贷盘剥。这是农业生产的一个重大瓶颈。为了解决此种矛盾问题，国家必须在各方面采取有力措施，活跃农村金融。

现税收促进活跃农村金融的政策措施较少，主要是规定对农村信用合作社的营业税率，由5%减为3%，显然范围偏窄，力度不足。为促进增放农业贷款，可以对各种形式的农村信用合作组织的农林牧渔贷款营业收入，以现行优惠税率3%为基准，再减半征收，即按1.5%的税率征收营业税，并定期免征企业所得税。对农村其他金融机构的农业贷款也由5%减按3%的税率征收营业税，并定期减免该项农贷的企业所得税。企事业单位和个人捐献给农村慈善公益组织、农民专业合作社和贫困地区农村的捐款，可比照捐献给国家指定的慈善组织的税收优惠办法，在计算应纳税所得额时，给以扣除。至于农村所有金融机构的非农业贷款要加以限制，应照章征税，不给税收优惠，必要时，特别是对把农村存款贷放给城镇企事业单位和个人的，可考虑加成、加倍征税。

（四）让失地农民以及农村富余劳动力享受城镇下岗职工再就业的同样税收优惠

过去历来对城镇下岗职工以及城市某些低收入者再就业，有税收优惠规定，例如对持有“再就业优惠证”的下岗职工，从事社区居

民服务，或个体工商户经营（娱乐、广告、房屋中介等列举的项目除外），可按规定免征营业税及其附征的城市维护建设税、教育费附加，并在3年内免征、减征个人所得税。安置下岗职工的服务型企业，也可按规定享受一定的减免营业税和企业所得税的优惠。

现为扩大就业，鼓励以创新带动就业，财政部和国家税务总局报经国务院批准，就高等学校毕业生、国有企业下岗职工和城市享受最低生活费保障人员等的就业问题，于2010年10月22日下发《关于支持和促进就业有关税收问题的通知》，规定从2011年1月1日起，对持有《就业失业登记证》（注明自主创业）或附着《高校毕业生自主创业证》人员从事个体经营（除广告业、娱乐业等10个项目外）的，在3年内，按每户每年8000元为限额，依次扣减其当年实际应缴纳的营业税、城市维护建设税、教育费附加和个人所得税。对商贸企业、服务型企业（除广告业、典当业等6个项目外）、劳动就业服务中的加工型企业和街道社区具有加工性质的小型企业实体，在新增加的岗位中，当年新招用持《就业登记证》（注明“企业吸纳税收政策”）人员，与其签订一年以上期限劳动合同，并依法缴纳社会保障费的，在3年内按实际招用人数予以定额，每人每年4000元（可由省级上下浮动20%），依次扣减营业税、城市维护建设税、教育费附加和企业所得税。①

我国现对失地农民以及农村富余劳动力转换职业，尚无前述类似规定。土地是农民从事农业生产的根本生产要素，是生活最大的依靠和立命之本。被征用土地的失地农民，获得的补偿，在一些地区往往所得较少，转换职业和家庭生活，存在实际困难，农村中的其他富余劳动力，也多是此种情况。为统筹城乡经济社会发展，从整体上处理好城乡居民的就业问题，城乡在这方面的政策措施，要有适当平衡。譬如对持有原户籍所在地的乡镇以上政府证明，进城务工的失地农民以及农村其他富余劳动力，给予同城镇下岗职工大致同样的税收优

① 《中华人民共和国税收法规》，法律出版社出版，2010年第12期第6、7页。

惠。对于为进城务工农民提供就业服务、技术培训的企业和单位，也要给予一定的税收优惠。同时，也要鼓励失地农民和农村富余劳动力，在农村就地转换职业，对于这样的人员要给予适当的税收优惠。

另外，根据我国现实情况，对于劳动密集型的产业和企业，也可适当照顾，给予一些税收优惠，鼓励其为失地农民和农村富裕劳动力转换职业，提供更多的就业岗位。要对在农村从事农村旅游、观光农业、休闲农业等服务的新兴产业的企业、单位和家庭户，给予税收优惠，既增裕农村和农民收入，又满足城市居民休闲、娱乐的需要。当然，对于那些浪费社会资源，造成环境污染、破坏，损害人们健康、公共利益和影响产业结构合理调整，属于国家限制和禁止的生产经营项目和服务项目，税收上不但不能给予优惠，而且应当贯彻国家有关政策，采取有力的配合措施，严加限制和遏制。

载财政部财政科学研究所《研究报告》2011 年第 91 期（内刊，8 月 8 日）；《财政研究》2011 年第 10 期。中国人民大学复印刊物《体制改革》2012 年第 1 期全文转载。

积极逐步推进城乡税制统一

党的十六届三中全会明确指出：要“创造条件逐步实现城乡税制统一”。[①] 从工业先进国家已实现城乡税制统一的情况和做法结合我国的现实看，这是要求我们，在一个较长时期内，必须不断创造条件，循序渐进，逐步建立统一、现代化的涵盖城乡的一元化税制体系。这是一个长期的发展过程和艰巨任务，应当逐步推进。

当前存在的主要问题：一是税种的基本法规，有的明确只适用于城镇，不覆盖农村，有的虽未这样明确，但却是把农业、农民排除在纳税范围之外，有违税种应全面覆盖城乡的统一城乡税制要求，影响统筹城乡经济社会发展。二是现行有关税种，涉农税收优惠的系统性、公平合理性，税种间的协调配合性，尚嫌不足，在促进农业产业化、规模化、机械化、企业化、市场化方面尚有欠缺；税收优惠力度不够，有的优惠未能使农民得到真正实惠，不能保证农民在经济发展中，多分享一些改革成果，维护农民利益，协调城乡经济社会发展。这些都需要适应现实情况和条件，抓紧研究调整、改革。

经济与税收是决定与反作用的辩证关系，必须适应国民经济发展水平和经济结构调整，逐步推进城乡税制统一。当前特别要着力加大强农、惠农的税收优惠力度，这既是此项改革的阶段性必要历程和重要组成部分，又是为此项改革创造条件。不顾现实经济条件，超前要城乡都按同一的税收标准和办法纳税，或是落后于城乡统筹的经济发

① 《中共中央关于完善社会主义市场经济体制若干问题的决定》，人民出版社 2003 年 10 月版，第 23 页。

展水平，踏步不前，都会伤害农业现代化与工业化、城镇化协同发展，也谈不到实现城乡经济社会一体化和城乡税制统一。

一、调整增值税制，扩大强农、惠农力度，把给农民的好处落到实处

增值税是与农业、农民征税关系十分密切的一个主要税种。为保证农民在经济发展中，多分享改革成果，促进农业大发展，要研究采取以下完善税制、调整税收的措施。

1. 把农民纳入增值税纳税人和农业生产资料进项税额抵扣者的范围。现行税法规定，农业生产者直接销售自产初级农产品，免征增值税；农用塑料薄膜、种子、种苗和国家规定范围内的农业机械、化肥、农药、饲料免征增值税。这实际是把一般农民排除在增值税纳税人和农业生产资料进项税额抵扣者范围之外，农民既不必对直接销售自产初级农产品缴纳增值税，也不能对购进的农业生产资料抵扣进项税额。其立法本意是减轻农民负担（名义上农民只需负担国家规定范围以外的农业生产资料增值税款），减少征纳税手续，降低税收成本。但是，近年来，农膜、农机、农药、化肥、饲料等主要农业生产资料，其价格上涨的幅度高于一般商品。媒体报导，农业生产资料免税的好处，实际为厂商和中间商取得，例如农机流通行业的毛利率，近年普遍在12%—13%的水平，高于其他行业。农民从中并未得到实惠，农民在前几年农村税费改革中，好不容易得到的利益大都被冲销。因而有人主张，对农业生产者直接销售自产农产品和工商业销售农业生产资料，都一律照征增值税，同时准许农业生产者在缴纳农产品增值税时，抵扣购进农业生产资料的进项税额。我国当前的农业生产，基本上是由家庭承包责任户进行，以家庭户为单位，规模极小，征税要对数以万万计的农户，还要计算扣抵的进项税额，根本无法征管，税收成本更极大。似可调整改革为农业生产者直接销售自产初级农产品，税率为零，而对农业生产资料的生产销售，则照章征收增值税，农民购买农业生产资

料，凭购买时取得的增值税发票标明的增值税额，由村委会汇总，向财税机关办理退税，让农民在此项税收优惠中，得到看得见的实际利益，也鼓励农民采用优质农业生产资料，推进农业机械化、规模化，提高生产效益。当然，对于农业生产资料的价格，国家主管部门仍应采取措施，严加管理，促进产销商千方百计削减成本，降低利润，遏制其价格上涨。

2. 调低农产品及其加工的生活必需食品等的增值税税率。现行税法规定是，农产品、植物油的增值税税率是13%，农产品深加工的产品，包括生活必需食品等在内，均适用17%的标准税率。此项税率水平，与许多国家通行的税率和我国1993年前的相关税率对比，都显得偏高。

为缓解当前农民出售农产品困难和增产不增收的矛盾，并便利农民利用自身有利条件，以农产品自行深加工食品和生活必需用品，繁荣农村经济，增裕农民收入，减轻包括农民在内的城乡中低收入者的税收负担，减少增值税的“累退性”对消费者的消极影响，改善民生，协调城乡经济社会发展，似可借鉴国际通行做法及其减税比例，并参照我国过去这方面的税负水平，把农产品及其初加工以及深加工的生活必需食品和日用必需品的税率，降为标准税率1/3的水平，也就是农产品的税率，由13%降为6%，其深加工的生活必需食品和生活必需一般日常用品，也同样降为6%。

3. 提高增值税、营业税的起征点，并改为与物价挂钩，适时调整。现行增值税法规定，个体工商户、农民销售水产品、畜牧产品、蔬菜、果品、粮食等农产品按月纳税的，一律为月销售额的5000元，这是销售一般货物起征点2000—5000元的最高限额；按次纳税的，一律为每次（日）2000元，这比销售一般货物起征点的1500元高出500元。这种税收优惠，对活跃农产品的市场经营，减轻低收入者负担，增加就业机会，大有裨益。但对比现行物价水平，即使是最高限额的月销售额5000元，以销售利润率10%计算，月实际所得达500元的，就要缴增值税，起征点显然太低，需要较大幅度提高。同时，由于增值税的起征点金额，是由《增值税暂行条例实施细则》具体规定的，基本法规有较长时期的稳定性，而物价又经常是上涨趋势，为切合实际情况，宜于修订《增值税暂行条例实施细则》规定，改为增值税起征点和经营农产品适用的较高的起征点，与物价指数挂钩，由国务院适时调整。同时，还可与个人所得税结合起来，对处于起征点以下的个体工商户和农民销售额，一并免征个人所得税，这更可照顾个体工商户和农民的小本经营，畅通农产品的流通渠道，促进农业发展，满足城乡居民生活需要。营业税的起征点规定，也可同样处理。

二、完善所得税制，建立覆盖城乡的社保税，加强调控机制，促进农业大发展，保证农民大受益

所得税是与农业、农民密切关联的另一主要税类，要针对现存问题进行改革完善，从而健全调控机制，让农业、农民有更多资金积累，扩大生产经营，并享受稳定的社会保障。

1. 把农业生产经营所得增列为个人所得税的征税项目，既要给予最大税收优惠，也要对巨额所得征税。现行个人所得税法第二条列举的11个征税项目，没有包括农业生产经营，所得税法实施条例第八条对各征税项目的范围解释规定，也不涉及农业生产经营所得。同时，单独的税法规定，又明确个人或个体户从事种植、养殖、饲养、捕捞业的所得，免征个人所得税；个人独资企业和合伙企业从事以上“四业”的所得，暂免征个人所得税；进入各类市场销售自产品的农民取得的所得，免征个人所得税。对个人从事农业生产经营所得，给以多方面的免税优惠，让农民、农业加快资金积累，扩大生产经营规模，加快发展农村经济，是完全必要的。但时至今日，有的个人独资农业企业和合伙企业，已具有相当大的规模，有巨额所得，不征个人所得税，导致农村阶层的收入差距扩大，贫富悬殊，影响社会安定团结。因而为适应统一城乡税制，税种覆盖面要包括城乡和工农商各业的要求；为贯彻公平税负的原则，需要研究修改个人所得税法及其实施条例的相关条款，把农业生产经营所得增列为征税项目，既给个人的农业生产经营所得，更多的税收优惠，又对有巨额所得的，依法征税。

2. 坚持农、林、牧、渔全面发展的企业所得税优惠政策，并平衡水产养殖业与种植业等的税收优惠。现行企业所得税法明确规定，对从事农、林、牧、渔项目的所得，免征、减征企业所得税。税法实施条例进一步对免征和减半征税的项目和范围，作了具体规定，这是对农林牧渔全面发展的重大鼓励，除国家限制和淘汰类的项目不得享受优惠外，应该坚决贯彻落实。但前项政策在项目间的税收优惠，也有不够平衡之处，需要研究调整。这就是对农业种植业，包括粮棉油麻、蔬菜、中药材、糖料、水果等众多的种植业，免征企业所得税，而对少数的种植业，包括花卉、香料、茶及其他饮料减半征收企业所得税。对于林木的培育、种植、林木产品的采集；牲畜、家禽的饲养，也免征企业所得税。渔业则是除远洋捕捞一项是免征企业所得税外，其余各项，包括海水养殖、内陆养殖在内，都是减半征收企业所得税。水产养殖业与种植业等的企业所得税优惠，有较大差距。渔业养殖、捕捞，是保障人民生活必需的重要资源，其地位不下于农业、林木种植和畜禽饲养，远洋捕捞成本大，困难多，固然应当大力扶持，近海和内陆河流、湖泊的渔业养殖，包括水生动物和水生植物养殖、捕捞在内，同样应当积极鼓励，给予免征企业所得税的优惠。至于海水、淡水养殖产制珍珠等项，利润较大，也可不给减免税优惠。

3. 企业所得税要鼓励农工商一体化经营，鼓励发展农村新兴经济组织，鼓励兴办农业科技等企业。国家对国有农口企业等农业龙头企业，在企业所得税方面，给予较多的税收优惠，而其他企业未能享受。为鼓励农工商一体化生产经营发展，可研究放宽此种限制，对这类性质的其他企业，包括国有农口企事业单位与其他企业组成的联营企业、股份制企业、农民专业合作社等其他企业以及各种形式的农村新兴经济组织在内，都给予较多税收优惠。例如对农民专业合作社的水产养殖业，应比照国有农口企业免征企业所得税，而不是按一般企业减半征税；对新办和不以营利为目的的农民专业合作社可给予定期免征企业所得税；对边疆贫困地区的农民专业合作社，应给予免征企业所得税优惠。又如现在有些地区兴起一种“创意农业”，这是以市场为导向，以农村的生产、生活、生态为资源，实现农产品和文化、艺术创意有机结合的新型农业生产方式，有利于推进农业发展方式转变，实现农业现代化，加快社会主义新农村建设，应给予较多的税收优惠。

为了加强农村基础设施建设，促进实现农业科技化，完善农村的服务、福利体系，对在农村投资创办的或农民创业兴办的小型基础设施企业、农业科技企业、农业服务企业、福利企业，在其创办初期可给予“两免三减半”的企业所得税优惠，也就是第1、2年免税，第3—5年减半征税。

4. 开征社会保障税，让广大农民享受社会福利保障。现行筹集社会保障基金，采取的是征收社会保险费的方式，弊病是法制性弱，覆盖面窄，漏征和挪用浪费现象多。特别是在农村还只是少数地区试点，范围小，统筹层次低，政策差别多，保障力量弱，农民参保意识弱。借鉴国际通行做法，为保证社保资金的提供，并形成社保基金由税务、财政、社保、审计四部门分工合作、相互制约的新管理模式，使社保基金运转公开、规范、透明、健全，有力地保障社保基金安全，促进提高资金使用效益，办好整个社会保障事业，应当把社会保险费改革为覆盖城乡全面的社会保障税，农村居民的缴税标准应低于城市，较大部分由财政拨款补助，以保证农民居民获得基本的养老、医疗等社会福利保障。这是保障社会安定团结，促进经济稳定、较快发展，加快建设社会主义新农村的必要举措。

三、建立覆盖城乡的房地产税和环保税，调整土地出让金用途，保护农民权益

财产行为税现是整个税收体系中的薄弱环节，必须着力改革完

善，充分发挥其调节城乡居民存量财富，缩小贫富差距，促进土地高效利用，保护农民权益和生态环境的作用。

1. 把房产税扩征到农村，对位于农村的豪宅、别墅征税。现行房产税的征税范围限于城镇和工矿区，不包括农村。这不符合统一城乡税制应是税种在城乡统一征收的原则要求，也与世界各国对房地产税在城乡统一征税的通行做法不符。当前上海、重庆等城市对居民住房征税改革试点，征税面也是限于市区，征税范围甚或一般只是限于新购住房，不包括存量住房。随着住房征收房产税改革试点的深入，征税范围肯定会逐步扩大。这是当前形势发展的迫切需要。

改革房产税制，对居民自用住房征税，应当着重立即解决的一个问题是，必须把征税范围扩大到位于农村的豪宅和别墅。这种征税，丝毫不会增加农民负担，而是只会使农民受益，因为现在农村建设豪宅、别墅有日益扩大趋势，其所有者都是城市富有者以及农村中少数有权势的富有者，通过征税，把他们的一部分收入集中起来，有利于促进健全以房地产税为主体的地方税体系，完善分税制财政体制，扩大地方基层政府提供基本公共产品和服务的能力；有利于健全财产税体制，调节城乡居民收入和财富分配，缓和贫富差距矛盾；有利于促进房地产业健康发展，少建占地广阔的高档住宅，从而促进土地资源节约、高效利用，保护耕地红线，保护农民对土地使用的权益。将来通过住房征税改革试点，修改税法，应删改现行《房产税暂行条例》第一条，明确在城乡统一实行，明确对位于城乡的豪宅、别墅，都按同样的评议价格和较高的比例税率或累进税率征税。位于农村的企业房产，也同样要依法征税。至于农村的一般普通住房，仍应有别于城镇住房，给予免税优惠。

2. 把城镇土地使用税，改为土地使用税，加重对房地产开发商“囤地”、闲置土地的征税。现行城镇土地使用税同房产税一样，其征税范围，也只限于城镇和工矿区，不包括农村。这也需要进行同样的改革。

当前，房地产开发商拍购的土地，多有位于农村而非城镇的。长期以来，开发商为牟取暴利，大量囤地。据国土资源部2010年8月1日披露，截至2010年5月底，全国闲置土地2818宗，闲置面积16.95万亩，其中闲置5年以上的土地，占31%。[①]

我们应结合房地产税制整体改革的要求，把土地使用税的覆盖面扩大到农村，把按面积定额征税，改为从价定率征税。房地产开发商拍购取得的土地，闲置未开发的，不论是位于城镇或农村，都应依据新评议的市价，加征多倍，从重征收闲置土地特别税，以及计算征收土地增值税，相应取消软弱无力的土地闲置行政收费。这既是完善土地使用税，也是统一城乡税制。

3. 调整土地出让金支出结构，应主要用于农田水利和农村公共设施项目。现行土地征用转让和收取土地出让金制度，存在较多矛盾问题，需要统筹研究解决。这里只就它的支出结构进行分析。2009年土地出让金收入14239.7亿元，支出12327.1亿元，其中：用于农田基础设施建设支出433.1亿元，占总支出的3.5%；用于耕地开发、土地整理、基本农田建设支出477.5亿元，占总支出的3.9%。2010年土地出让金收入29109.94亿元，支出26975.79亿元，其中用于农村基本设施建设和补助农民等支出2248.27亿元，占总支出的8.33%。在两年的总支出中，除有较大份额的征地拆迁补偿等成本性支出外，主要用于城市建设以及廉租房、地震灾后恢复重建等项支出。[②] 财政部、教育部联合通知规定，从2011年起，土地出让金收入，在扣除当年征地、拆迁补偿和计提农业土地开发资金等五种必保支出项目后，严格按照10%的比例计提教育资金，重点用于农村和县镇基础教育。总的来看，土地出让金的净收入，用于农村建设的比例偏低，建议把农田水利和农村公共设施，改为主要支出项目，其金

① 《北京晚报》2010年8月19日。

② 数据分别见《中国财经报》2010年4月15日报导和《中华人民共和国第十一届全国人民代表大会第四次会议文件》刊登的预决算报告，人民出版社2010年4月版，第267页。

额应占土地出让金净收入的50%以上，理由是：

第一，农村和城市郊区的土地，除由法律规定属于国家所有的以外，均属于集体所有。农民依法对土地承包耕作经营，从道理上讲，也是享有土地使用权的。国家征用土地，除应对失地农民有足够的经济补偿和其他帮助，坚决纠正某些基层政府贱价征用的不正当作法外，随着经济发展，土地转让的增值效益，主要也应还归农村，用于农村，促进发展农业，保障农民应有权益，而不是相反。

第二，农田水利建设具有公共产品或准公共产品性质，在国外，大型农田水利建设，固然要由政府负责投资，小型农田水利建设也是以政府投资为主导。例如欧盟对小型农田水利建设，属于公共产品性质较强的项目，财政补贴最高可达80%，属于私人性质的节水和灌溉设备，也给25%—40%的财政补贴。我国的土地转让金，正是可以成为农田水利建设等农村基础设施财政投资的一个重要资金来源，加大它在土地出让金支出中所占的比重。

第三，对土地出让金净支出，规定用于农田水利和农村公共设施的较高比例，有利于遏制某些基层政府热衷于高价卖地，搞那些不必要的城市政绩形象工程，浪费国家资源。

4. 开征环境保护税，优化生态环境。为推进节能降耗减排，控制自然环境污染，构建良好的生态环境文明，借鉴国际经验，应抓紧环保税费改革，废止现行的排污费收费项目，单独开征覆盖城乡的环境保护税。把与环境污染、资源破坏的行为和产品，纳入征税范围。在“十二五”期间，先选择防治任务重、技术标准成熟的税目征税。在农村也都按税法统一的征税标准和办法，严格执行，不给任何特殊税收优惠，这是维护农村生态环境，保证农村经济可持续发展所必需的，也是建设社会主义新农村不可或缺的重大要求。

四、各税配合促进活跃农村金融，促进农民以创业带动就业

1. 实施积极的活跃农村金融的税收优惠政策，促进资金等生产要素回流农村。现税收促进活跃农村金融的政策措施较少，主要是

规定对农村信用合作社的营业税率，由5%减为3%，显然范围偏窄，力度不足。为促进增放农业贷款，可以对各种形式的农村信用合作组织的农林牧渔贷款营业收入，以现行优惠税率3%为基准，再减半征收，即按1.5%的税率征收营业税，并定期免征企业所得税。对农村其他金融机构的农业贷款也由5%减按3%的税率征收营业税，并定期减免该项农贷的企业所得税。企事业单位和个人捐献给农村慈善公益组织、农民专业合作社和贫困地区农村的捐款，可比照捐献给国家指定的慈善组织的税收优惠办法，在计算应纳税所得额时，给以扣除。对农村多种机构的非农业贷款要加以限制，应按照一般规定照章征税，不给税收优惠，必要时，特别是对把农村存款贷放给城镇企事业单位和个人的，可考虑加成、加倍征税。

2. 实施与城镇下岗职工再就业大体同等的税收优惠政策，促进农民以创业带动就业。我国历来对城镇下岗职工以及城市某些低收入者再就业有较多税收优惠，而过去长时期内，对失地农民以及农村富余劳动力转换职业，则较少有类似的税收优惠。近日有了新情况，2011年9月，国家发改委等11个部门颁发了《西部地区农民创业促进工程试点指导意见》，明确要加快实施农民创业促进工程，建设一批农民创业基地、创业园，强调农民创业享受与其他创业者相同税收优惠。西部地区的这个试点，是国家促进农民以创业带动就业的新开端。

随着农业现代化与工业化、城镇协同发展，农业机械化、规模化、科技化逐步实现，农业劳动生产率大提高，农村耕地已不需要原来那么多的劳动力，部分农村土地也会被征用，以适应工业化、城镇化的需要，将有众多农民源源不断地离开原本属于自己承包生产经营的土地。土地是农民从事农业生产的根本生产要素，是生活最大的依靠和立命之本。被征用土地的失地农民，获得的补偿，在一些地区往往所得很少，转换职业和家庭生活，存在实际困难，农村中的其他富余劳动力，也多是此种情况。为统筹城乡经济社会发展，从整体上处理好城乡居民的就业问题，城乡在这方面的政策措施，应有适当平衡，要让农民享受城镇下岗职工和城镇低收入者再就业的大致同等的税收优惠待遇，要把促进西部地区农民创业的税收优惠，扩大到全国，这主要是：

(1) 对持有《就业失业登记证》(注明自主创业税收政策) 人员在城乡从事个体经营 (除建筑业、娱乐业等 10 个行业以外) 的，在 3 年内，按每户每年 8000 元为限额，依次扣减当年实际缴纳的营业税、城市维护建设税、教育费附加和个人所得税。

(2) 对商贸企业、服务型企业 (除广告业、典当业等 6 个项目外)、劳动就业服务中的加工型企业和街道社区具有加工性质的小型企业实体，在新增加的岗位中，当年新招用持《就业登记证》(注明“企业吸纳税收政策”) 人员，与其签订一年以上期限劳动合同，并依法缴纳社会保障费的，在 3 年内按实际招用人数予以定额，每人每年 4000 元 (可由省级上下浮动 20%)，依次扣减营业税、城市维护建设税、教育费附加和企业所得税。对于为进城务工农民提供就业服务、技术培训的企业和单位，也要给予一定的税收优惠。农民自行开办商贸企业、服务型企业可享受以上同样的税收优惠。

(3) 创业投资企业采取股权投资方式，投资未上市中小高新技术企业 2 年以上，符合一定条件的，可按其对中小高新技术企业投资比例的 70%，抵扣该创业投资企业的应纳税所得额。

(4) 根据我国现实情况，对于劳动密集型的产业和企业，也可适当照顾，给予一些税收优惠，鼓励其为失地农民和农村富余劳动力转换职业，提供更多的就业岗位。要鼓励失地农民和富余劳动力，在农村就地转换职业。对在农村从事农村旅游、观光农业、休闲农业等服务的新兴产业的企业、单位和家庭户，给予税收优惠，既增裕农村和农民收入，又满足城市居民休闲、娱乐的需要。

这里要强调的是，对于那些浪费社会资源，造成环境污染、破坏生态环境，损害人们健康、公共利益和影响产业结构合理调整，属于国家限制和禁止的生产经营项目和服务项目，税收上不但不能给予优惠，而且应当贯彻国家有关政策，采取有力的配合措施，严加限制和遏制。

北京市国际税收研究会课题组署名文章（2011年10月26日），成员：孙振刚、张富珍、王诚尧、顾方周、商尚，执笔：王诚尧。有删节。原载《北京市国际税收研究会理论调研文集（2011年）》，中国税务出版社2012年版。

统筹相关税费改革，建立城乡建设教育税

现行城市维护建设税、教育费附加和 2012 年 1 月起北京开征的地方教育附加，都是分别按增值税、消费税、营业税（以下简称“三税”）实缴税额的不同比例附加征收。现行文化事业建设费是按娱乐业、广告业营业税实缴税额的一定比例附加征收。这些都没有独立的课税对象，税费重叠，存在较多的矛盾。为统筹城乡发展，完善分税制财政体制，健全地方税体系；为优化税种设置，较好地发挥独立税种特有的功能作用，公平税负，合理安排各方面的分配关系，筹集较多的专用基金，保障发展城乡基础设施和公用事业，发展城乡基础教育（含文化事业），优化生存环境，保证城乡居民享受更多的物质文明、精神文明、环境文明的利益，笔者建议把有关维护建设和教育的专项税费，加以合并，统筹改革，建立统一、独立、规范的城乡建设教育税，在全国范围内开征，授予省级政府必要的税政管理权。本文着重分析开征城乡建设教育税的必要性，并提出改革的理由。

一、开征城乡建设教育税的必要性

（一）适应统筹城乡发展、统一城乡税制的需要

统一城乡税制，是促进农业现代化，加快社会主义新农村建设，协调城乡经济社会发展的战略决策。它的一个重要要求是不单独设置专门用于城市或农村的税种，但要有涉农的特殊税收优惠。而现行城市维护建设税和教育费附加的征收制度与上述要求不符。

一是城市维护建设税，冠以“城市”这个专属用词，强调是“为了加强城市的维护建设，扩大和稳定城市维护建设的资金来源”。这显然是对城市单独设置的税种，与统一城乡税制，税种征收面应覆盖城乡的要求不符。而《城市维护建设税暂行条例》（以下简称《暂行条例》）第四条，对纳税人所在地不在市区、县城、镇的，却规定了适用1%的税率，又表明在农村，只要是缴纳了“三税”的，也应随同征收本税，在法律规范的用语上，显得有些模糊不清。并且在农村征收的税款，按《暂行条例》规定，是专门用于城市维护建设，而不是用于农村维护建设，就当前支农、惠农、强农的总政策要求来说，在道理上也难以说通。

二是与城市维护建设税同是作为“三税”附加征收3%的教育费附加，基本上也是以上这种情况。因为在农村，过去还要另外征收农村教育事业费，两费只征收其中一种，缴了农村教育事业费的，就无需再缴教育费附加，只是在前几年的农村税费改革中，农村教育事业费被取消了。可是2011年国务院又规定开征地方教育附加，按“三税”实缴税额的2%征收。财政部已批准北京市从2012年的1月起开征。两者有一定重复，区别只在于税率不同。前者是根据国务院2005年8月20日修订的《征收教育费附加的暂行规定》征收，主要是为了扩大教育经费来源，实施义务教育；后者是根据国务院的决定和财政部有关通知要求，结合本地实际，可以决定开征，专项用于改善办学条件，不得用于发放教职工工资、福利和奖金。另外，经国务院批准，从1997年起，对缴纳娱乐业、广告业营业税的纳税人，要附加征收文化事业建设费。这些附着于税收的收费实质上都是税收性质，并有一定的重复，需在进行费改税、推进城乡税制统一中一并研究改革。

为了解决以上矛盾问题，适应统一城乡税制，促进城乡经济社会发展的要求，需要抓紧进行费改税，并把重复附加在“三税”的有关税费征收加以合并，设置一个新的独立税种，征收范围覆盖城乡，但给“三农”必要的更多税收优惠，征收的税款在城镇与农村、维护建设与基础教育之间适当划分比例，妥善分配。这在贯彻“多予、少取、放活”方针中，能有力地支持农村的基础建设和义务教育。

（二）完备税制要素、发挥独立税种特殊调控功能作用的需要

课税对象是构成一个税种的首要基本税制要素，也是构建每个税种特殊调控目标及其功能机制的必要条件。城市维护建设税以“三税”实际缴纳的税额为计税依据，没有一个专门税种特有的调控目标和独立的课税对象，只是随着“三税”的征收而征收，随着“三税”的减免而减免，不能按照一个独立税种特有的宏观调控目标要求，针对课税对象和纳税人的不同情况，采取相适应的有效政策措施，区别对待，从而缺乏一个独立税种的特殊宏观调控功能机制，难以发挥独立税种应有的作用。三种教育和文化附加收费情况也是一样。合并有关税费，建立统一、独立、规范的城乡建设教育税，以从事生产经营的企事业单位的销售收入、营业收入和调拨收入等收入为独立课税对象，并按照调控目标要求，单独规范征税、免税、多征、少征，譬如，规定起征点，特别是对在农村的纳税人，规定较高的起征点，以照顾低收入者和简化征管办法；规定若干涉农税收优惠政策，促进农业发展，正是可以解决以上矛盾问题，构建税种特有的调控功能机制，较好地发挥它应有的功能作用。城乡建设教育税的课税对象，既包括企事业单位有实际收入的销售额和营业额，也包括无实际收入的内部调拨额和其他收入额，只要有此项法定收入额，不论企事业单位是否缴纳“三税”，都要依据本法规和政策要求缴纳。这是基于企事业单位享受当地基础设施和教育文化等公共利益，筹集专项用途资金的一种特殊调控要求。城乡建设教育税的调控目标、课税对象、政策原则以及发挥的功能作用，均不同于“三税”，是从多点面对收入分配进行合理调节、发挥不同税种的特殊功能作用和各税合力作用的需要。

（三）实现受益负担原则、公平税负的需要

专用于维护建设和基础教育的特别征税是一种受益税，要认真贯彻“谁受益，谁负担”的政策原则，而现行城市维护建设税和三种

教育、文化收费，作为一种地方附加税费，却很难实现此种政策原则，税负难以公平合理。其表现为：

一是城市维护建设税和两种教育费附加，都按企业实缴的“三税”附加征收。对产销消费税产品的企业，基于税制设计的双层次调节原则，既要缴纳消费税，又要缴纳增值税，附加在这两种税上的城市维护建设税和两种教育费附加也要再次缴纳，而产销消费税产品的企业对比其他企业，并未多受益，却要成倍多负担附加税费，明显不公。

二是现在“三税”都有差别税率，特别是消费税税率的差距大，一些缴纳消费税高税率产品的企业享受市政建设和基础设施服务的利益，对比其他企业并无特殊，可是缴纳的税款多、负担大，而低税率产品的企业则缴税相对较少、负担小，税负失平。

三是现在不少企业虽有产销营业额或调拨额，按照政策法规，却无需缴纳“三税”；有些企业的生产基地、矿场，只有产品的调拨额，而无产销营业额，也无需在当地缴纳“三税”，可是这些企业都享受了所在地的市政建设和公共基础设施服务的利益，企业职工子女也享受了义务教育利益，对比有这方面税收负担的纳税人来说，显然是税负不平。

建立城乡建设教育税，以从事生产经营的企事业单位和个人的销售收入、营业收入和调拨收入等收入为独立的课税对象和计税依据，企业和单位不论是否对外营业，有无实际现金业务收入，是否属于不征、免征“三税”范围，只要有前述收入，都应当在享受公共设施等利益的企业和单位所在地，依法缴纳城乡建设教育税，只按应税收入额缴税一次，不重复计算征收，可较好地解决以上矛盾问题，贯彻受益负担原则，公平税收负担。

（四）完善分税制财政体制，政府间合理分配收入，保障地方自主财权、税权、财力的需要

税收必须适应完善分税制财政体制的要求，合理划分中央、省区市和市县三级税种，在三级政府间和地方政府之间合理分配收入，保障政府间的财权、税权和财力。可是现行城市维护建设税和教育费附

加的征收却导致地区间税收不适当转移，中央与地方间收入分配关系复杂化。其表现如下：

一是许多跨地区的生产经营是集中汇总在总机构或营销机构纳税，税款在企业总机构或营销机构所在地入库。随着市场经济的发展，企业跨地区的生产经营日益增多。在许多情况下，地区间的税收转移有其必然性，是不可避免的。可是城市维护建设税是受益税性质，其税收收入理应归属企业所在地政府，把该项税收转移到别的地区，既无必要，也不合理。

二是铁道部门和多个银行保险机构的城市维护建设税、教育费附加，随着企业集中缴纳营业税，也一并缴到中央金库，成为中央专项收入。2009 年和 2010 年中央集中的此项城市维护建设税收入，分别是 124.19 亿元和 150.84 亿元，分别占该税种全部收入的 8.04% 和 7.99%。[①] 这个税种本应是纯粹的地方税种，只因采取地方附加形式和部分集中缴税，变成了中央地方共享税种。其收入本应全由地方政府自主支配，用于当地的城市维护建设，并且收入还远不够当地实际需要，却要先由中央集中，再由中央采取财政转移支付方式下拨地方，中央和地方财政收支“犬牙交错”，不必要地增加了相互间收支分配关系的复杂性。

进行税费改革，建立统一的城乡建设教育税，把它划为市县级税种，税款由企事业单位所在地的市县地方税务局征收，税款也全归该所在地政府所有，专款专用，同时，授予省级政府对该税种的必要税政管理权，在统一税法规定的大中城市市区、县城和镇、农村幅度税率范围内，结合当地情况选择确定当地具体的适用税率和一定的税政机动处置权。这就能解决以上两个方面的矛盾问题，符合完善分税制财政体制的要求，在中央与地方和地区政府间合理分配收入，保障企

① 中国财政年鉴编辑委员会：《中国财政年鉴（2010）[J]》，中国财政杂志社，2010 年 12 月版，第 370—374 页；全国人民代表大会常务委员会办公厅：《中华人民共和国第十一届全国人民代表大会第四次会议文件汇编》，人民出版社 2011 年版，第 291—295 页。

业所在地地方政府享有的财权、税权和财力。

(五) 税制结构合理化，设置多个税种，多层面、多着力点、多环节调节的需要

科学合理的税制结构，必须是由各种调控功能不尽相同的多个税种构成，以适应既发挥各个税种的特定作用，又加强整个宏观调控机制的要求；必须是由适宜于三级政府分别征收管理的多个税种构成，以适应分税制财政体制对财力、财（税）权与事权相匹配的要求。这就必然要求设置多个税种，在多个层面、多个着力点、多个环节，进行相互配合的有力调节，加强整个税制的调控合力。我国现在实际征收的只有18个税种，对比世界各国一般都有30~40个税种的情况是少了一些，特别是地方税种很少，难以在多层面、多着力点、多环节进行相互配合的有力调节；也难以使三级政府有一定数量的税种，明确划分各税种在各级政府间的专属享有权。其表现是，中央地方共享税种越来越多，金额及其所占总收入的比重越来越大，地方财政要更多地依靠共享税的分成收入，缺乏自主财权、税权和财力。城乡建设教育税属于受益税性质，有其特殊的调控功能，可在一定的着力点上进行有力的调节，不同于一般货物销售税、营业税会转嫁由消费者负担。同时，它还是明确的市县级专享税种。这些都有利于缓解以上的矛盾问题。

(六) 为城乡维护建设和基础教育提供更多资金保障的需要

城市维护建设税和教育费附加的收入规模，远不能满足地方的实际需要，农村更缺少此专项资金来源。以2009年为例，在地方支出中，仅城乡社区公共设施支出一项，就达2548.37亿元（不包括城乡规划与管理支出），占全国该项总支出的99.95%。而同年度地方的城市维护建设税收入为1419.924亿元，占全国该项税收收入1544.11亿元的91.96%，只为前项城乡社区公共设施支出的55.72%。2009年地方教育费支出9869.92亿元，占全国该项支出的94.56%，[①] 而

① 数据来源：根据《中国财政年鉴（2010）》第370、371、379、381页数字计算而得。

教育费附加收入更是少之又少，2010 年也只有 242.82 亿元。这说明地方的此项专用资金收入规模小，不能满足地方实际需要，更谈不上通过此项收入来扩大城乡维护建设规模和加强基础教育。至于农村的公共设施、公用事业和义务教育，更缺少这方面的稳定资金来源。当然，筹措此项资金要多渠道统筹安排，但改革此项税费制度，适当扩大这方面的专项收入规模，也还是必要的。建设统一、独立的城乡建设教育税，征税范围和税基大为扩充，计税依据由原来的“三税”实缴税额改为企业和单位的业务收入额或调拨额，计税依据的金额提高了十几倍以至几十倍，设计百分之零点几的税率，就可征收到原来等同金额的税款。税率在法定幅度标准的基础上，可以根据需要适时调整，只要提高 0.1% 的税率，就可以增收几百亿元。其收入的弹性和潜力大，在我国经济整体上尚欠发达、房地产税收入一时难以充裕的情况下，它可成为市县级财政自主收入的重要来源，在较大程度上缓解以上矛盾，为城乡维护建设和基础教育提供较多资金。同时，它也可以化解营业税征税品目逐步并入增值税所引起的来自地方的巨大阻力。

二、对目前建立新的城乡建设教育税尚存怀疑观点的几点看法

对建立新的城乡建设教育税，现尚存有怀疑观点：或是认为维护建设和教育税费可以并入增值税、消费税，相应提高增值税等的税率，不必另搞一个新税种；或是认为现行城市维护建设税和教育费附加是国家在税收收入不充裕的情况下采取的临时过渡性措施，将来经济发展、税收增长，就可如同过去征收的国家能源交通重点建设基金和国家预算调节基金那样，自然而然地被取消，现不必另搞新税种；或是认为人们缴纳的一般性税款，已包含了政府提供公共产品和服务的付费，不应再因提供某种单项服务，再另立名目重复缴税，导致重复负担；或是认为，我国现在农村经济基础薄弱，建设教育税暂不宜覆盖农村。这些看法是否适当，值得商榷。笔者认为：

（一）并入增值税等征收有弊病，行不通

把城乡维护建设税和教育费附加并入增值税、消费税，这两种税的收入固然增长了，但消费税是中央专享税，是用于满足中央事权的资金需要，要通过中央对地方的转移支付，才能用于地方。况且消费税的纳税人都要缴纳增值税，同一笔销售额，原来重复附加征收的城市维护建设税和教育费附加，现在合并征收时，仍维持原来的重复附加征收，既提高增值税税率，又提高消费税税率，在道理上也难说通。增值税是中央地方共享税，按规定的分成比例在中央与地方间进行分配，在增值税“扩围”、主要收入归属地方的营业税逐步并入增值税的情况下，再加上地方的维护建设和教育税费也并入增值税，增值税将更是“一税独大”，地方财政将更依靠增值税的分成收入来满足自身支出的资金需要，地方缺乏本级财政应享有的自主财权、税权和财力，在不同程度上是回到旧的比例分成包干财政体制，不符合分税制财政体制对完善税制结构的要求。况且在不动产进项税额还不能抵扣的现实情况下，增值税 17% 的标准税率已经较高，媒体对增值税的累退税负面效应多有议论，再提高税率，也并不适宜。

（二）建立城乡建设和教育税是长时期的需要，不同于征集“两金”是临时举措

分别于 1983 年 1 月 1 日和 1989 年 1 月 1 日开始，由税务机关负责征集的国家能源交通重点建设基金和国家预算调节基金，用来支持国家能源交通重点建设和平衡国家预算，税务机关负责征集。这是在改革初期放权让利较多，其后又实行国有企业承包责任制，财税机关分别与企业通过单独谈判，分配收入，企业一般多占了应上缴国家的税款，国营企业所得税名存实亡，中央财政存在很大困难的特殊情况下，不得已采取的临时过渡性措施，主要是收入分配制度不健全、不合理造成的。征集对象面向各种预算外资金，不但是国有集体企业的税后利润，甚至是国有企业提取的各种专项基金和没有纳入预算管理的资金，包括提取的折旧基金在内，都在征集

之列。地方政府的预算外资金也在能源交通重点建设基金征集之列，收入分配关系“犬牙交错”，很不规范，也不合理。因而在1994年对国有企业恢复征收企业所得税和实行分税制财政体制，国家与企业、中央与地方的分配关系已经明确和理顺时，就取消了这两种基金的征集。这主要是基于征集这两种基金，会扰乱新规范的合理分配关系，而不是由于当时国家财力已突然大升，不需要此项资金了。当时还是存在较大财政赤字的，1993年是294.15亿元，占当年财政总收入的6.77%，1994年是574.20亿元，占当年财政总收入的11%①。

建立城乡建设教育税，是完善税制结构体系，健全税收调控机制，公平税收负担，适应分税制财政体制要求等各方面的需要。城乡基础建设和基础教育的事权主要在地方，这方面的任务十分繁重，随着经济的发展，需要有越来越多的资金投入，地方必须有这方面自主财力的较大保障，因此，它不同于前述两种“基金”，而是需要长期存在的税种。

（三）普通税与目的税相结合，筹集我国地方建设教育基金，符合税制结构合理化的要求，不是重复缴税，重复负担

发达国家的地方基础建设和基础教育设施条件都较完备，已有良好基础，我国在这方面则相对薄弱，特别是在农村更是这样。建设社会主义新农村，对此也有较高的要求，任务十分艰巨和迫切，必须多渠道筹集必要的资金予以保障。譬如，现有较大规模的土地出让金收入中就有一部分是用于农村基本设施建设。按照国家有关部门规定，从2011年起，土地出让金收入在扣除当年征地、拆迁补偿和计提农业土地开发资金等5种必保项目支出后，要严格按照10%的比例计提教育资金，重点用于农村和县镇基础教育。土地征用制度和土地出让金制度将会改革，全国公共财政预算以外的这种地方性基金收入必然减少。教育乱收费是国家严格禁止的，不可能

---

① 据《2010年中国财政年鉴》第426页数据计算。

用过量的多种收费来解决办学的困难。不但是较大建设项目的资金要由财政筹集，即使是小型农田水利建设的投资，在经济发达国家也普遍是以国家财政为主导，民间集资是很有限度的。筹集地方建设资金和教育经费仍然要依靠税收，要采取不限定用途的普通税与专项用途的目的税相互结合的方式，这是国际通行做法。譬如，日本除有属于普通税的众多中央国税和地方税为基础建设提供资金外，还设置了若干专项用途的目的税种，包括中央国税体系中的地方道路税和电源开发促进税，地方税体系中的水利地益税、公共设施税、城市规划税。在若干普通税中，为便于中央与地方分权管理和享有，还对同一课税对象和纳税人分别征收几种不同名称的税。我国台湾地区除有众多的普通税可为教育提供经费外，还设置了教育临时捐这个特别目的税种。笔者建议设立的城乡建设教育税，正是这样一种有专项用途的目的税。它是适应前述六个方面的需要而产生，具有特殊调控功能的独立税种，除各种普通税的收入要为城乡建设和教育提供必要的资金外，城乡建设教育税在这方面可为地方自主财权、财力提供较好的保障。这是在一定的税收总额水平的基础上，基于较好地发挥各税种的特殊作用和合力作用，分散在不同着力点的税种提取收入，总的税收负担水平并未提高，这不是重复征税，也不是重复负担，是完全符合税制结构合理化要求的。

（四）建立城乡建设教育税是贯彻“多予、少取、放活”方针的有效举措，农村更能从中享受更大利益

建立城乡建设教育税，规定农村的起征点高于城镇的起征点，并适用较低税率，这样，除大企业位于农村的厂房基地和农村的较大企业组织要就其对外调拨额或业务销售额缴税外，农村的一般经济组织和农民都不必缴纳该税。可是，这是专项用途的目的税种，要按规定的较大比例划归农村用于基础建设和义务教育。整体上，农村支付的税款很少，而税收返还的收益却要大得多，农村可在这个税种的征收中得到更大利益。这正是有效地贯彻“多予、少取、放活”方针，有利于促进农村扩大基础建设和设施，加快社会主义

新农村建设。

载《涉外税务》2012年第1期。原以《统筹税费改革，建立统一、独立、规范的城乡建设教育税》为题，载财政部财政科学研究所《研究报告》2011年第107期（内刊，10月10日）。收入《北京市国际税收研究会理论调研文集（2011年）》，中国税务出版社2013年版，2012年8月北京市国际税收研究会评授2011年优秀论文特别奖。

农村税费改革是走向统一城乡税制

农村税费改革是一个较长期的过程，其发展方向是要在五年内取消农业税，并在将来的一个更长时期内，逐步实现城乡税制统一。它意味着在我国已运行两千多年之久的古老田赋制度，即将在中国大地上消失，代之以适应国情的统一城乡税制，建立促进农民增收减负的长效机制。这是党中央英明果断的伟大决策，具有划时代的重大战略意义。它是从根本上解除农民的不公平、不合理负担，顺利解决"三农"问题的迫切需要；是完善社会主义市场经济体制，统筹城乡经济社会全面发展的迫切需要；是适应加入世贸组织新形势，提高农业国际竞争力的迫切需要。现着重就以下两个问题，谈一些看法：

1. 取消农业税是形势发展的必然要求。具体来说，主要是：

（1）农业税不适应商品生产和市场经济发展，不适应完善社会主义市场经济体制的要求。现代税收适应商品经济发展要求，主要是以代表其纳税能力的销售收入额、所得额以及拥有的财产额为课税对象，并征收货币。而在农村税费改革试点后，农民的税费总负担虽然大量减轻，但农业税制度本身和运行机制基本未变，仍是针对农业生产用地，就土地常年产量计征税款，不论商品生产率大小，农业生产效率高低，只要用地，都必须缴税（过去甚至还出现地被征用、占用，仍要缴税的情况），并且在计算征收税款时，不扣除生产成本费用和自用口粮，也不计算用工劳务报酬，不论有无所得，都要按照核定的常年产量全额缴税，较大部分还是征收实物。在农业劳动生产率低下的情况下，往往连正常的农业简单再生产都得不到补偿。这种课税制度是自然经济的产物，难以确切地代表纳税人的纳税能力。仍然单独保留对农业开征的农业税，不适应商品生产和市场经济发展的要求，也不适应建立统一、规范、公平、效率、透明的税制调节体系和完善社会主义市场经济体制的要求。

(2) 农业税负远高于城乡工商户，妨碍破除城乡二元经济格局。当前农民收入水平远低于城镇居民，2002 年农村居民家庭人均收入 2475.6 元，城镇居民家庭人均可支配收入 7702.8 元，两者之比是 1∶3.11，并且农村居民家庭人均收入中，很大一部分来自外出打工和从事二、三产业。可是农民的税负，按其负担能力来说，却是大大重于城镇，很不公平。例如农村税费改革试点地区农业税的上限税率是 8.4%（农业税率 7%，另加 20% 的农业税地方附加），而增值税小规模纳税人的征收率，工业为 6%，商业为 4%，比农业税税率已分别低了 2.4 和 4.4 个百分点，且舆论还认为小规模纳税人的征收率偏高，需要调低。特别是增值税还有月销售收入 2000—5000 元的起征点规定，不达起征点的不征税。绝大多数农民的月销售收入都达不到这个起征点，本可不缴税，可是包括自食口粮在内，还要按较高税率缴纳农业税，这更显得税负过重了。又据国家税务总局农业税制改革课题组计算，农业税的 8.4% 上限税率，按 40% 商品率换算，加上农民购进生产资料所含增值税额不能抵扣，以及农产品收购商可扣除农产品进项税额等因素，农民销售农产品的增值税负实际为 25.5%，比一般纳税人的标准税率 17% 高出 8.5 个百分点。由于农民在市场竞争中处于弱势地位，缴纳的农业税只能由自身负担，不能转嫁出去，而增值税一般纳税人缴纳的税款却是可以转嫁的，两者的税负差距更大。再就所得税对比，企业所得税是在销售收入减去成本费用开支后，有利润所得才征税，个人所得税则有每月生计费用 800 元标准的免征额（此项免征额还将要提高），而农民种田，其计税依据的常年产量不扣除购买的生产资料和用工成本，基本上是亏本经营。据调查，在某些地方每种一亩地，农民要亏本 20 多元。现在虽然农业税税率每年平均要下降一个百分点，但只要保留这种征税制度，农民还是要缴纳超出其负担能力的农业税。这对提高农民收入，繁荣农村经济，破除城乡二元经济格局是一个重大障碍。

（3）降低我国农产品国际竞争力，妨碍农业内部扩大就业。就进口来说，对农产品进口是征13%的增值税，而对农业生产者是征上限为8.4%的农业税。仅从税率上比较，进口农产品比本国农产品税负超出4.6个百分点，会被认为违背国民待遇原则，而产生国际争端，不利于国际贸易发展。特别是农产品13%的税率，已比标准税率17%低了4个百分点，更比农民销售农产品换算的25.5%增值税率低了12.5个百分点。按照国际通行做法，该进口农产品在其本国还享受了多种税收优惠和财政补贴，其销售成本更远低于本国农产品，面对汹涌澎湃的农产品进口浪潮，我国农产品只能处于竞争劣势。再就出口来说，原则上农产品是可按13%的税率办理出口退税，实际上是退税不到位，更谈不到按前述换算的25.5%税率退税，这对出口又是一种制约。减少农产品进口，扩大农产品出口，就是为发挥我国农业的比较优势，发展农业经济，扩大农业内部就业开辟广阔的天地，而保留农业税，则是这方面的一大障碍，会降低我国农产品的国际竞争力。

（4）难以解决种田农户税负重于其他农户的矛盾，不利于农业经济的协调发展。农村税费改革后，由于过去各项税费负担在减轻约30%的基础上归并到农田上征收，这就导致从事粮棉农田生产、拥有较多农田的农民负担加重，而拥有农田少，主要从事二、三产业相对富裕的农户，则负担大为减轻。即使实行种粮户的特别减税措施，完全贯彻实行了“每个农户的负担都有所减轻”这条硬杠子，专门从事粮棉生产、拥有农田较多的农户，相对于主要从事二、三产业生产的农户来说，其负担也相对减得较少，不利于鼓励粮棉生产，协调发展农业经济。

（5）农业税计征复杂，征收成本高，且成为农民增负的载体。计征农业税，要面向亿万农户，核实计税土地面积，确定应税常年产量、价格，还有灾歉、社会减免等诸多问题，工作量大，除稽征人员外，还需要众多的乡（镇）村干部参与，征收成本远高于工商税收。

2002年全国共征农业税421.44亿元（其中农业税321.49亿元，农业特产税99.95亿元），农业税征收人员29.2万人，每人按2万元经费开支计，需58.4亿元，征收成本率达13.86%，还不包括纳税农户为履行纳税义务而投入的人力、物力、财力及时间、精力的耗费，以及由于征税而在经济上可能带来的一些负效应。又据湖北省财政厅课题组对湖北省沙洋县的典型调查，该县的农业税征收成本从1997年的20.8%开始逐年上升。其中2000年实征农业税2804.5万元，征税人员283人，征收成本开支738.9万元，征收成本率26.35%；2001年实征2656万元，征税人员297人，征收成本开支758.4亿元，征收成本率28.6%。只是2002年因“五统三提”等费并入农业税征收等原因，实征农业税猛升为6566.9万元，征税人员未增，征收成本只增为827.8万元，征收成本率才急剧下降为12.615%。但这仍是较高的征收成本率。保留农业税，逐年降低税率，并不会使征收成本率降下来，相反还会提高，因为按8.4%税率征收，与按2%、3%的税率征收，仍然是同样的工作量，需要同样多的征收人员和经费开支。这表明农业税的税收效率低。加之既要对种田农户征农业税，又要从财政上拨款直接补贴产粮农户，中间要经许多环节，补贴款不一定能足额到户，一收一支还增加了许多事务。从公共财政应有的要求来说，农业税实已无存在必要。

2. 结合中国国情，逐步统一城乡税制。取消农业税后，不是农民不要缴税了，也不是要代之以一种专对农用土地征税的税种，如农村土地资源税等，而是要从中国国情出发，借鉴国际通行做法，逐步在城乡实施统一的税收制度。城乡单位和个人只要有统一税制规定的应纳税义务，就都按统一税制征税，但要在统一税制、贯彻公平税负原则中，给农民、农业必要的特殊税收优惠，更好地贯彻国家对农民的“多予、少取、放活”的方针。征管制度也要简便易行，讲究税收效益和税收成本，以体现税收对农民这个弱势群体、农业这个弱势产业必要的支持和扶植。这既符合世界贸易组织对农业可实施一定限额财政补贴（含税收优惠）的原则，符合国际通行做法，更切合中国农业基础薄弱、农村发展落后、农民生活困难的现实情况。总之，从前那种要求“以农补工”的时代已经过去了，现在迫切需要的是进行反哺，城市支持农村。国家财政必须给农民、农业足够的支持，必须在一个相当长的时期内，使绝大多数农民都免除税收，只有极少数经营农业企业的富裕农户担负力所能及的纳税义务，同时还要给予税收优惠，这是现在国家财力能够承受的，从而使农业做强做大，农民休养生息，农村加速进步，城乡协调发展。现就统一城乡税制涉及农民、农业的几个主要税种的改革问题谈点看法。

（1）增值税。国际上实施增值税的国家，对农产品或是实施零税率，或是免税，或是适用低税率。我国可以继续实施现行“农业生产者直接销售的自产农业产品免征增值税”的优惠政策，把广大农民直接销售自产农业产品排除在纳税之外。继续实施增值税起征点的规定，把以销售农产品为主的个体工商户、个人的起征点（按月、按次），提高到起征点幅度规定的上限，不到该起征点上限的，不征税。现行增值税的起征点是月销售额2000—5000元，农村一般个体工商户达不到5000元起征点上限，也不必缴增值税，这就便利了农产品零星购销和增加农民收入。

（2）消费税。烟叶是卷烟的基本原料，且又可直接吸用，历来是价税都高的农产品，历史上也都是单独征收工商流转税，1994年才并入农业特产税，2004年取消农业特产税时，仍暂保留了对烟叶征税。为对此种产品进行管制，避免多占用农田，可将其合并到消费税，单列税目，仍适用较高税率，除征增值税进行普遍调节外，再加征消费税进行特殊调节，都由收购商缴纳。这样对进口烟叶也可加征一道消费税，有利于保护国内生产。至于有的资源性产品如原木，可考虑由原列农业特产税品目，改列消费税品目，以限制滥伐森林。

（3）所得税。适用统一税法，绝大多数农民都达不到个人所得税的法定生计费用扣除计算的免税额标准，可以排除在这个税种纳税者行业之外，需要纳税的只会是极少数从事养殖、种植、饲养、捕捞的富裕大户。近年来有些富裕大户年收入达数十、百万元，交点个人所得税还是应该的，必要时可给予一些税收优惠，以鼓励发展农业。至于法人性质的农业经营公司，在适用统一的法人所得税（即现行的企业所得税）时，也同样可以另给适当税收优惠。

（4）财产税（或物业税）。国际上多数国家对农用土地征统一的不动产税或土地税，少数国家不征税或免税。我国农民人均经营耕地，2001 年只为 1.99 亩，数额极少，在社会保障体系未完全覆盖农民的情况下，是当前农民赖以生存的保障，且又是集体所有，加以该项税收收入很少，而要确定计税土地面积、评估等级、征管又很复杂，征收成本高，缺乏税收效益，不宜列入财产税或物业税征收范围。但对极少数占有房地产特多，或有豪华住宅的富裕大户，也可如同对城市居民一样，在合理评估房地产价格的基础上征收这种税。

这里还要着重强调的一个问题是，统一城乡税制，并不排除在符合现代税收原则的前提下，从本国国情出发，对农民、农业征税，采取特殊税收优惠和更为简便、透明的形式。譬如俄罗斯在 20 世纪 90 年代，按照西方国家的模式，统一城乡税制，对各类农业组织也如同对城市各类企业一样，按统一税制的同一税法征收各种税。而从 2004 年 1 月 1 日起，又在纳税人符合法定条件、自愿申请选择的基础上，实施了一种“单一农业税”，无需再缴纳增值税、利润税（企业所得税）、个人所得税、财产税和统一社会税等普通税种。当农业组织和个人销售自产农产品及加工农产品收入达不到全部收入的 70% 时，则被强制恢复缴纳各普通税种。单一农业税的计税依据是企业生产经营收入减去生产经营支出后的纯收入，类似俄罗斯的利润税（企业所得税）但要优惠得多，如适用的比例税率只为 6%，比利润税的 24% 比例税率低 3/4，比个人所得税的 13% 单一比例税率也低了一半多，准许扣除的生产经营支出，虽只限于税法列举的项目，但特准资本性支出二次性扣除，且实行现金收付制，征管制度也简化得多。选择缴纳单一农业税能得到许多好处，有利于促进俄罗斯农业发展，也有利于提高税收征管效率，降低税收成本。这是在现代所得税制的基础上，归并其他各税的一种更优惠、简化的征收办法，不同于专门以农用地为课税对象的税种，其中对农业、农民的税收优惠和简化原则，有可供我们借鉴之处。

农民负担问题是一个复杂的社会问题，既涉及到政府机构改革、农村基层组织建设，也关系到乡镇建设、农村经济发展和各方面的利益分配。安徽省2000年的农村税费改革，全省农民政策性减免达19.4亿元，而农业税（农业特产税）收入却上升10亿多元，显然，这是成功的，有利于完善农村财政收入分配机制。但这项改革之所以能较顺利进行，并取得以上成绩，是由于有财政专项拨款的支持，中央财政给予安徽专项转移支付11亿元，省财政拿出1亿元，省又下达农业税灾减指标1.2亿元，共计13.2亿元，相当于农民税费负担减少总额19.4亿元的68%。财政的专项支付款，超过了当年农业税上升全额的30%。这表明农村税费改革后弥补基层经费的正常开支缺口，是离不开财政支持的。2003年中央财政为支持农村税费改革，就安排了转移支付资金305亿元，2004年又继续安排了90亿元，这还不包括省级财政和有条件的市县财政安排的那部分专项用于农村税费改革的资金。财政上要筹措这笔专项资金，财政支出的分配结构就需要调整，分税制财政体制也需要完善，加大中央和省级财政转移支付力度，使基层的行政事业单位有正常运转的必要经费。这就是说，财政上要进行相适应的配套改革。进一步分析，财政专项拨付款之所以必要，是由于当前乡镇机构庞大，人员多，开支大，暂时减不下来，中小学布局不合理，教育资源浪费，教师工资的开支相当于乡镇财政支出的60%—70%，也暂时减不下来。农村税费负担降低后，这些都加大了乡镇和村的财政压力。财政上长期拨款补贴乡镇支出，是无以为继的。这就出现了转变基层政府职能，减事、减机构、减人员，而又要提高工作效能的问题；也涉及到国家的整个教育资金筹集，区别义务教育与高等教育筹集经费的不同方式问题。这些又都需要整个行政、教育体制以及财政体制和建立复式预算制度等的配套改革。以农业税附加形式由村提留的集体资金，也有一个加强民主管理的改革建设问题。所有的制度建设，都要有法律、法规依据，要修订、制定新的法律、法规和规章制度，这又要有法制建设的配套。可以说，有关的配套改革是否处理得当，是农村税费改革能否成功的关键。

原题名为《农村税费改革的目标是统一城乡税制》，载《经济活页文选（理论版）》2004年第10期，中国财政经济出版社2004年10月版。

六、改革完善所得税制

改革企业所得税制的立法探讨

统一内、外资企业两套所得税制度，进行改革、完善、正式立法，是当前新一轮税制全面改革、健全税收法制建设的一项首要内容，本文着重就立法中的若干重点、热点问题加以探讨。

一、改革企业所得税制迫在眉睫，要研究确定改革、完善的立法原则

中国对内资经营企业和外商投资企业、外国企业（以下统称外资经营企业）的所得征税，分立税种，分别立法，是在特定的历史条件下形成的，虽有过历史功绩，但随着经济体制改革取得突破性的重大进展，全方位、多层次、宽领域的对外开放总体格局基本形成，税制本身存在的矛盾更明显暴露出来，已日益与国内外形势的发展不相适应。其主要问题：一是内外资企业税负很不平衡。在税率适用、应税所得额的计算确定、减免税优惠方面，内外资企业均有很大差别，影响到税负的实际水平。例如 1991 年国有盈利企业所得税实际税负为 33.39%，集体企业为 25.3%，私营企业为 29.01%，而外资经营企业不到 10%，实际税负只约为内资企业的 1/3。近年来此种差距虽有缩小，内资企业实际税负为 22% 左右，外资经营企业为 11% 左右，实际税负仍只为内资企业的一半。这影响内资企业与外资经营企业在市场经营中的公平竞争，不利于经济体制转换、发挥市场经济机制应有作用的要求。二是所得税制本身不够规范、恰当，纳税主体不清晰，课税客体不透明，税收优惠不完善，尤以内资企业适用的《企业所得税暂行条例》（以下简称“内资税条例”）过于简略，不

够完善，影响应有功能作用的充分发挥。三是加入 WTO 后，现行税制的某些政策规定有与 WTO 规则抵触或不适应的，需要修改调整，特别是在利用 WTO 规则有利条款，来保护发展国内产业发展方面，有很大欠缺。四是随着经济、科技全球化蓬勃发展，许多国家都在改革税制，在世界税制趋同化趋势下，作为与国际交往紧密关联的企业所得税这个主要税种的法律制度，必须与国际税制衔接，独一无二的内外资企业两套所得税制，更不适应此种要求。总之，基于向市场经济转轨和同国际税制衔接的需要，统一内外资两套企业所得税制，进行改革完善，正式立法，现已迫在眉捷。

改革、完善企业所得税制的目标是：按照统一、规范、公平、效率、法制、透明的原则，建立适应市场经济发展机制要求，与国际税制衔接的、完善的法人所得税制。设想的立法具体原则主要是：

1. 要统一各种所有制、各类形式的内外资企业法人的课征制度，同等待遇，公平税负，为市场平等竞争创造条件。

2. 要顺应“低税率、宽税基、少优惠”的世界税制改革走向，对现行税制内容，进行重大改革调整。

3. 税收优惠要以产业政策和科技进步创新为导向，结合地域政策和合理、有效利用外资，优化经济结构。

4. 要有利于深化国有企业改革，建立现代企业制度，提高企业素质，构造产业结构优化和经济高效运行的微观基础。

5. 对 WTO 的规则，采取“遵循与利用相结合”的原则，在规则允许的范围内，用足、用好其中有利条款，加速发展本国经济，提高国际竞争力。

6. 要从中国实际出发，积极吸收国外所得税立法的有益做法和成功经验，与国际税制相衔接，便利中国的内外资企业法人，使其都能更好地参与国际竞争与合作。

7. 适当保持政策的连续性与稳定性，对现行税法主要是《外商投资企业和外国企业所得税法》（以下简称“涉外税法”）及其实施细则中行之有效，已被普遍接受，并经实践证明是科学合理的条款内容，尽量予以保留，内外资企业法人统一适用。

二、税种改名法人所得税，以法人实体界定纳税人及其纳税义务

税种的命名直接关系到税种的性质和纳税义务人的界定及其征税范围的确定，是立法中的一个重要问题。在中国改革开放以前，对利润所得征收的税种名称是“工商所得税”，不论是企业单位或个体工商户的所得，都纳入本税种征收范围。1980 年 9 月和 1981 年 12 月先后公布《中外合资经营企业所得税法》和《外国企业所得税法》，1983—1988 年相继开征国营企业所得税、集体企业所得税和私营企业所得税，才开始以不同经济成分的企业名称命名税种。1993 年底进行的税制改革，内外资企业所得税分别合并，仍以企业命名，改称“企业所得税”和“外商投资企业和外国企业所得税”。对城乡个体工商业户所得征税，是 1986 年才从工商所得税中分离出来单独设置税种，而从 1993 年 10 月起，才并入个人所得税征收范围的。以企业所得税命名税种，是中国特殊历史情况的产物，从现实来看，其纳税主体（纳税人）不清晰，存在不少弊病：（1）企业所得税与个人所得税两个税种的纳税人交叉错位，例如现行内资税条例把私营企业列为纳税人，这其中就包括一人独资经营企业和承担连带无限责任的个人合伙企业，只因冠以企业名称，就列为企业所得税纳税人。这会带来政策执行中的混乱，或错征、重征，或出现征税调控漏洞，税负不公。（2）企业是以营利为目的的组织单位，征税就要判断该组织单位是否以营利为目的，是否实行独立经济核算，这在事实上较难划分清楚，从而难免带来政策贯彻执行中的随意性。（3）一些有营利性的社会团体或组织单位未冠以企业名称，可能会漏征。

在一个时期内，暂时沿用企业所得税名称，虽符合中国历史习惯和注册法人公司尚属少数的现实情况，但为适应市场经济发展和法治的要求，借鉴国际通行做法，统一后的新税种，从长远考虑，仍以改名为法人所得税较为适宜，这可避免以上弊病，特别是有以下好处：（1）法人是具有民事权利能力和民事行为能力，依法独立享有民事权利和承担民事义务的组织，它应当具备法律规定的条件，与税收密切关联的企业法人，其成立更必须办理严格的核准登记手续。一个工商营利组织，是否属于法人，极易识别，从而是否属于法人所得税的纳税人范围，也极易界定，不会与个人所得税交叉错位。（2）作为民事基本法的中国民法通则，在法律上把具有民事权利能力、行为能力和承担民事责任的主体，划分为自然人和法人两类，民事经济法律中的税法，相应地设立法人所得税法和个人所得税法，既有直接的法理依据，又能包含所有的所得税纳税人。（3）除极个别例外，现在世界各国的税名，都称为法人所得税或公司所得税，而公司所得税的纳税主体，同样限定是法人，两者实际是一致的。英文原名也是同样，只是译名不同。中国更改税种名称，符合国际上区别法人实体与自然人适用不同税种的通常做法，与国际税制衔接，有利于国际税务关系处理。（4）从税种名称就可判定，有应税所得的各类法人，包括事业单位和社会团体法人在内，都是本税纳税人，从法理上可扩大征税范围，避免争议，便于征纳税工作。

现行内资税条例把实行独立经济核算单位的企业，界定为纳税义务人，并在细则中限定要同时具备三个条件，即在银行开设结算账户；独立建立账簿，编制财务会计报表；独立计算盈亏。这很不科学、合理，难以准确把握。新税法为与税种名称相适应，更改为以法人实体为界定纳税人标准，其范围包括企业法人（即公司法人）；机关、事业单位和社会团体法人；联营法人。这可与个人所得税的纳税人明确区别开来。在以是否为法人来界定纳税人的同时，还要结合注册登记地与住所标准，来认定居民法人和非居民法人，相应确定其无限、有限纳税义务。这就是在中华人民共和国境内依法成立的法人，主要办事机构设在中国境内的，是中国居民法人，就其来源于中国境内、境外的全部所得征收所得税；外国法人在中国境内设立机构、场所独立生产经营或与中国境内法人合作生产、经营以及虽未设立机构、场所，但在中国境内从事间接投资活动的，仅就其来源于中国境内的所得征收所得税。

这里有一个涉及纳税人界定及其纳税义务的问题需要探讨。现行内资税条例是以经济核算单位界定纳税人，从而规定企业的分支机构实行独立经济核算的，应在实行经营管理地就地纳税，不允许由总机构汇总缴纳（只是条例细则和有关税收法规，有个别例外规定）。可是涉外税法细则，则是明确规定，外商投资企业在中国境内或者境外的分支机构由总机构汇总缴纳所得税；外国企业在中国设立两个或两个以上营业机构，具备一定条件的，可由其选定其中一个营业机构合并申报缴税。这是基于以法人实体界定纳税人。外资经营企业集中缴税和合并缴税，其相互间的盈亏可以相互抵消，其税负显然低于内资企业的分别就地缴税，这是存在较大矛盾的。按照公司法的规定，企业法人的分支机构不具有法人资格，其民事责任由企业法人承担。改为以法人实体界定纳税人，内资企业分支机构理所当然地应当由企业法人总机构集中汇总缴税，这就可顺利解决以上税负失平的矛盾。企业所得税由地方税改为中央地方共享税，实行分成办法后，统一改为总分支机构集中汇总缴税，加以财政体制的调度，也不致影响地区间原有的利益分配格局。至于企业法人设立的子公司，公司法规定具有企业法人资格，依法独立承担民事责任，自应分别就地缴税。但为有利于企业重组，发展企业集团，借鉴国际通行做法，也可附加条件，限定为母公司控股100%的，才准合并申报缴税，盈亏相互冲抵。

三、适当降低税率，调换税率形式

现行内资企业的法定税率是33%，只对所得额很低的小户，才分别暂减为27%、18%的税率。外资经营企业是30%的基本税率加3%的地方税率（地方多未征收），设在特定地区和属于特定产业的，分别不同情况，减按24%、15%税率征收。实际执行的，一般也是这减低后的两级优惠税率，有的还适用10%的更低税率。内资企业适用的税率普遍高于外资经营企业，是当前存在的一个重要矛盾。统一内外资企业所得税制，首先就要统一税率，在税率适用上，只能是内资企业向外资经营企业看齐，把统一适用的法定税率，降为25%

或稍下的水平，较为适宜，这是因为：

1. 统一企业所得税制后，税收优惠要大量缩减，特别是外资经营企业现在享受的多种减免税优惠，将会有重大调整，统一的法定税率定高了，外资经营企业的实际税负会增加很多，把统一税率定在多数外资经营企业实际适用的税率水平，虽因缩减某些减免税优惠，实际税负会有些增加，但不会太多，这保持了我国涉外税收政策的相对稳定性、连续性，有利于增强现有外资经营企业的投资信心，并吸收新的外商投资和引进高新技术设备。

2. 与经济全球化带来的国际竞争日益激烈和世界性经济增速减缓、滑坡相适应，现已形成世界性新一轮减税浪潮，世界许多国家都纷纷采取减税政策，其中一项内容，就是直接降低公司所得税税率。例如澳大利亚2000年7月1日起，税率由36%降至34%，2001年7月1日起，又降至30%，在5年内还准备降至25%；德国2000—2005年，税率从40%降至25%，企业出售股份还不再征税（原税率为40%—50%）；法国把公司所得税的附加税率，从原来的10%降为2001年的6%，再降为2002年的3%，2003年准备全部废除；加拿大自2001年起，逐步降低税率，到2004年，将由28%降至21%。[①] 爱尔兰从2002年1月起，把公司所得税税率，由20%降为16%，并将从2003年1月1日起，再降至12.5%。[②] 特别是中国周边国家都实行较低的公司所得税税率，以吸引外资，中国也需要把过高的企业所得税税率降下来，便于同国际税制衔接，搞好国际合作，并促进本国经济发展。

3. 国内企业特别是国有大中型企业，正处在深化改革，建立现代企业制度，应对加入WTO严峻挑战的关键时刻，有许多深层次的困难问题，需要解决，而统一税制后，过去有些不适当的减免税优惠还要取消，适当降低法定名义税率，可以减低或保持现在的实际税负

① “世界税改趋势与中国税制改革”，《税务研究》2002年第8期，第2页。

② 《中国财经报》2002年7月17日。

水平，这有利于增强企业活力和发展后劲，促进改革建制，积极参与市场竞争，提高国际竞争力。

现在学术界有一种观点认为，现行企业所得税率不能降低，因为这会减少所得税收入，使其在整个税收收入中的比重更为降低，不符合流转税与所得税并重的“双主体税制结构”要求。我们认为，这不一定妥当。因为在“低税率、宽税基、少优惠”的原则下进行税制改革，随着经济发展，企业效益提高，所得税并不会减收，甚或可能增收。即使所得税暂时减收，也是国内外经济形势发展的必然要求。何况要使所得税处于“双主体”之一的地位，决定于一个国家的经济发展水平，也同中国何时开征社会保障税密切关联，而不是靠不适当的所得税高税率所能做到的。

统一企业所得税率的另一个问题是税率形式的选择。现在大多数国家是采取比例税率制（含统一比例税率和区别行业等的分定比例税率），也有采取超额累进税率以及其他税率形式的。中国内资企业名义上是33%的统一比例税率，但由于对利润所得小户，另外规定了两级较低的比例税率，实际成了三级全额累进税率，这存在全额累进税制固有的因转换级次而额外增加税负的矛盾，不科学、不合理，国际上已不再采用。

利润所得小户一般都是为数众多的中小企业，负税能力小，需要扶植发展。中国在20世纪50年代至90年代初，对之一直是采用较低的超额累进税率，世界上许多国家包括经济发达国家在内，也多在适用税率上加以照顾。有的是另订一级较低的比例税率，有的是适用较低的超额累进税率，有的是把利润所得大户适用比例税率与利润所得小户适用超额累进税率结合起来。美国就是这第三种情况，在1987年开始实行的新税制，采用15%、25%、34%三档超额累进税率，分别适用于年所得额不同的小户，对年所得额超过33.5万美元的，其所得一律按34%的统一比例税征收。同时又规定了所得额超过10万元至33.5万美元的部分，要加征5%的附加税，形成39%一级税率，因而实际是四级超额累进税率加一个比例税率（1995年后比例税率调升为35%，税收级距及税率适用也有变化，但基本原则仍同）。我们认为，美国这种累进税率加比例税率的税率形式，可供我们借鉴，现参考该税率形式，对新税法的税率，初步试拟如下（具体确定，尚需经细致测算）。

年所得额级距	税率形式	适用税率%
不超过10万元的	超额累进	10
超过10万元至15万元的部分	超额累进	19
超过15万元至20万元的部分	超额累进	25
超过20万元至50万元的部分	超额累进	31
超过50万元的部分	比例税率	25（全额适用）

以上第四级税率31%，仍是超额累进税率，适当加大这级税率，是在借鉴美国加征附加税作法的基础上加以改进，使之简明化，是超额累进税率转换为比例税率过渡所必需，避免由于税率转换带来的税负不平衡。实际该级的整体税负，最高即为25%。因此，年所得额超过50万元的，可以不再累计计算，全额适用25%比例税率，举例计算如下：

应税所得额	本级适用税率%	前一税级或几级税额	本级税额	税负总额	税负总额占应税所得额%
100000	超额累进10		10000	10000	10
150000	超额累进19	10000	9500	19500	13
200000	超额累进25	19500	12500	32000	16
300000	超额累进31	32000	31000	63000	21
400000	超额累进31	32000	62000	94000	23.5
500000	全额比例25		125000	125000	25

以上方案的好处是：

1. 有利于扶植发展中小企业。2002年6月29日通过的《中华人民共和国中小企业促进法》规定：“国家在有关税收政策上支持和鼓励中小企业的创立和发展”。方案中的超额累进税率设计，正是适应这种要求，能减轻利润所得小的中小企业税收负担。

2. 方案兼具有超额累进税率与比例税率的长处，对年应税所得额在50万元以下的中小户，随着所得额的上升而逐步提高税负，转换税级时，负担较公平合理；而对年应税所得在50万元以上的大户，则是按全额统一使用25%的税率，计算简便，不需要逐级累进计算，逐级扣减差额，也有利于企业计算其规模经营效益，不因盈利增大而累进增税，从而鼓励提高效益，多盈利，多得益。

3. 取消现行多种差别税率（内外资差别税率、地区差别税率、产业差别税率、所得大小差别税率等），建立了全国统一的所得税率。

四、规范税基，统一费用扣除项目和标准，准许总分支机构汇总纳税

应纳税所得额是计算确定所得税应纳税额的基础。在过去一个长时期内，内资企业在应纳税所得额中，有关成本费用的计算列支和税前扣除标准，依附于纷繁的各类企业财务会计制度。1994年后情况虽有好转，但由于内资税条例对有关税收的成本费用计算列支，缺乏系统明确规定，因而仍较混乱。在新税法中应进一步明确：“纳税人的财务、会计处理办法同税收法律、法规和国务院有关税收规定抵触的，应当依照税收法律、法规和国务院有关税收规定计算纳税。”并把它作为一条基本原则，列为总则专条。从这个原则出发，为强化依据税法计算纳税，新税法对税基的确定和计算，应有更多的明确规定。

计税成本费用的确定，应当适应现代企业制度和技术进步创新的要求，充分体现纳税人的劳动补偿、资本补偿、技术补偿、风险补偿。在这方面，现行内外资两套企业税法是有差距的，主要表现是有关成本费用计算、扣除项目和列支标准，内资企业严于外资经营企业，前者应以向后者靠拢，统一规范为宜。例如：

1. 工资性支出。内资税条例有计税工资的限制规定，超过规定标准的，不准列作成本费用扣除，并规定有职工工会经费和福利费、教育经费按计税工资列支的具体标准。而涉外税法则无此限制，对其所支付给职工的工资和福利费，只要是报送其支付标准和所依据的文件及有关资料，经当地税务机关同意，就可据实列支扣除。计税工资标准现为月平均工资800元，是低于内资企业实际工资的，而外资经营企业的工资水平更高于内资企业的很多倍，这就加重了内资企业不应有的税收负担。随着市场经济的发展和制度的健全化，加以对高工资薪金还有个人所得税可以调节，过去为防范国有企业滥发工资的计税工资限制，已无必要存在，可以取消，准予工资性支出据实列支，职工福利费用也同样办理。

2. 公益、救济性捐赠列支。内资税条例规定，纳税人用于公益、救济性的捐赠，在年度应纳税所得额3%以内的部分，准予扣除计税，超出部分不准扣除；而涉外税法则无此限制，只要是用于中国境内就可扣除。这种捐赠，只要是通过境内非营利的社会团体、国家机关，向教育、民政等公益事业和受灾、贫困地区捐赠，就可产生积极作用，而不会有消极影响，新税法中应取消此种限制。

3. 从其他企业取得的股息、红利处理。涉外税法是采用免税的税额扣除法，第十九条规定："外国投资者从外商投资企业取得的利润，免征所得税。"并在实施细则第十八条规定："外商投资企业在中国境内投资于其他企业，从接受投资企业取得的利润（股息），可以不计入本企业应纳税所得额；但其上述投资所发生的费用和损失，不得冲减本企业应纳税所得额。"而内资企业所得税，则是采取抵免的税额扣除法，条例细则第四十二条规定："纳税人从其他企业分回的已缴纳所得税的利润，其已缴纳的税额可以在计算本企业所得税时予以调整。"具体的解释就是：投资企业从其他企业分回的税后利润或股息、红利，如投资企业所得税率低于其他企业的，不退还已缴所得税款；如高于其他企业的，投资企业应补缴该差额税率计算的应纳税额部分。因而内资企业分回的已税利润或股息、红利，存在一个补缴差额税款的问题，而外资经营企业则不存在再补税的问题。为避免经济上的重复征税和平衡内外资企业税收负担，可参照涉外税法的条文，统一立法；或统一改为对分回的已税利润（股息、红利）列入应纳税所得额，计算出本企业的总应纳税额后，再从中扣抵原已缴的所得税款。

4. 风险准备金提取。涉外税法有坏账准予列支的规定，而内资税条例则未直接列明。为应对激烈的市场竞争，增强企业抗风险能力，新税法要列有提取风险准备金的统一条款。

5. 折旧年限。涉外税法按固定资产类别分订了折旧年限，而内资税条例则是规定依照行业财务制度办理。为强化税基规范，既避免依附财务制度，又避免税法条文过繁，和便于适应情况调整，新税法可原则规定：折旧年限按固定资产分类，在5—20年的期限内，由国务院规定。

6. 存货的计价。涉外税法和内资税条例细则，都明确存货的计价以成本价为准。为适应价格行情的变化，保护投资者的利益，本着实事求是的原则，在肯定按成本作价原则的同时，也可采用成本价与时价孰低原则，规定因存货积压过多，且成本价与市价相差较大的，也可采用历史成本与可变现净值孰低法计价。

统一、规范应纳税所得额，决不是原则地放宽对成本费用列支扣除的限制，该严格管理的，还是应当加以限制。为避免不合理地侵蚀税基，可以考虑在新税法中增列不准列支的项目，例如“注册资本未交足，其相应部分的借款利息”和“在中国境内工作人员的境外社会保险费”等。

五、调整税收优惠政策，统一规范

现行企业所得税优惠政策和制度存在较大的矛盾问题，主要是：

1. 税收优惠多、乱、滥。内外资企业所得税的优惠政策措施，遍及税率、减免税、应税所得计算扣除等各个方面，范围广、种类多，且变动繁、金额大、透明度少。仅就其中减免税的优惠统计，现全国性有明文规定的，就达100多项。地方自行变通的优惠措施为数更多。税收优惠这个特殊调节手段，似乎不适当地变成了普遍调节手段。每年各类、各项减免税实际金额究竟有多少，很难统计，各类、各项减免税取得何种实际效益更难测算。这不但导致税负不公，也影响财政收入，不适应市场经济运行机制的要求。

2. 税收优惠的方向、目标不够适应经济结构调整、科技进步和社会经济发展目标的要求。现行对内资企业的所得税优惠，是侧重在社会福利、劳动就业、环境保护、校办企业、劳务服务和“老、少、边、穷”地区以及遭受自然灾害等方面，多系照顾扶助性质，属于产业激励方面的优惠较少。外资经营企业所得税优惠，则是在生产性企业普遍优惠的基础上，把优惠的重点放在特定不同地区的投资，按“经济特区→经济技术开发区→经济开放区→其他特定地区→内地一般地区”的层次，实施不同的优惠，沿海地区吸收了外商投资的70%以上，地区间税负不平衡。虽然也结合实施了产业优惠，但却未能较好地区别不同类别的产业、规模、风险，进行区别对待，以致境外一些中小企业乘机涌入，许多都是规模小、技术含量少、污染大、投资期短的劳动密集型项目、服务性项目。

3. 内外资企业税收优惠差别大。外资经营企业是实施普遍优惠，优惠的范围广，种类多，期限长，力度大；而对比内资企业则差距很大。现对外资经营企业优惠的金额，约为已征税款的两倍，而内资企业的前项比例，只约为50%，两者差距达四倍之多，影响了内资企业在市场经济中的公平竞争。

4. 现行税收优惠不适应WTO规则，要采取“遵循与利用相结合”的原则要求。一方面，对外资经营企业实施高于内资企业的税收优惠，虽并未违背WTO规则，但现行有些项目，还是有违反WTO规则的嫌疑，例如涉外税法细则规定，外商投资出口企业依法减税期满后，凡当年出口产品值达到企业产品值70%以上的，按法定税率减半征收所得税。这属于WTO规则明确列举的以出口业绩为条件的禁止性所得税减免补贴。又如中国进出口银行和中保财险公司的出口信用保险业务，实施“先征后返”的所得税优惠，是一种专向性补贴，对其他企业包括外资经营企业在内都不适用，这是不公平待遇，也与WTO规则要求不符。另一方面是WTO规则有关条款，准许在税收上支持农业、科研技术活动、中小企业、贫困地区、社会失业救济、医疗卫生等，而我们则尚未充分利用这类有关规定，来促进我国社会经济发展。

针对以上矛盾，调整完善企业所得税优惠政策的原则主要是：

1. 坚持产业政策为主，区域、外资政策为辅，并有机结合的税收优惠政策原则，对产业政策鼓励发展的高新技术产业；农业、林业、牧业；能源、交通、通讯、水利等基础产业和基础设施；国家比较优势产业、幼稚产业、环保产业；某些第三产业和资源综合利用项目，以及国家政策鼓励的其他产业，区别不同情况，给以不同层次和形式的税收优惠。区域优惠主要是贯彻西部大开发战略决策，对西部地区，除享受全国同样的产业税收优惠政策外，对在该有关地区内，需要鼓励发展的，还应给予更多一些税收优惠，并要授予省级政府一定的机动处置权。外资经营企业税收优惠，是在与内资企业同等产业优惠的基础上，只对中国特别需要的外资项目，另外再给一些有限度的税收优惠。这就是只对符合法定的产业优惠条件，外商投资额大、技术先进、投资回收期长的外商投资企业，经营期在十年以上的，可在一般优惠的基础上，再适当放宽一些优惠，以利于吸引先进工业国家的长期大额投资和高新技术，优化经济结构。现在中国周边国家都对外资经营给予多种优惠，在激烈的国际竞争中，我们也不能完全放弃这种可以有效利用的手段。

2. 依据前述原则，要对现行两税优惠政策措施，进行全面清理整顿，人刀阔斧地取消一切不合时宜的优惠项目和规定，并明文公布。对取消优惠后存在困难而又必须扶植的社会福利等企事业单位，改采财政拨款形式，效果似乎更好一些。东部沿海地区已逐渐富裕起来，原有分地区的税收优惠，要改为产业导向，以生态平衡和集约化经营等项目开发为重点的税收优惠。现行外商投资经营企业不符合新税法政策原则的优惠都要取消，为保持政策的连续性、稳定性，避免震动过大，对新税法颁布前成立的外资经营企业，过去已承诺的减免税优惠，可规定一个过渡期，对其税负超过原有负担的部分，采取“先征后返”的办法进行过渡。外商是否投资，决定于一国政治、经济、资源、交通、信息等多方面的投资环境因素，税收只是其中排名较后的一个因素，取消过多的不合理税收优惠，而对中国产业政策急需的投资项目，仍给予某些高于内资企业的税收优惠待遇，在加入WTO，外资大量涌入的形势下，是不会造成消极影响的。

3. 借鉴国际通行做法，要把现行基本上是直接减免税的优惠方式，逐渐改为加速折旧、投资抵免、专项扣抵、税前扣除等间接优惠方式。其中加速折旧的优惠方式，要特别重视运用，它利于有针对性地促进技术进步创新、更新技术设备，产业升级换代；而且从长期来看，它只是一定期间内的延缓收税，而不会减少税收收入。OECD（经济合作与发展组织）在2002年3月公布了一份有关中国经济发展的综合报告，为中国税制改革完善，提出五条建议，其中第一条就是：“引进任何新的税收鼓励措施都要谨慎，多用加速折旧法代替减免法。”①

4. 严格实行税收优惠的总量控制和效益控制。税收优惠实际是一种特殊的财政支出方式，必须把税收优惠金额控制在一个适当限度内，在这个限度内确定实施优惠的项目和金额，以利于国家的宏观调控。要着重考察和发挥税收优惠的投入产出效应，对税收优惠要附加必要的制约条件，特别是可以借鉴经济发达国家的成功经验，采取“税式支出”制度，便利国家通过财政预算，更好地核算和控制税收优惠导致的税款损失，并评价由此而取得的经济效益和社会效益，以利于促进经济的持续、稳定、健康发展。

5. 单独制定公布统一的税收优惠法规，定期调整。鉴于国家的产业政策和有关政策，要随着形势发展而不断调整，并且税收如何贯

① 《中国财经报》2002年7月17日。

彻有关政策、实施优惠，需要明确具体，而税收法律具有较长期间的稳定性，不宜频繁修改。借鉴世界许多国家的做法，宜于在法人所得税法中，只明确规定优惠的目标、原则，简要列举几项要优惠的方面，具体优惠办法，授权由国务院制定单独的行政法规，以利于适应形势发展，灵活处理，不断调整。日本在第二次世界大战后的经济起飞时期及其后的时期，采取的“租税特别措施”，是在经济发展不同阶段，适应当时不同的经济政策目标需要，而在该时期内实行的一种减免税优惠措施，当目标任务完成后，就又适时地调整改变，这种方式，可供我们借鉴。

六、法人所得税制与个人所得税制要协调配合

法人所得税与个人所得税都是对所得征税，这两种税全面涵盖了社会所有法人和自然人所得的征税。为使税负公平合理，不重复征税，也不漏征，这两个税种的制度，必须从各个方面进行协调配合，主要是：

1. 明确划分两税的纳税人。完全以《中华人民共和国民法通则》和有关法律确定的法人、自然人标准，来划分两税的纳税人。企业法人（即公司法人）、机关事业单位和社会团体法人、联营法人，是法人所得税的纳税人；自然人包括个体工商户、农村承包经营户，个人独资和个人合伙企业在内，是个人所得税的纳税人。不具有法人资格的社会团体，其经营所得，借鉴日本等国的做法，可列为法人所得税的纳税人。法人与自然人联营，具有法人资格的联营企业，采取“先税后分”的办法，对该联营企业，先征法人所得税，再分配税后利润，就该税后利润区别法人、自然人所得进行不同处理。不具有法人资格的联营企业，其所得采取“先分后税”的办法，对该企业暂不征税，而是就其分配后的所得，分别法人、自然人征收两税。

2. 两税税率协调平衡。现行个人所得税的税率，工资、薪金所得是5%—45%的九级超额累进税率；个体工商户和承包、承租经营户是5%—35%的五级超额累进税率，劳务报酬是20%—40%的三级

超额累进税率，其他所得是20%的比例税率。实行法人所得税，要统一和调低税率，而个人所得税将实行综合分类税制，重新设计的综合税率，也应与法人所得税相协调，适当降低税率水平。当然，由于同等金额的所得，一个是由单个人取得，另一个是多数人集体所得，加以法人所得税对一定所得额以上的，是采用统一的比例税率，为缓和社会成员收入差距悬殊，调节个人所得过高部分，除两个税种的税级金额不同外，经过细致测算平衡，把个人所得税的最高一级或两级税率，定得适当略高一些，也是可以的。总之是要使两税的总体负担基本协调平衡，避免纳税人，主要是同样进行生产经营的纳税人，利用税率差别避税。

3. 两税应税所得额计算确定的协调平衡。两税纳税人取得的合理费用开支，要区别不同情况，允许按规定标准在应纳税所得额内扣除。个人经营户在成本费用扣除方面，也要与对待法人企业一样，使之能充分体现劳动补偿、资本补偿、技术补偿和风险补偿，以平衡税负。

4. 避免两税重复课征。现行个人所得税法是规定个人从企业取得的股息、红利要征20%的比例税。该项股息、红利是在企业缴纳企业所得税后的税后所得中支付的，表面上是同一所得额，要分征企业所得税和个人所得税两种。有种观点认为，这是对同一所得的重复课征。国际上避免公司所得税与个人所得税重复征税，大体有扣除制（或称股息扣除制）、分率制（或称分离税率制）、归集制（或称归集抵免制、归属制）三类方式，或是应用于公司层次，或是应用于个人层次。分率制应用于公司层次，是指在公司层次，对分配给股东的利润（股息）与非分配利润，分订两个不同税率，前者低于后者。扣除制既可用于公司层次，也可应用于个人层次。应用于公司层次的，是允许把股息从应税利润中扣除，类似于对利息的处理；应用于个人层次的，是允许个人对股息分类申报，进行部分或全部扣除，或另征较低税率的税。归集制应用于个人层次，这就是把已缴公司所得税的一部分或全部，看作是个人所得税的源泉预扣，在计征个人所得税时，将这部分预扣税款，加在应税所得的股息中，在计算出个人总税负后，再将此预扣额扣抵掉。一般认为由于归集制在既能反映个人全部所得的同时，又能较好地避免经济上的重复征税，且不影响公司层次的税款及时入库，缺点是征、扣计算手续太复杂。澳大利亚、欧盟等一些国家采用此种方式。对于国际上的以上通行做法，要深入分析，不可照搬，我们认为，鉴于股息、红利是资本、财产所得，金额往往较大，且公司与个人是两个不同纳税主体，是两次不同的所得，为平衡与个人劳动所得的负担，公平税负，可认定为不属重复征税，不予扣除公司原缴的法人所得税款，另订有差别较大的超额累进税率，就股息、红利的全额征收个人所得税。或对高额股息、红利，在20%比例税率的基础上，再加成、加倍征税。

原为全国人民代表大会常委会预算工作委员会2002年9月召开的“企业所得税国际研讨会”入选论文。载财政部财政科学研究所《研究报告》2002年第35期（内刊，9月19日）；刊《财政研究》2002年第11期；入选国家税务总局编委会编《2003年中国税务年鉴》“税收文选”篇（中国税务出版社2003年12月版）。以《企业所得税制改革与立法探讨》为题，收入中国国际税收研究会编：《2002年国际税收研讨会论文集》中国税务出版社2003年10月版；《财政形势与政策研究》，中国财政经济出版社2003年7月版。《国有资产管理》2002年第12期转载三、四、五部分；人民日报社《中国经济快讯》2002年11月18日第45期以《企业所得税优惠政策的制度“误区”》为题；《税收特供信息》2002年12月16日第47期以《应调整完善企业所得税的优惠政策》为题，分别转载第五部分。

企业所得税制改革走向

一、国际上对企业所得征税制度改革的趋势和主要经验

20 世纪 80 年代中期以来，国际上法人所得税（或称公司所得税）制改革的主要趋势，就是“降低税率，扩大税基，减少优惠”。由于 20 世纪 70 年代末西方国家发生严重的经济危机，美国为复兴经济，率先推出了“1986 年税制改革法案”，其主要内容之一，就是进行公司所得税制改革。公司所得税的最高税率由 46% 降为 34%；与此同时，取消了投资税收抵免，对有关费用列支制定了限制办法，以扩大税基。其后至 20 世纪 90 年代中期，许多国家都进行了类似的公司所得税制改革。

近几年来，与经济全球化带来的国际竞争日益激烈和世界性经济增速减缓、滑坡相适应，已形成了世界范围内的新一轮减税浪潮。世界许多国家都纷纷采取减税政策，其中主要的一项内容，就是直接降低公司所得税税率，并且在一定期限内持续降低。例如，澳大利亚自 2000 年 7 月 1 日起，税率由 36% 降至 34%，2001 年 7 月 1 日起，又降至 30%，在 5 年内还准备降至 25%；德国 2000—2005 年，税率将从 40% 降至 25%，企业出售股份不再征税（原税率为 40%—50%）；加拿大 2001—2004 年，税率从 28% 逐步降为 21%；法国把公司所得税的附加税率，从原来的 10% 降为 2001 年的 6%，后又再降为 2002 年的 3%，2003 年全部废除，公司所得税税率也由 36.6% 降至 33.3%，中小企业的适用税率，2001 年降至 25%，2002 年降至 15%；爱尔兰从 2002 年 1 月起，把公司所得税税率，由 20% 降为 16%，并从 2003 年 1 月 1 日起，再降至 12.5%。俄罗斯从 2002 年度起，税率由 35% 降为 24%，

并准备在未来几年再降为20%左右；新加坡从2002年起，税率由25.5%降为24.5%，2003年起，再降为22%，2004年起，将降为20%；阿尔巴尼亚从2001年起，税率由30%降为25%；印度从2001年4月起，税率从39%降为30%；乌兹别克斯坦从2001年起，税率由31%降为16%；波兰2000—2004年，税率从34%逐步降为22%。①

据国际有关资料，OECD国家在1986—1995年公司所得税最高税率，下降近10个百分点的基础上，1996—2002年公司所得税（含中央及省级征收）最高税率又多有下降10个百分点以上的，现列表1予以说明：

表1　OECD国家公司所得税1996—2002年公司所得税最高税率表　　%

国别＼年份	1996	1997	1998	1999	2000	2001	2002	1996—2002下降
澳大利亚	36	36	36	36	36	34	30	-6
加拿大	44.6	44.6	44.6	44.6	44.6	42.1	38.6	-6
捷克	39	39	35	35	31	31	31	-8
丹麦	34	34	34	32	32	30	30	-4
法国	36.7	36.7	41.7	40	36.7	35.3	34.3	-2
德国	57.4	57.4	56.7	52.3	51.6	38.4	38.4	-19
希腊	40	40	40	40	40	37.5	35	-5
匈牙利	33.3	18	18	18	18	18	18	-15
冰岛	33	33	30	30	30	30	19	-14
爱尔兰	38	36	32	28	24	20	16	-22
意大利	53.2	53.2	41.3	41.3	41.3	40.3	40.3	-13
日本	51.6	51.6	51.6	48	42	42	42	-10
韩国	33	30.8	30.8	30.8	30.8	30.8	29.7	-3
卢森堡	40.3	39.3	37.5	37.5	37.5	37.5	30.4	-10

① 以上参见《世界税改趋势与中国税制改革》，《税务研究》2002年第8期，第2页；《中国财经报》2002年7月17日；《财政研究》2002年第12期，第42、43页；《税务研究》2003年第3期，第16页。

续表

国别 \ 年份	1996	1997	1998	1999	2000	2001	2002	1996—2002 下降
荷兰	35	35	35	35	35	35	34.5	-0.5
波兰	40	38	36	34	30	28	28	-12
葡萄牙	39.6	39.6	37.4	37.4	35.2	35.2	33	-7
瑞士	28.5	28.5	27.8	25.1	25.1	24.5	24.5	-4
土耳其	44	44	44	33	33	33	33	-11
英国	33	31	31	31	30	30	30	-3

资料来源：《国际税收评论》（英文版）2002 年 7 月 1 日，转引自《国际税讯》2002 年 9 月第 17 期，第 20 页。

国际上公司所得税制改革另一个重要趋势，就是从 20 世纪 80 年代以来，多改为采用比例税率制，着重点从公平转向效率，但对小型企业仍有照顾。据 100 个国家（地区）统计，采用比例税率的，就达 85 个，其中采取单一比例税率的 63 个，采取分定比例税率的 22 个，如赞比亚等国按行业或公司类型分定比例税率，新西兰等国按居民与非居民分定比例税率，德国等国按分配利润与未分配利润分定比例税率。采用比例税率的国家（地区）对利润少的小公司多有一定的减税照顾，或区别公司大小分设两个不同比例税率。如英国的公司所得税率是 30%，而中小企业则适用 20% 的税率。采用超额累进税率的国家（地区）12 个，如印度尼西亚、利比亚等。结合采用比例税率与超额累进税率的国家 3 个，美国是对年应纳税所得额超过一定金额的，一律实行 34% 的统一比例税率，而对未超过该一定金额的则实行四级超额累进税率；日本情况类似，但只有两级超额税率，还附加了资本额的一定限制。

国际上公司所得税制改革还有一个趋势，就是多采用加速折旧等间接优惠方式，代替减免税等直接优惠方式。实施的范围，主要包括以下五个方面：（1）鼓励企业开发利用防治污染、节约能源等方面的机器设备，保护人类生存环境；（2）鼓励企业在不发达地区投资，促进区域经济协调发展；（3）鼓励企业在研究与开发方面大量投资，开发新技术；（4）鼓励中小企业发展（日本、韩国最突出）；（5）鼓励企业雇用伤残人员，实现社会政策。

根据以上情况分析，国际上公司所得税制改革的主要经验是：

第一，降低税率，扩大税基，减少优惠，是国际上公司所得税制改革成功的基本经验。实践证明，降低公司所得税税率，直接减轻公司税收负担，有利于调动社会投资和经营的积极性，激发公司活力，治理经济不景气。在经济全球化新形势下，更能提升本国经济的国际竞争力。结合缩小优惠、扩大税基的方式进行，既有利于公平税负，鼓励竞争，提高效益，也不致减少税收收入。

第二，公司所得税要多注重一些效率，可采取比例税率。这是基于公司所得税的功能重点是促进提高经济效益，扩大经营规模，加速发展经济，但也要兼顾公平，对利润所得少的中小企业给以必要照顾。

第三，重视把握公司所得税的优惠方向，主要如鼓励科技发展，治理环境污染，协调地区经济发展等方面，并多采用间接优惠方式，和采取税式支出的“投入—产出”监控办法。

二、我国现行企业所得税制存在的主要问题和改革的立法原则

中国现在有两个企业所得税税种，一个名称是企业所得税，适用于内资企业，它是在1994年的税制改革中，把原在20世纪80年代开征的国营企业所得税、集体企业所得税、私营企业所得税三个税种加以合并建立起来的；另一个名称是外商投资企业和外国企业所得税，是在1991年把中外合资经营企业所得税和外国企业所得税两个税种加以合并建立起来的，适用于外商投资企业和外国企业（以下简称外资企业）。

中国对内资企业和外资企业的所得征税，分立税种，分别立法，是在特定的历史条件下形成的，虽有过历史功绩，但随着经济体制改革取得突破性的重大进展，全方位、多层次、宽领域的对外开放总体格局基本形成，税制本身存在的矛盾更加明显地暴露出来，与国内外

形势的发展很不适应。其主要问题：一是内外资企业税负很不平衡，在税率适用、应税所得额的计算确定、减免税优惠方面，内外资企业均有很大差别，实际税负差别，导致外资经营企业实际税负只约为内资企业的一半，有的年度甚至不到一半。以2000年为例，据有关资料，企业所得税实际负担率为23.07%，其中内资企业为26.7%（属于改组、改制的内资企业为22%—25%），而外资经营企业只为11.8%。这影响内资企业与外资企业在市场经营中的公平竞争，不利于经济体制转换、发挥市场经济机制应有作用。二是所得税制本身不够规范，纳税主体不清晰，课税客体不透明，税收优惠不完善，尤以内资企业适用的《企业所得税暂行条例》（以下简称“内资税条例”）过于简略，不够完善，影响应有功能、作用的充分发挥。三是加入WTO后，现行税制的某些政策规定有与WTO规则抵触或不适应的，需要修改、调整，特别是在利用WTO规则有利条款来保护、发展国内产业方面，有很大欠缺。四是随着经济全球化蓬勃发展，许多国家都在着重改革所得税制，在世界税制趋同化趋势下，作为与国际交往紧密关联的这个主要税种的法律制度，必须与国际税制衔接，独一无二的内外资企业两套所得税制，不适应此种要求。总之，基于向市场经济转轨和同国际税制衔接的需要，统一内外资两套企业所得税制，进行改革完善，正式立法，提升国际竞争力，迫在眉睫。

改革、完善企业所得税制的目标是：按照统一、规范、公平、效率、法制、透明的原则，建立适应市场经济发展要求，与国际税制衔接的完善的法人所得税制，使企业真正成为具有充分活力和竞争能力的市场经济主体，提升企业的国际竞争力。立法的原则主要是：

1. 要统一各种所有制、各类形式的内外资企业法人的课征制度，同等待遇，公平税负，为市场平等竞争创造条件。

2. 要顺应“低税率，宽税基，少优惠”的世界税制改革走向，对现行税制内容，进行重大改革调整。特别要重视减轻内资企业税收负担，激活其经营活力，增强其竞争能力，为企业自我积累、自我改造、自我发展创造更好条件。

3. 税收优惠要以产业政策和科技进步创新为导向，结合地域政策和合理、有效利用外资，优化经济结构。

4. 要有利于深化国有企业改革，建立现代企业制度，提高企业素质，构造产业结构优化和经济高效运行的微观基础。

5. 对 WTO 的规则，采取“遵循与利用相结合”的原则，在规则允许的范围内，用足、用好其中的有利条款，加速发展本国经济，提高国际竞争力。

6. 要从中国实际出发，积极吸收国外所得税立法的有益做法和成功经验，与国际税制相衔接，使中国的内外资企业法人都能更好地参与国际竞争与合作。

7. 适当保持政策的连续性与稳定性。对现行税法，主要是《外商投资企业和外国企业所得税法》（以下简称“外资税法”）及其实施细则中行之有效、已被普遍接受，并经实践证明是科学合理的条款内容，尽量予以保留，内外资企业法人统一适用。

三、改变税种名称，明确界定纳税人及其纳税义务

目前世界各国对公司、企业生产经营所得征税，其法律命名，通常有两种情况：一种命名为法人税或法人所得税，如日本、伊朗等国；一种命名为公司税或公司所得税，如美国、新加坡、印度、巴西等国。这两种命名虽有所不同，但其法律概念基本相同。关键在于其所限定的负税主体（即纳税人），一般都明确为法人，包括本国法人和外国法人，对公司企业和社团等法人的生产、经营所得，征公司所得税或法人所得税，对自然人的所得，包括从事生产、经营的所得，征收个人所得税。中国以企业所得税命名税种，是特殊历史情况的产物，从现实来看，纳税主体（纳税人）不清晰，存在不少弊病：（1）企业所得税与个人所得税两个税种的纳税人易于交叉错位，会带来政策执行中的混乱，或错征、重征，或出现征税调控漏洞，税负不公。（2）企业是以营利为目的的组织单位，征税就要判断该组织单位是否以营利为目的，是否实行独立经济核算，这在事实上较难

划分清楚，从而难免带来政策贯彻执行中的随意性。(3) 一些有营利性的社会团体或组织单位未冠以企业名称，可能会漏征。

为适应市场经济发展和法治的要求，借鉴国际通行做法，统一后的新税种以改名为法人所得税较为适宜，这可避免以上弊病，特别是有以下好处：(1) 法人是具有民事权利能力和民事行为能力，依法独立享有民事权利和承担民事义务的组织，它应当具备法律规定的条件，与税收密切关联的企业法人，其成立更必须办理严格的核准登记手续。一个工商营利组织，是否属于法人，极易识别，从而是否属于法人所得税的纳税人范围，也极易界定，不会与个人所得税交叉错位。(2) 作为民事基本法的中国民法通则，在法律上把具有民事权利能力、行为能力和承担民事责任的主体，划分为自然人和法人两类，税法相应地设立法人所得税法和个人所得税法，既有直接的法理依据，又能包含所有的所得税纳税人。(3) 更改税种名称，符合国际上区别法人实体与自然人适用不同税种的通常做法，有利于与国际税制衔接。(4) 从税种名称就可判定，有应税所得的各类法人，包括事业单位和社会团体法人在内，都是本税纳税人，从法理上可扩大征税范围，避免争议，便于征纳税工作。

现行内资税条例，把实行独立经济核算单位的企业，界定为纳税义务人，并在条例实施细则中限定要同时具备三个条件，即在银行开设结算账户；独立建立账簿，编制财务会计报表；独立计算盈亏。这很不科学、合理，难以准确把握。新税法为与税种名称相适应，要改为以法人实体为纳税人界定标准，其范围包括企业法人（即公司法人），机关、事业单位和社会团体法人，联营法人。这可与个人所得税的纳税人明确区别开来。在是否以法人来界定纳税人的同时，还要结合注册登记地与住所标准，来认定居民法人和非居民法人，相应确定其无限、有限纳税义务。这就是在中华人民共和国境内依法成立的法人，主要办事机构设在中国境内的，是中国居民法人，就其来源于中国境内、境外的全部所得征收所得税；外国法人在中国境内设立机构、场所独立生产经营，或与中国境内法人合作生产、经营，以及虽未设立机构、场所，但在中国境内从事间接投资活动的，仅就其来源于中国境内的所得征收所得税。

四、适当降低税率，调换税率形式

现行内资企业所得税的法定税率是33%，只对所得额很低的小户，才分别暂减为27%、18%的税率。外资企业所得税是30%的基本税率加3%的地方税率（地方多未征收），设在特定地区和属于特定产业的，分别不同情况，减按24%、15%的税率征收。内资企业适用的税率普遍高于外资企业，是当前存在的一个重要矛盾。统一内外资企业所得税制，首先就要统一税率，把统一适用的法定税率，降为25%的水平，较为适宜，这是因为：

1. 高税率、多优惠，既给人以重税感觉，易引致逃税，且税负失平，影响平等竞争。统一企业所得税制后，税收优惠要大量缩减，特别是外资企业现在享受的多种减免税优惠，将会有重大调整，统一的法定税率定高了，外资企业的实际税负会增加很多。把统一税率定在多数外资企业实际适用的税率水平，虽因缩减某些减免税优惠，实际税负会有些增加，但不会太多，这保持了我国涉外税收政策的相对稳定性、连续性，有利于增强现有外资企业的投资信心，并吸收新的外商投资和引进高新技术、设备。

2. 现在国际上正普遍降低公司所得税税率，许多国家的公司所得税税率，都在25%左右的水平。中国周边国家多实行较低的公司所得税税率以吸引外资，中国也需要把过高的企业所得税税率降下来，便于同国际税制衔接，搞好国际合作，提升国际竞争力，并促进本国经济发展。

3. 国内企业特别是国有大中型企业，正处在深化改革，建立现代企业制度，应对加入WTO严峻挑战的关键时刻，有许多深层次的困难问题，需要解决。而统一税制后，过去有些不适当的减免税优惠还要取消，适当降低法定名义税率，可以减低或保持现在的实际税负水平，这有利于增强企业活力和发展后劲，促进改革建制，积极参与市场竞争，提高国际竞争力。

统一企业所得税率的另一个问题，是税率形式的选择。现在大多数国家采取比例税率制（含统一比例税率和区别行业等的分定比例税率），也有采取超额累进税率以及其他税率形式的。中国内资企业名义上是33%的统一比例税率，但由于对利润所得小户，另外规定了两级较低的比例税率，实际成了三级全额累进税率，这存在全额累进税制固有的因转换级次而额外增加税负的矛盾，不科学、不合理，国际上已不再采用。利润所得小户一般都是为数众多的中小企业，负税能力小，需要扶植发展。世界上许多国家包括经济发达国家在内，也多在适用税率上加以照顾。有的是另订一级较低的比例税率，有的是适用较低的超额累进税率，有的是把利润所得大户适用比例税率与利润所得小户适用超额累进税率结合起来。美国就是这第三种情况，在1987年开始实行的新税制，采用15%、25%、34%三档超额累进税率，分别适用于年所得额不同的小户，对年所得额超过33.5万美元的，其所得一律按34%的统一比例税率征收。同时，又规定了所得额超过10万至33.5万美元的部分，要加征5%的附加税，形成39%的一级税率，因而实际上是四级超额累进税率加一个比例税率（1995年后比例税率调升为35%，税收级距及税率适用也有变化，但基本原则仍同）。我们认为，美国这种累进税率加比例税率的税率形式，可供我国借鉴，现参考该税率形式，对新税法的税率，初步试拟如下（见表2）。

表2　　试拟法人所得税税率表

年所得额级距	税率形式	适用税率%
不超过10万元的	超额累进	10
超过10万元至15万元的部分	超额累进	19
超过15万元至20万元的部分	超额累进	25
超过20万元至50万元的部分	超额累进	31
超过50万元的	比例税率	25（全额适用）

以上第四级税率31%，仍是超额累进税率，适当加大这级税率，是在借鉴美国加征附加税做法的基础上加以改进，使之简明化，是超额累进税率转换为比例税率过渡所必需，可避免由于税率转换带来的税负不平衡。实际该级的整体税负，最高即为25%。因此，年所得额超过50万元的，可以不再累计计算，全额适用25%比例税率，举例计算如下（见表3）。

表3　法人所得税税负试算表

应税所得额	本级适用税率%	前一级或几级税额	本级税额	税负总额	税负总额占应税所得额比重（%）
100000	超额累进10		10000	10000	10
150000	超额累进19	10000	9500	19500	13
200000	超额累进25	19500	12500	32000	16
300000	超额累进31	32000	31000	63000	21
400000	超额累进31	32000	62000	94000	23.5
500000	比例税率25		125000	125000	25

以上方案的好处是：

1. 有利于扶植发展中小企业。2002年6月29日通过的《中华人民共和国中小企业促进法》规定："国家在有关税收政策上支持和鼓励中小企业的创立和发展。"方案中的超额累进税率设计，正是适应这种要求，能减轻利润所得小的中小企业税收负担。

2. 方案兼具超额累进税率与比例税率的长处，对年应税所得额在50万元以下的中小户，随着所得额的上升而逐步提高税负，转换税级时，负担较公平合理；而对年应税所得额在50万元以上的较大户，则是按全额统一使用25%的税率，计算简便，不需要逐级累进计算，逐级扣减差额，也有利于企业计算其规模经营效益，不因盈利增大而累进增税，从而鼓励提高效益，多盈利，多得益。

3. 取消现行多种差别税率（内外资差别税率、地区差别税率、产业差别税率、所得大小差别税率等），建立了全国统一的所得税率。

五、规范税基，统一费用扣除项目和标准

应纳税所得额是计算确定所得税应纳税额的基础。内资税条例对有关税收的成本费用计算列支，缺乏系统明确规定，比较混乱。在新税法中应进一步明确："纳税人的财务、会计处理办法同税收法律、法规和国务院有关税收规定抵触的，应当依照税收法律、法规和国务院有关税收规定计算纳税。"并把它作为一条基本原则，列为总则专条。从这个原则出发，为强化依据税法计算纳税，新税法对税基的确定和计算，应有更多的明确规定。

计税成本费用的确定，应当适应现代企业制度和技术进步创新的要求，充分体现纳税人的劳动补偿、资本补偿、技术补偿、风险补偿。原则上与企业有关的支出和费用，都要允许在税前扣除，使法人所得税真正成为按纯利所得征收的税种。在这方面，现行内外资两套企业税法是有差距的，主要表现是有关成本费用计算、扣除项目和列支标准，内资企业严于外资企业，对工资、业务招待费、广告费等支出和呆账核销，内资企业有较多限制，而外资企业则没有或限制较少，前者应以向后者靠拢，统一规范为宜。例如：

1. 工资性支出。随着市场经济的发展和制度的健全，对高工资薪金还有个人所得税可以调节，过去为防范国有企业滥发工资的计税工资限制，已无必要存在，可以取消，准予工资性支出据实列支，职工福利费用也同样办理。

2. 公益、救济性捐赠列支。这种捐赠，只要是通过境内非营利的社会团体、国家机关，向教育、民政等公益事业和受灾、贫困地区捐赠，就可产生积极作用，而不会有消极影响，新税法中应取消对捐赠的比例限制。

3. 从其他企业取得的股息、红利处理。为避免经济上的重复征税和平衡内外资企业税收负担，可参照现行外资税法的条文，统一立法；或统一改为对分回的已税利润（股息、红利）列入应纳税所得额，计算出本企业的总应纳税额后，再从中扣抵原已缴的所得税款。

4. 风险准备金提取。为应对激烈的市场竞争，增强企业抗风险能力，新税法要列有提取风险准备金的统一条款。这对内资金融企业尤为重要，应允许按年末贷款余额，计提一定比例的坏账准备金，并放宽坏账核销标准，认定为坏账的，逾期时间从 180 天调至 90 天，以与财务会计制度一致。

5. 折旧年限。为强化税基规范，既避免依附财务制度，又避免税法条文过繁，便于适应情况调整，新税法可原则规定：折旧年限按固定资产分类，在 5—20 年的期限内，由国务院规定。

6. 存货的计价。为适应价格行情的变化，保护投资者的利益，本着实事求是的原则，在肯定按成本计价原则的同时，也可采成本价与时价孰低原则，规定因存货积压过多，且成本价与市价相差较大的，也可采用历史成本与可变现净值孰低法计价。

统一、规范应纳税所得额，决不是无原则地放宽对成本费用列支扣除的限制，该严格管理的，还是应当加以限制。为避免不合理地侵蚀税基，可以考虑在新税法中增列不准列支的项目，例如增列“注册资本未交足，其相应部分的借款利息”和“在中国境内工作人员的境外社会保险费”等。

六、统一规范税收优惠政策

现行企业所得税优惠政策，不适应当前形势的发展，存在较多的矛盾和问题，主要是：

1. 税收优惠多、乱、滥。内外资企业所得税的优惠政策措施，遍及税率、减免税、应税所得计算扣除等各个方面，范围广、种类多、项目杂、变动繁、金额大、透明度低。仅就其中减免税的优惠统计，现全国性有明文规定的，就达 100 多项。地方自行变通的优惠措施为数更多。税收优惠这个特殊调节手段，似乎不适当地变成了普遍调节手段。每年各类、各项减免税实际金额究竟有多少，很难统计，各类、各项减免税取得何种实际效益更难测算。这不但导致税负不公，也影响财政收入，不适应市场经济运行机制的要求。

2. 税收优惠的方向、目标不能适应当前经济结构调整、科技进步和社会经济发展目标的要求。现行对内资企业的所得税优惠，侧重在社会福利、劳动就业、环境保护、校办企业、劳务服务和“老、少、边、穷”地区以及遭受自然灾害等方面，多系照顾扶助性质，属于产业激励方面的优惠较少。外资企业所得税优惠，则是在对生产性企业广泛优惠的基础上，把优惠的重点放在特定不同地区的投资，划分地区的不同层次，实施高于内资企业的不同等优惠。这种以地区优惠为重点的做法，虽然也结合实施了产业优惠，但生产性企业基本上都能享受优惠，经济特区的商业、服务业也都享受优惠，未能更好地区别不同类别的产业、规模、风险，进行区别对待，着重对投资额大、技术先进、回收期长的鼓励产业进行优惠，以致境外一些中小企业乘机涌入，许多都是规模小、技术含量低、污染大、投资期短的劳动密集型项目、服务性项目。

3. 内外资企业税收优惠差别大。外资企业优惠的范围广，种类多，期限长，力度大；而对比内资企业则差距很大，影响了内资企业在市场经济中的公平竞争。

4. 现行税收优惠不适应 WTO 规则，要采取“遵循与利用相结合”的原则要求。一方面，对外资企业实施高于内资企业的税收优惠，虽并未违背 WTO 规则，但有些现行项目，有违反 WTO 规则的嫌疑，例如外资税法和细则规定，外商投资出口企业依法减税期满后，凡当年出口产品值达到企业产品值 70% 以上的，按法定税率减半征收所得税；又规定，外商投资者在中国境内直接再投资举办、扩建产品出口企业，全部退还其再投资部分已缴纳的企业所得税。这些都属于 WTO 规则明确列举的以出口业绩为条件的禁止性所得税减免补贴。企业投资购买国产设备，准许在新增利润中按 40% 的比例抵免企业所得税，而对非国产产品则不准抵扣，这对外国产品是一种不平等待遇，有违 WTO 规则。又如中国进出口银行和中保财险公司的出口信用保险业务，实施“先征后返”的所得税优惠，是一种专向性补贴，对其他企业包括外资企业在内都不适用，这是不公平待遇，也与 WTO 规则要求不符。另一方面是 WTO 规则有关条款，准许在税收上支持农业、科研技术活动、中小企业、贫困地区、社会失业救济、医疗卫生等，而我们在这方面的税收支持还有不足，尚未充分利用这类规定，来促进我国经济社会发展。

针对以上矛盾，调整完善企业所得税优惠政策的原则主要是：

1. 坚持产业政策为主，区域、外资政策为辅，并有机结合的税收优惠政策原则，对产业政策鼓励发展的高新技术产业；农业、林业、牧业；能源、交通、通讯、水利等基础产业和基础设施；国家比较优势产业、幼稚产业、环保产业；某些第三产业和资源综合利用项目，以及国家政策鼓励的其他产业，区别不同情况，给以不同层次和形式的税收优惠。区域优惠主要是贯彻西部大开发和振兴东北战略决策。对西部地区，除享受全国同样的产业税收优惠政策外，对在该有关地区内，需要鼓励发展的，还应给予更多一些税收优惠，并要授予省级政府一定的机动处置权。外资企业税收优惠，是在与内资企业同等产业优惠的基础上，只对中国特别需要的外资项目，另外再给一些有限度的税收优惠。这就是只对符合法定的产业优惠条件，外商投资额大、技术先进、投资回收期长的外商投资企业，经营期在十年以前的，可在一般优惠的基础上，再适当给予一些优惠，以利于吸引先进工业国家的长期大额投资和高新技术，优化经济结构。现在中国周边国家都对外资经营给予多种优惠，在激烈的国际竞争中，我们也不能完全放弃这种可以有效利用的手段。

2. 依据前述原则，要对现行优惠政策进行全面清理整顿，大刀阔斧地取消一切不合时宜的优惠项目和规定，并明文公布。对取消优惠后存在困难而又必须扶植的社会福利等企事业单位，改采用财政拨款形式。东部沿海地区已逐渐富裕起来，原有分地区的税收优惠，要改为产业导向，以生态平衡和集约化经营等项目开发为重点的税收优惠。现行外商投资经营企业不符合新税法政策原则的优惠都要取消。为保持政策的连续性、稳定性，避免震动过大，对新税法颁布前成立的外资企业，过去已承诺的减免税优惠，可规定一个过渡期，对其税负超过原有负担的部分，采取“先征后返”的办法进行过渡。

3. 借鉴国际通行做法，要把现行基本上是直接减免税的优惠方式，逐渐改为加速折旧、投资抵免、专项扣抵、税前扣除等间接优惠方式。其中，加速折旧的优惠方式，要特别重视运用。它利于有针对性地促进技术进步创新、更新技术设备，产业升级换代；而且从长期来看，它只是一定期间内的延缓收税，不会减少税收收入。

4. 严格实行税收优惠的总量控制和效益控制。税收优惠实际是一种特殊的财政支出方式，必须把税收优惠金额控制在一个适当限度内，在这个限度内确定实施优惠的项目和金额，以利于国家的宏观调控。要着重考察和发挥税收优惠的投入产出效应，对税收优惠要附加必要的制约条件，特别是可以借鉴经济发达国家的成功经验，采取“税式支出”制度，更好地核算和控制税收优惠，并评价由此而取得的经济效益和社会效益，以利于促进经济的持续、稳定、健康发展。

5. 单独制定公布统一的税收优惠法规，定期调整。鉴于国家的产业政策和有关政策，要随着形势发展而不断调整，并且税收如何贯彻有关政策实施优惠，需要明确具体，而税收法律具有较长期间的稳定性，不宜频繁修改。借鉴世界许多国家的做法，在法人所得税法中，只明确规定优惠的目标、原则，简要列举几项要优惠的方面，具体优惠办法，授权由国务院制定单独的行政法规，以利于适应形势发展，灵活处理，不断调整。日本在第二次世界大战后的经济起飞时期及其后的时期，采取的“租税特别措施”，是在经济发展不同阶段，适应当时不同的经济政策目标需要，而在该时期内实行的一种减免税优惠措施，当目标任务完成后，就又适时地调整改变，这种方式，可供我们借鉴。

载中国国际税收研究会课题组：《加入世贸组织后中国税制改革走向》（国家社会科学基金重点项目，批准号：02AJY010）第七章第一节，人民出版社 2006 年 8 月版。初稿题为《改革企业所得税制，提升企业国际竞争力》，是全国人民代表大会常委会预算工作委员会 2003 年 10 月召开的企业所得税改革国际研讨会入选交流论文。

改革个人所得税制，完善收入分配调节机制

一、现行个人所得税制不适应当前形势发展要求

现行个人所得税制是在1993年10月合并原对外籍居民征收的个人所得税和对中国籍居民征收的个人收入调节税及城乡个体工商业户所得税三个税种的基础上建立起来的。在十年的贯彻施行中取得了重大成果，随着个人收入的上升，个人所得税收入相应快速上升。原来三个个人所得税税种都已开征的1987年，收入7.17亿元，只占同期税收收入总额的0.34%，2002年已达1211亿元，比上年增长215亿元，上升21.6%，占同期税收收入总额的7.08%，该项比重，更为1987年的20.82倍。2003年上半年个人所得税收入已达730亿元，又比上年同期增长23.4%，增收138亿元。现个人所得税在我国已跃升为收入仅次于增值税、企业所得税、营业税的第四个大税种，并在个人收入分配的宏观调控中，发挥重要作用。

但是，随着国内外经济形势的发展和收入分配体制、结构的变化，现行个人所得税制也出现了一些与形势发展不相适应的矛盾问题，主要是：

1. 不适应收入分配差距日益扩大，贫富分化加剧的现状。多年来我国经济以较高速度快速发展，而增长福利的分配，也呈现出差距日益扩大的趋势。无论是在城镇各收入阶层间，还是在城乡间、地区间、行业间都是这种情况，贫富分化加剧，城乡居民基尼系数2000年已达0.417，超过了国际警戒线。2002年一季度的统计表明，20%的高收入者收入占总收入的46.2%，而20%的低收入者收入，只占

总收入的6%，高低收入差距为7.66倍。与此同时，财产也日益集中化，2002年上半年的抽样调查显示，10%的富裕家庭占有城市居民全部财产的45%，10%的最低收入家庭则只占有前项财产的1.4%，另外80%的家庭占有财产总额的53.6%。在城市居民家庭金融资产中，20%的高收入家庭，所占比例为66.4%。而20%的低收入家庭只占13%。[①] 我国现行个人所得税的分类税制，不能从总体上和以一个年度的较长计算期，衡量纳税人的负税能力，进行有效调节，加以征税面窄，减免优惠过多，有些征收、宽免界限划分不当，如对富裕户转让股票，一次所得虽达百万、千万元以上也不征税，而对贫困户几元几角的储蓄存款利息所得却要征税。800元的生计费用扣除标准，近十年来也未按照物价指数和医疗、教育等费用的提高而相应调高，部分较低收入者多负担了税。特别是对如何调节过高收入部分和培育中等收入者、照顾低收入者，缺乏有效措施，这些都不够适应调节收入分配差距，缓和两极分化矛盾的要求。

2. 不适应收入来源多元化和经营收入、资产收入、技术、管理收入快速上升的现状。一是当前收入来源多元化、隐性化，职工收入除工资收入（含较大比例活工资的奖金）外，还普遍有工资制度外收入，包括货币、非货币、实物等形式的各种名目的补贴收入和福利收入，数额大，增长快。据有关资料，工资制度外收入占工资收入的比例，1978年只为8%，1994年已上升为50%左右。近年来住房补贴和养老医疗保险等福利收入增加，使此项比例上升幅度更大。在一些垄断性行业，工资外收入多是超过工资收入的。按照现行税制，对某些补贴、津贴和福利费是免征税的，特别是工资制度外收入，有较大隐蔽性，难于控制，征免界限不清，因而征收个人所得税的，往往也就只限于"工资条"所列的工资收入部分，单位发的多种补贴收入、福利收入、"小金库"收入，往往没有征税。二是按生产要素进

① 以上参见白景明、周雪飞："我国现阶段居民收入分配状况及其财税调节对策"，《经济活页文选》2003年第5期。

行分配。近年来经营收入、资产收入、技术管理收入也是大幅度上升。可是全国近年来个体工商户的生产经营所得和企事业单位的承包、承租经营所得的征税收入占个人所得税收入比重并未增加，反而下降。从1994年的46.1%和3.9%，分别下降为2002年的15.3%和1.9%。劳务报酬所得和财产租赁所得征税收入所占比重也下降。便于源泉控制的工资薪金所得所占比重由1994年的38.7%，上升为2002年的46.4%（其中月薪3000元以上和不满3000元的，缴税额约各占一半），其次更便于源泉控制的储蓄存款利息所得，在2002年的比重为24.83%。[①] 这在一定程度上也表明，对私营企业主、演艺明星、建筑承包商等高收入者的征税，是存在漏洞的。

3. 不适应当前世界性的个人所得税制改革趋势。为应对世界性经济停滞、滑坡和激烈的国际竞争，世界范围内的新一轮税制改革正在开始进行，其中一个主要内容就是降低个人所得税税率，简并税级，提高扣除额（免税额）。例如美国确定2001年财政年度至未来十年，全面降低个人所得税税率，并简化税率级次。个人所得税最低税率，由15%降至10%，最高税率由39.6%降至30%，未成年人的抵免退税额，从500美元，提高到1000美元。德国2000年至2004年，个人所得税最低税率由22.9%降至15%，最高税率由48.5%降至42%，基本免税额由年收入13499马克提高到15011马克。法国2000—2003年，个人所得税最高税率从54%降为52.5%，六级税率中的前四级也大幅度降低。马来西亚从2001年起，各级税率都分别降低一个和两个百分点，如最高税率从29%降为28%，免税额由15万吉林特，提高为25万吉林特。[②] 经济全球化特别是我国加入WTO后，国际经济交往、人员往来日益活跃频繁，各国税制间的相互影响更为直接、密切，我国个人所得税制，必须与发展中的世界个人所得税制衔接，以利于在激烈的国际竞争中，促进国际经济合作，保护广

① 《中国财经报》2003年6月3日，《中国税务报》2003年8月15日。

② 《税务研究》2003年第3期，第16页。

大中外籍纳税人的劳动积极性，吸纳人才，推动经济高效发展。

总之，为适应国内外经济形势的发展变化，并与世界税制衔接，更好地发挥个人所得税在调节居民收入分配和组织收入、促进发展经济中的重要作用，必须在税制上进行新一轮的深化改革。

二、改革个人所得税制要重视的几个原则问题

针对现行个人所得税存在的矛盾问题，依据党和国家确定的方针政策，借鉴国际经验，我们认为，当前深化对个人所得税改革，要重视以下几个原则问题。

第一，功能定位，注重调节，兼顾效率，调节过高收入，培育中等收入者，照顾低收入者。个人所得税作为一个税种，与其他税种一样，必然担负了组织收入的重要任务，但有很大不同的是，基于个人所得税的特殊功能作用，它在直接调节居民的个人收入分配差距，缓和贫富悬殊矛盾中，担负了更为重大任务，不同于增值税偏重组织收入，倾向于中性原则；也不同于企业所得税，纳税人是经济组织单位，企业利润增加，有利于扩大生产经营，可以按同一比例征税，以利于促进提高经济效益，高速发展经济。党的十三大至十五大和多次中央会议文件都明确强调："调节过高收入，完善个人所得税制……使收入差距趋向合理，防止两极分化。"[①] 党的十六大进一步确定："初次分配注重效率……再分配注重公平，加强政府对收入分配的调节职能，调节差距过大的收入。"强调"以共同富裕为目标，扩大中等收入者比重，提高低收入者收入水平。"[②] 遵循党的这个重大决策，适应个人所得税的特殊功能作用，在组织个人所得税的收入中，我们必须着重调节，兼顾效率，要加大调节力度，适当调节过高收入，培育中等收入者，照顾低收入者，走共同富裕道路，从而适应社会主义

---

① 《中国共产党第十五次代表大会文件汇编》，人民出版社 1997 年 9 月版，第 25 页。

② 《中国共产党第十六次代表大会文件汇编》，人民出版社 2002 年 11 月版，第 27、28 页。

市场经济发展的要求，建立起个人所得税的缓解居民收入分配矛盾的强大内在调控机制，收入持续、稳定增长的机制，更有效地发挥它在政治、经济和社会生活中的积极作用。这是改革完善个人所得税制的指导思想和重大原则。当然，调节过高收入，决不是“杀富济贫”，把过高收入过多地调下来，而是要十分重视调节分寸的适当和合理，要兼顾效率，保证税收调节后，高收入者仍可得到较多的收入，以利于保护调动勤劳工作和善于经营者的积极性，推动经济高效发展。现在我国居民收入分配格局是底座大、中间少、上层小。据统计，2000年城镇居民最低收入户和中等收入偏低户占总户数的73.4%（其中最低收入户占36.1%），中等收入户和中等收入偏上户占20.87%（其中中等收入户占14.3%），高收入户占5.64%。如加上农村计算，低收入户所占比例更高。减免低收入者负担，减轻中等收入者负担，有利于提高低收入者收入水平，扩大中等收入者比重，从而也有利于社会稳定，有利于启动消费需求，并使各不同收入阶层的需求结构与商品供求结构基本吻合，促进发展经济。

第二，转变税制模式，拓宽税基，调节税负，强化控管，简便易行。就现行个人所得税制本身的主要矛盾来说，一是按应税项目分类征税，难以体现公平税负、合理负担的基本原则，且容易逃避缴税；二是税基不够宽广，征收范围较窄，减免项目偏多，不适应普遍征税原则要求和分配体制、结构发展变化的新情况；三是税率高，级次多，生计费用扣除标准低，不适应当前世界个人所得税制发展趋势；四是源泉控管机制较软弱，特别是对高收入者的征管漏洞大，税收流失多。针对存在的矛盾，借鉴国际上近年来的通行做法，在改革个人所得税制的设计中，需要采取“转变税制模式，拓宽税基，调整税负，强化调节，简便易行，加强控管”的原则。这就是要改采用综合与分类相结合的所得税制模式，扩大征收范围，缩小减免税优惠，加大调节力度，适当调整税率，减并税级，提高生计费用扣除标准，建立双向申报制和监控体系，强化预扣、预缴制。

第三，多管齐下，协调配合，综合治理。当前居民收入分配差距过大，有社会经济等各方面的原因，分配中缺乏正常秩序，初次分配秩序混乱，个人分配隐性化、多元化，也是其中一个原因。个人所得税的调控功能有其一定限度。特别是在个人收入分配隐性化、多元化的情况下，调节作用的发挥，更有其一定难度。决不是单靠这个税种的加大调控力度，就可使收入差距趋于合理的，必须多管齐下，协调配合，综合治理。最根本的仍然是要加快发展经济，为调节创造所需要的物质基础；要加快体制改革步伐，创造调节收入分配差距的制度环境。其中就分配环节来说，就是要完善按劳分配为主体，多种分配方式并存的分配制度；要规范分配秩序，合理调节少数垄断行业收入，取缔非法收入；要实行政策倾斜，提高农村及中西部地区居民收入水平；要规范财政转移制度，健全社会保障制度。就税收体制来说，除强化个人所得税对收入分配的调节外，还要重视通过财产税（房地产税、财产转移税）、遗产赠与税，加强对富裕居民财富积累的调节；要通过消费税等，加强对高收入者的高级消费品和消费行为的调节，要开征社会保障税，进行一定调节，并使社会保障有稳定的资金来源。

三、选择适应我国现实情况的税制模式

国际上的个人所得税制模式，主要有三种，一是综合所得税制，二是分类所得税制，三是综合与分类相结合的混合所得税制。我国现行的分类税制模式，分别不同征税项目，确定税率、扣除标准和减免优惠，无法全面考察纳税人在一个年度较长期内的整体负担能力，难以真正贯彻公平税负原则，实现对过高收入调节的要求；有些所得的性质界定不清，征管也难以把握；同时，分类课征容易造成纳税人分解收入，多项扣除，进而逃避纳税。如一笔劳务收入分解为几笔，或一人多项收入，形成多项扣除。但考虑到对全部个人所得，均实行综合税制，要求对纳税人各种来源的所得，都能综合计算和进行控管，需要纳税人有较高的纳税意识，有较健全的财务会计制度和科学、严密的税源监控体系和相应的征管力量，社会征收成本也高，这在当前要完全做到，还存在事实上的困难。特别是综合税制模式，不是按收入性质区别征税，如对劳动收入与非劳动收入一个样，创造性劳动收入与普通劳动收入一个样，难以体现政策，也有欠公允。因而目前宜于对综合与分类课征混合采用，这既能覆盖所有个人收入，避免分类税制可能出现的漏洞，又能体现量能负担原则，并对某些所得实施区别对待政策，也与当前的征管水平和征管力量相适应，提高税收的科学性、合理性。

当前宜于把经常性、固定性收入的所得项目划入综合征税范围，这包括现行税法规定的工资薪金所得，个体工商户的生产、经营所得，对企事业单位的承包、承租经营所得，个人独资企业、合伙企业所得。因劳务报酬所得与工资薪金所得同属劳动所得，有时难以划分，也可包括在内。对这些所得，以一个年度为计算期，综合计算该征税范围的全部所得和应纳税额，按月预扣、预缴，年终汇算清缴，多退少补。其余各项所得都仍按现行分类税制办法缴税，不进行汇算清缴。这样划分，占个人所得税收入65%以上的所得项目，都列入了综合征税范围，既能体现纳税人的负担能力和公平税负原则，又与当前对税源的控管水平和力量相适应。

现在国际上也有极少数几个国家，对个人所得税采取单一比例税制模式的。例如俄罗斯2001年开始实行了这种税制模式，施行后，在政治经济和税收环境改善的大背景下，个人所得税收入较大幅度上升。我国舆论界现也有主张在我国实行这种税制模式的。应当指出，这在低税率、宽税基、少减免、简办法和对低收入者给予多种免税扣除以及对科技、文化、投资的税收优惠等方面，确有可供我国借鉴之处，但由于不分收入的高低，都按统一的13%比例税率计征，其调节过高收入的功能基本失去了。这是把个人所得税的功能，基本定位在取得财政收入上，而不是定位在调节收入与取得收入并重上，是不符合我国要运用个人所得税调节过高收入、走共同富裕道路的国策要求的。

四、扩大征税范围，缩小减免优惠

现行个人所得税征税范围较窄，税法规定的减免政策也不够规范、完善，实际执行中漏洞较大，都需要调整完善。主要是：

1. 明确统一工资制度外的各种名目、形式的工薪性质的补贴、福利收入，均应计入工资、薪金所得征税。对工资、薪金所得的征税范围，要作广义的界定，明确“因任职（包括兼职）或受雇而取得的各种工资、薪金性质所得，不分所得名义、形式和支付者的资金来源、列支渠道、支付方式，除税法列举免税的以外，均应一律计入工资、薪金所得征税”。这可以把当前在工资制度外发放的各种名目的补贴、福利，如菜篮补贴、伙食补贴、货币分房补贴、保险基金、年节补贴、不休假补贴、防暑补贴、工龄补贴、小集体补贴、电话费、公车使用包干和股票证券酬劳、实物发放等等，通通纳入征税范围，从而大大拓宽税基。税法可以不明确列举工薪所得的征税名目，而采取列举免税名目的反列举方式，这可以适应现实分配中的复杂情况，避免解释分歧，产生漏洞。基于现实情况和以上分析，税法第四条列举免税的第三款：“按照国家统一规定发给的补贴，津贴”已无必要，可以取消。

为严明税收政策，营造统一、公平的税收环境，保证财政收入，在个人所得税基本法规中，还要专列条款，明确规定，个人投资者在其生产经营的企业中支付的与生产经营无关的消费支出和财产性支出，以及长期借款不还的，应并入不同项目的个人所得内，计征个人所得税。

2. 把股票转让所得列入征税范围。现行税制对股票转让所得，是免征个人所得税的，而近年来股票的一级、二级市场明显分化，一级市场没有风险，而获利丰厚，2000 年的收益率高达 20—25%，资本利得达千亿元，个人转让股票利得，往往获利数百、数千万元，不负担丝毫个人所得税款，这便宜了某些有特殊关系的高收入户，需要借鉴国际上对股票转让利得有特殊征税办法的经验，区别拥有股票期间长短和利得大小的不同情况，征以高低不同的税，以调节过高收入，并改善二级市场的投资环境。其他证券交易所得，买卖证券基金的所得以及保险业带有投资、分红性质的险种，其投资、分红部分的所得，也应列入个人所得税征收范围。

3. 取消各种科技、文化、体育奖励的免税规定。现行税法第四条第一款规定："省级人民政府、国务院部委和中国人民解放军军以上单位，以及外国组织，国际组织颁发的科学、教育、技术、文化、卫生、体育、环境保护等方面的奖金，免纳个人所得税。"执行中，免税范围往往放得过宽，特别是有些获奖明星的同一获奖项目，在国际、全国和部、省以及市、县各级、各组织单位，都分别获得各种形式的货币、实物（动产、不动产）奖金，数额巨大，情况普遍。当然，为国家争得荣誉，奖励是应该的，但对过高收入部分，依法承担公民应尽的一定纳税义务，也是必要的，此项免税规定可以取消。

4. 取消税法第四条列举的国家发行的金融债券利息免税的规定，以平衡对储蓄存款利息所得征税的负担。取消税法第五条的减税条款，因提高生计费用基本扣除和增列附加扣除的规定，已能照顾这部分人的生活困难。

5. 取消对外国籍人员的特殊纳税优惠规定。一是取消对外国籍人员的工资薪金所得生计费用附加扣除规定。因近年来外籍人员在中国境内已是与中国籍居民一样，按同等价格购买物品，支付生活费用，加入世贸组织后，在我国有工资、薪金所得的外籍人员会大量增加，同样工作，同样所得，同样消费，已无必要保留高出中国籍居民四倍的生计费用附加扣除。二是税法第一条的居民与非居民的认定，可从原规定的在中国境内无住所，而在境内居住是否满一年的标准，改为是否满 183 天的标准，这符合国际通行做法，也与我国对外签订的绝大多数国际税收协定一致。调整时间标准后，适应采取综合与分类税制和来华工作人员增多的情况，可充分行使税收管辖权，对居民纳税人的境内外全部所得征税，避免税收流失。三是依据公平税负原则，外商投资者从外商投资企业取得的股息、红利所得，也要同中国籍居民一样，征收股息、红利的个人所得税。

另外，根据《国家赔偿法》的规定，要增加“国家赔偿金”免税条款。

五、调整税率、税级、费用扣除标准和计算征收办法

现行个人所得税制，工资薪金所得适用5%—45%的九级超额累进税率，工商生产经营所得适用5%—35%的五级超额累进税率，劳务报酬所得适用20%的比例税率，因有加成，加倍征税，实际是适用20%、30%、40%的三级超额累进税率。这三类所得，改采用综合征税后，自应设计统一适用的税率。基于当前国际税制发展趋势，结合我国现实情况，本着加强调控力度，保证收入，简化征收的要求，初拟设计统一的5%、10%、20%、30%、40%五级超额累进税率，相应调整各税级适用的应纳税所得额，并把综合所得的生计费用基本扣除标准，由原来每月800元，提高为每月2000元，全年24000元，该项标准，随物价指数变动，由国务院定期调整。授权各省、自治区、直辖市政府在实际执行中可在20%的幅度内提高或降低，以利于适应地区间收入和物价的差距。初试拟个人所得税综合税率表如下（具体确定，尚需细致核算）：

级数	全年应纳税所得额	税率%
1	不超过12000元的部分	5
2	超过12000元至60000元的部分	10
3	超过60000元至240000元的部分	20
4	超过240000元至600000元的部分	30
5	超过600000元的部分	40

上表的全年应纳税所得额是减去全年生计费用基本扣除24000元和某些附加扣除后的余额。把基本扣除标准提高一倍半，是因为：（1）现在是每项所得的每次收入都扣800元，可扣多项800元，而

将来月平均只能扣一个2000元。（2）从修订现行税法的1993年到2001年，据《2002年中国统计年鉴》公布的物价指数计算，居民消费品物价已上涨59.95%。（3）现在许多免税和未征税的所得，将来都要列入征税范围，计税所得基数将大幅度扩充。（4）城镇居民可支配收入和职工平均工资，分别从1993年的2577.4元和3371元，上升为2001年的6859.6元和10870元，各上升1.66倍和2.23倍。[①]现基本扣除提高1.5倍，大致相当，并不算多。（5）近年来经济体制和收入分配制度改革，居民的相关消费、支出，如医疗、保险、房租、公用事业和子女教育费等各项开支，都大为增加。（6）近年一些国家也在提高费用扣除标准。

国际上对生计费用的扣除，通行做法是，分别计算每个人或每个家庭的生计费用中用于某些个人生活上的特殊需要，据实扣除。我国虽限于管理水平，难以做到，但为使税负尽可能公平一些，并体现一定的社会、经济政策。除基本扣除外，也需要采取简化办法，设置附加扣除。针对某些人的特殊需要，如对军人、残疾者和家庭需要赡养老人、长期病人、上学子女者，实行一定的特别附加扣除。

前试拟税率表，是在现行税法按工资薪金、生产经营、劳务报酬三项所得适用的不同累进税率表基础上，加以简化合并、调整设计的，其中取消了45%这级最高边际税率，因为现在国际上降低税率后，已极少有这样高的最高边际税率，且现行税法是规定它适用于工资薪金月所得超过10万元，即全年所得超过120万元者。事实上也极少使用，却给人以高税率感觉，实无必要。

初试拟的税率、税级与现行的法定税率、税级比较。一般地说，月工资薪金所得在2000元以下的一般低收入者，都可免税，这与1994年修订税法时，有众多免税者的情况相同；而月工薪所得超过2000元至3000元的，只需缴纳极小金额的税；超过3000元至7000元的，因实际适用税率比现在低，可较多地得到不同程度的减税；月

① 《2002年中国统计年鉴》，中国统计出版社2002年版，第144、320页。

工薪所得超过7000元至12000元的，税负基本未变；月工薪所得超过12000元的，由于实际适用的税率、税级金额变化，缴税稍有不同程度增加。这符合区别收入差距，既培育中等收入者，又适当加强对高收入者调节力度的要求。生产经营年所得在60万元以下的，普遍减轻税负，有利于扶植中小企业发展。由于税基扩大，增减税的相互抵补，总的税收实际收入不会减少，可能还有所增加。

为保证税收收入的及时、均衡入库，综合所得要采取预扣、预缴办法。工资薪金所得，以纳税人的月工资、薪金收入减除基本扣除和附加扣除后的余额，（工薪收入和扣除额都要除以12，由年换算为月），按照适用的税率按月预扣、预缴税款。这种计征办法，可保证工薪所得者的基本生活费用，并把大部分工薪所得者排除在年终汇算清缴之外，减少退税面。生产经营所得可以当期实际应纳税款或上年度实缴税款和主管税务机关认为可行的方法，按月或按季预缴。劳务报酬收入不减扣除额，即按适用的超额累进税率按月或按次预扣、预缴税款（收入金额和适用税级金额也需由年换算为月）或按照每次（连续所得，以月总收入为一次）不同的收入金额，分别核定几级超额累进的预扣预缴率。现有些同志主张一律采取20%的预扣预缴率，这不适当，因为它对低收入者是多收，而对高收入者却是大为减收，是现行征税办法的倒退。虽有年终汇算清缴，但对高收入者不及时扣缴，很难再次征到税，即使能补收到税，也损失了这笔税款的利息；对低收入者则是一种额外负担，即使年终能得退税，也增加了征纳双方的许多不必要手续。

至于综合所得征税以外的各项分类所得，仍可沿用现行的20%统一比例税率和计算征税办法，但对应纳税所得额金额巨大的，特别是彩票等偶然所得、股票等财产转让所得，可区别情况，采取按原应纳税额加成、加倍征税办法，以与综合所得的税负平衡，调节过高收入，保留稿酬所得的费用扣除和减征办法，鼓励科学技术文化创作。科技、文化、体育、卫生等各项奖金取消免税后，可规定适用范围，设置一定的免税点（如每次1000元），以示税收的鼓励政策。储蓄存款及金融债券等利息所得，可设置一个较低的起征点（譬如每次所得50元），在起征点以下的不征税，起征点以上的全额征税，既照顾了低收入者，也可避免烦琐的扣缴手续，降低税收成本。由于每次不征税的金额很小，不会导致多开存款账户避税。

六、实施双向申报制　健全信息化管理　严建税源监控体制

现在个人所得税的一个很大矛盾问题，就是税源监控制度不健全，对应税收入特别是高收入者的多元化、隐性化收入难以掌握，形成征管漏洞和税收大量流失，必须切实采取有效措施，强化税源监控体系。例如：

1. 建立双向申报制。现行个人所得税法未明确规定纳税人和应税收入支付单位担负纳税申报的法律责任，影响税收监控管理。应借鉴国际通行做法，在税法中，加列专条对这个问题加以明确，同时，税收法律还要规定有关的第三者（部门、单位、个人）有向税务机关提供必要的纳税人相关资料信息和配合税务机关执法的义务。并在这个基础上，建立纳税档案和在纳税人与支付单位两者申报之间，建立起交叉稽核体系。考虑到纳税人申报工作，人多、量大、处理繁杂，可以只限于超过较大税款额度的重点纳税人，才进行申报，一般纳税人只要是预扣、预缴了税款，就不要申报。但有多种所得来源或同时从两个以上雇主处取得收入和未实行源泉扣缴的纳税人仍要申报。

2. 强化预扣、预缴为主，综合申报为辅的管理方式。进一步强化代扣代缴工作，是加强个人所得税征管的重中之重。应当强化代扣代缴义务人的法律责任，将个人所得税法规的基本内容、操作程序、代扣代缴办法、违章处理、法律责任等，纳入“代扣代缴责任书”，由主管税务机关与代扣代缴单位共同签订，以此明确相关法律责任，落实到人，并作为税务机关检查代扣代缴单位是否履行义务的依据，据此对直接责任人员实施一定的奖罚，同时，还要重视加强检查、监督和管理工作。

3. 建立纳税人识别号。借鉴国际经验，税务机关要建立全国统一的纳税人识别号。纳税人、扣缴义务人和向税务机关提供纳税人有关情况的部门和单位、个人，均应使用，以利于加强个人所得税的监控，避免税收流失。

4. 建立税收信息化管理系统。要抓紧建立个人所得税信息化管理制度和信息共享制度，构建纳税人、扣缴义务人登记、申报、稽核和监控的电子化体系。特别是基层税务部门要建立必要的税收信息渠道，切实掌握本辖区内高收入者有关税收的基本情况，建立档案。

载《财政研究》2004 年第 2 期。国家行政学院研究室编：《改革·发展·稳定——落实科学发展观的伟大实践》2006 年版转载；收入中国国际税收研究会编：《所得税改革国际借鉴研究》，中国税务出版社 2008 年 5 月版。

个人所得税制改革走向

一、国际上个人所得税制的发展趋势和主要经验

20世纪80年代以来，世界各国的个人所得税制作为不同阶段整个税制改革的重要一环，与当时的经济情况相适应，有很大的发展变化。其发展趋势主要是：降低税率，简并税级。扩大税基，提高生计费用扣除标准。

（一）大幅度降低税率，简并税级

为应对世界性经济停滞、滑坡和激烈的国际竞争，近年各国进一步降低个人所得税税率，简并税级。例如，美国确定2001年财政年度至未来十年，全面降低个人所得税税率，2001年最高税率由39.6%降至38.5%，2002年降至35%，直至以后降至30%。并从2001年起，增加10%一级最低税率，把原按15%税率征收的那部分应税所得，改按金额大小，分别适用10%、15%两级税率。德国2000年至2004年，个人所得税最低税率由22.9%降至15%，最高税率由48.5%降至42%。法国2000—2003年，个人所得税最高税率从54%降为52.5%，六级税率中的前四级税率也大幅度降低。阿尔巴尼亚从2001年起，个人所得税最高税率由30%降为25%。乌兹别克斯坦从2001年起，最高税率由40%降为36%。马来西亚从2001年起，各级税率都分别降低一个和两个百分点，如最高税率从29%降为28%。意大利2004年11月公布的减税法案准备从2005年起，把个人所得税的最高税率，从45%降至43%，税级由原来的五档减为四档。俄罗斯从2001年起实行的个人所得税制改革，更是把原来的12%—35%六级超额累进税率，彻底简化合并为13%单一比例的税

率，除彩票中奖等意外收入、超高利率（超过中央银行贷款利率3/4）的利息收入等适用35%税率，非俄罗斯居民各种收入适用30%税率外，各种所得项目统一按这个很低的税率征收。① 20世纪80年代末，OECD成员国中有16个国家简并税级，税率档次从平均10个以上，简并为不足6个，这是简化税制的一个适当措施。

（二）减少优惠，扩大税基，提高生计费用扣除标准

各国在降低税率、简并税级的同时，相应减少了个人所得税的优惠，并扩大征税范围，把附加福利和资本利得列入征税范围，也不断提高了生计费用扣除标准。例如，美国1986年的个人所得税制改革：一是取消某些免税优惠，如对科学及其他成就奖的免税优惠、“非公益性”公债利息的免税优惠，并把部分附加福利收入列入征税范围。二是削减某些计税扣除项目，如对房屋抵押贷款利息、消费信贷利息、慈善捐款的支出，不准或限制其在计算应税所得时进行扣除，医药费用的扣除计算标准由原超过毛所得5%以上的部分，改为超过7.5%以上的部分，才准扣除。以上两类取消和削减的项目，达30多项。三是提高生计费用宽免标准，并同物价指数挂钩，把600多万贫困户排除在纳税者之外。从1993年以后，克林顿政府进一步扩大了对较低收入者的优惠，如年收入在10万美元以下的家庭，把部分收入存入退休账户，每年可获得2000美元的扣除；家庭有念大学的成员，每年可获得1万美元的扣除。2001年规定，未成年人的抵免退税额由500美元提高到1000美元。俄罗斯从2001年起实行的个人所得税制改革，在实行很低的一档税率的同时，采取两项重要措施：一是拓宽税基，把纳税人的所有收入，包括以货币形式、实物形式或者物质优惠形式的各项收入，都纳入征税范围；二是细化免税和扣除项目，保障居民生活需要和体现社会经济政策。

---

① 以上参见《税务研究》2003年第3期第16页；第10期第75—78页；《国际税讯》2002年第17期，第20页；财政部财政科学研究所《研究报告》2002年11月第42期；《中国财经报》2004年12月4日。

（三）分类税制模式向综合税制或综合分类混合税制模式转换

欧洲国家最早实行分类税制，以后陆续都向综合分类混合税制和综合税制转换，到20世纪80年代末期，基本上都实行了综合税制。大多数拉丁美洲国家刚开始时，是实行综合分类混合税制，曾坚持几十年，近年来多数已转换为综合税制。在非洲，虽也倾向于向综合税制模式转换，但三类税制模式现仍都并存。在亚洲和大洋洲，大多数国家也已实现了税制模式转换，如印度已实现了由分类税制向综合税制的转换，韩国以综合税制取代综合分类混合税制。现仍实行分类税制的国家，主要集中在中东地区。

从国际上个人所得税制的发展趋势看，可借鉴的经验主要是：

第一，个人所得税要着重调节个人收入，缓和贫富差距矛盾，宜采取超额累进税率，而不宜采取比例税率。美国在1988—1990年曾对个人所得税采取比例税率加超额累进税率的制度，但只实行三年，就被迫取消了比例税率，恢复正常的累进税率制度。俄罗斯等个别国家实行单一的比例税率，有其本国的特殊情况，不能成为普遍范例。

第二，税率高低和税级多少要适当。从调动工作积极性，鼓励投资、消费，减少逃税的角度考虑，税率不能太高，特别是经济不景气时，更多出现降低税率情况。税级不能太多，也不能太少，要适应简化税制和提高效率的要求。美国曾把25个税级逐步减为3个，又因有效调节收入分配的需要，逐步增为6个税级。

第三，要缩减不必要的税收优惠，扩大征税范围，以贯彻公平税负、简化税制的原则要求。要随着物价的上涨，提高生计费用的扣除标准，把低收入者排除在个人所得税纳税者之外。各税级适用的应税所得额，要依据物价指数不断调整。

第四，综合税制是较理想的税制模式，是发展方向，大多数国家都已实现了这种税制模式转换，我国也应创造条件逐步实现模式转换。

二、中国个人所得税制的发展和存在的问题

我国现行个人所得税制，是在1993年10月修正公布《中华人民共和国个人所得税法》，合并原对外籍居民征收的个人所得税、对中国籍居民征收的个人收入调节税和城乡个体工商业户所得税三个税种的基础上建立起来的。现行个人所得税法，与经济发展情况相适应，在近十年的贯彻施行中，取得了重大成果。随着个人收入的上升，个人所得税收入相应快速上升。2002年已达1211亿元，首次突破千亿元大关，比上年增收215亿元，上升21.6%，占同期税收收入总额的7.08%，现个人所得税在我国已跃升为收入仅次于增值税、企业所得税、营业税的第四个较大税种，并在个人收入分配的宏观调控中，发挥重要作用。

但是，随着国内外经济形势的发展和收入分配体制、结构的变化，现行个人所得税制也出现了一些与形势发展不相适应的矛盾和问题，主要是：

1. 不适应收入分配差距日益扩大，贫富分化加剧的现状。多年来，我国经济以较高速度快速发展，而增长福利的分配，也呈现出差距日益扩大的趋势。无论是在城镇各收入阶层间，或是在城乡间、地区间、行业间都是这种情况，贫富分化加剧，城乡居民基尼系数2000年已达0.417，超过了国际警戒线。2001年全国各收入阶层城镇居民家庭人均可支配年收入6860元，其中10%的最高收入户人均15114元，10%的最低收入户人均只有2803元，其差距已由1992年的3.26倍，逐年扩大为5.39倍。[①] 我国现行个人所得税的分类税制，不能从总体上和以一个年度的较长计算期，衡量纳税人的负税能力，进行有效调节，加之征税面窄，减免优惠过多，有些征收、宽免界限划分不当，如对富裕户转让股票，一次所得虽达百万、千万元以上也

---

① 以上参见白景明等文，《中国财经报》2003年4月29日；《经济活页文选》2003年第5期。

不征税，而对贫困户几元几角的储蓄存款利息所得，也同样要按20%的税率征税。生计费用扣除标准，近十年来也未按照物价指数和医疗、教育等费用的提高而相应调高，部分较低收入者多负担了税。特别是如何调节过高收入部分和培育中等收入者，照顾低收入者，缺乏有效措施，这些都不能适应调节收入分配差距，缓和两极分化矛盾的要求。

2. 不适应收入来源多元化和经营收入、资产收入、技术、管理收入快速上升的现状。一是当前收入来源多元化、隐性化，职工收入除工资收入（含较大比例活工资的奖金）外，还普遍有工资制度外收入，包括货币、非货币、实物等形式的各种名目的补贴收入和福利收入，数额大，增长快。在一些垄断性行业，工资外收入多是超过工资收入的。按照现行税制，对某些补贴、津贴和福利费是免征税的，特别是工资制度外收入，有较大隐蔽性，难于控制，征免界限不清，因而征收个人所得税的，往往也就只限于"工资条"所列的工资收入部分，单位发的多种补贴收入、福利收入、"小金库"收入，往往没有征税。二是按生产要素进行分配，近年来经营收入、资产收入、技术管理收入也是大幅度上升。例如，浙江省温州市的一项典型调查显示，一般的私营企业主年收入为一般员工的21倍，百万元资产以上的私营企业主年收入为一般员工收入的79倍。可是，全国近年来个体工商户的生产经营所得和企事业单位的承包、承租经营所得的征税收入占个人所得税收入比重并未增加，反而是下降，从1994年的46.1%和3.9%，分别下降为2002年的15.3%和1.9%。劳务报酬所得和财产租赁所得征税收入所占比重也是下降。便于源泉控制的工资薪金所得所占比重由1994年的38.7%上升为2002年的46.4%（其中月薪3000元以上和不满3000元的，缴税额约各占一半），其次也是更便于源泉控制的储蓄存款利息所得，在2002年的比重为24.83%。[①] 这在一定程度上也表明，对私营企业主、演艺明星、建

① 《中国财经报》2003年6月3日；《中国税务报》2003年8月15日。

筑承包商等高收入者的征税，是存在漏洞的。

3. 不适应当前世界性的个人所得税制改革趋势。近年来，许多国家都在进行降低税率，简并税级，减少优惠，扩大税基的改革，而我国现行个人所得税制的超额累进税率区分工资薪金所得、个体工商户和承包、承租经营所得、劳务报酬所得的不同类别有三套之多。其中，如工资薪金所得是适用九级超额累进税率，显得级次偏多、级距偏小，最高边际税率偏高。税制中的减免税优惠也偏多，征税范围偏窄。如外籍人士在我国生活，已不是过去那种高价提供服务，而其生计费用的扣除额，现在却是五倍于中国籍居民，显得优惠过宽，不符合国际通行做法。经济全球化特别是我国加入 WTO 后，国际经济交往、人员往来日益活跃频繁，各国税制间的相互影响更为直接、密切，我国个人所得税制，必须与发展中的世界个人所得税制衔接，以利于在激烈的国际竞争中，促进国际经济合作，保护广大中外籍纳税人的工作积极性，吸引和留住各类人才，推动经济高效发展。

总之，为适应国内外经济形势的发展变化，并与世界税制衔接，更好地发挥个人所得税在调节居民收入分配和组织收入、促进发展经济中的重要作用，必须在税制上进行新一轮的深化改革。

三、改革个人所得税制要重视的几个原则问题

针对现行个人所得税制存在的矛盾和问题，依据党和国家确定的方针政策，借鉴国际经验，我们认为，当前深化对个人所得税改革，要重视以下几个原则问题。

第一，功能定位，注重调节，兼顾效率，调节过高收入，培育中等收入者，照顾低收入者。个人所得税作为一个税种，与其他税种一样，必然担负了组织收入的重要任务，但有很大不同的是，基于个人所得税的特殊功能作用，它在直接调节居民的个人收入分配差距，缓和贫富悬殊矛盾中，担负了更为重大的任务。党的十三大至十五大和多次中央会议文件都明确强调："调节过高收入，完善个

人所得税制……使收入差距趋向合理，防止两极分化。”[①] 党的十六大进一步确定：“初次分配注重效率……再分配注重公平，加强政府对收入分配的调节职能，调节差距过大的收入。”[②] 遵循党的这个重大决策，适应个人所得税的特殊功能作用，在组织个人所得税的收入时，要加大调节力度，适当调节过高收入，培育中等收入者，照顾低收入者，走共同富裕道路，从而适应社会主义市场经济发展的要求，建立起个人所得税的缓解居民收入分配矛盾的调控机制，更有效地发挥它在政治、经济和社会生活中的积极作用。这是改革完善个人所得税制的指导思想和重大原则。当然，调节过高收入，决不是“杀富济贫”，把过高收入过多地调下来，而是要十分重视调节分寸的适当和合理，要兼顾效率，保证税收调节后，高收入者仍可得到较多较大的收入，以利于保护调动勤劳工作和善于经营者的积极性，推动经济高效发展。现在我国居民收入分配格局是底座大、中间少、上层小。据统计，2000 年城镇居民最低收入户和中等收入偏低户占总户数的 73.4%（其中最低收入户占 36.1%），中等收入户和中等收入偏上户占 20.9%（其中中等收入户占 14.3%），如加上农村计算，低收入户所占比例更高。减免低收入者负担，减轻中等收入者负担，有利于提高低收入者收入水平，扩大中等收入者比重，达到两头小、中间大，从而也有利于社会稳定，有利于启动消费需求，并使各不同收入阶层的需求结构与商品供求结构基本吻合，促进发展经济。

第二，转变税制模式，拓宽税基，调整税负，强化控管，简便易行。就现行个人所得税制本身的主要矛盾来说，一是按应税项目分类征税，难以体现公平税负、合理负担的基本原则，且容易逃避缴税；二是税基不够宽广，征收范围嫌窄，减免项目偏多，不适应普遍征税原则要求和分配体制、结构发展变化的新情况；三是税率高，级次

---

① 《中国共产党第十五次代表大会文件汇编》，人民出版社 1997 年 9 月版，第 25 页。

② 《中国共产党第十六次代表大会文件汇编》，人民出版社 2002 年 11 月版，第 27、28 页。

多，生计费用扣除标准低，不适应当前世界个人所得税制发展趋势；四是源泉控管机制较软弱，特别是对高收入者的征管漏洞大，税收流失多。

针对存在的矛盾，借鉴国际上近年来的通行做法，在改革个人所得税制的设计中，需要采取“转变税制模式，拓宽税基，调整税负，强化调节，简便易行，加强控管”的原则。这就是要改采综合与分类相结合的所得税制模式，扩大征收范围，缩小减免税优惠，加大调节力度，适当调整税率，减并税级，提高生计费用扣除标准，建立双向申报制和监控体系，强化预扣、预缴制。

第三，多管齐下，协调配合，综合治理。当前居民收入分配差距过大，有社会经济等各方面的原因，分配中缺乏正常秩序，初次分配秩序混乱，个人分配隐性化、多元化，也是其中一个原因。个人所得税的调控功能有其一定限度。特别是在个人收入分配隐性化、多元化的情况下，调节作用的发挥，更有其一定难度。决不是单靠这个税种的加大调控力度，就可使收入差距趋于合理，必须多管齐下，协调配合，综合治理。最根本的仍然是要加快体制改革步伐，创造调节收入分配差距的制度环境。其中，就分配环节来说，就是要完善按劳分配为主体，多种分配方式并存的分配制度；要规范分配秩序，合理调节少数垄断行业收入，取缔非法收入；要实行政策倾斜，提高农村及中西部地区居民收入水平；要规范财政转移支付制度，健全社会保障制度。就税收体制来说，除强化个人所得税对收入分配的调节外，还要重视通过财产税（房地产税、财产转移税）遗产赠与税，加强对富裕居民财富积累的调节；要通过消费税等，加强对高收入者的高级消费品和消费行为的调节，要开征社会保障税，进行一定调节，并使社会保障有稳定的资金来源。

四、选择适应我国现实情况的税制模式

国际上的个人所得税制模式，主要有三种，一是综合所得税制，二是分类所得税制，三是综合与分类相结合的混合所得税制。我国现

行的分类税制模式，分别不同征税项目，确定税率、扣除标准和减免优惠，无法全面考察纳税人在一个年度较长期内的整体负担能力，难以真正贯彻公平税负原则，实现对过高收入调节的要求；有些所得的性质界定不清，征管也难以把握；同时，分类课征容易造成纳税人分解收入，多项扣除，进而逃避纳税。如一笔劳务收入分解为几笔，或一人多项收入，形成多项扣除。但考虑到对全部个人所得，均实行综合税制，要求对纳税人各种来源的所得，都能综合计算和进行控管，需要纳税人有较高的纳税意识，有较健全的财务会计制度和科学、严密的税源监控体系和相应的征管力量，社会征收成本也高，这在当前要完全做到还存在事实上的困难。特别是综合税制模式，不是按收入性质区别征税，如劳动收入与非劳动收入一个样，创造性劳动收入与普通劳动收入一个样，难以体现政策，也有失公允。因而，目前宜于对综合与分类课征混合采用，这既能覆盖所有个人收入，避免分类税制可能出现的漏洞，又能体现量能负担原则，并对某些所得实施区别对待政策，也与当前的征管水平和征管力量相适应，提高税收的科学性、合理性。当然，也要积极创造条件，为将来向综合税制模式转换做好准备。

当前，宜把经常性、固定性收入的所得项目划入综合征税范围，这包括现行税法规定的工资薪金所得、个体工商户的生产、经营所得、对企事业单位的承包、承租经营所得、个人独资企业、合伙企业所得。因劳务报酬所得与工资薪金所得同属劳动所得，有时难以划分，也可包括在内。对这些所得，以一个年度为计算期，综合计算该征税范围的全部所得和应纳税额，按月预扣、预缴，年终汇算清缴，多退少补。其余各项所得都仍按现行分类税制办法缴税，不进行汇算清缴。这样划分，占个人所得税收入65%以上的所得项目，都列入了综合征税范围，既较能体现纳税人的负担能力和公平税负原则，又与当前对税源的控管水平和力量相适应。

五、扩大征税范围，缩小减免优惠

现行个人所得税征税范围较窄，税法规定的减免政策也不够规范、完善，实际执行中漏洞较大，都需要调整完善。主要是：

1. 明确统一工资制度外的各种名目、形式的工薪性质的补贴、福利收入，均应计入工资、薪金所得征税。对工资、薪金所得的征税范围，要作广义的界定，明确“因任职（包括兼职）或受雇而取得的各种工资薪金性质所得，不分所得名义、形式和支付者的资金来源、列支渠道、支付方式，除税法列举免税的以外，均应一律计入工资、薪金所得征税”。这可以把当前在工资制度外发放的各种名目的补贴、福利，如菜篮补贴、伙食补贴、货币分房补贴、保险基金、年节补贴、不休假补贴、防暑补贴、工龄补贴、小集体补贴、电话费、公车使用包干和股票证券酬劳、实物发放等等，统统纳入征税范围，从而大大拓宽税基。税法可以不明确列举工薪所得的征税名目，而采取列举免税名目的反列举方式，这可以适应现实分配中的复杂情况，避免解释分歧，产生漏洞。基于现实情况和以上分析，税法第四条列举免税的第三款“按照国家统一规定发给的补贴、津贴”已无必要，可以取消。

为严明税收政策，营造统一、公平的税收环境，保证财政收入，在个人所得税基本法规中，还要专列条款，明确规定，个人投资者在其生产经营的企业中支付的与生产经营无关的消费支出和财产性支出，以及长期借款不还的，应并入不同项目的个人所得内，计征个人所得税。

2. 把股票转让所得列入征税范围。现行税制对股票转让所得，是免征个人所得税的，而近年来股票的一级、二级市场明显分化，一级市场没有风险，获利丰厚，2000 年的收益率高达 20%—25%，资本利得达千亿元，个人转让股票利得，往往获利数百、千万元，不负担丝毫个人所得税款，这有利于某些有特殊关系的高收入户，因此需要借鉴国际上对股票转让利得有特殊征税办法的经验，区别拥有股票期间长短和利得大小的不同情况，征以高低不同的税，以调节过高收入，并改善二级市场的投资环境。其他证券交易所得，买卖证券基金的所得以及保险业带有投资、分红性质的险种，其投资、分红部分的所得，也应列入个人所得税征收范围。

3. 取消各种科技、文化，体育奖金的免税规定。现行个人所得税法第四条第一款规定："省级人民政府、国务院部委和中国人民解放军军以上单位，以及外国组织、国际组织颁发的科学、教育、技术、文化、卫生、体育、环境保护等方面的奖金，免纳个人所得税。"这一条执行过程中，往往将免税范围放得过宽。特别是有些获奖明星的同一获奖项目，在国际、全国和部、省以及市、县各级、各组织单位，都分别获得各种形式的货币、实物（动产、不动产）奖金，数额巨大，对其过高收入部分，承担一定的纳税义务，也是必要的，因此该项免税规定可以取消。

4. 取消税法第四条列举的国家发行的金融债券利息免税的规定，以平衡对储蓄存款利息所得征税的负担。取消税法第五条的减税条款，因提高生计费用基本扣除和增列附加扣除的规定，已能照顾这部分人的生活困难。

5. 取消对外国籍人员的特殊纳税优惠规定。一是取消对外籍人员的工资薪金所得生计费用附加扣除规定。因近年来，外籍人员在中国境内已与中国籍居民按同等价格购买物品，支付生活费用，同样工作，同样所得，同样消费，已无必要保留高出中国籍居民四倍的生计费用附加扣除。二是税法第一条的居民与非居民的认定，可从原规定的在中国境内无住所，而在境内居住是否满一年的标准，改为是否满183天的标准，这符合国际通行做法，也与我国对外签订的绝大多数国际税收协定一致。调整时间标准后，可充分行使税收管辖权，对居民纳税人的境内外全部所得征税，避免税收流失。三是依据公平税负原则，外商投资者从外商投资企业取得的股息、红利所得，也要同中国籍居民一样，征收股息、红利的个人所得税。

另外，根据《国家赔偿法》的规定，要增加"国家赔偿金"免税条款。

六、调整税率、税级、费用扣除标准和计算征收办法

现行个人所得税改为综合征税后，应在调整生计费用扣除标准的基础上，设计统一适用的税率。基于当前国际税制发展趋势，结合我国现实情况，本着既加强调控力度，保证收入，又调动人们工作积极性，留住和吸引人才，以及简化税制的要求，现对有关问题提出以下设想：

（一）调高综合所得征税的生计费用扣除标准

拟把综合所得的生计费用基本扣除标准，由原来每月800元，提高为每月2000元，全年24000元。该项标准，随物价指数变动，由国务院定期调整。授权各省、自治区、直辖市政府在实际执行中，可在20%的幅度内提高或降低，以利于适应地区间收入和物价的差距。把基本扣除标准提高一倍半，是因为：（1）现在是每项所得的每次收入都扣800元，而将来月平均只能扣一个2000元。（2）据《2002年中国统计年鉴》公布的物价指数计算，从现行税法出台的1993年到2001年，居民消费品物价已上涨59.95%。（3）现在许多免税和未征税的所得，将来都要列入征税范围，计税所得基数将大幅度扩充。（4）城镇居民可支配收入和职工平均工资，分别从1993年的2577.4元和3371元，上升为2001年的6859.6元和10870元，各上升1.66倍和2.23倍。现基本扣除提高1.5倍，大致相当。（5）近年来经济体制和收入分配制度改革，居民的相关消费、支出，如医疗、保险、房租、公用事业和子女教育费等各项开支，都大为增加。

国际上对生计费用的扣除，通行做法是，分别计算每个人或每个家庭的生计费用中用于某些个人生活上的特殊需要，据实扣除。我国虽限于管理水平，难以做到，但为使税负尽可能公平一些，并体现一定的社会、经济政策，除基本扣除外，也需要采取简化办法，设置附加扣除，针对某些人的特殊需要，如对军人、残疾者和家庭需要赡养老人，长期病人、上学子女者，实行一定的特别附加扣除。

（二）调整综合所得税率，简并税级

取消现行45%这级最高税率，把现行税率简并为5%—40%五级超额累进税率，并相应调整各税级适用的应纳税所得额（指减去生计费用基本扣除和附加扣除后的余额）。借鉴国际通行做法，各级适用的应纳税所得额，可随物价指数变动，由国务院定期调整。

取消45%这级最高税率，是因为现在国际上降低税率后，已极少有这样高的最高边际税率，且现行税法是规定它适用于工资薪金月所得超过10万元，事实上极少使用，却给人以高税率感觉，实无必要。

五级超额累进税率拟适用范围是：5%税率适用于全年所得额不超过12000元的部分；10%税率适用于超过12000元至60000元的部分；20%的税率，适用于超过60000元至240000元的部分；30%的税率，适用于超过240000元至600000元的部分；40%的税率，适用于超过600000元的部分。试拟的税率、税级与现行的法定税率、税级比较，一般地说，月工资薪金所得在2000元以下的一般收入者，都可免税，这与1994年修订税法时，有众多免税者的情况相同；而月工薪所得超过2000元至3000元的，只需缴纳极少的税；超过3000—7000元的，因实际适用税率比现在低，可较多地得到不同程度减免；月工薪所得超过7000元至12000元的，税负基本未变；月工薪所得超过12000元的，由于实际适用的税率、税级金额变化，缴税稍有不同程度增加。这适应区别收入差距情况，进行适当调节，既培育中等收入者，又对高收入者稍有加大、加强调节力度。这有利于调动人们的工作积极性，自觉纳税，有利于吸引和留住高科技人才和高级管理人才。生产经营年所得在60万元以下的，普遍减轻税负，有利于扶植中小企业发展。由于税基扩大，增减税的相互抵补，总的税收实际收入不致减少，可能还有增加。为与法人所得税衔接，核算数据后，如认为以上试拟的税率偏高，也可考虑改采5%—35%的五级超额累进税率（中间的三档税率为10%、15%、25%）。

（三）确定综合所得征税预扣率

为保证税收收入的及时、均衡入库，综合所得要采取预扣、预缴办法。工资薪金所得，以纳税人的月工资、薪金收入减除基本扣除和附加扣除后的余额（工薪收入和扣除额都要除以12，由年换算为月），按照适用的税率按月预扣、预缴税款。这种计征办法，可保证工薪所得者的基本生活费用，并把大部分工薪所得者排除在年终汇算清缴之外，减少退税面。生产经营所得可以当期实际应纳税款或上年度实缴税款和主管税务机关认为可行的方法，按月或按季预缴。劳务报酬收入不减扣除额，即按适用的超额累计税率按月或按次预扣、预缴税款（收入金额和适用税级金额也需由年换算为月）或按照每次（连续所得，以月总收入为一次）不同的收入金额，分别核定几级超额累进的预扣预缴率。现有些同志主张一律采取20%的预扣预缴率，这不适当，因为它对低收入者是多收，而对高收入者却是大为减收，是现行征税办法的倒退。虽有年终汇算清缴，但对高收入者不及时扣缴，很难再次征到税，即使能补收到税，也损失了这笔税款的利息；对低收入者则是一种额外负担，即使年终能得到退税，也增加了征纳双方的许多不必要手续。

（四）对分类所得的征税

综合所得征税以外的各项分类所得，仍可沿用现行的20%统一比例税率和计算征税办法，但对应纳税所得额金额巨大的，特别是彩票等偶然所得、股票等财产转让所得，可区别情况，采取按原应纳税额加成、加倍征税办法，以与综合所得的税负平衡，调节过高收入。保留稿酬所得的费用扣除和减征办法，鼓励科学技术文化创作。科技、文化、体育、卫生等各项奖金取消免税后，可规定适用范围，设置一定的免税点（如每次1000元），以示鼓励。储蓄存款及金融债券等利息所得，可设置一个较低的起征点（譬如每次所得50元），在起征点以下的不征税，起征点以上的全额征税，这照顾了低收入者，也可避免繁琐的扣缴手续，降低税收成本。由于每次不征税的金额很小，不会导致多开存款账户避税。

七、股息、红利避免复征税问题处理

个人所得税征税的项目中的股息、红利，是在公司缴纳法人所得税后的税后所得中支付的。国际上一般认为，这是同一所得额，分征法人所得税和个人所得税两种，是对同一所得的经济性重复课征。美国原先坚持“法人实在说”理论，不认为是重复征税，严格作为两个独立税种，分别课征公司所得税和个人所得税。但是，在2003年5月28日美国国会通过的布什总统的减税方案中，已经有了重大突破，准予个人股东取得的股息在2008年年底前，由最高边际税率35%降低至15%，最低边际税率由10%降低至5%。美国以外的其他多数国家，采取了避免两税重复征税办法。大体有扣除制（或称股息扣除制）、分率制（或称分离税率制）和归集制（或称归集抵免制、归属制）等三类方式，或是应用于公司层次，或是应用于个人层次。分率制应用于公司层次是指，在公司层次，对分配给股东的利润（股息）与非分配利润，分订两个不同税率，前者低于后者。扣除制既可应用于公司层次，也可应用于个人层次。应用于公司层次的，是允许把股息从应税利润中扣除，类似于对利息的处理；应用于个人层次的，是允许个人对股息分类申报，进行部分或全部扣除，或另征较低税率的税。归集制是应用于个人层次，这就是把已缴法人所得税的一部分或全部，看作是个人所得税的源泉预扣，在计征个人所得税时，将这部分预扣税款，加在应税所得的股息、红利中，在计算出个人总税负后，再将此预扣税额扣抵掉。为简化抵免税额手续，德国等一些欧洲国家采取了一种“半收入制”的办法来避免重复征税，这就是把股息、红利的一半金额，并入应纳税所得额计征个人所得税。奥地利则是对此项股息、红利适用的税率减半征税，其避免双重征税的做法和效果大致类同。

我们认为，对个人的股息、红利所得避免双重征税问题，要结合中国现实情况进行研究，不可照搬国际经验，对个人的股息、红利所得，仍以暂时维持按现行20%比例税率，就所得全额征税较为适宜，这是因为：（1）公司的各项所得，包括投资到另一公司分回的所得，都属法人所得税的征税范围，该所投资的公司全部利润，既已缴纳法人所得税，在同一比例税率制下，可免征法人所得税这同一税种的税收。而个人的股息、红利则有不同，是已征法人所得税，要再征个人所得税的问题，属于两个税种，其适用税率的高低也不同，对之征收适当较低的税，已考虑了避免重复征税因素，不能认为是重复征税。（2）有股息、红利所得的个人，一般是高收入者。欧洲一些国家采取综合税制，对这部分人员适用较高的超额累进税率，把股息、红利所得金额减半征收或对适用税率减半征税，基本上已能抵免原已征的法人所得税。我们现试拟税制改革后的最高累进税率是40%，对股息、红利所得维持现行较低的20%的税率，其抵免已征法人所得税的情况，基本上类同欧洲国家做法。（3）现行劳务报酬所得、利息所得以及其他各项所得，都是20%的比例税率，股息、红利所得，是一种资本利得，在我国基本上是高收入者所有，在分类单独计算征税的情况下，为公平税负，其适用税率，不宜低于劳动所得和其他所得。我国对股息、红利所得，不能如同欧洲国家在实行综合税制的情况下，对这部分所得，要适用高税率，再进行减半计算征税。必要时，还可如同对待现行劳务所得一样，对高额股息、红利所得，加成、加倍征税，以平衡与劳动所得的税收负担。

八、实施双向申报制，健全信息化管理，严建税源监控体制

现在个人所得税存在的一个很大问题，就是税源监控制度不健全，对应税收入特别是高收入者的多元化、隐性化收入难于掌握，形成征管漏洞和税收大量流失，必须切实采取有效措施，强化税源监控体系。例如：

1. 建立双向申报制。现行个人所得税法未明确规定纳税人和应税收入支付单位担负纳税申报的法律责任，影响税收监控管理。应借鉴国际通行做法，在税法中，加列专条对这个问题加以明确，同时，税收法律还要规定有关的第三者（部门、单位、个人）有向税务机关

提供必要的纳税人相关资料信息和配合税务机关执法的义务。并在这个基础上，建立纳税档案和在纳税人与支付单位两者申报之间，建立起交叉稽核体系。考虑到纳税人申报工作，人多、量大、处理繁杂，可以只限于超过较大税款额度的重点纳税人，才进行申报，一般纳税人只要是预扣、预缴了税款，就不要申报，但有多种所得来源或同时从两个以上雇主处取得收入和未实行源泉扣缴的纳税人仍要申报。

2. 强化预扣、预缴为主，综合申报为辅的管理方式。进一步强化代扣代缴工作，是加强个人所得税征管的重中之重。应当强化代扣代缴义务人的法律责任，将个人所得税法规的基本内容、操作程序、代扣代缴办法、违章处理、法律责任等，纳入“代扣代缴责任书”，由主管税务机关与代扣代缴单位共同鉴定，以此明确相关法律责任，落实到人，并作为税务机关检查代扣缴单位是否履行义务的依据，据此对直接责任人员实施一定的奖罚，同时，还要重视加强检查、监督和管理工作。

3. 建立纳税人识别号。借鉴国际经验，税务机关要建立全国统一的纳税人识别号。纳税人、扣缴义务人和向税务机关提供纳税人有关情况的部门和单位、个人，均应使用，以利于加强个人所得税的监控，避免税收流失。

4. 建立税收信息化管理系统。要抓紧建立个人所得税信息化管理制度和信息共享制度，构建纳税人、扣缴义务人登记、申报、稽核和监控的电子化体系。特别是基层税务部门要建立必要的税收信息渠道，与工商、银行、文化等有关部门联网，切实掌握本辖区内高收入者有关税收的基本情况，建立档案。

载列中国国际税收研究会课题组：《加入世贸组织后中国税制改革走向》（国家社会科学基金重点项目，批准号：02AJY010）第七章第二节，人民出版社 2006 年 8 月版。

现行个人股权收益、转让所得税制存在的矛盾问题剖析

股权收益、转让所得，是资本所得的主要部分，对个人股权收益、转让所得，采取何种课税制度，关系到正确处理按要素贡献，参与收入分配，协调平衡劳动与资本所得税收负担，调节高收入阶层过高收入，保护中产阶层和一般群体，也有一定财产性收入，共享经济发展成果，走向共同富裕；也关系到促进资本市场健康运转，社会资源合理配置，经济社会更好发展，是涉及“形成有利于结构优化、社会公平的税收制度”的一个重要问题。本文先对现行个人股权收益、转让所得税制存在的矛盾问题及其一定负面影响进行分析，以利于针对存在的问题，按照党和国家深化收入分配制度改革的整体要求，特别是再分配更多注重公平、兼顾效率的原则要求，研究提出相适应的改革完善税制的意见。

一、现行个人股权收益、转让所得税制及其存在的矛盾问题

从 1980 年 9 月 10 日公布《中华人民共和国个人所得税法》，建立新的个人所得税制的 30 多年间，几次修正的税法及其实施条例（细则）和国务院财政税务主管部门发布的规章，对个人股权收益、转让征税，都采取了不同于劳动所得征税的制度，其差别主要有以下两大项：

第一大项是对股权收益、转让所得，采取统一的 20% 比例税率征税，而对一般劳动所得，则是实施多级超额累进税率。从 1980

年公布的税法开始，到1993年10月31日较大修正，再到2011年6月30日最后一次修正公布的税法，都是这样规定，只是一般劳动所得的超额累进税率、级次、级距有所调整。就现行工资、薪金所得来说，是实行七级超额累进税率，税率3%—45%，大小不同的月应纳税所得额，按其级距金额，各适用不同级次的税率。对劳务所得虽名为实施20%的比例税率，但因每次所得畸高，超过2万元至5万元的部分，要加五成征税；超过5万元的部分，要加十成征税，实际是实施20%、30%和40%的三级超额累进税率。至于个体工商户的生产经营所得和对企事业单位的承包经营、承租经营所得，这是劳动与资本混合的一种所得，也是采取超额累进税率，五个税级，税率5%—35%。股权收益、转让所得，适用20%比例税率，大致相当于下列三种所得，也适用的20%超额累进税率，即工薪所得月应纳税额超过4500元至9000元的部分；劳务所得每次不超过2万元的部分，个体工商户年应纳税所得额超过3万元至6万元的部分。不足以上最低限金额的所得部分，工薪所得是分别适用较低的3%、5%、10%的累进税率；个体工商户等所得是适用5%、10%的较低税率；超过以上最高限金额的部分，则是分别适用25%、30%、35%的更高超额累进税率，直至工薪所得月应纳税所得额超过8万元的部分，适用最高一级45%的超额累进税率，劳务所得每次超过5万元的部分，适用最高一级40%的超额累进税率，个体工商户等所得，年应纳税所得额超过10万元的部分，适用最高一级35%超额累进税率。这表明小额的股权收益，转让所得，其适用税率，远高于工薪所得和个体工商户等所得，税收负担相应较重；而大额股权收益、转让所得，其适用税率，则是远低于工薪等一般所得，税收负担相应很轻，股权收益、转让所得愈大，税收负担愈轻，其每次所得，往往有以百万元、千万元、亿元计的，税负更是畸轻。工薪等一般劳动所得，适用多级超额累进税率，可以针对大小不同的所得，采用高低不同的税率，实施差别征税，进行有力的收入再分配调节，而股权收益、转让所得适用同一的比例税率，则是失去了针对不同阶层的大小不同所得，进行区别征税的再分配调节功能机制。同等金额的一笔所得，只因是属于劳动所得与资本所得的不同，就适用高低悬殊的两个不同税率，必然导致工薪、劳务所得等劳动所得与股权收益、转让所得等资本所得间、大小不同所得间的税负失平，收入大小与税负高低倒置。这便利了富裕阶层特别是拥有巨额财富的投资大户，凭藉其拥有的大量股权，进一步获取更多的资本所得，而对中低收入阶层只能有小额投资，小额所得，却要负担相对较重的税，对他们取得财产性资本收入，则是一种限制，结果是导致不同阶层劳动与资本收入差距进一步扩大。个人所得税不同于一般商品流转税，后者是就商品产销收入额征税，其税额是形成商品价格的一个要素，是用来调节不同商品的产销和价格，只能对同一商品采用同一比例税率，对不同种商品可采用不同的比例税率，在操作上，也不可能采用累进税率，而个人所得税则截然不同，其课税对象是个人所得额，本质属性是调节不同阶层的高低不同个人所得，一般都应当实施超额累进税率制。我国股市建立已经多年，股权收益、转让所得，已成人们的经常性收入，长期采用比例税率制，摒弃超额累进税率制对高低收入进行差别调节的特殊调节功能机制，不适应当前缩小居民收入分配差距的应有要求。

第二大项是对股权收益转让所得减免税优惠过多、过宽。表现在股息、红利征税方面，《财政部、国家税务总局关于股息红利个人所得税有关政策的通知》（财税字［2005］102 号）规定，从 2005 年 6 月 13 日起，个人从上市公司取得的股息红利，暂减按 50% 计入个人应纳税所得征税。报经国务院批准，2012 年 11 月 16 日《财政部、国家税务总局、证监会关于实施上市公司股息红利差别化个人所得税政策的通知》，对前项规定，改为按持有股票期限长短，实施差别征税办法，规定从 2013 年 1 月 1 日起，个人从公开发行和转让市场取得的上市公司股息红利，除持有股票期限在一个月以内（含一个月）的，按所得全额征税，不予优惠外，持股期限在一个月以上至一年（含一年）的，暂减按 50% 计入应纳税所得额，持股期限超过一年的，暂减按 25% 计入应纳税所得额。前述两项减计应纳税所得额的规定，实际是降低股息、红利适用的比例税率。2005 年 6 月 13 日至 2012 年 12 月 31 日的七年多内，是不分持股期限长短，把股息红利适用的比例税率，一律从 20% 降为 10%，也就是减半征税。而从 2013 年 1 月 1 日起，持股期限超过一个月至一年的，适用税率仍减为 10%，即减半征税，而持股期限超过一年的，适用税率更降为 5%，也就是减征 3/4 的税。这种减税措施，虽是为了鼓励向股市投资，较长期持有股票，稳定资本市场，但在股市欠健康的情况下，许多上市公司或是不派发股息红利，或是只派发少额现金股息红利，或是派发不适用的实物，或是以派送股票代替派发股息红利，持股人不但得不到现金，还要拿出现金，缴纳派送股息红利的所得税。处此情况，投资者注重和追逐的，是买卖股票差价收益，而不是股息红利所得征税后收益的多少。在这方面的减税措施难见实效。这些年的实际情况，也表明此种措施，并未能遏制一些投资者对股票的频繁转手买卖，或者出逃股市。一般股民从此项减税措施中，以其持股数量少，可能获取的实际利益极微，到是一些拥有巨额财富的持股大户，从中可以获取由税收收入，转化而来的大额利益。

另外，1980 年 12 月 14 日公布的《个人所得税法施行细则》第四条曾规定，从中外合资经营企业分得的股息红利免征个人所得税。1994 年 5 月 13 日，《财政部、国家税务总局关于个人所得税若干政策问题的通知》（财税字［1994］020 号），继续明确规定，外籍投资者从外商投资企业取得的股息红利仍暂免征个人所得税。在 20 世纪 80 年代，我国资金短缺，科技和管理亟待提高，处此特殊条件下，为了引进外资和先进技术，加快发展经济，对外商投资企业和外籍投资者，给予较多的税收优惠，是必要的，曾起到积极作用，但时至今日，情况已经发生重大变化。1994 年实施的全面性税制改革，内外资企业都统一按新的增值税、消费税、营业税三个新税种法规缴税；2007 年又统一了内外资企业所得税法，房产税等几个其他税种，外资企业和外籍个人，也同样适用同一税法。外籍人士在我国国内生活，早已享受同我国公民用相同价格购买商品和服务的同等待遇，也无必要仍继续给予特殊的个人所得税减免税优惠，对股息红利的征税，理应中外籍人士一视同仁。

表现在股权转让征税方面，国务院 1994 年 1 月 28 日发布和 2011 年 7 月 19 日第三次修改、公布的《个人所得税法实施条例》第九条都规定："对股票转让所得征收个人所得税的办法，由国务院财政部门另行制定，报国务院批准"。财政部和国家税务总局报经国务院同意，在财税字［1994］040 号和财税字［1996］12 号两个文件中，分别规定 1994—1995 年和 1996 年，对股票转让所得，暂不征收个人所得税。其后又在财税字［1998］61 号文件中规定，从 1997 年 1 月 1 日起，对个人转让上市公司股票取得的所得，继续免征个人所得税。2009 年根据股权分置改革和上市公司新股发行制度改革后出现的新情况，报经国务院批准，对上述过宽的免税范围作了调整，《财政部、国家税务总局、证监会关于个人转让上市公司限售股所得税有关问题的通知》（财税字［2009］167 号）规定，从 2010 年 1 月 1 日起，对个人转让解禁的股改限售股和新股限售股以及国家主管部门确定的其他限售股的所得，按"财产转让所得"，适用 20% 的税率，征收个人所得税。对个人在上海、深圳证券交易所转让从上市公司公开发行和转让市场取得的上市公司股票所得继续免征个人所得税。另据财政部、国家税务总局财税字［2002］128 号通知规定，对个人投资申购和赎回中国证券会批准设立的开放式证券投资基金单位取得的差价收入，在对个人买卖股票的差价收入未恢复征收个人所得税以前，也暂不征收个人所得税。

在 20 世纪 90 年代，我国证券市场尚在发育，股份制处于试验阶段，对股票转让所得征税问题，需要深入实际调查研究，借鉴国际经验，结合我国现实情况，慎重决策。当时确定对个人转让上市公司股票所得，在一个时期内，暂免征个人所得税，有利于鼓励人们把资金投向股市，配合企业改组改制，促进股票市场稳健发展，是必要的。但长时期对个人在股市转让上市公司股票，不区分情况，一律免征个人所得税，则不相宜。因为富裕阶层拥有资金雄厚、信息灵通，关系网广阔等多方面的优势，有的甚至还具有影响、操纵股市的一定能力，是股票交易市场的优势竞争者。而中低收入阶层情况正好相反，在股市竞争中，是劣势地位。在股市处于牛市阶段，富裕阶层以其拥有的优势进行大量投资，固然能从股票交易的较大差价中，获取巨额盈利。而中低收入阶层，是小本经营的投资，搞得好的，也只可能得到小额盈利。当股市走入熊市，股票价格虽呈下跌趋势，但其间仍有起伏，富裕阶层以其拥有的诸多优势，仍可能在股票交易中获取较大盈利，有些甚至是取得巨额盈利，而中低收入阶层的股市投资散户，则一般只能是投资被套牢。严重亏损。个人所得税是对所得征的税，有所得就应依法征税，无所得则不应征税。在物价上涨，居民储蓄存款利息是负利率的情况下，个人的银行存款，实际没有利息所得，国家对此项名义上的利息所得，规定暂不征个人所得税，照顾了广大群众的利益，是适当的。而个人股票转让所得，如前所述，则不是此种情况。市场公开发行的流通股股票在股市交易，持股大户每次股票转让所得，往往是以数十万元、百万元、千万元计，远超物价上涨因素，按社会公开正义要求，理应征税，而不是免税。当然，为了鼓励向股市投资，照顾一般投资者的利益，可以规定一定的免征额办法；可以规定一个期限内，转让股票发生的亏损，准许在转让所得中扣抵的办法，但却不宜不区别情况，一律不征个人所得税。对个人在公开股市的股票转让所得，都不征个人所得税，减少了应有的财政收入，也影响了这个税种调节不同阶层高低收入应有作用的发挥。对比工薪等劳动所得，只要超过规定的免征额，就要征税，对月所得超过8万元的部分，还要征高达45%的税，在协调处理劳动与资本的收入分配关系上，也显得不公平。

再就2010年1月1日开始征收个人所得税的解禁限售股来说，上市公司高级管理层和大股东，通过各种途径，拥有巨量股改限售股和新股限售股，原持有成本极低，交易差额所得巨大，可是一律只按20%的比例税率征收个人所得税，少数人在限售股解禁后，大量抛售套现，每次获取数以千万元、亿元计的现金财富所得，同劳动所得对比，收入与税负严重倒挂，也同样是有失公平正义。

二、导致不同阶层劳动与资本收入分配差距进一步扩大，亟须进行相适应的税制改革

改革开放以来，涌现了一批又一批拥有亿万资财的富豪，其中不少人，是在企业改组改制、房地产开发、自然资源开采和资本市场中，利用制度和监管中的漏洞，通过内部交易、操纵垄断、商业贿赂、贪污盗窃等非法活动，发财致富的。在资本市场方面，一些人虚报企业资产、营业、盈利业绩，假造账目、合同、凭证、造假包装企业上市，把原本只值几角、几元钱的股票，抬高到几元、几十元溢价上市发行，疯狂"圈走"广大股民的投资；一些人利用手中掌握的巨额资金、信息优势和特殊关系，操纵市场，高抛低吸，攫取暴利；更有一些人，基本是上市公司的大股东、高层管理，大量抛售所持成本极低的原始股，甚至不惜以低价减持，疯狂套现，一夜之间，成为拥有几亿元、几十亿元实际现金的巨富。

据媒体报导，2012年前8个月，两市有769家上市公司发生了关键持股人的股权变动，两市净减持金额高达320亿元，其中多数为上市公司高管和大股东。[①] 深圳证券交易中心公布数据显示，2013年1—5月创业板股已遭到上千次减持套现。金额超过110亿元。[②] 2013年6—8月创业板还有830亿元限售股解禁持续上市。[③]

① 《中国财经报》，2012年9月4日报导。

② 《北京晚报》，2013年6月5日报导。

③ 《中国经济时报》，2013年6月11日报导。

媒体报导，股市造就了一大批“股市暴富人群”，以创业板为例，200家企业造就了642个亿级富翁，101个十亿级富翁，创业板沦落为“套现”板，只“创富”，不创业。[①] 一方面是少数人借助股市，以财生财，大发其财；另一方面是广大中低收入人群投资散户亏损惨重，血本难归，劳动所得被吞噬，失去社会公平正义，也妨碍了股市稳健正常运转，损害了资本市场的融资和配置社会资源等的应有功能。上市公司股票被纷纷套现，资金短缺，也难于持续生产经营。个人所得税在股权转让中，未能对持股大户的股权转让所得过高收入，进行有足够力量的有效调节，税负失平，收入与税负倒置，导致不同阶层劳动与资本的收入分配差距进一步扩大，带来一些负面影响。

再就限售股更具体一些来说，或是大股东和公司高管原来就持有公司的大比例原始股份，部分属于股权分置改革的股改限售股票，部分属于股权分置改革新老划断后的新股限售股票，拥有的数量巨大，与原持有的大比例股份相适应；或是股票来自公司的业绩无偿奖励和低价、折扣等优惠价，来自公积金转股、原股孳生的送、转股，不花成本或只有股票发行价格十几分之一以至几十分之一的成本。限售股解禁上市后，即使按低于发行价的低价减持，甚或大幅度降价抛售，也是无比暴利。如此巨大的价差利益，只按20%的比例税率，征收股票转让所得个人所得税，必然导致持股大户取得不应有的巨额财富。

现举实例，《中国经济时报》近日报导、创业板碧水源公司四位高管，在2013年5月减持702.04万股，套现3.93亿元。其中一位副董事长原持股10490.70万股，5月7日通过大宗交易减持600万股，减持价53.56元/股，套现3.2亿元。[②] 现行税法规定，个人转让限售股，以每次限售股转让收入，减除股票原值和合理税

① 《北京晚报》，2013年6月11日报导。

② 张炜：《别指望大小非牛背上不狂欢》，《中国经济时报》，2013年5月21日。

费后的余额为应纳税所得额。不能准确计算限售股原值的，一律按限售股转让收入的15%，核定限售股原值及合理税费。这位副董事长持有限售股原值可能极低，现姑且以15%的比例计算，他在5月7日转让的限售股，征税计算如下：

应纳税所得额为：3.2亿元×(100%－15%)＝2.72亿元

应纳税额为：2.72亿元×20%＝5440万元

纳税后，实际获得暴利2.656亿元。这数以亿元计的资本所得，只按20%的比例税率征税，对比属于劳动所得的工薪所得，月应纳税所得额超过8万元的部分按45%的税率征税；劳务所得每次收入超过5万元的部分按40%税率征税；属于劳动与资本混合所得的个体工商户生产经营所得年应纳税所得额超过10万元的部分，按35%的税率征税，其税负差距的悬殊，是何等巨大！这位副董事长，只转让600万限售股，纳税后就成了拥有2.656亿元现金的亿级富翁。如再把剩余的更大部分股票转让出去，更是成为拥有数十亿元实际现金的超级富豪了。此种通过股市暴富的情况，并非个别，比比皆是。媒体多次报导，许多上市公司高管为了便于实现此种暴富，不惜辞去待遇极为优厚的高管职务。

此外，只对转让限售股征税，不对转让上市公司公开发行的流通股征税，以及对股息红利税的大幅度减征优惠，也可能给纳税人钻税法空子，逃避纳税。譬如现行相关税法解释规定，股改限售股，是指上市公司股权分置改革完成后，股票复牌日之前，股东所持有原非流通股股份，以及股票复牌日至解禁日期间，由上述股份孳生的送、转股；新股限售股是指2006年股权分置改革新老划断后，首次公开发行股票并上市的公司形成的限售股，以及上市首日至解禁日期间，由上述股份孳生的送、转股。按此解释规定，如果条件许可，公司高管就可在限售股解禁期满后，对该限售股，采取高比例，例如10：10比例的派送股办法，稀释股价、少交税款。由于股票数量增一倍，股价也相应下降一半，原限售股票可少交一半的税；而解禁后，孳生的派、送股，限售股持股期限，应均超过一个月或者一年，可只按5%或10%的低税税率，征收股息红利税，转让时，由于是属于流通股，所得金额无论多大，也不征股票转让税。总的计算，采取这种方法避税，可少交25%或37.5%的税，其金额每户可以千百万元计。至于外籍投资者来自外商投资企业的股息红利，是免税的，在转让股票属于要征财产转让税的情况下，还可以采取先派分股息红利、后转让的办法，这部分金额从转让股票所得金额中扣除，从而可少缴大量税款。

总的来说，现行股权收益、转让个人所得税制采取20%的统一比例税率和过多、过宽的税收减免优惠政策措施，以及税制上的某些漏洞和征管不完全到位，导致不同阶层劳动所得与资本所得间、大小所得间的税负较大失平，收入大小与税负高低倒置，未能在遏制少数人通过股市获取暴利中，发挥应有的调控作用。在某些方面，某种程度上，进一步拉大了劳动所得与资本所得的收入分配差距，不同阶层收入分配差距。在较大程度上，代表居民收入分配差距指标数据的基尼系数，在我国多年来居高不下，据国家统计局2013年1月发表的数据，2003—2012年的十年间，基尼系数都在0.474以上，2008年和2009年，还曾分别高达0.491和0.490。[①]远超国际公认0.4的“收入差距较大”指数的临界线，属于其中的高位。党的十八大报告以“收入分配差距缩小”的提法，代替历来传统的“扭转收入差距扩大趋势”的提法，其政策目标要求是重在“缩小”，而不止是“扭转”或“遏制”扩大趋势，更彰显了党对改革和完善收入分配制度的决心和能力。当前我国收入分配差距较大的一个重要方面，在于劳动所得与资本所得的收入分配差距较大，我们必须针对现行个人股权收益、转让所得税制存在的矛盾问题，进行相适应的税制改革。要遵循“再分配更加注重公平”兼顾效率的收入分配原则，协调平衡劳动所得与资本所得的税收负担，调节股权持有大户的过高收入，保护中低收入阶层投资者的利益，

① 《北京晚报》，2013年1月18日报导。

让一般人群也能有一定的财产性收入，分享企业发展、经济繁荣的成果。并要与股市监管等各方面紧密配合采取切实有效的税收政策制度措施，促进资本市场健康发展。

首刊财政部财政科学研究所《研究报告》2013 年第 137 期（7 月 15 日，内刊），原副标题是：《改革个人股权、收益转让所得税制，缩小劳资收入分配差距》之一。公开期刊 2013 年底发表。

评析西方的股权收益、转让等资本所得减税理论及多国的该项税制

我国的个人股权收益，转让所得税制建设，在过去长时期内借鉴了欧美多国的一般做法，也受了西方相关减税、轻税理论的一定影响。譬如我国把该项征税与劳动所得区别开来，采取较低限的比例税率，是多个国家的通常做法；采取多种多样的减免税和扣除计税等的优惠，也是多个国家的通常做法。本文主要是评析西方的股权收益、转让等资本所得减税、轻税理论及其体现的多国税制和导致的劳资收入分配进一步恶化；评析当前美、法等国对以资本所得为主要收入来源的富人增税，便利我们对以上问题有较清醒认识，从中得到启示，进一步坚定信念和决心，遵循党的十八大相关决策要求，针对现实问题，抓紧研究改革我国个人股权收益、转让税制，缩小各阶层劳动与资本所得间的收入分配差距。

一、西方的股权收益、转让等资本所得减税、轻税理论及其在多国税制的体现和劳资税负严重失平

西方的股权收益、转让等资本所得减税、轻税理论，主要有以下两个：

第一个是避免企业、个人间经济性重复征税理论。它是指个人股息红利所得，来自公司已征企业所得税的税后利润分配，再征个人所得税，是对同一所得来源，分征两种税，是企业与个人在同一所得来源的经济性重复征税，必须避免。国际上避免此种重复征税的方式，大致有三种：一是分率制或称双率制，在公司（企业）环

节，对分配利润（对股东分配股息红利的这部分利润）和非分配利润（不是对股东分配股息红利的这部分利润）分订高低两种不同公司所得税率，前者低于后者。二是扣除制，应用于公司层次的，是允许公司把股息红利金额，从应纳税利润中扣除，类似对利息支出的处理；应用于个人层次的，是允许个人对股息红利分类申报，进行部分或全部扣除。三是归集制，或称归集抵免制、归属制，是在个人层次，把原已缴纳的公司所得税的一部分或全部，看作是个人所得税原先预扣缴的税款，在计算征收个人所得税时，将这部分预扣缴税款，加在应税所得的股息红利中，在计算出个人的应纳税总额中扣除。

第二个是资本所得减免税激活资本市场投资，刺激经济发展理论。这是把减免税，特别是股权收益、转让所得减免税，当作刺激投资、创造就业、发展经济的主导力量，认为减免税，可以鼓励对资本市场投资，特别是高科技风险投资，刺激资本流动，激活资本市场。例如英国的《税收经济学》教科书提出，对资本利得免税，必然会鼓励和刺激人们以许多形式的所得扩大投资，转化为资本利得；而对资本利得征税，则会妨碍这种投资，特别是妨碍人们向非生产性资产投资。[①] 美国前总统小布什在所著《抉择时刻》的《减税》专节内说："我认为减税，特别是针对资本收益和股息上的减税，会刺激经济增长。经济增长带来的税收，加上开支方面的控制，会帮助减少赤字"。并为他在 2001 年和 2003 年采取的大规模减税政策辩护，誉称："2001 年 9 月 11 日改变了美国人的生活；它同样改变了联邦预算。"[②] 美国共和党总统候选人罗姆尼在 2012 年竞选演说中，也特别强调投资对美国经济的重大拉动作用，坚持要继续实施小布什政府时期的减税计划和当时对资本所得的高税收

---

① （英）西蒙·詹姆斯著、罗晓林译：《税收经济学》（第七版），中国财政经济出版社 2002 年 12 月版第 166 页。

② 乔治·沃克·布什：《抉择时刻·减税》，载《北京晚报》，2011 年 11 月 1 日。

优惠政策，并要对富人再额外增加享受相当于中产阶层家庭平均一年的减税优惠。坚决反对给富人加税，认为这只会降低投资热情，妨碍美国经济发展。[①]

在以上一类对资本所得减税、轻税理论的影响下，各国对股权收益、转让等资本所得课税，都较普遍地实施了不同于对劳动所得课税的制度。采取的政策措施，在不同的国家、不同的时期，均有所不同，但在多国的税制中，大致反映了以下的共同点：一是对个人劳动等一般所得，普遍是采取多级超额累进税率制，不同税级适用的税率，高低差距大，最高边际税率高；而对股权收益、转让等资本所得，有较多国家采取了较低限的比例税率制或采取较低税率的超额累进税率制。第二，在对个人股权收益、转让所得计算征税中，采取了较多的减免税和扣除计算等特别优惠措施。这些导致了各阶层劳动与资本收入税收负担的严重失平。

例如，北欧诸国实质是实行二元大分类模式的个人所得税制，一般只划分为劳动所得与非劳动的资本所得两个大类，对劳动所得采取超额累进税率，对资本所得一般采取比例税率，该比例税率，大致相等于劳动所得低税级的税率水平，各个年度税率有所不同。其中瑞典2010年劳动所得税率，包括中央税、地方税在内，为32%～57%（地方级工薪所得税率为27%～36%），资本利得（包括股权收益、转让所得）税率，一般为30%，出售非上市公司股票所得税率，更只为25%，均可抵扣出售股票损失的70%。挪威劳动所得税率为28%～46%，资本所得个人所得税率和公司所得税率，同为28%。芬兰劳动所得税率为25%～51%，资本所得税率为28%，公司所得税率为26%。丹麦劳动所得税率为34.3%～51.5%，而资本所得税率为28%～42%。2012年最低边际税率降为27%。[②]

---

① 《中国税务报》2012年5月9日报导。

② 高培勇主编：《个人所得税：迈出走向“综合与分类相结合”的脚步》，中国财政经济出版社2011年6月版第70页。

又如法国实行综合与分类税制，对一般所得采取超额累进税率，2010年的最高边际税率是41%，从2011年起，年所得额超过25万欧元至50万欧元的部分加征3%；超过50万元的部分，加征4%。对资本所得和投资所得采取比例税率制，其中居民转让证券所得，从2011年起，税率由原来的18%，提高为19%。同时，加征12.3%的社会附加税，合计税率为31.3%。从2006年起，转让持有期限满6年的股票所得，减征1/3的个人所得税；满8年的，全额免征个人所得税，只征12.3%的社会附加税。转让股票发生的亏损，可冲减股票转让所得，并可向后结转十年。[①]

德国采用综合税制，2011年一般所得是实行五级超额累进税率，最高边际税率为45%，另加征5.5%的团结附加税。股息红利和出售股份所得的税率是25%，另加5.5%的团结附加税，实际税率是26.3%。[②] 2003年前曾规定，为避免重复征税，在计征个人的股息红利所得税时，可以把这部分所得和原已在公司环节缴纳的公司所得税额，全数抵扣。[③]

意大利对一般所得，2011年采用23%～43%的五级超额累进税率，而从2009年起，对在公开市场，转让不超过2%的投票权，或不超过公司总股本5%；或者在非公开市场，转让不超过20%的投票权，或不超过公司总股本25%的资本利得，按12.5%的比例税率征税。其他超过上述限制的资本利得，按49.72%税率，征收超额累进税。对于红利也按相同的制度处理。[④]

英国对一般所得（含三项资本所得）是适用20%～50%的超额

---

① 国家税务总局税收科研所编译：《外国税制概览》（第4版），中国税务出版社2012年10月版第112页。

② 国家税务总局税收科研所编译：《外国税制概览》（第4版），中国税务出版社2012年10月版第112页。

③ 财政部税收制度国际比较课题组编著：《德国税制》，中国财政经济出版社2004年11月版第90页。

④ 国家税务总局税收科学研究所编译：《外国税制概览》第4版，中国税务出版社2012年12月版第190、191页。

累进税率，但对资本所得中的股息所得，规定了较低的10%、32.5%、42.5%的三级超额累进税率。①

最后着重就美国来说，是采取综合税制模式。20世纪初期，对资本利得，全按一般所得征税，直到1921年才开始有单独的税收优惠。1942～1978年的税收优惠主要是：对个人持股一年以上期限的资本利得，其所得金额的50%免予计入应纳税所得额。1979～1986年，又把此项免予计税的比例，调高至60%。当时个人所得税的最高边际税率是50%，那么前项资本利得实际适用的税率，也就降为20%。1980年个人所得税进行改革，只采用两级税率，税率大大降低，前述60%的减征额，暂不执行，资本所得按一般所得征税。但过了几年，对长期资本利得，又采用优惠的低税率，规定个人持股期限在1～5年的，税率为20%，持股期限在5年以上的，税率为18%；个人一般所得税适用的税率级别为15%的低收入者，持股期限在1～5年的，税率为10%，持股期限在5年以上的，税率为8%。个人短期资本所得和公司纳税人均仍按一般所得征税，不适用优惠的低税率。2003年小布什政府实行大减税政策，把个人长期资本利得20%的税率，降为15%，股息所得也同样适用。其后经两次批准延期，一直沿用到2012年12月底。同时期一般所得的最高边际税率是35%，年收入超过38.835万美元的家庭适用。②

由于对股权收益、转让所得适用较低的比例税率（或超额累进税率），在计算征收中，又有多种减免和扣除的税收优惠，所得越多，享受的税收优惠越大，美国100万美元收入的家庭，享受的减免税优惠，是中产阶层的两倍。这导致以资本所得为主要收入来源的高收入者，特别是拥有巨额资本的富豪，承担的税负，远低于其他人群，不同阶层的劳动与资本所得税负严重失平，收入与税负严重倒置。以2012年

① 高培勇主编：《个人所得税：迈出走向“综合与分类相结合”的脚步》，中国财政经济出版社2011年6月版第82页。

② 以上参见杨志银：《中国证券市场税收问题》，科学出版社2013年1月版第180、181页；《中国税务报》2012年2月8日报导。

美国两位总统候选人来作比较，共和党人马塞诸塞州前州长米特·罗姆尼夫妇2011年收入2090万美元，缴纳个人所得税320万美元，由于罗姆尼拥有1.9亿~2.5亿美元的巨额财富，收入中绝大部分的1300万美元，来自投资收益和股息，是适用15%的低税率，还有其他多种减免扣除，实际适用的税率更低，因而与其他收入的缴税平均下来，实际的总负担率，仅为15.4%。而巴拉克·奥巴马总统夫妇，2011年收入78.9674万美元，其中没有投资所得，适用工薪等一般所得10%~35%的超额累进税率，减除各项税收优惠计算，应缴纳个人所得税16.2074万美元，总负担的实际税率为20.5%。[①] 罗姆尼夫妇的年所得额为奥巴马的26.47倍，而按实际负担的税率对比，却低了5.1个百分点，姑且撇开所得多应按累进税率多缴税的因素，仅以此项对比，罗姆尼夫妇就是相应地减轻了33.12%的税收负担。

同样情况，世界鼎级富翁、美国“股神”沃伦·巴菲特2011年8月公开自爆他的2010年联邦税单总额为693.874万美元，税收负担率仅为他当年所得额的17.4%，而他手下的办公室20多名工作人员实际税收负担率，分别为31%~41%，平均是36%，[②] 巴菲特的实际税收负担率，还不到他手下工作人员的一半，平均低了51.67%。由于股权收益、转让所得等资本所得，适用的税率低，加上富人享受的多种形式的减免、扣除税收优惠，年收入超过100万美元的富人，其实际税收负担率，往往是低于或是相当于年收入10万美元的中产阶层，这在美国2012年前，已是司空见惯。

二、要清醒认识西方股权收益、转让等资本所得减税、轻税理论的片面性和多国该项税制帮助富人更大发财致富的阶级实质

避免企业、个人间经济性重复征税理论，作为西方国家对资本所

① 数据引自《中国税务报》2012年5月9日，以及《经济观察报》2012年10月8日文章报导。

② 《中国税务报》2011年11月29日和2012年5月9日报导。巴菲特办公室人员税收负担率高于个人所得税最高边际税率35%，应是还包括了其他税费。

得减税、轻税的一个理论基础，有很大片面性，是站不住脚的。这从前述多国相关税制的实践，导致劳动与资本收入税负严重失平等方面，已大致可以说明。现再就法理上说，个人的股息红利所得，固然是来源于企业利润，但两者毕竟是不同的含义和范畴的所得。企业利润是企业的全部生产经营所得和其他所得的总和，是企业经营管理的效果，而股息红利纯属投资者投出资金、取得股权的产物，是企业全部利润中，属于已征企业所得税在股东间，根据股权份额，进行金额大小不同分配的一个部分。公司是企业法人，是独立的经济组织实体，有独立的财产，享有法人财产权，具有民事权利能力和民事行为能力，依法独立享有民事权利和独立承担民事责任，在法律上，这种独立的权利同自然人并无两样。两者当然也应当各就其所得收入，独立承担纳税的义务。公司就其全部利润所得，缴纳公司所得税（或称企业所得税），个人就其取得的股息红利所得，缴纳个人所得税，纳税的主体不同，课税对象的内容不同，缴纳的税种不同，哪能说是重复课税？

当然，为了公平税负，便利商品流通和经济发展，在税制设计中，应当尽可能避免重复征税，但这也不是绝对不可以的。例如世界各国为了对烟酒和特种高级消费品的产销加强管理和充裕财政收入，既普遍征收增值税，又就同一商品流转额，再征特种消费税，其中并无已征的某个税种的税款，要在另一个税种应纳税额中抵扣的问题，这是明显的对同一商品流转额重复征税，但却是当前国际上的通例。我国是同样情况。其中就卷烟的征税来说，除在产销各环节，征收增值税外，还在生产环节采取了从价计征与从量计征并举的征收消费税方式，既依据销售价格按56%税率（甲级卷烟）或36%税率（乙级卷烟）征收一道从价税，又依据销售数量，按0.003/支加征从量税。为了从严控制卷烟产销数量，防止卷烟产销商串通压低生产环节价格，逃避税收，对消费税，还在批发环节，按批发价格全额，再加征一道5%税率的批发税。这是国家对卷烟收入，有计划的分散在多个环节征收，以利于加强对卷烟控制管理，配合严控烟害，保证财政收入的必要政策措施，这种类型的重复征税，是很恰当的。

西方的避免企业、个人间的经济性重复征税理论，在我国得到广泛流转。笔者在前些年有的文章中，曾引用这个理论来说明，我国个人股息红利所得税税率定为20%，大体上体现了西方国家对股息红利所得“减半征税”的避免重复征税办法，并把它作为理由之一，认为在一段期间内，暂仍可维持这个20%的比例税率，但必要时，如同对待劳务所得那样，应对高额股息红利所得，采取加成、加倍的征税办法。这是一种模糊观念，应当纠正。近年我国出版的一些著作，还在宣传这种避免重复征税理论，有的有重要影响的高等教育国家级重点教材《国家税收》，还特别设置避免重复征税专节，对这个问题，进行了较多阐述，很肯定这种理论。认为在我国，除独资企业，合伙企业不征企业所得税，只征个人所得税，不存在企业、个人间的重复征税外，其他企业分配的股息红利仍普遍存在上述的经济性重复征税，这导致产生4个不良后果，包括“影响了私人资本投资的积极性，制约了民间投资的发展”，“造成企业负债高”等等。提出目前我国解决前项矛盾问题，有4个方案可供选择：或是在公司环节对分配给个人股东的利润部分不征企业所得税；或是在个人环节，在缴纳个人所得税时，准许抵免已缴纳的企业所得税；或是在个人环节，直接减免个人所得税；或是在公司环节，对企业的已分配利润，设计低于未分配利润的税率征税。其中最后一种方案可优先考虑选择。[①] 这种论述，似不够恰当，可考虑研究修正。

再就资本所得减免税、激励投资、刺激经济发展的理论来说，同样也有很大片面性。诚然，减免税作为税制的一个特殊组成要素和特殊调节手段，是必要的，在一定时期、一定范围内，也是能对鼓励投资和引导投资，合理配置社会资源，促进经济发展，有其一定限度的作用，但减免税毕竟是一种特殊调节手段，是对特殊情况的一种特殊

① 许善达主编：《国家税收（第3版）》，中国税务出版社2007年9月版，其后年度多次加印，第277－280页。

鼓励或照顾，是一种补充措施，其调节只能局限在特定的较小范围内，而不适用于普遍调节；要符合社会公平正义原则，并适应当时经济社会情况和需要。只有这样，才能发挥它在一定范围内，一定限度的积极作用；超出应有范围和限度，滥用税收减免优惠，把特殊调节手段，用作普遍调节手段，或者在经济疲软，资本所得已享有超量税收优惠的情况下，仍企图用更为超量的减税，来刺激投资，而忽略公平税负和社会正义，一般群众购买力萎缩，产品销路欠缺，不仅不会产生积极作用，反而会导致恶劣后果。

西方国家长期以来，普遍对资本所得，采取减免税优惠，导致劳动与资本所得税负严重失平，更拉大了贫富差距。以美国为例，小布什担任总统时期，倡导了减税，特别是对资本所得减税，以刺激经济增长、减少赤字的理论，并具体实施了大规模的减税政策措施，实践结果是，高低收入人群的收入与税负严重倒置，不同阶层收入差距进一步扩大。在继续实施此项减税政策的2010年，据美国国税局的数据，在这一年，2.2万个收入超过100万美元的富人家庭，个人所得税实际负担率，不超过15%，而收入为10万美元的家庭，实际负担率却为16.1%。[①] 可是经济却未有起色，反而是预算赤字越来越大，国债规模不断突破国会确定的发行最高限界，一再创历史新高。又据美国国税局2010年向国会提交的美国十年（1996—2006年）贫富差距调查报告，正是显示了在实施小布什减税政策后，贫富差距进一步拉大的实际情况，这就是十年间，征收个人所得税后，人均税后收入平均增加25%，而占全美人口1%的富人，人均收入增加74%，其中占人口0.1%的最富者，收入更增加一倍；中产阶层纳税人，人均收入增加10%；而低收入人群的人均收入，不但没有增加，反而下降了6%。相比一般群众来说，富人税后收入所以猛增，就是因为在他们的总收入中，资本所得占了绝大比重，由1996年所占的66%，上升到2006年占70%，而资本所得的个人所得税率，又大幅下调，

① 《中国税务报》2012年5月9日报导。

减免税增多。[1]

在劳动所得与资本所得税负严重失平、不同阶层收入差距日益悬殊的情况下，广大群众购买能力下降，消费拉动经济乏力，面对世界金融危机和欧债危机，经济低迷，即使再对资本所得大量减税，富人也不愿扩大投资。据美国运通出版公司和哈里森集团联合进行的2012年美国财富调查显示，深受减免税利益占美国人口1%的富人，现是大量囤积现金，手持现金为前几年的3倍，视股市为“真正的风险”，不敢投资，不愿消费，向金融市场的投资，从2007年占76%的资金，减为只占44%，对实体经济构成危害。美国最大企业之一的苹果公司，现是把资金用于回购本公司的股票，而不是用于扩大投资。

综上所述可知，西方的资本所得减税、轻税理论，体现的税制实践，充分表明，它只不过是帮助富裕阶层，特别是拥有巨额财富的亿万富豪更多发财致富的一种理论，大有利于资本家阶级而不利于以劳动收入为生的广大劳动群众。我们对它的阶级实质，必须有清醒认识，消除它的不良影响。当然，这决不是说，在我们的税制建设和改革中，不要借鉴西方税制的经验了，其中许多有益，并适用于我国现实要求的部分，还是必须借鉴、引进，为我所用。这有利于完善我国税制，加强管理，提高效率，促进发展我国经济；有利于与世界税制衔接，加强国际协调和合作，发展国际经济交往，提高我国经济的国际竞争力。

三、美、法等国一些富人主动要求增税，政府也相应增税，我国亟须改革个人股权收益、转让所得税制

在世界金融危机和欧洲债务危机笼罩下，西方国家经济疲软下滑，失业大量增加，人民生活艰困，巨额财政赤字和国家债务无以为继，危及资本主义制度本身，在这种大背景下，美、法等国一些富人

① 《中国税务报》2012年2月8日文章报导。

也身感不安，他们把自己的利益与国家、社会的利益联系起来，愿为保护和给与他们最大利益的这个社会制度和国家作贡献，呼吁为他们增税，减少赤字，共渡时艰。突出的是美国“股神”巴菲特2011年8月14日在《纽约时报》公开发表文章，自爆他2010年四千万美元巨额收入的税收负担率只为17.4%，仅接近他手下工作人员平均税负率的一半，很不公平，坦言自己“已经被对亿万富翁们很友善的国会呵护得够久了”，呼吁国会和总统“为我增税”，“为富人增税”，年收入超过100万美元的富人，至少征30%的税，年收入超过1000万美元的富人，要征更多的税。[①] 紧接着美国“财政力量之爱国富豪团”的138名富豪，于2011年11月16日联合签名上书总统和国会称：“良好的经济曾让他们受益，现在也希望别人能得到好处”，为国家考虑，请求对他们多征税。第二天还有二三十名富豪，亲赴国会，要求终止小布什政府时期延续下来的对富人减税政策，给他们增税。有的富人说：“我们想多缴税。如果你是上天眷顾的幸运儿，收入超过百万美元，你就应该多缴税”。[②] 法国《新观察家》周刊2012年8月23日刊登了法国16位富豪的呼吁，称他们意识到受益于法国税收体系和商业环境，有责任维护它们的正常运转，面对国家财政金融恶化状况，为了法国和欧洲的未来，应当作出自己的贡献，自愿多缴税。[③] 其他国家也有类似情况，如德国有50个富人公开向总理默克尔请求：“让我多缴税”，以“防止贫富分化再度加大”。意大利的法拉里老板蒙特泽莫罗也站出来对媒体说：因为很富，所以要多缴税。[④]

在2011年和2012年，美法两国总统大选中，美国的民主党人奥

---

① 《中国税务报》2011年11月29日和2012年5月9日以及2011年11月的《北京晚报》报导。

② 《中国税务报》2011年11月28日、29日；《中国财经报》2011年11月20日；《北京晚报》2011年11月报导。

③ 《中国财经报》2012年8月30日报导。

④ 《中国财经报》2012年10月16日文章。

巴马和法国社会党人弗朗索·奥朗德都以改革税制、增加富人税作为竞选施政纲领的核心内容之一，同竞选对手展开激烈辩论，争取选票，分别实现了连任总统和新当选总统，也表明广大群众对此项重大举措的认可和拥护。

美国奥巴马赞赏巴菲特的建议，特命名为“巴菲特规则，把它作为进行财税制度改革、减少财政赤字、实现社会公平、发展经济的一个基本原则。针对反对给富人增税的诸多议论，特别强调税收的公平与正义，着重指出：“我们先要解决公平问题，然后才会有更好的未来”。[1] 2011 年 9 月起，几次向国会提出议案，要取消小布什政府时期延续下来的对富人减税法案，并以“巴菲特规则”为主要内容，要对富人采取大幅度增税的多项政策措施，以削减财政赤字。由于在众议院占多数席位的共和党，主张延续采用过去的减税政策，主张采取紧缩政府支出的办法来削减赤字，奥巴马的几次提案，都遭到共和党议员坚决反对，未获通过。其后在较长期间内，经过两党人士反复谈判磋商，双方各自退让、妥协，终于达成协议，在减赤计划自动生效大限来临时间的 2013 年 1 月 1 日凌晨和深夜，众议院和参议院分别通过了《2012 年美国纳税人救济法案》，自 2013 年 1 月 1 日起实施，缓解了“财政悬崖”危机。该法案虽也称《2012 年美国纳税人减税法案》，保留了主要面向中低收入阶层的减税措施，年收入 40 万美元以下的个人和 45 万美元以下的家庭，仍继续享受小布什政府时期的减税优惠，并使之永久化。同时，延续了鼓励企业经营、投资的税收优惠政策。但主要的是，毕竟实现了美国 20 年来首次对富人较大幅度增税。其重要内容：一是调高了个人所得税最高边际税率。把年收入超过 40 万美元的个人和超过 45 万美元的家庭适用的最高一级税率，从 35% 永久回调到克林顿政府时期的 39.6%。二是把年收入超过 40 万美元的个人和超过 45 万美元家庭的资本利得和股息税的最高税率，从 15% 上调到克林顿政府时期的 20%，并另外加征

① 《中国税务报》2012 年 5 月 9 日报导。

3.8%的“奥巴马健康附加税”，综合税率共为23.8%。三是恢复2000年前对年收入超过25万美元的个人和超过30万美元的家庭享受的税收抵免限额的限制，收入越多，准许抵免的数额越少。四是把遗产税的最高边际税率，从25%提高为40%，个人免税额度为500万美元。据美国税收政策中心测算，根据新法案，年收入50万~100万美元的家庭，平均将增税15055美元，年收入超过100万美元的家庭，平均将增税17.133万美元。①

在法国，2012年7月31日，议会审议通过了《2012年财政法修正案》，开始实施新当选总统奥朗德的税制改革新政。一方面是废止萨科齐主政时期的两项标志性税政：（1）废止把增值税标准税率，从19.6%提高为21.2%的规定。原政策意图，是以此项增收，来弥补降低雇主缴纳的社会保险征摊金带来的132亿欧元缺口。现废止是鉴于增值税会转嫁给广大消费者负担，加大工薪阶层压力。（2）废止加班报酬免税条款。理由是此项免税，虽可提高现职岗位职工增收的积极性，但却会导致雇主倾向于迫使现有职工延长劳动时间，而不愿招募新人，使失业问题更加恶化。废止后，2013年可带来1.8万个新的工作岗位。另一方面是实施一系列对富人和大企业增税的政策措施：（1）开征财富特别贡献税，对拥有超过130万欧元财产的富人，在一定时期内，在缴纳一般财产税的同时，另再增加缴纳这种税，约涉及30万纳税人。财产超过400万欧元的，增税更多，相当于一般财产税翻番。（2）收紧遗产和赠与税，遗产税的免征额，从15.9万欧元降为10万欧元；赠与免税间隔时间，由原来的10年延长为15年。（3）开征金融交易税，主要集中在法国境内注册经营，且股本超过10亿欧元的企业所发行的证券，税率0.2%，涉及100家大型企业。（4）对企业派发给股东的股息红利征收3%的税，年可收10亿欧元。把信贷机构系统性风险税率，从资本金的0.25%上调

① 参《中国税务报》2013年1月9日李华胜文章报导。

到0.5%等。[①] 特别是奥朗德政府还在2012年预算案中规定，在2013年和2014年对年收入超过100万欧元的个人，就其超过部分，征收税率为75%的个人所得税。法国宪法委员会审议认为与按家庭征收个人所得税税负失平，侵犯税收平等原则，于2012年12月裁定违宪，未能通过，尚待另研办法。[②]

其他国家如德国、英国、奥地利、葡萄牙等欧洲国家对高收入阶层也有增税的动议。

总的说，西方的股权收益、转让等资本所得的减税、轻税理论，及其体现的多国的相关税制，导致了劳动所得与资本所得间的税负严重失平，不同阶层的收入大小与税负高低严重倒挂，进一步扩大了少数富人与广大群众的贫富差距，既失去社会公平正义，也影响了经济发展。在世界金融危机和欧洲债务危机，经济低迷，失业大增，财政金融陷于严重困境的形势下，近年来美、法等西方国家为了削减无法支撑的日益庞大的财政赤字，遏制不断突破最高发行限额的国债规模，为了缓解不同收入阶层间税负严重失平，导致的贫富差距不断进一步恶化的矛盾；为了增大广大公众的购买、消费能力，减轻小企业负担，提振经济发展活力，无奈实施了对富人增税的重要举措。富人的绝大部分收入来源，是资本所得，对富人增税，在很大程度上，就是改革对个人股权收益、转让等资本所得的课税制度，加大对它的课税力度，缩小劳动与资本所得税收负担的差距。西方国家对富人增税的宗旨只不过是：在有限的范围内，减少不同阶层人群的税负严重失平和收入分配的过大差距，缓和尖锐的阶级矛盾，维护和巩固资本主义社会制度。

我国个人股权收益、转让所得税制，在较长时期内，借鉴了西方国家相关税制的一般做法，对资本所得主要是大额资本所得，实施了

① 郑其林、郭红雨：《“奥朗德新政”：从改变税收政策开始》，《中国税务报》2012年8月8日。

② 《北京晚报》2012年12月31日报导。

过于宽松的税收优惠政策，在某种程度上，也存在与西方国家相关税制的类似弊病。劳动与资本所得间、不同阶层大小所得间，税负较大失平，进一步扩大了劳动与资本的收入分配差距。我们要清醒认识西方股权收益、转让等资本所得减税、轻税理论及其体现的欧美多国相关税制的阶级实质；要在近年美、法等国相关税制的一定转变中得到启示。虽然美、法等国对富人增税，是在一定范围的一定限度内，并未到位，仍然存在严重的税负不平矛盾，同公平正义的要求差距很远，更不可能改变它的资本主义税收的阶级实质，但它毕竟向公平的方向跨出了一步。我们是社会主义国家，公平正义是中国特色社会主义的内在要求，共同富裕是中国特色社会主义的根本原则，我们亟应遵循党的十八大深化收入分配制度改革和“形成有利于结构优化、社会公平的税收制度”的要求，针对现实存在的矛盾问题，抓紧研究改革现行个人股权收益，转让所得税制和相关税制，缩小劳动、资本间的收入分配差距。

首刊财政部财政科学研究所《研究报告》，2013 年 7 月 31 日第 149 期。原副标题是：《改革个人股权收益，转让怕得税制，缩小劳资收入分配差距》之二。公开期刊 2013 年底发表。

七、构建地方税体系

改革地方税制，完善地方税体系

1994年的分税制财政体制改革，初步建立了一个以分税为基础，划分收支和管理的中央与地方政府间财政关系的基本框架，改变了过去长期实行的财政包干体制。这一里程碑式的重大变革，适应发展社会主义市场经济的要求，较好地调动了中央和地方两个积极性，在促进国家整个财力迅速上升的基础上，大幅度提高了中央财政收入在整个财政收入中的比重，从过去年年争财政包干基数，中央向地方借钱度日，转变为中央、地方各有比较规范的收入，中央并有余力向地方实行较大规模的转移支付，中央宏观调控能力大为增强，成绩应当充分肯定。十多年来的实践也表明，现行分税制财政体制，仍存在较多缺陷，其中一个重大问题是，划分的中央、地方税种及其收入归属，不够科学、规范，地方税收规模过小，远不能适应地方政府必要职能支出的最低限度需要。近年来随着财权上收、事权下放趋势的发展，矛盾日益明显，不适应"一级政府、一级事权、一级财权（税基）"的分税制财政体制基本原则。依据党的十六届六中全会强调的"进一步明确中央和地方的事权，健全财力与事权相匹配的财税体制"[①] 要求，必须进行改革。改革的途径，一要改革地方税制，完善地方税体系，扩大地方税规模；二要科学、合理划分中央、地方税种及其收入归属；三要适当下放地方税立法权、税政管理权；四要完善中央地方共享税收入分配机制和转移支付制度。本文着重探讨前述第一个问题。

---

① 《中国共产党第十六届中央委员会第六次全体会议文件汇编》，人民出版社2006年10月版，第16页。

一、地方税体系欠缺、收入规模过小的现状及其问题分析

1994 年的分税制财政体制改革，是按税种就其收入归属，划分为中央固定收入、地方固定收入和中央地方共享收入三类。当时完全划为地方固定收入的，也就是纯属地方税的，有个人所得税、房产税、城市房地产税、耕地占用税、契税、城镇土地使用税、土地增值税、固定资产投资方向调节税、车船使用税、车船使用牌照税、农业税、牧业税、屠宰税、筵席税。虽达 14 种之多，占当时 24 个税种的 58.3%，但它们一般都是税源分散、收入不稳、征管困难、税收成本高的小税种。另外，营业税的主要部分虽划为地方固定收入，但某些部门的集中交税，被划为中央固定收入，提高银行营业税税率的收入，也归中央，在性质上应属中央地方共享税。城市维护建设税和印花税的情况类似。在划分为地方税的税种中，也缺乏当时可为地方提供稳定、较大收入的主体税种。税种不全，收入规模小，地方没有适当的地方税立法权或税政管理权，难成完整的地方税体系。应当说，1994 年分税制改革原来确定的地方税基础就较薄弱，而经十多年的发展，这个薄弱基础更凸显进一步萎缩趋势：

一是地方税改革长期滞后，一些税种的基本法律规范，还是 20 世纪 80 年代，甚至是 50 年代制定的，征收范围小，固定的定额税率标准低，除 2006 年对个别税种的税制作了改革外，一般未能随着经济发展、物价上涨及时地相应调整。国际通行的有些重要地方税种也未开征。

二是一些地方税种陆续被取消或停征。在农村税费改革中，作为县、乡重要收入来源的农业税以及牧业税、屠宰税，由减征而到 2006 年被取消；固定资产投资方向调节税由减半征收，而到 2006 年被停征；筵席税则从 1994 年开始，各地都已陆续停征。

三是发展前景大的个人所得税，其中的存款利息税目，在 1999 年 11 月开征了个人储蓄存款利息所得税，并被划作中央固定收入。其后并改变了这个税种的收入归属关系，由原来的地方固定收入，改

为2002年的中央与地方按5：5比例分成；2003年起的中央与地方按6：4比例分成，已完全成为以中央分享收入为主的中央地方共享税。

四是近年出台的一些减免税政策，如下岗职工再就业的减免税优惠、转业军人经商的减免税优惠等，多是在地方税种或收入主要归属地方的税种中开口子。

正是基于以上情况，现行地方税是税种不全，也缺少地方税主体税种，税制结构不合理，地方税观念模糊，不成其为地方税体系，弱化了地方税应有的财政功能和宏观调控作用。十多年来，地方税收入虽有增长，但其增长速度，却是远低于全国税收总额的增长速度。地方税收入由1999年的459亿元，上升为2004年的1488.49亿元，2005年的1690.49亿元，分别上升2.43倍、2.68倍，而全国税收总额，则是分别由1994年的4418.39亿元，增为2004年的24165.68亿元，2005年的28778.54亿元，分别增长4.69倍和5.51倍。地方税收入占全国税收总额的比重，也由1994年的10.39%，分别下降为2004年的6.16%和2005年的5.87%。其占地方本级税收收入的比重，由1994年的20%下降为2004年的14.89%和2005年的13.28%；占地方本级财政收入的比重，由1994年的19.865%，下降为2004年的12.50%和2005年的11.2%。

可是同时，地方事权支出的责任却是加重了。地方本级财政支出，由1994年的4038.19亿元，占全国财政总支出的69.7%，上升为2004年的20592.81亿元，占全国财政总支出的72.3%，2005年的25154.31亿元，占全国财政总支出的74.1%，其上升幅度分别为4.1倍和5.23倍，都比地方税收入大。因而地方税收入占地方本级财政支出的比重也相应下降，由1994年的11.37%，下降为2004年的7.23%，2005年的6.72%。这就是说，在每100元地方财政支出中，1994年只有11.37元来自地方税，而到2004年和2005年更分别下降为只有7.23元和6.72元来自地方收入，根本不能满足地方政府行使必要职能最低限度的资金需要（参见表1）。

表1　　2004、2005年地方税收入及相关比重表　　单位：亿元

名　　称	1994年金额	2004年金额	2005年金额
契税	11.8	540.45	735.14
房产税和城市房地产税	60.30	366.30	435.85
耕地占用税	36.5	120.09	141.85
城镇土地使用税	32.5	106.23	137.34
土地增值税		75.00	140.31
车船使用税和车船使用牌照税	11.3	35.76	38.90
固定资产投资方向调节税	43.2	3.40	1.68
农（牧）业税	183.20	242.00	59.41
屠宰税和筵席税	7.50	0.032	0.006
个人所得税	72.7		
地方税合计	459.00	1488.49	1690.49
地方税收入的相关比重			
占全国税收总额%	10.39	6.16	5.87
占地方本级税收收入%	20.00	14.89	13.28
占地方本级财政收入%	19.86	12.52	11.20
占地方本级财政支出%	11.37	7.23	6.72

资料来源：依据下列数据计算编制：《2002年中国财政年鉴》第341、383页；《2005年中国财政年鉴》第279、283页；《2006年中国财政年鉴》第312、316页；《2006年中国税务年鉴》第626、628页。《财政年鉴》中有几种地方税是以“其他各税”名称概列，因为大于《税务年鉴》分列的税种金额，合计数2004年大0.5亿元，2005年大0.56亿元，是统计依据的入库时间有所差别。

除前述地方税种外，还有四种税是基本由地税部门组织征收，收入主要也归属地方，除证券交易印花税外，中央只参与少额分享。其中营业税和城市维护建设税是铁道、银行、保险等个别部门的集中纳税，划作中央固定收入，1997年银行业提高税率部分的税额，也划归中央；资源税是除海洋石油部分另订收费制度外，其余都归属地方；印花税是一般印花税收入归地方，证券交易印花税收入部分，由原来的中央与地方对半分成，逐步调整为97%归属中央。2004年和2005年，地方分享的以上四税收入，分别为4366.11亿元和5197.59

亿元，是同期地方税收入的 1.9 倍和 2.07 倍。其相关比重分别占全国税收总额的 18.06%；占地方本级税收收入的 43.03% 和 4.08%；占地方本级财政收入的 36.69% 和 34.42%；占地方本级财政支出的 21.64% 和 20.66%。各该项比重，都分别远高于同期地方税收入的相关比重（参见表 2）。

表 2　　2004、2005 年地方主要分享的中央地方共享税收入分配及相关比重表

金额：亿元

名　　称	2004 年金额			2005 年金额		
	小计	中央分享	地方分享	小计	中央分享	地方分享
营业税	3581.97	110.99	3470.98	4232.46	129.64	4102.82
城市维护建设税	674.06	4.32	669.74	795.68	4.66	791.02
印花税（含证券交易印花税）	290.28	166.69	123.59	226.85	65.30	161.55
资源税	98.80		98.89	142.20		142.20
四税合计	4645.11	282.00	4363.11	5397.19	199.6	5197.59
地方分享收入的相关比重：						
占全国税收总额%			18.06			18.06
占地方本级税收收入%			43.63			40.08
占地方本级财政收入%			36.69			34.42
占地方本级财政支出%			21.29			20.66

说明：2004 年证券交易印花税 171.85 亿元，地方分享 5.71 亿元；2005 年证券交易印花税 65.30 亿元，地方分享 2 亿元。

资料来源：依据下列数据计算编制：《2005 年中国财政年鉴》第 279、283 页；《2006 年中国财政年鉴》第 314、316 页；《2005 年中国税务年鉴》第 550、551 页；《2006 年中国税务年鉴》第 626、628 页。

对营业税等四个税种，一般是把它归入中央地方共享税，我们姑且把地方分享的收入部分视同地方税的收入，合并计算，2004 年共计为 5851.6 亿元，2005 年增为 6887.55 亿元。但因增值税、所得税等共享税和中央税收入增长更快，2005 年所占有关收入的比重，与 2004 年对比都下降了，占全国税收总额的比重，由 24.20%，下降为 23.93%；占地方本级税收收入的比重，由 58.52%，下降为

53.36%；占地方本级财政收入的比重，由49.21%下降为45.62%；由于地方本级财政支出增长更快，其所占比重，也由28.42%下降为27.38%。也就是说，地方税连带视同地方税的四个税种分享的收入，只能为地方本级财政支出提供1/4稍多一点的资金。

据《中国财政年鉴》数据计算，增值税、企业所得税（含外商投资企业和外国企业所得税）个人所得税等中央地方共享税种，地方分享的收入2004年和2005年分别为4695.25亿元和5838.62亿元，为地方本级财政支出，分别提供了22.8%和21.96%的资金（参见表3）。

表3　　2004、2005年中央主要分享的中央地方共享税收入分配及相关比重表

单位：亿元

名　称	2004年金额			2005年金额		
	小计	中央分享	地方分享	小计	中央分享	地方分享
国内增值税	9017.94	6613.51	2404.41	10792.1	7931.35	2860.76
减：出口退税			-547.76			
净额			1856.67			2860.76
企业所得税（含外资）	3957.33	2361.33	1596.00	5342.92	3204.03	2139.89
个人所得税	1737.06	1042.24	694.82	2094.91	1256.94	837.97
四税合度	14751.33	10017.08	4695.25	18229.94	12392.32	5838.62
减：出口退税			-547.76			
净额			4147.49			5838.62
地方分享收入（净额）的相关比重						
占全国税收总额%			17.16			20.29
占地方本级税收收入%			41.48			45.88
占地方本级财政收入%			34.87			38.66
占地方本级财政支出%			22.80			21.96

说明：2004年中央负担的增值税出口退税3082.51亿元和中央固定收入的进口货物增值税3663.43亿元，以及2005年的此项金额均未列表内。

资料来源：依据下列数据计算编列：《2005年中国财政年鉴》第278、280页；《2006年中国财政年鉴》第312、316页；《2005年中国税务年鉴》第550页。

把前述地方对三个层次的税收收入都合并起来，地方本级税收收入2004年为9999.59亿元，只为同期地方财政支出的48.55%。2005年地方本级税收收入为12726.73亿元，也只为同期地方财政支出的50.59%。由于地方本级财政收入中，非税收入的数额及其所占比重很小，这就决定了现在地方本级财政支出中，约有一半要依赖中央转移支付的补助。2004年中央财政的此项支出高达10407.96亿元，2005年更增为11484.02亿元，其金额和相关比重，正与此符合（参见表4）。

表4　　2004、2005年地方本级税收收入及相关比重表　　单位：亿元

名　称	2004年金额	2005年金额
地方税	1488.49	1690.49
地方主要分享的共享税地方分享收入	4363.11	5197.06
中央主要分享的共享税地方分享收入	4147.49	5838.62
合计	9999.59	12726.73
地方本级税收收入的相关比重		
占全国税收总额的%	41.38	44.22
占地方本级财政收入的%	84.08	84.28
占地方本级财政支出的%	48.55	50.59

资料来源：见表1至表3。

地方税体系欠缺，地方税规模过于窄小，从而出现的“小地方税，大共享税，大转移支付”的财政资金分配格局，有较大的消极影响：

一是妨碍健全财力与事权相匹配的财税体制。分税制财政体制是国际上市场经济国家普遍实施的有效财政管理体制，一级政府、一级事权、一级财权，财权与事权相统一是其基本原则。由于税收收入现一般都占财政收入的80%、90%以上的比重，财政收入基本上就是税收收入，收入对支出又起制约作用，税收分配在整个财政收支和管理活动中，处于关键地位。因而“一级财权”的根本，就是分税制

财政体制里的税权问题或税基问题，即在中央和地方各级之间，选定和划分税源及其相应税种，确定税收收入归属，明确各级的税收立法权、执法权、司法权。其中税源及其相适应税种的划分和收入归属，是各级政府财力配置的关键。“原则上，各级政府都应该有自己大宗、稳定、与事权相呼应的税源”①。这是建立事权与财权相适应的分税制财政体制和健全财力与事权相匹配的财税体制的一个基础，也是适当划分中央、地方对税收立法、执法管理权限，建立健全税收管理体制的一个基础。完善地方税体系，确定必要的地方税税源，保持适当的地方税收入规模，作为一个必要内容，与健全财力与事权相匹配的财税体制密不可分。地方税体系欠缺，地方税税源萎缩，地方税收入规模过于窄小，就难于健全财力与事权相匹配的财税体制。

二是弱化地方政府运用地方税杠杆应有的功能作用。健全的分税制财政体制，要求有完善的地方税体系和适当的地方税收入规模，而其税种选择，一般是地方具有信息优势和征管优势，税源不易转移，对国家整个宏观经济影响不大，而对本地区提供公共产品和服务，关系却较密切。在这样一些税种组成的完善地方税体系下，地方政府就能运用其一定的税政管理权，因地、因时制宜妥善处理有关事宜，组织较充裕的地方税收入，用来满足地方财政基本支出的需要，并在组织收入的同时，充分发挥其调节收入分配和经济活动的作用。例如完善的房地产税制，既可为地方政府提供大量的财政资金，又可公平合理地调节居民间的收入分配，并可促使地方政府致力于地方必要的基础设施建设，改善生活环境，使本地区房地产在环境改善的前提下不断增值，税收不断增长。而在地方税体系欠缺、地方税规模窄小的情况下，地方税发挥职能作用的阵地就大为缩小了，对膨胀的税外收费、集资也难于遏制，在有些地区，庞大的土地出让金收入，成了地方财政资金的主要来源，在某种程度上，导致出现不合理的财政收入

① 贾康：《中国财政改革：政府层级、事权、支出与税收安排的思路》，载《政府间财政关系国际经验评述》，人民出版社 2006 年 8 月版，第 55 页。

分配格局，“小金库”的巨额资金惊人。助长腐化、浪费。据最近报导，江苏省的非税收入，真正纳入国库和预算管理的，只占该项资金总额的36%。有资料显示，全国每年年底有3000亿元左右的资金，以奖金、福利等方式，被不少部门突击花掉①。还有些地方把有限的资金投向宾馆、饭店、豪华娱乐设备，影响了产业结构的合理调整。这些都不利于经济社会健康快速发展。

三是导致地方财政困难，削弱财政资金使用效果。地方税是地方政府提供本地区公共产品和服务所需财政资金的基本来源，它主要用于地方政府行使必要职能的必要支出，按照国际通行做法，其收入规模一般不应低于地方政府最低限度的必要支出。现在地方税收入规模过低，地方政府最低限度的必要支出还要依赖中央地方共享税，甚至是依赖中央的转移支付，在某种程度上会导致地方想方设法向上级伸手要钱，而疏于本身的挖掘潜力，开源节流，提高资金使用效益。财政资金在各级政府间“上解下拨”，要有一个周期，也导致资金的闲置，不能及时投入使用。特别是转移支付资金很大一部分是中央主管部门指定用途的专项转移支付，地方要按照中央主管部门的具体安排来使用资金，地方政府贴近基层、信息对称的优势，不能充分发挥，影响地方政府依据当地发展变化着的动态情况，统筹安排使用，从而资金使用的效果，也要大打折扣。由于当前转移支付的透明性较差，甚至部分资金，还会在中间环节出现严重的截留、漏损。财力性转移支付，主要是依据过去的基数，而不是依据地区的人口和人均财力水平等关键因素，拨付资金的确定，往往带有一定的随意性，也影响在不同地区提供均等化的公共产品和服务。在以上情况下，转移支付的规模越大，耗费的成本也越高昂。

四是影响政府间的协调关系和国家宏观调控的应有成效。一方面是地方税收入规模远低于最低限度必要支出的需要，另一方面是中央财政收入远大于中央本级财政支出，地方依赖中央；很大部分专项转

---

① 《中国经济时报》，2007年5月8日。

移支付，又是中央主管部门的“条条”干预地方的“块块”活动，政府间的协调关系，难免受到影响。地方政府在繁重的经济社会发展压力和庞大的支出责任压力下，对其经济社会活动和收支安排，必然要着重从本地区着想，以解决当地各种经济社会问题的内在动力，而对全国性的整体问题，相比而言，可能考虑会较少一些，这在某种程度上有可能导致地方对中央的宏观决策响应程度不高，影响中央宏观决策完善地、不打折扣地在地方具体贯彻落实，从而也在一定程度上，影响国家的宏观调控取得应有的成效，从而在某种程度上，影响经济社会发展。

二、全面改革地方税制，完善地方税体系的设想方案

解决前述矛盾问题，要有行政体制改革、财政体制改革、税收制度改革、法律制度建设等各方面的配合，齐头并进，综合治理。在财税体制中，收入是支出的阀门，对支出起制约作用。健全财力与事权相匹配的财税体制，当前关键的一着，是要全面改革地方税制，建立税种齐全、结构合理、制度严谨的完善地方税体系，大幅度扩充地方税收入规模，以适应地方政府执行本身职能、行使必要事权的最低限度资金需要，并充分发挥税收在经济社会中应有的宏观调控作用。这需要与清理整顿税外收费（集资、基金）结合，从以下三个方面全面规划，逐步推进。

（一）改革现行地方各税制度

2006 年已把车船使用税和车船使用牌照税合并，改革为车船税，性质由原来的行为使用税，改革为财产税，其组织收入和调控的功能作用都已提高，在一个时期内不需要改革。城镇土地使用税也已作了改革，扩大了征税范围，把年税额提高 2 倍，以遏制圈地冲动。除已取消和停征的地方税种外，现行地方税种，还有房产税、城市房地产税、契税、土地增值税、耕地占用税以及 2006 年新改征的烟叶税 6 种。其中最急需着重研究改革的是房地产征税。要把房产税、城市房地产税、城镇土地使用税和对外商及外籍人士征收的土地使用费以及

国内有关房地产的各种收费，其属税收性质的，均应合并为房地产税（或称物业税）一种，改革设想的主要内容是：

1. 扩大征税范围。明确把个人住房列入征税范围，取消现行居民个人非营业用自有住房免税的规定，以适应房改政策实施后，居民个人已逐渐拥有属于自己私产的现实。这是一个很大的有稳定收入的税源。通过征税，也有利于调节居民收入，调节由于占有财产规模、质量差异而得到的某些级差收益，缓和贫富差距矛盾，促进房地产有效利用，营造社会和谐气氛。为照顾一般群众的负担能力，便利实施，应把握逐步推进的方针，当前可先就城镇及极少数富裕农村的较高价位非普通住房及豪宅、别墅征税，拥有一套普通住房的，仍暂免税。

2. 调整税率。把现行房屋、土地分别适用单一比例税率和固定税额的办法，改为按工业用房地产、商业用房地产、单位用房和个人住房、无建筑物土地等不同类别，分订不同的幅度比例税率，由省级政府自行确定本地区的适用税率，以利于区别不同类型的房地产，区别不同地区经济发展情况，进行适当的有力调节。

3. 改变计税依据。把现行按房屋原价余值或租金收入计税的办法，改为按评估的市场价格计税，便利随着经济发展繁荣，使征税适应房地产的实际价值和纳税人负担能力，也有利于国家分享土地增值的收益。

征收契税表明国家对不动产权的认可，已有良好的历史传统习惯，其收入也随着房地产交易市场的发展而大幅度上升，是收入稳定可靠的一个地方税种，应仍保留，不宜并入印花税或城市房地产税。但对普通住房、非普通住房和豪宅、别墅，可考虑分订高低不同税率，以利于区别不同情况，适当调节居民收入分配。

耕地占用税采取的定额税率办法，不适应经济发展情况，且长期未作调整，可研究改为按人均耕地面积，分订比例税率，依据当时土地的评定价格，依率计征，以体现其市场价值，保护耕地面积。

（二）改革主要收入归属地方的中央地方共享税

要减少中央地方共享税种，除继续保留增值税、企业所得税、个人所得税作为共享税外，现行组织收入和归属主要都是地方的四种中央地方共享税，要改为完全的地方税，并对其征税制度，进行重大改革。

1. 改革资源税制。保护资源和环境，是我们的基本国策。必须合理开发并节约使用各种自然资源，并进行环境的治理保护。现行资源税覆盖面小，调控机制弱，其组织收入的规模，只约为全国税收总额的5‰，同资源应有的巨额市场价值，更简直不成比例。资源税调控机制作用的薄弱，收入分配中的严重不公允，也与资源开采中的巨大损耗，使用中的严重浪费形成强烈的反照。以石油资源的征税为例，1994年的石油资源税，主要是依据企业的不同生产条件，把税率定为每吨8—24元，以后调整为8—30元，2005年7月1日又调整为14—30元。2002年油价是1500元/吨，其最高税额是30元/吨，2006年油价上涨到4000—4500元/吨时，最高税额仍然是30元/吨，资源税额仅为油价的万分之七点五，以至万分之六点七，不到美国、德国、法国征税的1/30。在这种极低的定额税率下，以2005年为例，原油资源税收入，总共只为25.15亿元，天然气征税只为32.12亿元，2006年增收极少，可是2006年石油行业仅三大巨头的利润，中石油高达1850亿元，居境内所有企业之首，中海油和中石化的利润，也分别高达500亿元和300亿元以上。对于利润的分配，中石化还公开宣称，派出130亿元，用作大小股东的股息红利①。石油企业的惊人暴利与极低的资源税额简直是天壤之别。这实际是石油垄断企业无偿开采和占有国家稀缺资源，影响了国家的整体利益。并且其中的很大部分（约占利润总额的45%）通过股息分红，却又转为众多的持股投资者占有。特别是中石油、中石化2000年在香港、纽约上

① 以上数据，分别参见《中国经济时报》，2007年4月12日、16日；《北京晚报》2007年1月11日、4月12日；《2006年中国税务年鉴》第716页。

市，低价发行海外股，7年间股票市价上涨了7倍（中石油H股上市价每股1.27元，涨为10.16元），其中仅巴菲特一户持有中石油的23.4776亿H股，转手间就获200多亿元暴利①，更是把国家的巨额财富，白白奉送给外国投资者，严重损害了国家利益。

原油资源税额低，地方政府收入少，也影响了所在地区对资源保护机制的建立和环境污染治理。加重开采石油的资源税负担，合理安排各方面的收入分配，体现原油的市场价值，促进资源要素的市场化改革，正是有利于化解以上矛盾问题。

对资源税改革，设想的主要内容是：

（1）明确资源税的调控目标。资源税不仅要取得收入和调节各种自然资源的级差收入，在立法中更要把最大限度地促进国家自然资源的合理开采和有效利用，保护稀有资源，维护生态环境，保持可持续发展，作为资源税的主要目标，并在法规制度上明确保证，从而有效地遏制当前对自然资源的某些掠夺性开发，消费使用中的大量浪费，资源的廉价出口和自然环境的严重污染。

（2）扩大征税范围。把国际上普遍采取保护性开发和利用的水资源、森林资源以及旅游资源、牧场资源，列入征税范围，以利于保护我国这些稀缺资源的合理利用，避免浪费，维护生态环境。

（3）提高税负水平，体现国家资源应有的市场价值。当前我国资源税负太低，仅相当于国外矿产资源补偿费的10%—16%，有的更仅相当于1%②，企业几近无偿开采和占有国家自然资源。资源产品价格内所含的资源税额很少，导致资源产品价格偏低，不重视对资源有效利用、节约使用。出口和与外商合资办企业中，还会把资源产品应有价值的很大部分，白白奉送给外国。近年资源定额税率的微微上调，只是一个初步调整。2006年3月开征石油特别收益金，依据

---

① 《每日经济新闻》，2007年5月14日。据2008年3月11日《新闻晨报》，抛售该持股时，实际获利39.512亿美元，折合200多亿元人民币。

② 《中国经济时报》，2007年4月23日。

超过一定的价格标准征收，对分取石油暴利，虽有其作用，但这类似过份利得税性质，不能代替资源税。为扭转前述不合理情况，资源税负整体上要有较大幅度提高，以体现国家资源应有的市场价值，促进资源产品价格市场化，并适应产业结构、节能环保和资源可持续发展的要求。至于盐的资源税，要针对盐的种类区别征税。我国生产的盐，大部分是海盐，海水是公共资源，通过公海可以补偿，取之不尽，为体现资源利用的区别对待政策，鼓励发展海盐生产，对海盐宜采低税率。

（4）改采比例税率，从价计征。现行按地区和企业分订单位标准定额税率，从量计征的办法，不够科学合理，要研究改为按地区和矿藏的资源储量，分订有差别的幅度比例税率，按照资源开采时的市场价格，从价依率计征，并研究与开发利用水平挂钩的浮动征税制度。

（5）把纳税环节提前。现行在企业销售环节按销售量，或在移送使用环节，按自用量计算征税的办法，税收不能及时入库，且会使部分已开采而在以后未销售和自用的资源产品征不到税，导致胡乱开发，资源浪费，为解决此项矛盾，宜于把纳税环节改为提前在开采环节。还可研究以在计算征收税款时，与矿藏存量和回采率等指标挂钩。这样，企业就要提前纳税，已征税款如尚未开采或不开采，也不退税，从而加大压力，促进企业充分利用矿藏资源，加速提高远低于外国一般标准的矿藏资源回采率，避免自然资源废弃、浪费。

（6）税、价、租、费配合运用，收取资源探矿权、采矿权价款等。矿藏资源属于国家所有，企业探矿、采矿应当有偿使用。2006年11月，国家发改委确定的在山西等八个省（区）进行的煤炭资源有偿使用制度的改革试点，将来可以推广到全国所有资源。投资者要拥有矿藏资源的探矿权、采矿权，不能如同现在这样，只要报经主管部门批准，就可无偿取得，而是原则上都应以招标、拍卖、挂牌等市场竞争方式，缴纳相应的探矿权、采矿权价款，才能有偿取得。这种情况，如同房地产开发商要取得土地资源使用权，必须通过市场竞拍，缴纳土地出让金一样。有偿取得矿藏探矿权、采矿权，并与资源税政策、资源产品出口税收政策相互配合运用，就能更好地保护资源，合理利用，遏制浪费、污染，并避免把资源产品廉价奉送给外国，维护国家安全。对某些利润高的矿产资源企业，还可就其高出一般的利润部分，征收特别所得税、过份利得税等类似税种，用以建立资源枯竭补偿等一类专项基金。

现行矿产资源补偿费和其他类似的收费和基金，按不同企业的销售收入征缴，其中某些收费、性质类似资源税，有重叠征收问题。在执行中，收费往往出现各自为政，随意优惠，隐瞒收入现象，为提高法治水平，规范财政收入，强化预算管理，可作税费改革的通盘研究，对其中属于税收性质的，通过提高对资源税的征收，把它合并进来，只保留某些必要的行政事业收费，并进行规范化、法制化管理。

现在对中外合作开采的海洋石油和天然气，不是征资源税，而是另订办法，征矿区使用费，收入归属中央。鉴于领海不同于内陆，海洋资源开采，是中央统筹安排，收入难于划归那个地区，也有其开采中的诸多特殊情况，可就现在的收费，单独改征海洋石油税，划为中央税种，而资源税则宜于从现在名义上的中央地方固定收入（实际上全部收入现均归属地方），改为完全的地方税，最低限度，其收入的主要部分，也应由地方分享。这是因为自然资源虽是国家所有，中央政府对资源收入有权享有，但我国能源等资源，密集于西部贫困地区和经济欠发达地区，需要中央对其财力进行大力支持，且征收资源税，有幅度税率和计算征收等多种弹性规定，需要地方适时机动处理，还有资源耗损补偿和生态环境维护的特殊费用支出，需要地方提供。改革资源税制后，资源税收入虽成倍增长，其数额也还是有限，决不可能与增值税、所得税等主要税种的收入相比。同时，现在西部地区向东部地区和全国大量输出天然气、原油等自然资源，而利益补偿微乎其微，这种现状也需要改变。

2. 改征维护建设和文化教育税。现行城市维护建设税存在很大矛盾问题，一是以增值税、消费税、营业税三个税种的税额为计税依据，实际是这三种税的地方附加，没有独立的课税对象，不能发挥独立税种的特殊调节作用。二是未能认真贯彻“谁受益，谁负担”的政策原则，税负失平。表现是不征、免征增值税、消费税、营业税等三税的内资企业，虽享受了当地市政建设的利益，但却不负担这种税的相应义务。外商投资企业和外国企业也排除在这个税种征收范围之外。一些缴纳消费税高税率产品的企业，其享受市政建设服务的利益对比其他企业，并无特殊，可是缴纳的税款多，负担大，而低税率产品的企业则缴税相对较少，负担小。三是提供市政服务与取得利益在地区间不够适应。表现是有些跨地区的企业、矿场，未在市政建设服务地区缴纳本税；向中央金库集中交纳营业税的铁道部门、银行、保险业的所属企业，也未在市政建设受益地区缴纳本税。四是收入规模小，未能适当地满足城市维护建设的资金需要，还需另收城市公用事业附加费，更谈不到为扩展市政建设提供资金。乡镇公用事业和公共设施，也需要有稳定的维护建设资金来源。现收取的教育费附加，也是以三种流转税的税额为计算征收的依据，情况完全相同，只是一个用于城市维护建设，一个用于教育事业。

为使税制建设科学合理，可以把城市维护建设税及其相关的城市公用事业附加等收费，教育费附加及农村事业教育费和文化事业建设基金等相关的附加费，加以合并，改为新设立维护建设和文化教育税。税制内容主要是：

（1）确立课税对象，改变计税依据。废止现行的附加征税制度，确定以从事生产经营的单位和个人的销售收入、营业收入和调拨收入等其他收入为课税对象，并以其收入金额为计税依据，使之成为完全独立的地方税种。

（2）扩大征收范围。凡有生产经营收入的单位和个人，其中并包括现在不缴纳增值税等三种税的单位和个人、外商投资企业和外国企业，设在农村的乡镇企业，也包括总机构设在外地，不对外营业的分支机构、矿场、车间，只要有法定的调拨收入及其他收入额，都应在享受公共设施利益的当地缴纳本税，不搞外地总机构集中汇总交税，使受益与负税相适应。但对社会福利等特殊行业的收入可予免税。

（3）实行幅度比例税率，分大、中、小城市及乡镇确定。具体适用税率，由省级政府按照当地市政维护建设和文化教育资金的需要，在统一税法规定的幅度内自行决定。

通过以上改革，本税就可成为征收面广，有较大和稳定收入的地方税主体税种，并与地方提供公共产品和服务的受益情况较紧密地结合。

3. 改革营业税制。随着增值税要逐步扩大征税范围，与商品生产经营密切关联的交通运输业和建筑安装业等，将由现征营业税，改为征收增值税。由于营业税现是地方本级税收收入的主要来源，同地方的关系较密切，与国家的整个宏观调控的影响也不很大，尚不宜对其税目完全改征增值税。营业税作为服务性行业营业收入的特别税种，现阶段仍可保留。要稳定其征税范围，对有些业务经营，适应经济情况发展，要明确规定征税。例如：

（1）扩大对转让经营权益的征税范围，对运动员转会、提供电视转播权、转让生产经营权、转让林权、探矿权、采矿权和其他经营权的收入，要区别情况征税。

（2）重新界定某些免税范围。如现在新发展的医疗卫生业、经营性墓地提供的服务项目收入，要依法征收营业税，不再列入医疗服务业、殡葬业免税范围。

（3）取消对从事金融、保险、证券、电讯等外资服务性行业享受的营业税减免优惠。

另外，要取消铁道部门和银行、保险总机构集中交纳营业税，其税款收入归属中央财政的规定，使营业税成为完全的地方税。

4. 改革印花税制。现行印花税一般的征税项目收入全归地方，证券交易的印花税收入部分，现在则是97%归属中央，3%归地方，即归汇总进行证券交易的上海、深圳两市。为完善税制，加强对证券（股票）市场的宏观调控，宜于把证券（股票）交易印花税，从印花税中分离出来，单独开征证券（股票）交易印花税，划为中央税种，印花税则成为完全的地方税，具体理由是：

（1）印花税是书立、领受法律列举凭证的行为征收的一种税。性质属于行为税、凭证税。现股票交易实行集中托管和无纸化、无有形的书据凭证；现对股票交易的征税，是按印花税的“产权转移书据”税目，可是税率却是该税目所列各书据税率的6倍，有极大的差别。因而实质上证券交易印花税，基本上就是有价证券（股票）买卖的营业行为，就其营业额的征税，混在一起征收，税制不够科学、合理。

（2）证券交易印花税收入在印花税总收入中占特大比重，2004年是171.85亿元，占同期印花税总收入的59.2%，2005年因股市疲软，收入降为65.39亿元，也占同期印花税总收入的28.7%，而2006年股市旺盛，其税收收入又多倍上升。2007年1—6月，因股票的天量成交额，仅6个月就收税624亿元，比上年同期增长767.6%，远远超过一般印花税，这些收入97%属于中央。

（3）特别是股票证券交易与整个国民经济的发展密切关联，股票证券交易征税，事关国家整个经济的宏观调控，政策性很强，需要有独立税种的完善调控机制。随着上市公司增多，股票证券交易市场的发展，交易金额急剧增长，该项税收规模也日益扩大。它分散在全国各地操作，却集中在上海、深圳两市缴税，其收入理应归属中央专有。

新设立的证券交易印花税，借鉴国际经验，宜于只对卖方征税，税负水平相当于现在买卖双方的税额总水平。按持有证券（股票）期间长短、实行差别比例税率。既鼓励买入证券（股票）投资，遏制短期操作，又便利加强管理，促进证券（股票）市场稳定、健康发展。

（三）开征地方税新税种

要新开征国际上已普遍实施的税种，完善地方税体系。这主要就是把现行的有些税外收费，改为建立新的地方税种。

1. 开征社会保障税。社会保障是市场经济正常运转的巨大支柱，社会安定团结、和谐友好的重要保证，也是政府履行职能、提供公共产品和服务的突出内容。党和国家历来都强调要建立完善的社会保障体系，而这首先就需要有社保基金筹集的保障机制。我国现在是采取由社会保障部门征收社会保险费的方式。其弊病是法制性弱，覆盖面窄，一些单位特别是非公有制单位和人员迟迟未能参保，现参保基本养老保险的，只相当于城镇从业人员的70%，相当于第二和第三产业从业人员的45%，参保医疗、失业的人数更少，缺乏强制征收的刚性，征收效率低，欠交情况多，征收成本高；收支缺口大，基金负债多，隐性债务快速膨胀。2005 年全国社会保险养老金个人账户累计亏空就达 8000 亿元①。特别是社保部门自收、自支、自管，导致社保资金大量被非法挪用、浪费、贪污。2006 年披露的上海市社保局几宗违法大案，仅其中福禧投资案就超过 30 亿元。国家审计署 2006 年 11 月 23 日的公告指出，29 个省（市、自治区，不包括上海、西藏）非法动用的社保资金达 71.35 亿元，其中宁夏有 3000 万元社保基金被轻而易举地转到了个人账户，贵州省建设银行和工商银行伙同省社保局少申报、截留社保资金 6000 万元②。

由收费改为征税，就可较好地解决以上矛盾问题，并发挥税收的特殊功能作用。一是由于税法的严肃性、税收的强制性和征收手段的有效性，保证了税法规定负有纳税义务的单位和个人，必然要依法如期足额缴纳税款；也能有力地扭转现在自愿参保和劝导参保的局面，扩大参保范围，能强有力地筹集社保资金，为健全整个社会保障体制创造良好的物质基础。二是税务机关有现成的完善征税系统，掌握较全面的税收信息；特别是社会保障税计算征税依据的工资薪金，就是个人所得税的计税依据，也是企业所得税计算征收中准予扣除的工资薪金列支项目。这三种税都在税务机关征收和缴纳，便利税务部门协

---

① 《中国经济时报》，2007 年 5 月 22 日。

② 《北京晚报》，2006 年 12 月 5 日。

调三税政策业务和征收管理，促进公平税负，遏制偷税、漏税，也便利了征税、纳税双方，节省人力、物力，降低税收成本。三是采取征税形式，形成新的社保基金管理模式，即税务部门负责征税，筹集资金；财政部门负责资金的预算管理监督及其积累和保值、增值，社保部门负责社保政策的制定和资金的使用、发放；审计部门负责审计监督。各部门分工合作，相互制约，基金运转公开、规范、透明、健全，能有力地保障社保基金安全，促进提高资金使用效益，办好整个社会保障事业。四是与国际上普遍采用税收筹集社保基金接轨，可以消除外商投资企业和外国企业现在对征缴社会保险费的误解与纠纷，妥善解决这些企业中职工的社会保障权益问题，便于在经济全球化、跨国人员剧增形势下的国际交流合作，促进对外开放。

近年来，许多地区已采取由地方税务局代征社会保险费的形式，显示了明显效果。例如 2002 年 19 个省（市、区）的地方税务局代征社会保险费收入 1327 亿元，比 2001 年增收 382 亿元，增长率达 40.4%。海南省地方税务局 2001 年接办代征事宜，社保费收入比以前增长一倍多。但这毕竟是代征性质，是“以费代税”，社保机构仍负费征集资金的登记、申报、稽核，地税机关在征收工作中，无税收法律依据，只能依据社保机构提供的数据来征收，对漏报、漏征，不能运用税收强制征收手段，无法进行有效管理，难以适应现实要求，保证集中更多的社保基金，更难以发挥税收应有的个人收入分配调节作用，出路只能是彻底地实施“费改税”。

筹集社保基金，改费为税，已具备了必要条件。一是基本上已形成各方共识。单位和职工通过多年缴纳社会保险费的实践，已清楚了解缴费与享受社保服务的密切联系，了解它是职工现在收入与将来收入的一种调节。特别是职工个人的负担，只约占缴税（费）总额的近 1/3，而大头的 2/3 以上，则由单位负担，将来享受的社会保障，还要高于现在缴税（费）的数额。只是名称的转换，却换来了更多的国家社保服务，并在更大范围内统筹，得到保证和扩充，广大群众必然热情支持。特别是为数众多的合同工、农民工、临时工更会积极响应，依法踊跃纳税。政府有关部门在这些年更加深了社会保障是履行本身职责、提供公共服务的一项重要内容，社保资金的缺口，要求财政拨款支持，2006 年各级财政补贴基本养老保险基金就达 971 亿元，比上年增长 49.2%[①]，并有不断扩大趋势，必须预先筹划，通过税收集中更多的稳定社保基金。二是已具有必要的经济基础实力。近年来城镇居民可支配收入已有较大幅度提高，国有企业已基本实现脱困目标，私营企业、个体经营者发展前途广阔，企业和个人都已有相应的承受税负能力。三是税务部门具有完全接办的能力。税务机构遍及全国各地，征税系统是现成的，有充实的征管力量。从 2002 年以来，已有 19 个省（市、区）由地方税务局代征社会保险费，积累了丰富的征管经验和有关个人所得的税收信息，国际上征税的一些成功经验，也可供我国借鉴。四是社会保障统筹层次将提高到省（市、区）级。现在已有黑龙江、福建、陕西等少数几个省，实行全省范围的社保统筹，其余省（区）是县市范围内的统筹。党的十六届六中全会明确要求对社会保障“积极推进省级统筹”，在全国范围内，实现社会保障在全省范围内统筹已指日可待。统筹层次的全面提高，为把社会保障税，作为省级地方税种开征，在全省范围内统一征收，调剂使用，创造了良好条件。

适应我国当前的经济发展水平，明显的城乡二元经济结构和社会保险费征缴的现状，为便利推进，开征社会保障税要循序渐进，分步实施。在当前，税制的设计，应建立在现行社会保险费征缴制度的基础上，只作较小的必要调整。这主要是开征地区，目前一般仍限于城镇和工矿区，至于农村，只限于东部地区和大中城市郊区的农村以及少数具有相应条件的地区，对之是否开征，由省级政府依据本地区情况研究确定。纳税人在现有基础上适当扩大，除企业及其职工外，应包括所有行政、事业单位、社会团体及其从业人员，自由职业者、个体工商业主也要包括在内。税目暂仍设基本养老、基本医疗、失业三

---

① 《中国税务报》2007 年 5 月 23 日报导。

项。经济发达、有条件的省（市、区）可逐步增设工伤、教育等其他税目。各税目统一征收，分项管理使用。税率与现行征缴费率基本持平。养老、医疗保障各可定为工资薪金（含津贴、奖金、实物）的25%和8%，单位缴3/4，员工缴1/4；失业保障定为3%，单位缴2/3，员工缴1/3。单位缴税部分全部划入社会统筹基金，员工缴税部分，仍全部计入个人账户。自由职业者及个体工商业户主缴的税，也按前项比例，分别划入社会统筹基金和个人账户。

2. 开征燃油税。现行公路养路费是由公路交通部门依据车辆吨位计算，向拥有车辆的单位和个人征收的，每年只是固定的一二千元税额，与车辆的道路使用频率不联系，与耗用油量和排放废气不挂钩，很不公平合理和科学，是导致能源消费膨胀、环境污染的一个消极因素，并且收费成本高，拖欠多。北京市交通委2007年5月在记者招待会介绍，该市尚有20万辆车欠交养路费，金额达3亿元，欠税率为7%。

早在1998年国务院就提出要在这方面实施“费改税”改革，2001年前后并形成了改革的具体方案。近年国家主管部门又一再宣称要“择机”开征燃油税。实施这个税种，不是单纯的“费改税”，而是从政策制度上进行重大改革，与车辆行驶路程和耗油多少的不同类型车辆密切联系起来，这是政策制度的重大改革。耗油是较能准确地表现车辆行驶的路程，享受国家提供公共道路建设服务的程度，按耗用的油量征税，不仅可以防止逃税、欠税，并较大幅度增裕财政收入，更是有利于遏制能源过度消费，减少废气污染；推动科技创新，促进汽车生产向节约、环保和轻型化的方向发展，从而也是对建设资源型、环境友好型社会的有力支持。

现在国外的燃油税税率一般都不低。据测算，德国的税率高达征税前油价的200%左右，即税率为汽油含税销售价格的66%左右，日本和英、法等欧盟国家大致持平①。适应我国现实情况，为避免刺激

① 《中国经济时报》2007年4月23日。

油价上涨过猛，我国现阶段的税率肯定不能订得那么高，而是要在当前各种道路收费总负担的基础上酌情提高税负，依率从价计征，而不是从量计征，使与不断上涨的油价紧密结合，以利于较好地发挥它的节能降耗减排和推动科技创新等的特定功能作用。国际能源署2007年7月9日提出的预测报告警示：2010年后，全球原油供应将面临危机，特别是2012年后困境更大，世界油荒将至，油价势必被推升至创新高水平。① 欲待油价平稳下降时"择机"开征，可能永无时日。当前我们必须抓紧把握时机，理顺石油价格，安排好部门、地方、企业等各方面的利益关系，争取尽早开征这个具有重大政策意义的新税种。

3. 开征环境保护税。我国现在对排污行为是征缴排污费，征收面窄，也不规范，收费成本高，而收费金额低，企业宁愿缴纳少量排污费，也不愿主动治理环境污染，加上地方保护主义干扰，缺少税收的权威性和统一性，不足以遏制超标排污行为；征缴到的收入，还多被挪用，更远不能满足环境治理、改善的资金需要。2006年，我国用于环境污染、治理方面的支出，达2400.8亿元②，而每年的排污费收入不过百多亿元。现行税种中，只消费税、增值税等少数税种，有涉及防治环境污染的极少数规定，覆盖面小，调控机制弱，有些还是临时性、阶段性措施，缺乏系统性、针对性，更没有防治污染的专门税种，这与国外有关各税种都注重环境保护，并开征了水污染税、二氧化硫税、二氧化碳税、固定废物税、噪音税、土壤保护税和家电生态税等特别税种，以及对环保技术、投资行为和环保产品的生产、使用，采取诸多税收奖限措施，已形成生态保护税体系相比，存在较大差距。我国河流、湖泊、土壤和城市空气污染较严重。世界卫生组织列出的全球十个污染最严重的城市，中国就占了7个。党的十六届六中全会指出，必须加强环境治理保护，促进人与自然和谐，并同时

① 《国际金融报》2007年7月11日报导。
② 《中国税务报》2007年6月8日报导。

强调，要完善有利于环境保护的财税政策。把排污等收费，改为开征环境保护税，并在有关税种的制度建设中，都贯彻和体现环境保护政策，鼓励节能降耗减排，控制污染，逐步构建环境保护税体系，正是在国家层面上，实施的一种强制性、规范性的经济政策和财税政策，能通过利益调节，协调各方面关系，遏制环境污染和资源破坏；征收的税款，实行严格的预算管理，专款专用，统收统支，也有利于环境的治理、维护、改善，保证经济的可持续发展。

环境保护税制的设计，要把一切与环境污染、资源破坏的行为和产品都列入征税范围，分列税目，逐步扩大。主要是工业废水、废气和固体废物（这些占污染源的70%以上），其次是那些难于降解和再回收利用的材料制品以及对环境会造成严重污染的各种包装物，和超过国家环保标准的噪音。以污染物的排放量和浓度为税基。在污染防治归地方自治管理的原则下，税率可因时、因地而异。税负水平要高于现行的污染收费。应使企业采取污染治理的成本，低于承担的税负，促进企业千方百计抓紧研究开发污染治理，鼓励清洁生产，节约能源，废物回收和综合利用，鼓励发展循环经济和环保产业。

4. 开征遗产与赠与税。这是许多国家都已开征的税种。1950年1月，政务院公布的《全国税政实施要则》也曾把遗产税列为暂定的14个税种之一。1994年国务院批转的税制改革方案，也列有这个税种。虽然当前的我国财产登记制度欠缺，有巨额财产符合征税条件的纳税人多仍在壮年，开征这个税种的条件还不太成熟，征税收入不多，事务不少，征收成本很高。但从长期看，积极创造条件，择机开征，还是有较大的公平收入分配示范效应和心理平衡效应，也有利于促进一些人的即期消费，并从制度上加快推动我国慈善家群体的形成和扩大。

5. 省级开征区域性地方税新税种。授权省级人民代表大会自行立法在报经国务院批准后开征区域性地方税种，主要是把各地现行具有税收性质的某些区域性税外收费和基金，改为征税。还有一些区域性的特殊税源也可征收特别税。例如对一些城市闲置较多的房地产，超过一定期间未自用或出租的，可以由省级依据本地区的情况，在一些城市开征区域性的房地产闲置税，这既可调节单位和个人的收入分配，更有利于遏制房地产的囤积投机，促进房地产充分有效利用，缓和城市住房仍较紧张的现状。又如在一些养犬泛滥的大中城市，也可借鉴国际经验，开征区域性的宠物税，以利于配合行政管理，进行必要限制，克服现存的多种矛盾问题。

三、大幅度扩充地方税规模，是现实的需要，不影响中央宏观调控

按照前述建议的设想方案逐步进行地方税制改革，地方税规模必然大幅度扩充，就现行地方税种和主要由地方分享的中央地方共享税改为地方税来说，例如房地产税（或称物业税）制改革，把城镇居民住房逐步纳入征税范围，以评估价格为计税依据，从价依率计征，随着居民自有住房的迅速扩充，人们收入水平的提高，这种日益充裕的税源，会使该税种收入，从2005年的435.85亿元，逐步上升到近千亿元。城市维护建设税和教育费附加等改为独立的维护建设和文化教育税，确定所有享受当地公共设施利益服务的工商经营单位和个人，均就其各种收入额计算征税，外资企业和原不征增值税等三个税种的企业，也概不例外，征收范围大扩充，其收入也将由2005年城市维护建设税791.02亿元，教育费附加350.18亿元及其他有关收费，上升到近2000亿元。资源税扩大征税范围，调高税率和从价计征，该税种2005年只收入142.2亿元，更是会三四倍增长。特别是由费改税，新开征的几个税种，更是构成完全的新增税收收入。以社会保险费改征社会保障税为例，2002年19个省（市、区）地方税务局代征的社会保险费是1327亿元，加上其他省（市、区）社会保障部门自行征税的部分，总额在2000亿元以上。近年城镇居民工资薪金所得增长较多，其征缴数额也相应增长。2005年个人所得税收入是2091.91亿元，其平均税率约为三种保险费总征缴率的一半。且在计税时，有较高的扣除额，征税范围也小，因而社会保险费改税，其收入也会远远超过个人所得税收入。最近劳动和社会保障部及国家统

计局发布的统计公告显示，城镇基本养老保险基金中属于征缴的收入，2005年为4313亿元，2006年为5215亿元[①]，连同医疗、失业两项保险费的“费改税”社会保障税收入，当在5000亿元以上。还有燃油税、环境保护税收入，也会有上千亿元。以上总计，加上其他地方税种的增收，按2005年的数据估算，改革地方税制，年地方税收入可增加7000亿元以上，可超过2005年地方税加地方主要分享的中央地方共享税收入总额6787.51亿元的水平。现以增收7000亿元估算，加上2005年实际征收的上项税额，则新的地方税收入总额达13787.51亿元，这是原征地方税收入的8.16倍，是2005年实征的地方税加地方主要分享的共享税收入总额的2.03倍。2005年地方本级税收收入是12726.73亿元，占当年税收总额28778.54亿元的44.22%。税制改革后，估算的新地方税收入，连同2005年地方分享的增值税、所得税收入5838.62亿元，共为19626.17亿元，占新调整的税收总额35778.54亿元（内已含新增的地方税收入七千亿元）的54.85%，比原来的44.22%，提高10.63个百分点。以上计算是假定同时期中央本级税收收入没有增长。实际上随着经济的发展，税制的调整、改革，中央本级税收收入必然也会有较大幅度增长，因而地方本级税收收入所占税收总额的比重，可能是与中央本级税收收入的比重持平，各占50%左右，比现在水平只提高约5个百分点。但地方税规模大幅度扩充，地方税这块蛋糕实际上多倍做大，地方本级税收收入所占税收总额比重会稍有提高，地方运用税收地方税杠杆和支配财力的自主权相应扩大，则是肯定无疑的。这就从收入方面，有力地为健全财力与事权相匹配的财税体制创造了良好条件，奠定了较坚实的基础，有利于充分发挥财税体制在经济社会发展中的宏观调控作用，促进全面落实科学发展观，又好又快地发展社会主义市场经济，加快构建社会主义和谐社会。

改革地方税制，大幅度扩充地方税规模，稍微提高地方本级税收

① 《中国税务报》2007年5月23日1版报导。

收入和财政收入的比重，不是危险思路，不会影响中央宏观调控。主要理由是：

1. 中外经济财政情况有较大差别。经济发达国家实现了工业化、现代化、城市化，基层的各项基础设施建设已较完备，提供公共服务的体系也较完整，地方政府在这方面担负的任务，远没有我国那样艰巨。并且各级政府事权划分较为清楚，基本公共服务支出，大多由中央和省级财政负担，还要由中央向地方进行均等化的转移支付，因而中央本级财政收入要占全国财政收入总额的50%、60%以上。而在我国现阶段，经济发展总体水平还比较低，城镇化建设，公共基础设施建设，环境与生态的保护和恢复，任务艰巨，都要落实由地方具体操办。特别是城乡二元经济结构的现实，农村人口占总数的70%，推进社会主义新农村建设，解决“三农”问题，发展壮大县域经济，地方担负的任务更为艰巨。属于提供基本公共服务的普及城乡义务教育，建立覆盖城乡居民的医疗卫生保健体系和社会保障体系，困难的重点，更在县乡基层。所有以上这些所需巨额资金，基本上都要由地方财政列支。2005年地方本级财政支出占全国财政支出的比重，高达74.1%，而地方本级财政收入所占比重只为47.7%，缺口达26.4个百分点，要由中央转移支付补助。《中共中央关于构建社会主义和谐社会若干重大问题的决定》强调“各级政府要把基层设施建设和社会主义事业发展的重点转向农村，国家财政新增教育、卫生、文化等事业经费和固定资产投资增量主要用于农村”①。依据中央的政策精神，为使各级政府财力与事权相匹配，一方面宜于大幅度扩充地方税收入规模，适当提高地方本级财政、税收收入所占全国财政、税收收入的比重，譬如把各种因素都计算在内，对前述比重，适当提高几个百分点，达到各占50%左右的水平。这是适应现实情况的需要，不宜照搬国外的情况。另一方面，通过进一步明确各级政府的事权，

① 《中国共产党第十六届中央委员会第六次全体会议文件汇编》，人民出版社2006年10月版，第9页。

适当提高中央财政支出在提供基本公共服务方面的金额和所占比重，譬如改变中央财政支出中的义务教育支出和卫生事业支出，只分别各占该项预算总支出2%左右的过低状况，也是必要的。

2. 前述设想方案，地方税增收的7000亿元左右，基本上都是来自“费改税”，来自地方分享的营业税等4种共享税收入，这些都是本来已经属于地方政府的收入。原已由地方自收自支，并未减少中央财政、税收收入，不影响中央宏观调控能力，也未额外增加社会和居民负担。费改税只是使财政收入分配格局规范化、合理化、法制化，充分发挥税收杠杆作用，防止诸多弊端。资源税等税种的改革会增加一些税收负担，但这是合理利用资源、节能减排和环境保护、恢复的特别需要，是有利于加强国家的整个宏观调控，推进经济可持续发展，而不是相反。

3. 地方税增收的极大部分，来自开征社会保障税，原已是地方的收入。这是有特定目标，专款专用的税种。社会保障近期的发展，根据中央的决定，是在全省范围内统筹，社会保障税也只能是省级地方税种。这个税种的收入大，导致提高了地方本级财政、税收收入在全国财政、税收收入中的比重。但这部分收入本来就已经是地方原有的，同时我们还可设想，如果对社会保障收支从一般财政预算中独立出来，设置特别预算单独管理，则中央、地方本级财政、税收收入所占比重，同现在相比，基本没有变化。特别是中央已明确“条件具备时实行基本养老保险基础部分全国统筹”，将来这个税种也就要相应改为中央地方共享税，收入主要归中央，中央本级财政、税收收入所占比重，就不会是有所降低，而是要提高了。

4. 在地方税规模扩大的同时，随着经济的发展，整个税制的改革完善，中央本级税收收入和本级财政收入，也是会有较大幅度增长的。譬如增值税扩大征收范围的改革，收入会增加，而属于地方税种的营业税收入，则要相应减少。属于中央税种的消费税制改革和为加强对股市的宏观调控，开征属于中央税种的证券交易税、证券利得税，随着经济和证券市场的日益发展，征税所增收入，也都归属中央。现国有企业已逐渐脱离亏损困境，据报导，国有企业2006年的盈利，已达11000亿元[①]，国家进行宏观调控的财力基础大为增长，并为企业所得税增收提供了保证，而这个税种的收入，主要是由中央分享的。一些垄断企业获取超乎寻常的巨额利润，其中如对石油，国家已开征石油特别收益金，类似过分利得税，将来要改革为正式的特别税种，其收入也专属中央。至于改革地方税制，对中央财政、税收收入会略有影响的，只是营业税和城市维护建设税两个税种，即个别部门集中交纳的这部分税款，会由中央收入转为地方收入，但金额很小，2005年中央分享的营业税收入129.64亿元，仅占该税种收入的3.06%；分享的城市维护建设税收入是4.66亿元，更仅占该税种收入的0.59%，两项合计，只为全国税收总额的0.475。中央本级财政、税收收入的大幅度增收与极小额的减收综合计算，地方税收入规模，虽多倍增长，中央本级财政、税收收入所占全国财政、税收总额比重，虽会稍有下降，但仍会是各占到50%左右的水平，不会影响中央的宏观调控能力。经过具体测算后，如认为中央所占比重下降多了一些，仍可通过适当调低地方对增值税、企业所得税、个人所得税收入分成比例的办法，妥善加以解决，而不必顾虑地方税收入增长规模是否过大。至于某些地区的地方本级税收规模如果偏大，也可由中央依据地区的人口和人均财力等因素，调减中央对该地区的转移支付金额，或依据因素法计算，要该地区向中央上解部分收入。

5. 中央的税收返还转移支付，实际是地方财政收入。中央财政的转移支付，有1/3以上是税收返还。2005年的增值税、消费税和企业所得税、个人所得税的返还金额，约为4000亿元（不包括少额的原体制补助）占同年度全国财政收入总额31649.29亿元的12.64%。这部分转移支付，按税种分别以1993年和2001年各省（市、区）的数据为基数计算拨付，是为了照顾和维护各地区原有的既得利益，富裕的东部地区受益多，欠发达地区受益相对较少，不够

① 《中国经济时报》2007年4月17日。

公平合理，不符合均等化转移支付的要求，应当研究改变，但税收返还的这部分转移支付金额，实际已构成地方财政所有的收入，归地方财政支配使用，中央不能自主调剂分配。把这部分从中央本级财政收入总额16548.53亿元中扣除，原中央本级财政收入总额调整为12548.53亿元，则中央本级财政收入占全国财政总额的比重，就不是原来的52.29%，而是39.65%了。从中减去用于中央本级财政支出所占比重25.9%，中央可供均等化转移支付的宏观调控能力，实际也就只是全国总财力的13.75%。我们可以把税收返还这个转移支付的方式，作为一个调节器，如果对现在的税收返还，设想只取消一半，另一半转变为一般性的均等化转移支付，中央财政除了相应增加了这部分均等化转移支付的财力，强化宏观调控以外，假定其他因素不变，例如中央本级财政支出的比重不增加，那么地方税规模，不论如何扩大，中央实际仍会增加2000亿元的财力，即增加占全国总财力6.32%的宏观调控能力，可用于扩大中央事权支出。而在中央级财政收入规模，随着经济发展和财税体制改革，税收相应扩大，在可占到全国财政税收总额50%左右的情况下，即使增加中央事权任务，中央本级财政支出会比现在增加几个百分点，由于中央本级财政收入所占全国财政收入总额的比重，实际上已由现在的39.65%上升为50%，实际增加了10.35个百分点，中央都会有更大的财力，用于增加均等化的一般性转移支付，用于扩大中央本级事权支出，这是加强国家整个宏观调控所需要的，中央实际的宏观调控能力不是下降，而是比现在要提高很多的。

6. 改革地方税制，扩大地方税规模，不宜只把原中央地方共享税中地方分享的部分改为地方税种，而不着力通过税制改革，提高其收入水平和调控功能，因为这样做，地方税收入虽会增加，可是地方分享的收入则相应减少，这只是地方本级税收收入内部结构的调整。虽可增加地方对地方税税政的一定调整权，但总的地方本级税收收入规模仍未扩大，实际上未增加地方财力或增加很少，未能使地方财力与其庞大的事权适当匹配，无助于地区依据本地区情况，自主运用财税杠杆的自主能动性，难于充分发挥税收应有的调控作用，提高财政资金的使用效益。

原载财政部财政科学研究所《研究报告》2007年第44期（内刊·6月1日），收入财政部财政科学研究所编：《热点与对策·2006—2007年度财政研究报告》，中国财政经济出版社2008年3月版。略改后刊《经济活页文选（理论版）》2007年第7期；主要是第二部分以《全面改革和完善地方税制》为题，刊《财政研究》2007年第8期。2007年8月4日又略有修改，提交2007年地方税课题研讨会交流，评为全国国际税收研讨会交流优秀论文，全文分别收入中国国际税收研究会编：《完善地方税的国际借鉴研究》（中国税务出版社2008年5月版）；北京市国际税收研究会编：《北京市国际税收研究会理论调研文集（2007年）》（中国税务出版社2009年9月版）。2009年11月，中国国际税收研究会评授“第六次全国国际税收优秀科研成果个人一等奖”。

适应形势发展，改革完善地方税制

我国地方税制改革长期滞后，收入规模日趋缩小。1994 年实施分税制财政体制改革时，地方税收入占全国税收收入总额的 10.39%，而到 2005 年，这一比例已降至 5.89%。2005 年地方本级财政支出的 43.87% 来自地方分享的中央地方共享税收入，45.65% 来自中央的转移支付。当前这种过于凸显的“小地方税，大共享税，大转移支付”的财政资金分配格局，不符合新形势下按照分税制财政体制基本原则，正确处理中央与地方财税分配关系的要求，存在诸多问题。为落实中央的“建立健全财力与事权相匹配的财税体制”重大决策，必须全面改革地方税制，逐步建立税种齐全、结构合理、制度严谨的地方税体系，大幅度扩大地方税收入规模。这是确保地方有自身独立税源和相应财力，便于行使地方本级必要事权所需最低限额资金的需要；是地方政府依据一定的地方税税政管理权，自主运用税收杠杆，因地制宜充分发挥地方税应有的作用，并遏制地方热卖土地行为和收费、罚款欲望膨胀的需要；是减少转移支付体制成本，避免中间流失、漏损，提高资金使用效率的需要；是协调中央、地方政府间的利益关系，促进地方以更大热情响应和贯彻中央宏观决策，充分发挥国家宏观决策应有作用的需要；也是当前处于体制改革首位的“加快推进行政体制改革，切实转变政府职能”的需要。

改革地方税制，完善地方税体系，扩大地方税收入规模，必须依据国家的宏观决策，并与清理、整顿税外收费相结合，全面规划，从以下三个方面逐步推进。

一、改革现行地方各税制度

除近两年已进行的车船税等的制度改革外，当前改革的重点是房地产税制。要把房产税、城市房地产税、城镇土地使用税和对外商及外籍人士征收的土地使用费，以及属于税收性质的有关各种收费，合并为物业税（或称房地产税）。适应住房改革新形势，把税源已日益丰富的城镇居民住房列入征税范围，区别不同类型房地产分别制定税率，按评估的市场价格依率计征，拥有一套自住普通住房的，暂仍免税，以利于合理调节不同阶层居民收入，并促进房地产有效利用。对契税要按不同类型的房地产，制定差别税率。对耕地占用税要改按评估的土地市场价格，依率计征，提高税负，以体现市场价值，保护耕地面积。

二、把主要由地方税务局组织征收的4种中央地方共享税改为地方税，并进行重大改革

1. 改革资源税制。在资源税立法中要把最大限度地促进国家自然资源的合理开发和有效利用，保护稀有资源，维护生态环境，保持可持续发展，作为主要目标。要把资源税的征税范围逐步扩大到水资源、森林资源以及牧场资源、旅游资源。除个别情况外，一般要大幅度提高资源税税负水平，以体现属于国家所有的资源应有的市场价值。将中外合作开采海洋石油和天然气需缴纳的矿区使用费，改为海洋石油税，划为中央税种。内陆的资源税，多来自西部地区和经济欠发达地区，可明确将其作为完全的地方税种。

2. 改征维护建设和文化教育税。把城市维护建设税及其相关的城市公用事业附加等收费、教育费附加及农村事业教育费和文化建设基金等相关的收费，合并为新的维护建设和文化教育税，以生产经营单位和个人的销售收入、营业收入和调拨收入等其他收入为独立的课税对象和计税依据。不论是否对外营业，只要有法定收入额的单位，

都应在享受公共设施利益的当地缴税。具体适用税率，由省级政府按照当地市政建设和文化教育资金的需要，在全国统一规定的幅度税率范围内自行确定。本税征收范围广，有较高和稳定的收入，与当地提供公共产品和服务的受益情况密切关联，可成为市（县乡）级主体税种。

3. 改革营业税制。对与商品生产、经营密切关联的交通运输和建筑安装业等由征收营业税改征增值税。现阶段要稳定服务性行业的营业税征税范围。对某些业务经营，适应经济情况发展，要明确规定征税，重新界定某些免税范围。

4. 改革印花税制。现股票交易实行集中托管和无纸化，无有形书据凭证，实质是有价证券买卖的营业行为，按印花税的产权转移书据税目征税，不够科学合理。特别是证券交易印花税，政策性强，收入规模大，97%的收入已归属中央。为完善对证券交易的宏观调控机制，宜把证券交易印花税从印花税中分离出来，单独开征证券交易税，将其划为中央税种，按持券（股票）期间长短，实行差别比例税率，让印花税成为完全的地方税。

三、开征地方税新税种，主要是把现行有关的税外收费改为税

1. 开征社会保障税。把社会保险费改为社会保障税，能较好地消除现存的诸多弊病，并发挥税收的特殊作用。一是税法具有严肃性。税收的强制性和征收手段的有效性，能强有力地筹集社会保障基金，为健全整个社会保障体制奠定物质基础。二是税务部门有现成的完善的征税系统，掌握较全面的税收信息。社会保障税、个人所得税、企业所得税三个税种的计算征收密切关联。将三个税种都归税务部门主管，便于协调三个税种的征收管理，公平税负，防止偷逃税，方便征纳，降低成本。三是能形成新的社会保障基金管理模式。税务、财政、社保、审计各部门分工合作，相互制约，可以使基金运转公开、规范、透明，有力地保障基金安全，提高资金使用效益，办好整个社保事业。四是与国际上普遍采用的税务部门筹集社保基金的方

式接轨，便于在经济全球化、跨国人员剧增新形势下的国际交流合作，促进对外开放。现各方对开征社会保障税，基本上形成共识。地税部门在多年的代征中，积累了丰富的经验。中共十六届六中全会明确强调积极推进省级统筹社会保障工作。统筹层次的提高，为把社会保障税作为省级地方税种，在全省范围内统一征收，调剂使用，创造了良好条件。目前时机已成熟，应早日开征社会保障税。

2. 开征燃油税。把公路养路费等改为燃油税，从原来依据车辆吨位计算收费，改为按耗油量征税。这是政策制度的重大改革。它能较好地体现公平税负和受益原则，并大幅度增加财政收入，特别是有利于遏制能源过度消费行为，减少废气污染；推动科技创新，促进汽车生产向节约、环保和轻型化的方向发展，支持建设资源节约型、环境友好型社会。国外燃油税税率一般都高。德国等欧盟国家的燃油税税率达到征税前油价的200%左右。为适应我国现实情况，避免刺激油价上涨过猛，现阶段税率宜在原来各种道路收费负担的基础上酌情适当提高；要依率从价计征，而不是从量计征，使税率与不断上涨的油价紧密结合，以利于较好地发挥燃油税节能降耗减排和推动科技创新等作用。国际能源署提出的预测报告警示：2010年后，全球原油供应将面临危机，特别是2012年后，困难更大，世界油荒将至，油价势必被推升至创新高水平。欲待油价平稳下降时择机开征，可能永无时日。当前必须抓紧把握时机，理顺石油价格，协调好部门、地方、企业等各方面的利益关系，争取尽早开征这个具有重大意义的新税种。

3. 开征环境保护税。把排污费等改为环境保护税，并在有关税种的制度建设中，贯彻和体现环境保护政策，鼓励节能降耗减排，控制污染。开征环境保护税是在国家层面上实施的一种强制性、规范性的重大经济政策和财税政策，能通过利益调节，协调各方面关系，遏制污染环境和破坏资源行为。对征收的税款实行严格的预算管理，专款专用，统收统支，也有利于环境的治理、维护、改善，保持经济的可持续发展。税制设计中，要把一切与环境污染、资源破坏有关的行为和产品都纳入征税范围，主要是工业废水、废气和固体废物（这些占污染源的70%以上），其次是那些难以降解和再回收利用的材料制品，以及对环境会造成严重污染的各种包装物、超过国家环保标准的噪音等。环境保护税应以污染物的排放量和浓度为税基。在污染防治归地方自治管理的原则下，税率可因时、因地而异。税负水平要高于现行的排污费，使企业治理污染的成本低于承担的税负，促进企业千方百计抓紧研究污染治理技术，鼓励清洁生产、节约能源、废物回收和综合利用，鼓励发展循环经济和环保产业。

4. 授权省级人大开征区域性地方税种。授权省级人民代表大会自行立法，在报经国务院批准后，开征区域性地方税种。主要是把各地现行具有税收性质的某些区域性税外收费和基金，改为税。对一些区域性的特殊税源，也可征收特别税。例如一些城市闲置较多的房地产，超过一定期间未自用或出租的，可以由省级人大依据本地区的情况，开征区域性的房地产闲置税。又如在一些养犬泛滥的大中城市，可借鉴国际经验，开征区域性的宠物税。

原刊中国国际税收研究会《研究要报》2007年8月31日第4期。编者按称：作为中国国际税收研究会2007年全国性调研课题“完善地方税制的国际借鉴研究”的阶段性研究成果，现予摘编。《中国税务报》2008年7月16日理论专刊版发表。

重视房地产税的应有作用，积极逐步推进该项税制改革

2010年5月31日公布的《国务院批转发展改革委员会〈关于2010年深化经济体制改革重点工作意见〉的通知》提出“逐步推进房产税改革”。2010年10月，党的十七届五中全会关于“十二五”规划建议又进一步提出，要“研究推进房地产税改革”。这是落实党中央历来指出的“条件具备时，对不动产开征统一规范的物业税”（或称不动产税、房地产税，下同）的开端。这既是深化经济体制改革、调整经济结构、转变经济发展方式的要求，又是完善财税体制、调节收入和社会财富分配、缩小贫富差距矛盾、促进社会公平正义的必要措施。同时，与当前调控房地产市场，遏制部分城市房价过快上涨，保持住房价格合理和稳定，保障和改善民生密切关联，要在其中有所作为，发挥它的特殊作用。一个时期以来，学术界、业内人士和社会上对房地产持有环节税的调控作用，存在争端，多有非议，有必要对这个问题进行深入研究，清理各种怀疑观点，以利于完善税制，顺利推进改革，把房地产持有环节税的应有作用，转变为实际起到的作用。

在这里，我们要先说明三个问题：

一是房地产持有环节税在社会不同发展阶段，基于经济条件的变化，能够发挥作用的范围大小不同。这种税的纳税人是房地产的产权所有者。在1994年7月，国务院发布《关于深化城镇住房制度改革的决定》前，城镇居民住房是实行实物福利分配方式，居民只是承租公房，没有住房所有权，个人享有产权的私有房极少。这种税一般

只限于对工商营业用房征税，税源较窄，作用范围也很小。其后实行住房商品化、社会化改革，职工以成本价（也有的是标准价），购买自住公房，产权归居民个人所有，特别是房地产市场逐渐建立和发展，居民纷纷以市场价格在市场购买商品房，享有完全产权，成了社会普遍现象。此种税源越来越大，房地产持有环节税能够发挥作用的阵地，也越来越广阔，其在整个税收中所处地位和所起作用，也相应地越来越重要。

二是房地产持有环节税在社会的不同发展阶段，适应党和国家任务目标和方针政策要求，发挥作用的重点有所不同。物业税或称房地产税，作为我国将来要建立的一个新税种，基于税收的共性，同样具有组织收入，调节分配，促进和稳定经济三个功能，在这种共性的基础上，适应这个税种的特性，它的特殊作用，就是能为地方提供主要财源，成为地方税的主体税种，满足地方提供基本公共服务的资金需要；能调节居民收入和存量财富，缓和贫富差距矛盾，有利于走向共同富裕；能配合调控房地产供需关系，促进市场健康发展，有利于房价合理、稳定，节约、高效利用土地，扩大一般性消费。以上第一和第二两项作用，是房地产税职能的本质要求和体现，是属于基础性的；第三项作用主要是在特殊历史条件和情况下的要求和体现，是属于一般性的，但也很重要。适应不同阶段的经济形势，按照党和国家在不同阶段的宏观调控目标和任务要求，其发挥作用的方面和侧重点，也应有所不同。譬如，就当前推进房产税的初始阶段来说，其调控的侧重点，就应放在调节收入和分配，缩小贫富差距方面；也要重视遏制投资投机炒房和囤地，引导住房合理消费，节约、有效使用土地，促进房地产市场健康、稳定发展。初始阶段是通过试点，总结经验，研究完善税制，便于逐步全面推广，而不是着重增裕财政收入，就立即要把征税范围，扩大到一般群众的普通住房。当然，随着经济发展，收入分配制度改革完善，一般群众收入水平提高，有了相应的负税能力，一般住房所有者既享受了当地的公共基础设施和公共服务的利益，自然应当把普通住房列入征税范围，组织收入当然也会成为一个重点目标，到那时，统一、规范的物业税或房地产税，必然也将逐步为地方提供更多的财政收入，成为地方税的主体税种。在将来房地产市场走上健康发展的轨道，税收在这方面的调控，也就不成重点了，但仍有一定的重要作用。

三是当前要推进的房产税或将来要开征的物业税，甚至也包括整个税收或其他经济杠杆在内，其功能作用，都是有其特定范围的，并且是有其一定限度的。同时，还需要与其他经济杠杆和有关措施相互配合，才能更好地发挥它的一定限度作用。我们决不可夸大其作用，任意扩大其使用范围，使其承担不能胜任的任务，造成不良后果，但也决不能随意贬低其应有作用，或因其作用有限，而加以忽视，摒弃不用，或因其作用，受某些客观条件制约，难以显现出来，就否定有该项作用。房地产税的这种作用，有其特殊功能性，并不是其他税种或经济杠杆所能适当替代，但如不适当运用，其应有作用，也就无法转化为实际作用。我们必须重视探讨其应有作用，使设计的税制，能更好地体现这种作用要求，以利于充分发挥其应有作用。

概括说来，房地产持有环节税具有以下五项作用，其中前两项是基础性的，后三项是一般性的，有其特殊性。

一、促进健全以房地产持有环节税为主体的地方税体系，完善分税制财政体制

房地产持有环节税在保证财政收入方面，一般具有以下特征：一是以众目共睹的有形不动产为课税对象，标识极为明显，易于控制管理，难于逃税，收入有保障。二是随着经济发展，房地产不但日益增多，而且会自然增值，税源不断扩大，收入潜力大，征税数额日益充裕。三是房地产持有者享受当地安全保障、地方的公共基础设施和公共服务利益，该税具有受益付费性质，纳税人易于接受；地方政府只要完善公共基础设施，提高公共服务的质量和水平，改善生活环境，就能引进更多投资，发展经济，吸引更多居民移居本地，地方经济和房地产业都相应发展，地方财政收入也相应增加。四是地方政府熟悉和掌握当地房地产税源的各种情况，在识别不同类型的房地产，评估房地产价格和征收管理中，具有比较优势，特别是便于适应当地经济、财政情况，在全国统一税政的前提下，适当调整征税制度的某些内容，使税制和收入，在紧密结合当地情况方面，有更多的因地制宜的弹性，能较好地发挥这个税种组织收入、调节分配和促进、稳定经济的作用。

正是因为房地产持有环节税具有以上特性，因而世界各国普遍把它作为地方税体系中的主体税种，用以支应地方财政支出。例如据经济合作与发展组织（OECD）资料，现财产税收入占地方财政收入的比重，美国是 80%，加拿大是 84%，英国是 93%，澳大利亚是 99.6%。[①]

长期以来，我国属于纯地方税的税种少，规模小，更缺地方税主体税种，不成其为地方税体系。地方税中属于房地产持有环节的税种，现一为房产税，二为城镇土地使用税，这在地方税中，是收入较大的两个税种。2009 年房产税收入是 803.64 亿元，城镇土地使用税是 920.97 亿元，两税共为 1724.31 亿元，仅为当年全国税收总额 59514.70 亿元的 2.9%，占当年地方本级财政收入 32580.74 亿元（内含占很大比重的中央地方共享收入的地方分享收入）的 5.29%，地方本级财政支出 60573.8 亿元的 2.85%。地方财政支出的资金来源，除依靠地方缺乏税政自主权的中央地方共享税中的地方分享部分的收入外，很大部分依赖中央的税收返还和中央对地方的一般性及专项性转移支付。2009 年前者为 4942.27 亿元，后者为 23679.03 亿元，两者合计 28621.3 亿元，占到地方财政支出的 47.25%。[②]

以上情况显示，我国现行的房地产持有环节的税种收入规模实在太小，远逊于国际上许多国家的房地产税或不动产税，作为地方税主

① 《财政与税务》，2010 年第 7 期第 88 页。

② 以上依据《关于 2009 年中央和地方预算执行情况与 2010 年中央和地方预算草案的报告》附表数字计算，见《中华人民共和国第十一届全国人民代表大会第三次会议文件汇编》，人民出版社 2010 年 5 月版，第 129—136 页。

体税种，大致能基本满足地方一般性财政支出的情况，同时也表明，我国地方事权与财权、财力不相匹配。特别是地方财政困难，在经常性预算之外，它的支出供应，在很大程度上，还依赖市县级政府拍卖土地的土地转让金收入，以及地方的多种名目的收费。财政部公布，2009年全国土地出让金收入14239.7亿元[①]，相当于地方本级财政收入的43.7%。有的地区，土地出让金收入甚至超过了地方本级财政收入，如浙江省杭州市的此项比例，高达203%，[②] 本届地方政府预支本届以后年度，甚至下届政府若干年度的收入，财政必然难以为继。不规范的收入制度，弊端丛生，需要改革，一次性收取70年或50年的巨额土地租金性质的收入制度，也需要研究如何适当调整。

2003年，《中共中央关于完善社会主义市场经济体制的决定》，早就提出：要"完善财税制度"，"分步实施税收制度改革"，并具体指出："实施城镇建设税费改革，条件具备时，对不动产开征统一规范的物业税，相应取消有关税费。"[③] 2007年10月15日，党的十七大报告又进一步着重强调深化化财税制度改革，"实行有利于科学发展的制度"，要"健全中央和地方财力与事权相匹配的体制"、"完善省以下财政体制，增强基层提供公共服务能力。"[④] 当前逐步推进房产税制以及城镇土地使用税制改革，并努力创造条件，待条件成熟时，开征统一规范的物业税（或称不动产税、房地产税），适应一般群众纳税能力的增强，逐步扩大征税范围，并完善其他各项税种，扩大地方税规模，减少或免除对其他不规范收入的依赖，合理地重新划分中央、地方税种，就能健全以房地产持有环节税为主体的地方税体系，进而完善各级财权、财力与事权相匹配的分税制财政体制，解决

① 《中国财经报》2010年4月1日报导。

② 《税务研究》，2010年第6期，第43页。

③ 中共中央文献研究室编：《十六大以来重要文献选编（上）》，中共中央文献出版社2005年2月版，第472页。

④ 中共中央文献研究室编：《十七大以来重要文献选编（上）》，中共中央文献出版社2009年8月版，第20页。

基层财政困难，增强基层提供基本公共服务的能力。

当然，在经济发展水平不同地区，也可以有不尽相同的地方税主体税种，不能“一刀切”，这正如贾康同志所说：“在西部，虽然工商业不发达，物业税税基不丰厚，但是资源富集，可以由资源税形成财源支柱”，也就是“西部地区可以资源税为主导形成财源支柱”。[①]但欠发达地区的房地产持有环节税，在健全地方税体系，完善分税制财政体制中的重要作用，在较大程度上也仍然存在。

二、健全财产税体系，调节居民收入和财富分配，缓和贫富差距矛盾

改革开放30多年来，随着经济的飞跃发展，居民收入和财富分配，也发生了重大变化，资本经营的收入，远大于劳动收入，成就了一批数以亿元、以至数百亿元身价的富豪。最新发布的胡润百富榜显示，全球最富的20名女富豪内，中国就占了11位。[②]世界银行的一份研究报告显示，1%的家庭，掌握了41.4%的财富。[③]在同是劳务收入中，高级管理层的收入，又远大于一般员工收入。调查显示，2009年中央国有企业的福利收入，最高的可拿4460万元。[④]社会上有巨额的隐性收入、灰色收入。据中国经济体制改革研究会关于灰色收入的一份调查报告，游离于统计数字之外的全国城乡居民隐性收入，由2005年的4.85万亿元，上升为2008年的9.26万亿元，相当于GDP的30%。隐性收入的81.3%由20%的高收入者拿走，其中各占10%的最高收入者和高收入者，分别拿走了62.5%和18.8%。隐性收入与权钱交易和垄断利益等密切相关的灰色收入部分，2008年为5.4万亿元，基本上为最富的人拿去。城乡最高收入家庭与最低收

① 贾康：《物业税能降低房价吗》，2010年6月29日《中国财经报》；又另参见贾康：《新一轮财税物价改革需要联动配套》，2010年10月22日《中国税务报》。

② 《环球时报》，2010年10月14日。

③ 《中国财经时报》，2010年5月27日。

④ 同上。

入家庭的实际人均收入相差65倍。[①] 我国基尼系数，据《2007年中国全面建设小康社会进程统计监测报告》显示，已由2000年的0.412，扩大到2007年的0.458。[②] 媒体报导，现已接近0.5，居民收入分配很不公平，远超0.4的国际警戒线，在142个国家中，排名第30位，仅低于非洲和拉丁美洲一些国家。[③] 富者以财生财，拥有雄厚资本，掌握巨额动产和不动产，贫者依靠微薄劳动收入和社会保障，仅足糊口，家无长物。表现在存量财富的占有上，贫富差距更有天壤之别，而存量财富拥有的巨大差别，更成为影响当期收入分配的重大要素。

共同富裕是社会主义两个根本原则之一，体现社会主义本质。党和国家历来强调，要"推进收入分配制度改革"，以"共同富裕为目标，扩大中等收入者比重，提高低收入者收入水平，调节过高收入，取缔非法收入"。[④] 这不仅是重要经济问题，而且是重要社会问题、政治问题，关系到整个社会主义和谐社会建设。调节收入分配，不仅表现在要调节各阶层居民的当期国民收入分配，同时也表现在要调节各阶层对社会财富存量占有的分配。由于存量社会财富的数额，远远超过当期国民收入的数额，在一定意义和功效上，其重要性，更胜于对当期国民收入分配的调节。

居民存量社会财富，其不动产部分，基本是表现在对房地产的享有上。住房是居民财富的一个重要象征，而贫富差距的主要标志之一也体现在这方面。富者拥有多处住房和营业用房地产，更有高端豪宅和别墅，市价数以亿元计，而贫者居无所住。2010年4月实施严格的调控房地产后，北京等城市高端豪宅，在一段期间，有时反而出现过热销，也警示社会财富分配不公，富豪拥有雄厚的自有资金，无求

① 以上见《北京晚报》，2010年8月11日。

② 《财政与税务》，2010年第7期，第89页。

③ 《中国经济时报》，2010年8月31日。

④ 《中共中央关于完善社会主义市场经济体制若干问题的决定》，《十六大以来重要文献选编（上）》中央文献出版社2005年2月版，第473页。

于银行信贷。据国家统计局江苏调查总队的调查显示，2007 年江苏城镇有 14.3% 的家庭拥有多套住房，20% 的高收入户，住房消费占总量的 67%。[①] 房地产持有环节税是专门对拥有房地产征收的税种，它在调节居民的存量财富，有其特殊功能作用，主要是：

1. 课征目标明确，能准确调节居民存量财富。征税就意味着，每年都要减少房地产持有者的一部分存量财富，房地产自然升值的一部分，也是通过税收形式上交国库，从而减少了存量财富的积累。这不同于个人所得税，只能调节居民当期的国民收入分配，而不调节存量财富。

2. 调节级差收入，有利于企业间收入公平分配。工商各类企业拥有的房地产数量和位置不同，级差收入也高低悬殊，对企业的生产经营和效果，有着重大影响。通过对房地产持有环节征税，把企业这部分级差收入收归国家，可以在很大程度上，排除此种客观因素对企业利润高低形成的影响，从而有利于均衡企业利润水平，促使企业在同一基础上，进行公平竞争。

3. 税负基本不转嫁，能有效进行针对性的直接调控。对房地产存量财富征税，自有自用的住房，不再发生交易行为，无法通过提高价格转嫁税负。属于投资投机炒房者，在开发商原售价的基础上，缴纳房产税等税费，已增加持有成本，炒卖时，还要缴纳营业税、个人所得税、土地增值税和中介费等多种税费，并且二手房价格，也低于开发商同等质量的一手商品房价，同开发商相比，处于竞争的劣势地位。除房价普遍暴涨的特殊情况外，炒卖者要想再多提价转嫁税负，十分困难，甚至是不可能。因而这种税一般都是由房地产持有者直接负担，能有针对性地直接对存量财富，进行有效调节。

4. 具有累进性和差别征税性，能针对不同阶层的财富拥有者进行差别性的有效调节。增值税等一类商品流转税种（实行较大差别税率的奢侈品消费税，情况较有不同），众多商品都适用同一比例税

---

① 《财政与税务》，2010 年第 7 期，第 90 页。

率，其有效税率，随着消费者收入的增加而递减，高收入阶层负担相对较轻，而低收入阶层负担相对较重，有累退税性。而房地产持有环节税则与此不同，具有累进税和征税的差别性，它可以依据房地产评估价格的高低，实行超额累进税率，也可以对不同类别的房地产实行差别比例税率，还可以对一些类别的房地产，如保障性公租房和城镇简易房、农村普通住房免税，以及对征税的普通住房，规定免征点，按户扣除一定面积计算征税。因而能针对各阶层拥有房地产的数量、等级及价格的不同情况，进行有差别性的征税，使税收负担主要落到拥有较多和高端房地产的富裕户身上，而无房、少房户不负税，从而能较好地适应不同收入阶层的纳税负担能力，调节其拥有多少不同的存量财富，并且也遏制凭籍多拥有的房地产，坐享自然增值收益，以财生财，加大财富积累。

个人所得税是对居民当期收入分配进行调节的所得税种。车船税是对人们拥有的车船财产进行调节的财产税种。将来要开征的社会保障税，在某种程度上，也属于对人们当期收入分配进行调节的具有所得税类性质的税种。将来要开征的遗产税和赠与税，同房地产税一样，属于调节居民存量财富的财产税种。现行的房产税征税范围小，按较低的购入成本价折扣计税；城镇土地使用税征税范围也小，按较低的定额税率征税，税制不完善，不适应当前房地产价格不断上升等的现实情况。车船税能调控的方面较小。实际可行的，还是要建立以房地产持有环节税为主体的财产税体系。分阶段稳步地推进房地产税改革，逐步建立和健全统一规范的物业税（或称不动产税、房地产税），同以上各税种配合在一起，成为一个对居民收入和财富分配的完整调节体系，将使税收在这方面，发挥更大的调控作用，从而有利于缩小贫富差距，缓和其间的矛盾问题，逐步实现共同富裕，建立社会主义和谐社会。

三、促进房地产业健康发展，有利于房价合理和稳定

我国房地产业和房地产市场存在诸多问题，其集中表现，就是近

年的房价，一般均以百分之十几的上涨幅度，快速飙升。据国土资源部下属专业机构研究报告，2009年的同比上涨幅度，更高达25.1%。[①] 房价特别是部分一线城市的房价，已达很高水平。2010年1—6月，北京四环路内商品住房均价高达34901元/平方米，双职工家庭按年平均工资48444元计算，购买一套90平方米的商品房，不吃不喝需要32.4年。[②] 2010年7月，浙江省首先发布房价收入比，温州市为27.8倍，杭州市为21.2倍。[③] 房价过快上涨，房价过高，对保障和改善民生，调整经济结构和经济发展、社会稳定等各方面，都危害极大，潜伏各种危机。

针对此种情况，2010年4月17日国务院办公厅发出《关于坚决遏制部分城市房价过快上涨的通知》，采取十条重要政策措施，其中第四条强调要"发挥税收政策对住房消费和房地产收益的调节作用"。[④] 2010年9月30日，温家宝总理在庆祝新中国成立61周年招待会上着重提出"保持房地产价格合理和稳定"。[⑤] 首次把楼市价格调控目标由过去历来所提的房价"稳定"两个字，维稳是基调，更着重增列了"合理"的十分重要原则。

房地产持有环节的税种，是与房地产密切关联的，通过它对个人住房消费的引导，和房地产收益的调节，与其他杠杆相互配合，正是可以在"保持房地产价格的合理和稳定"中，发挥其一定的重要作用。这是因为在市场经济条件下，房地产价格是由供需关系决定的，房地产税调控目标明确，针对性强，征税后，持有房地产者的持有成本和养房成本增加，对供给与需要有关各方面，都会产生影响，涉及各方面利益的分配，具体地说，这种调控作用，主要表现在：

1. 有利于遏制投资投机炒房，促进消费者理性购房。房价过快

---

① 《东方早报》2010年3月31日报导。

② 据《北京晚报》2010年7月17日和7月22日报导数字计算。

③ 《报刊文摘》2010年8月20日报导。

④ 《北京晚报》，2010年4月18日。

⑤ 《中国经济时报》，2010年10月14日。

上涨的一个主要原因，就是投资投机购房、炒房有利可图，需求旺盛，据北京市2010年4月有关抽样调查，北京此项购房占总购房量的比例高达42%。征收房地产税后，房地产所有者的持有成本和养房成本增加，并且每年都要缴税，逐年累计，金额很大，获利空间缩水，而转手炒卖时，根据2010年较为严格的新税政，还要缴纳税额不小的营业税、个人所得税和土地增值税，以及相当金额的中介费和其他收费，获利的空间就更为缩小。而二手房的价格，一般又低于开发商的开盘商品房价格，投资投机炒房者处于竞争劣势，很可能是无利可图，甚至有亏损危险。在国家各种调控手段相互配合运用下，要想再提高售价，赚取利润，非常困难。这就必然迫使投资投机者减少或甚至不再购房，已购的房子也要设法尽快抛售。这就大量减少了市场对住房的需求，又增加了市场的住房供给，从而有利于迫使市场的住房价格往下滑行。

同样，对个人自住购房者来说，由于购房后持有和养房成本增加，并且以后每年都要按期缴税，也会促使住房消费者更为理性地由购买价格较高的大型房，转而购买价格较低的小型房，有些对住房处于可买、可不买两可之间的，或是将就仍住原来的旧房，或是转向租房，市场消费需求也就减少一部分，会影响价格。在开征住房的房产税初期，因为突然要增加持有环节以后的长年纳税，需求大于供给的关系发生变化，住房作为一种耐久长期使用，不易损坏的不动产，买方会要求卖方在售价中冲减此种因素，加上其他杠杆的相互配合，价格也会有某种下降趋势。就长时期来说，由于长年要缴纳房地产税的因素，已计入新的价格内，形成新的供需关系。随着经济发展，一般物价水平呈自然上升趋势，加以房地产的自然增值，房地产价格虽也有上升趋势，但仍会受房地产持有环节税收的严格制约，起着一定的冲抵价格上升的功能作用，与其他杠杆相互配合运用，可更有效减少需求泡沫，避免房价大起大落，使房价逐渐走向合理和稳定。

2. 有利于遏制开发商“捂盘”和减少闲置房，扩大住房供给。长期以来，房地产开发商为追求房价不断上涨的暴利，往往对其已竣工的商品房“捂盘”不卖，待价而沽。国家统计局公示，截至2010年6月底，全国房地产商的商品房待售面积达1.9811亿平方米，北京市房地产交易网2010年7月15日公示，北京市待售住房3000万平方米。[①] 至于已售出的商品房空置率，据媒体测算，约达30%，远超国际上5%—10%的合理区间。[②] 对开发商“捂盘”情况，规定竣工验收日起，满一定期限仍未出售的，以及对住房闲置不用，满一定期限的，依法征收房产税，增加其持有和养房成本，就能促使开发商加快售房，甚至降价抛售；促使闲置房拥有者出售或出租，这都可以增加住房供应量，从而也有利于遏制甚或降低住房售价。

3. 有利于促进保障性公租房体系的加快发展，便利住房的保障与市场两轨模式顺利运行。过去一个长时期内，偏重住房的商品市场化，对保障性住房建设，特别是对公租房（含廉租房）建设不重视。下达的建筑规模指标任务小，而且还不能完成。特别是保障性住房，基本上是售价较低的经济适用房，极少廉租房，这在很大程度上，实质上仍是属于商品房体系，尚无现在这种真正属于保障性的公租房。这也是导致供需关系不适应、住房供给不足的一个重要原因。开征住房税，限定课税范围，免征公租房的这种税，也免征出租公租房单位的营业税，同时政府还扩大无偿调拨建设用地，增加财政资金建设拨款，诸多杠杆配合运用，就必然会促进保障性公租房体系加快发展，大规模地增加社会住房供应，较好地解决大批中低收入者和一些“夹心层”如刚参加工作人员的住房问题，从而使住房供应形成社会保障与商品供应的两轨并行模式，并顺利和有效运行。这在总体上大大增加了社会住房供给，也大量减少了人们对购买商品房的某些非理性需求，这肯定可以遏制房价上涨，并在某种程度上成为房价下降的一个重要因素。同时，租房可以适应工作地点，就近配租，也可随着工作地点变动而重新调配，较之自购住房后，只能固定一处，也给人

① 《报刊文摘》2010年8月1日和20日报导。

② 《中国财经报》2010年4月29日报导。

们带来更大便利。

4. 有利于促进商品房供应结构调整，引导住房合理消费，有效利用社会资源。我国的住房供应，在过去较长时期内，大体上是分为高端住房（别墅、豪宅）、非普通住房（超过一定面积、价格高、占地比率多等三项标准的住房）、一般普通住房和经济适用房等类别，另外还有极少量的廉租房。由于各类住房的售价与其实际成本的比例高低不同，利润差距较大，开发商为追逐高利，必然选择多建能获高利的住房，少建或不建获利少的住房。别墅、豪宅等高端住宅售价很高，而其建筑成本在售价中所占比例相对较低。住高端房能奢侈享用，还能不断增值，是身份、体面的象征，中国富豪是不惜重金购买的，销路俏旺。因而我国建筑的别墅、豪宅，在住房总量中，就从2000 年的 3.81%，上升为 2009 年的 5.37%，十年间上升了38.76%。经济适用房售价低，建筑成本占了售价的很大比重，规定开发商只能有3%的利润，地方政府基本上是无偿或低价拨给土地，无利可图，因而缩小建筑规模。其在住房总量中的比重，由2000年的22.69%，逐渐下降为2009年的3.53%，十年间下降了84.44%，也就是2009年兴建的经济适用房占住房总量的比重，不到2000年的1/5。至于其他住房，包含超面积的非普通住房与普通住房在内，也是大面积住房省工、省料，建筑成本相对于小面积住房，要低很多，因而开发商是愿意多建大面积的住房，少建面积小的小型住房。开发商即使是不得不兼负必须建造部分经济适用房的任务，也是宁愿选择多建大面积的，因而过去建造的经济适用房，每套竟有高达二、三百平方米面积的。对高端豪宅、非普通住房、一般普通住房以及保障性住房，在征收房地产税时，采取区别对待的征税办法，确定一定的免税范围，适用高低不同的税率（含超额累进税率或差别比例税率），和一定的户均面积免税扣除额，使其税负有较大差别，就能引导人们理性消费，从而也有利于促进开发商适应市场需要情况，调整住房供应结构，节约和合理利用社会资源。

四、促进土地资源节约、高效利用，保护耕地红线

土地是国家稀有的自然资源，特别是农业耕地是国家粮食生产安全的根本保障，关系到人的生存。我国的耕地只占国土面积的13%。改革开放30多年来，由于房地产开发和基础设施等方面的原因，耕地面积净减少2亿亩。2007年十届全国人大五次会议通过的政府工作报告，庄严宣告，要坚决守住18亿亩耕地红线。据农业部副部长危静安介绍，2009年我国耕地总数为18.26亿亩，已高度逼近红线。[①] 媒体还报导，由于房地产开发和基础设施建设，多占用好地，存在高等级耕地流失过快，补充地等级低，耕地总体质量偏低情况；由于自然灾害，存在近四成国土遭受水土流失情况；由于一些基层政府部门违法乱纪，存在实际征用土地远多于上报批准数额情况，这都危及耕地红线。[②] 我们必须从各方面采取有力措施，维护宝贵的土地资源，促进节约、高效利用土地，特别是守住耕地红线。房地产持有环节税有利于遏制房价过快上涨，具体表现是：

1. 促进房地产开发商即时使用拍购的土地，遏制“囤地”牟取暴利。长期以来，房地产开发商大量囤地，促致房地产价格上涨，牟取暴利的情况十分严重。据国土资源部2010年8月1日披露，截至2010年5月底，全国闲置土地总计2818宗，闲置面积16.95万亩，其中闲置时间5年以上的，有815宗，占31%。[③] 一些大房地产企业多囤积和闲置土地，国际上多采用税收措施，进行限制和打击，如日本征特别土地保护税，奥地利征高税率的闲置土地价值税，韩国征土地超额增值税，中国台湾地区在原土地地价税之外，还征高额空地税，以及荒地税、不在地主税。

我国现在对城镇土地使用，只按年征收定额很低的城镇土地使用

---

① 《中国青年报》2010年5月18日。

② 《报刊文摘》2010年8月18日和5月24日报导。

③ 《北京晚报》2010年8月19日报导。

税。国土房管部门对长期囤地不用的，也只收少额土地闲置费，惩处力度极弱。例如广州市番禺区香江房地产开发有限公司2000年8月就在该区谢村拥有一大块土地，其中2/3部分迄今尚未动工建设。番禺区国土管理局认定该地块从2002年12月1日起为闲置土地，但依据有关法规，只按原土地出让金的20%，收取了土地闲置费36.5176万元，同时却又把动工开发时间，延长到2009年9月28日。由于地价连年猛涨，扣除原土地出让金和所缴土地闲置费共约219万元，这家开发商囤储这块土地7年，净获利8.5亿元，获利率高达原开支费用的389倍。[①] 进行房地产税改革，依据评估的市场地价，并区别不同地段适用高低不同税率，特别是对批准征地日起，超过一定期限的囤地，并加成、加倍征税，更配合征收高税率的土地增值税，便可以把开发商的囤地所得基本收归国有，使囤地无利可图，甚或还要冒亏损危险，削弱囤地企业在市场的竞争力。这可促使开发商加快住房建设，少囤地、不囤地，从而有利于土地节约、高效利用，遏制房地产价格过快上涨。

2. 逐渐缓解地方政府对卖地的冲动。现土地出让会在地方财政收入中，处于十分重要地位，是地方政府解决财政困难的一个主要资金来源，也是便利地方政府取得巨额财政收入的畅通渠道。地方政府基于财政需要，卖地的积极性很高。有的县市级政府甚至超出上级政府批准的数量，超额征地、卖地。开征房地产持有环节税，地方逐步取得相应较多的自主财政收入，可以逐步减少对土地转让金收入的依赖，有利于对这种土地租金性的收入分配制度进行改革。把一次性的卖地收入，分出其中较大部分，分阶段逐步改在以后年度，以土地使用租金的形式，按年征缴。一方面是地方政府的税收收入大量增裕，另一方面是一次性的土地转让金收入减少，卖地的热情当会减弱，这有利于保护土地资源，守住粮田红线，也避免一次性的高额土地出让量推动房价上涨。

---

① 《中国电视报》2010年9月16日。

3. 促进认真做好和落实住房土地规划及出让合同。现在土地闲置的重要原因之一，是由于规划部门已确定的住房土地供应规划，以后又对其内容多有变动；也有国土资源部门与房地产开发商对签订的土地出让合同在项目功能、规划内容等方面进行调整、拖延了时日，影响了对土地按时投入开发使用，也给开发商迟迟不开工建筑，囤地待价而沽，找到一种借口。开征房地产持有环节税，依据评议的土地市场价格，按高低不同的税率计算征收，自土地征用日起，满一定期限就开始征税，再超过一定期限仍未开发使用的，并加成加倍征税，在某种程度上，就能倒逼规划部门慎重做好土地规划；国土部门慎重对待合同的调整，有问题也及时断决，不拖延时间；促进房地产开发商加速落实土地出让合同，提高土地资源利用效率，从而也提高了住房的供应量。

五、缓和购房压力，促进一般性消费增长，优化消费结构

我国居民消费率历来都比较低，据国家统计局公布的数据，2008年居民消费率为35%，远远低于经济发达国家美国的70%，也低于同足发展中国家印度的54%。这有多种原因，譬如一般居民特别是农村居民收入水平低，贫富差距悬殊；失业、养老、医疗卫生、住房等社会保障尚不到位，提供的基本公共服务尚有欠缺；有些产品和服务不适销对路，以及节俭、储蓄的传统，等等。2004年以来，房价不断飙升，也是限制人们一般性消费的重要原因，高房价吸走了一般购房人手中的储蓄，甚至是几代人的储蓄，众多居民还成了“房奴”，套上了沉重的债务枷锁，更有众多居民要长期筹措资金，准备购房；房价猛升，也在一定程度上带动一般物价上涨。所有这些，也都迫使人们捂紧钱袋，减少消费，稍许有钱的人不敢多消费，缺钱的人无能力消费，这是拉动经济增长的重要障碍。

近年来适应国际贸易形势的变化，国际上贸易保护主义抬头，国家特别重视扩大内需，强调投资、消费、出口三驾马车共同拉动经济增长。党的十七届五中全会公报，更第一次把扩大内需摆在三驾马车

的首位，明确它的首要战略地位，强调“要坚持扩大内需战略”，建立“扩大消费需求的长期机制”，“要加快形成消费、投资、出口协调拉动经济增长新的局面”。[①] 征收房地产持有环节持有税，正是在贯彻党中央的战略决策，扩大内需，以及优化消费结构方面，可以发挥它的一定作用，具体说来主要是：

1. 促进扩大民生的一般性消费。住房供应实施保障性与商品性两轨运行模式，保障性公租房符合入住条件者只需缴纳较低的住房租金（比市场一般住房租金价低很多），对出租公租房单位也不征房地产税和营业税，广大的中低收入者和新参加工作等“夹心层”人员，没有这方面的税收负担，也不必急于筹款购房，购买力相应大为提高。对商品房征收持有环节税后，根据欧美经验，流转环节的部分有关房地产税收是后移的，土地出让金中的较大部分，也可研究分摊到以后年度按年以土地租金形式收缴，很多收费可以调整合并到房地产持有环节税，甚或取消。对这个问题，党中央早已明确，开征统一规范的物业税时，要相应取消有关税费。这样有利于实现房价合理和稳定，人们的购房负担大减轻。征税中，适应不同收入阶层拥有的不同类别住房情况，采取区别对待的办法，普通住房适用较低税率，按户扣除一定免税面积计算征税，减轻一般居民负担，这些都可以增加中产阶层以及有些较高收入者的购买力。在收入分配制度改革，居民收入随着经济发展同步增长，社会保障扩大和逐步到位，人们手中有了较多的钱，又无后顾之忧，必然会扩大一般性消费，并把消费领域和范围扩大，改善民生，逐步提高生活品位和质量。这扩大了内需，也拉动经济较快增长。

2. 限制过度奢侈消费和浪费。中国富豪一掷千金、万金，购住数以千万元、亿元计的高端豪宅、别墅，乘坐国际名牌专车，享受各种顶级奢侈品。在北京 2010 年车展现场，有高达 3800 万元的布加迪

---

① 《中国经济时报》2010 年 10 月 19 日。

威航名牌车，有的富豪毫无犹豫就立即收入囊中。[①] 许多富豪还在国外购买高端豪宅，搜罗各种顶级奢侈用品和文物、艺术品，尽情享用和挥霍来自国家和人民的财富。媒体报导，世界唯一的七星级最豪华宾馆，每间房一天的租金，低的也需数千美元，入住者60%竟都是中国人。舆论称，中国现已成为奢侈品消费大国。近日媒体又报导，英国一对兄妹在打扫去世亲人房间时，发现来自中国的一个个瓷瓶，拍卖行估价80万—120万英镑。2010年11月在伦敦拍卖时，中国内地一些富豪相互竞争抢拍抬价，在不到半小时内，竟拍出5000万英镑，也就是5.5亿元人民币的天价，高出原开标价的50多倍，震惊全球，令全世界富豪圈咋舌。实际经鉴定，这只是清朝乾隆时期的一件瓷器，可能是圆明园遭劫时被盗的，根本算不上国家级文艺珍品。《香港经济时报》、《太阳报》和其他媒体对此种所谓“瓷器”爱国，讽刺为“钱多人傻”的“富人游戏”，“事实就是一种盲目炫耀性和跟风消费”，称中国“内地富豪以其实力和勇气不断给世界惊喜”，成为世界“陷入低迷状态的艺术品市场的救命稻草”。[②]

开征房地产的持有环节税，对富豪拥有占地广阔的别墅、高级豪华住宅，按照评估的市场价格，适用累进税率，征以较多的税，把他们的存量财富挤出一部分，同时配合其他调节收入和财富的有力措施，对于制约他们过度的奢侈消费，遏制浪费，节约和有效使用社会资源，肯定是会有一定作用的。

首载财政部财政科学研究所《研究报告》（内报，2010年12月9日第152期）。中共中央党校《理论动态》2011年2月28日第187期旬刊，以《房地产税制改革的功能与方向》为题；《地方财政研究》2011年第2期月刊以《房地产税对于房地产市场宏观调控作用的几点认识》为题转载（收入《地方财政研究》编辑部编：《地方财

① 《中国经济时报》2010年5月27日。

② 《参考消息》2010年11月19日。

政改革与发展研究》，中国财政经济出版社2012年8月版)；《涉外税务》2011年第3期以《重视房地产持有环节税的作用，积极推进房地产税改革》为题刊载。全文入选国家税务总局编委会编：《2011年中国税务年鉴》“税收文选篇”，中国税务出版社2012年11月版；北京市国际税收研究会编：《北京市国际税收研究会理论调研文集(2010年)》，中国税务出版社2012年9月版；财政部财政科学研究所编：《热点与对策·2010—2011年度财政研究报告》，中国财政经济出版社2012年6月版。北京市国际税收研究会2011年9月评授2010年度优秀论文特别奖。

怎样理解和发挥房产税的作用

对居民个人自用住房征收房产税，逐步推进房地产持有环节税改革，完善税制结构，既是深化经济体制改革，调整经济结构，转变经济发展方式的客观要求；又是完善财税体制，调节收入和社会财富分配，缩小贫富差距，促进社会公平正义的重大举措；并与当前调控房地产市场，促进房价稳定，保障和改善民生密切关联，要在其中发挥其特殊作用。一个时期以来，社会上对房产税或物业税（也称房地产税、不动产税）的功能作用有诸多争议，重庆、上海两市试点后，来自两地的数据显示，房产税试点至今，上海市认定应税住房2300余套，征收约20笔税款；重庆市已征收税款79万元。这一“试点3个多月，但税收规模不及一套房价”的现象，再次引发社会对房产税功能作用的诸多争议。究竟对房产税应当怎样理解？怎样才能发挥其应有作用？需要深入探讨，以利于逐步完善税制，顺利推进此项重大改革。

一、房产税具有三方面的功能作用

房产税或将来统一规范的房地产税，其本质属性，决定了它具有稳定地组织收入，为地方提供基本公共服务的资金需要和调节居民收入、财富分配两个方面的基础性作用；同时，由于它与房地产市场密切关联，也具有配合调控房地产市场，引导住房合理消费，遏制投机炒房、囤房，促进土地节约、有效使用的特殊作用。具体地说，主要是：

1. 促进健全以房地产持有环节税为主体的地方税体系，完善分税制财政体制。房地产持有环节税在保证财政收入方面，一般具有以下特征：一是以有目共睹的有形不动产为课税对象，标识极为明显，易于控制管理，难以逃税，收入有保障。二是随着经济发展，房地产不但日益增多，而且会自然增值，税源不断扩大，收入潜力大，征税数额日益充裕。三是房地产持有者享受当地安全保障、地方的公共基础设施和公共服务利益，该税具有受益付费性质，纳税人易于接受；地方政府只要完善公共基础设施，提高公共服务的质量和水平，改善生活环境，就能促进更多投资，发展经济，吸引更多居民移居本地，地方经济和房地产业都相应发展，地方财政收入也相应增加。四是地方政府熟悉和掌握当地房地产税源的各种情况，在识别不同类型的房地产、评估房地产价格和征收管理中，具有比较优势。特别是便于适应当地经济、财政情况，在全国统一税政的前提下，适当调整征税制度的某些内容，使税制和收入，在紧密结合当地情况方面，有更多的因地制宜的弹性，能较好地发挥这个税种组织收入、调节分配和促进、稳定经济的作用。

正是因为房地产持有环节税具有以上特性，因而世界上许多国家的财产税收入占了地方税收入一半以上的比重，成为地方税体系中的主体税种，用以支应地方财政支出。

长期以来，我国属于纯地方税的收入规模都小，更缺少地方税主体税种。以2009年为例，房产税收入只为803.64亿元，占当年全国税收总额的1.35%，地方本级财政收入的2.47%，地方本级财政支出的1.33%，加上城镇土地使用税，其所占比重，也分别只为2.9%、5.2%、2.8%，地方财政支出，要依赖中央的转移支付和税收返还，依赖难以为继的金额庞大的土地转让金收入（2010年高达2.7万亿元）和不规范的各种税外收费、集资等收入，弊端丛生。必须分阶段逐步推进房地产税改革，适应一般群众纳税能力的增强，逐步扩大征税范围，并完善其他各项税种，扩大地方税规模，减少或免除对其他不规范收入的依赖，合理地重新划分中央、地方税种，就能健全以房地产持有环节税为主体的地方税体系，进而完善各级财权、财力与事权相匹配的分税制财政体制，解决基层财政困难，增强基层提供基本公共服务的能力。

2. 健全财产税体系，调节居民收入和财富分配，缓和贫富差距矛盾，促进社会公平正义。据正式公布的数据，我国基尼系数已由2000年的0.412，扩大到2007年的0.458。媒体报导，近年又更进一步扩大，居民收入分配严重不公，远超0.4的国际警戒线。党和国家历来强调，要以共同富裕为目标，推进收入分配制度改革，这不仅是重要经济问题，而且是重要社会问题、政治问题，关系到整个社会主义和谐社会建设。调节收入分配，不仅表现在要调节各阶层居民的当期国民收入分配，同时也表现在要调节各阶层对社会财富存量占有的分配。由于存量社会财富的数额远远超过当期国民收入的数额，在一定意义和功效上，其重要性更胜于对当期国民收入分配的调节。

居民存量社会财富，其不动产部分，基本是表现在对房地产的占有上。住房是居民财富的一个重要象征，而贫富差距的主要标志之一也体现在这方面。富者拥有多处住房和营业用房地产，更有高档豪宅和别墅，市价数以亿元计，而贫者居无所住。房产税正是在调节居民存量财富中有其特殊功能作用，其主要表现：

一是课征目标明确，税负基本不转嫁，能直接调节居民存量财富。征税就意味着，每年都要减少房地产持有者的一部分存量财富，房地产自然升值的一部分也是通过税收形式上交国库，从而减少了存量财富的积累。这不同于个人所得税，只能调节居民当期的国民收入分配，而不调节存量财富。

二是具有累进性和差别征税性，能针对不同阶层的财富拥有者进行差别性的有效调节。房产税可以依据房地产评估价格的高低，实行超额累进税率，也可以对不同类别的房地产实行差别比例税率，还可以对一些类别的房地产，如保障性公租房和城镇简易房、农村普通住房免税，以及对征税的普通住房，规定免征点，按户扣除一定面积计算征税，因而能针对各阶层拥有房地产的数量、等级及价格的不同情况，进行有差别性的征税。使税收负担主要落到拥有较多和高档住房的富裕户身上，而无房、少房户不负税，从而能较好地适应不同收入阶层的纳税负担能力，调节其拥有多少不同的存量财富，并且也遏制凭籍多拥有的房地产，坐享自然增值收益，以财生财，加大财富积累。这与一般商品课税，适用统一的同一比例税率，其有效税率会随着消费者收入水平的增加而递减，具有累退性的情况是不同的。

3. 配合调控房地产市场，促进房地产业平稳健康发展。房产税与房地产业紧密关联，征收房产税，并采取区别征税办法，其持有者的持有成本和养房成本增加，对房地产的供给与需要有关各方面，都会产生影响，涉及各方面利益的分配，因而在配合调控房地产市场，促进房地产业平稳健康发展，保持房价合理和稳定方面，有一定作用，其主要表现：

一是有利于遏制投资投机炒房。房价过快上涨的一个重要原因，就是投资投机性买房、炒房。征收房产税后，房产所有者的持有成本和养房成本增加，并且每年都要缴纳，逐年累计，金额很大，获利空间缩小，而转手炒卖时，根据较为严格的新税政，还要缴纳税额不小的营业税、个人所得税和土地增值税，以及相当金额的中介费和各种收费，获利的空间就更为缩小，而二手房的价格，一般又低于开发商的开盘商品房价格，投资投机炒房者处于竞争劣势，很可能是无利可图，甚至有亏损危险。在国家各种调控手段相互配合运用下，要想再提高售价，赚取利润，非常困难。这就必然迫使投资投机者减少或甚至不再购房，已购的房产，也要设法尽快抛售，这就大量减少了市场对住房的需求，又增加了市场的住房供给，从而有利于促进房价合理和稳定。

二是有利于引导住房合理消费，促进调整商品房供给结构，有效利用土地和其他社会资源。征税后，住房持有成本增加，加以对不同类型住房采取区别征税办法，确定一定的免税范围，适用高低不同的税率和一定的户均面积免税扣除额，使其税负有较大差别，就会促使住房消费者更为理性地由购买价格较高的大型房，转而购买价格较低的小型房，有些对住房处于可买、可不买两可之间的，或是将就仍住原来的旧房，或是转向租房，住房市场消费需求也就减少一部分，相应地增加了对其他商品的购买力，有利于扩大对其他一般商品和服务的消费，增加拉动经济发展的力量；同时，也有利于促进开发商适应市场需要情况，调整住房供应结构，节约和合理利用土地及其他社会资源。

三是有利于遏制开发商"捂盘"和减少闲置房，扩大住房供给。对开发商"捂盘"情况，规定竣工验收日起，满一定期限仍未出售的，以及对住房闲置不用、满一定期限的，依法征收房产税，增加其持有和养房成本，就能促使开发商加快售房，甚至降价抛售；促使闲置房拥有者出售或出租房宅，这都可以增加住房的供应量，从而也有利遏制房价过快上涨。

四是有利于促进保障性公租房体系的加快发展，便利住房的保障与市场两轨模式顺利推进。免征公租房的房产税，也免征出租公租房单位的营业税，同时政府还扩大无偿调拨建设用地，增加财政资金建设拨款，诸多杠杆配合运用，就必然会促进保障性公租房体系加快发展，大规模地增加社会住房供应，较好地解决大批中低收入者和一些"夹心层"如刚参加工作人员的住房问题，从而使住房供应形成社会保障与商品供应的两轨并行模式，并顺利和有效运行。这在总体上大大增加了社会住房供给，也大量减少了人们对购买商品房的某些非理性需求，这肯定可以遏制房价上涨，并在某种程度上成为房价下降的一个重要因素。

二、怎样才能发挥房产税的应有作用

房产税的应有作用，是基于其本质属性和职能，在一定经济社会条件下，所具有的功能作用，它并不等同于现实生活中，实际发生的作用。要充分发挥房产税的应有作用，使其转化为积极的实际效果，需要注重以下问题：

1. 要明确认识和正确评价房产税的应有作用，恰当运用。房产税的应有作用，寓藏于这个税种的本质属性和一定经济社会条件下的运转机制内，不是自然而然就可产生的，而是需要人的主观操作和运用，才能实际产生出来。这里的一个先决条件就是必须首先对房产税的应有作用，有明确认识和正确评价。不在这方面深入研究探讨，具有准确的理念，并进行必要的普及宣传，就很难谈到正确的操作和运用，以及便于人们了解，顺利推进，这必然影响应有作用的发挥，甚至还会产生消极效果的负作用。

在这里，一是要明确认识房产税的应有作用，较之以前已大扩充，有广阔运用的阵地。房产税在社会不同发展阶段，基于经济社会条件的变化，能够发挥作用的范围大小不同。这种税的纳税人是房地产的产权所有者。在 1994 年 7 月，国务院发布《关于深化城镇住房制度改革的决定》前，城镇居民住房，是实行实物福利分配方式，居民只是承租公房，没有住房所有权，个人享有产权的私有房极少，一般只限于对工商营业用房征税，税源较窄，这种税的作用范围也很小。其后实行住房商品化、社会化改革，职工以成本价（也有的是标准价），购买自住公房，产权归居民个人所有，特别是房地产市场逐渐建立和发展，居民纷纷以市场价格在市场购买商品房，享有完全产权，成了社会普遍现象。此种税源越来越大，房产税能够发挥作用的阵地，也越来越广阔，其在整个税收中所处地位和作用，也相应地越来越重要，因而可以运用房产税与其杠杆相互配合，来破解诸多重要的经济社会难题。

二是对房产税的应有作用，要适当评价，不可夸大，也不能随意缩小，并要与其他杠杆和政策措施配合运用。当前推进的房产税改革，或将来要开征的统一、规范房地产税，甚至也包括整个税收或其他经济杠杆在内，其功能作用，都是有其特定范围，并且有其一定限度。我们决不可夸大其作用，任意扩大其使用范围，使其承担不能胜任的任务，造成不良后果，但也决不能随意贬低其应有作用，或因其作用的限制，而加以忽视，摒弃不用；或因受某些客观条件制约，作用一时难以显现出来，就加以否定，轻言放弃。房产税的作用，有其特殊功能性，并不是其他经济杠杆或税种所能适当代替的，弃而不用或运用不当，其应有作用，也就无从发挥出来。当然，推进房产税，还需要与其他经济杠杆和有关措施密切配合，譬如与财政、信贷、土地、租费、行政和其他各税的政策措施相互配合运用，形成综合调控力量，才能更好地发挥其一定和有限的作用。

2. 房产税调控重点，要适应不同阶段经济条件和国家战略方针政策的要求。房产税的运用，要为党和国家的战略方针政策服务，破解不同阶段的经济社会突出矛盾服务。适应不同阶段的经济形势和经济条件，按照党和国家在各阶段不同的宏观调控目标和任务，房产税发挥作用的侧重点，也应有所不同。譬如就当前推进房产税的初始阶段来说，其调控的侧重点，就应放在调节收入和财富分配，缩小贫富差距方面：也应重视遏制投资投机炒房和囤地，引导住房合理消费和节约、有效使用土地，促使房地产市场健康、平稳发展。初始阶段是通过试点，总结经验，研究改革完善税制，便于逐步全面推广，而不是着重增裕财政收入，就立即要把征税范围，扩大到一般群众的普通住房。当然，随着经济发展，收入分配制度改革完善，一般群众收入水平提高，有了相应的负税能力，一般住房所有者既享受了当地的公共基础设施和公共服务的利益，自然应当把普通住房列入征税范围，组织收入当然也会成为一个重点目标，到那时，统一、规范的物业税或房地产税，必然也将逐步为地方提供更多的财政收入，成为地方税的主体税种。在将来房地产市场走上健康发展的轨道，税收在这方面的调控，也就不成重点了，但也仍然要发挥其一定的配合作用。

3. 要使房产税税制和征管条件，适应发挥应有作用的要求。房产税的应有作用，要靠人的主观能动力量，才能实际发挥出来。其中一个关键是，税制设计必须适应发挥应有作用的要求，并适应形势发展，不断改革完善。税制要素的设计，一是课税对象要广泛，实行普遍征税原则，从长期来说，所有房产都应逐步纳入征税范围。既应包括高档住房，也要包括普通住房，但可规定免税范围和扣除一定免税面积计算征税；既应包括新购的房产，更应包括为数众多，构成主要税源的存量房产；既应包括城镇房产，也要包括位于农村的高档住房。二是税率要采取调节作用较大的超额累进税率和差别较大的比例税率，税率水平要适当，不宜采取很低的统一比例税率。三是计税依据要按现实市场价格定期评估，为便于执行，也可扣除一个较低的比例计算，以利于适应房产的现实价值，并把土地自然升值的较大部分，纳入国库。不能采取以原购进价为计税依据的那种主张，因为不同时期购进房价差距很大，特别是20世纪90年代，房改房以原成本价为基础，扣除工龄等多项因素计算的实际购进价，只为现在市场价的几分之一，甚至是几十分之一，以此种价格计算，显然与新购商品房，税负高低相差过于悬殊，大失公平，影响房产税作用的发挥。在完善税制设计的同时，还需要有相适应的征管力量、手段和良好的运转机制，譬如要建立健全房地产的信息库和价格评估体系，完善征管制度，要充实熟悉掌握该项业务的征管力量，要在法制上明确各有关部门的配合协调任务。这是正确贯彻落实房产税政策制度，发挥应有作用的必要保证，我们必须着力在这方面抓紧培育和强化。

4. 要分阶段逐步推进房地产税改革，总结经验，不断完善。充分发挥房地产税的应有作用，需要在全国范围内，对不动产普遍开征统一、规范的房地产税或不动产税，这是一项关系到全国人民切身利益和各方面利益分配关系的重大调整，而操作技术复杂的系统工程，目前尚不具备这种条件，因而国家规定采取逐步推进改革的方式，这是适应我国现实情况，稳定推进此项重大改革，逐步扩大房地产税作用的最佳途径。目前是先在重庆、上海两市试点，选择部分住房，采用宽松、简便的征税办法进行试点。两市的征税范围都小，除重庆对存量独栋商品住宅（别墅）征税外，只选择部分新购住房征税，数量巨大的存量住房都尚未列入征税范围。重庆是对独栋商品住宅、新购高档住房和外地居民新购第二套以上普通住房征税；上海是对本市居民新购第二套以上住房和外地居民新购住房征税。免税扣除面积，重庆独栋商品住宅是180平方米，商品房是每户100平方米；上海是人均60平方米。税率是重庆按市价分档，采用0.5%—1.2%的累进税率，上海一般为0.6%的统一比例税率，市价低的，减为0.4%。

计税依据暂定为市场交易价格，上海还按市价的70%计税。据估算，重庆市2011年可征1.5亿元，只为重庆三年公租房投资总额1000亿元的0.15%，由于征收房产税的警示作用，在重庆也出现了购房者弃大购小和外地炒房客放弃买房的事例，开始显示它的一定作用。正如重庆市市长黄奇帆所说："现在重庆市房产税其实象征性大于实际意义。"并表示暂时未列入征税的高档住宅和普通多套住房，将会适时纳入征税范围。笔者认为，两市试点的作用，现虽尚不明显、突出，但毕竟启动了逐步推进房地产税改革的重大历程，有其重大历史意义，改革必然还会深入，更大推进，征税范围会逐步扩大，征税办法会相应加强，其发挥的作用也必将逐步扩大。在总结较多各类试点地区经验的基础上，逐步改革完善房产税制，把它推向全国，并同时改革完善城镇土地使用税制，在将来条件成熟时，把这两种税和其他有关税费加以合并，改革完善，正式立法，开征全国统一、规范的房地产税或不动产税，到那时，房地产持有环节税的税种，将会起到它应有的更大作用。

本文以《试点效果尚不突出，房产税功能作用怎样理解》为题，摘载《中国税务报》2012年6月1日"理论专刊"版。

评论对推进房地产税改革持有怀疑的各种观点

早在2003年10月，党中央就提出："实施城镇建设税费改革，条件具备时，对不动产开征统一规范的物业税，相应取消有关税费。"[①] 2010年4月17日，国务院办公厅发出的《坚决遏制部分城市房价过快上涨的通知》，明确强调："要发挥税收政策对住房消费和房地产收益的调节作用"。2010年5月31日公布的《国务院批转发展改革委员会〈关于2010年深化经济体制改革重点工作意见〉的通知》具体提出："逐步推进房产税改革"。2010年10月，党的十七届五中全会关于"十二五"规划建议，又进一步提出，要"研究推进房地产税改革"。这是国家改革财税体制，构建有利于转变经济发展方式，保障和改善民生的一项重要内容，也是关系到广大群众切身利益的重大经济、社会问题。一个时期以来，特别是在2010年，社会上对这个问题讨论热烈，教授、专家、学者和业内人士在报刊上发表了许多各抒己见的言论，存在较大争端，多有非议。本文把见诸2010年报刊，对物业税（或称不动产税、房地产税）和房产税的功能作用及其是否推进该项税制改革，持有怀疑，甚或否定的各种观点，从理论与实际的紧密结合上，分析其缺乏根据，论点失误，或存在缺陷，悬念过多，有碍现实需要，期望能在这个重要问题上，通过共同研讨，群策群力，清理各种怀疑观点和悬念，以利于完善税制，

① 中共中央文献研究室编：《十六大以来重要文献选编（上）》，中共中央文献出版社2005年2月版，第472页。

顺利地分阶段逐步推进房地产持有环节税改革。使这个税种在经济社会全面协调发展、收入分配改革完善、实现保障和改善民生的根本要求中，更好地与其他税种和经济杠杆协调配合运用，充分发挥它应有的积极作用。

一、质疑“法理不通论”

对房地产持有环节税持否定态度的一种观点，是“法理不通论”。其表述文字虽不尽相同，但概括说来就是：住房由两部分组成，土地是国有的，地上建筑物逐年折旧，不值钱，征房产税或物业税的真正课税对象是土地增值，而土地是国有的，怎能向居民收税？如征税岂非国家自己对自己征税，法理上说不通，是一种制度“悖论”。[①] 应当指出，这在理论、法律和事实面前，都站不住脚，此种观点不能成立，理由是：

1. 国家不能对自己征税的理论基础，源于前苏联的“非税论”，是错误的。前苏联的一个税收基本理论是：税收是改变所有制形式，在国家与全民所有制企业和单位之间，不存在税收关系，国家不能征全民所有制企业的所得税，流转环节的周转税，只是便于核算，提取收入的一种形式，“其经济实质，实际上不是税，而是非税性质”。它的所有制形式没有改变，“国家不会自己向自己征税”。[②] 这种混淆国有企业所有与国家所有，税利不分的“非税论”理论，在20世纪80年代前，严重伤害了我国税制建设，1959年前期，曾一度把国有企业税收并入利润上交，试点“税利合一”；1983—1984年的两步利改税，又把国有企业的利润上交并入税收，成为新的一种“税利合一”，导致在一个较长时期内，曾由国有企业承包上交所得税，财税

① 见《中国税务报》2010年4月7日和《涉外税务》2010年第7期第31页文；《北京晚报》2010年5月9日和25日专家、学者访谈。

② 参前苏联财政科学研究所集体创作，A·B·巴丘林主编：《苏联财政与信用》，中国人民大学出版社1955年中译本，第117、118页；前苏联《简明经济学辞典》，人民出版社1962年中译本，第377页；《苏联大百科全书（第29卷）·税收》等多种图书。

部门要与企业或其上级业务主管部门，分别单个谈判，协商确定承包的上交金额，实际上，国营企业所得税是“名存实亡”，给财政经济造成了严重恶果。源于错误的“非税论”的这种所谓“国家自己不能对自己征税”的理论，当然也是错误的。

2. 国有企业是独立法人经济实体，基于宏观调控需要，必然要征税。税收是国家为实现其职能，凭借政治权力取得收入的特定分配，基于它的强制、无偿、固定三项基本特性，通过这种收入分配，发挥它在宏观调控中的特殊功能作用。在社会主义市场经济条件下，国有企业是国家管理下的独立法人经济实体，自主经营，自负盈亏，有企业独立的经济利益，国家与国有企业之间，在根本利益一致的基础上，存在国家大公与国有企业小公的差别和矛盾，全局整体利益与局部个体利益的差别和矛盾，长远利益与当前利益的差别和矛盾，国家与国有企业不能划等号。对国有企业征税，就是把独立法人经济实体的一部分收入，转变为国家所有，以利于正确处理国家与作为独立法人经济实体的国有企业在收入分配方面的关系，适当安排它们的利益问题，从而促进和监督国有企业，在国家整体利益前提下，认真按照国家的宏观决策和部署，积极开展经济活动，真正肩负起国民经济主导力量的重任，因而国家对国有企业征税有其客观的必然性，与纳税人是否全民所有制无关，不但要征商品流转环节的税，而且在1983年还突破“非税论”禁区，开征了国营企业所得税，决不存在所谓的“国家自己不能对自己征税”的问题。

3. 土地使用权是法定的独立物权，完全可以成为征税的标的物。《中华人民共和国物权法》，在明确不动产所有权有关内容的同时，又单独设立了“建设用地使用权”和“宅地使用权”，前者适用于国家所有制的城镇土地，后者适用于集体所有制的农村土地，均为独立的用益物权。《物权法》第135条和第143条规定：“建设用地使用权人依法对国家所有的土地，享有占有、使用和收益的权利”。“有权将建设用地使用权转让、互换、出资、赠与或者抵押”。第146条和第147条又把土地使用权和附着于该土地上的建筑物捆绑在一起，不予分割，规定在两者之一，进行转让、互换、出资、或者赠与的，建筑物等项，随建设用地使用权一并处分；建筑物等项占用范围内的土地使用权，随建筑物等项一并处分。[①] 因而住房买主依法就享有所购房产的所有权和承载该房产的一定期限的土地使用权，依法对该住房附着的土地，实施占有、使用和收益权。国家房地产管理部门发给的商品房房产证，也是载明了该住房土地使用权享有的一定期限的。该一定期限的土地住房使用权，是住房拥有者享有的一种独立的用益物权，当然可以随同房屋的所有权一起，作为课税对象，由房主负责缴税，这是明显的对居民个人或各种不同性质的所有制企业享有的土地使用权征税，根本不涉及对国家所有土地的所有权征税和国家自己对自己征税的问题。

4. 国际上对不同级政府所有的土地有征税案例。美国土地是私有制，但联邦、州和地方政府自有的一部分土地，各级政府各自拥有该土地的所有权、使用权、受益权。各自独立，不存在任意占用、调拨情况。美国政府自有的土地，也需依法纳税。新加坡也有国有土地，在其土地使用权出售的一定期限内，该土地使用权的拥有者，连同附着于该土地的建筑物，也需依法缴纳不动产税[②]。

5. 某些国家机关支配的房地产，基于调控的特殊需要，也可考虑征收房地产税。《中华人民共和国民法通则》规定，国家机关是独立的机关法人。根据《中华人民共和国物权法》第 53 条规定，“国家机关对其直接支配的不动产和动产，享有占有、使用以及依照法律和国务院的有关规定处分的权利”。[③] 这其中就包括了对其直接支配的土地及其附着的建筑物等享有规定的各项权利在内。现在有些国家机关和单位，利用手中的权力，无偿广占土地，盖豪华办公大楼和其他高档建筑设施。媒体报导，有的基层政府所盖办公大楼，其豪华气

① 《中华人民共和国物权法》，中国法制出版社 2009 年 9 月版，第 49、51、52 页。

② 本项案例，参见安体富、金亮：《关于开征物业税的几个理论问题》，《税务研究》2010 年第 6 期，第 39 页。

③ 《中华人民共和国物权法》，中国法制出版社 2009 年 9 月版，第 21 页。

派，竟有“白宫”的谑称。为严格遏制此种严重的奢侈浪费不良风气，保护国家宝贵资源，强迫压缩其行政经费支出，对某些国家机关直接支配的不动产，也是可以考虑征收房地产持有环节税的。

二、质疑“重复征税论”

“重复征税论”的观点有两种不同的提法，一种认为，住房评估价格内，已包括了土地转让金，以此项评估价格为依据征税，是“重复征税”，“税上加税”。[①] 或是“将使购房者负担多次土地出让金”。[②] 也有的认为，现行《房产税暂行条例》是把地价和房价混在一起过关，这样土地出让金就不能收了，否则就是“重复征税”。[③] 另一种提法是，外国没有物业公司收物业费，只征房产税或物业税。我国的物业费就相当于外国的财产税，民间物业公司收物业费后，政府再征房产税，似不合理。[④]

以上观点，缺乏依据，不能成立，因为：

1. 土地转让金是国家转让一定期限土地使用权的收益或代价，不是税收。土地转让金是国家凭藉其对国有土地的所有权，在土地所有权和土地使用权两种物权分离的情况下，国家作为所有者的身份，行使所有权取得收益的一种经济形式，具有租金性质。它既标志国家转让一定期限土地使用权的价格，也是形成住房成本价格的有机组成部分。土地转让金不是税，与税收的性质截然不同，完全可以依据评估的房价征税。对住房征税的一个主要原因，是要调节房地产持有者的存量财富分配，要调节土地不断增值收益，也不应当扣除作为地价的土地转让金部分计算征税，不存在重复征税或多次负担土地转让金问题。

---

① 《北京晚报》2010年5月11日和6月3日；《经济研究信息》，2010年第5期，第40页。

② 《税务研究》2010年第8期，第62页。

③ 《北京晚报》2010年5月25日。

④ 《中国税务报》，2010年10月20日学者、专家访谈。

2. 物业费是企业服务收入，根本不是税。按照《中华人民共和国物权法》和有关规定，住房业主可以自行管理建筑物及其服务设施，也可以委托物业服务企业或其他管理人管理。物业服务公司是由住房业主大会选聘、解聘，负责建筑物及其服务设施管理。为业主提供各种服务的专业服务企业，业主委员会代表业主、业主大会与其签订物业服务合同，并监督和协助其履行合同，业主对其享受的各种服务，应依据合同和有关规定，按期向物业公司支付物业费。因而物业费是独立的企业组织，向房主提供服务取得的一种劳务收入。物业公司可以是公有制，也可以是私有制，与业主双方在民间处于平等地位，是提供服务、取得收入与享受服务、支付费用的非商品交换关系，根本不是国家与企业、居民间的强制性、无偿性的税收关系，因而物业公司收取物业费后，国家再征收房产税或物业税，也根本不存在任何重复征税问题。绝不能因为在国外，是房主自行管理建筑物及其服务设施，没有物业公司收物业费，只向国家交了财产税，就把我国的物业费与房产税等同起来。

3. 在许多情况下，某种程度的重复征税是必要的。为公平税负，便利商品交换，以利于发展经济，应当避免重复征税。但对这个问题，应当辩证地看待。在许多情况下，例如条件尚不具备，或为便于在多环节、多层次、多点面，进行有效的综合调节，某种程度的重复征税，也是可以的，甚或是必要的，不可避免的，并不是一提重复征税，就应当禁止。例如过去长时期内，曾经实施的货物税、工商统一税、工商税、产品税等，都存在较多的重复征税问题。现行营业税虽征税范围缩小，主要是对服务性行业征税，也在一定程度上有重复征税。至于对不动产的销售营业税，其建筑材料、机器设备、能源、交通运输服务等已缴纳的增值税、消费税、营业税、城市维护建设税等，均包括在成本内，形成计税的销售价格，不扣除计算交纳税款，有更多的重复征税问题。即使以不重复征税为主旨的增值税，在1994—2008 年期间，对机器设备已缴纳的增值税，不予扣除计税，是重复征税。长期以来，一直到现在，对购进不动产原已缴纳的营业税，对购进车船，已缴纳的车船购置税，以及在产销过程中，对已缴纳的消费税，不予扣除计税；进口增值税产品，现行税收法规还明确规定其组成计税价格内，在关税完税价格之上，还要加计应缴纳的国内消费税，也可说是重复征税。同样，在国外，增值税的计算征收，也只是对以前环节缴纳的增值税额，给予扣除计算，对已缴纳的消费税、销售税等的税额，不予扣除，并且还有对同一课税对象，同时征收几种税的情况。

三、质疑“税负转嫁论”

当前颇为流行的一种观点是，房产税或物业税（或称不动产税、房地产税）是会转嫁的，以此调控房地产市场是“思维误区”，不但不起作用，且会进一步推高物价，使问题更难解决。并且此税一年一征，投机炒房者赚一把钱就跑了，也征不到税。[①]

税负转嫁问题，涉及政治经济学中的一些基本理论和诸多实际情况，是一个复杂的经济问题和政治问题，学术界颇多争议，需要长期、深入研究，这里，只就本题有关居民住房的几项，谈点看法。

（一）自有自住房的房产税或物业税不能转嫁

一般地说，税负转嫁是指纳税人利用市场供需关系，通过提高价格等手段，把本身缴纳的税款负担，转嫁给他人。自有自住房的业主，是自身住房消费者，并不再进行住房买卖，谈不到什么提高销售价格，他所缴纳的房产税或物业税，只能由自身直接负担，根本谈不到什么转嫁税负问题，这就通过房产税这类税种，调节了自有自住房户的一部分收入或财富，也促使购房户在购房时，考虑购房以后长期每年都要缴纳此笔为数不菲的税款，是否有能力负担，从而根据自身的经济实力，尽可能选购普通住房、小型住房，放弃非普通住房、大

---

① 见《中国经济时报》，2010 年 5 月 24 日；《北京晚报》2010 年 6 月 17 日；《南方都市报》2010 年 6 月 30 日；《税务研究》2010 年第 8 期第 49 页；《经济研究信息》2010 年第 5 期第 39 页的文章及专家、学者访谈。

面积住房，或是改买房为租房，这就引导了住房合理消费，减少了住房需求，并促使多套住房户腾出多余的住房，从而有利于优化住房供需结构，促使房价合理和稳定。

（二）开发商缴纳的房产税难于转嫁

房地产开发商在某些特殊情况下，应缴纳房地产持有环节税，这难于转嫁，现从以下两点加以说明：

1. 房地产持有环节税，是由住房业主缴纳，在一般情况下，开发商并不是纳税人，只是在开发商超过法定期限的囤地、捂盘囤房，才要缴纳房地产税。这是在特殊情况下才征收的，并不是对所有开发商在规定期限内的正常经营都征，此种征税，带有一定的惩罚性，持有成本高于一般正常经营的开发商，在市场竞争中，处于相对劣势，受总的供需关系支配，很难单独提价转嫁税负，因这会影响销路，这样，此税正是可以促进加速房地产开发、销售的周转，提高住房供应率，从而有利于房价的合理和稳定。

2. 西方税负转嫁理论中有个观点，叫“税收还原”，或称“税收资本化”。这就是对持有的耐久物品或不动产长时期每年都征税，在此项财产出售时，买主会要求卖方将此项缴纳的税款，从所购的耐久物的资本价值中扣除，因而此项税款，名义上虽由买主按年交纳，实际上税负转由原卖主负担，这是在资本主义社会土地私有，供需较为平衡情况下，可能会出现的现象。我国情况不同，较难适用。但也有一点相通之处，购房者也会有要求开发商降低住房售价的愿望，同时，为适应本身经济的实力，也会考虑改为选购普通住房、小面积房，甚或是选择租房，而不是购房，这减少了住房需求，因而征收房产税或物业税，是促进房价降低，而不是推高房价。

（三）投资投机炒房者缴纳的房产税或物业税在一般情况下更难转嫁

投资投机炒房者购房，是为了转手买卖，获取高利。但与开发商对比起来，在获取利润的竞争中，往往是处于劣势地位。

1. 投资投机炒房者，在持有房地产阶段，是当然的业主和所有者，应当依法缴纳房产税或物业税，持有期间越长，累计缴纳的税款越多，持有成本和养房成本就越大。并且一户炒卖多套住房，累进征收税负更重。对短期炒房者也可以法规限定转让过户时，由炒房者负责缴清当年的税款，使其无法逃税，不能一走了之。而开发商在一般情况下，是不缴待售房的房产税的，处于优势地位。

2. 投资投机炒卖的住房，是在开发商手中买来的，是经过一次买卖后的二手房，已负担了在开发、流转过程中的各项税款。现在市场规则是，购房者愿意购买新开盘的一手商品房，而忌惮存在诸多麻烦的二手房。同等质量的住房，二手房的价格，总是低于新开盘的商品房，并且投资投机炒房者，其信息、宣传远不如开发商，一般都要通过中介成交，缴纳高额的中介费，而开发商则不存在此种情况，具有很大竞争优势。

3. 投资投机炒房者在购房取得产权时，要缴纳契税等税费，炒卖住房时，还要缴纳营业税、个人所得税、土地增值税。这些税都是在开发商已缴纳各税，形成销售价格基础上再一次征收的，并且还有其他多项养房费用和销售费用，而开发商则没有这第二次的诸多税费负担。当然，这里是指的投资投机炒房要缴纳这些税，至于一般居民自住房，居住已满一定期限，为调换住房地点，迁居他处，改善居住条件和急需用款等诸多原因的售房，不属炒卖住房牟利，为促进住房的正常流动性，提高住房供应率，还是宜于适当放宽管理，给予一定的减免税优惠，不宜过多限制。

基上所述，在供需关系较为正常的市场竞争中，投资投机者对比开发商处于劣势，受供求关系和国家宏观调控的严格限制，要想在开发商所定价格之上，再提高价格转售住房，转嫁税负，更为困难。当然，在投机炒房占主导地位的市场中，房价飞涨，炒房者大获暴利，远超投资平均利润率，这就不仅房地产税，就连所说的不会转嫁的企业所得税、个人所得税，甚至是土地增值税也都转嫁给下手负担了。但这只是过去的特殊情况，并且炒房者和开发商是以获取高利为目标，只要可能把销售价格提得多高，就会设法尽量提得更高，与房产税的有无和征税多少，没有直接关系。房产税只是在分取炒房者和开发商的部分暴利，对涨价起一种制约和冲抵作用，而决不是推动房价上涨。我们现在把住房定为消费品，而不是投资，在国家多种杠杆和政策措施的综合治理下，以投资投机为主导的房地产市场，相信将来不会再出现。

（四）提高出租房租金转嫁税负，受到很大限制

从过去的情况看，租赁房租金与住房市场价相比，住房价格处于高水平，且一般是30年的短寿命，以及需要较多的维修费用，还要担负出租中的一些风险，房主出租住房，作为投资回报率的租金收入，与高房价对比起来，并不算高，有的可能还有些偏低。这几个月由于调控房价，租赁房租金有所上升，但与房价对比也并非很高。特别是国家现在大量兴建保障性的公租房，例如北京市在“十二五”期间，保障性住房建设将占整个住房供应的60%，而公租房又占保障性住房的60%[①]。租赁房供应充足，公租房租金又远低于现市场的租赁房的租金。投资投机炒房者和其他房主，要想在此种情况下，通过出租住房提高租金转嫁缴纳的房产税，而获取高于市场投资的平均利润率的回报，是有较大困难的，租金收入最多可能只是冲减部分房产税的负担。

四、质疑“不应调控”和“调控缺能论”

概括说来，现在这方面，主要有下列三种观点，分别评析如下：

（一）评物业税不应调控房地产市场的观点

有种观点认为，房地产交易及其价格，属于私人商品的资源配置问题，价格波动是正常的，应由市场来解决；物业税属于公共劳务成本的分摊问题，两者属于不同领域，把不同性质的问题相混淆，用物业税来调控房地产市场，不利于完善我国市场经济体制。[②]

---

① 《参考消息·北京参考》，2010年12月15日报导。

② 《财政与税务》2010年第7期，第60页；《涉外税务》2010年第7期，第26页。

我们知道，社会主义市场经济体制是社会主义基本制度与市场经济的有机和紧密结合的体制，它决定了市场必须按照社会主义现代化建设的目标、原则和党的方针、政策，进行经济活动，把我国建设成为富强、民主、文明、和谐的伟大社会主义国家；必须健全国家的宏观调控体系，使市场在国家宏观调控下，对资源配置起基础性作用，避免市场脱离社会主义要求，盲目自由发展。国家的宏观调控与市场，是进行社会主义现代化建设、紧密结合、不可分割的一个整体，完善社会主义市场经济体制，就包含了按照社会主义现代化建设要求，完善市场体系和完善宏观调控体系，是两个有机和紧密结合的组成部分。现代西方国家，搞市场经济，尚且吸取过去自由资本主义时代的教训，抛弃政府不干预市场的做法，也注意运用财政金融手段调控市场，我们是社会主义国家，政府肩负经济调节、市场监管等的重大职能，党和国家一再强调，必须"完善国家计划和财政政策、货币政策等相互配合的宏观调控体系，发挥经济杠杆的调节作用"。[①]税收就是财政的重要组成部分，也是一个独立的经济杠杆，有着组织收入，调节分配和促进、稳定经济的重要职能。其中的物业税或房地产税，是专门在房地产持有环节征收的税种，与房地产市场密切关联，在贯彻党和国家的方针政策中，起到一定的宏观调控作用，从而有利于促进房地产市场稳定、健康发展，这是健全宏观调控体系的有机组成部分，是促进完善社会主义市场经济体制，而决不是相反。把税收与市场加以割裂和对立，说什么征税，就不利于完善社会主义市场经济体制，显然是失误的。

也有人提出，现行信贷等项政策及措施，已能调控房地产市场和房价，如要出台新的房产税，就只能证明，现行调控政策是无效的。[②] 表面看来，这是说房产税的调控作用大，实际上是从另一个侧

---

① 党的十六次全国代表大会报告，中共中央文献研究室编：《十六大以来重要文献选编（上）》，中共中央文献出版社2005年2月版，第21页。

② 《中国经济时报》，2010年10月8日。

面否定开征住房的房产税。因为第一，2010 年 4 月和 9 月在信贷等方面，国家采取措施，调控房地产市场后，在一定程度上遏制了房价过快上涨的势头，使涨幅回落，但只是还不理想，推进房产税改革，并不是否定信贷等杠杆和措施的作用，而是在这方面进一步加大调控力度。第二，房产税只是在与其他杠杆和措施相互配合中，起到它有限的一定调控作用，有这种相互配合作用，是能更有效地调控房地产市场的，为什么要存而不用呢？过于夸大房产税调控房价的作用，并与其他经济杠杆和措施对立和割裂开来，是没有道理的。第三，房地产税还有着健全地方税体系，完善分税制财政体制的重要作用；有着健全财产税体系，调节居民收入和财富的重要作用，并不只是为了调控房地产市场，不能因为信贷等项政策措施，调控房价是否有效，而决定是否推进房产税改革。

（二）评房地产税难担负调节贫富差距重任的观点

现在有种观点认为，税收的功能，主要是筹措资金，根据受益原则征收，调控只是配角，功能非常有限，特别是地方税种调控功能更小，难当调节社会财富分配或均贫富的重任。[①]

我们认为，国家征税，在取得财政收入的同时，必然要改变各阶级、阶层纳税人收入的分配；改变各经济部门、单位、个人以及地区间收入的分配，进而必然要对经济情况和财富分配，产生重大影响，国家正是通过这种影响，来贯彻它的一定方针政策，达到一定的政治经济目标的。特别是在我国现阶段，按照科学发展观的要求，通过税收对经济的调节，促进现代化建设各个方面、各个环节相互协调，以利于全面协调可持续发展，保持经济稳定较快发展；通过税收对社会成员收入和财富分配的调节，促进和谐社会建设，让全体人民共享改革成果，共同富裕。税收的调节职能作用，与组织收入的职能作用，都是税收的基本职能，处于同等的重要地位，税收调节决不是组织收

① 《税务研究》2010 年第 8 期，第 49 页；《南方都市报》2010 年 6 月 3 日；《经济研究信息》2010 年第 6 期，第 14 页。

入的什么“配角”或“从属”。有些税种，譬如将来要开征的环境保护税，其调控作用，还远大于组织收入的作用。

一般地说，中央税和中央地方共享税的税基流动性大，在全国范围内影响面广，其宏观调控作用，固然大于一般地方税，但地方税也有其特殊功能作用，决非中央税或中央地方共享税所可替代的。房地产持有环节税就是这样的一个重要税种，除对工商企业的房地产征税外，主要是针对社会成员拥有的房地产存量财富征收的一种财产税，它可以对多占豪宅的富户和投机炒房户加重征税，并把房地产的自然增值收归国家，避免以财再累积生财，而对居民的一般住房，给以一定的税收优惠，从而在一定程度上，就能缩小存量财富差距，缓和社会矛盾。

我国的财产税，基本上处于缺位状态。车船税的征收范围和调控影响都较小，现行的房产税和城镇土地使用税的征收范围和力度也小。当前只有分阶段逐步推进房产税改革，以及城镇土地使用税改革，逐步扩大征收范围，加强调控力度，并在将来把这两种税连同其他有关税费加以合并，改革出台新的不动产税（或称房地产税、物业税），使其成为财产税体系的主体税种，改变我国财产税基本缺位状态，从而在其调节社会存量财富中，发挥它的重要作用。当然，缩小贫富差距，主要还是靠整个收入分配制度的改革和完善；靠在国民收入的初次分配中，大致做到公平合理；靠条件成熟时，开征遗产税和赠与税，遏制“富二代”不劳而获，过多占有社会存量财富；靠改革完善个人所得税，调节过高收入；靠健全社会保障制度，财政提供基本公共服务以及各种经济杠杆和措施的共同配合运用，但决不能因为房地产税只是在调节存量财富分配，缩小贫富差距中，起到一定限度的作用，就加以否定，贬损它存在的价值，因为这种一定限度的作用，有其特殊性，并不是其他税种或经济杠杆所能替代的。

（三）评房产税制不能体现调控房地产市场的观点

持这种观点的同志，有的认为，房产税或物业税的特性和功能，是为地方提供主体财源和调节居民财富的特别税种，此种特性和功能决定了“希望通过它来调控房地产市场并不现实”，不能依据非常状态下的市场状况来设计税制，不应更多地体现调控房地产市场的要求。[①] 有的认为，征收房地产税并不是要抑制房价，“法律对房价高低是中立的，不应该有偏心。”[②]

是的，把房产税或物业税称为地方提供主体财源和调节居民财富的特定税种，这很正确，但是，我们也不能忘记，我国税收的调节功能，既包括调节在社会成员收入和财富分配，也应当包括调节经济组织的收入，调节经济结构，调节市场活动，促进经济全面协调可持续发展，稳定和较快发展。这个部分也可独立出来，称作税收的调节经济和稳定经济的职能作用。房产税或物业税是财产税体系中的主体税种，它的课税对象是房地产，与房地产市场密切关联，不可能不对房地产业和房地产市场产生重大影响，并在调控房地产市场，促进房价的合理和稳定中，发挥它的一定调控作用。房地产征收法律、法规和规章制度，必须体现、贯彻党和国家在不同时期的方针政策，实现其目标、任务要求，决不能对房价上涨过快，房价水平过高的“非常状态”，不闻不问，持一种什么中立态度。过去我国重大的经济体制改革，曾是以税制改革为突破口，而在已经建立社会主义市场经济体制，并不断完善的现阶段，税收作为国家进行宏观调控的重要经济杠杆，更日益与市场经济体系紧密联系，税收与税制更日益与市场经济体制紧密对应衔接，“越来越被推到破解一系列重大经济社会问题的前沿地带”[③]，用来处理和解决诸多重大经济问题和社会问题。当前房价过高，存在较多泡沫，潜伏着各种危机，是党和国家着重要解决的重大经济社会问题，也是全国人民共同关心的重大现实问题，房产税或物业税既具有配合调控房地产市场的一定限度作用，岂能对此袖手旁观，漠然视之？问题不是不能依据当前非常态下的市场状况来设

① 《涉外税务》2010 年第 7 期 14、15 页；《中国税务报》2010 年 10 月 20 日学术报导。

② 《北京晚报》2010 年 12 月 12 日。

③ 高培勇：《调整或重构税制体系总体格局》，2010 年 10 月 9 日《中国财经报》。

计税制，而是税制的设计，要适应住房是自住，而不是投资、投机的目标定位要求，在调节居民存量财富，缩小贫富差距的同时，紧紧围绕和适应调控房市的要求，与其他杠杆相互配合，采取必要的有效政策措施，在税制设计上体现出来，税制设计是否适当，是能否发挥其应有作用的关键。至于就当前一段期间来说，征收住房房产税不应着重多收，过于扩大征收范围，期望房产税立即成为地方主体财源。

当然，当前房产税制设计中，有些政策措施可能是短期性的，会随着情况的发展变化，逐步调整改革。但对解决当前的矛盾问题，却是必要的，而且其中许多政策措施和制度，在将来的长期税制建设中，还会坚持保留下来。譬如当前初始阶段的过渡性住房房产税，其试点地区，一般就应选择一些房价上涨过快、房价水平过高的一线大中城市，而不是选择房价并不过高的一般城市，以利于与其他杠杆相互配合，快速解决突出的现实问题，为全国普遍开征积累经验。对课税对象的选择上，“在实施的初期，对一般的消费性住房不考虑实征，那些管理上很容易认定的独立别墅、豪华公寓则可以先行实征。”[①] 要先对投资投机者炒买住房和拥有的多套空置房，出租房以及富豪度假偶尔小住的闲置房征税，一般居民因孩子上学、离工作地点较远、租房另住等诸多原因，暂时闲置的一般住房，则可暂缓征税。要坚决遏制房地产商的囤地和捂房行为。特别是对开发商囤地、超过规定期限的，当前就可在现行城镇土地使用税定额税率的基础上，另按地块评估价格，适用较高的比例税率或超额累进税率，加征城镇土地使用税和土地增值税，挤掉它的获利空间，遏制囤地牟利，拉高房价。

在税收政策的运用上，要适应住房是自住，而不是投资投机的要求，适应调节贫富差距的要求，长期采取鲜明的区别对待政策，可以按每户拥有多套住房总面积及其评估价格，适用超额累进税率或高低不同的比例税率，以遏制投资投机炒房和住高档房、大面积房，而对

① 贾康与记者谈话，《北京晚报》2010 年 5 月 5 日报导。

一般的自住普通房，则是扣除一定免税面积后，适用低税率征税，保障性公租房则不征税。在房产税税权的运用上，要下放地方一定的立法权或税政的自主管理权，便利地方因地因时制宜调控房地产市场。但要着重制止地方为了当前暂时的多收，而就立即把征收范围过于扩大，影响实现国家调控的正确目标。最近，重庆市提出的房产税实施方案，把当前个人住房的征税范围，暂定为三项：一是独栋别墅(含增量、存量)；二是价格超过规定幅度的新购高档住房；三是针对抑制投机性购房，把外地居民新购第二套以上普通住房，纳入征税范围。暂时尚未列入征税范围的其他高档住房和多套普通住房，也将适时纳入征税范围。按评估价格计税，采取超额累进税率。这是把调节贫富差距和调控房地产市场结合起来，而不是把调控房地产市场排除在税制建设之外，是适应当前一些城市房价过高特殊情况的一种可采模式。在住房房产税试点和逐步推进过程中，各地在调控房地产市场所采取的一些政策原则和措施，经过实践，总结经验，将来正式立法，择其可行者，也会在以后的税制中，体现出来的。在保证国家对房地产市场的调控方面，这较之当前的信贷限制措施，暂时性的行政措施，更有持久的支撑力量。

五、质疑“调控无效和有害论”

现就以下几种观点评析如下：

（一）评房产税调控房价无效的观点

这种观点认为，房产税或物业税对调控住房需求和房价都无效果，所持理由主要是：（1）住房有各种需求，均非税收所能抑制。属于居住性的刚性需求，税、价再高，也不能压缩；属于改善居住性需求，只要不超过承担能力，仍然会买；属于投资投机性需求，只要是房价处于上涨或上涨预期，也非税所能抑制。（2）楼市的根本问题是供给不足，不增加住房供应，而是增加住房持有环节税，房价只会更高。（3）现在房地产税负已经很重，尚且未能抑制房价，而是助推房价，再出台房地产持有环节税，更是“扬汤止沸”，不会有好效果，“只会推高房价”。（4）开征房地产税的各国，房价总体上都是上涨的，可见税不能调控房价。[①]

房地产持有环节税能在调控房地产市场和房价中，起一定限度作用，前面已有论述，现再有针对性地加以补充：

1. 住房需求，是指在一定时期、一定价格水平，消费者愿意购买，又有支付能力的需求数量。当前调控房市的信贷等项政策措施，主要就是通过调节购买者的支付能力，影响住房需求，从而遏制房价上涨。房产税或物业税要增加房主的持有成本和保养成本。持有者购房后每年都要缴税，必然加大后续的负担，肯定要压缩购房者的支付能力，从而抑制需求数量，这对住房的各种需求都有影响，从而也有利于遏制房价上涨。对于投资投机炒房者来说，由于采取区别征税的政策，按较高的比例税率或累进税率计算征收，税负加重，获利空间缩小，甚至还有亏损危险。这会起到遏制此种需求的一定作用。对于所谓居住性刚性需求来说，此种需求刚性实际上也有较大的弹性，在持有阶段每年都要缴税的预期下，加上其后巨额的还贷月供，这种需求是会压缩的。据 2010 年 8 月北京市的数据，首套房贷者的平均年龄，只有 27 岁，远低于日本、德国的 42 岁，也低于中国台湾的 36 岁。[②] 这些年轻人初参加工作，本身缺乏支付能力，而是依赖父辈、祖辈过早地超前购房，是一种不够合理的住房需求，导致了供需紧张，推高了房价，不能认为这就是购房的刚性需求。对这种需求，有必要加以压缩。要通过财税政策的支持，大量扩充公租房的供应，来解决这些刚参加工作的年轻人的住房问题。年轻人在自身经济条件尚不具备时，享有自有住房，并非完全必要，要从思想上转变观念。

2. 对于我国住房的供给问题，要辩证地看待。由于我国人多地少，土地资源稀缺，住房供给是受到较大限制的，可是我国多年来都

---

① 《经济研究信息》2010 年第 5 期第 39—40 页；《中国经济时报》2010 年 5 月 24 日和 10 月 8 日；《北京晚报》2010 年 12 月 12 日文章和报导。

② 《北京晚报》2010 年 8 月 27 日。

投入巨额建房资金，每年新建建筑面积就达20亿平方米，占世界总量的50%，相当于消耗全世界40%的水泥和钢材，与世界各国对比起来，在我国现实条件下，住房的供应，并不算少。实际上影响供应的，除建筑质量较低，延续寿命较短，建设规模虽大，而存量住房数量相对较少的影响因素以外，其重要原因，一是开发商的囤地、捂房，投资投机者的购房，住房空置率高；二是住房供应结构不合理，大面积房、高端住宅房相对较多，小型住房特别是保障性住房很少，不适应实际需要。征收房产税或物业税，使开发商和投资投机者加大持有成本和保养成本，对高端住宅和小型住宅性住房区别征税，特别是大量兴建公租房，正是有利于改善供应情况，从而在一定程度上，抑制房价上涨。

3. 现在住房开发、销售流转环节的征税，特别是收费种类多，负担偏重，加大了建筑和销售成本，在一定程度上，使形成的销售价格较高，而不构成住房销售价格的住房持有环节税，则是缺位，未能通过这种税，来调控住房供需两个方面的关系，遏制房价过快上涨，这种不适当的情况，需要改变。要在税制建设的长期规划中，清理整顿各项税费，开征统一规范的物业税，适当安排住房在开发、销售流转和持有环节的税费负担，更好地发挥各税在各环节应有的作用，以利于调控房地产市场。

4. 从长期看，几十年来各国物价的总水平，以同等金额货币计算的数据，是上涨的，特别是住房，由于经济发展，土地作为稀缺资源，自然升值，房价更是不断攀升，这是大势所趋。房地产持有环节税只是在遏制房价过快上涨过程中，起一定限度的制约作用，而不可能整个改变长时期内房价上涨的大趋势。如果我们加以测算，实行这个税的国家，在没有这种税的情况下，房价将会上涨得更多。“显然，这个税收一定在对冲房价上升的力量”。[①] 例如美国120年来，住房价格平均每年上涨3.11%，比同期一般物价每年平均上涨

① 贾康：《物业税能降低房价吗?》，《中国财经报》，2010年6月2日。

2.85%，只多涨0.26个百分点，并且这还是由于建筑成本每年平均上涨3.27%，[①] 而并没有因为这个时期人口倍增，经济发展，土地自然增值，房价也随着大幅度上涨。其重要原因之一，就是由于征收财产税，对房地产过度投资和房价上涨，起到了一定遏制作用，对冲了房价上涨的势头，可见，那种只看到实行房地产税的国家在长时期内，房价仍然上涨，就据此认定这个税种调控房价无效，是缺乏根据的。

（二）评加重群众负担，影响社会安定的观点

有种观点认为，征收房产税或物业税，整体上是加重了各阶层群众负担，地方政府由于财政需要，会把税制简单化，无限扩大征税范围，最终使税负落在一般群众身上。房价涨、大赚钱，应找开发商、炒房客算账，不能把板子打在一般群众身上。中国社会的基础是家庭，一个家庭好不容易攒钱买了房安稳下来，还要折腾房产税、物业税，那么就“不稳定了”。[②]

我们认为，一些同志的以上顾虑是可以理解的，但也不必为此心事重重。国家推进房地产税改革，是采取逐步推进的方针，是选择部分城市的部分住房，先进行试点，待取得经验后，再逐步推广。一般地说，确定的征税范围，应先是别墅、豪宅等高端住宅，投资投机者购买的多套住宅，开发商超过一定期限的囤地和捂盘的商品房。这些住房拥有者先行缴税，加重税收负担，增加住房的持有成本，是改革收入分配制度，缩小贫富差距的需要；也是调节房地产市场，促使房价合理和稳定的需要，属于党和国家在当前必须着重解决的突出矛盾问题。至于城镇居民的普通性住房，甚或是在住房商品化改革中，取得的小面积第二套普通住房，目前一般当不在征税范围。这不仅是因为这类住房数量庞大，情况复杂，评估计税价格工作繁重，尚不具备这种征税管理条件，而且在当前通货膨胀、物价上涨，一般居民收入

---

① 数据见《北京晚报》2010年12月19日。

② 参《北京晚报》2010年5月9日、6月17日、10月11日；《中国经济时报》2010年5月21日；《税务研究》2010年第8期第49页；《经济研究信息》2010年第5期第40页文章及报导。

尚处于较低水平的情况下，每年都要负担这样一笔金额不菲的税款，承受能力会有困难。2010 年 10 月 18 日党的十七届五中全会通过的会议公报，明确强调，要“更加注重保障和改善民生，促进社会公平正义”。要“坚持把保障和改善民生作为加快转变经济发展方式的根本出发点和落脚点。”[①] 我们必须坚决贯彻执行，注意防止不适当地增加一般群众负担，影响保障和改善民生。

当然，随着国家经济的较快发展，收入分配改革完善，居民收入与国内生产总值同步增长，提高了居民收入在国民收入分配中的比重，劳动报酬在初次分配中的比重，健全了社会保障体系和公共服务体系，居民实际收入有了较大增长，加以征税管理条件的逐步具备，居民的普通住房，也是会稳步地扩充列入征税范围的。这是国际上的通行做法，是拥有住房享受安全保障和当地基础设施、公共服务利益的相应付费，是公民应尽的纳税义务。并且居民的一般住房在征税中，还可以享受一定面积的免税扣除优惠，适用较低税率，税负较之高端住房和投机炒房低得多，也是一般群众财力所能承受的。特别是随着房地产税改革的逐步推进，房地产开发流转环节的税费，将来也会统筹调整、清理，调低开发、流转环节的税费，合并以至取消一些收费项目，降低收费标准，一般群众的整体税费负担，不是增加，而是可能相应降低。

我国社会的稳定，决定于在中国共产党领导下的人民当家作主，经济较快发展，人们安居乐业，生活逐步改善，贫富差距缩小，走共同富裕道路，和谐相处，共同建设富强、民主、文明的伟大社会主义国家，而不在于一般群众的普通住房，将来是否要缴纳税负较轻、力所能及的房产税或物业税。

（三）评抑制资本形成、妨碍房地产业和经济发展的观点

有种观点认为，房产税或物业税会抑制资本形成，导致不良消费、资本外流，会打击房地产业，从而妨碍国内生产总值增长，导致通货膨胀，经济衰退。有的教授在演讲中说，“所有反对房地产复兴

---

① 《中国经济时报》2010 年 10 月 19 日。

的想法，都是危害国家利益的”，是“反人民”；有的房地产学会会长撰文说，“高房价、高房租和高生活成本，是抑制北京等特大城市人口无序膨胀的唯一生态门槛”。更有政府主管官员的地区房产局长竟公开宣称，开发商降价低于成本价销售楼盘，会出现烂尾楼，将会同物价部门查处。[①]

必须肯定，房地产业是国家经济中的一个重要产业部门，在保障和改善民生，促进经济增长中起着重大作用，应当发展。但它必须是在整个国民经济全面协调可持续发展根本要求下的健康发展，而不是在房价疯涨情况下的那种盲目畸形发展。过去一段期间，在高房价、高利润的诱惑下，各行各业的许多企业都涌向房地产业，热衷于建房、炒房，导致房地产一业独大，其他产业相对萎缩，无心无力从事本业经营，更阻碍了企业自主科技创新，战略性新兴产业的形成和兴起；妨碍了经济结构调整，经济发展方式转变；导致了房地产市场出现较多泡沫，潜伏着各种危机。媒体报导，曾有中国“制造业之都”美称的浙江省温州市由于各行各业都涌向建房、炒房，导致出现了“产业空心化”趋向。高房价、高涨幅也给保障和改善民生带来很大损害。国家出台信贷、财税、土地、行政等多方面的系列新政，调控房地产市场，遏制房价过快上涨，是完全必要的，国家逐步推进房地产税改革，在完善地方税和财产税体系，调节社会成员收入和财富分配的同时，适应当前形势的迫切需要，与其他调控杠杆相互配合，调控房地产市场，促进房价合理和稳定，也同样是完全是必要的。它有利于房地产业和房地产市场健康发展，有利于遏制投机炒房囤地，有利于引导住房合理消费，有利于推动土地的节约、高效利用，而决不是相反。对于诸多有碍推进房地产税改革，影响调控房地产市场的论调，我们必须有清醒的认识。

---

① 《税务研究》2010 年第 8 期第 50 页；《经济研究信息》2010 年第 9 期第 53 页；《中国经济时报》2010 年 10 月 14 日；《中国财经报》2010 年 10 月 19 日文章及报导。

六、质疑“条件尚不具备论”

有的认为，征收住房持有环节税，应具备的条件：一是要有在全国住房普查基础上建立起来的完整档案信息库；二是要建立起政府对住房价格完善的评估制度和体系，否则，无从下手，想要征税是不可能的。有的认为，征收房产税，涉及许多方面利益的调整和妥善安排，是个复杂的重大问题，不是在短期内就能确定的，并且还要先解决诸多操作上的难题。例如目前我国住房产权，多达26种，对各种产权残缺房、产权不明的无藉管理房如何征税？如何清理、整合与房地产有关的税费，平衡负担？等等，都需要较长期间的调查研究。目前看，“房产税难产是必然的，三年是个乐观估计，五年内解决这个问题都很难”。有的认为，“房产税是一个要在完全透明度的情况下，才能开征的税种”，现全国诸多种类的房子，都评估价格，大概需要100年至150年”。即使在上海市，基础条件较好，也需要二、三十多年。[①]

我们认为，要在全国范围内，立即就对所有住房，开征房地产持有环节税，确实需要有全面系统掌握全国住房的拥有、运转、使用的信息库；需要有健全的住房价格评估制度和体系；需要妥善处理征税中的各种复杂问题，公平税负，完善立法，这确实需要一个渐进的较长期间，当前尚不具备这种条件。但国家现在对房地产税改革，是采取逐步推进的方针，现在第一阶段，是以逐步推进居民住房房产税改革为过渡，适应当前迫切需要解决的突出问题，本着“调控重点突出、高效运行、简明方便、减少震动、稳步推进”的原则，要把调控的重点，放在高端豪宅和投资投机购房。可以“对管理上容易认定的独立别墅、豪华公寓先行实征”税，[②] 还可以对投资投机性多套住房先行征税；对开发商超过一定限期的捂房以及囤地征税。居民的一般住房暂缓征税，待创造条件，逐步扩大征税范围。这少数需要征

① 《北京晚报》2010年5月25日、8月25日、12月12日。

② 贾康建议，见《北京晚报》2010年5月5日报导。

税的住房，目标明确，识别容易，房产管理部门在房产交易和颁发房产证、准许销售证时，都有明确系统的登记。至于计税价格，为力求简便，在近三年内购买的，即可以原购房价格为计税依据。超过三年的，可参照市场价格评估。根据当前的市场交易情况，此种评估，也并不很复杂。必要时，还可考虑参照国际上的做法，对评估的价格，扣除一定比例后计算征税，避免执行中的争议。住房产权不明的，可以绕过所有权问题，向住房使用人征税。可确定一定幅度的弹性税率，由试点地区选定后上报备案。待取得经验和创造条件后，再慎重逐步推广，并与工商企业营业用房征税办法取得平衡。

这样做，不需另行立法，只需国务院发个通知，修订现行《中华人民共和国房产税暂行条例》，取消第五条第四款，关于“个人所得非营业用的房产”免纳房产税的规定，并新增列一条：“个人的房产另由国务院制定征税办法”。国务院还可发通知，规定对房地产开发商囤地的加重征税办法。应当说，这样做的条件，现在是具备的，立即采取此种措施，逐步健全地方税体系和财产税体系，是适应当前改革完善收入分配体制，保障和改善民生，促进社会公平正义的迫切需要；也是配合当前加强房地产市场监管，抑制投机需求，促进房地产业平稳健康发展的迫切需要，是客观形势发展的必然要求。这正是出台新政，逐步推进房产税改革的大好时机，广大群众是理解和支持的。

载财政部财政科学研究所《研究报告》2010 年第 160 期（内刊，12 月 23 日）；《财政研究》2011 年第 2 期。以《对房产税改革的一些怀疑观点应该怎么看》为题，摘载《中国税务报》2011 年 2 月 9 日“理论专刊”版。全文收入财政部财政科学研究所编：《热点与对策·2010—2011 年财政研究报告》，中国财政经出版社 2012 年 6 月版；《北京市国际税收研究会理论调研文集（2010 年）》中国税务出版社 2012 年 9 月版。中国国际税收研究会 2011 年 11 月评授“第七次全国国际税收优秀科研成果个人一等奖”；北京市国际税收研究会 2011 年 8 月 8 日评授 2010 年度税收优秀论文特别奖。

评析怀疑房产税改革的几种观点

对个人自用住房征税的房产税改革，是一个关系多方面利益调整的重大问题。2010 年各种报刊发表了对此项改革持有怀疑、甚或否定的多种观点，为便利通过共同研讨，清理怀疑和悬念，顺利推进此项改革，更好地发挥房产税应有的调控作用。本文着重就几种主要怀疑观点进行分析和评论。

一、“法理不通论”，于理、于法、于现实均不符合

此种观点提出，房产税的真正课税对象是土地增值，而土地是国有的，地上建筑物逐年折旧不值钱，如征税岂非国家自己对自己征税，法理上说不通。

应当指出，此种观点理论上有错误，也不符合现行法律和现实情况，因为：

1. “国家不能对自己征税”的理论基础，源于苏联的“国家与国有企业之间不存在税收关系”的“非税论”，它明确宣称“国家不能自己对自己征税”。这混淆了国家所有与国有企业所有的界限；混淆了国家税收与国有企业利润的界限。这种错误理论，曾在过去一个较长时期内，误导了我国税制改革的某些方面，给财政经济造成了严重损害。源于这种错误理论的前述观点当然也是错误的。

2. 在社会主义市场经济条件下，国有企业是国家管理下的独立法人经济实体，自主经营，自负盈亏，有企业独立的经济利益，国家与国有企业之间，在根本利益一致的基础上，存在国家大公与国有企业小公的差别和矛盾，全局整体利益与局部个体利益的差别和矛盾，

长远利益与当前利益的差别和矛盾，国家与国有企业不能划等号。对国有企业征税，就是把独立法人经济实体的一部分收入，转变为国家所有，以利于正确处理国家与作为独立法人经济实体的国有企业，在收入分配方面的关系，适当安排它们的利益问题，从而促进和监督国有企业，在国家整体利益前提下，认真按照国家的宏观决策和部署，积极开展经济活动，真正肩负起国民经济主导力量的重任，因而国家对国有企业征税有其客观的必然性，与纳税人是否全民所有无关。对国有企业征税，既包括工商流转税，企业所得税，也包括使用的房产、土地，要缴纳房产税、城镇土地使用税。对国有企业尚且要这样征税，更谈不到对个人所有的房产和占用的土地征税，会成为所谓的国家对自己征税的问题了。

3.《中华人民共和国物权法》明确规定，土地使用权是法定的独立物权，“建设用地使用权人依法对国家所有的土地，享有占有、使用和收益的权利”。该项权利，可以转让、互换、出租、赠与或者抵押，物权法并把土地使用权与地上建筑物捆绑在一起，规定两者要同时一并处分。因而住房买主依法享有所购房产的所有权和承载该房产的一定期限的土地使用权。该项使用权，是住房拥有者享有的一种独立的用益物权，当然可以随同房屋的所有权一起，作为课税对象，由房主负责缴税，这是明显的对居民个人或各种不同性质的所有制企业享有的土地使用权征税，根本不涉及对国家所有土地的所有权征税的问题，当然也谈不到国家自己对自己征税的问题。

4. 国际上有对各级政府所有的土地征税的案例。如美国是私有土地制。但联邦、州、地方都自有一部分土地，享有所有权、使用权、受益权，需依法缴税。

我国政府机关是独立的机关法人，对其直接支配的不动产和动产，享有占有、使用以及依照法律和国务院有关规定处分的权利。现在有些国家机关和单位，利用手中的权力，无偿广占土地，盖豪华办公大楼和其他高档建筑设施。为严格遏制此种严重的奢侈浪费不良风气，保护国家宝贵资源，强迫压缩其行政经费支出，对某些国家机关直接支配的不动产，也是可以考虑征收房地产持有环节税的。

二、“重复征税论”混淆了不同事物的性质

此种观点或是提出住房评估价格内已包含了土地转让金，再征房产税，是重复征税，或是提出，住房业主已交物业费，相当于外国的财产税，再征房产税，似不合理。需要指出，土地转让金是国家转让一定期限土地使用权的收益或代价，不是税收。具体地说，土地转让金是国家凭藉其对国有土地所有权，在土地所有权和土地使用权两种物权分离的情况下，国家作为所有者的身份，行使所有权取得收益的一种经济形式，具有租金性质，它既标志国家转让一定期限土地使用权的价格，也是形成住房成本价格的有机组成部分，土地转让金不是税，与税收的性质截然不同，完全可以依据评估的房价征税。对住房征税的一个主要原因，是要调节房地产持有者的存量财富分配，要调节土地不断增值收益，也不应当扣除作为地价的土地转让金部分计算征税，不存在重复征税或多次负担土地转让金问题。

同样情况，物业费是独立的企业组织——物业公司，向房主提供服务取得的一种劳务收入，物业公司与房主之间，是提供企业服务、取得营业收入与享受企业服务、支付购买费用的关系，根本不是税。在国外，房主一般自行管理建筑物及其服务设施，不需要向物业公司交物业费，不能因此就把我国的物业费，等同于外国的财产税或我国的房产税。房主既交物业费，又缴房产税，绝对不存在任何重复征税的问题。

这里还要说明的是，为公平税负，便利商品流通，促进经济发展，固然应当避免重复征税。但对这个问题，也应辩证地看待。在许多情况下，例如条件尚不具备，或为便于在多环节、多层次、多点面，进行有效的综合调节，某种程度的重复征税仍是必要的。

三、“税负转嫁和调控无效论”不切合实际

此种观点提出，房产税会转嫁，对各种需求调控无效，且会助推

物价上涨，以此调控房地产市场，是“思维误区”。

应当指出，税负转嫁问题，涉及政治经济学的一些基本理论问题，学术界尚多争议。但有一点可以肯定，这就是房产税作为一种财产税，在房产买卖以后的持有阶段每年都征税，一般是不可能把税负转嫁出去，或是很难转嫁税负。它不但可以准确地调节居民收入和财富分配，缓和贫富差距矛盾，而且肯定会压缩购房者的支付能力，从而抑制各种购房需求，有利于遏制投资投机炒房，促进消费者理性购房；有利于遏制开发商“捂盘”囤房和闲置房，扩大住房供给；有利于促进商品房供应结构调整，引导住房合理消费，有效利用社会资源。现再对以下各项进行具体分析：

1. 自有自住房的房产税不能转嫁。住房业主，是房产税的主要纳税人。他们是自身住房消费者，并不再进行住房买卖，谈不到什么提高销售价格，他们所缴纳的房产税只能由自身直接负担，根本谈不到什么转嫁税负问题，这就通过房产税这类税种，调节了自有自住房户的一部分收入或财富，也促使他们根据自身的经济实力，尽可能选购普通住房、小型住房，放弃非普通住房、大面积住房，或是改买房为租房，这就引导了住房合理消费，减少了住房需求，并促使多套住房户腾出多余的住房，从而有利于优化住房供需结构，促使房价合理和稳定。

2. 开发商缴纳的房产税难于转嫁。开发商超过法定期限的捂盘囤房，也要缴纳房产税。这是在特殊情况下才征收的，并不是对所有开发商在规定期限内的正常经营都征。此种征税，带有一定的惩罚性，持有成本高于一般正常经营的开发商，在市场竞争中，处于相对劣势，受总的供需关系支配，很难单独提价转嫁税负，这正是可以促进加速房产开发、销售的周转，提高住房供应率，从而有利于房价的合理和稳定。

3. 投资投机炒房者缴纳的房产税，在一般情况下更难转嫁。在供需关系较为正常的市场竞争中，投资投机者对比开发商处于劣势，受供求关系和国家宏观调控的严格限制，要想在开发商所定价格之上，再提高价格转售住房，转嫁税负，非常困难。其表现是：(1) 他们在持有房产阶段，是当然的业主和所有者，应当依法缴纳房产税，持有期间越长，累计缴纳的税款越多，持有成本和养房成本就越大。并且一户炒卖多套住房，累计征收税负更重。对短期炒房者也可以法规限定转让过户时，由炒房者负责缴清当年的税款，使其无法逃税，不能一走了之。而开发商在一般情况下，是不缴待售房的此种房产税的。(2) 投资投机炒卖的住房，属于经过一次买卖后的二手房，已负担了在开发、流转过程中的各项税款，现在市场规则是，购房者愿意购买新开盘的一手商品房，而忌惮存在诸多麻烦的二手房，同等质量的住房，二手房的价格，总是低于新开盘的商品房，并且投资投机炒房者，其信息、宣传远不如开发商，一般都要通过中介成交，缴纳高额的中介费。(3) 投资投机炒房者在购房取得产权时，要缴纳契税等税费，炒卖住房时，还要缴纳营业税、个人所得税、土地增值税。这些税都是在开发商已缴纳各税，形成销售价格基础上再一次征收的，并且还有其他多项养房费用和销售费用，而开发商则没有这第二次的诸多税费负担。

原刊国家税务总局编委会：《2012 年中国税务年鉴》文选篇，中国税务出版社 2012 年 10 月版。

建立环保税制体系构想

我国生产中能源资源的有效利用率和取得的效益远低于经济发达国家，生活中能源资源的浪费也严重，而排放的污染物却高于国际平均水平，导致河流、湖泊、土壤和城市空气污染都较严重。据有关部门资料，现我国七大水系中度污染，四成国土面积列入水资源污染治理范围，许多地区二氧化硫排放量，超过环境容量的一倍。[①] 必须从各个方面，采取强有力措施，增强可持续发展能力，这是关系到落实科学发展观，建设资源节约型、环境友好型社会，促进国民经济又好又快持续发展，夺取全面建设小康社会胜利的重大问题。税收是国家进行宏观调控的重要杠杆，应当在这方面，积极发挥它应有的促进作用。

我国现行税制对于促进节能减排保护环境，虽也采取了一些政策措施，但除新企业所得税法及其实施条例和配套文件有较多明确的规定外，其余只少数税种，有少量涉及促进节能减排的政策措施规定，覆盖面窄，奖限力度小，调控机制弱，有些还是临时性、阶段性措施，缺乏系统性、针对性，更没有促进节能减排，防治污染的专门税种。这与经济发达国家各有关税种，都注重节能减排，环境保护，并开征了水污染税、二氧化硫税、碳氧化物税、固定废物税、大排量税、尾气污染税、噪音税、土壤保护税、农业污染税和家电生态税等各种名目繁多的特别税种，以及对环境保护在生产、流通、消费等过程中，采取诸多奖限措施，已形成生态保护税体系相比，存在较大

① 2008 年 9 月 11 日《北京晚报》和《中国经济时报》。

差距。

税收促进节能减排保护环境是全方位、多环节的，既要对环保投资、环保设备、环保技术和环保产品的生产、使用（消费）给予有力的税收激励，并对循环经济产业和污染治理给予税收优惠；又要对耗能排污行为，进行必要的税收限制，特别是对那些超标的高污染、高排放的企业，要在税收上进行严格遏制。既要鼓励进口先进的节能、节水、节材等技术、设备和产品，又要限制在生产过程中耗燃高、污染重的产品出口。税收鼓励、限制的方式，也可以多种多样，减免税的直接优惠和投资抵免、加速折旧、减计收入、加计扣除等的间接优惠，要结合使用；税收的限制，除增加征税、加重罚款外，对环保不达标的企业，还可取消其按规定可享有的其他税收优惠。实现以上税收调节，落实党的十七大关于节能减排的战略部署，在税收方面，必须借鉴国际经验，适应我国国情，逐步建立健全的“绿化”税制的完整体系，既要开征促进节能减排的专门税种，又要扩充和完善现有税种中有关节能减排的税收政策制度，使税收促进节能减排的基本政策原则，体现到各个税种的具体政策制度上，贯穿到经济社会发展的各个方面、各个环节。这种逐步构建的绿化税制体系，正是在国家层面上，实施的一种强制性、规范性的经济政策和财税政策，能通过利益调节，协调各方面关系，有力地促进节约能源消耗，更好地发挥能源的利用效益，并遏制环境污染和资源破坏。

一、开征促进节能减排的专门税种

适应我国现实情况，要抓紧研究开征专门促进节能减排的两个新税种。一个就是开征环境保护税。

我国现在对排污行为是征缴排污费，征收面窄，也不规范，收费成本高，而收费金额低，企业宁愿缴纳少量排污费，也不愿主动治理环境污染，加上地方保护主义干扰，缺少税收的权威性和统一性，不足以遏制超标排污行为；征缴到的收入，还多被挪用，更远不能满足环境治理、改善的资金需要。2006年，我国用于环境污染、治理方面的支出，达2400.8亿元①，而每年的排污费收入不过百多亿元。开征环境保护税代替现行的排污收费，是形势发展的必然，必须促其早日实现。

环境保护税制的设计，不要如同国外那样，分设多个独立税种，而是要把一切与环境污染、资源破坏的行为和产品都列入征税范围，分列税目，循序渐进，逐步扩大。主要是工业废水、废气和固体废物（这些占污染源的70%以上），其次是那些难于降解和再回收利用的材料制品以及对环境会造成严重污染的各种包装物，和超过国家环保标准的噪音。以污染物的排放量和浓度为税基，在污染防治归地方自治管理的原则下，税率可因时、因地而异。税负水平要高于现行的污染收费。应使企业采取污染治理的成本，低于承担的税负，促进企业千方百计抓紧研究开发污染治理，鼓励清洁生产，节约能源，废物回收和综合利用；鼓励发展循环经济和循环产业，防治污染于未然，改变过去那种先污染、后治理的不正常状况。征收的税款，实行严格的预算管理，专款专用，统收统支，也有利于环境的治理、维护、改善，保证经济的可持续发展。

另一个就是开征燃油税。现行公路养路费，是由公路交通部门依据车辆吨位计算，向拥有车辆的单位和个人征收的，每年只是固定的一二千元税额，与车辆的道路使用频率不联系，与耗用油量和排放废气不挂钩，是导致能源消费膨胀、环境污染的一个消极因素。并且收费成本高，拖欠多。以燃油税取代公路养路费等交通维护和建设方面的部分收费，是形势发展的必然要求。

早在1998年国务院就提出要在这方面实施“费改税”改革，2001年前后并形成了改革的具体方案。近年国家主管部门又一再宣称要“择机”开征燃油税。实施这个税种，不是单纯的“费改税”，而是从政策制度上进行重大改革，与车辆行驶路程和耗油多少的不同

① 《中国税务报》2007年6月8日报导。

类型车辆密切联系起来，这是政策制度的重大改革。耗油量是较能准确地体现车辆行驶的路程，享受国家提供公共道路建设服务的程度，按耗用的油种油量，从价依率征税，不仅可以防止逃税、欠税，并较大幅度增裕财政收入，更是有利于遏制能源过度消费，鼓励使用清洁能源，减少废气污染；有利于推动科技创新，促进汽车生产向节约、环保和轻型化的方向发展，从而也是对建设资源节约型、环境友好型社会的有力支持。

单独开征燃油税，虽是完善税制结构和调节体系的理想作法，但问题是，在我国现实征管条件下，在众多的零售环节，控制加油站征税，以及如何区别农业用油等给以税收优惠，还存在一些实施困难。因而又有一种主张，以提高汽油、柴油消费税率的办法，来代替开征燃油税。好处是简便易行，也能在一定程度上，解决收取公路养路费的矛盾，但从长远来看，也有一些问题，例如：

第一，消费税与燃油税虽同是依据油品的销售（收入或数量）来计算征税的，但消费税是在生产环节由生产者在销售时纳税，是价内税，税负包含在销售价格内，征税是国家对油品的生产、消费进行调节；而燃油税则主要是在零售环节，控制加油站缴纳，可以是价外税，按不含税价格计算征收，加油站是代扣代交性质，油品消费者，特别是机动车拥有者，要经常去加油站按享受公路设施里程的长短和耗油量多少，来确定纳税多少，对税收负担的直接敏感性，显然高于由生产者缴纳的属于价内税的消费税，因而对促进节能减排的效果，也有程度高低不同的较大差别。

第二，用燃油税取代养路费等收费，使这个税种具有受益税性质，负担公平合理，更能促进节能减排，收入又是归地方，只是收费的名称改成了征税，理由充足，名正言顺，地方和公路交通部门都好接受，便于推行。而若用提高消费税率的办法来代替燃油税，以上的堂而皇之的理由，就要大打折扣了。此项费改税收入全归中央，地方和公交部门凭空失去了这一大块收入，贯彻执行是否会遇到难题，中央是否还要另外拨出专款，对地方和公交部门补助？这不利于适当安排中央和地方的收入分配关系，调动地方的积极性、主动性，最终可能还会出现变相恢复公路收费的情况。

第三，现行汽油、柴油等成品油的定额税率太低，本来就应当提高。把燃油税这块加进来，税率更必须提高。在我国现实情况下，过高地提高某一个税种的税率有困难，宜于在石油的资源开采、生产销售和消费使用的多个环节，分别征税调节，配合运用，才能从整体上更好地发挥税收促进节能减排的效果。

第四，消费税是中央税，收入归中央独享，统筹安排用途，而燃油税是地方税，收入归地方独享，地方更会重视加强燃油税的征管，并把它专用于道路维修和环境治理，更好地发挥其使用效果。

衡量利弊得失，不论采取何种改革方式，当务之急是，当前我们必须抓紧把握油价较为平稳的有利时机，理顺石油价格，安排好部门、地方、企业等各方面的利益关系，争取尽早实施此项具有重大政策意义的“费改税”改革。

二、完善商品劳务流转环节税种的节能减排政策制度

（一）商品流转环节普遍性调节的税种——增值税

增值税是我国在商品流转环节进行普遍性调节的最大税种。当前它对促进节能减排，保护生态环境，只是集中在综合利用资源方面，有若干优惠措施，这就是：（1）对掺有废料生产的建材产品优惠。即在生产的原料中，掺有煤矸石、石煤、粉煤灰、烧煤锅炉的炉底渣及其他废渣生产的墙体材料，可按6%征收率，征收增值税，并可由其自开专用发票。掺有上述废料不少于30%，生产的建材产品免征增值税。生产的水泥，实行增值税即征即退政策。在生产原料中，掺有不少于30%的废旧沥青、混凝土生产的再生沥青混凝土，也即征即退。（2）对综合利用发电给予优惠。即对利用煤矸石、煤泥、油母页岩、石煤和风力生产的电力，减半征收增值税。对利用城市生活垃圾生产的电力，增值税即征即退。对燃煤电厂烟气脱硫副产品，实行即征即退政策。（3）利用油母页岩加工产品给予优惠。即对利用

煤炭开采过程中伴生的废弃物油母页岩生产加工的页岩油及其他产品，实行即征即退政策。（4）森林工业利用剩次材料给予优惠。即对企业以三剩物资（指采伐剩余物、造林剩物、加工剩物）和次小薪材（指次加工材、小径材、薪材）为原料生产加工的综合利用产品，实行增值税即征即退政策。（5）对废旧物资回收给予优惠。即对废旧物资回收单位销售其收购的废旧物资免征增值税。（6）污水处理优惠。即政府主管部门委托自来水厂、公司、随水费收取的污水处理费，免征增值税。

增值税是在整个生产经营过程的每个流转环节，都要扣除进项税额计算征收的税种，一般不宜采用减免税办法，打乱这种有规律的税收秩序。但它作为我国最大的税种，既是对所有商品生产经营都要进行普遍性调节，自然仍应贯彻国家有关政策，发挥它的一定宏观调控作用，而不宜过于强调它的所谓中性。基于此种认识，我认为，适应当前节能减排、生态文明建设的迫切需要，增值税应完善它应有的激励、限制机制，以利于发挥这个税种的应有作用。

1. 扩大对资源综合利用的优惠范围和调整优惠方式。现行增值税制，对资源综合利用的优惠品目，只限于少数几种，应当扩大适用范围，企业利用规定的共生、伴生矿产资源、废水（液）、废气、废渣和再生资源等三大类别资源生产规定的产品，只要符合国家和行业相关标准，都可区别不同情况，在增值税征收中，给予优惠待遇，这需要如同新企业所得税制一样，列出享受增值税优惠目录，便利实际操作。至于优惠的方式，现行那种按征收率6%征税、免征增值税、减半征收增值税等的优惠方式，会干扰环环相扣的进项税额的规则，少征的税款，下一个生产经营环节，仍要补齐原少交的税额，不宜采用，可以区别需要鼓励的不同情况，采取“即征即退”、“先征后退”和“全额征收，减半退还”等一类方式，把增值税优惠的好处，直接给予综合利用资源的生产企业，激励其综合利用资源的积极性，而又不影响下一个生产经营环节，按专用发票列明的已纳税款金额，环环抵扣进项税额。

2. 采取优惠措施，推动可再生能源建设。发展清洁能源，推动可再生能源建设，主要是开发风能、水能、太阳能和生物质能发电项目，这是国家能源发展的基本趋势。瑞典是世界上可再生能源利用率最高的国家之一，其可再生能源占能源耗用量的一半多。1990—2007年，瑞典经济增长48%，而温室气体排量却下降9%，这是得力于国家在各方面对再生能源利用的鼓励①。我国现行增值税对综合利用发电的项目有所优惠，又对三峡水力发电、特准税负超过8%的部分，实行增值税即征即退政策。但就推动可再生能源建设的整体来说，其实施范围和力度，似尚嫌不足，可考虑进行全盘规范，扩大在这方面的税收优惠。

3. 对某些节能环保产品降低增值税税率。2007年7月，英国首相布朗和法国总统萨科齐共同提出，在欧盟范围内，把某些节能环保产品，如环保电冰箱、洗碗机、电子产品、清洁材料、节能电灯、绝缘材料、带有减少二氧化碳排放装置的轿车等的增值税率，从目前20%左右的一般税率，降为同食品一样的7%左右的低税率。只是部分欧盟成员国顾虑减少财政收入，未能取得全体成员国一致意见，尚在议论阶段。但这个建议无异对促进这方面产品的生产和使用，从而实现节能减排，大有裨益。我们可以选择部分节能环保产品、设备，率先把现在适用的17%一般税率，降为同农产品一样，适用较低的13%税率，甚或连同农产品一起，适用更低一些的税率。对个别节能环保效果特别明显的产品，在一定时期内，并可采取即征即退增值税的政策，促其扩大生产，开拓市场。

4. 外购和引进、受让环保技术，给予优惠。为促进企业加快采用先进的环境设备，在增值税转型尚未全面实施的情况下，可先行一步，对外购的环保设备，准许抵扣进项税额。引进和受让环保技术支付的价款，也可考虑按一定抵扣率，抵扣增值税。

---

① 《中国税务报》2008年9月10日报导。

（二）商品流转环节特别性调节的税种——消费税、车辆购置税

消费税是我国商品流转环节特别性调节的主要税种，其宗旨是调节生产结构，引导社会合理适度消费，促进节能环保。其中有关环保政策制度主要是，把不可再生和替代的石油，如汽油、柴油等成品油；对耗用能源排放废气的小汽车、摩托车、游艇；以及对耗用资源、排放废物的木制一次性筷子和鞭炮、焰火等，列为征税品目，对该项消费进行特别性调节。其中对小汽车的消费税率，2006 年 4 月 1 日和 2008 年 9 月 1 日，按照排气量大小，确定税负轻重的原则，两次调整了税率。由 1994 年的 3%—8%，调整为 3%—20%，再调整为 1%—40%，拉开了不同档次排气量小汽车税负的差距，加强了促进节能减排的力度。

目前消费税促进节能减排的政策制度，需要进一步改革完善的主要是：

1. 较大幅度调高汽油、柴油等成品油的税率，由从量定额征收，改为从价依率计征。1994 年开始实行消费税时，汽油的定额税率是每升 0.2 元，以后把其中的含铅汽油定额税率，提高为每升 0.28 元，柴油的定额税率，一直是每升 0.1 元。十多年来，随着油价不断上涨，而税率未见怎样调整，税负相应大幅度降低。以汽油为例，按现价每升 6 元多计算，折算从价计征的实际比例税率，只约为 3%。汽油、柴油等成品油是世界紧缺能源，又多排放废气，国际上都采用重税政策，限制其消费。欧盟国家的汽油消费税率，普遍在 200% 左右，其中德国为 260%，法国 300%，英国较低，也达 73%。另外，日本约为 120%，美国税率最低，也达 30%。① 以上的税率，都是价外税，以 200% 的价外税率为例，换算为价内税率为 66.67%。我国石油矿储量，只约为世界人均水平的 1/10，而耗油量巨大，很大部分要依赖进口。为更好地促进节能减排，应对国际油价不断飞涨的压力，提高对汽油等成品油的利用效率，需要对成品油的消费税、原油

① 《中国经济时报》2008 年 7 月 1 日和 8 月 27 日报导。

的资源税和燃油税的税负水平进行统筹安排，较大幅度提高汽油、柴油等成品油的消费税率，并把定额税率改为比例税率，由从量定额征收，改为从价依率计征，从而加大税收对石油的生产、消费的调控力度。

2. 增列消费税征税品目，遏制环境污染，能源资源耗损。对一些严重污染环境，或者消耗大量能源资源的产品，要研究开征消费税。例如煤炭是主要能源，我国虽是产煤大国，但煤炭人均储量，仅为世界人均水平的1/2①。据有关部门资料，主要产煤区的山西省，改革开放以来，累计开采煤炭80亿吨，却消耗煤资源200多亿吨，采煤过程中，伴生的资源浪费也严重，每开采一吨煤，约消耗伴生的铝钒土、硫铁矿等矿产资源8吨，损耗水资源2.48吨，按现在的开采规模，只能支持70年②。现国内的煤耗量极大，供不应求，其开采和消费使用，又多浪费，严重污染环境，对煤炭开征消费税，与资源税配合进行调节，是保护这一稀有能源、统筹生产、引导消费、促进节能减排降耗的一项可行的经济手段。火力发电是高能耗、高污染产品，汞镉电池、塑料袋、一次性饮器等一类特殊污染品，也要研究开征消费税。

3. 对节能减排产品给予更多税收优惠。对一些清洁能源，如乙醇汽油要减免消费税。对使用清洁能源和替代原料的小汽车、摩托车，如太阳能小汽车、电动车、机动车、混合动力车、天然汽车，要减免消费税。对装有尾气净化装置的小汽车，可使尾气排放减少的，如日本的一种小型氢发电机，装在小汽车上，可减少30%尾气排放，要给予税收优惠。

车辆购置税是在商品流转环节，与消费税配合运用，专对车辆购置使用，进行特别性调节的税种。现行制度是规定对购置各种车辆，都统一适用10%的比例税率，未与耗能、排气不同的车辆品种区别

① 《中国税务报》2008年4月14日。

② 《山西，我国煤炭诸多矛盾的缩影》，《经济参考报》2007年4月10日。

征税。可以研究改为对购买节能环保型车辆，按低税率少征税；对购买耗油多、排气大的车辆，按高税率多征税，这对消费者的购买选择，有直接引导作用，从而有利于调整机动车的生产方向，促进节能减排。

（三）劳务服务环节的税种——营业税

现行营业税是在流转环节对提供劳务服务以及转让无形资产等征税的税种，在其政策制度中，尚缺促进节能减排的内容。需要明确规定，对从事环保技术转让（含专利与非专利技术的所有权、使用权有偿转让）、环保技术开发和与之相关的环保技术咨询、服务取得的收入，免征营业税，以利于推广使用节能减排，使其向商品化转化。对从事环保型建筑物和改造工程所取得的收入，也可给予税收优惠。

（四）进出口环节的税种——关税、关境国内税

进出口环节的税种，主要是关税和关境的增值税、消费税。在这些税种的进出口税收政策中，促进节能减排的明确规定很少，需要补充完善：

1. 尽快落实《循环经济促进法》的有关法律政策原则。2008 年 5 月 29 日，十一届全国人大常委会第四次会议审议通过的《循环经济促进法》明确规定，要运用税收等措施鼓励进口先进节能、节水、节材等技术、设备和产品；限制在生产过程中耗能高、污染重的产品出口。这是一个新的极为重要的法律规定，从原则上明确规定了进出口税收在这方面的政策制度取向，必须落实到进出口环节税种的政策制度中去。这需要国家财政、税务主管部门抓紧研究，尽快制订具体办法，大力推进。

2. 调整现行加工贸易产品进口料、件的征税规定。现行关税制度对加工贸易以及属于加工装配和补偿贸易的，规定在全国各地的很大范围内，实施保税制度，对其入境的来料、来件，不征进口关税，增值税、消费税随同免征。属于进料加工的，其专为出口而进口的料、件，同样免征进口税。这不但为偷逃税收提供了方便，也为外国

转移污染严重产品，到我国进行简单加工，开拓了一条获取高利的畅通渠道。报纸时有披露，一些地区遭受严重污染，主要就是来源于这种加工贸易，而当地加工者换来的只是少数加工费，国家税收也大受损失，而由此产生的巨额利润，则为外商占有。必须把保税范围缩小到海关监管力所能及的极少数加工贸易口岸保税区和出口加工贸易区，并限定严格遵守环保要求，其余极大部分加工贸易，都一律征收进口关税和进口环节的增值税、消费税，以保护国家税收主权和国内生态环境。

另外，还有一些外国机构，如英国的“废物与资源行动项目”政府机构建议，将大批废旧报纸和塑料瓶运来中国回收利用，以代替在英国就地掩埋，减少英国境内的污物排放。实际上英国每年也是把数以百万吨的废品运到中国。类似这种污染我国环境的状况，应采取严厉措施，限制和禁止进口。

3. 适当运用出口退税杠杆。我国现行增值税、消费税产品出口，采取了退免税制度。其中增值税是分别不同产品，采取了五档退税率，减少退税，而不是采取零税率，完全退税。对有些资源性产品出口，并取消了退税。其中明显涉及节能减排，列入取消出口退税的，主要有原油、液化石油气、一次性木筷。为落实新颁布的《循环经济促进法》有关税收规定，需要研究更多地把一些生产过程中耗能大、污染重的产品列入取消出口退税的范围，有些情况不是那么严重的，也可酌情列入5%低退税率的范围。我们限制这些产品出口，也需要采用征收出口关税的办法，但不能过多地指望出口关税。因为关税是国际贸易税，要受国际贸易组织规则和我国加入世贸组织时的承诺的制约，列名禁止出口的，只能限于经世贸组织同意的极少数产品，征收出口关税的，也只能限于极少数产品，税率的上限也有限制，现我国实际征收出口关税的只20种产品。税率也低，其中6种只为1%的税率。而国内税则受世贸组织规则的制约少，它只规定出口退税的上限，即退税额不得超过实际已征的间接税款，是否退税和退税多少都无限制，可由主权国家自主决定，我们完全可以自主地掌握运用这一规则，来贯彻国家的促进节能减排、保护环境政策。

三、完善资源开采、所得和财产拥有等环节的税收政策制度

（一）资源开发环节的税种——资源税

我国在资源开采环节，对原油、天然气和煤炭等能源资源，征收资源税，有利于促进节能减排降耗，但就总体来说，现行资源税覆盖面窄，税率偏低，调控机制弱，尚未能充分起到维护生态环境、保护能源资源、保持可持续发展的应有作用。2005 年开始，我国稍许提高了资源税的税率，但资源税制的改革，远未到位，需要采取的政策措施主要是：

1. 改采适当提高的比例税率，从价依率计征。现按地区和企业分订单位标准定额税率、从量计征的办法，不够科学合理，要研究改为按资源品种，分地区和矿藏资源储量分别制定有差别的幅度比例税率，税率水平要适当高一些，按资源开采时的市场价格，从价计征，以体现资源的市场价值，并研究与开发利用水平挂钩的浮动征税制度。

2. 把纳税环节提前，调整征税制度。现行在销售环节按销售量或移送使用环节，按自用量计算征税的办法，税收不能及时入库，且会使部分已开采而在以后不销售和自用的资源能源征不到税，导致胡乱开发，浪费资源能源。为解决这个矛盾，宜于把纳税环节，改为提前在开采环节。还可采取与矿藏量和回采率、开采后的污染处理等指标挂钩征税的办法，促进企业充分利用资源，加速提高远低于外国一般标准的矿藏回采率，避免自然资源能源废弃浪费。

3. 扩大征税范围。把国际上普遍采取保护性开发和利用的水资源、森林资源以及旅游资源、牧场资源列入征税范围，以利于保护我国这些稀有资源的合理利用，避免浪费，维护生态环境。

（二）所得环节的税种——企业所得税、个人所得税

新企业所得税法及其实施条例，对促进企业节能减排、保护环境的优惠政策制度较多，也较明确，主要是：

1. 环保和节能、节水项目定期减免税。即从事符合条件的环境保护、节能节水项目的所得，包括公共污水处理、公共垃圾处理、沼气综合开发利用、节能减排技术改造、海水淡化等在内，自项目取得第一笔生产经营收入所属纳税年度起，第一年至第三年免征企业所得税，第四年至第六年减半征收企业所得税。

前述享受减免税优惠的项目，在减免期内转让的受让方，自受让之日起，可在剩余期限内，享受规定的减免税优惠。

2. 技术转让所得减免税。即居民企业在一个纳税年度内，技术转让所得不超过500万元的部分，免征企业所得税；超过500万元的部分，减半征收企业所得税。

3. 综合利用资源减计收入征税。即企业以国家规定的综合利用资源（共3大类16个序号）为主要原材料，生产国家非限制和禁止，并符合国家和行业相关标准的产品，取得的收入，减按90%计入收入总额，计算征收企业所得税。

4. 购置环保节能设备的投资，实施税额抵免。即企业购置，并实际使用国家规定的环境保护（共5大类19个序号）、节能节水（共2大类18个序号）和安全生产（共8大类50多种）等专用设备投资额的10%，可以从企业当年的应纳税额中抵免；当年不足抵免的，可以在以后5个纳税年度内结转抵免。

以上新的政策制度，在某些具体操作上，有的虽有待进一步细化明确，但总体上较之旧税法，优惠的目标更为明确，优惠的范围大为扩展，优惠的力度大为加强，也更明确具体，能更有力地促进节能减排，保护环境。例如外购设备投资的抵免税，改变了旧税法的一些不适当规定，即旧税法不限设备种类，但限定必须是国产设备，并限定只能在投资的新增利润内抵免。显然，这在促进节能环保投资和使用方面，其优惠的目标和力度，都远不如新税法规定。并且，原限于国产设备的规定，还有违世贸组织规则。又例如对环保和节能、节水项目的“三免三减半”规定，是一项新优惠政策，据从福建走出去在德国上市的一家环保公司老总反映，该项政策，可使企业利润增加

20%，国际市场对我国环保产业预期良好，从而便利了该公司在极短期间内，就在德国成功融资1.09亿欧元。再如综合利用资源取得的收入，减按90%计算的政策规定，据福建一家新能源开发企业负责人反映，按成本占收入80%的比例测算，此项政策可使该企业开发的产品，每年少交企业所得税1152万元，占原应纳税额的51%，优惠的含金量确实很高①。

需要在促进节能减排的政策制度方面进一步完善的，主要是：

1. 恢复对环保技术服务的税收优惠。原内资企业所得税制度，对包括环保在内的技术咨询、技术服务、技术培训、技术承包等技术性服务收入，有减免企业所得税的优惠规定。制定新税法规时，以该项规定未明确具备何种条件才可减免税，以及如何减免税，缺乏可操作性而被取消。环保技术服务是实现环境保护的重要环节，需要进行鼓励，可以研究补充规定享受优惠的条件，区别情况给予减税、免税。

2. 加大对环境保护捐赠的税收优惠力度。现行税收法规规定，用于包括环境保护在内的公益事业捐赠，在年度利润总额12%以内的部分，准予在计算应纳税所得时扣除。公益性捐赠的税收扣除，是限制在通过公益性社会团体或者县以上人民政府及其部门进行，不会发生钻空取巧偷逃税问题，为鼓励企业积极扩大对环保公益事业捐赠，有利于实现生态文明，似可不设限于年度利润总额12%以内部分的限制，或放宽此种限制。用减少国家从企业利润取得25%的所得税，换来社会多达4倍于此的环保资金，财政上还可相互减少此项支出，对整个社会的环保治理，是大有裨益的。

3. 明确对风力、太阳能发电等新能源开发的具体税收优惠。风力发电、太阳能发电等多种多样新能源开发，是属于国家重点扶持和鼓励发展的产业和项目，应当给予所得税优惠，但新税法实施条例和颁布的几个所得税优惠目录中，都未见列举，似需具体明确规定，以

① 以上两例分别见《中国税务报》2008年2月4日和4月14日。

利执行。

4. 明确对环保技术研究开发的税收优惠。现行税收法规有对新技术研究开发费用、加计扣除的一般规定，但缺有关环保技术研究开发的明确具体规定。为引导和鼓励企业把更多的资金，投放在这个方面，似需作明确具体的规定。

5. 明确对环保节能装备准予加速折旧的税收优惠。现行税法对固定资产设备适用加速折旧的范围限制较为严格，为促进环保节能设备较快更新换代，可以考虑在这方面，作明确具体规定。

至于个人所得税，现行税法只是明确向中国绿化基金会、中华环境保护基金会的捐赠，可在不超过应纳税所得额30%的部分，在应纳税所得额中扣除，以及个人在转让技术过程中支付的中介费，可按规定扣除计税，其他别无促进节能环保的特殊税收规定。

个人所得税的纳税人中，有很大一部分是从事生产经营的，包括依照中国法律成立的独资企业、合伙企业以及个体工商户，他们与企业法人进行同样的生产经营，也同样有从事环境保护、节能节水项目所得，有转让环保技术和环保技术服务所得；同样要综合利用资源，要购买环保节能设备，要进行环保技术开发，等等，只是其生产、经营规模，一般小于企业法人，为使个人独资、合伙生产经营与企业法人生产经营，能享受同等的税收优惠，在税收负担上公平合理，特别是促进整个社会的节能减排、环境保护，似应参照企业所得税的有关规定，制定颁发适用于个人所得税的促进节能减排保护环境的具体优惠办法。

（三）财产拥有环节的税种——车船税、房地产税

我国车船税，对载重汽车和摩托车是按车辆确定税额，对载货汽车、三轮汽车、低速货车是按自重，每吨确定每年税额，在征税办法中，没有环境保护的特别制度规定。

英国现在实行一种机动车消费税，虽名为消费税，但它不是在生产销售和购买环节征收，而是在拥有、使用环节，向拥有者逐年征税，其性质同于我国的车船税，属于财产税类。1994年开征时，主要也是依据车的类型、重量，确定年税额，1998年的税制改革，把环保放在第一位，

改为按单位公里排气量大小来确定年度高低不同的定额税率，并且高碳排放的，逐年提高税率标准，而低碳排放的，则降低税率，甚至全部免税。对使用清洁能源（替代燃料）采用低税率①。

对机动车在拥有环节，以排气量为标准，每年都要交纳高低不同的税，对车辆拥有者来说，会长期感受到是否使用环保车辆的不同税收负担，对照我国车船税，只是一次性感受到一次性税负，并同环保无关，前者显然会促使消费者选购、选用节能环保型车辆，从而也影响机动车的生产方向，达到了节能减排、保护环境的目的。机动车是耗油大户，也是重要污染源，必须在生产、流通、消费和拥有的各个环境，配套调控治理，因而我们需要借鉴英国的上述机动车消费税制的改革经验，对车船税制进行类似的必要改革。

另外，在房地产税制（或称物业税）中，也可引入节能环保的税收调控机制，区别建筑物的节能设施情况，实行一定的差别征税。在将来恢复征收固定资产投资方向调节税的情况下，对投资建造节能型建筑和节能改造工程，符合规定标准的，也可给以适当税收优惠，而对耗能大的豪华建筑物，则要加重征税。

原载财政部财政科学研究所《研究报告》2008 年第 98 期（10 月 5 日，内刊）；《财政研究》2009 年第 3 期。收入财政部财政科学研究所编：《热点与对策·2008—2009 年度财政研究报告》，中国财政经济出版社 2010 年 5 月版。《中国税务报》2010 年 3 月 17 日以《应完善商品劳务流转环节税种的节能减排政策》为题，主要转载本研究报告的第二部分。

① 参见《中国财经报》，2008 年 8 月 12 日。

八、完善税收管辖权，健全税收管理体制

完善税收管辖权制度的意见

税收管辖权是国家主权的重要组成部分和表现形式，不受任何国际组织和国家的约束，只受国家政治权力所能达到的范围的制约。跨国经营活动，涉及到两个或两个以上国家（地区）行使的税收管辖权及其税收收入在国家之间的合理分配。在当前经济全球化，我国经济已融入世界经济发展主流，跨国经营活动蓬勃发展的新形势下，作为全球较大的资本、技术和产品进口国，又是新兴的产品和资本、技术出口国，如何从我国现实情况出发，本着互惠互利、合作共赢的原则，通过国内税法和国际税收双边协定，完善税收管辖权制度，适度调整税收管辖权行使的原则、范围和方式，对于维护我国税收应有的权益，搞好国际税收协调，进一步理顺国际税收分配关系，促进国际经济合作和交流；对于便利执行征税权力，和进行相适应的税收管理，更好地把“引进来”和“走出去”结合起来，充分利用国内外两个市场、两种资源，优化经济结构，促进国民经济又好又快发展，意义十分重大。本文着重在与国际税收分配关系密切的企业所得税方面，分析新税法对完善跨国经营税收管辖权制度的重大贡献，在这个基础上，提出完善税收管辖权制度的意见，包括进一步完善国内税法，修订避免双重征税和防止偷避漏税双边协定，以及争取全面修订避免双重征税协定两个国际范本。

一、新企业所得税法及其实施条例对完善我国税收管辖权制度的重大贡献

新中国建立，永远结束了旧时代税收主权遭受侵蚀的屈辱历史，

重新全面掌握了税收管辖权，从此进出国境物品和境内的一切生产经营活动，一律都按照我国独立自主制定的税收法律规范依法纳税。由于建国初期我国企业的境外经营活动极少，因而执行的基本上是单一的所得（收入）来源地税收管辖权。改革开放以后，我国公布的企业所得税和个人所得税法律、法规，都明确是采用双重税收管辖权，在采用所得收入来源地税收管辖权的同时，也兼采居民税收管辖权。即对发生在中国境内的所得，不论是否内、外资企业或本国、外国籍人员，都要依法纳税，而对内资企业、外商投资企业和中国居民个人则要就其境外所得依法纳税，但可依法抵免其境外已纳所得税额。这种采用双重税收管辖权，并坚持所得（收入）来源地税收管辖权优先的基本法律规范，维护了我国作为发展中国家在跨国经营活动的税收收入分配中应有的权益，功效应当充分肯定。只是随着经济的发展变化，原有行使税收管辖权的若干法律规范，已显得不够周全、明确。2007 年公布的《中华人民共和国企业所得税法》及其实施条例，统一了内外资企业税法，统一了所得税率，统一了税前扣除办法和标准，统一了税收优惠政策，在过渡期后不再给外资企业特殊税收优惠，还对许多内容作了重大修改和补充，我国税收管辖权的行使，更加完备和充实，对健全我国税收法律体系，作出了非常重大的贡献。其中关系到完善税收管辖权制度的内容主要是：

（一）明确界定“居民企业”和“非居民企业”及其纳税义务，扩大了税收管辖权的行使范围

主要表现在以下几项：

1. 以法人税为导向，明确地界定了企业所得税的纳税人。原《企业所得税暂行条例》是列举各种不同所有制内资企业的名称，规定以实行独立经济核算制的企业或组织为纳税义务人。条例的实施细则还具体规定了独立经济核算应同时具备三个条件，即在银行开设结算账户；独立建立账簿，编制财务会计报告；独立计算盈亏（参原条例第二条、原实施细则第四条）。原《外商投资企业和外国企业所得税法》，也是分别列举各种外商投资企业名称和外国企业的不同情

况，规定为该税种的纳税义务人。对于作为纳税义务人的企业或组织，原内资税条例和外资税法中，都没有依法注册登记的明确规定，而只是在实施细则中有此解释规定。现新企业所得税法以法人税为导向，明确规定，凡依照中国法律、法规在中国境内成立，或依照外国（地区）法律成立而在中国境内有所得的法人实体，不论是何种法人，即不论是中国法人抑或外国法人，也不论是何种性质的企业或事业单位、社会团体等组织的法人实体，都统一列为企业所得税的纳税人（参见新税法第一、二条，新实施条例第二、三条），并取消了内资企业限于实行独立经济核算核算单位，方能成为纳税人的不科学、不合理、难以准确把握的规定，便利了税收管辖权的行使。

2. 首次采取“居民企业”和“非居民企业”的国际法律用语，并用双重标准界定，据以确定其无限、有限纳税义务。原内资税条例是采取单一的注册地标准，来界定境内的内资企业，要就境内外全部所得纳税。原外资税法第三条虽有“外商投资企业的总机构设在中国境内，就来源于中国境内、境外的所得缴纳企业所得税”的法律规定，表面看来还另有“总机构”这个标准，但根据有关规定，在中国境内依法成立的外商投资企业，其总机构必须设在中国境内，总机构所在地与注册、登记地是统一的，都同在一个地区，实际上仍是以单一的注册地标准，来界定企业的无限、有限纳税义务。新税法第二、三条明确采取“居民企业”和“非居民企业”的国际通行法律用语，并兼采“注册地”和“实际管理机构”两个标准来进行界定，据以确定其无限、有限纳税义务。即凡是依照中国法律、行政法规注册、登记，在境内成立的企业和其他取得收入的组织，都是居民企业，负无限纳税义务，境内外全部所得，都要依法纳税；依据外国（地区）法律在境外成立，但实际管理机构设在中国境内的企业，也同样界定为居民企业，负无限纳税义务。上述情况以外的，界定为“非居民企业”，负有限纳税义务，只就境内所得纳税。其境外所得除与境内所设机构、场所有实际关系的部分以外，都不纳税。以上变革，法律条文明确、清晰，与国际通行作法衔接，便于国际交往；扩大了税收管辖权的行使范围，防止某些外国投资者钻我国法律空子，逃避税负；也可避免过去表面上兼采“总机构”标准的提法，可能导致的争议和矛盾，便于实际操作。

对于未在中国境内设立机构、场所的非居民企业境内所得纳税范围，旧税法及其实施细则规定是限于入股投资的分红（股息）、利息、租金、特许权使用费和转让财产的收益等项。新税法第三条未对纳税所得的范围加以限制，新实施条例第六条对该“所得”的解释规定是，包括销售货物、提供劳务、转让财产、股息红利等权益性投资、利息、租金、特许权使用费、接受捐赠和其他等各项所得，行使征税权的范围，比过去扩大很多。

对于非居民企业与其在中国境内机构、场所有实际联系的境外所得，是在原税法实施细则规定列作境内所得纳税的，而其纳税范围也同于未在中国境内设立机构、场所的企业。新税法则是在第三条就明确应当依法纳税，提高了立法规格，并且纳税所得的范围，也同未设立机构、场所的非居民企业一样扩大了。

3. 具体明确各类所得的境内、境外划分原则。境内、境外所得的划分，关系到企业担负的纳税义务范围的大小，也关系到国家之间如何行使税收管辖权。旧税法及其实施细则只是区别外商投资企业和外国企业的不同情况作了概括规定，非常原则，不够明确具体，新税法及其实施条例，则是以所得来源地为依据，就每种所得的境内、境外划分标准，作了明确具体的原则规定，例如销售货物所得，按照交易活动所在地确定；提供劳务所得，按照劳务发生地确定；股息、红利等权益性所得，按照分配所得的企业所在地确定；转让财产按不动产所在地、转让动产的单位所在地确定；利息、租金、特许权使用费所得，按照负担支付者的企业所在地确定等。这适应了我国作为发展中国家，国际经贸交往中的所得来源，主要在我国的情况，维护了我国税收的应有权益。

（二）增列“间接抵免”的法律专条，扩大了境外所得已纳所得税额的抵免范围

原税收法律、法规对于企业境外已纳企业所得税款，只有直接抵

免一种方式，限于企业本身及其分支机构来源于境外所得实际已纳的税额，方准依法抵免。新税法除此以外，按照国际通行做法，增列了“间接抵免”的法律专条，即居民企业从其直接或间接控制的外国企业分得的来源于境外的股息、红利等权益性投资收益，在境外实际缴纳的税额中属于该项所得负担的部分，可以作为该居民企业的可抵免的境外所得税额，在抵免限额内进行抵免。这就把抵免的实施范围，从居民企业及其分支机构本身，扩大到由其控股的具有独立法人地位的境外外国企业。居民企业只要直接持有该外国企业20%以上的股份，或以间接持股方式，持有该外国企业20%以上的股份，就视为该居民企业的境外独立子公司，准许对其境外实际已纳税额进行抵免，避免了双重征税，减轻了企业税收负担，为“走出去”的企业营造国际市场阵地，创造了公平竞争环境，有利于鼓励我国居民企业运用这种简便的投资控股方式，扩大对外投资，实现“走出去”方式的多样化。

（三）全面完善对跨国经营的反避税规则，保证有效行使税收管辖权

原外资税法和内资税条例对反避税，只有关联企业之间转让定价方面的一条原则性规定。外资税法实施细则也只是就关联企业业务往来作了一些原则性的解释规定。新税法单独增列了“特别纳税调整”一章，共8条，其实施条例又专列了16条解释规定，确立了反避税的独立交易和纳税人举证两项基本原则，对企业的业务往来、成本费用的分摊、纳税人举证及第三方协助的责任、防范资本弱化、防止避税地避税，税务机关进行纳税调整的权力以及纳税调整加收利息等各方面，都作出了明确具体的规定，基本上都是全新的内容。从而构建了内容全新、覆盖面广、便于执行、刚性更强的系统反避税制度。举凡商品交易、劳务提供、财产转让、无形资产交易、成本费用分摊、境外投资等的关联业务，都包括在内，税务机关对其避税行为都有充分的依据，进行合理的特别纳税调整，从而能对跨国经营活动的避税行为，进行有效的控制管理，维护我国税收权益。

要着重说明的是，反避税制度中增列了“预约定价安排”法律专条，它首次见于我国税收法律。这是对企业未来年度关联交易进行事前的有计划安排。变传统转让定价的事后调查和纳税调整，为未来年度关联经贸活动的事前有计划安排，有利于解决过去在核定税额中的矛盾问题，并减除征纳双方的沉重负担，不但是一项有效的国内和国际反避税制度，而且是增加企业未来经营的确定性，规避纳税调整风险的最佳方式，维护了纳税人的权益。2007 年底和 2008 年初，我国已首先与韩国、日本、美国签订了这方面的协定。

（四）调整企业所得税优惠政策，使与世贸组织规则相适应

原内外资所得税法律、法规，是在我国 2001 年 12 月加入世界贸易组织以前制订的，其中有些税收优惠政策规定，或是有违世贸组织的规则，或是未能较好运用世贸组织规则允许的条款。新税法及其实施条例，在公平税负、统一内外资企业所得税优惠政策的前提下，依据世贸组织的国民待遇原则和反补贴原则，对原有税收优惠政策，进行了重大调整，主要是：

1. 取消了属于禁止性补贴的税收优惠。例如原外资税法实施细则第七十五条规定，对外商投资企业当年出口产品产值达到当年企业产品产值 70% 以上的，可以按照税法规定的税率，减半计征企业所得税，以及出口商品贴息免征企业所得税等，这是属于世贸组织《补贴与反补贴措施》列举禁止的以出口为唯一条件或者几项条件之一的所得税减免补贴，已予取消。又原税收法规有多种用税收促进“以产顶进”和“以出顶进”的优惠规定，其中如购买规定的国产设备的投资，可在新增利润中按照 40% 的比例抵免企业所得税。这是属于世贸组织规则禁止的“进口替代补贴”，也已取消。

2. 调整了许多“可申诉的”专向性补贴的税收优惠。原税法中有许多专门对经济特区、经济开发区、经济开放区等较富裕地区的税收优惠规定，这是在特定时期采取的特别措施，不符合公平税负原则，也与世贸组织规则规定的地区专向性补贴，限于贫困地区的原则不够符合，已区别情况，或是在过渡期内暂时保留；或是取消和调

整。过去还有许多只面对某些内资企业或某些外资企业的专向性税收优惠，也已作较大调整，其中有的改为全面适用的普遍性税收优惠。

3. 扩大世贸组织规则属于允许范围的税收优惠范围。新税法把税收优惠的方向，转移到“以产业优惠为主”，对属于世贸组织规则允许的所称“绿色补贴”项目，扩大了税收优惠，除保留和扩大对农林牧渔和公共基础设施的税收优惠外，对若干项目新给了税收优惠或加大了税收优惠力度，其中包括环境保护、节能节水、安全生产的项目；国家重点扶持的高新技术产业和创业投资；新技术、新工艺的研究开发项目；开展综合利用项目；符合条件的固定资产加速折旧等。

以上税收优惠政策的调整，在维护国家主权和经济安全、利益的前提下，对自主地灵活掌握运用世贸组织规则，恰当地贯彻国家的经济社会战略决策和产业政策，优化经济结构，提升经济发展和科技水平，是有重要作用的，也可防止一些不必要的国际争端，促进国际经贸活动发展。

二、进一步完善国内税法中的征收管辖权制度的建议

新税法及其实施条例，虽已对完善税收管辖权制度作出了重大贡献，但在有些方面，仍有必要研究进一步完善，建议主要是：

（一）税制要加大鼓励企业“走出去”的力度

原企业所得税法律规范，基本上是在改革开放初期，需要大量引进外资的特殊历史条件下制订的，着重大力鼓励来华投资，优惠的范围广、力度大，而对我国的对外投资则是优惠很少。新税法虽增列了对境外控股公司的间接抵免办法，但远不能适应充分利用国内外两个市场、两种资源，更好地发展我国经济的现实需要。我国的对外直接投资，截至2006年底，累计金额为733.3亿美元（不包括金融类），只约相当于吸引外资的9/100，远低于世界平均水平，这种不够合理的单向型资本流动方式，亟需改变。必须认真贯彻党的十七大关于把“引进来”和“走出去”更好地结合起来的对外开放决策，调整国内

税法中的管辖权制度，积极促进我国居民企业“走出去”对外投资，调整的主要内容是：

1. 明确引导方向，重点优惠。现行税法对“走出去”的企业，是不区分情况，一律采取同等的税收抵免办法，对投资的产业和地区，都由企业盲目自主抉择。为使企业的微观目标符合国家整个宏观调控目标的需要，以利于更好更快地促进发展国民经济，应当采取区别对待的税收优惠政策，发挥税收对投资产业和地区的引导作用。在对境外投资普遍优惠的同时，对国家重点鼓励在境外发展的产业和投资地区，其境外所得，采取多种税收优惠方式，较大幅度减轻税负，以至对特殊必要的，全部免征企业所得税。主要是要通过更大力度的税收优惠，引导企业投资科技发达国家的高科技产业，特别是能更快直接推动我国产业结构调整的尖端产业、高新技术含金量大、附加值高的产业，便利迅速提高我国科技水平和自主创新能力，转变经济发展方式。要引导企业投资能源和矿产资源丰富国家的此项开采产业，以利于充分利用国外的此项稀有资源，发展本国经济，并在资源的国际定价中增加发言权；要引导企业投资具有比较优势的发展中国家和转型国家，特别是中国——东盟自由贸易区和上海合作组织国家，其投资内容，也包括我国已经或即将丧失竞争优势的产业在内，便利实现我国某些产业向国外转移。另外，还要积极支持劳务服务业扩大服务出口，如对注册会计师事务所的离岸外包业务，以及提供其他跨境服务，开展境外投资，给予特别税收优惠，以利于解决会计师事务所“走出去”的现实问题，促进加速进入国际市场，为中国境内走出去的企业，提供更高水平和更加便利的专业服务。

2. 放宽境外已纳税额的抵免办法。新税法第十七八条沿袭原税法的规定，对于境外实际已纳所得税额采取了“分国（地区）不分项”的限额抵免办法，企业在几个国家（地区）有投资的，就需要分别各国（地区）情况，计算抵免限额，既增加了征纳双方计算、核查的成本费用，各国限额不能流动使用，也在总体上未能消除国际重复征税，增加了企业负担。可以考虑改为“不分国（地区）、不分项”的综合限额抵免办法，以利于简化征纳双方的计算、核查工作，并从整体化提高抵免限额，便于优化我国居民企业对外投资的地区结构。

3. 扩大优惠方式。除已规定的直接抵免和间接抵免的方式外，为更好地发挥税收促进企业“走出去”的作用，还可以研究增列国际上通用的一些方式，例如境外所得，可以采取缓期纳税办法，其实现利润延缓到汇回中国境内时，方依法征税；可以对其固定资产加速折旧和放宽其科研与开发费用的扣除、计税标准；可以对其已纳中国企业所得税的境外再投资实行退税办法，等等。这样多种方式、多层次的税收优惠，能增裕境外投资企业发展基金，提高其国际竞争力，促进“走出去”企业加快发展。

4. 建立境外投资风险准备金制度。“走出去”的企业面对陌生的东道国法律、经济、文化和市场环境，为应对国际市场上不可预测变化和不可抗拒突发事件所导致的损失，借鉴日本、韩国的经验，可以在每年的应税收入中，按不同投资项目和投资额的一定比例，免税提取相当金额，建立定期的境外投资风险准备金，用于补偿风险损失。期满后，投资风险准备金的剩余部分，再分年计入应税收入中申报纳税。

5. 简化计算应纳税额办法和申报制度。现行税法规定，境外已纳企业所得税款的抵免限额，是指依照中国税收法律、法规计算的应纳税额。中国同其他国家（地区）的税法和财会制度，有很大差别。适用税率不同，计算应纳税所得额所扣除的成本、费用的办法不同，所扣除的成本、费用以及损失的办法和标准不同，同等的所得收入额，计算出来的应纳税额也就不同。进行已纳税额的限额抵免时，需要经过复杂的换算、核查手续。特别是我们对国外诸多计算数据难于核实，操作上诸多困难。为便于征纳双方节省税收成本，似应尊重境外企业所在国的税法和经当地税务部门、会计师事务所审查认可的财会审计报告，简化计算办法，不完全依据我国税法换算，而是依据确切的证明，适当确定境外所得应纳税额或抵免限额。由于各国实行的会计年度、纳税年度起讫时间不尽相同，纳税申请时间也可弹性规定。

6. 单独制定促进企业“走出去”的税收行政法规。我国在过去长时期内，有关促进企业“走出去”的税收规定很少，也很零散，主要就是1997年11月修订的《财政部、国家税务总局关于境外所得计征所得税暂行办法》，其基本内容是对境外所得如何计算征收，涉及促进“走出去”的内容，只有境外减免税和自然灾害处理两项。其余的就是散见于关税和增值税、消费税规章制度中的进出口物品减免税和退税的一些规定。为运用税收手段，贯彻鼓励企业“走出去”的宏观决策，需要提高立法层次，由国务院制定颁发各税联动促进的独立税收行政法规。其内容主要包括：税收促进企业“走出去”的指导思想、原则和鼓励境外投资的重点方向；所得税及有关各税的优惠鼓励措施；应纳税额的计算征收办法；必要的税务管理制度，特别是防止企业利用避税地避税的管理制度；以及税务机关和税务中介机构如何提供税务服务的具体责任等。这样做，会使税收法律规范，更具全面性、透明性、权威性和可操作性，能引起各个方面的重视，便于核查和贯彻实行，更好地起到促进企业“走出去”的实际效果。

（二）增列“税收饶让”的特殊抵免法规

税收饶让是对居民企业在境外获得的所在国减免税，在境内汇总计征所得税时，视同实际已缴纳税款，同样准予抵免的一种特殊抵免方式。原内资税条例实施细则第三十九条规定的境外已纳所得税额准予抵扣的范围中，虽不包括境外的减免税，但又明确中外已签订避免双重征税协定国家的减免税，仍可按协定规定办理。原外资税法实施细则第八十三条对不准抵免的项目，只列“纳税后又得到补偿或者由他人承担的税款”，而未把减免税列入其中。依据该法规条文解释，抵免范围是可以包括协定签约国的减免税的。1997年修订的《财政部、国家税务总局关于境外所得计征所得税暂行办法》，则是明确境外减免的所得税额，符合下列两个条件之一，经税务机关审核后，视同已缴所得税进行抵免：一是签订有避免双重征税协定国家，依所在国税法及政府规定获得的减免税；二是对外经济合作企业承揽中国援外项目、当地国家（地区）的政府项目、世界银行等世界经济组织的援建项目和中国驻外使领馆项目，获得的当地政府减免税。

新税法实施条例第七十七条对境外已纳所得税额准许抵免的范围规定是：依照境外税法“应当缴纳并已经实际缴纳的企业所得税性质的税款”。据主管部门权威解释，现准许抵免的范围，已不再包括境外的减免税。我们认为此项限制性法规，似有重新考虑的必要。这是因为税收饶让的抵免方式，是国际上较通行的做法（只美国等极少数国家坚持不实施税收饶让），它能使对外投资的企业，获得实际的减免税利益，不被投资所在国政府占有，从而积极投资，扩大投资。这对接受投资的国家有很大好处。同时，也是有利于投资者所在国开辟资本输出的畅通渠道，占领国际市场，增裕本国经济实力和提高国际竞争力，有利于本国居民企业在国外发展壮大，使其产品本土化，缓和我国出口迅速增长的压力，减少国际贸易摩擦和出口退税金额。表面看来，投资者所在国虽减少了这部分被抵扣的税收收入，但由此带来的包括增裕税源在内的各种利益却远胜于此。

世贸组织的《补贴与反补贴措施协议》，把国家某些基于经济社会目标进行的包括减免税在内的补贴，列作“不可申诉补贴”，排除在反补贴范围之外。这是从各个国家本身利益和世界经济发展的整体利益出发，经过协商达成的共识和作出的决定，而国际社会又普遍承诺对境外的此项减免税进行税收饶让抵免，我们为什么要予以排斥呢？那种认为避免双重征税的税收抵免，只能从实质上解决实际已纳税款的重复征税问题，而不应包括减免税的观点，也是与国际公认的准则不甚符合的。

减免税是接受投资的所在国，从本国经济社会的政策目标和利益出发，放弃本来属于自己的这部分税收权益，把减免税的利益，让渡给担负纳税义务的企业，投资者所在国在对外投资中，已享受到了自身的各项利益，是不宜超越国际税收收入在国家间的利益分配限度，去占有投资企业享有的在接受投资国给予的减免税利益的。我们对本国“走出去”的企业，在国外享受的减免税，不予抵免，又怎能要求别的国家对我国境内的外资企业所在国也承诺税收饶让的抵免呢？我国过去在要大量引进外资的时代，尚且准许税收饶让的抵免，并积极要求投资国承诺税收饶让，而现在国家正要大力鼓励企业走出去投资，反而取消了税收饶让抵免，这样，投资境外的企业与所在国其他得到同等减免税待遇的企业相比，就必然处于竞争劣势地位，这不但不是促进企业“走出去”，而是反其道而行之，限制企业“走出去”了。

基于以上理由，为了更好地贯彻“走出去”的重要宏观决策，便于在签订对外的避免双重征税协定中，有国内法可作谈判依据，宜于在国务院制订的行政法规中明确规定，境外所得所获的法定减免税，准予依法进行税收饶让的抵免，并扩大适用范围，不但是适用签订有税收饶让条款协定的国家减免税，而且适用于未订有前项协定的国家的减免税；不但适用于对外经济合作企业承揽的援助等项目的减免税，也适用“走出去”的所有企业依法获得的各种法定减免税。同时，也不宜设置缴纳的企业所得税，已转嫁税负的，不能抵免的限制条款，因为何谓所得税转嫁，是提高了产品价格，抑或是多赚了利润？在理论上说不清，实际认定和操作也有困难。如果当地其他企业也是这种同样情况，得到了减免税的实际利益，而我们“走出去”的企业，却不能享受同等待遇，处于劣势竞争地位，岂非还是限制了自己。

（三）修订个人所得税中有关制度规定

现行个人所得税法律、法规中关于跨国人员税收管辖权的制度规定，有的存在矛盾问题，需要研究修订，主要是：

1. 修订“居民”身份的判定标准。现行税法规定，中国境内有住所或者无住所而在境内居住满一年的个人，就境内和境外的全部所得纳税。境内无住所又不居住，或者无住所而在境内居住不满一年的个人，只就境内取得的所得纳税。以上规定，有两个问题：一是在法律用语上不够明确，宜于与新企业所得税法一致，采取国际通行的法律用语，把纳税者的个人，分为“居民”和“非居民”，并据以判定其无限和有限纳税义务。二是制定“居民”身份两个标准之一的居住期间标准，是“居住满一年”，这个期限偏于宽松。现在许多国家规定的此项期限是183天，也就是半年。我国对外签订的避免双重征税协定，也多是这个期限，为与国际通行做法和对外签订的双边协定取得一致，扩大居民纳税人范围，维护我国税收权益，宜于改为“满183日”的判定居民身份标准。

2. 修订居住时间的计算办法。《个人所得税法实施条例》对“居住满一年”的解释规定是，“在一个纳税年度中在中国境内居住365日。临时离境的不扣减日数”。对该“临时离境”的解释规定是：“在一个纳税年度中一次不超过30日，或者多次累计不超过90日的离境”。这是按进出境次数的离境天数，来计算居住天数，规定有些偏松，且计算较复杂，似可参照经济合作组织避免双重征税协定范本注释的“不分离境次数”的累计居住天数计算规则，改为：所称满183日，是指在一个纳税年度内，居住累计满183日，不考虑临时离境次数和天数。

3. 取消“五年规则”的税收优惠规定。现行税法实施条例第六条规定，在中国境内“无住所”，但居住满1年以上5年以下的个人，其来源于中国境外的所得，经主管税务机关核准，可以只就中国境内雇主支付的部分纳税，超过五年的，从第6年起，应就来源于境内外的全部所得纳税。这是在特定历史条件下，鼓励外籍人员来华工作的一项特殊税收优惠规定，现外籍人员来华工作，已极普遍，且个人所得税法已明确在中国境居住满1年的，应就中国境内外的全部所得依法缴纳本税，而其实施条例，却又定出一个“5年规则”的优惠办法，对其境外所得，可在5年内，只就中国境内雇主支付的部分纳税，而境外雇主支付的部分则不纳税，似也不够周全。改为采取居住满183日的判定居民身份标准后，凡在一个纳税年度内，累计居住满183日的，就应立即成为居民，负有无限纳税义务，应就其境内外全部所得纳税，“五年规则”已无存在必要，可以取消。

4. 取消外籍人员的生计“附加减除费用”规定。现行个人所得税法在计算工资、薪津的应纳税所得额时，主要是针对外籍人员，规定了生计“附加减除费用”，其减除金额标准，在过去长时期内，规定是3200元，是一般生计费用减除标准800元的4倍。近年随着一般生计费用减除标堆，提高到1600元，再提高为2000元，附加减除费用虽也降为2800元，但外籍人员总的生计费用扣除金额，仍比中国籍居民多了1.4倍。外籍人员在中国境内早已与中国籍居民按同等价格购买物品，支付费用，同样工作，同样所得，同样消费，随着各国经济活动迅速发展，来华工作的外籍人员也越来越多，为贯彻公平税负原则，已无必要保留这种特殊优惠待遇。

此外，为适应现实需要，更好地贯彻新税法及其实施条例，还需要制定若干配套的规章制度，如依据外国法律成立的企业，其在中国境内设有实际管理机构或常设机构的具体判定规则和税收管理办法；避税地的具体确定和税收管理办法，等等，以完善税收法制建设，便于实际操作。

三、协调修订和新签避免双重征税和偷避税协定

近年来随着经济全球化和科技、网络的快速发展，跨国经营活动发生了重大变化。避免双重征税的两个国际范本，都有修订，联合国范本1999年作了修订，2001年开始使用；经合组织是2003年的新范本。而我国与其他国家签订的89个避免双重征税和防止偷漏税协定，基本上是20世纪80年代、90年代谈签的，只是有的作了些补充协议的修订。我国税收协定谈判工作文本，则是1996年2月或更早时期制订的。已签订的这些协定和协定谈判工作文件，有些内容已不适应现实形势的发展，需要适时地不断修订补充。

国内税法是国家凭藉其税收主权，从维护本国利益出发，自主确定其行使税收管辖权的范围及其力度和方式的，而国际上广泛通行的避免双重征税协定，则是两个国家（地区）在平等互利、对等协商的基础上，通过谈判、协商，约束缔约国双方国内法各自行使的税收

管辖权。在跨国经营活动中，同一纳税人，基于同一项所得或财产，两个或两个以上国家，根据其自主制订的国内法，往往都同时享有税收管辖权，通过平等互利的谈判，达成共识，缔结双边税收协定，就约束了缔约国双方各自国内法对税收管辖权的行使，就可以避免其跨国经营活动中的重复征税，合理分配各自享有的税收收入应有份额。

避免双重征税协定，只会缩减而不会扩大缔约国各自国内法确定的征税权限。依据国际法，税收双边协定的应用，又是优先于国内税法，国内税法的规定，与对外签订的协定不同的，应依照协定的规定办理。我国新企业所得税法及其实施条例，在很多方面完善了税收管辖权制度，扩大了征税的管辖权力，一是明确界定“居民企业”和“非居民企业”纳税义务，扩大了税收管辖权的行使范围；二是增加了“间接抵免”，有利于鼓励企业专业去投资；三是全面完善反避税规则，保证有效行使税收管辖权；四是调整税收优惠政策，使与世贸组织规则相适应。这些都直接关系到避免双重征税协定谈判的内容。要使这种税权行使的调整，具体落实到对跨国经营活动的征税中，就必须以新的国内税法为基础，通过谈判协议，把有关税收管辖权的调整内容，体现到对外签订的双边协定中去，不然，新税法及其实施条例调整完善的税收管辖权制度，其贯彻执行也会落空。因此，抓紧与有关各国谈判协议，修订已对外签订的避免双重征税协定，在当前十分必要。

我国加入世界贸易组织后，对外开放的广度和深度大为扩展，也需要以新企业所得税法及其实施条例完善的税收管辖权制度为依据，与较多一些国家，谈签新的避免双重征税协定，特别是那些与我国经贸活动关系较多的国家、能源生产国家和毗邻国家。

修订和新谈签避免双重征税协定，要本着“平等互利、对等协商”的基本原则，以国内税法为基础，尊重现在通行的两个国际协定范本，区别不同国家的经济、税制情况和实行的政策，因国而异，不局限于一种模式，以体现缔约国双方的意志和共同利益，从而便于适应双方需要，发展本国经济。我国是发展中国家，在与发达国家的经贸合作中，是营业利润、劳务所得和投资所得的主要来源地，为经济活动的开展和经济利益的创造，提供了不可缺少的各种基本条件，在与对方谈判中，必须坚持属地的所得（收入）来源地税收管辖权原则。同时，我国又是开始起步的资本输出国，在促进所在国的经济发展中，作出了重要贡献，也要注重行使属人原则的居民税收管辖权。这些都是从不同的方面，维护国家税收主权和利益的必要。签订避免双重征税协定，一般情况下，总是要限制缔约国双方按所得（收入）来源地行使征税权的范围，谈签中的争议，也往往在这方面，双方都要有一定的退让。这要区别对方是发达国家抑或是发展中国家，以及每个国家的具体情况，而在协定的条款中有所不同。

依据新税法及其实施条例，修订或新签避免双重征税协定，需要研究的问题较多，建议应侧重协调解决以下主要几项：

（一）明确居民与非居民身份的界定标准及对其行使的征税管辖权

居民身份的界定，是行使税收管辖权的核心问题，也是谈签避免双重征税协定，要着重协调一致的重大问题，不能够有分歧意见。避免双重征税的两个国际范本，只有一个概括性规定，列明由缔约国的法律确定，即居民一语，“是指按照该国法律，由于住所、居所、管理场所或其他类似性质的标准，负有纳税义务的人”①。但依据缔约国法律，同时属于双方居民身份的，对自然人是按照“顺序判定规则”判定，即依据永久性住所、重要利益中心、习惯性居住所在地、国籍所在地以及双方协商的顺序判定；对法人是依据实际管理机构所在地判定。现世界各国普遍兼用两种标准来判定居民身份，少数国家是采取单一标准或兼采三、四种标准。就法人的居民身份来说，“注册地标准”是各国普遍采取的，也是易于鉴别掌握的。其次采取较多的是“实际管理机构”标准，另外，就是少数国家兼采的“总机构”标准（如日本、法国），以及“主要经营地”标准（如澳大利

① 中国国际税收研究会编，《中国税收协定实务全书》，人民出版社版，第906、917页。

亚、卢森堡）、“资本控制”标准（如美国、澳大利亚）等。原内资税条例和外资税法，实质上是采取单一的注册地所在地标准，现行税法是兼采两种标准，除注册地标准外，还增列了实际管理机构标准，这是扩大我国税收管辖权的一个重大改革，在修订和新签双重协定时，必须协议把那些在国外注册登记成立，但实际管理机构设在中国境内的企业，判定为中国居民企业，据以使之担负无限纳税义务。实际管理机构的含义，也要争取采用新税法实施条例的解释规定，在新修订的协定条款中有所体现。

非居民企业在中国境内是否设有机构、场所，以及境外所得与该机构场所，有无实际联系，其纳税义务在新税法中，也有差别规定，征税范围比过去扩大很多，要争取在修订或新签的双边协定中，也把它体现出来。不宜如同过去签订的协定那样，只简单地套用两个国际协定范本规定的“缔约国一方的利润，应仅在该国征税，但该企业通过设在缔约国另一方的常设机构进行营业的除外”。而未作具体的补充规定，使人们误认为，未在我国境内设立机构、场所的非居民企业营业利润，在我国就不能行使征税管辖权了。国际协定范本虽规定“常设机构”一语是指一个企业进行全部或部分营业的固定营业场所，但又把某些固定营业场所，排除在常设机构应有的范围之外，以利于投资国扩大行使居民管辖权。在修订或新签双边协定时，要有所选择，也应当争取尽可能取消这种把某些固定营业场所不视作常设机构的例外规定，以便利贯彻我国新税法，落实扩大的征税权。

我国个人所得税法虽规定，按居住期限标准确定的居民身份的期限是“满一年”，但我国与有些国家签订的协定，按照国际通行做法，已规定为“满 183 日”。在个人所得税法修订前，修订或新谈协定时，也可区别缔约国税制和经济的不同情况，把原规定为“满一年”的，改为“在一个纳税年度内、累计居住满 183 日”，以适应外籍来华工作人员日益增多的情况，维护我国税收权益。

（二）具体明确来源于境内、境外所得的划分标准，及对其行使的税收管辖权过去签订的避免双重征税协定，按照国际范本模式，一般是就营业利润、投资所得、财产所得和个人劳务所得的征税权，在缔约国双方加以划分，较少涉及每种所得的境内、境外划分，新税法实施条例以所得来源地为依据，对此作了具体明确的原则规定，它适应经济发展出现的新情况、新需求，符合国际通行做法，可以通过协议，争取把它明确地体现到修订或新签的双边协定上来。当然，对未在本国境内设置机构、场所的非居民企业，来源于中国境内的股息、利息、特许权使用费等项所得，仍可按国际通行做法，采取分享税制，按限制税率，征收预提税。这就是在我国以20%的较低税率（一般税率是25%）计征，而在签订双边协定中，针对不同缔约国的情况，还可采用更低一些的预提税率，譬如10%，甚或是5%，让投资国一方还能有征税空间，分享到一部分税收权益。但我们坚决反对如同经合组织范本规定的那样，由投资国独享特许权使用费征税权，剥夺所得来源国的税收权益。

（三）充实“税收饶让”和“间接抵免”的协定条款内容

在我国签订并已生效的86个双边协定中，载有税收饶让条款的是43个，其中21个是缔约国双方相互给予饶让抵免，22个是缔约国对方单方面给予我国饶让抵免。我国“走出去”的企业，大部分都未享受我国的此项税收优惠待遇。现我国仍需要引进外资，只是税收优惠的方向，由过去的具有普遍性，转到国家重点扶助和鼓励发展的产业和项目，转到引进高科技，用以提升本国的自主创新能力，这是国家的整个经济社会战略决策所要求的。至于鼓励居民企业“走出去”投资，更是党和国家在近年新的历史发展阶段，着重提出和强调的一项重要政策。必须坚决落实党的十七大“把‘引进来’和‘走出去’更好地结合起来”[①] 的对外开放方针政策，在税收方面，相应地也就必须采用包括“税收饶让”在内的各种手段，鼓励引进

① 胡耀邦：《高举中国特色社会主义伟大旗帜，为争取全面建设社会主义新胜利而奋斗》，人民出版社2007年10月版，第26页。

投向国家产业政策要求的外资，鼓励我国居民企业走出国门向外投资，要通过税收饶让，使投资者在接受投资的所在国真正得到法定减免税的实际利益，而不被剥夺，从而提高其投资积极性。不能因为新税法规中没有此项规定，就在签订的双边协定中，也删去原协定中已规定的此项条款，双边协定的适用效力是优先于国内税法的，它的实施，并不受国内税法的制约。必须如同既往，积极争取更多缔约国对我国给予外商投资的减免税，承诺税收饶让；更要清除怕少收税的思想，主动承诺我国对外投资企业在国外享受的法定减免税，给予税收饶让。必须做好协调工作，在修订和新谈签避免双重征税协定中，做到所有缔约国的双方，都承诺相互给予税收饶让。

间接抵免是新所得税法鼓励企业走出去投资的一项新内容，是国际上的通行做法，也应补充到修订或新谈签的双边协定中去。

（四）增加防止逃税、避税的协定条款内容

我国过去对外签订的避免双重征税协定，名称一般是“避免双重征税和防止偷漏税的协定”，比两个国际协定范本，多了“和防止偷漏税”六个字。但是，我国已签订的该项协定，只是按照两个国际范本的模式，简要地原则上列举了“情报交换”的内容，却缺少防止偷税、避税应包含的广泛内容。随着经济全球化和科技进步、信息网络发展，跨国经济活动迅猛扩大，跨国公司利用各国税制和税负的差别，钻税法空子，采取各种方式进行避税的现象大量涌现。避税的花样和技巧也日益增多和诡密，税务管理呈现全球化合作趋势，已有越来越多的国家，主张在避免双重征税协定中突出防止避税的法律条款，新企业所得税及其实施条例构建了一个较全面系统的反避税制度，对国际上利用各种关联业务，进行的避税，采取了有力的措施，可以把其中有关原则和基本内容，通过协议，在修订和新谈签的双边协定中体现出来，要反对不具有合理商业目的安排而逃避税负的任何行为。

为了加强缔约国双方的税务管理合作，还可在双边协定中明确建立一些必要制度，如情报信息交换制度，跨国同期检查制度，预约定价安排制度，反避税经验交换制度，税务争端处理制度等。

我国对外签订的避免双重征税协定，在标题中都有“防止偷漏税”的语句。其中使用“漏税”两字似有未妥。因为“漏税”一词，是专指纳税人并非故意而发生的漏缴或者少缴税款的行为，税务处理的办法是限期追补所漏税款。逾期不补的，按日加收滞纳金。是改革开放前税收法规的用词，1992 年公布及其后修订的《中华人民共和国税收征收管理法》都早已不使用“漏税”一词。现在日常生活中通用的是‘避税’一词，这是指虽不直接违反税法，但违背立法意图，钻税法空子，逃避或减轻其税负的行为，不同于偷税是故意直接违反税法的行为，漏税是非故意的行为。国际避税是跨国纳税人，利用两国或两国以上的国家税法和国际税收协定的漏洞，以及国家之间税制、税负的差别，逃避或减轻其税负的行为。虽然未直接违反税法或国际税收协定，但有违背立法意图的故意行为，这也是我们要防止的。因而修订和新签的避免双重征税协定，标题中的“偷漏税”用词，以改为“偷避税”为宜，这就是既要防止故意直接违反税法规定的偷税，也要防止故意违背立法意图的避税。

四、适应形势要求，争取全面修订避免双重征税协定国际范本

国际上避免双重征税协定的两个国际范本，《经济合作与发展组织避免双重征税的协定范本》的最后文本，是 1979 年正式通过发表的；《联合国关于发达国家与发展中国家避免双重征税的协定范本》的最后文本，是 1979 年 12 月正式通过发表的。两个协定范本，在这些年来，虽然作了一些修改，但其基本结构和内容，尚无实质性改变。经合组织范本是一些经济发达国家共同协议制订的，强调了行使居民税收管辖权，限制行使所得（收入）来源地税收管辖权，有利于维护发达国家权益，不利于发展中国家。联合国范本是由联合国组织专家小组制定的，与经合组织范本相比，较多地注重维护发展中国家的利益，取消和放宽了行使所得（收入）来源地税收管辖权的部分限制，但也保留了较多限制，在相当程度上，仍是偏向于维护发达

国家行使居民税收管辖权，有损发展中国家应有的税收权益。网络时代电子商务的发展，更不利于发展中国家行使所得（收入）税收管辖权，必须争取全面修订两个国际税收协定范本的国际税收规则。

（一）两个国际范本税收规则有失公平合理的分析

两个范本都是按所得性质，划分类别，确定其征税规则，对所得来源国行使所得（收入）来源地税收管辖权，进行不尽相同的限制，现按所得类别分析如下：

1. 对营业利润征税规则的分析。企业从事经营活动取得的营业利润，是企业取得所得的主要项目，两个范本第七条对其确定的征税规则都是："缔约国一方企业的利润应仅在该国征税，但该企业通过设在另一国的常识机构进行营业的除外。如果该企业通过缔约国另一方的常设机构进行营业，其利润可在另一国征税，但其利润应仅属于常设机构的为限。"[①] 这就是说，企业的营业利润，只能由居民企业所在国行使居民税收管辖权，不仅是企业来源于居民国境内的营业利润，还是来源于境外的营业利润，都由居民国独占征税权，所得来源国一方则必须放弃征税权。其中虽然也设置了"常设机构"的税收协调原则，允许常设机构所在国行使所得（收入）来源地税收管辖权，对常设机构的营业利润征税，但同时又对常设机构所在国征税，进行了限制，让常设机构所在国实际少征税，甚至征不到税，而这未税部分的征税权，就仍留给了投资企业的居民国。

经合组织范本设置的限制征税规定，主要是以下三个方面：一是提高常设机构的构成条件，把一些固定的营业场所，如专为本企业采购货物或商品或收集情报而设有的；专为本企业进行任何其他准备性质或辅助性质活动的目的而设有的；专为规定的各项活动结合，属于准备性质或辅助性质而设有等的固定营业场所，明确排除在常设机构包括的范围之外，让这些常设机构的所在国不能就其营业利润征税。

① 中国国际税收研究会编：《中国税收协定全书》，人民出版社版，第 907、918、919 页。

二是征税范围限于归属常设机构的利润，即缔约的居民企业，通过缔约国另一方常设机构进行营业，其征税利润的范围，应是以归属于该常设机构的为限，不归属于该常设机构的利润，常设机构所在国不能征税，应仅由取得者为其居民企业的投资所在国征税。例如从事建筑安装的常设机构，归属于它的利润，只限于从事该项工程活动本身所产生的所得利润，不包括与该活动相关或无关的总机构、其他机构或第三者提供的货物价款所得利润。三是计算营业利润，准许扣除常设机构所发生的各项费用，而不论其发生于常设机构所在国或其他任何地方（经合组织协定范本第七条第三款）。各项费用中可以包括支付给总机构或其他办事处的特许权使用费和借款利息。这就缩减了应纳税所得额的金额，导致所得来源国减少税收收入。

联合国范本大致保持了经合组织范本上述三方面的限制条款，只在若干方面对限制程度有所放松，而未在根本上加以改变。其主要表现：一是稍许缩小了不认定为常设机构的固定营业场所的范围，也稍许降低了构成常设机构的条件，如对建筑工地或建筑，其安装工程活动只要连续 6 个月就可以，而不是经合组织协定范本规定的 12 个月（参联合国协定范本第五条第三款）。二是在采取“利润归属原则”的同时，又增加采取了通称的“引力原则”。对常设机构营业利润征税的范围，除依据“利润归属原则”，包括仅属于该常设机构的利润外，还依据“引力原则”增加了两项，即“（二）在另一国销售的货物或商品与通过常设机构销售的货物或商品相同或类似，或（三）在另一国进行的其他经营活动与通过常设机构进行的活动相同或类似”①。这就是说，对常设机构利润征税的范围，不但是常设机构本身经营活动取得的专属于自己的利润，可以由常设机构所在国征税；投资国的居民企业通过其国外的常设机构进行的货物、商品或其他经营活动，只要与常设机制本身的销售或经营活动相同或类似，其获取

① 中国国际税收研究会编：《中国税收协定实务全书》，人民出版社版，第 907、908 页。

的利润，也同样可以由常设机构所在国征税，这扩大了所得来源国对常设机构的征税权。三是在营业利润的计算中，缩小了准予扣除的范围，明确规定，常设机构支付给总机构或其他办事处的特许权使用费和提供特种劳务或管理支付的手续费以及借款利息（金融业除外），都不准在计算应纳税所得额中扣除，这可避免投资国居民企业变相把常设机构的利润提走，保持常设机构应有的利润水平，从而减少常设机构所在国的税收损失。

2. 对特许权使用费征税规则的分析。经合组织协定范本第十二条规定："发生于缔约国一方支付给缔约国另一方居民的特许权使用费，如果该居民是特许权使用费的受益所有人，应仅在另一国征税"。[①] 这就是说，对特许权使用费，只能是由取得该项所得受益者的居民所在国独享征税权，排除了该项所得发生和支付地的来源国的征税权。提供专利权、非专利技术、商标权、著作权以及技术服务、科研设备等其他特许使用权，取得该项所得的，一般都是经济技术发达国家，不论其来源于本国境内、境外的该项所得，按经合组织范本定的征税规则，只能由该居民企业的所在国享有征税独占权，而不考虑所得发生地的来源国的利益，这就是维护发达国家税收权益，剥夺发展中国家的税收权益。

联合国范本对以上征税规则作了改变，承认缔约国双方都有征税权，实行分享税制。先是规定"发生于缔约国一方并支付给缔约国另一方居民的特许权使用费，可以在另一国征税"。同时又规定："然而，这些特许权使用费也可以在其发生的缔约国，按照该国法律征税"。[②] 这就是对特许权使用费所得，既可在提供特许使用权收费的居民企业所在国征税，也可在支付特许权使用费的所得来源国征税。只是征税的适用顺序，是提供特许使用权的居民企业所在国排列在前，而支付该费的所得来源国排列在后，并且由所得来源国征税

① 中国国际税收研究会编：《中国税收协定实务全书》，人民出版社版，第921页。
② 中国国际税收研究会编：《中国税收协定实务全书》，人民出版社版，第910页。

时，按照协定范本的规定，还应使用低于一般税率的限制税率，具体税率由缔约国双方协议确定，让提供特许使用权的居民企业所在国仍有征税空间，分享部分税收收入。现在有些国家如荷兰、挪威、丹麦、澳大利亚、瑞士等国对特许权使用费不征企业所得税，在这种情况下，其税收收入就可由签订双边协定的对方的所得受益者的居民国单独占有。

3. 对股息、利息征税规则的分析。两个国际协定范本，都规定签订协定双方国对股息、利息，可以在缔约国另一方征税，即在取得股息、利息的居民所在国征税（适用顺序排列在前），也可在支付股息的公司，是其居民的缔约国或利息发生地的缔约国，依照该国法律征税，即所得来源国征税，但应实行限制税率。（适用顺序排列在后）经合组织范本规定的股息限制税率是：受益所有人是直接持有支付股息公司至少25%资本，限制税率不应超过5%，其他情况下不应超过15%。规定的利息限制税率是10%。联合国范本规定限制税率，由缔约国双方谈判具体确定，较为灵活。经合组织范本硬性规定的对达到25%持股者，确定的不超过5%的限制税率，显然是低了一些，这有利于资本输出国，限制了接受投资的发展中国家行使征税权。

4. 对转让财产所得征税规则的分析。经合组织范本对转让财产所得在第十三条中列有四款：一是缔约国一方居民转让位于缔约国另一方的不动产所得的收益，可以在另一国征税。二是转让缔约国一方企业在缔约国另一方的常设机构营业部分的动产，以及规定的固定基地动产收益可以在另一国征税。三是转让从事国际运输的船舶、飞机、内河运输的船只及其附属的动产，应仅在该企业实际管理机构所在的缔约国征税。四是除以上三款以外的任何财产取得的收益，应仅在转让者为其居民的缔约国征税。以上四款，除前两款是规定由所得来源国征税外，第三款的“实际管理机构”，除某些情况外，多是设在投资的居民国，因而也多是企业的居民国征税。第四款则是明确其他所有财产转让的收益，其征税权都是归属于企业的居民国，完全排斥了所得来源国的征税权。

联合国范本完全维持了以上四款规定，但又增加了两款规定：一是转让一个公司股权的股票，取得的收益，该公司的财产，又主要直接或间接由位于缔约国一方的不动产所组成，可以在该国征税，这是按不动产转让征税规则，由不动产所在国征税。二是转让前款以外的股票取得的收益，该项股票又相当于参与缔约国一方居民公司的股权的一定百分比（比例由双方谈判确定），可以在该国征税。[①] 以上补充的两款，是规定重要股权的股票转让所得，应由被转让股票的公司所在国征税，也就是在所得来源国征税。联合国范本新增加的这两款，维护了所得来源来源国应有的利益，但对其他财产转让所得，同经合组织范本一样，还是不适当地维护了作为主要投资者的发达国家的利益。

5. 对“其他所得”征税规则的分析。经合组织范本第二十一条规定：“缔约国一方居民的各项所得，不论在什么地方发生，凡本协定上述各条未作规定的，应仅在该国征税”。这是一项概括性税收规则，它规定了居民国对跨国经济活动的所得，具有广泛的征税独占权。联合国范本保持了以上规定，但却又在前项规定之后，新增了一条补充规定，即“缔约国一方居民的各项所得，凡本协定各条未作规定，而发生在缔约国另一方的，也可以在另一国征税。”[②] 这就是说，只要所得是发生在缔约国另一方的，就可以由所得来源国的这一方行使征税权，这有利于维护作为所得主要来源国的发展中国家的税收权益，只是还有些不够彻底。

（二）电子商务冲击传统的国际税收规则，更不利于所得来源国行使征税权

在经济全球化和科技快速进步的新形势下，互联网络和数字技术

---

① 以上规定参见中国国际税收研究会编：《中国税收协定实务全书》，人民出版社版，第 911、921 页。

② 以上两项参见中国国际税收研究会编：《中国税收协定实务全书》，人民出版社版，第 913、923 页。

得到巨大发展，跨国经营活动中的电子商务，相应迅速涌现。这是利用现代信息技术和计算机网络进行的一种交易活动形式，它对两个国际协定范本确定的国际税收规则，造成了重大冲击，其主要表现是：

1. 冲击传统的常设机构税收规则。常设机构税收规则是避免双重征税协定的两个国际范本，用来协调企业的居民所在国与所得来源地所在国在跨国经营活动中，税收权益分配关系的一项重要税收规则，它以企业是否在所得来源国设有符合规定的固定营业场所，以及利润是否属于该常设机构所有为标准，而确定该项营业利润，是否在所得来源国征税。现在电子商务不必再依赖固定营业场所或代理人等有形固定营业场所，只要有一个网站、一台电子交易系统服务器和相关电子交易软件，就可进行交易，是虚拟化电子代码，并不一定需要固定营业场所。这个网站或服务器，是否可认为是固定营业场所，难于确定，常设机构税收规则的运用，就有障碍了。在不认定为常设机构的情况下，通过传统的常设机构税收规则，由所得来源国行使的这部分征税管辖权，依据两个国际范本规定的“缔约国一方企业的利润应仅在该国征税”的税收规则，就转由居民企业所在国行使，这将进一步扩大居民企业所在国的独占征税权，剥夺所得来源国应有的税收权益。

2. 冲击按所得类别规定的税收规则。传统的国际税收规则，是按所得性质分类确定征税办法。现电子商务的数字化无形产品，有时很难区别是销售货物抑或是提供劳务及特许使用权。此项数字化无形产品，如被确认为特许权使用费，依据联合国范本的规定，在付款所在地的所得来源国，就有按限制税率的征税权；如被确认为销售货物的营业利润所得，则因无常设机构，依据两个国际范本规定，所得来源国不能征税，只能由提供此项数字化无形产品的居民企业所在国征税。

3. 冲击所得来源所在地的确认。所得来源所在地的确认，关系到本国境内与境外所得的划分，进而关系到所在国征税管辖权的确定。各国从本国经济情况和利益出发，都有其不尽相同的所得来源地确认标准，或境内、境外所得划分的标准，在这方面历来有很大冲突。电子商务的网络交易，其上传、下载，往往要经过多个地区，涉及几个国家，这就更使这种冲突复杂化。例如对特许权使用费所得，在传统经济条件下，其所得来源地的争议，有的是主张以研究创造发明地为标准，有的是主张以使用地或付款地为标准。在网络化经济条件下，除上述争议外，又增加了以网络的上传地抑或下载地为标准的争议。无论采取哪个标准，在上传下载过程中，同一项数字化无形产品的交易，都可能涉及几个国家或地区的多个方面，难于适当判定哪个国家或地区，才是适当的所得来源国。

在当前网络时代，由于数字化无形产品的经济活动发生地或所得来源地难于确认，而一国的居民企业则易于确认，一些发达国家，就提出了完全基于属人原则的居民税收管辖权。例如美国 1998 年提出，网站或服务器用于储存数字，其用途类似仓库，符合经合组织范本第五条第四款的准备性、辅助性活动，不能解释为常设机构征税。美国是最大的电子商务产品输出国，其居民企业设在全球各地的网站或服务器，不能解释为常设机构，由该网站或服务器所在国家征税，那么该经营所得的税源，就留给了美国，由美国政府依据两个国际范本规定的税收规则，行使其独占的居民税收管辖权，这进一步剥夺了所得来源国的税收权益。

但是，在网络时代，发达国家行使完全的居民税收管辖权，也难于行通，因其居民企业，可以转移注册登记成立地，把公司改设在低税国家或地区，凭借快捷便利的现代通讯手段，通过网络技术进行管理，从而规避原来所在的居民国征税，这对发达国家也不见得有利。

（三）坚持所得来源地税收管辖优先原则，调整有失公平、合理的国际税收规则

避免双重征税的两个国际范本，特别是经合组织范本，强调行使居民税收管辖权，限制行使所得来源地税收管辖权。由于在国际经贸活动中，商品、劳务、资本输出的居民企业所在国，主要是经济发达国家，而输入国则主要是所得（收入）来源地的发展中国家，这就

让发达国家占有本应属于发展中国家的那部分税收权益；而发展中国家则处于部分税收权益被侵夺的地位，导致国际税收收入分配，向发达国家为主的方向倾斜，这种国际收入分配关系，是不公平合理的。这是因为税收管辖权是国家主权的重要组成部分，而主权是国家在其管辖区内高于一切和对外独自主的固有权力。国家完全按照本身的意志独立自主地决定对内、对外政策，处理国内外事务，而不受外来干涉。国家行使税收管辖权，是国家行使主权的一种具体表现形式。发生于本国领土（含领海、领空）境内的一切跨国经营活动，和由此发生的各项利润所得，以及其他所得，国家理所当然地有行使税收管辖的征税权力。何况国家对本国境内的跨国经济贸易活动，要提供法律安全保护和让其享受各项基础设施和环境设备等各项服务的利益，按照税收受益原则，也应当享有征税管辖权。当然，对于居民企业在国境外的经营活动，作为对本国区域内居民行使管辖权的一个必要组成部分，也是享有一定征税权力，但这毕竟不同于在本国境内发生的经营活动，其征税事宜，首先要服从所在国的税收法律，由该所在地的国家，优先行使所得（收入）来源地税收管辖权。

本着国家之间相互尊重主权、平等互利，理顺税收收入关系，促进国际经济交往的基本要求，在跨国经贸活动中，必须坚持所得（收入）来源地税收管辖权优先的原则，同时，也要兼采居民税收管辖权，让居民企业所在国行使一定的征税权。这样做，对全球经济发展水平不同的国家，都较为公平合理，也不致造成发达国家的损失。近年有些美国专家，基于提高美国境内公司在国外市场的竞争力等原因，也提出要由属人原则的税收管辖权转向属地原则的税收管辖权。据他们测算，美国对境外来源的收入，平均税率只有 2.7%，这意味着转移到美国国库意义不大，采取属地税收管辖权原则，对美国不会造成显著影响。①

---

① 皮特·穆林斯：“转向属地税收管辖权对美国和其他国家的影响”，张文春译，《税收译丛》2007 年第 6 期，第 12 页。

两个国际范本的税收规则，偏向于行使居民税收管辖权，而对行使所得（收入）来源地税收管辖权，则多有限制，它虽不具有国际法效力，但它作为国际范本，是各国签订税收双边协定的重要参考依据，对谈签双边协定，有较大制约作用，为使国际税收规则公平合理，理顺跨国经营活动中的国际税收分配关系，避免双重征税，国际范本必须作实质性的全面修改，重新调整它规定的国际税收规则。不能认为经合组织范本只是那些发达国家相互之间的税收事宜，同发展中国家没有多大关系，而可以不作修改。因为发展中国家也是要同发达国家签订双边协定的，而发达国家为了维持自身利益，往往是要坚持以经合组织范本为基础，来进行谈判，本着“平等互利、对等协商”的基本原则，为便于达成协议，我国对外签订的一些双边协定，也曾作出妥协，采取经合组织范本的某些规定。例如同德国签订的避免双重征税和偷漏税协定，对常设机构计算营业利润的费用扣除范围，就是套用经合组织范本的规定，允许扣除进行营业的各项费用，而未如同联合国范本规定的那样，把常设机构支付给总机构等的特许权使用费和借款利息，排除在允许扣除费用之外。

我们认为，新企业所得税法及其实施条例依据居民企业与非居民企业的不同情况，确定的对其境内外所得征税规则，符合坚持所得（收入）来源地税收管辖权优先，兼顾居民税收管辖权的原则，加以调整补充，就可用来替代避免双重征税协定的两个国际范本的国际税收规则。这就是，凡是在本国境内发生的所得，依据属地征税原则，都应一律依照本国税法在本国征税；其境外所得，依据属人原则，则视居民企业与非居民企业的不同情况，分层次确定其征税权。拟定的具体意见如下：

1. 在本国境内依法注册登记成立的居民企业，本国政府对其境内所得，基于属地原则的所得（收入）来源地税后管辖权，行使独占征税权，享有全部税收收入；对其境外所得，基于属人原则的居民税收管辖权，享有最终征税权，在所得来源国征税后行使。在计算征税时，准许扣除其在境外已纳所得税额。取消两个国际范本规定的居民企业所在国享有税收独占权（常设机构除外）的不合理规定。在这里，修订后的国际税收范本要明确划分境内外所得的标准。

2. 依据外国法律注册登记成立，但实际管理机构设在本国境内的居民企业，本国政府对其境内所得，行使所得（收入）来源地管辖优先征税权，注册登记的所在国家享有基于居民税收管辖权的最终征税权。对此类居民企业的境外所得，所得来源国享有优先征税权，实际管理机构所在国享有基于居民税收管辖权的最终征税权，准许抵免已在境外缴纳的所得税额。

3. 在本国境内设有机构、场所的非居民企业，本国政府对其境内所得，行使所得（收入）来源地优先征税权，其所在的居民国享有基于居民税收管辖权的最终征税权。其境外所得与所设机构有实际联系的，按境内所得征税，但准许抵免已在境外缴纳的所得税款。

4. 在本国境内未设机构、场所的非居民企业，本国政府对其行使所得来源地优先征税权，其所在的居民国，基于居民税收管辖权，享有抵免已在境外缴纳所得税后的最终征税权。属于股息、红利、利息及特许权使用费所得，实行共享税制，由所得来源国按低于一般税率的限制税率先征预提税，其所在的居民国再按其本国税法征税，已征的预提税准许抵免。

5. 电子商务属于居民企业和设有机构、场所进行交易的，其计算机网络，附着于固定的机构、场所，只是以计算机网络为媒介，同传统的商贸活动形式，无实质性区别，可仍按一般的商贸活动税收规定办理。

6. 计算机网络不附着于居民企业和非居民企业的机构、场所进行营业，其服务器或网址，有固定时间、地址的，原则上可按居民企业、非居民企业的一般规定征税。不属于以上情况的，因提供数字无形产品，其计算机网络地址难于捕捉和控制，可考虑改为以消费者付款的所在地为所得来源地，由支付价款的消费者所在国行使所得来源地税收管辖的征税权。为便于控制管理，其征收办法，是由当地税务部门委托经办划拨产品价款的银行，在划拨价款时，依法在其价款中代扣代缴应纳税款。其属一般的数字无形产品，按销售货物的一般税率征税，其属附有条件，限制不得由第三方使用的，按特许权使用费的限制税率征税。

国际税收规则从侧重行使居民税收管辖权，到真正实行所得（收入）来源地税收管辖权优先，是国际税收规则的一个大转变，关系到经济发展水平不同国家的切身利益，转变的历程非常艰巨。我国作为最大的发展中国家，也是刚起步的对外投资国，有责任与广大发展中国家联合在一起，在各种场合，长期地、反复地制造舆论，提出建议，争取促进其早日实现。

本文原载财政部财政科学研究所《研究报告》2008 年第 35 期（4 月 16 日，内刊）；《经济活页文选（理论版）》2008 年第 6 期“完善税收管理体制”专刊。第一、二部分以《完善国内法中的税收管辖权制度》为题，载《财政研究》2008 年第 6 期；第三部分以《根据新税法，适时修订避免双重征税协定》为题，载《中国税务报》2008 年 6 月 18 日理论专刊财税理论版。全文收入财政部财政科学研究所编:《热点与对策 · 2007—2008 年度财政研究报告》，中国财政经济出版社 2009 年版；入选国家税务总局编委会编：《2009 年中国税务年鉴》“税收文选”篇，中国税务出版社 2009 年 12 月版；北京市国际税收研究会编：《北京市国际税收研究会理论调研文集（2008 年）》，中国税务出版社 2010 年 10 月版。

争取修订避免双重征税协定的国际范本

《经济合作与发展组织避免双重征税的协定范本》（以下简称“经合组织范本”）和《联合国关于发达国家与发展中国家避免双重征税的协定范本》（以下简称“联合国范本”）是国际上避免双重征税协定的两个范本。经合组织范本是一些经济发达国家共同协议制订的，它强调行使居民税收管辖权，限制行使所得（收入）来源地税收管辖权，有利于维护发达国家权益，不利于发展中国家。联合国范本是由联合国组织专家小组制定的，与经合组织范本相比，它更注重维护发展中国家的权益，取消和放宽了行使所得（收入）来源地税收管辖权的部分限制。但它仍保留了较多限制，在相当程度上，仍是偏向于维护发达国家对居民税收管辖权的行使，有损发展中国家的税收权益。网络时代电子商务的发展，对发展中国家行使所得（收入）来源地税收管辖权更为不利，因此，必须争取全面修订这两个国际税收协定范本，重构国际税收规则。

一、对两个国际税收协定范本制定的国际税收规则的分析

两个国际税收协定范本都是按所得性质划分类别、确定其征税规则的。它们对所得来源国行使所得（收入）来源地税收管辖权进行不尽相同的限制，明显有失公平、合理。现按所得类别分析如下。

（一）对营业利润征税规则的分析

企业从事经营活动取得的营业利润是企业取得所得的主要项目。两个范本第七条对其确定的征税规则都是：缔约国一方企业的利润应

仅在该国征税，但该企业通过设在缔约国另一方的常设机构进行营业的除外。如果该企业通过在缔约国另一方的常设机构进行营业，其利润可以在另一国征税，但其利润应仅以属于该常设机构的为限。即企业的营业利润，只能由居住国行使居民税收管辖权，不管是企业来源于居住国境内的营业利润，还是来源于境外的营业利润，都由居住国独占征税权，所得来源国一方则必须放弃征税权。其中，虽然也设置了“常设机构”的税收协调原则，允许常设机构所在国行使所得（收入）来源地税收管辖权，对常设机构的营业利润征税，但同时又对常设机构所在国征税进行了限制，让常设机构所在国实际少征税，甚至征不到税。而这部分的征税权，就留给了投资企业的居住国。

经合组织范本设置的限制征税规定，主要体现在以下三个方面：一是提高常设机构的构成条件，把一些固定的营业场所明确排除在常设机构之外，让常设机构所在国不能就其营业利润征税；二是征税范围限于归属常设机构的利润，不归属于该常设机构的利润，常设机构所在国不能征税，应仅由取得者为其居民企业的投资所在国征税；三是计算营业利润，准许扣除常设机构所发生的各项费用，而不论其发生于常设机构所在国或其他任何地方。

联合国范本大致保持了经合组织范本上述三方面的限制条款，只在若干方面对限制程度有所放松，而未在根本上加以改变。其主要表现为：一是稍许缩小了不认定为常设机构的固定营业场所的范围，略微降低了构成常设机构的条件。二是在采取“利润归属原则”的同时，又增加“引力原则”，即对常设机构利润征税的范围有所扩大，不但常设机构本身经营活动取得的专属于自己的利润可以由常设机构所在国征税，而且投资国的居民企业通过其国外的常设机构进行的货物、商品或其他经营活动，只要与常设机构本身的销售或经营活动相同或类似的，其获取的利润也可以由常设机构所在国征税。这样，就扩大了所得来源国对常设机构的征税权。三是在营业利润的计算中，缩小了准予扣除的范围。联合国范本明确规定，常设机构支付给总机构或其他办事处的特许权使用费和提供特种劳务或管理支付的手续费以及借款利息（金融业除外），都不准在计算应纳税所得额时扣除。这样可避免投资国居民企业变相把常设机构的利润提走，从而保持了常设机构应有的利润水平，减少了常设机构所在国的税收损失。

（二）对特许权使用费征税规则的分析

经合组织范本第十二条规定："发生于缔约国一方支付给缔约国另一方居民的特许权使用费，如果该居民是特许权使用费的受益所有人，应仅在另一国征税。"即对特许权使用费，只能由取得该项所得的受益者的居住国独享征税权，排除了该项所得的来源国的征税权。取得特许使用费的一般都是经济技术发达国家，按经合组织范本定的征税规则，来源于本国境内、境外的该项所得，只能由该居民的居住国享有征税独占权，而不考虑所得来源国的权益。此项规定维护了发达国家的税收权益，剥夺了发展中国家的税收权益。

联合国范本对以上征税规则作了改变，承认缔约国双方都有征税权，实行分享税制。只是征税的适用顺序，是提供特许使用权的居民居住国排列在前，而支付特许权使用费的所得来源国排列在后，并且在所得来源国征税时，按照协定范本的规定，应使用低于一般税率的限制税率，具体税率由缔约国双方协商确定。

（三）对股息、利息征税规则的分析

两个协定范本都规定，签订协定的双方对股息、利息，可以在取得股息、利息的居民所在国征税（适用顺序排列在前），也可在所得来源国依照该国法律征税（适用顺序排列在后），但应实行限制税率。经合组织范本规定的股息限制税率是：受益所有人直接持有支付股息公司至少25%资本的，其限制税率不应超过5%，其他情况不应超过15%；其规定的利息限制税率是10%。这样的限制税率较低，有利于资本输出国，限制了发展中国家对征税权的行使。而联合国范本规定，限制税率由缔约国双方谈判确定，较为灵活。

（四）对转让财产所得征税规则的分析

经合组织范本在第十三条对转让财产所得列有四款规定：一是缔约国一方居民转让位于缔约国另一方的不动产取得的收益，可以在另一国征税；二是转让缔约国一方企业在缔约国另一方常设机构营业财产部分的动产，或者附属于缔约国一方的居住者在缔约国另一方设有从事独立个人劳务活动的固定基地的动产而取得的收益，包括转让整个常设机构（单独或随同整个企业）或该固定基地取得的收益，可以在另一国征税；三是转让从事国际运输的船舶、飞机、内河运输的船只或附属于经营上述船舶、飞机或船只的动产取得的收益，应仅在该企业实际管理机构所在的缔约国征税；四是转让第一、二、三款所述的财产以外的任何财产取得的收益，应仅在转让者为其居民的缔约国征税。

联合国范本完全维持了以上四款规定，同时又增加了两款规定：一是转让一个公司股本的股票取得的收益，该公司的财产又主要直接或间接由位于缔约国一方的不动产所组成，可以在该国征税。这是按不动产转让征税规则，由不动产所在国征税。二是转让前款以外的股票取得的收益，该项股票又相当于参与缔约国一方居民公司的股权的一定百分比（比例由双方谈判确定），可以在该缔约国征税。联合国范本新增加的这两款，维护了所得来源国应有的权益，但对其他财产转让所得，同经合组织范本一样，还是维护了作为主要投资者的发达国家的权益。

（五）对“其他所得”征税规则的分析

经合组织范本第二十一条规定：“缔约国一方居民的各项所得，不论在什么地方发生，凡本协定上述各条未作规定的，应仅在该国征税。”这是一项概括性的税收规则，它规定了居住国对跨国经济活动的所得具有广泛的征税独占权。联合国范本保持了以上规定，但又在前项规定之后，新增了一条补充规定：“缔约国一方居民的各项所得，凡本协定上述各条未作规定，而发生在缔约国另一方的，也可以在另一国征税。”即只要所得是发生在缔约国另一方的，就可以由所得来源国行使征税权。这样，有利于维护作为所得主要来源国的发展中国家的税收权益。

二、电子商务对传统的国际税收规则的冲击

（一）对传统的常设机构税收规则的冲击

常设机构税收规则是避免双重征税协定的国际范本用来协调企业的居住国与所得来源国在跨国经营活动中税收权益分配关系的一项重要税收规则。它以企业是否在所得来源国设有符合规定的固定营业场所以及利润是否属于该常设机构所有为标准，来确定该项营业利润是否应在所得来源国征税。

电子商务不必依赖固定营业场所，只要有一个网站、一台电子交易系统服务器和相关电子交易软件就可进行交易。网站或服务器是否可认为是固定营业场所很难确定，因此，常设机构税收规则的运用出现了困难。在不认定为常设机构的情况下，通过传统的常设机构税收规则，由所得来源国行使的这部分征税管辖权，依据国际税收协定范本规定的“缔约国一方企业的利润应仅在该国征税”的税收规则，就转由企业居住国行使，这将进一步扩大企业居住国的独占征税权，剥夺所得来源国应有的税收权益。

（二）对按所得性质分类确定征税办法的税收规则的冲击

传统的国际税收规则是按所得性质分类确定征税办法。在电子商务的条件下，面对数字化的无形产品有时很难区别是销售货物或是提供劳务及特许使用权。数字化无形产品的所得，如被确认为特许权使用费，依据联合国范本，在付款所在地的所得来源国有按限制税率的征税权；如被确认为销售货物的营业利润所得，则因无常设机构，依据国际税收协定范本，所得来源国不能征税，只能由提供此项数字化无形产品的居民企业居住国征税。

（三）对所得来源地确认规则的冲击

所得来源地的确认关系到本国境内与境外所得的划分，进而影响到所在国税收管辖权的确定。各国从本国经济情况和利益出发，都有

不尽相同的所得来源地确认标准或境内与境外所得划分标准，因而冲突较多。电子商务条件下的网络交易，其上传、下载往往要经过多个地区、涉及几个国家，这就使冲突更加复杂。

在网络时代，由于数字化无形产品的经济活动发生地或所得来源地难以确认，而一国的居民企业则易于确认，因此，一些发达国家提出了完全基于属人原则的居民税收管辖权。但是，在网络时代，发达国家行使完全的居民税收管辖权，也难以行得通。因为其居民企业可以转移注册登记地，把公司改设在低税国家或地区，凭借快捷便利的现代通讯手段，通过网络技术进行管理，从而规避在原居住国的纳税义务。

三、对修改国际税收规则的具体建议

本着国家之间相互尊重主权、平等互利，理顺税收收入关系，促进国际经济交往的基本要求，在跨国经贸活动中，必须坚持所得（收入）来源地税收管辖权优先的原则，同时，也要兼采居民税收管辖权，让居民企业所在国行使一定的征税权。这样做，对全球经济发展水平不同的国家，都是较为公平合理，也不致造成发达国家的损害。目前，各国参考的两个国际税收协定范本的税收规则都偏向于居民税收管辖权，而对行使所得（收入）来源地税收管辖权则多有限制。它们虽然不具有国际法效力，但是作为国际范本，是各国签订双边税收协定的重要参考依据，对谈签双边协定有较大的制约作用。为了使国际税收规则公平合理，理顺跨国经营活动中的国际税收分配关系，避免双重征税，笔者认为，国际税收协定范本应作实质性的修改，重新调整现有的国际税收规则。具体建议如下：

1. 在本国境内依法注册登记成立的居民企业，本国政府对其境内所得，基于属地原则的所得（收入）来源地税收管辖权，行使独占征税权，享有全部税收收入；对其境外所得，基于属人原则的居民税收管辖权，享有最终征税权，在所得来源国征税后行使。在计算征税时，准许扣除其在境外已纳所得税税额。取消国际税收协定范本有

关居民企业所在国享有税收独占权（常设机构除外）的不合理规定。修订后的国际税收协定范本要明确划分境内外所得的标准。

2. 依据外国法律注册登记成立，但实际管理机构设在本国境内的居民企业，本国政府对其境内所得，行使所得（收入）来源地优先征税权，注册登记所在的居住国享有基于居民税收管辖权的最终征税权。对此类居民企业的境外所得，所得来源国享有优先征税权，实际管理机构所在国享有基于居民税收管辖权的最终征税权，并准许抵免企业已在境外缴纳的所得税税额。

3.. 在本国境内设有机构、场所的非居民企业，本国政府对其境内所得，行使所得（收入）来源地优先征税权，其居住国享有基于居民税收管辖权的最终征税权。其境外所得与所设机构有实际联系的，按境内所得征税，但准予抵免其已在境外缴纳的所得税税款。

4. 在本国境内未设立机构、场所的非居民企业，本国政府对其行使所得来源地优先征税权，其所在的居住国，基于居民税收管辖权，享有允许企业抵免已在境外缴纳的所得税后的最终征税权。属于股息、红利、利息及特许权使用费所得的，实行共享税制，由所得来源国按低于一般税率的限制税率先征预提所得税，再由居住国按其本国税法征税，所得来源国已征的预提所得税准许抵免。

5. 电子商务属于居民企业和在本国设有机构、场所的非居民企业进行交易的，其计算机网络，附着于固定的机构、场所，只是以计算机网络为媒介，同传统的商贸活动形式，无实质性区别，可仍按一般的商贸活动办理。

6. 计算机网络不附着于居民企业和非居民企业设在本国的机构、场所进行营业的，其服务器或网址，有固定时间、地址的，按居民企业、非居民企业的一般规定征税。不属于以上情况的，因提供数字无形产品，其计算机网络地址难于捕捉和控制，可考虑改为以消费者付款的所在地为所得来源地，由支付价款的消费者所在国行使所得来源地优先征税权。为便于征管，其征收办法应由当地税务机关委托经办划拨产品价款的银行，在划拨价款时，依法在其价款中代扣代缴应纳税款。其属于一般的数字无形产品的，按销售货物的一般税率征税；其属于附有条件、限制不得由第三方使用的，按特许权使用费的限制税率征税。

国际税收规则从侧重于居民税收管辖权的行使，到真正实行所得（收入）来源地税收管辖权优先，是国际税收规则的一大转变，关系到经济发展水平不同的国家的切身利益，任务非常艰巨。我国作为最大的发展中国家，也是刚起步的对外投资国，有责任与广大发展中国家一起，在各种场合，长期地、反复地进行宣传，提出建议，促使其早日实现。

参考文献：

（1）中国国际税收研究会《中国税收协定实务全集》，人民出版社 1997 年版。

（2）皮特·穆林斯著，张文春等译“转向属地税收管辖权对美国和其他国家的影响”，《税收译丛》2007 年第 6 期。

载《涉外税务》2008 年第 8 期。

完善税收管理体制研究

完善税收管理体制，是深化财税体制改革、完善宏观调控体系、构建有利科学发展的财税体制的重要一环，在完善税制，合理划分中央、省和市县三级税种及其收入归属的基础上，针对现行税收管理体制存在的矛盾问题，税收立法权的纵向划分，要在统一税政的原则下，调整中央集权过多的现状，区别各地方税种，在生产要素自由流动性、税源移动性和对宏观经济影响方面的差别情况，不同程度地把部分立法权，下放到省级，并允许在一定范围内，自行立法，报中央批准，开征区域性地方税种。税收立法权的横向划分，要积极地逐步转变授权行政立法化的现状，减少和规范授权行政立法，采取“全国人大及其常委会立法为主，国务院及其财政税收主管部门立法为辅”的税收立法配置模式，尽快完善我国税收法制体系。税收执法权的划分，要改变国税、地税两套征税主体对同一税种交叉征管的现状，完全按中央、共享、地方税种确定征管执法权。为适应现实情况，也可考虑把共享税中的个人所得税完全划归地税系统征管。当地国税局与地税局可协商相互代征、代管属于对方征管的税种，并进行各种形式的税收合作，提高工作效率。

一、完善税收管理体制意义重大

税收管理体制是国家对税收管理工作在中央和地方及其职能主管部门之间，划分各自权限和职责，行使法定的税收权力，进行税收管理的根本制度，是国家税收的一项基本制度，也是国家整个财政管理体制的重要内容。

划分税收管理权限、完善税收管理体制，就我国来说，贯彻科学发展观，依据“统一领导、分级管理”和“合理分权”的原则，正确处理中央和地方及其职能主管部门在税收管理的集权与分权的关系，从而充分调动中央和地方的两个积极性，规范其职能主管部门行使法定的税收权力，按照国家方针、政策的要求，加强税收管理，实现税收法治，既保证税收政策法令的集中统一，又利于地方因地制宜处理问题，更好地完成税收的各项重要任务，加速发展社会主义市场经济，促进经济社会全面协调可持续发展。这是深化财税体制改革，完善宏观调控体系，强化宏观调控功能，构建有利科学发展的财税体制的一个重要环节。

根据国家历来发布的财政、税收管理体制法规和一般认识，税收管理权，包含以下三种基本权力：

1. 税收立法权。一般是指国家立法机关或经其授权的国家行政机关为调整税收关系，依照法定权限和程序，制定、发布或修改、补充、调整、解释和废止税收基本法律规范的权力，这是税收立法权的基本内容。税政调整权和减免税权，即适应特殊情况和情况变化对税政进行一些调整和对某些税收全部免征、部分减征的权限，也包括在立法权内。如就广义来说，则是泛指国家机关依照法定权限和程序，制定、发布或修改、补充、调整、解释和废止各种税收法律规范的权力。

2. 税收执法权。或称税法执行权。一般是指行使税收执法权的国家行政机关，依照国家税法规定，具体实施税款征收、税务管理和税务检查的权力。

3. 税收司法权。一般是指有关国家机关依法对税收案件进行侦查、检察、审判、并使生效的判决、裁定得以执行，维护税收秩序的权力。

以上三权，税收立法权是确定调整国家与纳税人间税收关系的根本和行使税权的起点，是依法行使税收执法权、司法权的基础和前提。税收执法权是贯彻税收法律规范的具体实现和保证。税收法律规范是否能正确圆满贯彻，在很大程度上决定于税收执法是否完善；而税收法律规范是否完善并与征管水平相适应，也影响实际执行的效果。税收司法权是贯彻实现税收法律规范的政策意图，顺利推进税收执法的强有力保障，在某些情况下，也可检验税收法律规范和税收执法存在的个别问题，三种税权构成相互独立、相互协调、相互制约的有效机制。

至于税法解释权，则包含在以上三种税权内，按解释机关的不同，分为三种，一是税收立法解释权，即由立法机关或其授权机关对税收法律、法规及规章制度等规范性文件，就其宗旨、含义和具体适用，作出解释、说明，以及规范，保证该税收法律规范性文件圆满实施的权力。一般是哪级机关发布的文件，就由哪级解释，也可授权其他机关解释。二是执法解释权，即由执法的行政机关按照法律规范性文件的授权，对税收法律规范的具体运用问题，所作的行政解释。三是司法解释，指最高人民法院和最高人民检察院对税务行政和刑事案件如何应用法律问题所作的解释或正式规定。

在 1994 年实施分税制财政体制改革前，国务院历次发布的税收管理体制文件，基本上是就以下各项管理权限，在中央和地方及其职能主管部门之间进行划分：

（1）税收政策的确定；（2）税法的制定和颁布。如税法、税收条例、税则等基本法规的制定和颁布施行；（3）税法实施细则的制定和税法的解释；（4）税种的开征与停征。即开征什么税种，何时开征；停征什么税种，何时停征。（5）税目税率的增减与调整。即对现行税法规定的税目、税率，进行某些增减变动。（6）减税、免税和加税的确定。另外，还有对不同税类、税种征收管理权的划分。

至于税收收入归属权，虽与划分税收管理权限、完善税收管理体制密不可分，但根据国家历来发布的财政、税收管理体制和社会一般认识，它主要属于财政管理体制的内容，且作者在 2008 年 8 月已有《合理划分中央、省和市县三级税种及其收入归属，完善分税制财政体制》的研究报告，这里就不再赘述。税收司法权主要属于司法问题，这里也不涉及。本文主要是着重对税收立法权的纵向划分、横向划分和税收执法权划分三个方面的体制完善，进行探讨。

二、完善税收立法权纵向划分体制：适当下放地方税立法权

（一）现行税收立法权的纵向划分体制和存在问题

改革开放前，根据各个不同时期的政治经济情况与整个财经管理体制相适应，税收管理体制有过五次较大的变动，主要都是在中央与省级政府之间，划分税收立法管理权。总的情况是，税收立法权基本集中在中央，但在不同时期，也都对省级政府有大小不同程度的放权，主要是下放一些税种的税政调整权和减免税权。

改革开放初期，大致仍执行 1977 年 1 月 13 日国务院批准的税收管理体制规定，但在不同年度有所调整。例如 1988 年 3 月，全国人大通过的国家预决算报告，确定从 1988 年起，把 15 个税源较小和分散的税种，算作地方性税收，下放到地方管理，实际执行中，有些地方税种的减免税和审批权，已在不同程度上下放给地方。而 1992 年 9 月 4 日公布的税收征收管理法，却又把税收减免限定为税收法律和行政法规列举的范围。

1994 年实施的分税制财政体制，对划分税收立法权的体制，作了重大变革。1993 年 12 月 15 日发布的《国务院关于实行分税制财政体制的决定》明确规定："中央税、共享税以及地方税的立法权都要集中在中央。"1998 年 3 月 12 日发布的《国务院关于加强依法治税，严格税收管理权限的通知》，对此再次作了明确。国家还把减免税统一到中央制定的税法上来，1992 年 9 月 4 日制定、1995 年 2 月 28 日和 2001 年 4 月 28 日修订公布的《中华人民共和国税收征收管理法》总则第三条明确规定："税收的开征、停征以及减税、免税、退税、补税，依照法律的规定执行；法律授权国务院规定的，依照国务院制定的行政法规的规定执行。任何机关、单位和个人不得违反法律、行政法规的规定，擅自作出开征、停征以及减税、免税、退税、补税和其他同税收法律、行政法规相抵触的决定。"这样，除税收法

律、行政法规列举的项目外，地方对地方税也无减免税的权力。1994年实行分税制财政体制时，规定地方对屠宰税、筵席税、牧业税有开停征权和税政调整权，但这几个税种，在2005—2008年都已先后被取消。当时对20世纪80年代以前发布的七个小地方税种暂行条例中规定的由省级制定暂行条例实施细则或实施办法，可是其中的车船使用税和车船使用牌照税已于2006年12月合并改革为车船税，并于2007年2月，由财政部和国家税务总局公布暂行条例的实施细则；耕地占用税暂行条例也于2007年12月修订后，由财政部和国家税务总局公布了暂行条例实施细则；城市房地产税则于2009年1月1日起被取消。现剩下的，只有城市维护建设税、城镇土地使用税、房产税三个税种暂行条例中规定的由地方制定实施细则办法未作变更。除此以外，其他所有税种，包括地方税在内的税收立法权或税政管理权都集中在中央。这种税权的高度集中，比过去高度集权的计划经济体制时期更严格。税收立法权的这种高度集中，适应了20世纪90年代中央集中财权的要求，有利于保证中央政令统一，提高“两个比重”，维护国家统一市场和企业平等竞争，推进社会主义市场经济体制的建立和发展。但随着社会主义市场经济体制的建立和逐步完善经济的发展变化，它的负面影响也日益明显地暴露出来，主要是：

第一，据统计，地方担负的事权支出占整个财政支出的比重，2006年为75.3%，2007年为77%；而地方财政收入分别只占这两年整个财政收入的47.2%和45.9%，地方财政的自给能力严重不足。地方税收规模小，加上没有必要的地方税立法权，难以很好地运用税收杠杆促进发展地方经济开辟财源，是造成事权与财权、财力不匹配的一个重要因素。这不利于调动地方积极性、主动性，也影响地方政府积极落实中央政策的程度，影响中央宏观调控能力和宏观调控的实际效果。

第二，地方税是适应地方经济社会发展需要开征的税类，其征收管理与地方经济社会情况结合较为密切，地方没有一定的税收立法权，就难以很好地结合当地实际情况，使地方税与发展变化的市场经济、复杂的地方经济情况及千差万别的税源情况相适应，从而影响真正具体地、恰当地贯彻落实国家税收政策要求，充分发挥其调节经济、改善分配、保证收入的应有作用。近年来，中央减免地方税的现象增多，也在一定程度上影响了地方财政预算安排和财政经济工作效率。

第三，在政府职能仍有缺位、失位，中央地方事权处在动态调整过程中，地方财力缺口较大，加之地方没有适当的地方税立法权，为解决财政收不抵支的矛盾，地方难免把收入目标转向限制较宽松的收费、集资等方面，转向较易取得巨大收入的土地转让收入方面，以至一些地方的此项收入，竟超过了正常的税收收入，导致预算外、制度外收入膨胀，税收秩序混乱、腐败现象丛生，在很大程度上也剥夺了原占有土地的农民的应有利益，影响构建和谐社会。

第四，近年来，地方政府干预税收执法、越权减免、以言代法、以权代法的现象仍屡禁不止，导致地方实际非法滥用税收立法权，破坏税收法制，影响国家宏观调控，这同地方缺少法定的地方税立法权有一定联系。

第五，地方税制改革滞后，地方税收入规模小，又没有适当的税收立法权，地方无法开征适应地区经济社会发展的区域性地方税种和增列税目，影响了建立完善的地方税体系，也影响了建立健全分税制财政体制，特别是省以下的分税制财政体制改革难以突破。

第六，中央全揽税收立法权，而税收司法权高度分散，由县、市基层侦查、检察审判，基于地方保护主义，在一定程度上增加了税收执法的难度。

（二）在统一税政的前提下，适当下放地方税立法权

适当划分中央和地方的税收立法权，是完善税收管理体制的核心环节，也是健全地方税体系和分税制财政管理体制以至整个财税体制的重要方面。2003 年 10 月，党的十六届三中全会通过的《中共中央关于完善社会主义市场经济体制若干问题的决定》明确规定，要在“统一税政的前提下，赋予地方适当的税政管理权。”2005 年 10 月，

党的十六届五中全会通过的《中共中央关于制定国民经济和社会发展第十一个五年规划的建议》也提出，要“合理界定各级政府的事权，调整和规范中央与地方、地方各级政府间的收支关系，建立健全与事权相匹配的财税体制。”2006年10月，党的十六届六中全会通过的《中共中央关于构建社会主义和谐社会若干重大问题的决定》，对此再次作了明确，强调要“进一步明确中央和地方的事权，健全财力与事权相匹配的财税体制。”这是党中央的一项重要战略决定。

前述税政管理权，就是广义的税收立法权。因为税收立法是指国家权力机关及其授权机关，依据法定权限和法定程序制定、修改或废止税收法律规范的活动。它既包括国家最高权力机关及其授权机关制定、修改、废止税收法律法规等基本法律规范的权限，也包括税收法律法规实施细则和办法的制定、修改、废止的权限。实施细则、办法是税收法律法规最全面、广泛的解释和具体补充，实质是一种补充立法，还包括税种的开征、停征权和税收基本法律规范的解释权，也可包括税目的增减与税率的调整权、税收减免优惠和加征权等税政调整或税政管理权。这些都可归属于法律规范。依据完善社会主义市场经济体制和构建社会主义和谐社会的要求，当前税收立法权全部集中在中央，而地方无权的格局，已不适应经济社会的发展变化要求，我们必须认真正视现行税收立法权划分体制在中央、地方间存在的现实矛盾问题，探索贯彻落实党中央关于赋予地方适当税政管理权的方针，以完善税收立法体制，进而促进建立健全与事权相匹配的财税体制。

我国是单一制政体的中央集权型国家。在增设税种、完善税制，尽可能减少中央地方共享税种，合理划分中央、省和市三级税种及其收入归属的基础上，本着统一全国税收大政，强化中央宏观调控能力的方针，除中央税、中央地方共享税和关系全局税收征收管理的立法权，应集中在中央外，为便于地方有效地实现职能，因地制宜、因时制宜、灵活机动处理本地区事宜，健全分税制财政体制的要求，在统一全国税政的前提下，也应区别地方税种的不同类型，让地方分享地方税的部分立法权或税政管理权。我们的思路是：

1. 全国统一开征，生产要素自由流动性、税源移动性较强，对宏观经济较有影响的地方税种，如营业税（现中央还少额分成，要改为完全的地方税），由中央统一立法和解释，包括制定税种的基本法律、法规及其实施条例细则。但在税种的基本法律规范中，授予地方一定范围、幅度的税政调整权、稽征办法制定权。

2. 全国统一开征，生产要素自由流动性、税源移动性较弱，对宏观经济影响范围较小，区域性特征较明显的地方税种，如房地产税等，中央制定税种的基本法律规范，地方制定该基本法律规范的实施细则、稽征办法，并授予地方税基本法律规范的解释权、税目和税率调整权、减免优惠和加征权、计税价格评价评估权等。

3. 在保证国家宏观经济社会政策法规有效实施，不影响中央宏观功能，不挤占中央税、共享税收入，不影响边邻地区经济利益的前提下，省级人民代表大会及其常委会根据实际需要可自行立法，开征区域性的地方税种。该自行立法的税种基本法规，应先报经国务院审查批准才可实施，并应报全国人大常委会备案。

4. 前列3项授予地方的一定税收立法权或税政管理权，限于下放到省级人民代表大会及其常委会和省级政府。有些权限也可下放到副省级的市。地方行使授权不当的，中央有权变更、废止。在将来的中央、省、县（市）三级政府体制下，对县级主体税种及县级其他税种的幅度税率具体选择适用和评议价格征税等方面，必要时也可在较小范围内，授予市县级人民代表大会及其常委会和市县级政府很有限度的税政管理权。

以上思路的理由是：

1. 我国地域辽阔，各地经济发展很不平衡，加之还有不少的少数民族地区，在全国统一开征的地方税种的基本法律规范，由中央制定、税收大政方针得到统一的情况下，区别不同地方税种，赋予地方一定限度、受到控制的部分立法权或税政管理权，既可维护和强化中央宏观调控能力，地方也有一定的税政管理机动权，便于依据本地区资源特点和税源情况，运用税收杠杆调整经济结构，调节收入分配，促进经济社会发展，开辟收入财源。这就增强了税收法律制度对地区间复杂情况的适应性和有效性。当前，地方财力不适应其担负的职能和事权的需要，针对此种情况，世界银行前些时候曾会同我国有关部门，经8个月的调研，提出中国财政体制需要重新平衡的研究报告。建议中有一条就是为地方政府提供新的独立的收入来源，着重谈了地方税的选择权力和税率设定权问题。看来，赋予地方对地方税的一定立法权，不失为促进经济社会发展、缓解地方财政困境的重要举措，也有利于理顺中央、地方收入分配关系，构建中央与地方和地方各级间的和谐关系，增强国家的整体宏观调控能力。

2. 我国税外收费严重泛滥，其中80%以上都是地方收费，不仅侵蚀税基，冲击征税，而且对各方面的危害都很大。虽经多年整顿，仍未见根本好转。地方税外收费，无论在名称、来源和数额上都有很大差别。在费改税中，不可能都由中央设立同样的税种统一解决，而地方有了一定的税收立法权，就有畅通的渠道，可以进行全盘规划，把属于税收性质的收费并入相关的规范性地方税种，或另开征新地方税种，使之纳入税收轨道，也便于严加整顿其他收费，从而有效地医治这种痼疾，为理顺财税正常秩序，建立合理的公共财政收入分配格局，创造良好条件。

3. 我国地区间经济社会情况很不相同，各有特色，也有不尽相同的区域性税源，需要运用税收杠杆进行特殊调控。例如我国当前的一些大中城市盛行饲养以犬为主的宠物，就可借鉴国际通行做法，由当地单独开征区域性的宠物税，以利于调节收入分配，调整经济结构，节约资金、物资消耗，协调社会关系，维护和谐气氛，增加财政收入。

4. 联邦制的国家，特别是美国，州和市（县）两级都有独立的税收立法权。世界上单一制政体的国家，赋予地方一定的税收立法权也已成为国际发展趋势。例如日本是单一制政体的国家，就赋予地方较大的税收立法权。日本地方税分为法定地方税和法定外地方税两种。法定地方税虽由中央制定税种基本法，但只规定税法的原则和大纲，地方税税目、课税客体、课税标准及其赋课征收，都由地方议会决定并自行颁布条例实施。法定外地方税，在不与中央税重复征收、不违背中央财经政策的限制条件下，地方议会有权自行选择税源，自行立法，在报经自治省大臣会同大藏省审议、批准后，即可开征适用于本地区的新税种。现日本已有41个地方政府开征了这类税种。

5. 我国实行分税制财政体制前的40多年间，税收管理体制有过5次较大变动。对税收立法权或税政管理权，在总体上是中央集权的前提下，有时中央集权多些，有时又下放地方较大权限。即使是高度集权的1950年，当时发布的《全国税政实施要则》，也曾规定，凡有关地方性税收，属于县或省范围的，得由县、省和大行政区政府分别行使一定的立法权。而1958年税收管理权的较大下放，则凡属可由省、自治区、直辖市管理的税收，都交给省级自行管理，如收入小的7个地方税种的管理权都下放了。仍然由中央管理的税收，在一定范围内，也授予省级机动调整的权限，如允许对一些主要税种在规范范围内实行减免税、加税和调整税额。国务院1977年批转的《关于税收管理体制的规定》，是在实行分税制财政体制前的最后一个税收管理体制单独法规，虽上收税权较多，但仍允许省级对房地产税、车船使用税等少数税种制定税收条例的实施细则。对当时仅存的两个主要税种——工商税、工商所得税，在有限制的范围内也授予省级一定的减免税权。以上税收管理体制适应了各阶段的政治经济情况和财政体制的要求。

三、完善税收立法权横向划分体制：全国人大及其常委会立法为主，国务院及其财税主管部门立法为辅

（一）税收立法权横向划分现状分析

改革开放前的长时期内，我国基本上是实施税收行政立法，属于最高权力机关立法的，只有三项，即由全国人大常委会1956年5月3日通过的《文化娱乐税条例》；1958年6月3日通过的《中华人民共和国农业税条例》；1958年9月13日原则通过的《工商统一税条

例（草案）》，其余前后开征的几十个税种的税收条例（草案）及暂行条例，以及众多的重要税收政策措施，先是由政务院及政务院财政经济委员会立法，后是由国务院立法，有些也由财政部立法。1977年11月13日国务院批转的《关于税收管理体制的规定》，对税收立法权的划分规定："凡属国家税收政策的改变，税法的颁布和实施，税种的开征和停征，税目的增减和税率的调整，都由国务院统一规定。并明确财政部有5项税收立法权或税政调整权，即有权批准在全省、市、自治区范围内停（免）征或者开征某一种税；在全国范围内对卷烟、酒等重要应税产品减税、免税，等等。

改革开放后，适应对外开放迅速发展的新形势，需要制订涉外税法，鉴于国外普遍是国会立法，实行税收法定主义的原则，为与国际衔接，便于涉外税法顺利推行，第五届全国人民代表大会于1980年9月10日审议通过并公布了《中华人民共和国中外合资经营企业所得税法》和《中华人民共和国外国企业所得税法》，1981年12月13日审议通过并公布了《中华人民共和国外国企业所得税法》，1991年4月9日两种企业所得税法，合并为《中华人民共和国外商投资企业和外国企业所得税法》。

对于内资企业、单位、个人的征税也增强了由最高权力机关立法的理念，采取了由全国人大常委会授权国务院行政立法的方式。这有两次专门的税收立法授权和一次范围广泛的经济体制改革立法授权。第一次是专门的税收立法授权，是1984年9月18日第六届全国人民代表大会常务委员会通过的《全国人民代表大会常务委员会关于授权国务院改革工商税制发布有关税收条例草案试行的决定》，规定：决定授权国务院在实施国营企业利改税和改革工商税制的过程中，拟订有关税条例，以草案形式发布试行，再根据试行的经验加以修订，提请全国人民代表大会审议。国务院发布的以上税收条例草案，不适用于中外合资经营企业和外资企业。由于这次授权，适应当时引入市场调节机制，实施有计划商品经济体制的急迫要求，国务院在很短期间内，就制定颁布了多个税收条例草案，顺利进行了改革后的第一次全面性税制改革，由过去较为单一的税制，及时地建成了一个由37个税种和两种基金组成的多税种、多层次、多环节的复合税制调节新体系，从整体上转变了税收机制，大大拓宽了税收调控作用范围，强化了税收调控力度。第二次是包括税收在内的经济立法权。1985年4月10日第六届全国人民代表大会第三次会议通过《关于授权国务院在经济体制改革和对外开放方面可以制定暂行规范或者条例的决定》，规定："授权国务院对于有关经济体制改革和对外开放方面的问题，必要时可以根据宪法，在同有关法律和全国人民代表大会及其常务委员会的有关决定的基本原则不相抵触的前提下，制定暂行的规定或者条例，颁布实施，并报全国人民代表大会常务委员会备案。经过实践检验，条件成熟时，由全国人民代表大会或者全国人民代表大会常务委员会制定法律。"第三次又是专门的税收立法授权，1993年12月29日第八届全国人民代表大会常务委员会第五次会议通过《全国人民代表大会常务委员会关于外商投资企业和外国企业适用增值税、消费税、营业税等税收暂行条例的决定》，规定："在有关税收法律制定以前，外商投资企业和外国企业自1994年1月1日起，适用国务院发布的增值税暂行条例、消费税暂行条例和营业税暂行条例。除增值税、消费税、营业税外，其他税种对外商投资企业和外国企业的适用，法律有规定的，依照法律规定执行，法律没有规定的，依照国务院的规定执行。"这就把税收授权立法的范围，扩大到了外资经营企业。适应了当时开始建立社会主义市场经济体制，急需统一税制，公平税负，改善投资环境的紧迫需要。国务院依据此项授权，在很短期间内，制订颁发了多个税种的基本法规，并且这些法规，依据1985年4月的经济立法授权，已不再称"条例草案"，而是统一改称"暂行条例"。从而顺利实现了改革开放后第二次全面性税制改革，建立了适应社会主义市场经济发展的税制框架，推动了社会主义经济体制的加速建立，并从收入分配方面，保证了党和国家各项战略决策的完成。

国务院主管财政、税收部门——财政部、国家税务总局、海关总署以及作为议事协议机构的国务院关税税则委员会，也在各自职能范围内，进行税收立法工作，发布有关税收的规章和规定。国务院办公厅发布的机构设置和编制“三定”方案，对各税收主管部门的职责分工，在不同时期有所调整，具有交叉性，在有些方面，界限不易划分。现在执行的情况是：税法草案由财政部、国家税务总局共同审议上报，财政部长是国务院组成人员，接受国务院委托，向全国人大常委会提出税收法律草案起草说明报告。国务院发布的各税种暂行条例，由财政部、国家税务总局共同审议制定暂行实例的实施细则，联名发布。较为重要的税政措施也都由这两个单位联名发布。一般的税收业务问题和征收管理事宜，则由国家税务总局单独发布规定。至于关税，海关总署的职责，偏重于拟定关税征收管理条例及其实施细则，组织实施关税和其他国境税费征收管理，依法执行反倾销、反补贴和保障措施。国务院关税税则委员会的职责、偏重于审定调整关税税率，修订关税税则的税目、税号方案，批准有关国家适用税则优惠方案，审议重大关税政策和对外关税谈判方案，提出拟定和修订进出口关税条例草案。国务院关税税则委员会由财政部长牵头与有关部委和署局领导人组成，财政部负责该委员会的日常工作。

在现有的19个税种中（内有一个已于2006年停征），只有两个半税种，是经全国人大及其常委会正式立法。两个税种即企业所得税和个人所得税。由于在全国人大常委会制定的《中华人民共和国海关法》中专列了“第五章关税”，对关税的税制的基本要素作了原则规定，而国务院制定发布的《中华人民共和国进出口关税条例》，对《海关法》的规定作了细化，并进行了全面补充，因而这个税种，可说是一半由最高权力机关立法，一半是授权由国务院行政立法。另外，全国人大常委会还制定发布了《中华人民共和国税收征收管理法》。除上述以外的其他税收基本制度，都是授权由国务院行政立法。各项重要税收制度，也是由国务院及其税收主管部门行政立法。国家税务总局编的《中华人民共和国税收基本法规（2009年版）》，共编列53项税收法规。其中全国人大及其常委会通过的单独税收法律3项，含有关税若干税制要素内容的法律一项，作出的决定和补充规定3项，共计7项；国务院制定发布的税收条例、暂行条例和税法实施条例或实施细则18项，作出的决定规定4项，共计22项；其余24项均属财政部、国家税务总局、海关总署发布的税收暂行条例实施细则和其他规章制度。这还不包括国务院各税收主管部门和国务院关税则委员会发布的其他为数众多的有关税政的规章制度和规定。这表明我国现在的税收立法，确实是以行政立法为主导。

2000年3月15日第九届全国人大第三次会议审议通过和公布《中华人民共和国立法法》，对宪法规定的国家机关立法作了细化和大量补充。明确规定：税收基本制度只能制定法律，但该事项未制定法律的，全国人大及其常委可以授权国务院根据需要，先制定行政法规。授权决定应当明确授权目的、范围、授权立法事项，经过实践检验，制定法律的条件成熟时，由全国人大及其常委会及时制定法律。对照原来广泛一揽子税收立法授权，导致税收立法行政化倾向，近来舆论出现非议，认为影响税法的严肃性、权威性，有的甚至主张取消税收行政立法，都统一由全国人大及其常委会立法。我们认为对于这个问题，要历史地、客观地、辩证地看待，应当充分肯定原来的税收立法授权取得的重大成果，税收立法要面对瞬息多变的复杂经济事务，要求的科学性、政策性、技术性、时效性都很强，对于存在的问题，只能采取渐进式的改革方式逐步解决，决不是一提税收法定主义原则，所有税法就都要由最高权力机关制定。

（二）税收横向立法权配置的设想和理由

依据《中华人民共和国立法法》，授权税收行政立法范围，要逐步缩小。原已授权由国务院制定的各税种暂行条例，属于税收根本制度，国务院要总结实践经验，研究提出法律草案，在时机成熟时，有步骤地逐个使之上升为税收法律。必须减少和规范授权行政立法，加快制定各税种的税收法律，采取“全国人大及其常委会立法为主，国务院及其财政、税收主管部门立法为辅”的税收横向立法配置模式，尽快完善我国税收法制体系。

税收立法权的划分是一项重大的税收基本制度，要通过将来制定的税收基本法，进行法律规范，在税收基本法中，要有以下明确规定：

1. 税收基本法必须由全国人大确定、修改，全国人大常委会解释。

2. 全国性税种的基本法律规范、税收征管的全国基本法律规范，关系税收基本制度重大决策的基本法律规范，必须由全国人大及其常委会制定法律和修订。对某些适应经济情况变化，需要变动的事宜，在有关法律条文中，明确由国务院掌握处理（如个人所得税的每月生活费用扣除标准、关税的税目、税率调整，避免频繁修订税收法律）。

3. 前条规定事项中未制定法律的，全国人大及其常委会有权作出决定，授权国务院根据实际需要，就部分税种等的基本法律规范，暂先制定税收行政法规试行。授权决定应明确授权目的、范围和试行期限，在授权立法试行期限内，国务院应当抓紧总结经验，研究提出法律草案，由授权机关正式立法。

4. 依据宪法和法律规定，国务院制定税收法律的实施条例，解释税收法律，制定规范税收基本制度以外的税收行政法规，发布调整法律规定范围的税政调整决定。

5. 国务院财政税收主管部门（财政部、国家税务总局、海关总署以及国务院关税税则委员会），制定税收行政法规的实施细则，解释税收行政法规，制定贯彻执行税收法律、行政法规的部门规章。

以上设想的理由是：

1. 税法是税收制度法律规范的正式文本。税收制度有基本税收制度与非基本的一般税收制度。税法也有税收基本制度的法律规范，与一般税收制度的法律规范，其立法层次，随之就有税收法律、税收法规、税收规章制度之别，但不论是何名称，都应属税法之列。按照《立法法》第八条、第九条的规定，基本税收制度立法，必须是制定法律，或授权行政立法，而对一般税收制度，依据《宪法》第八十九条和《立法法》第五十六条的规定，国务院应是有权制定税收行政法规，进行法律规范。税收法律的实施条例，依据法律作出调整某些税政的决定，税收基本法以外的税收法律解释都无碍税收基本制度，是属一般税收制度的法律规范，税收基本法需要明确国务院享有此种权限，以利完善税收法制体系，也避免一些同志误会，认为所有税法都应由全国人大及其常委会制定。

2. 税收法律与税收法规各有所长，也有所短。最高权力机关制定的法律、地位、级次、效力高，权威性、规范性、稳定性强，但制定程序较复杂，周期长，修改也较难，对政治经济形势的发展变化适应性较差；而行政机关制定的法规，情况正好与此相反。世界各国的实践，一般都是这两者有机地结合起来运用。现一些国家已有不同程度的税收授权立法。

3. 我国正处在社会主义市场经济体制完善时期，经济体制还在逐步改革完善，社会经济情况发展变化迅速，新情况、新问题不断涌现，为了有针对性地、及时有效地体现到税收法制建设上来，在一定范围内授权行政立法是必要的；在法律规范的范围内，赋予国务院及其财政税收主管部门在税收调整方面应有的一些权限也是必要的。例如关税税率，作为关税制度的一个基本要素，同贯彻执行国家统一对外经济方针政策，争取实现平等互利的国际贸易，融入世界经济发展主流，充分利用国内外两种资源、两个市场，促进发展国家经济密切关联，但为适应实际需要，与国际税制衔接，必须依据国际通例，按货品细微分类，分定众多税率，并要区别货物原产地国家的不同等情况，实施有差别的最惠国税率、协定税率、特惠税率、普通税率，以及采用关税配额税率、暂定税率，并且适应瞬息多变的国内外情况，作为关税税目税率表的进出口税则内容，每年都会有若干调整。截至2008年12月，我国关税税目总数已逐步增至7758个，都分定税率，是500多页的一个大厚本，此项税目税率，如统由全国人大及其常委会制订，频繁修订，将不胜其烦，也不可能及时适应多变的实际情况，因而关税法将来在由全国人大及其常委会制定的同时，作为关税法组成部分的进出口税则，只宜授权国务院立法，有关税目、税率调整等事项，并宜于授权国务院关税税则委员会适时确定。又如个人所得税法中的工资薪金生计费用月扣除额标准，也宜于授权国务院参照物价指数适时调整，避免频繁修改税法。

4. 国际上普遍是国会制定税收法律，政府制定税收法律的实施条例细则。例如日本的中央税，是由大藏省起草税法，国会审议、批准、颁布；法律的实施细则则由大藏省或自治省会同大藏省制定颁布。美国的联邦税也是由国会制定法律，财政部制定法律实施细则。法律的实施细则是对法律文本的全面解释、补充和明确，对税收行为有重要规范作用。

四、完善税收执法权划分体制：完全按中央、共享、地方税种确定征管执法权

（一）税收执法权划分的现状分析

1994 年实行分税制财政体制改革的一个重大变化是，提出了划分中央税、中央地方共享税和地方税的原则，并区别不同的税种，划分了中央固定收入、中央地方共享收入和地方固定收入。同时，由过去的一套工商税务机构，改为设置国家税务系统和地方税务系统两套税务机构。原则上是国家税务系统主管中央固定收入和中央地方共享收入的征收管理执法工作，地方税务系统主管地方固定收入征收管理的执法工作。并对两套税务机构征收管理执法范围，作了具体划分。

1996 年 1 月国务院发出通知，又对两套税务系统的职权作了具体划分，规定：

1. 国家税务局系统。国家税务局设中央、省（自治区、直辖市）、地（市、州、盟）、县（市、旗）四级，实行由国家税务总局垂直领导制，统一负责中央税、共享税及国家指定的税种和基金的征收管理，具体包括 10 项税收的征收管理。

另据有关规定，国家税务总局的垂直领导制是指国家税务总局对全国税务系统实行机构、编制、人员、经费垂直领导和管理、监督其

税收执法情况。

2. 地方税务局系统。地方税务局按行政区划设置，其管理体制按地方各级人民政府组织法的规定办理。省级地方税务局实行地方人民政府和国家税务总局双重领导，以地方政府领导为主的管理体制。国家税务总局对省级地方税务局的领导，主要体现在税收政策、业务的指导和协调，以及国家统一的税收制度、政策的执行监督和经验交流等方面。省级地方税务局的局长人选，由地方人民政府征求国家税务总局意见后，按当地审批程序任免。地方税务局主要负责地方税征收管理的执法工作（不包括已明确由国家税务局负责征收的地方税部分），共计 15 项。

其后，另据有关规定，省、自治区、直辖市对其辖区内的地方税务局系统的机构、编制、人员、经费实行层级垂直领导和管理。

至于两套税务系统征收管理执法权的范围，由于多年来税种及其收入归属的调整，也有所变动。现在的一般情况是：

1. 国家税务局征收管理的执法职权范围：

（1）属于中央税的，有国内消费税（不包括海关代征的进口环节部分）、车辆购置税。

（2）属于中央地方共享税的，有国内增值税（不包括海关代征的进口环节部分）；部分企业所得税（包括中央企业、中央与地方所属企业、事业单位组成的联营企业、股份制企业、地方银行、非银行金融企业、海洋石油企业、2002 年 1 月 1 日以后注册的企业、事业单位；2009 年以后新成立的企业，依据是否征增值税等标准，其执法的范围又有所调整）；个人所得税中的储蓄存款利息所得部分；印花税中的股票交易印花税部分，以及铁道部门、各银行总行、各保险公司总公司集中缴纳的企业所得税、营业税、城市维护建设税。

（3）以上各税的补税、滞纳金、罚款。

2. 地方税务局征收管理的执法职权范围：

（1）属于纯地方税的。有房产税、城镇土地使用税、土地增值税、车船税、固定资产投资方向调节税（已暂停征收），大部分地区的契税、耕地占用税（2009年以后，已全部由财政部门移交地方税务局征管）。

（2）属于中央地方共享税的，有资源税；上述国家税务局征收范围以外的部分企业所得税、极大部分营业税、城市维护建设税和一般性印花税。

（3）以上各税的补税、滞纳金和罚款。

至于进出口关税征收管理的执法，则是由海关系统负责。海关系统实行垂直管理体制，海关总署是主管全国海关工作的行政执法机构，实行垂直领导制，领导和管理全国海关机构（分署和各个分关）负责关税，代征进口环节增值税、消费税、车辆购置税、船舶吨税和有关收费的征收管理执法工作。

农业税类征收管理执法工作，1994年以前是由财政系统负责，1995年中央又将这一职能划归国家税务总局。省以下的职能则由地方人民政府根据实际情况决定，实际执行情况多数地区仍是由地方财政部门负责征收农（牧）业税和契税、耕地占用税。2006年取消农业税后，只有少数地区仍由地方财政部门负责征收契税、耕地占用税，2009年起，规定划归地方税系统征管。另外，财政系统负责税收执法监督，并负责与税务机关实施税收资料普查和其他工作，在一定范围内行使税收执法权。

（二）存在的问题及其改进

国税、地税两套税务机构税收执法存在的矛盾主要是：

1. 征管主体交叉，矛盾问题较多。同一种税往往是划由两套税务系统分别征收管理，而职权划分的标准又多种多样。例如企业所得税是中央地方共享税，不是由国税系统一个部门完全管理，而是根据企业隶属关系、企业的性质、组织的形式、企业登记注册的时间和是否属于缴纳增值税的企业等多项标准，分属国税、地税局行使执法权。据2008年《中国税务年鉴》的数字计算，2007年的企业所得税，实际由国家税务局组织征收的，占该税总额的64.17%，其余35.83%则由地方税务局组织征收；外商投资和外国企业所得税的前项比例，国税局占94.92%，地税局占5.08%。个人所得税的前项比例，国税局占16.75%，地税局占83.25%。又如与增值税有关的个体户税收集贸市场税收涉外税收中的地方固定收入，规定由国家税务局征收，而不是由地方税务局征收。这导致出现矛盾：一是划分征管权界限不清，国税、地税两局相互争夺税源；二是征管职责不明，放松管理，以致税收流失；三是国税局征收属于地方所有的税，地税局征收属于中央所有的税，往往出现错库现象；四是工作中争议较多，处理复杂，影响和谐关系和行政效率。

2. 同一纳税人往往同时要面向两家税务局，甚或因两家税务局争议而无所适从，费时费事，税收成本增加。

3. 多年来，税收收入归属权一直上收，原是地方税种的，改变成了中央地方共享税，属于纯地方税的范围日益缩小，有自主权的地方税收入份额大幅下降，可是实际担负的征管工作并未减轻，不利于调动地方的积极性、主动性。解决矛盾问题的关键是要结合正税清费的改革，增设税种，基本上是增设地方税种。要把现在实际属于中央地方共享的营业税、印花税、城市维护建设税改为纯粹的地方税，其中印花税的证券交易部分，改为独立的证券交易税，划为中央税。在这个基础上，根据中央同地方各级的财政、财力与其担负和行使事权职能相匹配的原则，重新合理划分中央、省和市县三级税种及其收入归属，完善分税制财政体制。划分三级税种后，就按税种的不同，确定其征管执法权。中央税和中央地方共享税的征管执法权，专属国税系统；省（自治区、直辖市）税、省级和市县级共享税和市县级税的地方税的征管执法权，专属地税系统。为便利分工合作，允许当地国税局和当地地税局在协商一致的情况下，相互委托代征、代管属于对方征管执法的税种，仍解缴对方金库。地方税务局实行同级人民政府与上级地方税务局双重领导制，国家税务总局与省级人民政府对省级地方税务局实行双重领导制。

有种观点认为，为解决现在的征管主体交叉，导致的矛盾问题，要合并国、地税两个系统。看来这并不适宜，理由是：

1. 前述税收执法中出现的问题，主要不是分设两套税务机构造成的，而是现在对税收执法权分工有多项标准，形成执法分工的复杂化造成的。只要通过正式立法，统一分工标准，明确中央税、中央地方共享税的执法权，都归国税系统，地方税执法权都归地税局，只设个别例外条款；同时明确规范国、地税局间的协调配合，信息交流，共用资料，联合办公，纳税检查联系，相互委托代征代管等必要制度，即使现行分税制财政体制，不作大的变动，一些矛盾问题也能基本解决，从而提高工作效率，减少征收成本。

2. 分税制的分税分级管理是个一般性原则，分税分级后，关系到各级政府及其财税部门的切身利益，他们必然会认真关怀和促进所管税种增收。1994 年分设地方税务局后，在各地党政领导的积极关怀和地税部门的努力下，过去一些不起眼的小税种都大幅度增收，而整个地方税收入也迅速上升。同样，分设国税局，实行中央垂直领导，不受地方政府干预，过去那种为保护地方局部利益而迫使税务局减免税的情况，也就难以发生了。而合并两套税务机构，以上优越性就难以发挥。或是只着重抓大宗税源，完成上级布置的税收收入任务，放松一般小税源的征管，或是只重视归属于本地区所有和共享收入分配比例大的税种，放松对中央税和共享收入分配比例小税种的征管。

3. 两套税务机构合并为一套，实行什么管理体制，是一个难题。如果是中央垂直领导，地方政府处于无权地位，难于调动地方积极性，有失分税制分税分管的本意，如是双重领导，以谁为主，也都难以较好地同时调动中央、地方两个积极性。

4. 国际上分设中央、地方两套税务机构是主流。例如日本的中央税，是由大藏省直属的国税厅及其分支机构征收，地方税由都道府县和市町村所设税务机构分别征收。德国是联邦、州、地方三套税务机构，分别征收各自的专享税，占很大比例的联邦、州、地方所有各类共享税，则统一由州税务机构征收。

5. 现在许多省、自治区的地方税机构是实行省对地、县税务局垂直领导制，这在当前省以下财政体制还未统一建立的情况下尚且可以，将来发展方向是三级政权框架，要实行每级政权，都有其相应的事权、财权、财力、税权的分税分级财政体制，县（市）也要有其主体税种较固定的税收收入权和对其所管税种及收入的相应一定征管执法权，这时省级地税局对县市税局的垂直领导尚且会有困难，更谈不到合并国地税系统以及全国都实行垂直领导。

本文原载财政部财政科学研究所《研究报告》2009年第86期(11月4日，内刊)。全文入选国家税务总局编委会编：《2010年中国税务年鉴》“税收文选”篇，中国税务出版社2010年12月版。分别收入中国财政学会编：《第十八次全国财政理论讨论会文选》，中国财政经济出版社2011年2月版；财政部财政科学研究所编：《热点与对策·2009—2010年度财政研究报告》，中国财政经济出版社2011年7月版；北京市国际税收研究会编：《北京市国际税收研究会理论调研文集（2009年）》，中国税务出版社2011年5月版。部分相关内容以《我国税收执法权划分探讨》为题，摘刊《税务研究》2010年第4期。

完善税收管理体制应合理划分立法权和执法权

随着社会经济的发展变化，现行税收管理体制的某些不完善之处逐渐显现出来。

根据国家历来发布的财政、税收管理体制法规和一般认识，税收管理权主要包含3种基本权力，即税收立法权、税收执法权和税收司法权。由于税收司法权主要属于司法问题，这里不加涉及。本文着重从税收立法权的纵向划分和税收执法权划分的角度，提出完善税收管理体制的具体改革思路。

一、完善税收立法权纵向划分体制：适当下放地方税立法权

（一）现行税收立法权的纵向划分体制和存在的问题

1994年实施的分税制财政体制，对划分税收立法权的体制，作了重大变革。1993年12月15日发布的《国务院关于实行分税制财政体制的决定》明确规定：中央税、共享税以及地方税的立法权都要集中在中央。目前，只有城市维护建设税、城镇土地使用税、房产税3个税种暂行条例中规定的由地方制定实施细则办法未作变更。除此以外，其他所有税种，包括地方税在内的税收立法权或税政管理权都集中在中央。

税收立法权的这种高度集中，适应了20世纪90年代中央集中财权的要求，有利于保证中央政令统一，提高“两个比重”，维护国家统一市场和企业平等竞争。但随着社会主义市场经济体制的建立和经济的发展变化，它的负面影响也日益暴露出来。

第一，据统计，地方担负的事权支出占整个财政支出的比重，2006 年为 75.3%，2007 年为 77%；而地方财政收入分别只占这两年整个财政收入的 47.2% 和 45.9%，地方财政的自给能力严重不足。地方税收规模小，加上没有必要的地方税立法权，难以很好地运用税收杠杆促进地方经济发展、开辟财源，是造成事权与财权、财力不匹配的一个重要因素。这不利于调动地方积极性、主动性，也影响地方政府积极落实中央政策。

第二，地方税是适应地方经济社会发展需要开征的税类，其征收管理与地方经济社会情况密切相关。地方没有一定的税收立法权，就难以很好地结合当地实际情况，使地方税与发展变化的市场经济、复杂的地方经济情况和千差万别的税源情况相适应，从而影响贯彻落实国家税收政策，难以充分发挥其调节经济、改善分配、保证收入的应有作用。近年来，中央减免地方税的现象增多，也在一定程度上影响了地方财政预算安排和财政经济工作效率。

第三，政府职能仍有缺位、失位，中央、地方事权处在动态调整过程中，地方财力缺口较大。为解决财政收不抵支的矛盾，地方难免把收入目标转向限制较宽松的收费、集资等方面，转向较易取得巨大收入的土地转让收入方面，以至一些地方的土地转让收入等，竟超过了正常的税收，导致预算外、制度外收入膨胀，在很大程度上也剥夺了原占有土地的农民的应有利益。

第四，近年来，地方政府干预税收执法、越权减免、以言代法、以权代法的现象仍屡禁不止，导致地方实际非法滥用税收立法权，破坏税收法制，影响国家宏观调控，这与地方缺少法定的地方税立法权有一定联系。

第五，地方税制改革滞后，地方无法开征适应地区经济社会发展的区域性地方税种和增列税目，影响了建立完善的地方税体系，也影响了建立健全分税制财政体制，特别是省以下的分税制财政体制改革难以突破。

（二）在统一税政的前提下，适当下放地方税立法权

在增设税种，完善税制，尽可能减少中央、地方共享税种，合理划分中央、省和县（市）三级税种及其收入归属的基础上，本着统一全国税收大政、提高中央宏观调控能力的方针，适应地方有效实现职能，因地制宜、因时制宜、灵活机动处理本地区事宜的要求，除中央税、中央地方共享税和关系全局税收征收管理的立法权集中在中央外，应区别地方税种的不同类型，让地方分享地方税的部分立法权或税政管理权。

第一，全国统一开征生产要素自由流动性、税源移动性较强，对宏观经济较有影响的地方税种，如营业税（现中央还少额分成，要改为完全的地方税），由中央统一立法和解释，包括制订税种的基本法律、法规及其实施条例细则。但在税种的基本法律规范中，授予地方一定范围、幅度的税政调整权、稽征办法制定权。

第二，全国统一开征生产要素自由流动性、税源移动性较弱，对宏观经济影响范围较小，区域性特征较明显的地方税种，如房地产税等。中央制订税种的基本法律规范，地方制订该基本法律规范的实施细则、稽征办法等。

第三，在保证国家宏观经济社会政策法规有效实施，不影响中央宏观调控功能，不挤占中央税、共享税收入，不影响边邻地区经济利益的前提下，省级人民代表大会及其常委会根据实际需要可自行立法，开征区域性的地方税种。

第四，前列 3 项授予地方的一定税收立法权或税政管理权，限于下放到省级人民代表大会及其常委会和省级政府。有些权限也可下放到副省级的市。地方行使授权不当的，中央有权变更、废止。在将来的中央、省、县（市）三级政府体制下，必要时可在县级主体税种及县级其他税种幅度税率的具体选择适用和评议价格征税等方面，授予县（市）级人民代表大会及其常委会和县（市）级政府很有限度的税政管理权。

二、完善税收执法权划分体制：完全按中央、共享、地方税种确定征管执法权

（一）税收执法权划分的现状

1994 年实行分税制财政体制改革的一个重大变化是，提出了划分中央税、中央地方共享税和地方税的原则，并区别不同的税种，划分了中央固定收入、中央和地方共享收入及地方固定收入。同时，由过去的一套税务机构，改为设置国家税务系统和地方税务系统两套税务机构。原则上是国家税务系统主管中央固定收入和中央、地方共享收入的征收管理执法工作，地方税务系统主管地方固定收入征收管理的执法工作。

（二）存在的问题

国税、地税两套税务机构税收执法存在的矛盾主要是：

第一，征管主体交叉，矛盾问题较多。同一种税往往是划由国税系统和地税系统分别征收管理，而职权划分的标准又多种多样。例如企业所得税是中央、地方共享税，不是由一个税务系统完全管理，而是根据企业隶属关系、企业的性质、组织的形式、企业登记注册的时间和是否属于缴纳增值税的企业等多项标准，分属国税、地税系统行使执法权。这导致出现许多矛盾，如划分征管权界限不清，国税、地税系统相互争夺税源；征管职责不明，放松管理，以致税收流失；国税系统征收属于地方所有的税，地税系统征收属于中央所有的税，往往出现错库现象；工作中争议较多，处理复杂，影响和谐关系和行政效率。

第二，同一纳税人往往同时要面向两个税务系统，甚或因两个税务系统争议而无所适从，费时费事，税收成本增加。

第三，多年来，税收归属权一直上收，原是地方税种的，改变成中央、地方共享税，属于纯地方税的范围日益缩小，有自主权的地方税收入份额大幅下降，可是实际担负的征管工作并未减轻，不利于调动地方的积极性、主动性。

改进的建议。解决矛盾问题的关键是要结合正税清费的改革，增设税种，基本上是增设地方税种。要把现在实际属于中央、地方共享的营业税、印花税、城市维护建设税改为纯粹的地方税，其中印花税的证券交易部分，改为独立的证券交易税，划为中央税。在这个基础上，根据中央和地方各级的财政、财力与其担负和行使事权职能相匹配的原则，重新合理划分中央、省和县（市）三级税种及其收入归属，完善分税制财政体制。划分三级税种后，按税种的不同，确定其征管执法权。中央税和中央、地方共享税的征管执法权，专属国税系统；省（自治区、直辖市）级税、省级和县（市）级共享税及县（市）级税的地方税的征管执法权，专属地税系统。为便利分工合作，允许当地国税系统和地税系统在协商一致的情况下，相互委托代征、代管属于对方征管执法的税种，仍解缴对方金库。

原载《中国税务报》2010 年 3 月 24 日理论专刊“财税理论”版，摘转载自中国国际税收研究会《研究要报》2009 年第 12 期（内刊，12 月 29 日）文章。

要适当下放地方税立法权

税收立法权在中央和地方间的适当划分是完善税收管理体制的核心环节，也是健全地方税体系和分税制财政管理体制，以至整个财税体制的重要方面。2003 年 10 月党的十六届三中全会通过的《中共中央关于完善社会主义市场经济体制若干问题的决定》明确规定，要在“统一税政的前提下，赋予地方适当的税政管理权”。[①] 2005 年 10 月党的十六届五中全会通过的《中共中央关于制定国民经济和社会发展第十一个五年规划的建议》也提出，要“合理界定各级政府的事权，调整和规范中央与地方、地方各级政府间的收支关系，建立健全与事权相匹配的财税体制”。[②] 2006 年 10 月党的十六届六中全会通过的《中共中央关于构建社会主义和谐社会若干重大问题的决定》，对此再次作了明确。前述税政管理权，就是广义的税收立法权，因为税收立法是指国家权力机关及其授权机关，依据法定权限和法定程序，制定、修改或废止税收法律规范的活动。它既包括国家最高权力机关及其授权机关制定、修改、废止税收法律、法规等基本法律规范的权限，也包括税收法律、法规实施细则、办法的制定、修改、废止的权限，该实施细则、办法是税收法律、法规最全面、广泛的解释和具体补充，实质是一种补充立法；还包括税种的开征、停征权，和税收基本法律规范的解释权，也可包括税目的增减与税率的调整权，税

① 《中共中央关于完善社会主义市场经济若干问题的决定》，人民出版社 2003 年 10 月版，第 23 页。

② 《中共中央关于制定国民经济和社会发展第十一个五年规划的建议》，人民出版社 2005 年 10 月版，第 22 页。

收减免优惠和加征权等税政调整或税政管理权，这些都可归属于法律规范。依据完善社会主义市场经济体制和构建社会主义和谐社会的要求，我们必须认真分析税收立法权在中央、地方间划分中存在的现实矛盾问题，探索贯彻落实党中央关于赋于地方适当税政管理权的方案，以完善税收立法体制，进而促进建立健全与事权相匹配的财税体制。

一、存在的问题及其弊端

现行税收立法权划分的依据是1993年12月15日发布的《国务院关于实行分税制财政体制的决定》。该行政法规明确规定："中央税、共享税以及地方税的立法权都要集中在中央"①。1998年3月12日发布的《国务院关于加强依法治税，严格税收管理权限的通知》，对此再次作了明确。国务院还把减免税统一到中央制定的税法上来，在税法具体列举的减免税项目外，地方也无地方税减免权。除屠宰税、筵席税、牧业税等几种已取消或停征的地方税种，地方有开、停征权和调整税政权，以及20世纪80年代以前发布的几个小地方税种暂行条例，规定可由省级制定实施细则、办法外，其他所有税种，包括地方税在内的税收立法权或税政管理权，都集中在中央。这种税权的高度集中，比过去高度集权的计划经济体制时期还更严格。税收立法权的这种高度集中，适应了20世纪90年代中央集中财权的要求，有利于保证中央政令统一，维护国家统一市场和企业平等竞争，但随着社会主义市场经济的建立和逐步完善，经济的发展变化，它的负面影响，也日益明显地暴露出来，主要是：

1. 据统计，近年来地方担负的事权支出，占整个财政支出的72%，而地方财政收入只占整个财政收入的43%，地方财政的自给能力不足60%②。地方税收规模小，加上没有必要的地方税立法权，

① 财政部办公厅编：《财税改革百题问答》，新华出版社1994年3月版，第149页。
② 据历年中国财政年鉴。

难以很好地运用税收杠杆，促进发展地方经济，开辟财源，是造成这种事权与财权不匹配的一个重要因素，这不利于调动地方积极性、主动性，也影响地方政府对中央政策积极响应的程度，影响中央宏观调控能力和宏观调控的实际效果。

2. 地方税是适应地方经济社会发展需要开征的税类，其征收管理与地方经济社会情况结合较为密切，地方没有必要的一定税收立法权，就难于很好地结合当地实际情况，难于使地方税收与发展变化的市场经济、复杂的地方经济情况及千差万别的税源情况充分协调，从而影响真正具体地、恰当地贯彻落实国家税收政策要求，充分发挥其调节经济、改善分配、保证收入的应有作用。近年来中央减免地方税的现象增多，也在一定程度上干扰了地方财政预算安排，降低了财政经济效率。

3. 在政府职能仍有“缺位”、“失位”，中央地方事权处在动态调整过程，尚未明确科学界定地方担负大部分事权支出，而地方财力缺口很大的情况下，加以地方没有适当的地方税立法权，为解决财政收不抵支的矛盾，地方必然把收入目标转向限制较宽松的收费、集资等方面，转向较易取得巨大收入的土地转让金方面，以致一些地区的此项收入竟超过了正常的税收收入，导致预算外、制度外收入膨胀，财税秩序混乱，腐败现象丛生，在很大程度上，也剥夺了原占有土地的农民的应有利益，影响构建和谐社会。

4. 近年来，地方政府干预税收执法，越权减免，以言代法，以权代法的现象仍屡禁不止，导致地方实际非法滥用税收立法权，破坏税收法制，影响国家宏观调控，这些同地方缺少法定的地方税立法权有一定联系。

5. 地方税制改革滞后，地方税收入规模小，又没有适当的税收立法权，地方无法开征适应地区经济社会发展的区域性地方税种，影响了建立完善的地方税体系，也影响了建立健全分税制财政体制。特别是省以下的分税制财政体制改革难以突破。

第六，中央全揽税收立法权，而税收司法权是高度分散，由县市基层侦查、审判，基于地方保护主义，在一定程度上增加了税收执法的难度。

二、改革的设想和理由

我国是单一制政体的中央集权型国家，为统一全国税收大政方针，强化中央宏观调控能力，除中央税、中央地方共享税和关系全局税收征收管理的立法权，都应集中在中央外，为便于地方有效地实现其职能，因地制宜、因时制宜、灵活机动地处理本地区事宜，适应健全分税制财政体制的要求，在统一全国税政的前提下，也应区别地方税种的不同类型，让地方分享地方税的部分立法权或税政管理权，具体设想是：

1. 全国统一开征对宏观经济较有影响的地方税种，如营业税等，由中央统一立法和解释，包括制定税种的基本法律、法规及其实施条例细则，但在税种的基本法律规范中，授与地方一定范围、幅度的税政调整权。

2. 全国统一开征区域性特征较明显的地方税种，如房地产税等，中央制定税种的基本法律规范，地方制定该基本法律规范的实施细则、办法，并授与地方税法解释权、税目、税率调整权、减免优惠和加征权等。

3. 在不影响中央宏观调控功能和其他地区经济发展的前提下，省级人民代表大会及其常委会根据实际需要，可自行立法，开征区域性的地方税种。该自行立法的税种基本法规，应先报经国务院审查批准，才可实施，并应报全国人大常委会备案。

4. 前列三项授与地方的一定税收立法权或税政管理权，限于下放到省级人民代表大会及其常委会和省级政府。地方行使前项授权不当的，中央有权变更、废止。在将来的中央、省、县（市）三级政府体制下，对县级主体税种及县级其他税种的幅度税率具体选择适用和评议价格征税等方面，也可授与县级人民代表大会及其常委会和县级政府一定限度的税政管理权。

以上设想的理由是：

1. 我国地域辽阔，各地经济发展很不平衡，加以还有不少的少数民族地区，在全国统一开征的地方税种，税种的基本法律规范由中央制定，税收大政方针得到统一的情况下，区别不同地方税种，赋予地方一定限度、受到控制的部分立法权或税政管理权，既可维护和强化中央宏观调控能力，地方也有一定的税政管理机动权，便于依据本地区资源特点，运用税收杠杆，调整经济结构，调节收入分配，促进经济发展，开辟收入财源。这就增强了税收法律制度对地区间复杂情况的适应性和有效性。当前地方财力不适应其担负的职能和事权的需要，针对此种情况，最近世界银行会同我国有关部门，经八个月的调研，提出中国财政体制需要重新平衡的研究报告，其建议之一就是为地方政府提供新的独立的收入来源，着重谈了地方税的选择权力和税率设定权问题。看来赋予地方对地方税的一定立法权，不失为促进经济社会发展，缓解地方财政困境的重要举措，也有利于理顺中央、地方收入分配关系，构建中央与地方和地方各级间的和谐关系，增强国家的整体宏观调控能力。

2. 我国税外收费严重泛滥，其中 80% 以上都是地方收费，不仅侵蚀税基，冲击征税，而且对各方面的危害都很大，虽经多年整顿，仍未见根本好转。地方税外收费，无论在名称来源和数额上，都有很大差别，在“费改税”中，不可能都由中央设立同样的税种统一解决，而地方有了一定的税收立法权，就有畅通的渠道，可以进行全盘规划，把属于税收性质的收费，并入相关的规范性地方税种，或另开征新地方税种，使之纳入税收轨道，也便利对其他收费严加整顿，从而有效地医治这种痼疾，为理顺财税正常秩序，建立合理的公共财政收入分配格局创造良好条件。

3. 我国地区间经济社会情况很不相同，各有特色，也有不尽相同的区域性税源，需要运用税收杠杆，进行特殊调控。譬如我国当前一些大中城市饲养以犬为主的宠物盛行。截至 2006 年 7 月，在北京市公安局注册的宠物，就达 53.4 万只，加上未注册的，数逾百万只。据计算，北京市居民每年用于宠物的耗费达 12 亿元以上。许多宠物要耗用进口香波、卵磷脂、钙片、电推子、外贸服装，价格昂贵的外国名牌宠物用品，很受一些人欢迎，现已兴起一批为宠物服务的各色经营企业和单位[①]。由于养狗泛滥，污染环境，恶犬伤人，社会纠纷不断，在不同收入阶层间，人们心理也有不平衡。针对此种情况，除采用行政手段进行管理限制外，也可借鉴国际通行做法，在类同北京饲养宠物较多的城市，由当地单独开征地区性宠物税，这有利于调节收入分配，调整经济结构，节约资金、物力消耗，协调社会关系，维护和谐气氛，增裕财政收入。

4. 联邦制的国家，突出的是美国，州和县两级都有独立的税收立法权。在世界上单一制政体的国家，赋予地方一定的税收立法权，也已成为国际上的发展趋势。例如日本是单一制政体的国家，就赋予地方较大的税收立法权。日本地方税分为法定地方税和法定外地方税两类。法定地方税虽由中央制定税种基本法，但只规定税法的原则和大纲，地方税税目、课税客体、课税标准及其他赋课征收，都由地方议会决定，并自行颁布条例实施。法定外地方税，在不与中央税重复征收，不违背中央财经政策的限制条件下，地方议会有权自行选择税源，自行立法，在报经自治省大臣会同大藏省审议、批准后，即可开征适用于本地区的新税种，现已有 41 个地方政府开征了这类税种。

5. 我国实行分税制财政体制前的 40 多年间，税收管理体制有过五次较大的变动。对于税收立法权或税政管理权，在总体上是中央集权的前提下，有时中央集权多些，有时又下放地方较大权限。即使是高度集权的 1950 年，也对一部分地方税收的减免事宜，授权地方在全国统一税法的范围内具体确定。而 1958 年税收管理权的较大下放，则凡属可由省、自治区、直辖市管理的税收，都交给省级自行管理，如收入小的七个地方税种的管理权都下放了。仍然由中央管理的税收，在一定范围内，也授给省级机动调整的权限，如允许对一些主要税种，在规范范围内实行减免税、加税和调整税额。1977 年国务院批转的《关于税收管理体制的规定》，是在实行分税制财政体制前的

① 以上见《北京晨报》2006 年 8 月 4 日报导。

最后一个税收管理体制法规，虽上收税权较多，但仍允许省级对房地产税、车船使用税等少数税种，制定税收条例的实施细则。对当时仅存的两个主要税种——工商税、工商所得税，在有限制的范围内，也授与省级一定的减免税权。以上的税收管理体制，适应了各阶段的政治经济情况和财政体制的要求。

三、否定下放地方税立法权的论点不能成立

现在有些同志对适当下放地方税立法权，或是否定，或是质疑。有种观点认为，下放税收立法权，地方会利用这种权力，扩大税收规模，出台名目繁多的税种，增加税目，提高税率；会用行政手段，对税收层层加码下达任务，收“过头税”，这会导致冲击、削弱中央宏观调控能力。应当强调，我们主张下放的地方税立法权，是在统一税政前提下，区别不同情况，有限度、有控制地下放一部分权限。一是下放税收立法权的，仅限于地方税种，并不包括中央地方共享税。当然，在共享税基本法律规范中，可以有一定幅度的起征点、免征额等一类弹性规定，但仍是由中央直属的国税局酌情具体选用，不属赋予地方的税政管理权。还有中央对共享税立法或修订，触及地方利益时，需要同地方充分协商，但这只是立法的民主原则，而不是立法权限下放。二是划为地方税的，原则上都是对宏观调控影响不大，或适应地区和区域性明显的税种。并且属于全国性开征的，税种的基本法律、法规，都仍由中央制定、修订，仅是区别宏观影响的不同层次，授与地方不同程度的有限度税收立法权或税政管理权。地方运用权限超度或不当，影响中央宏观调控能力时，中央仍可依法纠正或制止。三是地方开征区域性税种和立法，有不能影响中央宏观调控能力和其他地区经济利益的前提，有需经中央审查、批准以及中央有权变动的严格约束，这只会增强国家的整体宏观调控能力，而难于产生负面影响。还应当强调，在当前经济利益主体多元化格局的大背景下，我们必须充分考虑地方相对独立的经济实体地位，重视其经济利益，而不能简单地用中央利益、目标，来完全代替地方利益、目标，否则不利

于调动地方的积极性、主动性，最终也是会影响中央宏观调控能力，影响中央利益和国家整体利益的实现。

有种观点主张，多分配地方一些财力，用以解决地方财政困难，代替下放地方税收立法权。我们认为，依据当前情况，在明确中央、地方事权的前提下，调整财力分配比例，使其与事权相匹配，固然十分必要，但这终究是在全国固定财力框架内谁多分配、谁少分配一些的问题，其调整分配的财力终究有个限度。不可能设想，把更多的财力，由中央向地方倾斜。稍微多给地方一些财力，并不一定能搞好地方的经济和社会公共事业。特别是财力不等于税权，往往是多给一些财力，并不能解决问题，而下放税权就有所不同。有了适度的税收立法权，就有利于调动地方的积极性、主动性，通过优化地方税制结构，合理设计税制要素，保持适当地方税收规模，来贯彻国家宏观政策意图，充分发挥地方税调节收入分配，促进经济社会发展的应有杠杆作用。决不能只在固定财力的分配数额上用心思，而不在调动地方积极性、主动性方面设想方案，否则就可能兜回到老的“比例包干，分灶吃饭”财税管理体制轨道。

有种观点主张，只采用由地方设计、调整税率一种方式，来代替赋予地方的一定税收立法权。对一些地方税种，赋予地方一定的税率调整权、幅度税率适用权，作为下放地方税立法权的一个组成部分，是必要的，但要把它作为下放地方税立法权的全面代替者，则是不完整的。同时，还要指出，有些调控影响较大的地方税种，其税率调整权，还不宜由地方掌握。特别是有的同志提出，对中央地方共享税中，由地方按比例分配部分，也由地方通过调整税率和减免，来进行控制，更是可能影响其他地区甚或全国范围商品生产流通，影响国家的宏观调控，是不适当的。

还有些同志提出，地方收费改征税，有这样、那样的问题，从而对下放地方税立法权持怀疑态度。或是认为，明的收费改征税了，隐蔽性的收费又会出现，只会增加企业和人们负担。这缺乏事实根据。应当认识，整顿和进行收费改革，是个复杂的系统工程，要多头并进。在费改税的过程中，中央主管部门和省级权力机关还必须颁布严格的地方收费章程，限定收费项目和收费标准，并且限定必须纳入财政预算。在严格收费制度的情况下，地方要增加收入，只会走税收这条明道，而难于走隐蔽收费这条暗道。或是认为，现在的收费，多已实行收支两条线的改革，存在问题不大，费改税已无多大必要。应当认识，在地方无地方税立法权，税收这条明道尚未开通的情况下，现在许多地区，虽然实行收支两条线办法，仍是下达收费和罚款等的任务指标，采取“超收奖励、罚款分成”的体制，形成一些企业、单位和公民的财富无端地被地方一些部门剥夺，地方财政困难依旧。或是认为，费改税后，会造成税收泛滥，应当认识，税收是有严格的法律规范的。将来准许地方开征地区性新税种，要经中央批准；增加税目，调整税率，也要在法律、法规授权的范围内，由省级权力机关和政府确定，所谓税收泛滥，否定适当下放税权的借口，实难成立。

学术研讨会交流论文，分别收入中国财政学会编：《第十七次全国财政理论讨论会文选》，中国财政经济出版社 2008 年 3 月版；中国国际税收研究会编：《完善地方税的国际借鉴研究》，中国税务出版社 2008 年 5 月版；北京国际税收研究会编：《2006 年北京市国际税收研究会理论研讨会文集》，中国社会劳动保障出版社 2008 年 5 月版。

适当下放地方税立法权，完善税收立法体制

中央多次强调，要适当划分中央和地方的税收立法权，调整和规范中央与地方、地方各级政府间的收支关系，建立健全与事权相匹配的财税体制。这是完善税收管理体制的核心环节，也是健全地方税体系、完善分税制财政管理体制以至整个财税体制的重要方面。税收立法是国家权力机关及其授权机关，依据法定权限和法定程序，制定、修改或废止税收法律规范的活动。税收立法权既包括国家最高权力机关及其授权机关制定、修改、废止税收法律、法规等基本法律规范的权限，也包括税收法律、法规实施细则、办法的制定、修改、废止的权限；既包括税种的开征、停征权和税收基本法律规范的解释权，也包括税目的增减与税率的调整权，还包括税收减免、加征等税政调整或税政管理权。完善社会主义市场经济体制和构建社会主义和谐社会，要求我们必须认真分析当前中央和地方税收立法权划分中存在的问题，积极探索赋予地方适当税收立法权的方案，以完善税收立法体制，促进与事权相匹配的财税体制的建立和健全。

一、当前中央和地方税收立法权划分中存在的问题

现行税收立法权划分的依据是《国务院关于实行分税制财政管理体制的决定》（国发［1993］85 号）。该文件明确规定：中央税、共享税以及地方税的立法权都要集中在中央。《国务院关于加强依法治税　严格税收管理权限的通知》（国发［1998］4 号）对此再次明确：除屠宰税、筵席税、牧业税的管理权限已明确下放到地方外，其

他税种的管理权全部集中在中央，地方政府不得在税法明确授予的管理权限之外，擅自更改、调整、变通国家税法和税收政策。

这种高度集中的税收立法权，适应了20世纪90年代中央集中财权的要求，有利于保证中央政令的统一，建立全国统一的大市场，促进市场主体公平竞争。但随着社会主义市场经济体制的逐步完善，高度集中的税收立法权的负面影响，也日益明显地暴露出来。当前中央和地方税收立法权划分中存在的问题和矛盾主要体现在六个方面：

（一）地方政府财权与事权不匹配

据中国财政年鉴统计，近年来地方政府负担的事权支出占整个财政支出的72%，而地方财政收入只占整个财政收入的43%，地方财政的自给能力不足60%。地方税收规模小，加上没有适当的地方税立法权，地方政府难以很好地运用税收杠杆，促进地方经济发展，开辟财源，这是造成事权与财权不匹配的重要因素。不利于调动地方政府发展地方经济的积极性、主动性，也影响到地方政府对中央政策的积极响应，影响到中央政府的宏观调控能力和宏观调控的效果。

（二）地方税调节经济的职能作用没有得到充分发挥

地方税与地方经济社会发展情况的结合较为密切，如没有必要的税收立法权，地方政府就难以使地方税政策与地方复杂的经济情况和千差万别的税源情况充分协调，难以真正具体地、恰当地贯彻落实国家税收政策，充分发挥地方税调节经济、改善分配、保证收入的应有作用。

（三）地方财政收不抵支，财政秩序混乱

在没有适当的地方税立法权的情况下，为解决财政收不抵支的矛盾，地方政府必然把筹集资金的目标转向限制较宽松的收费、集资和土地转让金等方面，这导致一些地区收费、集资和土地出让金收入竟然超过了正常的税收收入，预算外、制度外收入膨胀，财税秩序混乱，腐败现象丛生。

（四）地方政府越权减免税，破坏了税法的严肃性

由于没有足够的税收立法权，预算约束软化，地方政府干预税收

执法、越权减免、以言代法、以权代法的现象屡禁不止。这些现象的存在，实际上说明税收立法权被地方政府非法滥用了。这破坏了税法的严肃性，不利于维护税法的权威。

（五）分税制财政体制改革难以突破

地方税制改革滞后，地方税收规模小，又没有适当的税收立法权，地方政府无法开征适应当地经济社会发展的区域性地方税种，影响了完善的地方税体系的建立，也影响了分税制财政体制的建立健全。特别是省以下的分税制财政体制改革难以突破。

（六）税收执法的难度增加

一方面是税收立法权的高度统一，另一方面是税收司法权的高度分散（由市、县基层侦查、审判）。基于地方政府的地方保护主义动机，税收执法的难度可想而知。

二、适当下放地方税立法权的必要性和可行性分析

基于当前中央和地方税收立法权划分中存在的上述问题和矛盾，笔者认为，适当下放地方税立法权，有其现实的可行性、必要性和紧迫性。

（一）适当下放地方税立法权，有现实的历史基础

在我国实行分税制财政管理体制之前的40多年时间里，在总体上是中央集权的前提下，税收立法权或税收管理权在中央和地方之间的划分，一直是有时中央集权多些，有时又下放给地方较大的权限。即使是在高度集权的1950年，对一部分地方税收的减免事宜，也授权地方政府在全国统一税法的范围内有权具体确定。而1958年税收管理权的较大下放，则将可由省级政府管理的税收，如收入小的7个地方税种的管理权，都下放给省级政府自行管理；仍然由中央管理的税收，在一定范围内也授权省级政府机动调整的权力，如允许省级政府对一些主要税种，在一定范围内实行减免税、加税和调整税额的权力。1977年国务院批转财政部《关于税收管理体制的规定》，收回了以往下放的权限，但仍允许地方政府对房地产税、车船使用税等少数

税种，制定税收条例的实施细则；对当时仅存的工商税和工商所得税两个主要税种，也在有限制的范围内授予省级政府一定的税收减免权。可见，适当下放地方税立法权，在新中国的历史上也是有经验可循的。

（二）适当下放地方税立法权，有现成的国际经验可资借鉴

在联邦制国家中，最突出的就是美国，它的州、县两级政府都有独立的税收立法权。在单一制国家中，赋予地方政府一定的税收立法权，也已成为一种趋势。例如，单一制国家日本就赋予地方较大的税收立法权，日本地方税分为法定地方税和法定外地方税两类。法定地方税虽由中央制定税种基本法，但只规定税法的原则和大纲，地方税税目、课税客体、课税标准等都由地方议会决定，并自行颁布实施条例；法定外地方税在不与中央税重复征收、不违背中央财经政策的情况下，地方议会有权自行选择税源、自行立法，在报经自治省大臣会同大藏省审议、批准后，即可开征适用于本地区的新税种。在日本，已有 41 个地方政府开征了法定外地方税。

（三）适当下放地方税立法权，有利于理顺中央、地方收入分配关系

我国地域辽阔，各地经济发展很不平衡。税权的高度统一，使得税收法律制度难以适应不同地区间的复杂情况，难以与当地经济发展状况相适应、促进地方经济的发展。同时，当前存在地方财力不能满足其担负的职能和事权的需要，必须为地方政府提供新的独立的收入来源。为此，在全国开征统一的地方税种，税种的基本法律规范由中央制定，在税收大政方针得到统一的情况下，区别不同地方税种，赋予地方一定限度、受到控制的部分立法权或税政管理权，既可维护和强化中央政府的宏观调控能力；地方也能有一定的税政管理机动权，便于依据本地区资源特点，开辟收入来源，缓解地方财政困境，运用税收杠杆，调整经济结构，调节收入分配，促进经济社会发展；也有利于理顺中央、地方收入分配关系，构建中央与地方和地方各级间的和谐关系。

（四）适当下放地方税立法权，有利于规范财税秩序

我国税外收费严重泛滥，其中80%以上都是地方政府的收费。这不仅侵蚀了税基，而且会在其他方面产生难以估量的危害。适当下放地方税立法权，地方政府就可以把属于税收性质的收费，并入相关的规范性地方税种，或另行开征新的地方税种，将收费纳入税收轨道，强化对其他收费项目的严格管理，从而为规范财税秩序，建立合理的公共财政收入分配格局创造条件。

（五）适当下放地方税立法权，有利于更好地发挥地方税调控经济的职能

我国不同地区间的经济社会情况很不相同，各有特色，也有不尽相同的区域性税源。适当下放地方税立法权，地方政府可以有效运用税收杠杆，对地区经济发展进行特殊调控。譬如，我国一些大中城市居民饲养宠物盛行，以北京市为例，截至2006年7月，全市依法注册的宠物就达53.4万只，加上未注册的，估计数量超过百万只。据测算，北京市居民每年用于宠物的支出可达12亿元以上。[①] 许多宠物还要耗用进口香波、卵磷脂、钙片、电推子、外贸服装等。宠物服务产业蓬勃发展，各种各样为宠物服务的经营企业和单位很受欢迎。由于宠物饲养泛滥，宠物挤占了人类的生存空间，社会纠纷不断产生。针对这种情况，除采用行政手段进行管理、限制外，也可借鉴国际通行做法，对北京等饲养宠物较多的城市，由地方政府单独开征地区性宠物税。这不仅有利于调节收入分配，而且还有利于建设节约型、环保型的社会。

三、适当下放地方税立法权，完善税收立法体制

我国是单一制的中央集权国家。为统一全国税收政策，强化中央宏观调控能力，中央税、共享税和关系全局的税收征收管理的立法权

① 李岚峰："北京人每年为宠物花12亿　在册犬已达53.4万"，《北京晨报》2006年8月4日。

都应集中在中央。同时，为便于地方政府因地制宜、因时制宜、灵活机动地处理本地区事务，有效实现政府职能，宜根据健全分税制财政管理体制的要求，在全国税政统一的前提下，区别地方税种的不同类型，让地方分享地方税的部分立法权。

一是对已在全国统一开征、对宏观经济有较大影响的地方税种，如营业税等，由中央统一立法和解释，包括制定税种的基本法律、法规及其实施细则。但在税种的基本法律规范中，授予地方一定范围和一定幅度的税政调整权。

二是对已在全国统一开征、区域性特征比较明显的地方税种，如房地产税等，可由中央制定税种的基本法律规范，地方有权制定该基本法律规范的实施细则、办法，并授予地方税法解释权、税目税率调整权、税收减免权和加征权等。

三是在不影响中央宏观调控职能发挥和其他地区经济发展的前提下，允许省级人民代表大会及其常委会根据实际需要，自行立法，开征区域性的地方税种。该自行立法的税种基本法规，应先报经国务院审查批准，才可实施，并应报全国人大常委会备案。

四是前列三项授予地方的税收立法权或税政管理权，仅限于下放到省级人民代表大会及其常委会和省级政府。在将来的中央、省、县（市）三级政府体制下，也可授与县级人民代表大会及其常委会和县级政府一定限度的税政管理权。

五是规定对地方行使税收立法权不当的，中央有权变更、废止。

载《涉外税务》2007 年第 2 期。

九、财税人物、著作评介

新中国财经战线的伟大开拓者——陈云

陈云同志是老一辈无产阶级革命家，为中华民族的独立、解放和新中国的诞生、社会主义事业的建设，建立了不朽功勋，他长期统管全国财经工作，是新中国财经战线的伟大开拓者和奠基者。

“不唯上，不唯书，只唯实，交换、比较、反复”的实事求是思想，是陈云早年总结并终身遵循的行为准则。早在建国前，他就通过深入调查研究，找准矛盾，采取切合实际的对策，从而在1944年主持陕甘宁边区财经工作时，彻底扭转了当时边区财政金融物价的混乱被动局面；又在1948年主持东北大区财经工作时，很快克服了当时东北粮价带头暴涨的严重困难，保证了我百万大军粮弹充足，向辽沈战役前线挺进。

1949年5月，他开始挂帅，统管全国财经工作，强调从中国实践中寻找财经工作的规律。面对当时的通货膨胀，物价飞涨，不是急于先从金融着手，而是致力于掌握重要物资，打击投机资本，取得市场主导权；采取发行公债、整顿税收、精简节约，调剂物资等增收节支措施。在上海亲自蹲点、掌握第一手材料的基础上，提出方案，于1950年主持统一了全国税政、税制；统一了全国财经工作，使国家摆脱了十多年来通货膨胀的困扰，财政收支平衡，人民生活稳定，国民经济走上正常运行轨道；主持了调整工商业，调整税收，正确处理公私等各方面关系，从而扭转了商品滞销，促进了市场繁荣。一“统”、一“调”，使我国国民经济在战争废墟上迅速得到恢复发展。1953年，针对大规模建设后出现的粮食供求尖锐矛盾，建议实施了粮食统购统销政策，相应供给农民必要物资，从而在长时期内稳定了粮食市场，保证了国家需要和城乡供应，也保障了农民的合法利益。

他通过深入探索，首创著名的财政、信贷、物资综合平衡、按比例平衡发展国民经济的原理，坚持反对不顾财力、物力的盲目冒进，虽累受挫折、打击而不改初衷。在他主持制定和实施“一五”计划中，运用了这条原理，也注意了纠正赶速度的冒进势头，使“一五”期间的国民经济在总体上实现了按比例平衡下的快速发展。针对1958年“大跃进”后出现的严重经济危局，不顾曾被毛主席1958年点名批判反冒进“离右派只有五十米”的重要警告，他在1962年初的几次中央会议上，坦陈当时严重的五大危机，提出要有一个为期五年的恢复期及应采取的对策，为中央所采纳。1962年4月再次被任命统管全国财经工作，“调整、整顿、巩固、提高”的重大方针开始落到实处，国民经济较快恢复发展。党的十一届三中全会后，1979年3月，他又一次统管全国财经工作，根据他的建议，中央提出了当时以调整为中心的“调整、改革、整顿、提高”重大方针。在他主持下，深入调查研究，解剖麻雀，采取有力对策措施，过去遭受“文革”长期破坏，濒临破产的国民经济得以较快恢复发展；急于求成的“洋跃进”造成的建设规模过大、严重失调的比例关系，也逐步得到调整，为国民经济的健康、稳定、快速发展、奠定了基础。

他重视发挥市场调节作用，重视同资本主义国家做买卖，与时俱进，放眼世界，强调不要囿于已有经验，要不断研究新情况，解决新问题。早在1956年，他就认为社会主义计划经济体制存在若干弊端，既要坚持计划经济，又要把经济搞活，提出了社会主义经济体制“三个主体”（国营、集体工商业、工农业生产计划、国家市场）、“三个补充”（个体经济、自由生产、自由市场）的著名设想。1962年，他不顾个人安危，当面向毛主席建议“分田包产到户”。1979年又提出，既要有计划按比例这一条，还必须有市场调节另一条，计划经济为主，市场调节为辅。1982年还把计划和市场的关系，比喻为笼子和鸟的关系，强调市场调节是在国家计划宏观控制下发挥作用的。这在当时把计划经济当成社会主义本质特征的特定条件下，对于解放思想，突破高度集中的计划经济体制束缚，探索建立社会主义市场经济体制路子，起了积极促进作用。他在“文革”期间协助周总理抓外贸时，就敏锐地指出，外贸工作75%是对资本主义国家，同资本主义打交道的大势已定，要打破旧框框，对资本主义很好研究。1979年更明确强调，外资和外国技术一定要，而且还要充分利用，但头脑要冷静，并积极推动新时期外经、外贸事业的发展。

陈云的许多言论，诸如关于财政、信贷、物资各自平衡和综合平衡、按比例平衡发展国民经济的原理；关于建设规模的大小，必须和国家财力、物力相适应的观点；关于经济建设和支出安排，“一要吃饭，二要建设”，正确处理人民生活和生产建设的论断，等等，都是新中国财经思想中的璀璨瑰宝，将永放光芒。他的实事求是，为人民利益不怕牺牲的革命精神，更为世人敬仰，他的丰功伟绩和崇高形象，必然永垂史典，永远活在人们心中！

摘载《财政研究》2005年第7期第56、57页。

共产党员先进性的光辉形象

——深切缅怀吴波老部长

吴波老部长在60多年的革命生涯中，为中华民族的解放事业，为社会主义革命和建设事业，奉献了全部精力和心血，长期在全国财税的领导岗位上，以其强烈的革命事业心、高度的政治责任感、超凡的领导艺术、杰出的才能智慧，带领全国财税部门同志，开拓了新中国财税战线新局面，克服了前进中无数艰难险阻，保证财税工作在促进经济社会发展和革命建设事业中，发挥了重大作用。他忠于党、忠于人民、心系群众、严于律己、尽心职责、廉洁奉公；他无私无畏、坚持原则、敢讲真话、办实事，勇于正视缺点错误；他开拓创新、求真务实、不断进取，充分体现了中国共产党人的优良传统、高贵品质、道德风范，是共产党员先进性的光辉形象写照，忠诚共产主义战士的现实楷模。

一、尽心职责　无私奉献　开拓创新　卓著功勋

新中国建立时的财政部，是在原华北人民政府财政部基础上组建的，吴老也由原华北财政部副部长，改任新组建的中华人民共和国财政部办公厅主任。当时的部办公厅主管财经政策（包括财政、粮食、物资、税收等项），部长是薄一波同志兼任，只有两个副部长（其中一个实际较少来部任职）。财政部的许多重大工作，都由吴老参与或主持，直接向周总理、陈云、薄一波等领导汇报。1952年8月就任财政部副部长和其后担任常务副部长、党组副书记，情况更是如此。

由于他在原华北财政部的领导岗位上，研究与建立了华北的工商税收制度和公粮征收制度，情况熟悉，经验丰富，因而从他任财政部办公厅主任起的很长期间内，就分管税收工作（1984 年前的税务总局是财政部直属的一个司局单位），税收工作的每个进程，每项成绩的取得，都与他密切关联。特别是新中国建立时，他的主要精力更是放在税收政策的确立和税制的创建上，深入调查研究，亲自起草文件，严谨细致，尽心尽责，一丝不苟，常是夜以继日地加班加点工作。现着重在税收方面，谈以下三项：

1. 主持研究统一全国税政，创建新中国税制。1949 年 11 月，他具体组织筹划召开了首届全国税务会议，在上海市亲自蹲点两个多月，在取得一手材料的基础上，根据中央决策，综合会议讨论意见，亲自起草了报送中央的会议总结报告，提出增加财政收入，着重于城市税收，不能再加重农民税收负担；提出统一全国税政方案，简化税制，合理负担，除农业税外，全国只设 14 税种，并确定税率依据的标准，得到中央批准。他主持起草和亲自反复修改的《全国税政实施要则》，是统一全国税政、税制、明确税收管理体制的纲领性文件，1950 年 11 月 30 日由政务院通令实施；他主持起草的货物税、工商业税和其他各税暂行条例，以及全国税务机关暂行组织规程，也都经政务院审定，陆续颁布实施；还经他亲自审改，由财政部发布了各税条例施行细则，从而废除了国民党统治区众多名目的苛捐杂税，各革命根据地有较大差别的工商税制也停止执行，建立和逐渐完备了崭新的、统一的社会主义中国税收制度。这样，国家的财政税收工作，就从农村转到了城市，作为国家统一和加强整个财经工作的重要组成部分，立即在扭转当时的财经困难局面、促进和保证国民经济的迅速恢复及发展中，起到了重大作用。

他在 1950 年还主持研究起草了《新解放区农业税暂行条例》，在其后几年，由他审改颁发了一系列农业税法令，初步建立了新中国建立初期的农业税收制度。特别是在 1958 年，适应形势发展，由他主持研究起草了《中华人民共和国农业税条例》，亲自写《条例》

（草案）说明，向第一届全国人大常委会第96次会议报告，阐明“稳定负担，增产不增税”的方针，明确稳定农业税负担的具体政策内容。《条例》在经人大常委会审议通过后，毛主席亲自签署公布，从而废除了原有各革命根据地和新解放区的不同税制，在全国范围内统一实行分地区的比例税制。农业税政策的确立和税制改革，使农业税占农业实产量的负担比重，由国民经济恢复时期的13%、“一五”时期的11.6%，逐步下降为农村税费改革前的2.5%左右，对于大幅度减轻农业税收负担（不包括税外收费），鼓励发展农业，巩固工农联盟，在过去长时期内都收到显著效果。

2. 强调税收作用，抑制“税收无用论”，恢复税收工作正常秩序。生产资料私有制的社会主义改造基本完成和“大跃进”后，社会上涌现了一股“税收无用论”的浪潮，鼓吹税收已完成历史使命，应当“寿终正寝”，退出历史舞台。当时财政部召开的一个重要会议，据原始发言记录，在场的财经专家和领导干部，除一人主张中国可实行苏联式的周转税外，其余全都主张取消税收。1958年10月，我国在农村实行了财政包干，1959年1月在7个城市进行了“税利合一”试点，都不另征税。吴老深入了解试行情况，发现重大矛盾，在1959年5月全国税务会议的讲话中，有创新性地首次论述了税收在生产资料私有制改造基本完成以后的重要作用，特别是突出了税收对全民所有制经济的作用：一是有利于国家有计划地安排生产；二是有利于企业加强经济核算；三是有利于调节社会消费；四是有利于市场物价管理；五是有利于财政积累。强调应该立即按照财政部草拟的办法；在农村恢复征税，在城市停止税利合一试点。这就扭转了当时“左”的倾向的失误，把我国税收工作又拉回到了正常轨道。

3. 研究制定适应改革开放后有计划商品经济发展的新税制。“文革”后，吴老恢复工作，出任财政部顾问，针对税收工作受“文革”的严重破坏，亟应整顿、改革和振兴的迫切需要，他积极向时任财政部长的张劲夫同志举荐贤能，调时任陕西省税务局局长的刘志城同志升任财政部税务总局局长，并帮助解决在中央组织部遇到的调动难题。1978年刘志城同志到任后，在吴老的具体指导或直接领导（吴任部长期间）下，共同合作，1979—1981年，提出了有深远意义的税收三大建设（理论建设、制度建设、干部队伍建设）目标，并组织实施；草拟了经国务院批转的《财政部关于改革工商税制的设想》，明确税制改革的指导思想、原则，要分设和新建的税种及其内容。20世纪80年代初、中期的工商税制改革，就是按照这个《设想》的路子进行的。1980—1983年引进了作为流转税改革方向的增值税，开征了视为禁区的国营企业所得税，建立了独立的新涉外税制调节体系。1984年的工商税制全面改革，吴老作为财政部顾问、党组成员，他也是积极地具体参与，认真策划，力求法制内容尽可能完善，与其他同志一起，彻底扭转了过去长时期形成的税制单一化倾向，创建了多税种、多层次、多环节调节的复合税制新体系，从而配合并促进了经济体制改革、对外开放、经济结构调整，也促进了经济社会全面发展，保证了税收收入大幅度增长。

二、光明磊落 坚持原则 求真务实 不怕牺牲

吴老以其坚强的党性，顾全大局，勇于承担责任，不怕牺牲。国务院财政经济委员会报经政务院第16次会议审议批准，1952年12月31日公布了修正税制通告。1953年初，毛主席指出，这次修正税制，提出“公私一律平等纳税”，违背了党的七届二中全会决定；税制修正方案事前没有报告中央，却同资本家商量，有利于资本主义，不利于社会主义，犯了“右倾机会主义”的“路线错误”（以后改称“原则性错误”），对时任政务院财政经济委员会副主任兼财政部长的薄一波同志进行严厉批评；同年6—8月中央召开全国财经会议，各大区、省（市、区）党政主要领导又就薄一波同志的公开检查，进行尖锐批判。在上述严峻时刻，吴老都当着毛主席和其他领导的面，主动站出来，深刻自我检查，强调此项工作从头到尾都是他搞的，责任在财政部，具体应该由他个人负责。这缓解了对薄一波同志的压力，也解脱了其他领导同志和下属税务总局领导同志的责任。在

1955年8月的全国税务会议上，他仍再次深刻检查错误，把责任都承担下来，直至逝世，对某些情况出入，也从未作任何辩解。他的这种顾全大局，从维护党的高级领导层团结出发，不计个人安危得失、勇担咎责的大无畏精神，长期以来为广大群众所赞誉。

吴老从党和人民的根本利益出发，一贯坚持原则，求真务实，不计个人利害，敢讲真话，办实事，抵制“左”的倾向。1957年对财政部一位司长在外单位学习期间，因一时言语激烈，被外单位划为右派，吴老根据该同志的一贯良好表现，本着对党负责的精神，实事求是地向外单位介绍情况，不避嫌疑，不怕牵连，提出不同处理意见。1958年大跃进中，针对全国刮起的“共产风”对经济的破坏，财政放卫星，虚增虚支的危害，汇集大量实际材料，向中央如实反映存在的严重问题。1964年在河北唐山带队搞社教运动，经过较长期间的深入调查研究，证实当地基层干部大部分是好的或比较好的，烂掉的只是个别人。本着对党、对人民负责的精神，敢于突破文件上说的基层干部烂掉1/3的框框，实事求是地处理问题，解放一大片，并如实向中央反映情况。

1979年4月，党中央提出对国民经济实行“调整、改革、整顿、提高”的重大方针；同年8月，党中央决定吴老任财政部部长、党组书记。当时，“八字”方针的四个方面，调整是中心、是关键，要通过调整当时严重失调的经济比例关系，把遭受“文革”破坏的经济搞上去。吴老紧紧抓住这个重要环节，认真履行全国财政领导岗位的重大职责，排除困难，致力于控制固定资产投资规模，提高投资效益；增加发展农业和轻纺工业资金，减轻农村税收负担，提高城乡居民收入水平，以利于合理调整积累与消费和农轻重等严重失调的比例关系。在他直接领导下，还积极支持财政部财政科学研究所通过中国财政学会深入开展关于财政部门贯彻落实“八字”方针的研究和宣传；积极支持并亲自审查，由财政科学研究所以财政部经济问题调查组名义，在1979年下半年编写了十多期《经济调研简报》，直接报送中共中央办公厅、政策研究室、中财委经济问题调查组等单位，理论与实践紧密结合，以大量数据，积极地如实向中央反映当时忽视协调平衡、求成过急倾向所导致的诸多现实矛盾问题。诸如过大的基建规模不但未调下来，反而更加扩大；财政赤字要超过往年几倍，国家财力不堪重负，风险很大；引进技术设备，部门各自为政，盲目引进，规模过大，投资收益不足以归还自由外汇贷款本息；轻纺工业投资及电力、原料供应比例不断下降，等等，并相应提出了抓紧进行调整、整顿的对策措施。简报内容得到中央高层重视。可能有篇简报措词偏激，有的中央领导在这篇简报的眉批中透露了不满，财政部一位副部长进而批评财研所写的简报泄密，此时，吴老挺身而出，坦言由他负责，宽慰了财研所同志。

他在贯彻当时以调整为中心的“八字”方针中，对财力集中和财力的需要与可能及其合理安排上，与时任国务院总理的赵紫阳同志的有些主张有所不同，本着量力而行、综合平衡、协调发展的要求，不眷恋高官重位，敢于犯颜直谏，直至为顾全大局，于 1980 年 8 月主动让贤、辞去部长职位，推荐王丙乾同志接任。以后改任财政部顾问、党组成员，仍时见其在会议研讨问题中，积极发言，多出谋策，主动协助新任部长工作，并鼓励如实向上反映情况，坚持原则，但要注意工作方法，表现了一个忠诚共产主义战士对党和人民事业的高度责任感。

三、心系群众　廉洁俭朴　严于律己　艰苦磨炼

吴老心系群众，平易近人，同志们常说他对财政部近千名干部，都能叫出名字，见面时会在很远就主动同你亲切招呼，我作为一名普通干部，对此也曾有多次亲身体会。他热情关怀同志们的工作、学习，使人如沐春风。1978 年我由税务总局调回财政科学研究所，就曾得力于他亲自向税务总局领导关说。他生活至为俭朴节约，老旧家具衣物，能凑合使用，就多年也不更换。而对身边有困难的同志、战友亲属、家乡父老，则慷慨解囊，往往是当月工资在扣除接济款后，就所剩无几。他严格要求家人，坚持要孩子留在艰苦边区的基层支

边，不准别人利用他的名义为孩子牟私利。他公私分明，从不收礼，不接受特殊招待，以廉洁正直著称。所住公房，他生前就已安排退回单位，不留给孩子，逝世时只有不到3万元存款，办理丧事后，就所剩无几，生前身后了无余蓄，一身清白，实践了“我是一个无产者”的庄严承诺。

文革初期，他深刻检查执行群众斗群众路线的错误，快速为受打击的群众平反，对主要因写文章而受错误批判的同志，他还在大会上正式宣布人彻底平反，文章也都平反，不留以后可再供审查的尾巴。文革期间，他遭受迫害，没有怨言。有的亲近同志在他遭受残酷斗争期间，出于对老领导的同情关怀，常去探望，他从爱护干部出发，极力劝说千万不要再来，免受牵连。在下放干校劳动期间，除继续深刻反省检讨外，无论是拾粪喂鱼，或代班喂猪，他都是不辞辛苦，尽力尽责。有一次他在猪场代班劳动，遇有一个正持刀偷砍猪场树木者，当时在场的连队干部命令吴老单独押解此人前往校本部处理。这是劳改农场旧址，与劳改犯人杂处，时闻有不法伤人事件，且此人手持砍刀，而吴老不顾个人危险，毅然应命前往。

吴老在财政部几十年领导岗位上的卓越表现和高尚品格，深得同志们的拥戴和尊敬。在1977—1978年的财政部遴选领导民意测验中，同志们都不约而同地投票荐举吴老再任财政部副部长，更是表明了经过“文革”洗礼，财政部同志们对他的无比信赖和崇敬心情。在他恢复工作后，无论是担任部长、党组书记或是部顾问、党组成员，对“文革”中揭批过他的同志，都从未利用手中权力，进行任何形式的打击报复，而是多次强调要爱护干部，以党的财政事业为重。对文革初期曾一度揭批他的一位同志，还看重其杰出才能和优良品德，在他部长任期内，亲自举荐贤能，使之升任副部长。这种高风亮节，广为财政部同志们所赞叹。他与赵紫阳同志原有社会上盛传的“赵、吴之争”的旧嫌，但当赵被罢免，有关单位向其外调时，他并没有落井下石，而是实事求是地说是上下级间工作上的正常争议。

吴老出身旧社会，抛弃高官和优裕生活，毅然投身艰苦的革命环境，自1939年6月参加革命工作，1941年9月加入中国共产党后，一贯按照中国共产党党章规定的标准严格要求自己。由于他的旧社会历史关系复杂，在延安整风中，曾蒙冤入狱，“文革”中又遭迫害，但他始终对党忠贞不渝，坚定地对照共产党员的先进标准，加强锻炼，不断进行世界观、人生观、价值观的自我思想改造。20世纪80年代初，他写下诗句：“面完达摩十年壁，换得金钢百炼身，今日灵台问正果，此身犹愧镜浮尘。”这正是他多年来按照共产党员先进标准进行磨炼，取得脱胎换骨的思想改造的重大成果，而又仍自感不足、存在缺点的生动写照。他借用佛家语言，形象地抒发了一个忠诚共产主义战士的坚定信念、广阔胸怀和远大理想，也表露了学到老、自我改造到老、永无止境、永不满足的虚怀若谷的高尚心境。

吴波老部长无限忠于党，全心全意为人民服务，几十年如一日，无私地奉献了自己的一切。他在新中国财税战线上的丰功伟绩，他的革命情操、高贵品质和道德风范，永远铭记在人们心中，是人们学习的光辉榜样！他是一座永不消逝的丰碑，必将永垂史册，永远为后人景仰！

载《财政研究》2005年第5期。

辉煌的许毅财税理论

许毅教授是我国著名的经济学家和财政学家，全国财政科学研究战线的长期卓越的领导者。他在我国财经科学研究和教育事业中，开辟了许多新天地，其中也包括开拓了中国革命根据地财政经济史研究领域。他著作等身，不断创新，战果辉煌，发展和丰富了中国社会主义财经科学。本文仅对其财税理论的光辉，就个人耳濡目染所及，略举一二。

一、倡导形成财政学主流学派，开创广义财政学

从20世纪50、60年代以来，许毅教授就较早地反复多次提出和论证了财政分配是社会再生产四个环节中的分配环节分化出来的独立分配范畴，财政分配关系，是一种特定的分配关系，属于经济基础；同时，也提出和论证了财政与国家的本质联系，财政活动与行使国家职能的密切关联，揭示了财政分配方式在不同生产方式的社会制度下的特殊性质，这就把财政置于生产力与生产关系、上层建筑与经济基础的矛盾运动中，强调财政学的研究，必须下联系生产力，上联系到上层建筑（即国家职能），并把生产关系上升到生产方式的高度。特别是强调，财政不限于抽象地研究收入与支出，而是要深入到收入、支出活动背后所形成的积累与消费两种基金的合理分配关系，促进协调、稳定、快速发展经济。这就把对财政的本质、主体、目的和规律的认识，提高到了一个新的高度，完全摆脱了当时苏联“货币关系体系论”等的影响。当时他身任财政部财政科学研究所所长和中国财政学会副会长兼秘书长，在他的理论观点影响和有组织地大力倡导

下，“国家分配论”逐渐为全国财经学界极大多数同志所认同，成为财政学主流学派，丰富了财政科学内容，指导了实践活动。应当认为，“国家分配论”中有关财政与国家本质联系的观点，虽非许毅教授一人首创，但他关于“国家分配论”提出的众多丰富多彩的实质内容和不断创新，大力倡导，确实对这个学派的形成和发展，实际起到了创始者的重要作用。

他在1984年出版的《财政学》，突破了传统财政学采用的收（入）、支（出）、平（衡）、管（理）的四块体系的旧框架，以积累和消费两大基金的合理安排为全书主线，深入论述了以正确处理这对矛盾为主导的分层次展开的分配结构问题，论述了分配结构与经济结构相互影响和相互制约关系，论述了财政平衡和国民经济平衡的问题，论述了财政分配与社会经济结构的关系，从而建立了一个全新的财政学理论体系。

随着经济体制改革的深入，财政分配作用发生了变化。他针对“国家分配论”被狭义化理解和演化的倾向，提出在社会主义市场经济体制下，“国家分配论”的表现形式、作用范围、作用方式，肯定不同于传统的计划经济体制时期，必须深入探讨。1993年进一步发出了建立“广义财政学”的倡议，以后又专文探讨了广义财政学的基本思路。要从生产方式与分配方式、经济运行与财政政策、经济基础与国家职能的辩证关系入手，以生产力结构优化为中心，以生产力要素配置和物质利益分配之间相互协调为基点，拓展财政科学研究领域，在更广阔的范围内，重新研究财政理论和政策，表明了他在理论上的不断创新和攀登科学高峰的不断追求。

二、理论指导实践，学术成果转化功绩卓著

粉碎“四人帮”后的初期，“左”的思想影响和束缚仍困扰着人们。面对遭受“左”的长期严重破坏的国民经济，中央有的领导和有些部门、地方，在经济工作中仍急躁冒进，急于求成。许毅教授传承陈云经济思想，坚定地维护1979年4月党中央确定对国民经济实

行“调整、改革、整顿、提高”的重大方针，以其积累与消费必须合理安排的理论为基础，发表了《对1979年国民经济调整工作的几点意见》（1979年8月）、《在大好形势下要居安思危》（1980年3月）和《1980年财政经济形势中存在的问题和我们应持的态度》（1980年11月）等一系列文章，分析了当时的主要矛盾，提出贯彻“八字”方针，应先有个以调整为中心和关键的阶段，要以调整为中心，来正确处理四个方面的相互关系，要通过调整当时严重失调的经济比例关系，把遭受严重破坏的国民经济搞上去。并依据大量客观数据，不避风险，毅然指出，不讲客观经济规律，只凭长官意志办事，基建规模超过国力，引进外资不讲实效，国民收入超分配，不搞综合平衡，是当时国民经济发展的病根所在。同时，提出了相应的对策措施，在社会上引起了重大反响。

1979年下半年，在时任财政部长的吴波同志直接领导下，以财政部经济问题调查组的名义，许毅组织财政部财政科学研究所同志撰写并由他亲自审定、刊发了13期《经济调研简报》，直接报送中共中央办公厅、政策研究室、中财委经济问题调查组等单位。这些简报理论与实践紧密结合，以大量数据，积极如实地向中央反映当时忽视协调平衡，求成过急所导致的诸多现实严重矛盾问题。诸如过大的基建规模不但未调下来，反而更加扩大；财政赤字要超过往年几倍，国家财力不堪重负，风险很大；进口技术设备，部门各自为政，盲目引进，规模过大，投资收益不足以归还自由外汇贷款本息；轻纺工业投资及电力、原料供应比例不断下降，等等，并相应提出了抓紧进行调整、整顿的对策。简报内容得到中央高层重视。特别是其中根据许毅教授在1979年9月12日讨论中央有关部门《关于经济体制改革总体设想的初步意见》的系统发言，整理编写的《经济上不去的病根在哪里》这期简报，对该《体制改革总体设想》文本，只着重于在经济体制上找经济上不去的原因，提出了原则的反对意见。简报用大量数据，归结新中国成立后30年国民经济“两起两落”的经验教训，认为比例关系安排是否适当，才是问题的关键。率直指出，当时经济上不去的病根，仍在于高积累的“左”的影响，不解决这个问题，即使有好的体制，经济也上不去。从而建议，必须摆好调整与改革的关系，要先调整，后改革，在调整的基础上进行改革；要有一个讲究国民经济核算和综合平衡的中、长期规划，这是经济改革的前提。同年10月，这篇简报，又由《人民日报》选入《理论宣传动态》，并上报中央，对国家决策起了参谋作用。

在他倡议建立并实际领导的中国财政学会，在当时也积极组织和团结全国财经科研、教育、业务部门同志，以研究正确贯彻落实党的“八字”方针为中心，广泛深入地开展了科研探讨和宣传活动。在许毅教授的带领和学术观点影响下，群策群力，提出了许多有学术和实用价值的观点，强调要狠抓调整，把量力而行的指导思想落到实处，要认真搞好资金的计划分配，实现综合平衡，并相应提出了许多有益的建议。在经济调整已取得初步成效的情况下，1981年10月中国财政学会召开的第五次全国财政理论讨论会，根据中共十一届六中全会精神，以探讨新形势下的“生财、聚财、用财”之道，进一步搞好调整、改革，突出抓好整顿，实现经济良性循环为会议主题，开展了深入探讨。指定专人整理的《会议纪要》，为时任财政部副部长的忻元锡同志所赞誉，提出按有关分析和建议，改编成四篇单独的研究简报，直接上报中央供决策参考。这段期间，中国财政学会召开的历次全国财政理论讨论会和多次专题研讨会，其所研讨的学术成果，《人民日报》以及《财贸战线》报、《中国财贸报》等全国性大报，都专门刊发“学术研究动态”，《新华文摘》月刊全文转载，会议交流的大批文章，也在全国性报刊发表，一些重要书刊并予转载。这在当时众多学术团体中，如此受到社会和媒体重视，是罕见的。中国财政学会和财政部财政科学研究所也以此名声大振。从这段期间开始，作为这两个学术机构领导者的许毅教授，也以其渊博的学识、敏锐的视角、不断创新的理论、杰出的组织才能和敢于坚持真理、求真务实、不避风险的高尚风格，获得国内外的多种荣誉，成为蜚声中外的著名经济学家、财政学家，并带领出来了一大批财经专家、学者。

三、精辟分析新时期税收作用，提出税制改革蓝图

1979年5月，许毅教授在粉碎“四人帮”后首次召开的全国税务会议上，针对过去长期贬低以致否定税收作用和税制单一化的倾向，发表了题为《国家职能与税收作用》的重要讲话。依据马列主义原理，精辟阐明了税收与国家的本质联系，是实现国家职能的工具。是为创造新经济关系服务的杠杆。提出当时税收面临的重大新问题是对国民经济的不同经济成分，要根据生产力发展水平进行适当调节，使社会主义的社会经济结构有利于生产的发展，制定正确的政策来协调生产关系，促进生产力的发展。他批评1958年开始实行的工商统一税变成了大类产品税，接近于行业税，而工商统一税更是行业税，削弱了税收应有的调节作用。提出必须改征产品税，按不同产品制定适当税率。与价格杠杆相互配合，自觉运用价值规律来调节生产、消费。提出要开征增值税，克服重复征税，促进专业化协作，以彻底解决“产无止境”的矛盾，不能因为它是来自资本主义国家就否定它。他驳斥了对国有企业不能用所得税的理论，提出要开征国有企业所得税，以适应扩大国有企业自主权，实行独立核算，财政自理，正确处理国家、企业、个人三者利益关系的现实。提出要开征固定资产税，以调节企业占有资源、设备的数量多少、品质优劣所产生的级差收入。提出要开征其他一些辅助税种，要改变税制单一化的倾向。同时，他还强调，税收要有高有低，有涨有落，有进有退，有征有减免，总之是有差别才有政策，否则就谈不到什么杠杆，什么调节作用。这些都为1979—1981年税收政策的调整和为1981年财政部税务总局草拟报经国务院批转的《财政部关于改革工商税制的设想》，提供了一定的理论基础和税制设想的某些实质内容。其后几年的税制调整、改革，大体上就是按1981年的税改设想方案进行的。这篇讲话在全国税务系统被广泛印作税干学习资料，对于提高干部和群众认识水平，顺利贯彻国务院和财政部有关税收决定，也起到了重要

作用。

他在其后发表的《财政、税收和价格的关系》（1980 年 8 月）、《建立中国式的社会主义税收体系》（1980 年 8 月）、《建立中国式的社会主义税收体系》（1984 年 12 月）、《正确认识第二步利改税的作用》（1984 年 8 月）等系列税收专文和有关文章中，进一步阐明了社会主义制度下税收的本质特性、职能作用以及方方面面的辩证关系，也批评了把马克思对资本主义制度下税收的某些论断，套用到社会主义税收的错误，从而发展和丰富了我国社会主义税收理论，也促进了税制建设。在这里值得一提的是，他在 1984 年充分肯定了两步利改税的方向和建立多税种、多次征的复合税制体系取得的成效，但对国务院领导要进行彻底的“以税代利”，完全取消上缴利润方式，也不无疑惑。当时他就曾一再告诫我，写文章在这个问题的提法上要注意分寸，留有余地，这表明他对当时混淆国家以社会管理者身份和生产资料所有者身份取得国有企业收入的失误，可能造成严重后果，已有所觉察，说明了他对马克思理论与经济现实的深刻理解和敏锐观察。

载叶振鹏等主编《做人、做事、做学问——庆祝许毅同志 90 华诞暨从事财经工作 50 周年》，经济科学出版社 2006 年 5 月版。

刘志城同志生平
（代《刘志城文集》序言）

刘志城同志原名刘笃煦，1919 年 2 月 10 日出生于四川省成都市。

他在中学时代就积极追求进步，与中共地下党员接触频繁，深受共产主义思想影响和中国共产党抗日救国纲领感召。在高中即将毕业之际，毅然抛弃优裕的生活条件，于 1939 年冲破国民党的重重封锁，历尽艰难险阻，从抗日大后方的四川，经过几个月的长途跋涉，于 1940 年 2 月到达革命圣地延安。参加革命以后，怀着对革命领袖的崇高敬意，对革命的坚定信念，根据毛主席诗词西江月《井岗山》中的“早已森严壁垒，更加众志成城”，改名为“刘志城”。1943 年 10 月至 1945 年 5 月在延安大学学习，1946 年 2 月加入中国共产党。

在抗日战争和解放战争时期，刘志城同志任陕甘宁边区建设厅工业局、三边盐务局、陕甘宁边区财政厅科员；边区税务总局秘书主任等职，始终以民族解放事业和全国解放事业为己任，艰苦奋斗，辛勤工作，认真执行“发展经济，保障供给”的总方针，参与制定陕甘宁边区税收政策，积极为部队筹措粮款，为支援抗日战争和中国人民解放事业，作出了积极的贡献。

新中国成立后，刘志城同志长期担任财政税务系统领导工作，历任西北区税务管理局秘书室主任、税政处处长；西南区税务管理局秘书室主任兼计划室主任、会计处处长；财政部税务总局税政一处处长、副局长；财政部财政科学研究所副所长；中共中央西北局财办秘书室副主任、主任；陕西省税务局局长、陕西省财政局副局长；财政部税务总局局长、顾问等职。他善于把党的路线、方针、政策同本部门的工作恰当地结合起来，发扬党的理论联系实际的优良作风，以马列主义、毛泽东思想和建设有中国特色社会主义理论为指导，从我国的国情出发，依据社会主义革命和建设的不同时期的发展要求，提出切合实际的税收工作指导思想、政策措施，以高超的领导艺术，踏实的工作作风，身体力行，带领和团结各方面力量，为我国社会主义税收事业作出了重大贡献。

文化大革命期间，他深受极左路线的迫害，在最困难的时期，始终对党忠诚不渝，并同“四人帮”极左路线进行坚决斗争。

1978 年，刘志城同志由国务院任命为财政部税务总局局长，面对社会主义建设事业和税收工作在文革期间遭受的严重破坏，他衷心拥护中共十一届三中全会重新确立的马克思主义实事求是的思想路线，坚决贯彻执行党的十一属三中全会以来的路线、方针、政策，坚持四项基本原则，坚持改革开放，全身心投入当时的拨乱反正，致力于整顿和振兴税收。他在 1978 年 12 月的全国 9 省市财政税务局长会议上，依据刚刚召开的十一届三中全会决定精神，适应改革开放的新形势，适时地提出了具有深远意义的税收工作三大建设（税收理论建设、税收制度建设、干部队伍建设）的战略目标。1979 年 5 月，在四川省成都市召开的全国税务工作会议上，他所作的《努力作好税收工作，为社会主义现代化建设贡献力量》讲话，进一步对税收工作三大建设的内容和要求作了阐述，并针对过去受“左”的思想影响，否定税收和“税利合一”的新动向，着重讲了税收在新时期的地位和作用，动员大家提高认识，统一思想，加强税收工作。在他主持下，会议以三大建设的开展为中心内容，理论带动业务，深入讨论和论证了税收在新时期的重要经济杠杆作用，税制改革的原则和设想，税务机构和干部力量加强的措施，并对三大建设的开展，作出了具体工作部署。历史证明，成都会议的召开和贯彻执行，在全国税务系统卓有成效地落实了党的“把全党工作重点转移到社会主义现代化建设上来”的伟大决策，拨乱反正，开创了社会主义建设新时期税收工作的崭新局面。

刘志城同志的一贯作风是深入实际，调查研究，他的很多治税思想和工作措施，都是在掌握第一手材料的基础上形成的。在主持税务总局工作期间，经常带队深入基层，与同志们一起进行调查研究。1979 年春，他组织全国各省、市税务部门的骨干 100 余人，亲自带队在江苏省无锡市进行了为期 2 个月的税制改革调查测算。经过调查研究之后，提出了推行增值税，对国营企业征收所得税的初步思路。1980 年 3 月至 5 月，他又亲自主持在广西柳州市的税制改革调查测算，以这次调查测算为依据，提出了对国营企业利润，采取征收所得税与按资金分红并存的主张。在多次调查测算的基础上，他主持起草了《财政部关于改革工商税制的设想》文件，1981 年 9 月 5 日国务院批转各地。我国 20 世纪 80 年代初、中期的税制改革和调整，基本上就是按照这个《设想》实施的。为了探讨我国流转税制改革的路子，借鉴国际税收经验，他带队出国考察，调查研究外国推行增值税的经验，结合我国实际，从 1979 年 7 月起，积极组织增值税试点，并逐步在全国范围内推开，为实现我国流转税制的结构性改革，开拓了途径。在 1983 年初，一些企业在推行经营承包责任制过程中，采用包税的办法，为了正面引导和匡正这一动向，他毅然向报社记者发表题为《企业缴纳税金不能“包”》的重要谈话，并于同年 2 月 10 日在《经济日报》发表，维护了国家税收制度。为了适应对外开放，贯彻吸引外资、引进技术的方针政策，他考察研究外国税收经验，结合我国实际，主持中外合资经营企业所得税法、外国企业所得税法和个人所得税法以及三个税法施行细则的起草工作，提出了维护国家权益、税负从轻、优惠从宽、手续从简的指导思想，并逐步制定了吸引外资的一系列税收优惠政策措施，推动建立了我国涉外税收制度，在维护国家权益，服务于对外开放，促进国际间经济文化交流方面发挥了积极作用。他还组织研究，运用税收杠杆，采取多项税政措施，有力地配合了当时的经济调整。可以说，在刘志城同志担任财政部税务总局局长期间（1978 年 12 月至 1984 年 4 月），是我国税收工作的重要历史转折时期，在此期间，我国税收理论建设、税收制度建设和税务干部队伍建设的每一进展，都凝聚着刘志城同志的智慧和心血。

刘志城同志十分珍惜历史遗产，注意借鉴历史经验教训。鉴于十年动乱，很多税史资料散失，他提出趁一些老同志还健在时，要抢救史料，特别是要把老革命根据地和新中国税收历史资料搜集、整理出来，编写税收史资料，既提供现实工作借鉴，又留给后人。1981 年 7 月，经他倡导，确定对我国古代、民国时期、革命根据地和建国以来 4 个历史阶段的税收历史资料进行全面搜集整理，并组织调动各地税务和教学研究部门的人力，特别是一些对税史有研究的老干部来完成这一巨大“工程”。他还多次参加编写工作会议，讨论编写体例、结构、内容的设想，并审改有关史书的编写内容。1988 年 5 月，首先出版了由他担任主编的《中华人民共和国工商税收史长编》，此书分为发展史、分税史、管理史三部，180 多万字，以其资料内容丰富、可靠、全面、实用，成为研究新中国税收历史、总结经验、指导现实工作的权威性工具书。其后，由他组织编写的中央、晋绥、华中、陕甘宁、东北等革命根据地税史的长编和史料选编，古代工商税史，民国税史大事记，也都陆续出版，为保存、整理我国珍贵的税收史料，特别是抢救濒于失散的老革命根据地税收史料，以及系统总结税收历史经验，古为今用，指导现实税收工作，做出了突出贡献。

刘志城同志在不担任行政领导实职工作以后，主要精力转向学术研究领域。曾担任中国税务学会第一届副会长兼秘书长，第二、三届副会长兼国际税收专业委员会总干事，《税务研究》、《涉外税务》主编；中国财政学会理事、常务理事；财政部财政科学研究所研究生部、中央财政金融学院、北京财贸学院、中央财政管理干部学院兼职教授；中南财经大学财税研究所兼职研究员；全国人民代表大会常委会财经委员会咨询员；四川省重庆市、泸州市人民政府经济顾问。

刘志城同志是中国税务学会主要创始人之一。经他创议和筹备，学会在 1984 年 12 月正式成立。他在学会工作中，组织各方面研究力量，把有实践经验的税务干部和大专学校、科研部门的理论工作者凝聚起来，由学会统一组织，根据税收工作的实际需要，确定调研课题，实行专题分工，展开了前所未有的群众性税收理论和实务的研究活动。仅在第一届学会期间，各地税务学会就发表各种理论文章2万多篇，开展学术活动交流达百余次，组织各种专题调查研究，有万余人次参加。既繁荣了税收科学研究事业，也有利于提高广大税务干部税收理论和政策业务水平，并为国家税务决策和税收制度建设以及征管制度改革，提供了重要参考依据。他提出“要拿出自己的东西来”，以学会的科研成果来体现学会的存在和价值，并把它作为开展税收学术活动的一条重要指导原则。他热心探索税务社团活动的规律和新路子，着力研究社会主义市场经济条件下，税务社团的性质、任务和作用，认为社团工作应当按照“人员自聘、经费自筹、活动自主”的原则，在观念上、方法上、作风上要有一个转变，主张税务社团这样的群众性学术团体，要面向社会，努力开展社会服务，并且身体力行，拓展了工作领域。

刘志城同志热情扶植税务咨询事业。鉴于一些经济发达国家税务咨询已成为一个大的产业，他认为，随着经济体制改革的推进，社会主义市场经济的发展，我国税务咨询服务事业必将有个大的发展。早在20世纪80年代中期，我国税务咨询这个新兴事业刚刚露头，他就从理论上加以研究，从工作上加以推动，从方向上加以引导，促进税务咨询代理服务的发展。1988年参加在北戴河召开的7城市税务咨询会议，积极支持业务开展较早地区建立部分城市税务咨询联合会。以后每会必到，帮助总结经验，进行组织协调。他分析研究了古今中外历史资料，阐明税务咨询的性质、任务、特点和做法，明确提出咨询业是商品经济和科学技术高度发展，国家法治和民主建设日趋完备的必然产物，税务咨询机构是社会中介组织，不是税务机关的附属物，要求咨询人员必须恪守客观、公正、优质服务的宗旨，转变作风，变官为民，努力为客户服务。现在，全国税务咨询事业蓬勃发展，在帮助纳税人正确履行纳税义务，协助税务部门依法治税等方面，发挥着日益重要的作用。我国税务咨询事业发展到这样一个新的阶段，是倾注了他的大量汗水的。

刘志城同志特别致力于国际税收研究，开拓和推动国际税收交流合作。早在我国实行对外开放政策初期，经他筹划，于1979年7月由美国哈佛大学法学院和福特基金会协助，在大连市举办国际税收问题讲习班，组织了全国100余名业务骨干参加学习，由美国一些著名大学教授，进行专题讲座。这期讲习班适应了我国开展涉外税收的实际需要，成为我国税务人员接触和研究国际税收的开端，由“闭关锁国”，关起门来自己搞，转向借鉴国际税收有益经验，完善我国税制的重要起点，并且开拓了国际税务交流、合作的渠道。其后并多次率团与一些国家谈签国际税收协定，多次参加国际性的税收研讨会，宣传我国对外开放的税收政策，注重使国际税收研究和国际税务关系处理，更好地促进国家间的经济技术合作和科学文化交流。1986年6月，适应对外开放形势发展要求，他筹划创建了中国税务学会下属的国际税收研究会（1989年改称中国税务学会国际税收专业委员会），被选任为研究会（专业委员会）总干事，从此我国的国际税收研究，步入了有组织的比较深入和系统的阶段。从1986年到1994年的9年间，共召开了9次研讨会，其中1987年和1988年还两次邀请外国专家、学者和税务官员共同参加。本着“外为中用”原则，结合国内情况，进行了知识性、借鉴性、对策性研究。重点研究了各国税制特点、动向及发展规律；税收政策运用、税收管理体制改革和税务征收管理强化；国际间税收协调和避税、反避税等20多个课题，先后共出版了8本论文集和由他主编的集体专著《国际税收的理论和实践》。国际税收研究活动的开展，给税收业务部门、教学、科研单位提供了比较系统的国际税收理论，比较及时的信息，比较丰富的资料，也锻炼和培育了大批专业人员，有些科研成果，还为税务行政工作提供了决策参考依据。随着20世纪90年代实施以沿海、沿江、沿边城市和省会、自治区首府城市为重点，全方位开放形势的发展和扩展提高研究国际税收的实际需要，经国家税务总局和民政部批准，在原属二级学会的国际税收专业委员会基础上，扩大新建国家一级学术团体的中国国际税收研究会，并确定他担任会长。该研究会于1994年7月6日经民政部注册建立。在此前后，他全力以赴，积极筹办研究会正式成立的各项事宜，与一些同志一起，讨论确定国家一级学术团体的研究会宗旨、主要任务、办会方针、会员吸收、组织机构和集体领导的办公会议制度，并亲自起草研究会的建立规划、章程和其他文件，以及筹划研究会会刊《涉外税务》的改版工作。直至逝世前的两天，他还与两位同志一起，奔赴天津市武清县，筹划研究会成立有关事宜，在工作中突患脑溢血症，抢救无效，不幸于1995年2月19日22时在北京溘然长逝。中国国际税收研究会已于1995年6月20日宣告正式成立，他未竟的事业，正由他的同事、战友和老部下奋力推进。

刘志城同志长期担任财税业务部门和税收学术团体的领导，有很高的政策理论水平和学术造诣。他在调查研究的基础上，集中群众智慧，亲自起草会议讲话和报告，亲自撰写政策理论和学术研究文章。特别是他在担任税务总局局长和税收学术团体领导期间起草的文件和撰写的文章，或是提出了该时期我国税收工作的方针、任务、重点，指导和推动了当时工作的开展；或是深入探讨了该时期的税收重大学术课题，有创新观点，丰富了有中国特色的社会主义税收理论体系。譬如他在1979年12月下旬向第三次全国财政理论讨论会提出的论文《谈谈我国工商税制改革问题》，从学术上深入地、辩证地探讨了税制的繁与简；税价配合，调节经济，调节级差收入；征税的普遍性与负担的合理性，国营企业利润分配形式；维护国家主权与处理涉外关系等一系列与税制改革路子密切关联的重大理论和实践问题。这些论文以鲜明的观点、充足的论据，提出了我国社会主义建设新时期工商税制改革的构思。他在《涉外税务》1992年第11期发表的《转换企业机制，改革财税工作》论文，深入探讨了在新的形势下，财税制度如何进行改革，以适应和促进企业转换经营机制的重大现实课题，提出了卓有见识的对策观点。他主持编写的《社会主义税收理论若干问题》一书，是对十年来税收理论研究进行汇总、提炼的重大成果，丰富了有中国特色的社会主义税收理论体系内容。他为此书撰写的前言，提出了许多新的见解，具有较高的理论水平。

《刘志城文集》主要选编了刘志城同志在改革开放以来的重要讲话、报告和文章以及有代表性的诗稿。这些文稿浸透着他对中国共产党和社会主义事业的拳拳忠心，记载着他从现实情况出发，理论实际紧密联系，外为中用，古为今用，实事求是，勇于开拓探索的科学作风；部分地反映了他对财税工作的辛勤劳动和重大贡献，对税收科学的高深学术造诣，对税务研究和税收学术团体建设事业所作的指导和开创性业绩。从《文集》中，可以重点了解到我国改革开放以来，税收工作的历史发展、方针政策、主要措施、经验教训；税收学术活动的兴起、开展和取得的重大成就。其中许多观点，或是对现实工作具有指导意义，或是对学术研究具有启迪作用。这是一份宝贵的税收工作和学术研究历史遗产，必将深深印入人们的脑海，激励广大税务干部和从事税收学术活动的同志不断开拓进取。

刘志城同志是中国共产党优秀党员，他的一生是革命的一生，是为人民服务、为共产主义奋斗不息的一生。他一贯忠于党、忠于社会主义事业，具有强烈的革命事业心和政治责任感；他坚持原则，具有高度的党性，一切服从党的安排；他襟怀坦白，光明磊落，顾全大局，任劳任怨；他实事求是，联系群众，平易近人，团结同志；他尊重知识，尊重科学，尊重人才，富于开拓精神；他注重提高年轻同志的政策水平、理论水平、业务水平；他好学不倦，博学多才，思维敏捷，善于集中群众智慧；他节俭朴实，廉洁奉公，爱护干部，衷情家人；他对工作兢兢业业，勤勤恳恳，深入实际，亲自动手，一丝不苟；他几十年如一日，把毕生精力和全部心血都奉献给了党的财税事业。他的革命精神和优良品德，永远是我们学习的榜样。他的业绩将永垂税收史册！

中国税务学会和中国国际税收研究会联席会议审定，王诚尧执笔，载《刘志城文集》（中国税务出版社1996年9月版）。是时任中国税务学会常务副会长兼秘书长王平武同志委托，在其他同志原讣文简短稿基础上，改变结构，大量扩充，列举和突出刘志城同志对我国税收事业做出的各项重大贡献事迹，重新改写而成。经集体研究确定，用作《刘志城文集》代序言。

评介《史前经济与财政起源》

吴才麟教授著《史前经济与财政起源》（中国财政经济出版社1990年12月版，45.7万字），把财政起源与史前经济社会发展阶段紧密联系起来，对财政分配关系形成的年代、原因、条件、内容、发展，以及其后与国家的关系，进行了全面、系统、深入的分析，论证充分有力，逻辑性强，创新独到见解多，是新中国对该项课题进行开创研究的第一部权威学术著作。

吴教授从事古代历史和财政研究几十年，博览群书，积累大量资料，深入分析，去伪存真，去粗取精，特别是较长期间亲身参与考古、民族学实地考察，在当代世界最落后、仍处于母系群婚社会的中国边远少数民族地区，与当地民众共同生活，详细考察其原始社会经济分配方式和相关的遗风残俗，掌握运用众多确切的第一手资料，辨正了较多史实和误解，提出了许多有价值的创新独到观点。

本书的一大突出贡献是：就国家形成前原始社会经济划分的多种不同社会经济结构阶段，深入分析，提出渔猎经济阶段就产生了原始分配关系，种植经济阶段形成原始公共分配。由火耕到锄耕，农业生产工具不断革新，农业经济不断发展壮大；又随着母权让位于父权，民族胞族向部落进化，再经连续不绝的暴力斗争，产生了部落联盟，其间的公共分配是不断发展扩大的。到了部落联盟时代，就形成了部落联盟财政。

本书进一步提出，原始社会末期，公共收入分配收入的经济来源，基本上是部落近处的几十亩公有耕地，由部落劳动力无偿耕作，收入归酋长支配。到部落联盟时代，联盟规模不断扩大，公有耕地面积也越来越大。到国家形成时，公有地发展到“王畿千里”，成为国家财政的主要来源。因此，部落及其联盟的公有耕地经营等方式，是国家财政的胚胎，而国家财政则是原始社会末期联盟财政分配关系的沿袭和发展。

应当指出，本书所指的原始社会部落联盟财政，就是近十年来，中国学术界普遍认为的原始公共财政。这意味着本书在此前十多年，就以其创新研究成果，告诉人们，财政分配关系，早在原始社会末期就已产生和长期存在，并不是随着国家的产生而产生的，财政分配关系源远流长，并不完全等同于国家财政。此种观念创新，显示了作者深厚的理论功底，洞察历史发展的很高分析、综合、判断能力。本书出版后，立即引起学术界的高度重视，中国社会科学院历史研究所和北京大学分别请吴教授讲学。

概括地说，本书是一部内容丰富多彩的开创性学术专著，有重大的理论价值，实用价值和历史价值，对于开拓研究史前经济与财政起源，研究原始社会财政与奴隶社会等阶级社会财政的异同，研究建立中国特色社会主义公共财政理论体系和实用格局，都有其重要作用。本书与吴教授另一部专著：《中国财政通史·中国财政起源和夏商西周财政》（中国财政经济出版社2006年7月版，38.1万字），相互辉映，弥足珍贵，相信将传诸长远，而决非昙花一现。

本文是吴教授赴美，应邀于2011年6月21日对书所作评语。

争取写好财税科研文章的探讨

写作财税科学研究文章（含论文和调研报告等科研成果，下同），当然是要求写好的文章、优秀的文章。这首先需要明确以论文为主的社会科研成果的评价标准，以利于以此为目标，努力进行创作，和自我衡量文章的质量。因此，在这里，我准备谈三个问题：一是社会科研成果的评价标准；二是如何争取写好财经科研文章；三是试对比点评两篇跨境投资税收的文章。这几个问题，都主要结合税收科研来谈。

一、社会科研成果的评价标准

先介绍党对繁荣社会科学的要求和社会对社会科研成果的评价标准，然后加以综合，谈谈个人对社会科研文章，主要是税收科研文章评选优秀标准的看法。

（一）党对繁荣社会科研的要求和社会上对社会科研成果的评价标准

我们党历来高度重视哲学社会科学。改革开放31年来，党的六次全国代表大会和党中央的有关重大决定，都提出要积极繁荣发展哲学社会科学。强调“这对于坚持马克思主义在中国意识形态领域的指导地位，对于探索有中国特色社会主义的发展规律，增长我们认识世界、改造世界的能力，有着重要意义”（党的十五大报告）。强调“必须坚持哲学和社会科学并重”（党的十六大报告）。强调“大力推进理论创新”，“不断赋予当代中国马克思主义鲜明的实践特色、民族特色、时代特色”（党的十七大报告）。

2004年1月5日《中共中央关于进一步繁荣发展哲学社会科学的意见》，进一步对繁荣发展哲学社会科学作了全面系统的重大战略部署，强调它“事关党和国家事业发展的全局”。其指导方针是：必须坚持马克思主义的指导地位；坚持为人民服务，为社会主义服务的方向和百花齐放、百家争鸣的方针；坚持解放思想，实事求是，与时俱进和推进理论创新。明确其总体目标是，努力建设面向现代化、面向世界、面向未来，具有中国特色的哲学社会科学。既要加强哲学社会科学的基础研究，又要加强应用对策研究，还要加强宣传普及，扩大优秀成果的社会影响，推动优秀成果更多更及时地应用于实际。明确评价哲学社会科学“要注重原创性，注重实际价值，推动理论创新，推动理论与实际紧密结合”。[①] 同年4月，党中央专门召开了实施马克思主义理论研究和建设工程工作会议，强调“以重大现实问题为主攻方向，把马克思主义在中国发展的最新理论成果，贯穿到哲学社会科学的学科建设、教材建设中”。[②] 税收科研既是社会科学研究中的应用科学研究，又是基础理论科学研究，必须符合以上要求。

（二）社会上评价社会科研成果的标准

社会上评价社会科研成果，遴选优秀文章，在大方向一致的前提下，不同的部门、不同的阶段，其着重点和提法上不尽相同，例举如下：

1. 国家社会科学基金项目成果评价标准。依据《中共中央关于进一步繁荣发展哲学社会科学的意见》对全国哲学社会科学领导小组的要求，2004年2月24日全国哲学社会科学规划办公室发出《加强和改进国家社会科学基金项目成果鉴定结项工作的意见》，其指导思想中，突出强调要“注重实际价值，推动理论创新，推动理论与实际相结合，加强马克思理论研究和建设，加强重大理论和现实问题

① 以上参见《十六大以来重大文献选编》上册，人民出版社2005年2月版，第681—691页。

② 《十六大以来重要文献选编》中册，人民出版社2006年4月版，第53页。

研究，促进多出优秀成果，多出优秀人才。”而在修订重印的《国家社会科学基金重点项目鉴定审批书》的“总结报告”栏内所列四项内容，其中重点的两项，一是“成果的研究内容及方法的创新程度，突出特点和主要建树”；二是“成果的学术价值和应用价值，以及社会影响和效应”。这应是属于科研项目成果水平的主要评价依据。其他两项是：“项目计划的执行情况”和“存在问题”，只是一般情况的叙述。全国哲学社会科学规划办公室组织五人专家鉴定组，按照规定的标准，就科研项目的审批，依据得分数据，分别评定为“优秀”、“良好”、“合格”、“不合格”四个等级。

2. 中国国际税收研究会的评优标准。2008 年 6 月 6 日印发的《国际税收理论研究课题管理办法（试行）》指出：“优秀国际税收科研成果，必须理论联系实际，有创新，有较高的理论水平，对国家税收决策，对建设社会主义税收理论体系和税收工作实践，具有参考价值”，并规定了要具备的几项基本条件。同年 12 月发出的《关于评选第六次全国国际税收优秀科研成果的通知》，又进一步明确：“优秀国际税收科研成果必须以邓小平理论和‘三个代表’重要思想为指导，认真实践、贯彻科学发展观及中央对税收工作的一系列重要指示，理论联系实际，借鉴国际经验，有创新，有较高的理论水平，在学术观点上有一定突破，对建设社会主义税收理论体系，推动税收工作健康发展，完善有利于科学发展的税收工作体制、机制，具有参考价值、实践意义和社会效果。”概括地说，中国国际税收研究会从 1998 年以来，六次评选优秀论文，依据的主要标准，大体上一是坚持中国特色的社会主义理论；二是理论联系实际，在借鉴国际经验，进行研究会布置的课题研究中，有创新意识和较高的写作水平；三是对税收理论建设和税收工作实践，对国家税收决策，有一定的价值和社会效果。

3. 高等学校评价博士、硕士学位论文的一般标准。全国高等学校和办有研究生院（部）的科研机构，对评审博士、硕士学位论文，有比较一致的标准：一是论文的论点、结论是否正确；二是论据是否充分；三是有何创新见解；四是论文的理论价值和实用价值；五是科研能力和文字素养等。

其他学术团体评优标准，是细分为四个项目：一为主旨观点，二为理论水平，三为逻辑结构，四为文字水平，分项打分，进行评定。

（三）对优秀文章标准的看法

文章的类别有多种多样，体裁不同，目的不同，要求不同，优秀的鉴定标准也就较有不同。其中就包括税收在内的优秀科研论文的标准来说，我认为主要就是“坚持落实科学发展观，创新、实用，有学术价值、应用价值”。

“坚持落实科学发展观”，是构成包括税收在内的社会科学优秀科研论文的前提。这是因为科学发展观是马列主义和我国三代领导集体的重要思想，既一脉相承，又与时俱进的科学理论，是马克思主义关于发展的世界观和方法论的集中体现，是统领我国经济社会发展全局的战略思想和指导方针，它的第一要务是发展，要求把握以人为本这个中心，统筹兼顾各方面、各环节的关系；创新发展模式，提高发展质量，把经济社会发展切实转入全面协调可持续发展的轨道，促进经济社会和人的全面发展。坚持落实科学发展观，就是坚持马克思主义的世界观和方法论，就是以党的三代领导集体重要思想为指导，正确处理经济社会和人的全面发展的各种复杂问题。包括税收在内的社会科学研究，是要为促进我国经济社会和人的全面发展服务的，当然也必须是坚决置于科学发展观的统领下，认真贯彻落实，在正确的道路上行进，而不能或有脱离，否则写出的论文，就根本谈不到什么优秀了。

“创新”是社会科学论文的灵魂。这是因为“科学的本质就是创新”，科学精神最基本的要求，就是求真务实，开拓创新。“创新是一个民族的灵魂，是一个国家兴旺发达的不尽动力，是一个政党永葆生机的源泉”。[①] 我们进行社会科学研究，更必须根据客观情况的发

① 江泽民：《不断根据实践的要求进行创新》，《十五大以来重要文献选编》中册，人民出版社 2001 年 5 月版，第 1307 页。

展变化，总结经验，探索发展中的运动规律，不断有所发现，有所创新。创新包括理论创新、体制创新、科技创新和其他创新。这几个方面的创新，都同税收科研密切关联。我们不要对创新作狭义的理解，把它只局限于原始创新这一个方面。在《中共中央关于制定国民经济和社会发展第十一个五年规划的建议》中，把科技创新能力的范围，界定为原始创新能力（这是形成创新的重要手段和科技竞争能力的主要源泉）、集成创新能力（这是要形成单项相关技术的集成创新优势，实现关键领域的整体突破）和引进消化再创新能力（这是充分利用全球科技力量，形成后发优势加快发展）三个方面。理论创新、体制创新和其他创新也同样可以包括多个方面，而不是只限于原创性一个方面。但总的一条就是，税收科研优秀文章，必须适应完善社会主义市场经济体制，转变经济发展方式，建立公共财政体系的要求，在税收理论建设、税收制度建设和税收征管制度建设等多方面，都有更多创新和贡献。前些时候报载教育部长批评全国高等学校科研论文虽多但滥，多是低水平重复，缺创新性，这是值得我们切实警惕的。

“实用”是社会科学优秀科研论文创新的目的，不是虚无缥缈，毫无根据的幻觉，而是要能实用的优秀科研成果，要为社会或有关方面认可，能应用于实践，转化为实践的动力，要能在理论建设、体制建设、业务实践和宣传教育中发挥实际作用，有社会效果，产生积极影响。当然，对实用不能作狭义的理解，只要对领导决策或机关作为有参考价值，或可起潜移默化作用，以及有利于提高人们认识，或对研究问题、解决矛盾，有积极影响，都可包括在内。

实用也并不是只局限于现在有用，还应当包括将来有用。科研要有前瞻性，科研就是未雨绸缪，预为其谋，其成果的转化和效果，往往是在将来。

“有学术价值、应用价值”，是落实科学发展观创新、实用的引申。在税收科研论文中，只要这样做到了，就必然在税收学科理论建设、税收体制建设以及税收业务工作中，具有不同程度的学术价值和应用价值。

同时，我们也要指出，对优秀科研论文，也还有另一方面的要求，这就是文章的主旨明确，论述全面系统，资料翔实准确，论据充分有力，结构严谨，条理清晰，文风朴实，文字通畅，表达能力强。以上谈的两个方面，虽然“落实科学发展观，创新、实用”是基本的，是主体，但这两个方面却是紧密联系，不可分割的。

二、如何使写作的科研文章达到优秀标准

依据前面对社会科学研究文章优秀标准的综述和分析，我体会要写好包括税收在内的科研文章，争取达到优秀标准，除努力加强学习，不断提高自己的理论、政策水平和文化素质外，还要着重抓好以下几项：

（一）慎重选择适当的课题

科研文章的选题非常重要。这关系到研究的对象和内容，同是否能出优秀成果密切关联。这要注意以下 4 项：

1. 要适应国家的现实需要。国家在每个阶段的战略部署中，都提出了相应的研究任务。譬如 2003 年 10 月的《中共中央关于完善社会主义市场经济体制若干问题的决定》中，提出了为完善社会主义市场经济体制，要分步实施税收制度改革，并具体列举了要在八个方面进行改革。2005 年 10 月，《中共中央关于制定国民经济和社会发展第十一个五年规划的建议》，又对税收提出了要求。根据中央统一部署，国家税务总局在 2006 年 1 月召开的全国税务工作会议上，就做好“十一五”时期的税收工作，作了统一安排，明确“十一五”时期的税收工作的中心任务，列举了要积极稳妥地深入九项税制改革，并在推进依法治税、加强税收征管、优化税收服务、税收征管信息化等方面，提出了改进要求。2007 年 12 月召开的全国税务工作会议，又着重提出“要把地方税制的改革和完善，作为下一步税制改革的一项重要内容抓紧抓好”。2009 年 12 月召开的全国税务工作会议，则着重提出“积极探索实施信息管税，稳步推进税收征管方式

转变。这是全国税收工作的重要任务。”从以上各方面选定课题，就是适应客观现实需要，有实用性，有利于做到为党和国家中心任务服务。但以上的选题范围，还是偏大，适当的还是依据本人所在单位的具体要求选题。譬如中国国际税收研究会根据自身的研究特色，在2008—2012年的理论研究规划中，列举了国际反避税、跨国税源监控、优化纳税服务等八个课题。2010年具体列举了“提高走出去企业税收征管能力”和“现代服务业税收”两个全国性课题，以及健全地方税体系等四个学委会研究课题。北京市国际税收研究会也确定了2010年的研究课题。从所在单位确定的课题中选题，更能切合现实需要，有更大实用性，也能便利得到领导和周围同志的支持和帮助。

2. 要有针对性。科学研究是针对存在的矛盾和问题或出现的新情况、新问题，进行研究，找出解决办法，提出相应建议，因而选题必须要有针对性，要有的放矢。

3. 要选题大小适当，着重小题大做。单位的课题，涉及的范围也往往较大，在一个总课题下，通常是有几个子课题或分项的研究对象。我们可以选择其中一个子课题或子课题的某个项目，作为自己的选题。这可便利使文章的重点突出，论述深入，而篇幅又不致过长，易于为人接受。

4. 要适应自身情况。选题在主观上要适应作者本人具备的条件，衡量自己是否能够胜任。最好与本人担负的业务工作结合起来，这有更多的便利条件，决不能写自己尚不够熟悉的事物。如果工作确实需要，也应当是先系统学习、研究有关该课题的业务，做好熟悉情况的一切准备。

（二）要把问题放在经济全球化的国际大背景下进行研究

随着经济全球化和区域经济的发展，科技进步的加快和网络时代的到来，特别是我国加入世界贸易组织，我国经济融入世界经济发展主流，国家经济的发展与世界经济的发展密不可分，税收不仅是对国内收入进行合理分配和调节，也越来越多地关系到日益发展的跨国经济经营收入在国际间的税收管辖权和利益分配。一国的税收举措，往往牵涉到其他国家的权益，并对其他国家的税制和征管产生国际影响。为了维护我国的经济利益和税收权益，而又有利于国际税收协调和合作，对税收课题研究不能只对国内的情况就事论事，而必须把问题放在经济全球化大背景下进行广泛深入研究。要对该有关问题的国际税收理论、世界税制动态和发展趋势进行研究，要进行该有关问题的国际对比研究、借鉴研究、对策研究，从而提出相关建议意见。我们国际税收研究会的课题研究，更应突出国际税收的特色和充分发挥自身的优势，这样才能提高国际税收研究课题成果的质量，强化可行性。这同税务学会的课题研究有所区别，是领导和专家们一致强调的。

（三）要在立论上狠下功夫

写文章是一种创作，要求创新，有创见性，明确地树立作者自身的某种观点、论点。这就是古人所说的“文以立论”。所谓创见性，就是立论要新，要有作者自己独到的见解。这个立论，或是他人没有发现过、涉及过的问题；或是在他人科研成果基础上取得了某种突破；或是把群众的议论集中起来，加以提炼升华，上升到理论；或是对众多各有差异观点的文章和议论集中起来，提炼加工，去粗取精，去伪存真，形成全面系统的见解，等等。但是，不论何种情况，这种创见性论点，都要求经过作者自己的深入调研分析，得出正确判断，而不是主观想象；要求从感性知识升华为理论，能指导实践；要求符合客观实际需要，具有实用价值。要做到以上各项，必然要求作者勤于学习，善于调研，多掌握各方面的有关知识，特别是本专业的知识，不断提高科研工作能力；要求广泛进行调研，对所研究的课题，掌握全面情况和资料，认真深思熟虑，反复研究。税收是对收入的分配和调整，同各方面的利益密切关联。在利益结构多元化、利益诉求多样的今天，税收的任何一种稍大变动，都会涉及国家、企业、个人间利益的调整，涉及不同群体利益的协调与平衡，更必须全面统筹各方面的利益关系，以利于提出切合实际的主张。

（四）要合理安排结构，充分论证

文章的标题，包括分项的小标题在内，必须与其内容主旨相一致，不是越大越好，字面越漂亮越好。为使文章观点明确，结构严谨，在正式写作前，要拟定提纲，特别是写长篇论文，更是需要。提纲要拟定文章的主旨和基本观点，确定全文分哪几个方面进行论证，段落层次如何安排，并写出段旨，把收集到的资料，安排到相应的段落层次。主旨是文章的主帅、灵魂，贯穿全文，决定全文的结构、选材。各个方面和段落的论证，都要围绕文章的主旨来进行，力求做到结构严谨，条理分明，层层相依，环环相扣，浑然一体。文章开头最好先扼要摆出主旨观点，在其后的论述中，再详细阐明自己的科研成果，特别是对有独创性的观点，更要详细论述，或正面立论，或反面驳议，或解答疑难问题，都要周密论证，有很强的说服力。

（五）充分掌握资料，系统整理、深入思考、运用

资料是科研工作的基础，观点靠资料来说明和支撑，没有资料，观点就是空洞的。特别是调研报告，更是需要有全面、系统的大量第一手具体调研资料，才能得出正确结论。因此，必须以研究的课题为中心，脚踏实地尽可能多地搜集资料，特别是有关党和国家的方针政策的资料和具体典型资料。其范围，既有亲自调研的第一手资料，又要有更多的来自文献、文件和报刊、图书的资料；既有全国和本地区的资料，还要有国际上的动态、对比、借鉴资料。基层税务部门的同志处于业务工作第一线，直接接触实际，具体掌握地区的实际情况，更有条件和应当利用这种优势，实地调研，占有更多的第一手材料，强化文章的说服力。对收集到的资料，要进行登记，做目录卡片和内容摘要；并要进行整理分析，去粗取精，去伪存真。按调研要求整理分析资料，可以同拟写文章提纲结合进行，往往是前项工作做好了，粗略的提纲也就大体形成了。

（六）要反复修改文章，精益求精

这是文章准确、恰当地反映客观事物，鲜明、生动地表达作者观点，争取达到高质量标准的一个必要过程。要着重思想内容方面的修

改，这包括主题观点是否正确、集中、深刻；材料是否真实、典型、新颖、突出和详略得当；观点是否统帅材料，材料能否说明观点，两者是否统一，论证是否合乎逻辑；也要重视表达方式的修改，这包括文章结构是否合理，条理是否清楚，层次、段落、首尾安排是否恰当，不适当的要调整；叙述、议论、说明等表达方式是否恰当，不适当的要改进；文字是否准确、鲜明、生动，有无用词不当、语言不通、辞不达意，不适当的要推敲润色，特别是要尽力删去不必要的内容和词句，便利突出文章的主旨观点和重点。

此外，许多课题的研究，具有长期性、延续性，并不是在一段期间，写出一篇文章，就算完成任务，而是要重视同一课题的后续研究，便于今后的进一步深入探索；还要重视科研成果的转化，争取扩大社会影响，取得实用价值，这就不多说了。

三、试点评两篇跨境投资税收的文章（略）

本文是2006年和2010年4月在北京市国际税收研究会理论调研员学习座谈会上的讲稿纲要。

作者及学术观点、成果介绍

作者及学术观点、成果介绍

一、作者简介

王诚尧，1927 年 11 月 15 日出生于江西省泰和县，先后毕业于南昌中正大学税务科、南京政治大学高等科财政金融专业（1948 年）及北京人文函授大学法律专业（1987 年）。1949 年 11 月参加革命工作，1984 年 4 月加入中国共产党，现为财政部财政科学研究所研究员、研究生部教授，北京大学兼职教授，中国财政学会第八届理事会荣誉理事，中国国际税收研究会第四届学术研究委员会顾问，北京市国际税收研究会顾问。曾任职务是：1949 年 11 月至 1952 年 10 月先后任重庆市税务局和西南财政部税务管理局科员，1952 年 10 月至 1957 年 6 月和 1961 年 4 月至 1978 年 11 月在财政部税务总局任科员、组长，研究室行政职研究员、局理论研究小组成员。1957 年 7 月至 1961 年 4 月和 1978 年 11 月以后至今在财政部财政科学研究所工作，历任科长（1979—1980 年）、财政体制研究室副主任（1981—1984 年）、税收研究室主任（1984—1989 年）。1982 年评为副研究员技术职称，经评审，按规定从 1985 年起为研究员职称。聘任研究生部特聘教授（1983 年起至今）、硕士研究生导师（1980 年至 2005 年），长期担任财科所学术委员会委员、学位委员会委员、技术职务评市委员会委员。1995 年 9 月退休，财科所返聘继续担任科研和教学工作至今。

曾任社会兼职，学术团体有：中国税务学会成立筹备组成员、第一届至第五届理事会理事、学术研究委员会委员（1984—2003 年）；中国财政学会第三届至第七届理事会理事（1987—2010 年）；参与中国国际税收研究会成立筹备，第一届理事会副秘书长，第一、二届常务理事、第一至第三届理事、学术研究委员会委员（1995—2008年）；北京市财政学会理事、荣誉理事；北京市税务学会理事、常务理事；北京市国际税收研究会顾问；2005年至今中国管理科学院科技管理研究所研究员兼顾问；北京大学税法研究中心特邀研究员；亚太总裁协会财富经济研究中心专家委员会高级专家。教育文化单位主要有：江西财经学院、云南财贸学院、北京经济学院等兼职教授；广东商学院客座教授；北京大学兼职教授（2002年8月至今）；《中国大百科全书财政税收金融价格卷》编辑委员会委员兼财政学科篇副主编。机关和其他单位主要有：国家税务局和国家税务总局高级专业技术职务评审委员会委员；中国法律咨询中心法律咨询顾问；全国人民代表大会常委会法制委员会入库参与立法专家；人事部全国经济专业技术资格考试大纲编写暨命题委员会委员；中大华堂会计师事务所高级顾问（以上详见附表一）。

64年来，一直从事财政、税收科学研究以及教学、业务工作。长期参与全国人大常委会法制委员会、预算工作委员会、财政部和国家税务总局有关税制改革的研究、立法、论证。也曾参与全国人大专业组织召开的有关财政、会计、专卖法律的专家审议会。曾主持和参与多项重大课题研究，如参与中国与加拿大应用经济研究机构合作项目（ARIC）等国际税收合作课题，任《税收及政府间分配关系》课题顾问；参与全国人大常委会预算工作委员会组织的税收基本法立法研究课题，参与国家社会科学基金重点项目的税制改革课题等。撰写论文、调研报告等约400多篇，书著（含合作、主编）46本，其中《发展中的财税理论政策与制度改革》、《中国社会主义税收》、《财税理论政策与体制改革》等学术研究专著5本；《国家税收》、《国家税收教程》、《税收理论与实践》等教材15本；《国家税收知识概要》等一般读物12本；《税收与财会审计手册》等辞书、工具书14本（以上详见附表二）。论著获奖和授予荣誉、主要有45项。其中书著获国家级优秀教材奖、部委级优秀科研成果一等奖、荣誉奖等6项；

论文获部委级、全国和省级学术团体的优秀成果一等奖14项，特别奖13项、二等奖3项，“八五”科学技术成果奖等2项；授予各种荣誉7项（以上详见附表三）。个人事迹登列《跨世纪国际名人、名作·中国科技卷》（英文版）等14种专家学者辞书（以上详见附表四）。财政部推荐，人事部审核，认定“在建立中国式税收学科完整理论体系和教学体系及税制调节体系中，做出了突出贡献，对税制改革提出了很多有价值的观点和建议，许多被国家决策机构采纳。”①1992年10月1日国务院颁授“为我国社会科学事业做出突出贡献”荣誉证书，从1992年10月份起发给国务院政府特殊津贴（原评为100元级，即一级），成为我国第二批终身享受国务院政府特殊津贴专家。经评审，中共财政部机关党委于1990年和1994年分别授予财政部机关1990年度，1992年度和1993年度优秀共产党员荣誉证书。2007年在作者八十华诞时，财政部科学研究所税收研究室赠送水晶屏牌，誉为“我国财税研究领域大家”。

二、对税收理论有创新观点

作者以马克思主义和中国特色社会主义理论体系为指导，坚持贯彻党的基本路线、基本纲领和方针，结合中国国情，借鉴国际经验，理论与实际紧密联系，独立思考，对中国特色社会主义税收理论和政策制度，进行了全面系统论述，也深入研讨了若干重要的财政问题，敢于冲破传统观念，驳议那些不切实际、时下流行的观点，务实、求真，多有独到的创新见解，丰富了财税理论体系，并在工作实践中起到了作用。在税收基础理论和税制理论方面的创新观点主要是：

1. 驳议“税收存在国家决定论”，创“税收产生、存在经济条件决定论”。税收为何产生、存在？是税收的一个根本理论问题。西

① 原文见中华人民共和国人事部专家司编：《中华人民共和国享受政府特殊津贴专家、学者技术人员名录（1992年卷）第三分册，中国国际广播出版社1996年8月版，第965页。

方税收理论中，只有公需说、义务说、保险说等形形色色的税收根据学说，对税收产生、存在客观基础的研究，基本是个空白。20 世纪 70 年代，面对被“极左”思潮搞乱了的我国税收领域，需要解决的一个根本理论问题，就是在社会主义改造基本完成后，税收为什么仍要必然存在？税收究竟有什么作用？当时存在的一种突出情况是，学术界和业务部门普遍把“废除捐税的背后就是废除国家”一语，奉为马克思、恩格斯教导，并以此为理论基础，认定税收与国家处于同等重要地位，是相互决定对方存在的关系，由于国家存在，决定了税收存在，而没有税收，国家也不能存在。当时社会上编辑出版的一些马恩列斯论财政税收语录，都明确地收入了这条所谓“语录”。一些高等院校财税教材和业务主管部门发的文件，也广泛引用，认为它说服力强，对当时加强税收工作至为重要。在当时“阶级斗争为纲”仍有重大影响的形势下，作者多次口头向上级领导反映后，又于 1976 年 10 月 23 日以长篇书面报告《“废除捐税的背后就是废除国家”不是马克思、恩格斯的思想》，呈送财政部税务局 4 位局长，接着撰写《评论我国社会主义税收存在的必然性和作用》一文（刊《财政研究资料》1980 年 1 月 5 日第 2 期）。在这个基础上，扩写为两万多字的《社会主义制度下为什么要有税收——对税收存在基础和地位作用几种不同论点的研究》一文，提交 1979 年底召开的第三次全国财政理论研讨会交流，经评选首刊《财政研究》1980 年 3 月创刊号。两文正确地论证了“废除捐税的背后就是废除国家”一语是马克思、恩格斯对法国无政府主义者日拉丹所著《社会主义和捐税》一书中心思想的概括表述，包含着特定的资产阶级和修正主义反动内容，是马克思、恩格斯所坚决反对和批判的。深入分析论证，明确提出，税收的产生和存在，是在国家存在的前提下，决定于一定的社会生产关系、交换关系，特别是作为生产关系基础的生产资料所有制和与此相联系的经济因素。税收是国家产生以后，又具备了一定的社会经济条件，才产生、存在和发展的，社会经济条件是内在的、决定的依据，国家存在和对资金的需要，则是一个必要的前提条件。

在古代和现代，都曾经存在有国家，却因不具备必要的经济条件，而不存在税收的历史事实。分析列举了我国社会主义税收必然存在的诸多经济条件，诸如存在不同形式的社会主义公有制和其他多种经济成分的经济组织；存在商品货币关系，价值规律有重要作用；存在日益发展的对外经济交往，需要保护国家权益。特别是深入阐明了全民所有制企业，作为市场独立的经济利益实体，内在的税收必然存在的经济条件。在多项论著中，又进一步充实了内容。例如 1983 年在中央党校第一期财政厅局长研究班的讲课稿《税收基本理论问题》（刊财政部人事教育司编：《财政工作新课题》，中国财政经济出版社 1984 年 10 月版），列为三个专题的第一个专题，作了长篇深入论述。经过多年的辩论，已逐渐成为主流观点，从而把我国社会主义税收必然存在和应当发挥重要作用，建立在一个牢固的理论基础上，对我国生产资料私有制社会主义改造基本完成后不断出现的形形色色“税收消亡论”、“税收无用论”和“税收万能论”是沉重打击。

另外，还提出，税收虽是财政的组成部分，但两者的产生和起源，却有所不同。在历史上，财政有原始财政和国家财政，在国家形成之前，原始社会后期，就已有属于公共分配多种形式的原始财政，而税收只是“国家税收”，只能是在国家存在的前提下，又具备一定的经济条件，才产生和存在。

2. 确切界定税收定义，区别税收本质和社会性质。针对社会上一些书刊把税收定义界定为“国家强制征收的实物或货币”和“为实现社会职能”以及“国家与国有企业间不存在税收关系”等的观点，在 1978 年著文及其后的一系列著作中，都论证提出，界定税收定义，必须包括两个方面的内容：一方面是明确以国家为主体，是凭借政治管理权力的征收，其目的是为了实现国家职能，而不限于有些同志所主张的只是实现社会职能，从而能理解不同社会制度下税收体现不同社会性质分配关系的实质；另一方面是明确税收本身固有的强制性、无偿性、固定性，三性是税收本质在形态上的具体表现，也是税收本质属性的内容。以国家为主体，三性同时存在的收入分配，就是税收。国有企业缴的税，符合这种条件，实质就是税，而不是原苏联教科书所说的什么“非税论”、“外壳论”，多征、少征没有多大关系。据此，把税收的定义界定为：“税收是以国家为主体，为实现国家职能，凭藉政治权力，按照法定标准，无偿取得财政收入的一种特定分配”。而税收本质，则是表现了国家与纳税人在征税、纳税利益分配上的一种特殊矛盾，体现着两者之间的一种特定收入分配关系；税收社会性质是税收本质在不同社会制度下所体现的特殊社会性，主要是阶级性。论证提出在我国公共财政体系下，税收的国家分配，实现国家职能，体现特定收入分配关系的本质和社会主义税收性质，并无改变，只是在社会主义市场经济体制背景下，政府职能转变，建立公共财政体系，税收实现国家职能的内容，有一些新的发展变化，税收的运行，必须充分体现以人为本，要实行民生税收，更多地关怀人民特别是低收入阶层的切身利益，合理调节不同阶层社会成员收入，缩小收入分配差距，逐步实现共同富裕。要特别重视税负适度、公平合理，不可如同实行建设财政时期那样，集中过多资金，用于经济建设；要进一步实行税政、税制民主抉择，税收执法公开、公正、透明，更多地加强纳税服务。经主管部门召开的教材研讨会讨论同意，为财政部统编《国家税收》教材采纳，成为社会主流观点。

3. 深入论证税收职能作用的客观性，不同发展阶段的差别性，税收的一定作用，应适当评价，重视掌握运用。系列文章论证集中收入和调节分配，同样都是税收本质属性的基本职能。尽管在计划经济体制时期，实际是偏重于发挥税收组织收入的作用，但在社会主义市场经济体制下，两者必须同时并重，特别要重视发挥税收的调节作用，反对那种把税收调节排除在税收基本职能之外，以及“谁为主，谁为辅”的观点。辩证地论证了税收作用决定于社会经济条件，社会制度不同，经济体制不同，税收作用也不同，经济社会发展阶段不同，税收作用也不一样；论证了在一定社会经济条件下，税收一定作用的客观存在，但税收这种反作用于经济的一定作用，又是有其一定范围和限度，应当适当评价和妥善掌握运用，不可随意跨大或缩小，任意运用；论证了应当区别税收在一定社会经济条件下的应有作用与实际发挥的作用，要充分发挥税收的应有作用，必须适应客观情况的发展变化，不断改革完善税制和精细管理。

在我国经济社会发展的不同阶段，依据当时存在的矛盾问题，发表了有针对性的文章。例如针对社会主义改造基本完成以后出现的“税收无用论”和放松税收管理的情况，1961 年在全国性主要报刊发表了《正确认识国家税收的作用》（刊《大公报》，1961 年 8 月 11 日，笔名）和《论我国现阶段国家税收的作用》（刊《经济研究》1961 年第 8 期，领导署名，诚尧执笔），引起社会广泛重视，多种重要书刊转载，一些省级税务机关收入政策法规业务学习内刊，有利于帮助提高认识，推进了当时的税收现实工作。1976—1978 年，针对被“四人帮”搞乱了的思想，著文批判了张春桥否定税收作用的“税收万能论流毒未肃清论”，同时也就拉萨尔和日拉丹之流的“税收万能论”给以批判。改革开放后，以经济建设为中心，重视发展商品经济，引入市场调节，适应经济形势大变化的需要，适时地在全国性主要报刊发表了《论充分发挥税收作用》（刊《财政研究》1980 年第 5 期）、《充分发挥税收的经济杠杆作用》（刊《人民日报》1980 年 11 月 7 日）和《必须重视和强化税收的作用》（刊《财贸经济》1983 年第 2 期）系列专论，深入论证了税收在有计划商品经济体制下，税收发挥作用的广阔天地及应有要求，有利于推动税收理论建设和现实工作。进入建立社会主义市场经济体制时期，依据新的经济体制转换对税收的要求，首先发表了《论社会主义市场经济条件下的税收作用和税制改革》（刊《税务研究》1993 年第 2 期）等系列文章，1994 年 2 月获“社会主义市场经济与税收“有奖全国征文”一等奖首名。2009 年 10 月出版的《国家税收》等著作，进一步剖析了改革前后税收作用的发展变化，深入论证了社会主义市场经济条件下九个方面的重要作用。

4. 驳议按税种确定税负是否转嫁的理论，创社会主义计划经济体制时期税负基本不转嫁论、有限转嫁论等。在《经济研究》1957

年第2期发表《评论我国过渡时期税收转嫁和负担问题》长篇学术论文，驳议了建国初期在我国广泛流行的按税种确定是否转嫁的理论，其后又在书著中充实。提出税负转嫁与社会的生产资料所有制和各阶级、阶层在经济中所处地位直接关联。资本主义社会的大资本家在生产经营的竞争中，处于优势地位，他们缴纳的货物流转税等所谓间接税，固然转嫁，缴纳的所得税等所谓直接税，同样可以通过提高价格和加强劳动强度等扩大剩余价值剥削的方式转嫁税负。小企业主在生产经营的竞争中，处于相对劣势地位，转嫁税负受到限制。至于劳动人民则是无从转嫁其税负，他们必然是税收的最终负担者。资本主义社会的税负转嫁，应当只是剥削阶级把形式上由他们缴纳的各种税款（间接税、直接税都包括在内）的负担转嫁给劳动人民，其实质是阶级间的一种额外剥削。

在我国高度集中的计划经济体制时期，实行计划价格，统一确定工资，国有企业不能随便变动，国有企业也缺乏自身独立的经济利益，其税负是不转嫁的。劳动者的集体经济、个体经济，就总的和长时期来看，也不可能自行抬高物价，转嫁税负。只是在资本主义企业，剩余价值规律起作用，但在社会主义公有制和国家强大的宏观调控下，要在法定利润之外，再扩大剥削，并非易事，税负转嫁只能是在很小的限度以内，一般只是在某个阶段，某种生产经营，或者是这个、那个资本主义企业。高级国家资本主义经济的企业，税负转嫁难于低级国家资本主义经济的企业，定息的公私合营企业实质已是国营企业，在过去计划经济体制下，不发生税负转嫁关系。这是由于在当时，产品价格是由国家有计划制定的，工资也是由国家确定，税收实质是国家在生产经营的某些环节，在既定价格和工资的情况下，对国民收入进行的一种有计划集中分配，产品价格中虽包含税负的因素，但这是预先有计划确定的，劳动人民用领取计划确定的工资购买含税的计划价格消费品，都是计划确定的，并无额外负担，不是什么税负转嫁问题。

以上计划经济体制下税负基本不转嫁或极有限转嫁的观点，受到学术界广泛重视，为社会一般认可。在其后论著中又提出社会主义市场经济体制下，情况发生重大变化，市场调节机制起基础作用，所有企业都已成为市场独立的经济实体。盈亏自负，有自身独立的经济利益，并且是企业自行定价，税负转嫁已具有必要的经济条件。不过在社会主义公有制为基础的强大宏观调控制约下，以及供需关系的影响，抬高物价，获取高利，转嫁税负，也还受到一些限制，并非流转税一定会转嫁，而所得税就不转嫁。问题在于供需关系和税后实际利润水平。纳税人只要能获取超乎寻常的高额利润，则不论是流转税抑或所得税，也不论是价外税，抑或价内税，也都是转嫁了，这尤以牟取暴利，非法转嫁税收负担的某些非公有制经济为甚。

5. 科学论证以税为主的"税利并存"、"税利分流"，驳议各种形式的"税利合一论"。国有企业纯收入是财政收入的主要来源，国家采取何种形式和办法提取，多年来都有不同观点和做法，也是历史上多次税制改革争议的重点和焦点。作者在各阶段，针对当时存在的现实矛盾问题发表文著，深入地论证国家对国有企业纯收入，必须采取以税为主、税利两种缴纳形式配合运用的理论依据，驳议了"以利代税"和"完全以税代利"的形形色色"税利合一"观点。

早在改革开放前，在财政收入"税利各半"年代，就发表文章，提出要进行以"税挤利"的工商税制改革。在"税利合一论"盛行，要取消征税的年代，在 1962 年 8 月 15 日《大公报》发表的《国营企业积累应采用税利两种缴纳形式》专论，着重从加强企业经济核算方面，作了进一步论证。

改革开放后，刚开始进行经济管理体制阶段，发表的《论国营企业自负盈亏与税制改革》(《财政研究》1980 年第 10 期）和《关于国营企业分配体制改革的几个问题》（合作，《财政研究》1980 年第 5 期），从实行"独立核算、国家征税、自负盈亏"的新企业管理制度的要求出发，冲破原苏联教科书认定的"对国营企业征收所得税是改变全民所有制性质"的误区，论证了开征国营企业所得税，把国营企业的一部分利润，由利润上交改为征税的必要性和作用。在其后已实行利改税第一步改革，正酝酿要实行“完全的以税代利”改革阶段，1982年9月的文章特别是1984年1月出版的《中国社会主义税收》书著，又详尽归纳综述了对国有企业只用征税一种形式，不要利润上缴形式，存在种种不可克服的矛盾问题，难于适应各地区、部门、产业、企业的不同情况，应把超出企业本身需要的利润，恰当地拿上来。明确指出，税利两种上交形式，征集的依据不同，税收是国家凭藉管理者身份取得的收入，而利润上交是凭借所有者身份取得的收入，两者性质、作用有很大区别，在现实条件，“不能完全代替”，“国营企业调节税似税非税”也无利润上缴那种“必要的灵活性和弹性”，“从长远看并不适应”，完全以税代利，实际是搞“新的税利合一”，不能说是科学态度。

在1984年10月已实行完全的“以税代利”的第二步利改税后，国营企业所得税率远超集体企业。国营企业调节税采取“倒轧账”的办法，计算确定每个企业的税率，一个企业适用一个不同的税率，矛盾也极大，作为一个重要因素，导致其后各地逐渐把国营企业所得税、国营企业调节税和利润一起，列入企业承包上缴利润指标内，笼统地承包一个上缴任务数，都不按税法规定计算，而是由各地财税部门与企业及其主管部门分别谈判确定，国营企业所得税名存实亡。当时舆论对“利改税”持否定态度，要取消国营企业所得税，完全实行企业利润承包，在这种背景下，1985年及其后，作者发表了《要正确评价“利改税”改革》的系列文著，明确指出“利改税”作出了两项重大历史贡献，一个是突破传统禁区，开征了国营企业所得税，划定了国家与企业的收入分配界限、扩大了国有企业在市场经济下的自主财权，从而保证了企业自主经营，自负盈亏；另一个是改变了过去单一化的税制体系，逐渐建立了中国式的多税种、多层次、多环节调节的复合税制体系，为充分发挥税收作用，提供了制度保证。利改税的大方向是完全正确的，问题是，完全的“以税代利”，实际是忽视国家凭藉所有者身份应取得国有企业一部分纯收入，混淆了国有作为社会管理者与所有者双重身份取得收入的应有界限。但此种失误，对比“利改税”的整体成功，只居于次要地位，并且是可以改正的，这就为税利分流分管、从实质上恢复国营企业所得税，提供了理论依据。

在实行完全的“以税代利”的情况下，国有企业资金困难，国家业务主管部门不得已允许企业以税前利润归还技术措施贷款和基本建设贷款，有些地方并允许“以税还贷”，导致一些企业肆意大量贷款，有些企业用十几年的利润，也还不清所欠债款。针对此种情况，作者分别在《财政研究》1989 年 9 月第 10 期发表《坚持税收由国家集中计划分配》、在《人民日报》1989 年 10 月 30 日理论版发表《搞好治理整顿，加强税收管理》两文，正确提出，税收是社会必要扣除中，法定必须由国家集中分配的份额，企业不得参与分配，“包所得税”和“税前还贷”、“以税还贷”，实际是让企业及其主管部门取得国家税收的很大分配权和决策权，是用国家财政的钱，归还企业个体欠的债务，必须改变，严加治理整顿，为恢复税利分流、分管改革，也为统一税政，集中税权，规范税制，提供了理论依据，当时就受到财政部陈如龙副部长的表彰。1993 年 10 月获国家税务总局和中国税务学会颁授的第二届（1989—1993 年）全国税收科研优秀成果一等奖。

进入 21 世纪，对垄断性国有企业由于多占有国家资源，价格优势等客观因素，形成的远超其他企业的高额利润，导致产业、行业、企业间的收入分配不合理，在系列文章中，又提出要提高资源税负担，加征某些必要的特别企业所得税，从而有效调整税利比例关系，使之趋于合理。

6. 深入论证税制结构与经济结构的内在关系，论证我国税制结构模式，只能适应客观条件变化逐步改变。1989 年 6 月发表的《论税制结构与经济结构的内在关系》(《税务研究》1989 年第 6 期）和 1991 年 4 月发表的《税制结构探索》（刊财政部财税体制改革司、财政部外事局编:《论中国财税改革》。1995 年 10 月获中国财政学会第二届（1990—1994 年）全国财政理论优秀研究成果二等奖）等一系列文章，深入论证了税制结构，税制模式与经济结构、经济体制的内在辩证关系原理，说明经济发展水平和与之相适应的经济结构，对税制结构、模式起主要决定作用；经济体制决定税制结构作用的范围和格局，政治文化的多种因素、世界税制发展形势和税收征管水平，对税制结构的确定、选择，也有一定作用。按照前述论断，适应和促进整个经济体制改革和经济发展的要求，在当时及其后一段期间内，提出我国只能逐步建立起一个符合中国国情、切合社会主义市场经济要求，能与世界税制衔接，以流转税为主、所得税为辅、其他各税配合成套的完善税制调控体系，而不是广泛流行的那种我国已经建立或立即就必须建立流转税与所得税等同的“双主体”税制体系。提出“双主体”是我国将来一段期间内，税制结构前进的方向，只能是在经济发展、经济结构变化的基础上，通过不断增裕所得税收入和开征社会保障税的途径来实现。同样，改变间接税与直接税的比重关系，也是需要适应经济发展水平，经济结构调整和整个国民收入分配格局变化，以及征管水平提高，在有条件扩大征收所得税和财产税的情况下，逐步实现。不能在不具备必要条件时，片面主观人为地采用削减流转税收入、增补所得税收入的办法，那只会使预期的财政收入落空，影响经济发展，影响提供公共产品和服务的能力。

7. 驳议税收中性原则，系统论证我国税收指导思想和原则，总结税制建设历史经验。针对社会上把西方的税收中性基本原则，也奉为我国税制建设原则的情况，在 1997 年 7 月发表的《对税收中性原则不同观点探讨》和系列文著中，进行了驳议。指出这是一种有害的不切实际的主张。由于征税减少纳税人的可支配收入，改变纳税人的相对收入状况，会产生收入效应，减少纳税人支出和储蓄；由于征税的商品价格提高，会产生替代效应，导致转向其他低税或无税商品的消费，这些都会影响产业的生产经营投资决策、储蓄和消费选择。调节是税收职能的固有属性，为实现国家职能服务，中性税收在实际生活中，从古到今从未存在。特别是我国，作为发展中国家，在建立和完善社会主义市场经济体制的较长时期内，亟须更多地重视充分发挥税收的宏观调节控制作用，即使是对所谓属于税收中性的增值税，对若干不同的货物和劳务，也要采取差别税率和“即征即退”、“先征后退”和减免税优惠等的非中性税收政策措施。把税收中性，当作我国税收原则，必然阻碍税收应有的宏观调控作用发挥。当然，西方的税收中性原则理论，对我们也有一定启示，这就是我们必须适当掌握运用税收调节手段，要注意调节适度，不妨碍市场机制对资源的有效配置。

近期文著研究提出了我国现阶段税制改革与完善的指导思想：以中国特色社会主义理论体系为指导，贯彻党的基本路线和基本纲领和方针政策，坚持聚财为国，执法为民的税务工作宗旨，本着促进经济社会全面协调可持续发展和改善民生的基本要求，全盘规划，合理安排，优化税制结构，逐步建设一个统一、规范、公平、效率和民主、法治、简化、透明，适应社会主义市场经济机制，与国际税制衔接，逐步迈向流转税、所得税“双主体”、各税配套调节的完善税制体系，进一步强化税收应有的功能作用，更好地为在全国全面建成五位一体总格局的小康社会，建设富强、民主、文明、和谐的社会主义现代化国家服务。

系列文章依据党的路线、纲领方针和形势发展对税制建设的要求，归纳提出我国社会主义税制建设需要遵循和综合运用的八个原则：(1) 充裕财政收入，强化宏观调控能力原则（可细分为兼顾各方关系，总税负水平适当原则，低税率、宽税基原则；(2) 公平税负，鼓励竞争原则；(3) 调节经济，优化经济结构原则（主要体现产业政策原则、城乡协调发展原则，生态文明原则）；(4) 调节社会成员收入，缩小收入分配差距，促进共同富裕原则；(5) 改善民生原则；(6) 国家集中计划分配和合理划分中央、地方管理权限原则；(7) 信守与恰当运用世贸组织规则的原则；(8) 税制规范、效率、简化、文明、严管和为纳税人优质服务原则。

系列文章还总结了我国税制改革、建设的十条历史经验，即：(1) 适应经济情况的复杂性和经济形式的多样性，必须要有多税种、多层次、多环节的税收调节；（2）适应经济发展转轨情况的变化和国家总任务及方针、政策的要求，税收制度必须不断改革完善；（3）税收制度既要能更多地保证财政收入，在政府收入中占主体地位，又要能充分发挥它的调节收入分配、调节经济的宏观调控作用；（4）要特别重视完善国有企业的征税制度，加强税收管理；（5）凭藉管理者政治权力取得收入、要与凭藉所有者身份取得的非税收入适当区别开来；要与作为“准公共产品”，提供特定服务取得的非税收入适当区别开来；（6）必须公平税负、鼓励竞争，才能更好地促进发展社会主义市场经济；（7）建立税收制度，要认真把微观搞活与宏观调控加强很好地结合起来；（8）重视借鉴国际经验，恰当掌握运用国际规则、惯例，注意与国际税制相衔接；（9）必须适应经济科技全球化的新形势，加强对跨国经营，特别是跨国公司的征管和国际协调，维护我国经济安全和权益；（10）税政要统一，税制要简化，税收法制要健全，并在集中税权的前提下，中央、地方合理分权。

8. 国际税收理论的几个创新观点。一是科学界定税收国际惯例概念，提出应与国际经验和通行做法区别对待。针对当时媒体把税收国际经验和通行做法，混同税收国际惯例的论调，在《涉外税务》1995 年第 1 期发表《正确认识和运用税收国际惯例》一文，论证提出了税收国际惯例，应是指“在国际交往中，处理国家间税收权益关系，反复出现，并被各国接受，因而具有法的约束力的税收通例，是国际税收关系的行为规范”。并具体列举了五项内容，我们必须充分尊重和依循。而税收制度、政策、管理的一般好的国际经验、通行做法，未形成国际惯例的，不具备国际法的约束力，只是一个国家行使主权，自行决定是否借鉴的问题，而不是依循。此种观点，后为社会认可。

二是最早提出对世贸组织规则，要采取“遵循与运用相结合”的原则。2000 年 5 月和 2003 年 4 月、9 月在相关文章中，最早论证提出，世贸组织是各个国家和地区为争夺国际市场形成的一个谈判场所，世贸组织承认接受政府对经济的宏观调控下的市场调节机制，主权国家的利益，依然是世界多边贸易体系的主体，因而在确定应普遍遵循的规则同时，对各成员国实施本国的特定产业政策和特别措施，并无过多限制，甚至允许在特定情况下，可以采取不同于甚或违背规则的作法。我们一方面应遵守 WTO 规则，信守我国的承诺；另一方面又要从我国国情和经济安全、利益出发，利用 WTO 规则例外条款和照顾发展中国家的特别规定，调整、完善税收政策，加速扶植发展我国急需的产业，营造经济快速、持续发展的良好环境，提高我国企业和整个经济的国际竞争力。在“入世”后的过渡期内，对涉嫌有违 WTO 规则的税收规定，要本着维护国家权益精神，按照以上原则，统一规划，区别处理。以上建议，刊于中国国际税收研究会《研究要报》，国家税务总局领导批示肯定。

三是提出要完善跨国经营的税收管辖权，修订国内、国际税法。2008 年 4 月发表《完善税收管辖权制度的意见》等系列文章，论证提出，跨国经营活动的税收管辖权，要本着互惠互利、合作共赢，在国家间公平合理分配税收收入，维护国家权益的原则，确定相应修订国内、国际税法。在 2007 年修订公布的新企业所得税法及实施条例对完善税收管辖权，已取得重大成果基础上，进一步完善有关内容，主要是鼓励企业“走出去”投资；增列“税收饶让”的抵免方式；修订个人所得税法有关条款。要依据新企业所得税法，协调修订和新签避免双重征税协定，重点是明确境内外所得的划分标准及其征税权，充实“税收饶让”和间接抵免的条款；增加防止偷避税的条款。要争取修订由发达国家主导，有失公平合理的避免双重征税两个国际范本，以新企业所得税法的税收规则为蓝本，坚持所得来源地税收管辖权原则，境内所得一律由本国行使征税权，境外所得视居民企业与非居民企业的不同，分层次确定征税权。

以上八项学术观点，有较大部分扼要体现在所著《中国社会主义税收》（1982 年 5 月初版，1984 年 1 月修订版，1986 年 2 月增订版）、《国家税收教程》上册和《国家税收》（多次改写版）。《中国社会主义税收》一书，是我国改革开放以后最早出版的一部税收学科理论专著。适应当时情况，较全面、系统地论述了我国社会主义税收的方方面面，三次出版发行近10万册。江西财经学院院长裘宗舜教授在20世纪80年代中期书面鉴定是税收学科中，“一本在全国具有领先地位的学术专著”、“参与创立了具有中国特色的社会主义税收理论体系”。《人民日报》、《经济日报》、《新书报》和《图书评论集》等，在当时也都有评论，肯定为体系完整、条理清晰、富于创新，是广大财税干部和财经院校师生的良好读物。1986年黑龙江省人民政府办公厅编写出版的《黑龙江省情》，把该书列为建国以来该省出版的六本经济学与管理学优秀著作之一，属于“一批学术价值较高、社会价值较好，深受广大读者欢迎的好书”。1989年出版的《中国学术论著总提要》，选收该书，摘要介绍内容。1989年12月，国家税务局和中国税务学会评授“全国税务系统十年（1979—1988年）理论研究优秀成果一等奖”。

三、亲历改革开放后三次全面税改，建言献策

建设中国特色社会主义税制调节体系，必须以中国特色社会主义理论体系为指导，认真贯彻党和国家的路线、纲领和方针政策，依托中国特色社会主义税收理论，针对不同阶段的矛盾问题，研究提出确切可行的税制改革设想方案和有效的政策措施，不断完善税制。作者在本职岗位上，参与了改革开放前税制改革的某些研究，更多地参与和亲身体验了改革开放后三次全面性税制改革研究，提出了税制整体改革和税种、税收管理改革完善的许多设想、建议及其理论依据，为社会所重视，有些为国家决策部门采纳，或对决策产生积极影响。同时，还对新税制进行宣传，有利于税收工作推进。

（一）参与1977年6月基本稳定当时税制决策研讨

粉碎“四人帮”后，对税制改革走向，财政部税务局四位局长三种主张。局长和税政处长及少数同志主张实施曾在1965—1966年试点的积累税；主管税政业务的副局长和较多同志主张保持和改进当时对产品征税的制度；另两位副局长和少数同志倾向于改征当时存在

的地区试点的行业税。争议激烈的焦点，是应否改征积累税或行业税，对日常税政业务工作的处理，造成一定影响。财政部张劲夫部长于1977年6月28日和7月1日、2日亲自主持召开税收工作路线分析会，邀集税务局领导、有关业务处长和10多位业务骨干座谈，广泛听取群众意见。到会的还有两位副部长、部内其他司局代表。三种主张的同志，都在会上陈述了自己的观点和理由，也驳议了对立面的观点。张部长在大家发言时，中间也时有插话，表明了他对产品征税持肯定倾向，对积累税、行业税质疑。作者在发言中指出，积累税按企业积累50%分订每个企业的不同税率，年底结算超过原计划2%的，还要退补税，失去了税收的强制性、固定性，全国税政也不统一，实质不是税而是1959年初"税利合一"的变种，不能发挥税收应有的作用。特别是还较多地陈述了税收与商品价格相互配合与税对价的制约作用。其间，张部长插话表示赞同，说"税收与价格配合运用是有作用的，这种作用不容忽视。"烟酒价高，部分原因可能是税使其价格高了。"会议结束时，张部长作了总结性讲话，肯定会议辩论的成绩，明确指出，现行税制虽有一些缺点，但基本适应中央大干快上的战略决策的要求，三年内税制不作大变动，要稳定干部思想、健全税务机构，充实税务干部，在现行税制基础上，干好革命。作者奉命完整地整理座谈会纪要（其中包括每个同志发言谈到什么问题时，张部长的插话），印发全局同志和部的有关单位，从而遏制了要实行积累税以及行业税的强劲势头。

在这次辩论会上，包括作者在内的一些同志还提出，为便利中央税务机关作为财政部的直属独立机构行使职能，加强对全国税务机关领导权威，要求对当时的"财政部税务局"名称加个"总"字，恢复"文革"前的"财政部税务总局"名称。张部长当场表示同意向上反映，在李先念副总理关怀下，没有几天，就正式恢复了已中断九年的老名称。

在时隔不久的全国税务工作会议上，张部长对肯定税务工作成绩，加强税务工作，作了激情洋溢的即席讲话（无讲稿），其中指出："在'四人帮'捣乱的那个年代，如果没有全国税务干部坚守工作岗位，我们连饭都吃不上"。"坚持原则为收税而牺牲的同志，同在战场上牺牲的革命战士一样，是革命烈士"。作者整理的讲话稿，经张部长审定后印发全国，鼓舞了全国税务干部的干劲。

作者执笔的《谈谈税收》七篇短文，阐述了我国税收的性质、作用和当时税制的政策精神，财政部税务总局领导审定，作为业务学习资料，连续刊全国性报纸《财贸战线》报1978年10月和11月的"学业务"栏，浙江省税务局等的《公文通报》全文转载。

（二）参与1983—1984年的两步"利改税"和工商税制全面改革

改革开放后，以经济建设为中心，引入市场机制，改革经济体制，首先是国营企业管理体制，税收是一个突破口。原来历经一再简化，形成的对国营企业只征工商税一种，对集体企业也只征工商税和工商所得税两种的单一化税制，不适应经济发展的新形势，面临要作全面性的重大改革，作者参与了以下工作：

1. 参与两个"利改税"地区试点方案的研讨确定。上海市和广西自治区柳州市是1980年开始，由财政部直接抓管的两个"利改税"试点地区。作者当时随同分管税收的财政部吕培俭副部长先后前往两市，参与试点方案研讨，提供一些建议意见。经会议热烈辩论，最后形成的两市试点方案，在内容上虽有所不同，但都是开征国营企业所得税，代替部分利润上交；开征收入调节税，上海是按产品收入额计算比例征收，调节由于客观因素形成的利润差距；柳州是对利润率超过15%的，累进征收，均放在所得税前，用来代替原来的部分利润上交。至于所得税后的利润，上海是采用国拨固定资金和定额流动资金两种付费的名称提取；柳州是采用国拨资金分红的名称提取，剩余的利润则由企业自主支配。由于吕培俭副部长，坚持正确原则，提出"宁可多给企业留利，也应改采税后还贷方式"，因而企业的技术措施贷款和基本建设贷款的还本付息，均由原来拟定的所得税前归还，改为税后归还。对试点方案，财政部于1980年5月和10月分别批准，从1980年度开始实施。1980年试点结果，改变了过去税小利大情况，企业实际留利水平也提高，所占利润总额百分比，上海是13%（不包括税前归还基建贷款本金，故比例较低），柳州是28%，都比1979年增长50%以上，1981年又比1980增长10%以上，既改变了“税小利大”的收入分配格局，又扩大了企业自主财权。

2. 撰文提出“利改税”的原则设想，在1980—1982年的系列文章中，较多地论述了适应形势发展，把较为单一的税制改为多税种的复合税制体系的必要性、迫切性，最早使用建立“多税种、多层次、多环节调节复合税制体系”这个名称，为主管业务部门和社会认可、沿用。《论国营企业自负盈亏与税制改革》（《财政研究》1981年第2期）等文章论证了实施以扩大企业自主权为核心的独立核算，国家征税，自负盈亏，企业自我发展，自我约束的企业管理体制，必须采取以下原则：第一，要采用多种税，代替部分利润上交，改变财政收入中原来的“税利各半”甚或“税小利大”的不合理分配格局。开征国营企业所得税，建立以所得税为分界线，界定国家凭藉管理者身份取得收入与企业的税后利润，按国家规定部分以资金分红、付费形式上交国家，部分由企业独立自主支配。以税为主，税利两种交纳形式并用，企业也有一定留利，既扩大企业自主财权，也避免企业吃国家的“大锅饭”。第二，调节客观因素造成的盈利水平悬殊现象，尽可能避免企业留利的苦乐不均。这就是在征收所得税前，有多个税种，对企业的收入水平和占有国家资源、固定资产的多少，以及价格等客观因素，导致的利润水平差距，采用多个不同的税种，进行调节，因而现行工商税应细划为产品税、增值税，营业税3种，并要开征资源税、土地占用税等新税种，恢复对企业征收房产税、印花税等老税种。第三，要按照国家方针政策，调节收入，指导生产，促进经济发展，因而对企业的生产经营，应有必要的税收鼓励和限制政策。第四，税法要用法律、法规形式固定下来，各税税率全国统一规定，固定化，不搞分户定率，鼓励竞争，激励先进，督促落后。这些大都与其后1984年10月的新税法规定吻合。

3. 参与全国税制改革方案和政策法规的研讨和草拟文件。在

1983—1984 年的一段期间，作者被临时抽调到财政部体制改革小组，小组只有几名工作人员，财政部副部长李朋任组长，直接领导每个小组成员，经常参加部有关税制改革的高层研讨，整理材料。全国的整体改革方案吸纳了上海、柳州两市试点的有益经验，但由于当时国务院领导坚持要实行“完全的以税代利”，取消利润上交一类形式，确定的第二步利改税方案，不得已把两市试点方案中原来设计在所得税前征收的收入调节税，改为在所得税后，对规定留利以外的剩余利润部分，全部以国营企业调节税的税名征收。作者在高层小型研讨会上，就曾几次亲自听到时任财政部部长王丙乾说：国营企业调节税“倒轧账”计算，一户一率，似税非税，赵紫阳总理、田纪云副总理坚持实行完全的以税代利，就只有叫税的这个名称了。

作者还参加 1984 年的全国税改研讨会，撰写会议简报，参与起草领导文稿，并与时任税务总局处长的李永贵同志合作，共同起草了《国营企业实行利改税和改革工商税制宣传提纲》，作者的有些看法和建议融入其中，权威性地宣讲了这次税制改革的重大意义，基本制度，政策精神，对一些疑问的回答和坚持贯彻的要求。1984 年 10 月财政部以正式文件印发，报刊广泛刊载。

4. 宣传新税制。在 1984 年 4 月和 5 月的《北京日报》连续发表由七篇短文组成的《利改税第二步论丛》。编写出版《利改税解说》（与姚德超合作，天津人民出版社 1983 年 10 版）和《第二步利改税概说》（天津人民出版社 1985 年 11 月版），对两步利改税和工商税制改革，进行了全面系统的宣传。

（三）参与 1993—1994 年的全面性税制改革

1987 年后，国营企业所得税名存实亡，同时，同一课税对象，多税种分立，税制不统一规范，税负不公平合理；增值税范围小，且实际成了更为复杂的产品税；税收管理不适应建立分税制财政体制要求。1992 年 10 月党的十四大确定建立社会主义市场经济体制的宏伟战略目标，原有税制不适应经济体制转型和经济发展的矛盾，显得更为突出和尖锐，面临改革开放后又一次全面性税制改革。作者参与了国家主管业务部门和学术团体对这个问题的探讨，并在《现行税制矛盾与对策》（《财政研究》1990年第4期）、《税收机制转变与税收制度改革》（1990年在中央党校国家机关分校财政部干部进修班讲稿，1991年3月发表）等系列文著中，提出了改革设想方案和建议：

1. 论证新一轮全面税收的必要性、紧迫性。分析存在以下重大矛盾问题，提出必须抓紧进行全面、结构性改革：（1）混淆国营企业税利两种缴纳的应用界限，削弱以至失去国营企业所得税应有的宏观调控作用，强化了企业主管部门对企业的行政控制，与市场经济体制要求格格不入。（2）各种所有制企业间税负差别大，不适应公平税负的市场经济体制要求。（3）税制结构体系不合理，欠整体规划和配套完整。如对同一课税对象，不适当地设置了多个税种，增值税征税制度更是过于复杂，资源税征税范围太窄。（4）税制不够规范统一，且复杂、多变。如过多、过滥的各种形式减免税和计算征收上的种种优惠。（5）地方税种未划分，不适应建立分税制财政体制要求。

2. 提出全面推行税利分流、分管改革，关键在于领导决心。通过财科所《内报》（1993年5月10日）向财政部和国家税务总局领导提出，1988—1992年的税利分流改革试点受阻，欠缺效果，主要原因是，对试点企业“硬、严、紧”，对面上广大企业“软、宽、松”，两者存在企业利益分配上的很大矛盾。确切的数据和经验表明，不是此项改革本身有什么问题，或可行、不可行的问题，关键在于要由部领导建议中央统筹全局，下定决心，尽快全面推行，才能彻底解决矛盾。

3. 提出要把流转税改革放在首位，要充分发挥消费税的调节作用。当时社会舆论和业务主管部门一些同志提出，以“中性化”的增值税，全面顶替产品税，只征几项产品的消费税，并要多采定额征收，价税完全分离，税收退出生产流通领域。针对以上观点，发表系列文章进行驳议，并通过财科所《内报》向上建议，要把全面改革流转税放在首位来抓，彻底改变原增值税搞成"争执税"、"扯皮税"、"橡皮税"，导致收入下降的现象。要多设几项按产品征收的消费税品目，从价计征，与价格相互配合，充分发挥它对经济的宏观调控作用。

4. 建议分设国税、地税两套机构。1993 年 3 月 18 日的《国家税务局关于近期税制改革的基本思路》稿，原是提出，在实行分税制后，从上到下仍只要一套税务机构，仍实行双重领导体制，只在同一机构内，设立一个负责征收地方税的单位。作者于同年 5 月 10 日，以财科所"内报"形式，向上反映，借鉴国际经验和根据我国过去执法中存在的多种矛盾问题，中央和地方享有与其事权相匹配的自主财权、税权和财力，需要有与之配套的中央、地方税务管理机构，建议要分设国税和地方税两套税务机构。国税系统垂直领导，基层可按经济区域设置。地税系统双重领导，当地政府领导为主，得到财政部领导和有关上级部门重视。

5. 宣传新税制。在实行全面税制改革的 1994 年，主写、主编了《新税制实用指南》和《中国新税制》等书，分别于同年 2 月和 5 月公开出版。

另外，在 1995—2002 年担任中国国际税收研究会副秘书长和常务理事期间，还负责起草研究会会长在全国国际税收理论研讨会上的报告，以及多次撰写研讨会学术观点综述，主要内容都涉及税制，征管改革及税收政策调整研究问题。

（四）参与第三次全面性税制改革

进入 21 世纪，社会主义市场经济体制由初步建立，进入完善阶段，国民经济飞跃发展。同时，2001 年 12 月 11 日我国正式加入世贸组织，更大程度地融入世界经济发展主流。根据经济体制转轨和与世界经济衔接的要求，原有税制不适应经济发展的矛盾，越来越尖锐地显现出来，面临新一轮全面性税制改革，作者参与国家业务主管部门和学术团体的研究讨论，发表系列文章，对税制的整体改革和多个税种及税收管理的改革，都提出了意见和建议。

1. 最早提出必须逐步进行第三次全面性税制改革和改革整体的设想。2002 年在学术研讨会的发言和 2003 年 5 月 12 日在财政部财科所《研究报告》2003 年第 24 期首发的《要进行全面性税制改革》文章，（2003 年 8 月 4 日《经济日报》以《深化税收体制改革构想》为题，摘转载），在社会上最早提出和从六个方面论证了要进行新一轮全面性税制改革的客观依据；提出要“建设统一、规范、公平、高效、简化、有透明度，适应社会主义市场经济发展和经济全球化要求的完善税制体系”；并从五个方面论证了改革的总体设想；提出对各税类税种改革的具体设想。2003 年 7 月 18 日又发表《中国现行税制存在的问题探讨》长文（《体制改革》2004 年第 6 期全文转载），总结了八个方面的税制矛盾，并在相关文章中提出解决矛盾的对策。其后 2003 年 10 月 14 日《中共中央关于完善社会主义市场经济体制若干问题的决定》，作出关于分步实施税收制度改革的决策内容，证明作者所提意见和建议是适当的。

2. 参与统一企业所得税立法研究和起草文件。统一税收优惠，是统一内外资企业所得税的关键，早在 1995 年 6 月 7 日就发表《统一与完善企业所得税优惠政策研究》的长篇研究报告，深入论述了税收优惠的作用、限度和取舍依据；现行优惠政策的矛盾及改革完善税制的对策。最早提出税收优惠方向应由地区、外资为主，转为产业为主（后为国家决策肯定）。时隔 10 日，参加财政部条法司主持召开的“中国企业所得税法国际研讨会”，应邀就此问题在全体会上作了三个小时的专题发言，全文收入财政部条法司编译的《企业所得税法资料选编》，作为立法参考。1999 年 11 月获中国财政学会第三届（1995—1998 年）全国优秀财政理论研究成果一等奖首名。公开发表的内容不尽相同文章，1998 年 8 月获中国国际税收研究会第一届（1995—1997 年）全国国际税收优秀科研成果一等奖以及其他学术团体的一等奖和“八五科学技术成果奖”等。

1996 年中国国际税收研究会接受财政部税政司委托，起草企业所得税法草案的课题任务，由作者具体执笔，并起草税法草案说明，其内容由财政部汇总上报国务院，成为国家立法决策重要参考。

2002 年 9 月应邀参加全国人民代表大会预算工作委员会主持召开的“全国所得税法国际研讨会”，提交《改革企业所得税制的立法探讨》论文，就统一税制的系列问题，提出了意见和建议，其后文章公开发表。2007 年新税法及其实施条例公布，又在有关文章中，就若干政策制度问题，提出了进一步改革完善的建议。

3. 最早提出增值税“巧转型”方案。面对增值税由生产型转变为消费型，会影响财政收入，应否实施的诸多议论，撰写《增值税转型改革思路》，刊财政部财科所《研究报告》2001 年 7 月 9 日第 4 期，报中央有关领导部门。同年 8 月 1 日《经济参考报》等报刊，以《增值税巧转型》为题转载。内容较多的另一论文《积极稳妥地推进增值税转型改革》详论了增值税转型，在鼓励技术进步，促进调整经济结构，推动经济增长方式转变等五个方面的重要作用，刊《财政研究》2001 年第 9 期。两文最早论证和提出：我国当前增值税转型抵扣范围，应“限定为增值税一般纳税人当年新增固定资产中的动产部分（包括机器、机械以及工具、器具等）”，也就是只把当年设备投资纳入增值税的抵扣范围。因它对技术创新作用很大，而需要抵扣的税额很少。把新增固定资产中的不动产部分（房屋、建筑等）排除在抵扣税范围之外，因这部分在固定资产投资中占很大比重，而对技术进步、创新的激励作用，同设备投资对比起来，却并不大；也把固定资产额中存量部分，排除在抵扣之外，因它占了固定资产的绝大部分，且事实上已经形成企业资产，不存在需要税收激励的问题。至于小规模纳税人是采用很低的征收率按销售收入全额征税，也不发生需要扣抵购进设备的进项税额问题。这样，增值税转型需要扣抵进项税额的范围就很小，却正是用于最能提高企业生产技术和能力的设备更新方面。同时还建议采取配套措施，相应取消原来对设备投资的多种税收优惠政策。计算数据表明，这样转型，全国每年需要抵扣的税额，不过几百亿元，减去取消一些设备投资优惠的增收因素，减收的数额更小，而从较长期来说，由于转型，设备更新，促进生产发展，更是会增裕财政收入，而不是减收，论文在2002年10月获国家税务总局和中国国际税收研究会第三次（2000—2001年）国际税收优秀科研成果个人一等奖。2003年10月14日的中央文件明确规定："增值税由生产型改为消费型，将设备投资纳入增值税抵扣范围。2004年国务院确定在东北三省进行增值税转型，采用以上抵扣范围的主张，试点数据表明，全年实际抵扣税额确实不大，其后在全国普遍实施"。

4. 率先提出适应加入世贸组织形势，调整税收、改革税制的对策建议。早在我国2001年12月加入世贸组织前，参写和合作，于2000年4月出版了《世界贸易组织基础知识概论》。2000年5月22日最早在社会上发表了关于世贸组织规则与税收的专论《WTO规则对税收的要求与调整税收政策》（首刊财政部财科所《研究报告》2000年第10期，多种书刊转载），列举了涉嫌有违WTO规则，需要调整税收政策的多个项目，并提出要调整关税和进口环节工商流转税政策，例如在逐步降低关税税率的同时，要合理调整关税税率结构，要改变加工贸易来料、进料进口的征税管理办法；提出要调整出口退税政策，改变内外有别的办法，在保护国内稀有资源和紧缺物资的前提下，用足WTO规则允许出口退税的条款等等。2000年11月获中国国际税收研究会第二届全国国际税收科研优秀成果个人一等奖和其他学术团体的几项评奖。其后又发表《适应"入世"形势，调整进出口税收政策》（2003年9月），对有关问题作了进一步的论述。

参写、参编中国第一部专论税收与世贸组织的文集《中国加入WTO与税收改革》（2000年9月出版）。担任"国家社会科学基金重点项目课题"——《加入世贸组织后中国税制改革走向》主要撰写人，自写、改写占全书正文的32%，并负责全书总纂、修改和课题报告。全国哲学社会科学规划办公室审核鉴定通过，2005年2月3日评授"良好"等级奖，人民出版社2006年8月出版。

5. 提出全面改革地方税制，完善地方税体系的具体设想。2007年6月发表的《改革地方税制，完善地方税体系》等系列论文，论证提出，我国地方税规模过小，调控功能弱，税制体系欠缺，存在诸多矛盾，必须进行全面改革。例如一要着力改革资源税制，在立法中明确把促进国家自然资源合理开采，有效利用，保护稀有资源，维护生态环境，列为调控主要目标；扩大征税范围，提高税负水平，由定额税率改采比例税率，纳税环节提前；税与价、租、费配合运用，收取资源探矿权，采矿权价款等。二要把城市维护建设税和几项教育，文化附加费，改为统一的城乡建设教育税，确定独立的课税对象，改变计税依据，扩大征税范围，实行幅度比例税率。三要开征独立的环境保护税，并与各税配套建立完整的环保税制体系。环保税要把一切与环境污染资源破坏的行为和产品分列税目，循序渐进，逐步扩大征收范围。主要是工业废水、废气和固定废物，其次是那些难于降解和再回收的材料制品等，以污染物的排放量和浓度为计税依据，税率可因时、因地而异，税负水平高于现行收费，促进企业开发污染治理，鼓励发展循环经济和产业。四要把公路养路费等收费、改为燃油税，促进节约用油。五要改革房产税制和土地使用税制，把现行房屋、土地分别适应单一比例税率和固定税额的办法，改为按工业用房地产、商业用房地产、单位用房地产、个人住房、无建筑物土地等不同类别，分订不同的幅度比例税率，由省级政府自行确定本地区适用税率，以适应各地区的差别情况。把按房屋原价余值或租金收入计税的办法，改为按评估的市场价格计税，以适应房地产的实际价值，有效调节。恢复对城市居民自用住房征收房产税，并对位于农村的豪宅高级别墅征税，区别房屋类别，分订差别税率，以利于调节不同阶层居民收入。六要开征社会保障税，以省、自治区、直辖市为范围，由省级统筹，先进行试点。要授权省级自行开征适合本地区的区域性地方税种。本文获中国国际税收研究会 2009 年 11 月评授的第六次（2007—2008 年）全国国际税收优秀科研成果个人一等奖。2012 年 11 月，党的十八大报告，把“构建地方税体系”，明确列为“加快改革财税体制”五个项目之一，表明了它在当前改革中的重要地位。

6. 促进全面改革房地产税制。早在 2005 年房价尚未大涨，未成为社会热议焦点时，发表了《房地产税收要进行区别征税的重大制度改革》（刊财政部财科所《研究报告》2005 年 10 月 24 日第 14 期；《涉外税务》2005 年第 12 期和多种书刊转载）。论证提出，要对房地产税收进行全面的重大改革，整体规划，分步到位。建议的重大税政举措是：在房地产流转环节，开征超级豪宅、别墅消费税，抑制奢侈性消费；出售房屋，区别类型、持有期间长短征税，进行有针对性调节；调减出租房税负，活跃房屋租赁市场；取消经济适用房制，改为着重促进建立公屋廉租制度，完善住房保障体系；正税清费，减轻购房负担。在房地产保有环节，开征统一的不动产税，扩大征税范围，分类设计差别税率，按评估市场价格计税，闲置房加税，确定免税面积，有针对性调节不同阶层的收入差距，打击囤积投机，抑制非理性投资，遏止资源浪费，促进提高土地、房屋利用效益。2006 年 11 月国家税务总局和中国国际税收研究会评授第五次（2005—2006 年全国国际税收优秀科研成果个人一等奖，北京市国际税收研究会 2006 年 6 月评授优秀论文特别奖。）

针对当时社会上对开征个人房产税的纷争，2012 年 12 月发表了《重视房地产税的应有作用，积极逐步推进该项税制改革》和《评论对推进房地产税改革持有怀疑的各种观点》两篇长文，以及其后发表的几篇文章，进一步对住房持有环节的房地产税的理论和政策进行了系统深入的论述，驳议了持有怀疑的多种观点。全面论证了房地产税五个方面的重要作用，强调在社会经济不同发展阶段适应国家宏观调控的具体目标和方针政策，实际发挥作用的重点应有所不同。并提出了积极地分步推进该项税制改革，逐步建设成为地方税主体税种的若干政策设想。2011 年 10 月中国国际税收研究会评授第七次（2009—2010 年）全国国际税收理论优秀科研成果个人一等奖；北京市国际税收研究会 2011 年 8 月评授优秀论文特别奖。

7. 提出现阶段统一城乡税制的设想。2011 年 8 月发表《现阶段持续推进城乡税制统一改革的意见》和《积极逐步推进城乡税制统一》等系列文章，论证提出了统一城乡税制的重大意义、实施此项改革的指导思想和原则。强调必须适应国民经济发展水平，经济结构调整和城乡经济社会一体化的进程，分阶段逐步推进。当前一方面是结合税制改革完善，把几个专向城市或特种农产品征收的税种，改为覆盖城乡的税种，扩大税收调控作用，这就是一要改革房产税，对位于农村的豪宅、别墅也纳入征税范围；二要改城镇土地使用税为土地使用税，对房地产商位于城乡的囤地和闲置土地都加重征税；三是改城市维护建设税和几种教育、文化附加收费为独立征收的城乡建设教育税，发挥独立税种的特殊功能作用，增裕农村建设教育费支出的资金来源；四是把烟叶税改为消费税的一个税目，既取消专向农产品的税种，免除农民实际上的负担，又可制约烟叶的生产和进口。

另一个更为重要的方面是，调整涉农税收政策，尽可能加大强农、惠农、富农的税收优惠力度，发挥税收的激励和引导作用。这既是此项改革的阶段性必要历程和关键组成部分，又是为此项改革创造条件。在当前，一要调整增值税制，把农民纳入增值税纳税人和农业生产资料进项税额抵扣者的范围，享受更多的实际好处；调低农产品及其加工的生活必需食品等的增值税率；提高增值税的起征点。二要完善所得税制，把农业生产经营所得，增列为个人所得税项目，但只对巨额所得者征收；坚持农、林、牧、渔全面发展的企业所得税优惠政策，并平衡水产养殖品与种植业等的税收优惠；企业所得税要鼓励农工商一体经营，鼓励发展农村经济，鼓励兴办农业科技等产业。三要各税配合，实施积极的活跃农村金融的税收优惠政策，促进资金等生产要素回流农村；实施与城镇下岗职工再就业大体同等的税收优惠政策，给失地农民必要的照顾，鼓励以创业带动就业。四要对土地出让金净支出，规定用于农田水利和农村公共设施的较高比例。

8. 提出改革完善税收管理体制的意见和建议。2009 年 11 月发表《完善税收管理体制研究》等文章。论证提出，税收立法权的纵向划分要在统一税政的原则下，调整中央集权过多的现状，区别各地方税种，在生产要素自由流动性、能源移动性和对宏观经济影响方面的差别情况，不同程度地把部分立法权和税政管理权，下放到省级，并允许在一定范围内，自行立法，报中央批准，开征区域性地方税种。税收立法权的横向划分，要积极地逐步转变授权行政立法化的现象，减少和规范授权行政立法，采取“全国人大及其常委会立法为主，国务院及其财政税收主管部门立法为辅”的税收立法配置模式，尽快完善我国税收法制体系。税收执法权的划分，要改变国税、地税两套征税主体，对同一税种交叉征管的现状，完全按中央、共享和地方税种，确定征管执法权，但其中个人所得税，虽属中央地方共享税，但为适应现实情况，暂可完全划归地税系统征管。允许当地国税局与地税局根据需要，协商相互代征、代管属于对方征管的税种，并进行各种形式的税收合作，提高工作效率。

9. 税收改革的其他新观点和建议。如2006年8月发表的《个人所得税制改革走向》等文章，论证提出改革个人所得税的原则，转换为综合与分类相结合税制新模式的设想方案；提出免税定额应与物价指数挂钩，由国务院定期调整，避免频繁修改税法；提出特别是强调要加强对个人资本所得的调控力度，认为西方国家以避免重复征税为由，给股息、红利所得减半征税等优惠办法，不公平合理，应在转换税制模式前，如同对待劳务所得那样，对大额股息、红利所得者，另外再采取加成、加倍征税办法，以平衡与劳动所得的税收负担。其后又发表专论股权收益、转让所得税制文章，评析西方的此项轻税、减税理论不能成立，建立在该项理论基础上的税制，是帮助富人更富，必须进行改革，缩小劳资收入分配差距。

又如2012年4月发表《改革烟草税制及其收入归属体制，配套控制烟害》等论文，论证提出，应当采取严厉的税收调控手段，从源头控制烟草的生产、消费，以利于维护公众健康，优化经济结构，有效配置社会资源。改革主要措施：一是把烟叶税改为消费税的一个税目，提高税率，改变纳税环节，收入全归中央，摆脱地方利益的控制；二是分阶段持续提高卷烟消费税税负，对烟厂过高利润，加征超额所得税；三是卷烟的消费税、增值税和企业所得税收入完全划归中央财政，取消现行的税收返还和地方分成办法；四是加强卷烟税的征管监督，小规模纳税人和个体工商户的卷烟增值税，改由烟草公司在批售卷烟时，按确定的零售价格代扣代激，不再适用现行起征点的照顾规定。

四、主写、主编多部各类税收教材并长期任教

1. 主写主编新中国第一部统编高校税收教材。1977 年，作者受命筹划和组织编写高等财经院校税收教材，起草了教材编写大纲，联系确定了有关财经学院参写教师，本人也参写部分章节和审稿。稿件写的工商税，谈税收调节作用，与时任财政部税务总局局长以积累税为改革方向的主张相左，对是否出版，存在争议。在财政部教材编审委员会主任陈如龙副部长召开由各司局领导为委员的全体审稿会上，作者列席对书稿的编写作了说明，并对争议问题陈述辩护理由。经讨论认为，原稿虽有某些缺点，但基本尚可，为应社会急需，同意适当修改后立即出版。作者根据会议所提意见进行了修改。书于 1979 年 8 月由中国财政经济出版社正式出版。其后《国家税收》教材的重新改写工作，就由财政部人事教育司和中国财政经济出版社指定作者具体负责，担任总纂、主编。遴选参写人员。第一次重新改写本，于 1984 年 9 月出版，作者分工写作理论部分和关税等几个税种的政策制度，自写部分占全书的 44%；第二次重新改写本于 1988 年 5 月出版，作者自写部分占全书的 54.4%；第三次重新改写本于 1997 年 7 月出版，作者自写部分占全书的 72.3%；第四次重新改写本，于 2009 年 10 出版，是个人独著。

本书是由主管全国财政，税收工作的财政部审定的新中国第一部全国财经院校大学本科通用统编税收课程教材，较全面系统和准确地论述与阐明了中国特色社会主义税收理论体系和税制调节、征收管理体系，各税类诸多税种的立法原则，政策精神、课征制度。适应不同时期的形势发展和税收政策、税制变化，与时俱进，每版都作了全面修订、改写，不断更新提高。多年来采用广、效果显、影响大，在过去全国院校普遍采用统编教材的一个长时期内，每年都要加印一次，甚或两次，累计印数达近百万册。舆论认为本书观点正确，体系完整，结构严谨，内容常新，是一部融思想性、学术性、知识性、权威性为一体的高质量作品。20世纪90年代，湖北经济学院院长许建国教授书面誉为“高等学校税收教材编写的范本”，从税收业务方面，“培育了整整一代高等财经专业人才”。本书1984年第一次改写版，经1987年评审，获国家教育委员会1988年1月颁授的国家级第一届“全国高等学校优秀教材奖”。本书1984年第一次改写版和1988年第二次改写版在1988年8月和1992年3月分别获财政部首届和第二届全国财政系统优秀教材荣誉（级别高于一等奖）。

2. 主写、主编研究生教学用税收教材。独著《国家税收教程》上册，主写、主编下册，（自写占63.5%），中国财政经济出版社1995年6月出版。本书以发展国民经济和建立社会主义市场经济体制为主线，理论与实际、历史与现实，基本知识与学术研究紧密结合，在总结已有科研成果基础上，批判地吸收西方税收理论和税制经验，对比分析学术界诸多不同观点，较全面系统深入地探讨和论述了税收的各项基本理论，特别是社会主义市场经济条件下的税收基础理论、应用理论、税制立法原则、税种政策业务以及税收管理和法制建设。对税收产生、存在的客观基础、税收本质和社会性质、税制结构体系及其与经济结构的辩证关系、宏观税收负担等问题，多有论据充足的创新见解。

以国家审计署李金华审计长和著名学者厉以宁教授为主编的《企业万有文库》编纂委员会，对众多的税收出版物反复评议遴选，在“出版导言”中指出，本书“集理论性、实用性、科学性、权威性于一体，内容新颖，体系完整，重点突出，论证充分，富于创新”，“在同类书中优点突出，影响大，能为企业家提供一个完整的税收知识体系”，把它与陈共教授主编的《财政学》、邓子基教授主编的《现代西方财政学》和王传伦教授主编的《西方税收》三书并列为中外财税四门课程的四部顶尖教材之一，同时收入《企业万有文库·财政税收卷》，于 1997 年 3 月由中国经济出版社再次出版。1995—2005 年一直用作财政部财政科学研究所研究生部硕士研究生班的《税收理论研究》课程教材，多所高等学校也用作教材。1999 年 3 月，国家税务总局和中国税务学会评授“全国第三次（1994—1998 年）群众性，税收学术研究优秀成果一等奖”。

3. 主写、主编全国财政系统公务员培训税收通用教材。主写、主编《税收理论与实践》中国财政经济出版社 1999 年 1 月出版，自写部分占全书 43%。本书以当时最新科研成果和文件资料为依据，按照理论与实践紧密结合、现实和前瞻紧密结合，进行国际借鉴、对比分析，较全面、系统、扼要地阐明税收理论、政策与制度的有关问题，特别是突出现实中的重点、热点、焦点问题，如税收本质属性和作用、原则；税制立法政策精神；税费分流归位的整顿、改革；税收优惠的政策原则和管理；税制结构及各税种的进一步改革完善设想等。本书是专为全国财政系统处级、科级公务员业务培训的统编通用教材，经财政部教材编审委员会审定，列为“全国财政系统公务员培训系列教材”，用在财政、税务系统公务员培训、企业和其他有关部门在职人员业务培训中也广泛采用，直到 2005 年仍再加印。

4. 长期主讲税收课程，并带研究生。作者是财政部财政科学研究所研究生部第一批硕士研究生指导教师，从 1980 年开始，带第一届财政专业硕士研究生，直至 2005 年。在此期间，曾多次任中国人民大学和中央财经学院等多所院校财政专业税收方向的博士生、硕士生论文答辩委员会主席、委员。1979—2005 年连续任财科所研究生部硕士研究生班《税收理论研究》专业课的主讲教师，在一些年度，给博士研究生授课。1983 年还曾在中共中央党校第一期财政厅局长研究班讲授《税收基本理论问题》专业课，1990 年在中央党校国家机关分校财政部干部进修班讲授《税收机制转变与税收制度改革》专题课。科研与教学相长，在具体教学中，作出了成绩。

五、对若干财政问题提出建议意见，编写财税、财经大型辞书

1. 围绕1979—1981年以调整为中心的国民经济“八字”方针要求，写文章，提建议。1979年4月，党中央针对当时国民经济比例失调相当严重的情况，正式提出，国民经济实行“调整、改革、整顿、提高”的方针。着重点是要用三年的时间，狠抓调整，把严重失调的比例关系改变过来。当时财政部财政科学研究所成为在意识形态上，推动国民经济调整的著名活跃力量，其科研活动和成果在社会上产生重大影响，有力地从理论上、政策导向上和舆论上支持了财政部在当时通过调整资金分配，进而调整经济结构工作，卓有成效地贯彻了党中央和重大决策。作者作为财科所一名研究人员，主要作了以下工作：

一是参与写作《经济调研报告》。1979年下半年，在时任财政部部长吴波的直接领导下，由财科所许毅所长带领黄菊波、李海、王诚尧三位同志，以“财政部经济问题调查组”名义，编写了13期《经济调研报告》，作者分工编写了其中的四篇，如《发展轻纺工业，加快资金积累》等。这些报告经吴波部长亲自审定后，直接上报中央有关领导和单位，积极地如实向中央反映当时忽视协调平衡、求成过急倾向，导致的诸多尖锐矛盾和问题，提出相应的抓紧调整、整顿的对策措施建议，得到中央高度重视。

二是发表狠抓调整，实现综合平衡的系列文章。例如：1980年7月21日，最早在《人民日报》理论版，发表《坚持财政平衡略有结余的方针》文章，同年8月，又发表《坚持财政平衡，实现量力而行》的论文，分析了贯彻量力而行的经济工作指导思想与坚持国民经济综合平衡的关系，特别是其中与财政平衡的内在关系，论证财政收支平衡，对于体现量力而行的指导思想，制约建设规模与国力平衡，保证国民经济持续、稳定发展的重大意义。提出要编好符合客观规律的财政计划，并同经济计划相互制约；要正确解决基本建设投资规模和方向问题；要正确处理扩大企业自主财权同加强综合平衡的关

系；要大力增产节约，增收节支，并就此提出若干建议。高等学校教学用书《财政基本理论参考读物》（中国财经出版社 1982 年 11 月版）全文转载。1989 年 12 月获中国财政学会“全国十年（1979～1988）优秀财政理论研究成果二等奖”。

三是为中国财政学会撰写会议纪要等文稿。在国民经济三年调整期间，中国财政学会召开了三次全国财政理论讨论会和多次专题研讨会、座谈会，作者综合会议研究成果，撰写了多篇会议纪要，在书刊发表；所写多篇“学术动态”，在《人民日报》和《中国财贸报》发表，《新华文摘》转载。1981 年 10 月召开的第五次全国财政理论讨论会，会议以探讨“生财、聚财、用财”之道，实现经济良性循环为主题，对该次会议纪要，还依据当时的财政部副部长忻元锡批示，分别缩写成为四篇专题研究报告，上报中央有关领导部门。根据研究报告，《人民日报》刊登了两篇“学术动态”，同一会议而能在《人民日报》理论版，发表两篇“学术动态”，是罕见的。

2. 对老企业革新改造等问题，提出创新建议。在改革开放初期，针对《红旗》等报刊刊载的企业革新改造资金太少、要大幅度提高折旧率的流行观点，1979—1981 年最早在《人民日报》和《财政》、《财政研究》等报刊，陆续发表《老企业革新改造缓慢的原因在哪里》、《当前老企业革新改造中的矛盾和解决途径》等 20 多篇文章，依据亲自实际调查的情况，实事求事地论证，当时老企业革新改造的矛盾，主要并不是资金少了（有些地方的钱，还花不出去），而是在于缺统一规划；物资缺口大；企业缺自主权；资金被基本建设等挤用；管理工作混乱等方面。进而强调提出，要加强计划领导，综合平衡，全面安排；要搞好资金、物资、施工力量等的综合平衡；要发挥财政部门和建设银行在企业革新改造中的促进监督作用。文章被多种报刊转载，起到积极的社会影响。

还较早地在 1981 年 6 月发表了《逐步改革城镇住房低租配给制》的文章；在 1982 年 2 月发表《发行各种债券，筹集社会资金，促进经济建设》的文章，对相关问题，提出建议。参与撰写的《加入世贸组织对中国财政的影响及对策研究》一文，2000 年 7 月，获“财政部机关 2000 年度‘三优’评选优秀论文一等奖”。

3. 深入分析税与费、税与价的关系，提出“正税清费”和税价配合运用，税收引导价格的设想。针对 20 世纪 80、90 年代各种收费泛滥，亟需整顿的现实，1998 年 5 月发表了《改革税小费大的不合理分配格局》专文，在几种书刊转载此文的基础上，扩写为《税费改革的理论与政策》长篇专论（载苏明主编：《财政理论研究》，系审计署审定高级审计师资格考试及全国审计机关干部继续教育推荐用书，列第七章，中国审计出版社 2001 年 5 月版），借鉴国际经验，结合我国当时实际情况，深入和系统分析了税收与收费形式、性质、内涵的差别，取得收入的理论依据，收缴原则、标准各有不同，各有适应范围，不能随便混用、代用，不能颠倒税、费在政府收入中的主体与辅助地位。既肯定了收费在特定历史阶段有限膨胀的一定历史成绩，又尖锐地列举了“税小费大”的不合理收入分配格局，造成的重大危害。着重提出了进行税费整顿改革、理顺政府收入分配关系的基本思路，提出整顿、改革的原则和办法。2003 年 1 月获国家税务总局和中国税务学会颁授的全国第四次（1998—2002 年）群众性税收学术研究优秀成果一等奖。其后又作了较大修改补充，特别是扩充了农村税费改革内容，仍载《财政理论研究》一书，列为“全国审计干部职业教育系列教材”（中国时代出版社 2005 年 4 月再版）。

对税收与价格的关系，1956 年发表的两篇专题文章和以后的论著，针对不同观点，从理论上阐述了商品的价内税与价外税，只是形式上的不同，实际都是商品价格的组成，整体上反映了商品价值，价外税作为“价格附加”形式出现，也并不是超过商品价值以外的别的什么东西。同时，还系统阐述了税收与价格相互作用影响、相互配合运用的辩证关系。认为有些同志那种把税收置于完全从属于价格的地位，只是跟着计划价格跑；或把税、价割裂开来的观点，即使是在计划经济体制下，也不利于发挥税收应用的调节作用。在社会主义市场经济体制下，更要重视发挥税收制约、引导市场价格的宏观调控作用。

1981年5月，在《财政研究》发表的《论工农产品价差与税收的配合运用和协调平衡》长篇论文，系统深入地论证了在我国一定历史阶段，在以税为主的前提下，工农产品价差仍有其一定的难以替代的作用，作为一种过渡，暂时仍要与税收并存，配合运用，协调平衡，引起了社会重视，中国人民大学复印刊物《贸易经济》和《财政、金融》同时分别全文转载，也被全文收入南开大学等的价格学教学参考用书。

4. 提出完善分税制财政体制的设想和建议。2008年8月发表《合理划分中央、省和市县三级税种及其收入归属，完善分税制财政体制》长篇论文，具体分析了现行分税制财政体制存在的诸多矛盾问题，如现在实际是划分中央、地方固定收入和共享收入，未明确划分中央、地方税种；实际的地方税规模太小，体系欠缺；实际的中央地方共享税种多，规模过大，影响地方自主理财；税收返还的补助制度不合理，形成逆向调节；省以下实际尚未实行规范的分税制，以及事权及其相应的支付责任划分不明确具体，财政转移支付制度有失规范完善。论证提出解决矛盾的一个重要途径，是科学合理规范地划分中央、地方三级税种及其收入归属，扩大地方自主财力，并赋予地方一定的税政管理权。必须适应政府权力体制，各级政府财权、财力与事权相匹配；必须适应不同税种的特性及其内在特定功能作用，在维护中央现有宏观调控财力水平相对稳定的前提下，结合税制改革、正税清费改革和政府间支出划分调整、中央财政补助方式调整，稳步推进。并且从中总结和具体提出了划分中央地方税种及其收入归属，要依循的十项原则。提出了把现行税种和新增若干税种，划分为中央税、中央、省和市县三级共享税、省（自治区、直辖市）税、省和市县两级共享税、市县税五个层次的初步构想。同时，依据税种、税源与税收收入一致性原则，要对中央与地方政府间、地方政府横向、纵向间的收入分配关系，进行若干结构性调整，其中包括逐步取消税收返还的补助方式；调整中央、地方税种收入的分配办法；建立税收横向平衡机制（如跨地区生产经营、跨地区汇总缴税、区域税收转移），适当处理区域税收转移矛盾。要调整财政转移支付结构，进一步完善管理制度，其中包括调整转移支付结构，建立“一般性转移支付为主、专项转移为辅”的结合模式；坚持公平、公正、公开、效率的原则，科学规范转移制度；清理整合专项转移支付项目，调整优化资金投向，完善必要制度。

5. 主写、主编以及参写多部财税、经济大型辞书。实际主写、主编的《税收与财务手册》（经济管理出版社 1987 年 1 月初版），是我国最早出版的税收与财务大型辞书。修订扩充内容后，改名《税收与财会审计手册》（中国财政经济出版社 1992 年 9 月再版），作者自写 60 多万字，约占全书 1/3 篇幅。本书分以下三个部分：一是辞条解释，共编写 24 类 1600 多个辞条，许多都是首次见于出版物；二是各相关学科的基础知识，分国家税收、企业财务、企业会计和审计三篇；三是外国知识，分为发达国家、收入水平高低不同的发展中国家、苏联东欧转型国家三种类型，有重点地介绍了 34 个国家（地区）税收制度及其与企业经营有关的税收，以及从事国际经营的必要涉外税收知识。舆论认为本书内容全面、准确、新颖、实用，1987 年初版时，市场尚无类同出版物，因而广受社会欢迎，一再加印，累计印数达 10 万部。

担任马洪、孙尚清主编《经济管理知识全书》（四卷本，经济管理出版社 1988 年 12 月版）和《现代中国经济大事典》（四卷本，中国财政经济出版社 1993 年 1 月版）编委会委员兼税收学科篇分主编，主写 90% 以上的税收辞条。担任陈岱孙主编《中国经济百科全书》（两卷本，中国经济出版社 1991 年 12 月版）和《市场经济百科全书》（两卷本，中国大百科全书 1998 年 10 月版）的财税学科副主编，主写有关部分并审稿。担任许毅主编《中国财政税收财务会计实用全书》（经济科学出版社 1992 年 12 月版）和《新编财政税收财务会计实用全书》（经济科学出版社 1995 年 1 月版）副主编和税收篇分主编，主写和总纂税收辞条。担任《经济大辞典·财政卷》（上海辞书出版社1987年11月版）税收部分的主写和总纂修改工作。撰写《经济大辞典·补编书》（上海辞书出版社2000年3月版）新增全部税收辞条8万多字。担任《经济与管理大辞典》续编（中国发展出版社1989年12月版）税收篇分主编，主写和总纂、修改税收辞条。

撰写《中国大百科全书·经济学卷》（编委会主任许涤新，中国大百科全书出版社1988年8月版）财政税收部分辞条；撰写《中国大百科全书·财政税收金融价格卷》（编委会主任刘国光，中国大百科全书出版社1993年8月版）财政部分辞条，担任编委会委员兼财政篇副主编，与黄菊波、何振一共同审改财政篇书稿。国家出版总署1993年12月颁授"为编纂出版《中国大百科全书》工作作出重要贡献"荣誉证书。

另外，担任人事部"全国经济专业技术资格考试大纲暨命题委员会委员"，参写全国经济专业技术资格考试指定用书《财政专业知识与实务》中级与初级两种；《全国经济专业技术资格考试财政专业考试大纲》中级与初级两种（财政部、人事部全国职称考试指导中心审定），并与黄菊波同志共同审改全书，以及拟定多套考试题。4书均于1993年9月分别由三个出版社出版。

附表一：社会兼职

序号	兼职名称	时间
	一、学术团体	
1	中国税务学会成立筹备组成员，第一届至第五届理事会理事	1984 年至 2003 年
2	中国税务学会学术研究委员会学术研究委员	1996—2003 年
3	中国财政学会第三届至第七届理事会理事	1987—2010 年
4	中国财政学会第八届理事会荣誉理事	2010—2014 年
5	中国国际税收研究会参与成立筹备，第一届理事会副秘书长	1994 年和 1995 至 1999 年
6	中国国际税收研究会第一届和第二届理事会常务理事	1995—2003 年
7	中国国际税收研究会第一届至第三届理事会理事、学术研究委员会委员	1995—2008 年
8	中国国际税收研究会第四届理事会学术研究委员会顾问	2008 至 2013 年初
9	北京市财政学会理事、荣誉理事	1980 年起至 90 年代
10	北京市税务学会理事、常务理事	1993 年至 1999 年
11	北京市国际税收研究会顾问	2005 年起至今
12	中国管理科学院科技管理研究所研究员兼顾问	1993 年 2 月至 1995 年 2 月
13	中国财税法学研究会学术顾问	2002 至 2006 年
14	北京大学税法研究中心特邀研究员	2007 至 2010 年
15	亚太总裁协会亚太财富经济研究中心专家委员会高级专家	2004 年起

续表

序号	兼职名称	时间
	二、教育文化单位	
1	江西财经学院财政学科兼职教授（1982年3月、1988年12月、1992年1月和1995年1月连续4次发给聘书）	1982年3月至1997年12月
2	云南财贸学院财政金融专业兼职教授	1985年1月至90年代中期
3	北京经济学院财政专业兼职教授	1985年9月至90年代初
4	湖北财经学院财税硕士研究生兼职教师	1983年3月到90年代初
5	湖北黄冈财税职工中等专业学校兼职教授（当地市人民政府聘任）	1988年8月到90年代初
6	广东商学院客座教授	1995年4月起
7	北京大学兼职教授（税法研究）	2002年8月至2006年12月；2011年9月起续聘至今
8	《中国大百科全书财政税收金融价格卷》编辑委员会委员兼财政学科篇副主编	1990至1991年
9	《财政研究》杂志编委	1980年起至90年代初
10	《财政研究资料》杂志编委	1980年起至1988年3月
11	《财经前沿》杂志高级学术顾问	2004至2006年
12	《安徽财会》杂志顾问（安徽省财政厅聘任）	1986年7月起至90年代初
	三、机关和其他单位	
1	中国法律咨询中心法律咨询顾问（财政部推荐聘任）	1985年2月起至90年代中期
2	全国人民代表大会常务会法制委员会“入库—参与立法工作专家”（电脑入库）	1991年通知
3	国家税务局高级专业技术职务评审委员会委员（国家税务局聘任）	1992年5月起至改为税务总局
4	国家税务局高级专业技术职务评审委员会委员（国家税务总局聘任）	1997年7月至2002年
5	全国经济专业技术资格考试大纲编写暨命题委员会委员（人事部聘任）	1993年4月至90年代中后期
6	中国国际税收研究会投资税收咨询中心高级顾问	1995至1999年
7	中大华堂会计师事务所高级顾问	1995至1999年

附表二：作者著及主编书目（含合作）

序号	书名	写作类别	出版社及年月
	一、学术研究		
1	发展中的财税理论政策与制度改革	独著85.4万字	中国财政经济出版社2002年5月
2	中国社会主义税收	独著	黑龙江人民出版社1983年11月
3	中国社会主义税收（增订本）	独著	黑龙江人民出版社1986年2月
4	加入WTO后中国税制改革走向（国家社会科学基金重点项目，批准号：02AJY010）	负责全书总纂、修订工作。自写及改写他人稿字数占全书正文的32%	人民出版社2006年8月
5	财税理论政策与体制改革	独著	中国财政经济出版社2013年8月
	二、教材		
6	国家税收（财政部审定全国高等财经院校统编教材）	参写，并任组织筹划及总纂修订工作	中国财政经济出版社1979年8月
7	国家税收（第一次重新改写本）（财政部审定全国高等财经院校统编教材）	主撰、主编，自写字数占全书44%。余由胡中流、王佩岑、汪雁题、刘澹湘4同志撰写	中国财政经济出版社1984年9月
8	国家税收（第二次重新改写本）（财政部审定全国高等财经院校统编教材）	主撰、主编，自写24.1万字占全书54.4%。胡中流、王佩苓、汪雁题参写。	中国财政经济出版社1988年5月
9	国家税收（第三次重新改写本）（财政部审定全国高等财经院校统编教材）	主撰、主编，自写占全书72.3%，王乔、于海峰、施青军参写。	中国财政经济出版社1997年7月

续表

序号	书名	写作类别	出版社及年月
10	国家税收（第四次重新改写本）（全国普遍高等教育规划教材）	独著	中国财政经济出版社 2009年10月
11	国家税收教程上册（大学本科、研究生教材）	独著	中国财政经济出版社 1995年6月
12	国家税收教程下册（大学本科、研究生教材）	主撰、主编、自写33万字，下册62%，郑宁军、于海峰、徐维樑参写	中国财政经济出版社 1995年6月
13	《企业万有文库·财政税收卷》（李金华审计长等主编）“国家税收教程篇”	《国家税收教程篇》分主篇，主撰，自写12章，郑宁军写3章。	中国经济出版社 1997年3月
14	税收理论与实践（财政部审定全国财政系统公务员培训统编系列教材）	主撰、主编，自写字数占全书56%。王征、赵杰、李俊生、刘金花及财政部税政司相关业务主管人员参写	中国财政经济出版社 1999年1月
15	社会主义财政问题讲座·税收专辑（高等财经院校内部试用教材）	讲课稿，独著	江西财经学院1982年6月印2万册内部发行
16	工商税收（财政部审定中等财经学校教材）	参写、参审	中国财政经济出版社 1964年版
17	财政专业知识与实务（中级）(财政部、人事部全国职称考试指导中心组织编写和审定，全国经济专业技术资格考试指定用书）	参写，参审，自写字数占全书20%	机械工业出版社 1993年9月
18	财政专业知识与实务（初级）（财政部、人事部全国职称考试指导中心组织编写和审定，全国经济专业技术资格考试指定用书）	参写，参审，自写字数占全书20%	机械工业出版社 1993年9月
19	全国经济专业技术资格考试财政专业考试大纲（中级，同上用书）	参写、参审	中国经济出版社 1993年9月

续表

序号	书名	写作类别	出版社及年月
20	全国经济专业技术资格考试财政专业考试大纲（初级，同上用书）	参写、参审	清华大家出版社 1993 年 9 月
	三、一般读物		
21	国家税收知识概要	独著	《经济工作者学习资料》1985 年两期专刊
22	工商统一税讲话	全书执笔	中国财政经济出版社 1964 年 4 月
23	利改税解说	与姚德超合写	天津人民出版社 1983 年 11 月
24	第二步利改税概论	单独编著	天津人民出版社 1985 年 11 月
25	新编财务会计制度讲座	与高尚全等共同主编，自写占全书 10%	化学工业出版社 1993 年 6 月
26	新税制实用指南	与张富珍共同主编，自写 23 万字	经济管理出版社 1994 年 5 月
27	中国新税制	主撰、主编，自写占全书 53%	经济日报出版社 1994 年 2 月
28	纳税检查指南	第一主编	中国经济出版社 1993 年 5 月
29	纳税检查及 95 年新版	第一主编	中国经济出版社 1994 年 2 月及 1995 年 6 月
30	税务代理指南	与刘志城共同主编	企业管理出版社 1995 年 4 月
31	世界贸易组织概说	参写、参审	中国税务出版社 2000 年 4 月
32	中国加入 WTO 与税收改革	参写、参编审	中国税务出版社 2000 年 9 月
	四、辞书		
33	税收与财务手册	主撰，总纂（笔名叶诠雄，禾村共署名，实际自写 45 万字	经济管理出版社 1987 年 1 月

续表

序号	书名	写作类别	出版社及年月
34	税收与财会审计手册	主撰，第一主编（禾村第二主编名）全书 206 万字，实际自写60多万字	中国财政经济出版社 1992年9月
35	马洪、孙尚清主编：《经济管理知识全书》四卷本内的“税收及其管理篇”	《全书》编委兼税收学科分主编，主撰，自写 19 万字	经济管理出版社 1988年12月
36	《中国大百科全书·财政税收金融价格卷》财税辞条	本书编委兼财政篇副主编，自写 3 万多字，并修改多稿	中国大百科全书出版社 1993年8月
37	马洪、孙尚清主编：《现代中国经济大事典》四卷本内税收部分	全书编委兼税收篇主编、主撰，自写 25 万字。	中国财政经济出版社 1993年1月
38	许毅主编：《经济大辞典·财政卷》，税收部分	税收部分主撰、总纂，自写 4 万多字	上海辞书出版社 1987年11月
39	《经济大辞典·补编本》税收部分	补编新列辞条 8 万多字，均自写	上海辞书出版社 2000年3月
40	陈岱孙主编：《中国经济百科全书》财税篇	财税学科副主编，主撰，自写 8.4 万字	中国经济出版社 1991年12月
41	陈岱孙主编：《市场经济百科全书》财政部分	自写 3 万多字	中国大百科全书出版社 1998年10月版
42	许毅主编：《中国财政税收财务会计实用全书》	全书副主编之一，税收篇总纂修订，自写 5.5 万字	经济科学出版社 1992年12月
43	许毅主编：《新编财政税收财务会计实用全书》	全书副主编之一，税收篇分主编，自写 10 万字	经济科学出版社 1995年1月
44	经济与管理大辞典（续编）	税收篇分主编，自写 5.5 万字	中国发展出版社 1989年12月
45	金鑫、许毅主编：《新税务大辞海》	常务副主编之一	九洲图书出版社 1995年1月
46	财会税收审计资产评估政策法规实用手册 3 卷本	与郭代模共同主编	中国商业出版社 2002年3月

附表三：论著获奖和获授荣誉

序号	论著名称或授予荣誉事由	获奖或荣誉名称	授予单位及日期
	一、书著获奖		
1	国家税收1984年第一次重新改写本（财政部审定全国高等财经院校教材）主撰、主编，胡中流等4人参写	首届国家级全国高等学校优秀教材奖	国家教育委员会1987年审定，1988年1月27日（88）国优0186号证书
2	国家税收1984年第一次重新改写本（财政部审定全国高等财经院校教材）主撰、主编，胡中流等4人参写	首届全国财政系统优秀教材荣誉奖	财政部1988年8月25日88036号证书
3	国家税收1988年第二次重新改写本（财政部审定全国高等财经院校教材）主撰、主编，胡中流等3人参写	第二届全国财政系统优秀教材荣誉奖	财政部1992年3月10日0901号证书
4	中国社会主义税收及增订本	全国税务系统十年（1979—1988年，第一届）理论研究成果一等奖（原名优秀奖）	国家税务局和中国税务学会1989年12月
5	国家税收教程（大学本科和研究生教材）上册独著，下册主撰主编，郑宁军等4人参写	全国第三次（1993—1998年）群众性税收学术研究优秀成果一等奖	国家税务总局和中国税务学会1999年3月
6	加入世贸组织后中国税制改革的走向（国家社会科学基金重点项目，批准号：02AJY010）主撰修改，另合写6人）	审核鉴定“良好”等级	全国哲学社会科学规划办公室2005年2月3日证书20050510号

续表

序号	论著名称或授予荣誉事由	获奖或荣誉名称	授予单位及日期
	二、论文获奖（除注明的以外，均为独著）		
1	坚持税收由国家集中计划分配	全国第二次（1989—1992年）税收科学研究优秀成果一等奖	国家税务总局和中国税务学会 1993 年 11 月
2	坚持财政平衡，实现量力而行	全国十年（1979—1988），第一次全国优秀财政理论研究成果二等奖（原名佳作奖）	中国财政学会 1989 年 12 月
3	在社会主义市场经济条件下的税收作用和税制改革	“社会主义市场经济与税收”有奖征文一等奖首名	《税务研究》编辑部 1994 年 2 月
4	税收结构探索	第二次（1989—1994 年）全国优秀财政理论研究成果二等奖	中国财政学会 1995 年 10 月
5	统一完善内外资企业所得税优惠的构想	《中国税制改革与发展论文集》有奖征文二等奖	中国税务报社和中华工商联合出版社 1996 年 2 月 1 日
6	论企业所得税优惠作用的取舍依据	中国“八五”科学技术成果奖，入选该文集	中国“八五”科学技术成果评审委员会、中国科学院科学出版社、红旗出版社三单位联合发证，1996 年 12 月 20 日证书 101457 号
7	统一、完善内外资企业所得税优惠政策之设想（上、下）	《涉外税务》第二届（1993—1997 年）优秀文章一等奖（原名优秀奖）	中国国际税收研究会和《涉外税务》编辑部 1998 年 7 月
8	论统一、完善内外资两套企业所得税优惠制度	第一届（1995—1997 年）全国国际税收优秀科研成果一等奖（原名优秀奖）	中国国际税收研究会 1998 年 8 月
9	统一与完善企业所得税优惠政策研究	第三次（1994—1999 年）全国优秀财政理论研究成果一等奖首名	中国财政学会 1999 年 11 月

续表

序号	论著名称或授予荣誉事由	获奖或荣誉名称	授予单位及日期
10	WTO规则对税收的要求与调整税收政策	第二次（1998—1999年）全国国际税收优秀科研成果个人一等奖	中国国际税收研究会2000年11月
11	加入世贸组织对中国财政的影响及对策研究（课题组成员参写）	财政部机关2000年度“三优”评选优秀论文一等奖	中共财政部机关委员会和财政部办公厅2001年7月
12	增值税转型改革思路探析	第三次（2000—2001年）全国国际税收优秀科研成果个人一等奖	中国国际税收研究会2002年2月
13	税费改革的理论与政策	第四次（1999—2002年）全国群众性税收学术研究优秀成果一等奖	国家税务总局和中国税务学会2003年1月
14	WTO规则对税收的要求及其调整	《涉外税务》第三届（1998—2002年）优秀文章一等奖	中国国际税收研究会和《涉外税务》杂志社2003年12月
15	适应“入世”形势调整我国进出口税收政策	第四次（2003—2004年）全国国际税收优秀科研成果个人一等奖	国家税务总局和中国国际税收研究会2005年5月
16	建立国际税收合作组织的探讨（课题组成员参写）	第四次（2003—2004年）全国国际税收优秀科研成果集体奖	国家税务总局和中国国际税收研究会2005年5月
17	亚洲区域经济一体化进程中的税收协调对策研究	2004年度北京市国际税收研究会优秀论文特别奖	北京市国际税收研究会2005年5月
18	房地产税要进行区别征税的重大制度改革	2005年度北京市国际税收研究会优秀论文特别奖	北京市国际税收研究会2006年5月
19	适当下放地方税立法权	2006年度北京市国际税收研究会优秀论文特别奖	北京市国际税收研究会2007年6月26日
20	房地产税要进行区别征税的重大制度改革	第五次（2005—2006年）全国国际税收优秀科研成果个人一等奖	国家税务总局和中国国际税收研究会2006年11月
21	改革地方税制，完善地方税制体系	2007年度北京市国际税收研究会优秀论文特别奖	北京市国际税收研究会2008年9月26日

续表

序号	论著名称或授予荣誉事由	获奖或荣誉名称	授予单位及日期
22	合理划分中央、省和市县三级税种及其收入归属，完善分税制财政体制	2008 年度北京市国际税收研究会优秀论文特别奖	北京市国际税收研究会 2009 年 12 月 14 日
23	完善税收管辖权制度的意见	2008 年度北京市国际税收研究会优秀论文特别奖	北京市国际税收研究会 2009 年 12 月 14 日
24	建立“绿化”税制体系，促进节能减排（课题组成员，执笔）	2008 年度北京市国际税收研究会优秀论文特别奖	北京市国际税收研究会 2009 年 12 月 14 日
25	改革地方税制，完善地方税体系	第六次（2007—2008 年）全国国际税收优秀科研成果个人一等奖	中国国际税收研究会 2009 年 11 月
26	完善税收管理体制研究	2009 年度北京市国际税收研究会优秀论文特别奖	北京市国际税收研究会 2010 年 7 月 5 日
27	重视房地产税的应有作用，逐步推进该项税制改革	2010 年度北京市国际税收研究会优秀论文特别奖	北京市国际税收研究会 2011 年 8 月 8 日
28	评论对我国推进房地产税收改革持有怀疑的各种观点	2010 年度北京市国际税收研究会优秀论文特别奖	北京市国际税收研究会 2011 年 8 月 8 日
29	评论对我国推进房地产税收改革持有怀疑的各种观点	第七次（2009—2011 年）全国国际税收理论优秀科研成果个人一等奖	中国国际税收研究会 2011 年 10 月
30	统筹相关税费改革，建立城乡建设教育税	2011 年度北京市国际税收研究会优秀论文特别奖	北京市国际税收研究会 2012 年 8 月
31	改革烟草税制及其收入归属配套控制烟害	2012 年度北京市国际税收研究会优秀论文特别奖	北京市国际税收研究会 2013 年 7 月
32	改革烟叶税，严控烟叶和卷烟生产与消费	同上	同上

续表

序号	论著名称或授予荣誉事由	获奖或荣誉名称	授予单位及日期
	三、授予荣誉		
1	财政部推荐，人事部评审，国务院批准	颁授“为发展我国社会科学事业做出突出贡献”荣誉证书，从1992年10月起按月发给国务院政府特殊津贴（原为100元级，即一级）	国务院1992年10月1日政府津贴（92）0032号证书
2	年度财政部机关党员评选	财政部机关1990年度优秀共产党员	中共财政部机关党委会1990年6月3日
3	年度财政部机关党员评选	财政部机关1992年度和1993年度优秀共产党员	中共财政部机关党委会1994年4月28日
4	任《中国大百科全书·财政税收金融价格卷》编委兼财政篇副主编并撰写本卷及经济学卷辞条	颁授“为编纂出版《中国大百科全书》工作中作出重要贡献”荣誉证书	国家出版总署1993年12月
5	表彰在人类文化事业中取得的突出成就和影响	世界文化名人成就奖	世界文化名人成就金像奖常设机构和中国国际名人协会、中国国际名人院、北京文化名人研究院四单位的评审委员会1999年1月22日颁发证
6	评选	东方名人成就奖	湖南省东方名人研究院2001年10月
7	下放劳动锻炼评选	河北永年县刘固人民公社劳动模范、财政部下放干部劳动锻炼模范	河北省永年县政府1959年1月

附表四：事迹入选辞书（部分）

序号	书名	出版社	出版日期	备注
1	当代中国社会科学者大辞典	浙江人民出版社	1990 年 3 月	书 228 页
2	中国当代经济科学学者辞典	上海社会科学院出版社	1992 年 4 月	书 378 页
3	中国当代高级专业技术人才大辞典	中国华侨出版社	1995 年 6 月	颁授书证
4	全国高等学校优秀教材作者简介（教育部高等教育局组织编写）	广西师范大学出版社	1996 年 6 月	书 231—250
5	中华人民共和国享受政府特殊津贴专家、学者、技术人才名家（1992 年卷）第 3 分册（人事部专家局编）	1996 年 8 月		书 965 页
6	中国高级专业技术人才辞典（人事部专家服务局主持）	中国人事出版社	1996 年 12 月	书 281 页
7	世界科技咨询专家	香港九洋国际出版社	1997 年 7 月	书 367 页，聘为科技专家顾问
8	跨世纪国际名人、名作，中国科技卷（英文版）	美国世界名人书局	1998 年 3 月	书 208—210 页
9	中外名人辞典（第四卷）	中国人事出版社	1998 年 4 月	书 73 页
10	《财经前沿》名师之窗	该杂志	1999 年第 4 期	封面内页
11	《税务研究》人物简介	中国税务杂志社	1999 年第 6 期	封面内页

续表

序号	书名	出版社	出版日期	备注
12	世界文化名人辞海（华人卷）	世界学术文库出版社	1999 年 2 月	92 或 98 页
13	中国世纪专家第三卷（中国科技新闻学会等 4 单位组编）	中国环境科学出版社	2001 年 11 月	书 1107 页
14	国魂—情系西部·爱心专家大辞典	香港华泰出版社	2001 年 10 月	书 56 页

报刊对作者文著的评论

一生信奉四个字：实事求是

——访财政部财政科学研究所研究员王诚尧

《中国财经报》记者　贾学颖

在财税研究领域，有一位备受尊重的大家，他，就是王诚尧。这位八旬老人宝刀不老，至今仍然在为我国税收事业的发展伏案疾书。50多年来，从为税收“正身”到为高等院校编写税收教材，从三次推行全面税制改革到率先研究世贸组织有关税收规则，无一不出现他的身影。王老说，自己很欣慰的是能为我国税收事业做一点贡献，而其中他最信奉的四个字就是“实事求是”。

驳议“税收存在国家决定论”

70年代，学术界和业务部门普遍把“废除捐税的背后就是废除国家”一语奉为马克思、恩格斯教导，并以此为理论依据，认定税收与国家处于同等重要的地位，是相互决定对方存在的关系。当时一些高等学校和社会上编辑出版的马恩列斯论财政税收语录，都明确地收入了这条所谓语录，财政税务主管部门发的文件也加以引用。针对这种思潮，王诚尧反复以口头、书面的形式上报财政部税务总局领导，指出这句话是法国无政府主义者日拉丹的谬论，绝不是马克思、恩格斯的教导，不能再引用，并提出我国社会主义税收必然存在的客观基础是一定的客观经济条件。而领导和同事们却不以为然，认为这句话对当时税收工作很重要，说服力强。

从此，他反复深入学习马克思、恩格斯有关税收的论著，查阅大量资料，“我写了八千字的报告，直接上报给了当时的税务总局四位局长。”王老笑着说，“但当时没人表态，就不了了之。”

但王老并没有放弃，他坚持认为，这个问题关系到严肃对待马克思、恩格斯的教导，涉及到对财政税收根本理论的阐明。1978 年 10 月，调回财政部财政科学研究所后，他又将这份报告送给时任财科所所长的许毅，得到重视，并转交给经典著作权威翻译专家徐坚，嘱咐他认真研究、评论。最后，这位专家明确表态，同意王老的观点。在许毅的支持下，他在原报告的基础上写了一篇《评论我国社会主义税收存在的必然性和作用》论文，提交到第三次全国财政理论讨论会。没想到，这篇文章得到高度重视，并于 1980 年 1 月的《财政研究资料》全文刊出。更没想到的是，此文一出，在社会上引起重大反响，纷纷来稿，在刊物上展开激烈辩论。1980 年 3 月，《财政研究》上又发表了他撰写的《社会主义制度下为什么要有税收——对税收存在基础和地位作用几种不同论点的研究》，进一步论证提出，税收的产生和存在，是在国家存在的前提下，决定于一定的社会生产关系、交换关系，特别是作为生产关系基础的生产资料所有制和与此相联系的经济因素。税收是国家产生以后，又具备一定的社会经济条件才产生、存在和发展的，社会经济条件是内在的、决定的依据，国家存在和对资金的需要则是一个必要的前提条件。他列举了我国社会主义税收必然存在的诸多经济条件，特别是深入阐明了全民所有制企业作为市场独立的经济利益实体，内在的税收必然存在的诸多经济条件，从而清除了社会上对税收根本理论问题的多种模糊认识，把我国社会主义税收的必然存在和应当发挥的作用，建立在一个牢固的基础上。

主编第一部税收统编教材

学过《国家税收》这本教材的人大概都知道其主编是王诚尧，但教材出版的曲折经历却鲜为人知。

1977年，财政部为适应直属的几所财经院校教学需要，成立教材编审委员会，其中《国家税收》课程的教材由税务总局指定王老担负筹划和审稿工作。他起草了教材编写大纲，联系确定院校的编写人选，并担负部分写作任务。时任税务总局副局长的林荣生带领几位处室领导同编审组全体人员赴江西庐山审稿，在山上逐章逐节讨论了十多天。回京后，他们根据审稿意见修改后，林副局长带着他向局长汇报。然而，书稿的内容包括税收与产品价格配合等一些调节作用，肯定了当时按产品征收的工商税制度，这与当时税务总局局长主张采用积累税制的意见完全顶牛，被认为教材这样出版会影响将来税制改革方向，由此，教材之事也被搁置。

后来，教材稿也被王老带到科研所。1978年底，财政部人事教育司以财政部教材编审委员会的名义召开审稿会，陈如龙副部长主持会议。审查后认为，书稿虽有不足，但现实急需，同意按会上所提意见修改后出版。然而，教材出版仍需要税总领导签字，最终还是由于观点的问题没得到签字。教材处处长和出版社领导说，既然审查已经通过，不签就算了。税收教材的第一版就这样艰难曲折地在1979年8月公开出版了。

其后，《国家税收》教材修订版和新写版共出4版，每版都根据当时的情况，由他重新主编、主写。这本教材是财政部审定的新中国第一部全国大学本科财经专业税收学科的统编教材，在过去很长时期内都一直被采用，而且影响、效果都非常显著，被教育界称做高等学校税收教材编写的范本，为我国培养了整整一代高级财经专业人才。1988年底，该书获得国家教育委员会国家级第一届全国高等学校优秀教材奖；1988年和1992年获财政部颁授的第一届和第二届全国财政系统优秀教材荣誉奖。

王老不断地在税收研究领域建功立业。1995年，他独著的《国家税收教程》上册和主写、主编的下册，在总结我国已有的财税科研成果基础上，批判地吸收西方财税理论和税制经验，对比分析学术界诸多不同观点，深入探讨和论述了税收的各项基本理论，特别是社会主义市场经济条件下的税收基础理论、应用理论和法制建设等。这套书在 1995 年到 2006 年间，一直用作财科所研究生部硕士生教材。1997 年，审计署李金华审计长等主编的《企业万有文库财政税收卷》收入此书，认为此书能为企业家提供一个完整的税收知识体系。1999 年，该书被国家税务总局和中国税务学会评授全国第三次群众性税收学术研究优秀成果一等奖。

正确评价“利改税”

1984 年 10 月开始实施国营企业第二步“利改税”后，大中企业的所得税率加上国营企业调节税，税率高达 65%—70%，远远高于其他内资企业适用的 30%—38% 的平均税率。由于国有企业税负重，留利少，不得已全面推行了用所得税前的利润归还银行技措贷款和基建贷款的税前还贷或以税还贷的办法。此项贷款数额逐年增大，1989 年的贷款余额甚至超过了当年利润总额。“有些企业贷款金额用十几年也还不清。”国家又不得不开征国家能源交通重点基金和国家预算调节基金，从企业利润中先挖回一块。国家与企业的收入分配犬牙交错，相互挤压。特别是当时的利润承包企业比“利改税”企业可多得两倍多的利润，企业及其主管部门纷纷要求承包。到 1987 年后，在全国普遍推行企业承包经营责任制中，各地普遍把国营企业所得税、国营企业调节税和利润一起列入企业承包上缴利润指标内，笼统地承包一个上缴任务数，都不按照税法规定计算，而是由各地财税部门与企业及其主管部门分别谈判决定，国营企业所得税名存实亡。

在“利改税”遭受非议，舆论要求取消国营企业所得税，完全实行企业利润承包的年代，王老发表多篇论文，提出要正确评价“利改税”。他认为，“利改税”做出了两项重大历史贡献：一是突破传统禁区，开征了国有企业所得税，划定了国家与企业的收入分配界限，扩大了国有企业在市场经济下的自主财权，从而保证了企业的自主经营、自负盈亏；二是改变了过去单一的税制体系，逐步建立了中国式的多层次、多税种、多环节调节的综合税制体系，为充分发挥税收作用提供了制度保证。“利改税”的大方向是完全正确的，问题出在忽视了国家凭籍所有者身份应取得国有企业一部分纯收入，混淆了国家作为管理者和所有者双重身份取得收入的应有界限。他在《人民日报》等报刊发表《加强税收管理，搞好治理整顿》、《坚持税收由国家集中计划分配》等文章，在社会上引起反响。

在1988—1992年的税利分流试点过程中，出现了对试点企业“硬、严、紧”，其他企业“软、宽、松”的现象，两者存在利益分配上的较大矛盾，以至试点受阻。他通过“内报”提出，税利分流改革本身没什么问题，关键在于中央要统筹全局、下定决心，尽快全面推行，才能彻底解决矛盾。王老的一篇篇建议、一份份报告，为按照公平税负原则、恢复国有企业所得税、建立统一的内资企业所得税都提供了一定的理论依据。

在1994年的税改中，他提出要分设国税和地方税两套税务机构；在统一内外资企业所得税问题上，他率先系统论证了内外资两套税法并存的矛盾；在企业所得税立法中，他的建议成为立法决策的重要依据；在增值税转型的热议中，他又率先提出了我国增值税巧转型及其抵扣范围，同国务院后来确定在东北三省试点时的办法完全一致；在加入世贸组织前，他就发表《WTO规则对税收的要求与调整税收政策》长篇论文……如今，他还在研究如何完善分税制财政体制，还在建议如何完善税收管辖权制度……王老说，他所做的一切，都是在尽自己的努力，他希望我国的税收事业能实事求是地走下去，为我国经济发展发挥应有的作用。

载《中国财经报》2008年10月21日“税刊”纪念“改革开放30年”的“亲历税改”专栏。“窗谊交流”（中正大学——江西师范大学南昌校友会会刊）2010年4月10日第4期以《我国税务大家——王诚尧》为题，对作者生平及著作介绍的同时，全文转载本文。

介绍税收专家王诚尧

胡希直

王诚尧同志1927年11月生于江西泰和城西龙洲村，南昌中正大学税务专本科毕业后，1948年南京政治大学高等科财政金融专业毕业。1949—1956年在西南财政部税务管理局、财政部税务总局工作，1957年初调财政部财政科学研究所，历任科长、财政体制研究室副主任、税收研究室主任，1982年评为副研究员，1984年晋升研究员，任职至今。主要兼职有：中国财政学会、中国税务学会理事，北京经济学院、江西财政学院等多所高等院校兼职教授，中国法律咨询中心法律咨询顾问等。

王诚尧同志长期从事财政科研工作，坚持以马克思主义、毛泽东思想为指导，理论联系实际，勤奋钻研，敢于破除传统旧观念，创新、务实、求真、独著、合著11本，论文100多篇，共300多万字，在建立税收学科完整理论体系和教学体系以及税制调节体系中，做出了突出贡献，是我国著名税收学家和税收学科的主要带头人之一。

一、早期的税收理论研究成果

在1956年发表的几篇税收与价格关系的论文，从理论上系统阐述了税收与价格相互影响、相互配合运用的辩证关系。认为那种把税收处于完全从属于价格的地位，只能跟着价格跑，或把税、价割裂的观点，不利于发挥税收的调节作用。1957年在《经济研究》发表的《评论我国过渡时期的税收转嫁和负担问题》的长篇论文中，提出了在社会主义条件下，存在有限转嫁的论点，受到广泛重视，当时苏联学术界也加以翻译引用。1961年和1962年，发表的《正确认识国家税收的作用》、《国营企业积累应采取税利两种交纳形式》等论文，深入分析和论证了我国税收的存在基础、重要任务、税收与利润上交两种分配方式的特点、作用，对澄清“税收消亡论”、“税利合一论”，推进财政税收工作的正常发展，起到了重要作用。所有这些，也为他今后建立社会主义税收理论体系，打下了基础。

二、在创建中国社会主义税收学科的完整理论体系和教学体系中贡献重大

独著的《中国社会主义税收》一书（1982年初版，1983、1986年修订、增订版）是我国改革开放以来最早一部税收科学理论专著，全面系统地论述了我国社会主义税收的性质、必然性、税制建立原则、税收任务政策、税制改革方向、税制结构体系等一系列理论问题，学术界专家认为，在税收学科中，“这是一本在全国具有领先地位的学术著作”，“创立了具有中国特色的社会主义税收理论体系”，“具有较大的社会价值”。《人民日报》、《经济日报》和《新书报》都发表书评，认为该书内容丰富，体系完整，重点突出，条理清晰，富于创新，具有理论与实践紧密结合、历史与现实紧密结合，基本知识与学术研究紧密结合的特点。1986年，黑龙江人民政府办公厅编写出版的《黑龙江省情》，把该书列为建国以来“该省出版的六本经济学与管理学优秀著作之一。1989年12月，国家税务局，中国税务学会评授”全国税务系统“十年理论研究成果优秀奖（一等奖）”。

他担任主编和主要撰写人的《国家税收》一书（本人写作部分1984版占全书44%，1988年修订版占全书54.5%）是财政部审定的新中国第一部全国大学本科财经专业税收学科的统编教材。普遍认为这是一部内容丰富、观点正确、结构严谨、文字流畅、论证充分有力、融思想性、学术性、知识性、实用性，权威性为一体的高质量作品。出版以来，每年都要重印一、二次。该书1984年版，在1988年

1月和5月分别荣获国家教育委员会颁授的国家级“全国高等学校优秀教材奖”，财政部颁授的部委级“全国财政系统优秀教材荣誉奖”。1988年出版的该书1988年版，1992年3月再次荣获财政部评授的第二届“全国财政系统优秀教材荣誉奖”，并向国家教委推荐他发表的《对税收存在基础和地位作用几种不同论点的研究》、《论工农产品价差与税收的配合动用和协调平衡》、《正解认识和建立税收杠杆的科学理论》、《社会主义税收若干理论探讨》多篇学术论文，对税收的一系列根本理论问题，有重大的独创见解，在学术界引起强烈反响，已逐渐为多数同志接受，全面系统地创新和丰富了中国式的社会主义税收理论体系。

三、坚持改革开放，对税制改革提出了许多有价值的观点和建议

为了适应社会主义商品经济的发展，他在《税制结构与经济结构的内在关系》、《税制结构探索》、《税收机制转变与税收制度改革》、《现行税制的矛盾与对策》、《有计划商品经济体制下的税收政策》等系列论文中，首先提出了应以建立多税种、多层次、多环节调节的科学税制体系，作为我国税制改革的方向，主张“流转税为主，所得税为副，其他各税相配合的税制结构”；主张经济调控作用，产品税为重点与增值税双层次交叉调节，反对产品税全被增值税替代，需要保留较大部分，或改成消费税，以利于充分发挥税收优化经济结构的调控作用。他系统总结了我国税制改革的“七条历史经验”，应坚持的“九条基本原则”，即总税负水平适当原则，税基广、普遍征原则；公平税负、促进竞争原则；体现产业结构、优化经济结构原则；统筹配置，讲求效率原则；坚持国家集中分配原则；涉外税收适当优惠原则；分税分级管理原则；简化税制，便利征纳原则，并驳议了有些同志把西方的税收中性原则，引入我国税制改革的主张。他系统论证了国营企业利润分配中所得税和税后利润上交具有不同作用，不能相互取代，既充分肯定了利改税中确立国营企业所得税制，建立税制体系的正确方向，又实事求是地指出利改税混淆了国家两重身份取得收入的原则错误，坚持税利分流分管。他的诸多观点，在学术界有重要影响，其中许多得到国家决策机构的采纳。

王诚尧同志作为税收学科的带头人，近几年来，还受聘主编和主写了多部大型重点辞书有关税收部分。如任马洪、孙尚清主编的大型辞书《经济社会管理知识全书》和《现代中国经济大事典》税收篇的主编和主写等。

王诚尧同志还担任财政部科学研究所研究生部教授、硕士生指导教师，共指导过11届税收专业硕士生，已有20多名获得经济学硕士学位。

鉴于王诚尧同志在税收学科研究中做出的贡献，国务院授予他为发展我国科学研究事业做出特殊贡献的政府津贴证书，并享受一级（100元级）政府津贴。

本文据财政部财政科学研究所1992年3月上报文件编写，载中国人民政治协商会议泰和县第十一届委员会编《泰和县文史资料选辑》第9辑，2000年9月版。

评《中国社会主义税收》

葛维熹

黑龙江人民出版社出版的《中国社会主义税收》是一部颇具特色的税收专著。作者运用理论与实践相结合的方法，全面系统地论述了我国税收存在的客观依据、作用、性质、现状及未来，以及当前接收工作实践中的一些重大问题。

对于税收的作用，作者从国家与国营经济、集体经济和个体经济关系的角度进行分析；对认识上长期有反复的税收作用的理论问题，在总结历史经验的基础上，指出了税收应有的作用与实际发挥的作用不同，阐明了税收作用是税收职能在一定经济条件下的具体表现。不同的历史时期，经济条件不同，税收的作用也有不同。税收作用有其一定的范围，必须估价适当，既不能轻视和否定它的应有作用，也不可以认为它能包办代替一切，而是要与价格、利润等各项经济杠杆配合运用，协调一致，才能发挥它应有的作用。对于税收任务，作者联系不同国家不同时期的政治经济任务进行了分析，对收入调节税的利弊得失的分析，不论在体系上，还是在内容上、理论上，都给人以一新耳目之感。对于税收征收管理，肯定了三十年来行之有效的实践经验，从七个方面进行论述，丰富了我国社会主义税收的内容，弥补了过去出版物的不足，在现有税收专著中，向前跨进了一大步。

本书对当前税利改革问题作了符合我国国情的较深刻的论述。对我国社会主义税收制度，税利的建立和发展，现行制度下的各种税种、正在进行的税制改革，以及税收管理体制和税收管理制度等，分别列章专门论述。如根据税制建立、发展的实际历程，正确地把它划分成三个不同的历史阶段，初步总结了这方面的经验教训，具体分析了我国税收制度长期以来不适应经济形势发展的要求，深刻论证了进行税利改革的必要性、迫切性。本书还探讨了我国税制改革的指导思想和原则，深刻地论证了当前如何遵循客观规律办事，要使税收杠杆与各种经济杠杆配合运用，税制改革和经济改革配套进行。

本书对税收基础理论和业务知识，作了较为系统的阐述。同时，也对若个理论问题进行了学术性的探讨，提出了一些新的见解，观点明确，论据充足。如，对税收的必要性，反对单纯是由国家存在所决定的观点，提出我国的税收还决定于我国社会主义制度下的经济条件，也就是决定于在我国社会主义公有制基础上存在各种经济形式，存在商品生产、商品交换，价值规律仍有重要的调节作用，存在日益发展的国际经济交往等论据和分析，既符合我国的实际情况，又较为完善和有说服力。

原刊《新书报》1985年1月23日2版。

系统条理，富于创新

——评《中国社会主义税收》

姚德超

王诚尧同志著《中国社会主义税收》一书，最近已由黑龙江人民出版社出版。这是以马列主义、毛泽东思想为指导，系统论述我国社会主义税收理论与实践的一本专著。通观全书，内容丰富，体系完整，重点突出，条理清晰，富于创新。主要有以下显著特色：

第一，理论与实践紧密结合，论述我国社会主义税收各项基本问题全面系统。本书不是如同现有类同出版物那样，偏重各税种征收制度和业务问题的阐述和解说，而是从我国实际情况出发，把理论与实践紧密结合起来，运用唯物辩证法，广泛地论述了税收的一些基本理论问题，诸如我国社会主义税收存在的客观必然性，它的性质、作用和任务；论述了当前税收工作实践中的一些重大问题，诸如我国税制的调整和逐步改革，以及如何认真做好税收工作，充分发挥税收杠杆作用。同时，还就税收理论和实践中存在的许多思想认识问题，进行了商榷，表明了自己的观点，这对通过讨论澄清某些片面看法很有好处。以税收作用为例，这是在认识上长期有反复的一个重大税收理论问题，本书专列一章，以很大篇幅，在总结历史经验教训的基础上，作了许多辩证的论述，阐明了税收应有作用与实际发挥作用的不同，只有正确认识税收在一定经济条件下的作用，并按照客观规律正确掌握运用，才有可能充分发挥它的应有作用；阐明了税收作用是税收职能在一定经济条件下的具体表现，不同的历史时期，经济条件不同，税收作用也有不同；阐明了税收作用有其一定范围，必须估价适当，既不能如同在“大跃进”和十年动乱时期那样，轻视和否定它的应有作用，也不可认为它能包办代替一切，而是要与价格、利润等各项经济杠杆配合运用，协调一致；阐明了在社会主义现代化建设中，税收杠杆的各项作用，特别是在贯彻宏观决策，实现国家计划管理中的重大作用；阐明了税收对各种经济成分、经济形式的不完全相同作用，特别是对国营企业征税的重要作用，以及在这方面的历史教训，从而顺理成章地指出，我国社会主义税收具有积累资金、调节收入、监督经济的职能。既是国家组织财政收入的基本工具，又是国家用来实现方针政策，干预经济活动，调节、指导、促进国民经济，进行计划管理的重要经济杠杆，必须认真对待，切实把它的应有作用充分发挥出来。以上这些都丰富了我国社会主义税收的内容，弥补了过去出版物的不足，在现有税收专著中，向前跨进了一大步。

第二，历史与现实紧密结合，并对当前税制改革问题，作了符合我国国情的较深刻论述。本书对我国社会主义税收制度，就税制的建立和发展，现行税制下的各个税种、正在进行的税制改革，以及税收管理体制和税收管理制度，分别列章专门论述。依据税制建立、发展的实际历程，正确地把它划分成了三个不同的历史阶段，初步总结了这方面的经验教训；依据现行的不同税种，分别阐述了它们的意义、特点、政策和征收制度；依据生产关系必须适应生产力，上层建筑必须适应经济基础的原理，具体分析了我国税收制度长期以来不适应经济形势发展的要求，深刻论证了进行税制改革的必然性、迫切性。这就把过去、现在、将来有关税制的问题，有机地结合起来，进行了全面考察和分析，便于概括地、系统地了解我国社会主义税收制度的基本内容，明确认识它的过去和现在，坚定搞好税制改革、完成税收任务的坚强信念。本书还探讨了我国税制改革的指导思想和原则，深刻地论证了当前的税制改革，必须“在公有制基础上实行计划经济，同时发挥市场调节的辅助作用”的前提下，从现实的情况出发，遵循客观经济规律，认真贯彻国民经济调整、改革、整顿、提高的各项方针政策，扩大税收渠道，合理调节各方面的经济利益，正确处理国家、企业（集体）、个人之间的关系，中央与地方之间的关系，以及部门间、地区间、行业间、企业间的关系。具体地阐明了要建立一个有各种不同特性、作用相互配合的多税种、多环节调节的完善的税收体系，以代替过去那种不适应经济发展的过于简化的税制；要从全局出发，适当确定国家与企业在收入分配中的数量界限，使设计的税种、科目、税率能首先保证国家的整体利益，又兼顾企业、职工等各方面的利益；要打破过去那种保持原税收负担的老框框，在统一算账的基础上，实行奖励、限制政策，并对地区间、行业间、企业间的利润水平悬殊、苦乐不均状况，进行适当调节；要分步骤实施国营企业利改税，正确处理国家与国营企业的收入分配关系，促进加强责、权、利紧密结合的企业经营管理责任制；要划分中央、地方税种，为建立完善的分级财政体制，解决多头领导、条块分割的矛盾创造条件；要使税收杠杆与各种经济杠杆配合运用，税制改革与各种经济体制改革配套进行。这些都是在总结历史经验教训的基础上，得出的符合我国国情和生产力发展要求的恰当结论，在当前正在进行的体制改革中，深入进行探讨和论证，无疑是大的裨益的。

第三，基本知识与学术研究紧密结合，对税收原理多有论据充足的创见。本书对税收基础理论和税收业务知识，作了较为系统的阐述，层次分明，条理清楚。同时，也对若干税收理论问题，进行了学术性探讨。提出了一些新的见解，观点明确，论据充足。譬如针对过去广泛流行的税收存在完全决定于国家存在的观点，提出我国社会主义税收所以必然存在，是在国家存在的前提下，还决定于我国社会主义制度下的客观经济条件，也就是决定于在我国社会主义生产资料公有制基础上存在多种经济形式，存在商品生产、商品交换，价值规律仍有重要的调节作用，存在日益发展的国际经济交往。在这个基础上，并深入阐明了现阶段国营企业在国家计划管理下的相对独立经济实体地位，必须采用税收形式来正确处理国家与国营企业的收入分配矛盾，比较切合当前的实际情况。又如我国社会主义税收任务，六十年代以来，由于某些原因，在出版物中，长期视为禁区，没有触及。而本书却列专章，进行了广泛深入的探讨和论述。提出税收任务的确定，既与税收本身的性能及其在一定的政治经济条件下具有的作用有很大关系，更与国家的职能及总的政治经济任务密切关联。不同社会制度的国家，税收的任务固然不同，在同一社会制度的国家，各个不同历史时期，由于政治经济形势不同，社会的主要矛盾不同，国家总的任务不同，税收的具体任务也有显著差别。本书在回顾和总结历史经验教训，并对现实情况经过认真分析后，概要地表述了我国社会主义建设新时期税收的任务，细致地分析了各项主要任务的具体内容。应当认为，这种表述和分析，符合我国现实情况，是较为完善和有说服力的。

本书作为一部系统全面论述我国社会主义税收理论及实践的专著，既有广度，又有深度；既有必要的知识性内容，又有较多的学术研究见解。在当前重视运用税收等经济杠杆，加强国家计划管理，搞活经济中，它的出版无疑是切合时宜的，对财政税收现实工作和财经教学研究会有积极影响。

刊《龙人版图书评论集》，黑龙江人民出版社 1998 年 8 月版。

评介《国家税收教程》

贾 绂

党的十四次全国代表大会提出了在我国建立社会主义市场经济体制的伟大历史任务，并明确指出："建立社会主义市场经济体制，就是要使市场在国家宏观调控下对资源配置起基础性作用"。国家宏观调控是社会主义市场经济体制的有机组成部分，建立以间接手段为主的完善宏观调控体系，加强宏观调控，是建立和完善社会主义市场经济体制的关键，也是国民经济健康运行的保证。我国税收为国家直接掌握运用，鲜明地体现国家的方针政策，正是整个宏观调控体系的重要一环，在建立和发展社会主义市场经济中，有着前所未有的十分广泛和强大的职能作用，既是国家在促进经济发展、效益提高基础上组织财政收入的基本工具，又是国家用来贯彻方针政策，正确处理各方面的利益分配关系，干预经济活动，加强宏观调控，调节社会集团和成员收入分配，指导、促进经济结构和资源配置合理化，持续、快速、健康发展国民经济的一个主要经济杠杆和重要监督手段。

要充分发挥税收在建立和发展社会主义市场经济条件下的应有作用，一个极为重要的方面就是，必须从建立和发展社会主义市场经济的角度，全面更新传统计划经济体制下的税收理论；必须对为适应社会主义市场经济要求的 1994 年全面性税制重大改革进行剖析，从而提高社会对税收的理论认识和政策业务水平，用来指导实践，做好工作。这就要求对税收这门学科进行深入研究探讨，并对已经取得的科研成果提炼、升华，使之理论化、系统化，并加以概括论述，进行广泛宣传教育。1995年6月由中国财政经济出版社出版的王诚尧主编《国家税务教程》（上、下册），正是符合以上要求的一部十分成功著作。它依循马克思主义和有中国特色的社会主义理论，依循党的路线、方针、政策、全面、系统、深入地论述了税收特别是社会主义市场经济条件下税收的各项基础理论和政策、制度、管理、法制等应用理论；阐明了我国新税制的立法原则，各个税种的基本内容和政策精神，以及征管制度和税收法制建设，并探讨了税制进一步改革的发展方向。集理论性、实用性、科学性、权威性于一体，内容新颖，体系完整，重点突出，条理清晰，论证充实，说理透彻，富于创新。概括地说，它与类同出版物相比，具有以下特点：

一、理论与实际紧密结合，在总结已有科研成果基础上，论述税收各项基本问题全面、系统、深入

本书不是如同现有诸多类同出版物那样，或是只偏重各税种征收制度和业务问题的阐述、解说，或是多套用西方税收学说，空泛地谈论社会主义税收理论，而是依循马克思主义和有中国特色的社会主义理论，依循党的路线方针政策，从我国实际情况出发，把理论与实践紧密结合起来，运用唯物辩证法，在总结财政税收已有科研成果的基础上，并借鉴国际经验，有分析、批判地吸收西方税收理论观点和税制经验，广泛深入地论述了税收的各项基本问题，特别是社会主义市场经济条件下的税收理论和税制结构问题，例如对税收定义、本质和社会性质问题，就是全面考察和借鉴了中外古今学者的观点，在这里既肯定西方学者二百多年来对税收三个本质性特征（强制性、无偿性、固定性）的科研成果，又揭露其掩盖税收的社会阶级性，从而认定“税收是以国家为主体，为实现国家职能，凭藉政治权力，按照法定标准，无偿地取得财政收入的一种特定分配。”在不同社会制度下，由税收本质体现出来的税收社会性质不同。并对现在我国流行的把满足社会公共需要当作不同社会制度下税收的共性，用实现“社会职能”来代替“国家职能”的理论观点，提出不同看法。又如在总结中外古今学者对税收原则提法的基础上，依循国家的路线，方针政策，对我国社会主义市场经济条件下的税收指导思想和原则，进行了深入分析，概括和论证了适应我国社会主义市场经济建立和发展要求的税收六大原则，并对现在我国广泛流行的税收中性化原则，提出不同看法。这是符合社会主义税收本质要求的。

二、以发展国民经济和建立社会主义市场经济体制为主线，展开论述我国税收各项问题

依循生产与分配、经济与财政的辩证关系原理，全书均把税收放在财政收入分配的位置，谈它决定于生产、经济，又积极仅作用于生产，经济，从而展开论述了税收的各项问题。举凡对税收产生和存在的客观基础；税收的职能作用；税收思想、原则和任务政策；税收负担与转嫁；税收制度与税制结构以及对各个税种制度内容的论述，都莫不如是。例如对税收职能作用的论述，在总结历史经验教训的基础上，作了许多辩证论述，阐明了税收在一定经济条件下的应有作用与在运用中实际发挥作用的不同，只有正确认识税收在一定经济条件下客观存在的应有作用，并按照客观规律正确掌握运用，才有可能充分发挥它对经济发展的应有作用；阐明了税收作用是税收职能在一定经济条件下的具体表现，不同的历史时期，经济条件不同，税收作用也有不同；阐明了税收作用有其一定范围，必须估价适当，既不能如同过去曾经出现的那种轻视和否定它的应有作用，也不可认为它能包办代替一切。其中就社会主义市场经济条件下税收作用来说，着重阐述了社会主义市场经济体制与税制及其结构的决定与反作用辩证关系，论证了税收作为宏观调控的一个主要经济杠杆，在为社会主义现代化建设筹集日益增多的资金，强化国家宏观调控能力中的作用；在促进建立现代企业制度，建立统一、开放、竞争、有序的大市场中的作用；在贯彻政策，调节经济，促进经济结构和资源配置合理化以及经济增长方式向集约型转变中的作用，在保护公有制的主体地位，促进各种经济成分共同发展中的作用，在体现社会公正，促进提高效率的前提下，合理调节公民个人收入分配，实现共同富裕中的作用；在维护国家主权和经济利益，促进对外经济开放中的作用。

三、历史与现实紧密结合，对我国税制建设和改革以及我国现行各税种作了细致、准确的论述

本书对我国社会主义税收制度，就税制的建立和发展，1994 年的全面性、整体性、结构性改革和存在的矛盾，将要进行的改革，现行税制下工商税收、关税、农业税收的各个税种，以及税收征管制度和税收法制，分别列章专门论述。依据税制建立、发展的实际历程，正确地把它划分成了四个历史阶段，总结了八条历史经验教训，并剖析了 1994 年开始实施的新税制和通过改革形成的税收机制转变和特点；依据现行政策法规，分别阐述了各个税种的意义、特点、作用、政策、历史发展，课征制度。这就把过去、现在和将来有关税制的问题，有机地结合起来，进行了全面考察和分析，便于概括地、系统地了解我国社会主义税收制度的基本内容，明确它的过去、现在和预期将来，既坚定搞好税制改革、完成税收任务的坚强信念，又便于在征税、纳税中具体操作运用。

四、基本知识与学术研究紧密结合，对税收理论多有论据充足的创见。

本书对税收基本理论和业务知识，作了系统阐述，层次分明、条理清晰。同时，也对若干税收理论问题进行了学术探讨和概括，多具创新见解。例如对税收产生和存在的客观基础问题，评析了西方学者的税收根据学说和我国学者的有关理论观点，并从马克思主义原理、社会历史事实、税收与国家的密切关系三个方面进行分析后，得出结论认为，税收的产生和存在，是在国家存在的前提下，决定于一定社会的生产关系、交换关系，特别是作为生产关系基础的生产资料所有制和与此相关联的其他经济条件。认为税收的产业、存在和发展，社会经济条件是内在的、根本的决定依据，国家的存在和对资金的需求，则是一个必要的外部前提条件。至于我国社会主义初级阶段税收必然存在的经济条件，则主要是多种经济成分并存，要实行有计划分配；是国有企业的经济实体地位，要正确处理其间的关系；是存在商品生产和交换，要掌握运用价值规律；是存在日益发展的国际经济交往，要正确处理国际税务分配关系。本书还对类同出版物极少涉及的税收任务、政策问题，进行了广泛深入的探讨和论述，提出税收任务的确定，既与税收本身的性能及其在一定的政治经济条件下具有的作用有很大关系，更与国家的职能及总的政治经济任务密切关联。不同社会制度的国家，税收的任务和政策固然不同，在同一社会制度国家的不同历史时期，税收的任务、政策也有显著差别。并在总结历史经验教训和对现实情况进行认真分析后，概要地表达和论证了适应当前新形势要求的我国税收任务和政策。以上这些都切合实际情况，较为完善和具有说服力。

（1996 年 10 月原稿，摘刊《企业万有文库·财政税收卷》“导论”，中国经济出版社 1997 年 3 月版）